北京师范大学
国际与比较教育研究院
Institute of International and Comparative Education, BNU

U0745192

中国比较教育研究50年

总主编 顾明远　执行主编 曲恒昌

博学与慎思

当代教育思想与理论

本卷主编　姜英敏　高益民

山东教育出版社

图书在版编目(CIP)数据

博学与慎思/姜英敏,高益民主编.—济南:山东教
育出版社,2015
(中国比较教育研究50年/顾明远,曲恒昌主编)
ISBN 978-7-5328-9161-0

Ⅰ.①博… Ⅱ.①姜… ②高… Ⅲ.①比较教
育学 Ⅳ.①G40-059.3

中国版本图书馆CIP数据核字(2015)第244015号

博学与慎思

当代教育思想与理论

本卷主编 姜英敏 高益民

主 管:山东出版传媒股份有限公司
出版者:山东教育出版社
(济南市纬一路321号 邮编:250001)
电 话:(0531)82092664 传真:(0531)82092625
网 址:www.sjs.com.cn
发行者:山东教育出版社
印 刷:济南继东彩艺印刷有限公司
版 次:2015年11月第1版第1次印刷
规 格:710mm×1000mm 16开本
印 张:50印张
字 数:753千字
书 号:ISBN 978-7-5328-9161-0
定 价:89.00元

(如印装质量有问题,请与印刷厂联系调换)
印厂电话:0531-87160055

"中国比较教育研究50年"丛书编委会

主　任:顾明远

副主任:王英杰　曲恒昌

编　委(以姓氏笔画为序):

　　我国比较教育研究始于 20 世纪 20 年代,最早的研究著作是 1929 年商务印书馆出版的庄泽宣所著《各国教育比较论》。当时,各师范院校开设了比较教育课程,但新中国成立以后就中断了,外国教育研究只以苏联教育为对象,作为我国教育改革的样板。直到 1964 年,国务院外事办公室批准在高等学校设立外国研究机构,才开始研究其他国家的教育,但仍然没有把比较教育作为一门学科来研究,只是介绍一些外国教育的制度和动向。直到改革开放以后,1980年,教育部邀请美国哥伦比亚大学比较教育学者胡昌度来北京师范大学讲学,比较教育才在我国师范院校开始恢复。

　　1964 年高等学校建立外国研究机构时,北京师范大学外国教育研究室就在原来的基础上扩建,并接受当时中宣部的委托编辑出版《外国教育动态》杂志,供地市级领导干部参阅。该刊经认真筹备于 1965 年正式出版。可惜好景不长,1966 年“文化大革命”开始,杂志被迫停刊,研究人员下放劳动。1972 年在周恩来总理对我国外事工作的关怀下,研究室开始恢复工作,《外国教育动态》以内部资料的形式又编辑了 22 期。改革开放以后,我国在拨乱反正、恢复教育秩序的时候,迫切希望了解世界教育发展的动向和经验,经国务院方毅副总理批准,《外国教育动态》得以复刊并在国内外公开发行,1992 年该刊更名为《比较教育研究》。从 1965 年创刊至今,曲折坎坷地走过了 50 年。

　　应该说,《比较教育研究》及其前身《外国教育动态》在我国比较教育学科的建设以及国家教育改革中作出了不可磨灭的贡献。

改革开放 30 多年来,我国比较教育研究走过了几个阶段:

第一个阶段,1978 年至 1985 年,是描述、介绍外国教育研的阶段。这一时期主要是介绍美、英、法、西德、日、苏 6 个发达国家的教育制度和教育思想。介绍了在国际教育上有较大影响的四大流派,即:以皮亚杰、布鲁纳为代表的结构主义教育思想、布鲁姆的教育目标分类思想、赞可夫的发展教育思想和苏霍姆林斯基的和谐教育思想。1982 年由王承绪、朱勃、顾明远主编的新中国第一本比较教育教材问世。

第二个阶段,1986 年至 1995 年,是国别研究和专题研究阶段。进入 20 世纪 80 年代中期以后,比较教育界认识到,要借鉴外国教育的经验,必须对各个国家的教育发展进行深入系统的研究,才能把握各国教育的本质特点和发展脉络,于是开始了国别研究,对 6 个发达国家的教育作了较为系统的研究。除国别研究外,许多学者开始进行专题研究和专题比较,如各级各类教育比较、课程比较和各种教育思想流派的评介。

第三个阶段,1996 年至本世纪初,是深入和扩展研究的时期。从上个世纪 90 年代中期开始,我国比较教育研究扩展到许多发展中国家,特别是我国周边国家的教育,研究内容也从教育制度发展到课程、教育思想观念、培养模式和方法、国际教育、环境教育、比较教育方法论等诸多方面。同时,比较教育关注到教育与国家发展及国家宏观教育发展战略的比较研究,以及各国民族文化传统关系的研究。如"巴西、俄罗斯、印度、中国四国教育发展与国家竞争力的比较研究"、"民族文化传统与教育现代化研究"等,重视教育与国家发展的研究;随着我国新一轮课程改革,研究介绍了各国课程改革的经验。

第四个阶段从本世纪初至今,进入全球化时代的国际比较教育研究。我国比较教育学者开展了国际问题的研究,关注国际组织有关教育的政策及其对世界教育的影响;开展了各国教育国际化的研究;更加深入地研究各国教育公平的政策和提高教育质量的改革和举措。

我国比较教育发展的这几个阶段的研究成果在《比较教育研究》刊物中均有反映。《比较教育研究》有几个特点:一是最早、最快、最新地反映国际教育改革的动向。例如,较早地介绍美国的《国防教育法》和拉开了世界教育改革序幕的 1983 年美国高质量教育委员会的《国家在危险中,教育改革势在必行》;最早介绍终身教育思想;最早地把文化研究引进比较教育;较早地研究国际组织的教育政策等。这些研究对我国的教育改革都起到了一定的借鉴作用。为此,借《比较教育研究》创刊 50 周年之际,我们选择刊物中的有价值有质量的文章编辑成册,它们是:《定位与发展:比较教育的理论、方法与范式》《博学与慎思:当代教育思想与理论》《均衡与优质:教育公平与质量》《问责与改进:高等教育评估与质量保障》《光荣与梦想:世界一流大学建设》《理念与制度:现代大学治理》《创新与创业:21 世纪教育的新常态》《流动与融合:教育国际化的世界图景》《转型与提升:教师教育的改革与发展》《质量与权益:教师管理政策与实践》《传承与建构:课程与教学理论探索》《效率与公平:择校的理论、政策与实践》。

这既是一种历史的记忆,又为我国今后的教育改革保存一份有价值的遗产。我想,读者可以从中找到世界教育发展的痕迹,并得到某种启发。

是为序。

2015 年 10 月

目 录

当代教育思潮

课程、教学与学习科学

道德与公民教育

教育行政、管理与领导

教育学科发展与学术前沿

导言

　　《比较教育研究》是新中国创办最早且至今仍然发挥着全国性重要影响的教育研究期刊。建国之初,我国很快就创办了《人民教育》(1950年创刊)、《学前教育》(1956年创刊)等面向一线实践工作者的宣传类、新闻类和科普性期刊,但直到《外国教育动态》(即现在的《比较教育研究》)诞生的1965年,还不曾创办主要面向研究工作者的教育专业期刊。同年创刊的《高教战线》(现名《中国高等教育》)后来具有了研究性质,但主要任务是"注重权威解读和方向引领"[①],至今仍属于优先政策性的官方杂志。除了《外国教育动态》以外,《外国教育资料》(1972年创刊,现名《全球教育展望》)、《日本教育情况》(1974年创刊,后与《朝鲜教育》合刊,现名《外国教育研究》)等比较教育类期刊都可谓是先驱者,因为《教育研究》等理论研究期刊到了20世纪80年代以后才开始大规模涌现。

　　很多哲人都强调历史认知的重要性。托克维尔(Alexis—Charles—Henri Clérel de Tocqueville,1805～1859)说:"当过去不再照耀未来,人的心灵就会茫然地游荡。"汉娜·阿伦特(Hannah Arendt,1906～1975)则认为"除非经由记忆之路,人不能达到纵深。"[②]而众多国人脑海里被打下深刻烙印的话,则是

---

① 语见中国教育报刊社网站:http://www. cepa. com. cn/ssmt/zggdjy/index. shtml 访问日期:2015—04—28

② 转引自唐小兵. 让历史照亮未来[J]. 读书. 2014(2):57.

"列宁"的"忘记过去,就意味着背叛。"①人们能记忆什么,或者更倾向于记忆什么,本身就是一种历史。在《比较教育研究》创刊 50 周年之际,以某种形式回顾她走过的旅路和经历的风霜,不仅是在完成和完善一种历史认知,更是为了以史明志,让过去照耀未来。这自然是比较教育学者无法推卸的责任。

在这十二卷本的论丛中,本卷是极特殊的。与主题明确、边界清晰、领域确定的其他各卷不同,本卷所要反映的是杂志关于各种教育思想、思潮与理论的研究成果。与其说这是一项艰巨的任务,倒不如说是"不可能的使命"(Mission Impossible)。"思想"与"理论"不是某一特定的问题域,也不是特定的研究领域,其相关成果覆盖教育学全域,具有极大的多样性和异质性,数量上非一卷所能容,性质上也难一册以蔽之。因而在万般无奈之下,编者只好祭出"挂一漏万"的大刀。这把大刀首先关心的是哪些文章记录了历史,而不是哪些文章将被历史记住,因此选文时尽量拉开时间的跨度,尽量反映内容的广度,尽量把文章与杂志乃至学科发展的关联度纳入考量。(当然这也只是理想而已,实际上也还是"挂一漏万",对此编者时时感到心痛。)选择能被历史记住的文章本非编者能力所及,且一篇文章能否被历史记住,也不会取决于是否为本卷所收。更重要的,编者以为此次刊行文丛的意义,是建立和深化一种历史记忆,这一历史记忆不是关于某项研究成果的记忆,而是关于一个上下求索的教育学者群的记忆,是关于一本不辱使命的杂志的记忆。

(一) 闻道之路

注重形而上的"道"而非形而下的"器",是中国知识界的传统。对于精神滋养怀有特别的渴望,决不放弃思想探索和理论创新,是中国知识分子的重要特征。这里所蕴含的精神,用孔子的话说,正是"朝闻道,夕死可矣。"②

在中国的比较教育学中,教育思想与理论曾被当作一大重要的领域。北京师范大学国际与比较教育研究院在历史上就曾长期设有"教育思想研究室",重

---

① 这是一句台词,是苏联剧作家米哈依尔·沙特罗夫(Михаил Шатров,1932～2010)原创、我国改编并于 1960 年搬上舞台和银幕的儿童剧《以革命的名义》(话剧名为《列宁与第二代》)中的"列宁"说的,遂成中国尽人皆知的名言。列宁(Влади́мир Ильи́ч Улья́нов,1870～1924)本人没有说过此话。

②《论语·里仁》

点关注世界各国的教育思想与理论动态。《比较教育研究》也始终致力于发挥这样的作用,她密切追踪世界教育思想与理论发展的前沿,力图以最快的速度最准确地介绍外国教育思想与理论发展的新成果,并对这些思想和理论进行批判与分析,以使我国的教育研究与实践从中获益。

1. 早期的艰苦探索

自 1965 年杂志创办至 20 世纪 70 年代末的十几年中,关于当代世界教育思想与理论动态的文章极少,其原因是不言自明的。从杂志初创时期凤毛麟角的相关文章中,一方面可以明显地看出那些向政治需要尽量靠拢的努力,同时也可以看出那些小心翼翼地回避政治冲击的"处心积虑"的曲笔,这也是那一代中国教育学者生存状况与研究状态的真实写照。

杂志早期对国外教育思想和理论动态的努力追踪可举两个小例。一是,《外国教育动态》第 1 期就刊登了日本共产党机关报《赤旗》对日本政府提出的"所期望的人的形象"的批判文章,同时刊登了北见港二的《"所期望的人的形象"的反动实质》一文。"所期望的人的形象",是日本文部省咨询机构"中央教育审议会"1965 年 1 月发表的一份咨询报告的标题(此为中间报告,最终报告于 1966 年正式发表),强调日本国民须有正确的爱国之心,甚至强调要对国家象征(即天皇)怀有敬爱之念。这一明显的右倾主张反映了当时日本保守思潮对战后教育的否定,包括日共在内的社会各界都对这种倒行逆施进行了谴责。这无疑是中国极为关切的思想与舆论动向,《外国教育动态》能及时抓住这一重要动向,可见其目光之敏锐①。另一例是,在创刊当年的第 3 期,《外国教育动态》刊登了题为《美帝国主义分子康南特关于美国中学的建议》一文,此时距康南特(J. B. Conant,1893~1978. 现多译为科南特)提出中等教育改革的 21 条建议已过 7 年,距康南特《综合中学:对感兴趣的公民的第二个报告》的发表(1961 年)也时过 4 年,但那时康南特的思想实际上仍在继续完善之中,他的《综合中学》到了 1967 年才出版。美国教育界普遍认为康南特"对美国五六十年代的公共教育无可置疑地产生了比其他任何人都要大的影响",他"也许是

---

① 《外国教育动态》1965 年第 1 期立刻反映当年 1 月的国外动态,其速度之快非网络时代应无可能。据曾参与杂志工作的苏真老师回忆,当时虽然中日未建邦交,但有民间交流,资料系由某访华的日本学者提供。

20 世纪中叶最有影响的美国教育家"①。杂志准确地抓住了这　美国当代教育思想史上的闪光之处,这在当时实在难能可贵,因为康南特的思想通过《科南特教育论著选》比较全面地介绍到我国,则是 23 年以后才得以实现的事情。

《外国教育动态》在 1974 年第 5 期还曾以批判的形式论及教育的民主与平等,在 1974 年第 8 期又曾以批判的形式论及苏联教育思想界出现的"全民性"、"民主性"、"人道主义"等主张。在那个特殊的历史时期,正如一定要为康南特戴上"美帝国主义分子"的头衔那样,杂志虽然采取了政治批判的形式,但能够让教育研究工作者触碰到西方的教育思想与理论,本身的意义就非同小可。诚如当时许多生在新社会的青年未尝听闻传统学说,却在"批林批孔"运动中接触了传统一样。这是那个时代中国研究和吸收外国教育思想与理论的一种常态。

2. 改革开放与现代化理论的中国语境

"文化大革命"结束两年后的 1978 年 12 月,中共十一届三中全会召开,改革开放的新时期正式开启。值得骄傲的是,学者们复兴比较教育学科的努力开始得更早。1977 年 8 月,在教育部高教司召开的座谈会上,学者们已经开始讨论了外国教育研究和资料收集等问题。1978 年 7 月,第一次外国教育研讨会在北京师范大学召开,后来发展成为中国教育学会比较教育分会。千里冰封的教育学术世界终于迎来和暖的春日。顾明远先生曾回忆道:"我从教 60 年,要说做了一些工作的话,也就是在这改革开放以来的 30 年做了一点工作。正是在邓小平同志'尊重知识,尊重人才'的指导思想下,才使我们从'臭老九'的地位中解放出来。正是在党的'解放思想,实事求是'的思想路线下,我们才得以敞开心扉,说出自己想说的话。"②

改革开放进一步明确了"现代化"的时代主题,但在当时,教育现代化还缺乏必要的理论说明。长期以来,"教育革命"的理论基于"社会主义社会乃是超越于资本主义社会的历史阶段"这一论述,推演出了中国教育的优越性,同时也论证了西方国家教育的落后性、腐朽性与危害性,彻底否认了当代社会不同国家教育间的共性,因而也断然否认了中国借鉴发达国家教育经验的必要性与可

---

① 〔美〕科南特著,陈友松译. 科南特教育论著选〔M〕. 人民教育出版社. 1988:1.
② 顾明远. 在从教六十周年庆祝会上的发言. 北京师范大学. 2008—10—11.

能性。因此,"教育革命"的理论既不可能接受对内改革,更不能接受对外开放。在这种情况下,如何理解马克思主义对资本主义社会的论述,如何认识资本主义社会与社会主义社会同属现代社会,如何阐明现代社会中不同教育之间的可借鉴性,就成为比较教育工作者一项重要的理论任务。这一理论任务能否完成,直接有关系到教育领域的思想能否解放。

正是在这一背景下,诞生了顾明远先生的《现代生产与现代教育》(1981年第1期)这一重要论文①。文章指出现代教育是现代生产的产物,并进而指出教育与生产劳动相结合是现代教育的普遍规律,并不是"社会主义教育与资本主义教育的分水岭",论文揭示了现代教育的共性,为中国教育的改革开放提供了理论基础。《现代生产与现代教育》是中国教育现代化理论的开山之作,是中国学者基于国情提出的有中国特色的教育现代化理论,对中国教育界放下包袱、解放思想和快速推进教育现代化发挥了重要的作用。此文发表十余年后,作者仍遭受来自保守观念的批评与攻讦,则更加凸显了其鲜明的时代意义。

20世纪90年代以后,现代化理论开始成为显学,特别是受罗荣渠(1927~1996)、孙立平等社会学学者相关成果的启发,教育学领域的现代化理论又有了新的发展。本卷所收朱旭东的《教育现代化的几个理论问题初探》(1998年第2期)、褚宏启的《历史上英国教育现代化进程的渐进式特征》(2000年第3期)和项贤明的《比较视野中的教育现代化进程》(2007年第12期)作为不同时期的代表性作品,反映了我国教育现代化理论的发展脉络。它们从理论上进一步关注了教育现代化的主要特征、基本进程和核心问题,实证性地具体关注了某些发达国家在推动教育现代化的过程中所积累的历史经验,并进一步从全球视野对教育现代化进程进行了比较考察,且始终对我国教育现代化所面临的种种问题表现出了深厚的关切,把教育现代化研究向前推进了一步。

正是在教育现代化道路不断开辟的过程中,中国对世界的关注越来越迫切了。

3. 百花齐放与推陈出新

与"文革"时期相比,改革开放以来的近四十年里,《比较教育研究》反映出

---

① 此文还同时在《红旗》《百科知识》等刊物上摘要选登。

教育思想、思潮与理论研究的空前繁荣,其核心特点有二,一曰百花齐放;一曰
推陈出新。

所谓百花齐放,是指杂志所刊载的相关成果辐射面越来越广,涵盖了教育
研究的所有主要领域。本卷仅仅概括了著名教育家的思想、当代教育思潮、课
程·教学与学习理论、道德与公民教育、教育管理与领导、学科发展前沿等六个
部分,且不说这六大部分本身已经相当广泛,实际上的成果也早已超出这六个
部分。首先,由于其他各卷各成专题,也已经收录不少相关成果,故在本卷不再
收录。其次是本卷因篇幅所限也不可能将所有的成果都选入进来。例如,《比
较教育研究》不仅关注当代教育思想,也为教育思想史的研究提供了空间,如桑
新民的《卢梭与康德教育目的论之哲学基础》(1987 年第 4 期)、曾宁波的《试论
洪堡的高等教育思想》(1991 年第 6 期)、周丽华的《康德的学术自由观——读
康德《系科之争》》(2007 年第 4 期)、吴晓玲的《古典自然法:解读洛克与卢梭儿
童教育思想的语脉》(2008 年第 5 期)等一些论文即属此类;再如,《比较教育研
究》对各个学科的理论动向的追踪性论文也不能完全选入,如赵海的《国外有关
学习困难问题研究的新进展》(2000 年第 S1 期)、陈璇的《全纳背景下西方特殊
教育的心理—医学范式危机与社会学转向》(2009 年第 2 期)等就是反映特殊
教育理论动向的研究成果,但本卷暂未收入。还有,外国学者的论文也是百花
园中的亮点,如波金森的《三种不同的教育观》(周作宇译,1993 年第 5 期)、著
名比较教育学家施瑞尔的《教育全球化:进程与话语》(冯巍译,2002 年第 1
期)、著名批判教育学的代表人物阿普尔的《批判教育学中的政治、理论与现实》
(阎光才译,2007 年第 9 期和第 10 期)、著名比较教育学家许美德的《一座太长
太远的桥?——对圣保罗与孔夫子的比较性思考》(与杨彦捷、李军合作,2012
年第 4 期)等大量作品都丰富了中国的教育思想与理论,但本卷为了突出中国
学者的贡献却只好割爱(日本学者金子元久的论文是惟一的例外,因为综述教
育经济学发展动态的论文均为外国作者)。

所谓推陈出新,是在由远及近的不同时期中,杂志刊载的同一领域的不同
成果体现出了更深入、更具体、更细致地不断发展的特点。这里仅就教育哲学
的相关研究举一小例。如早在 1980 年,杂志就刊载了范斯科特等人的《当代西
方教育哲学流派》(克拉夫特、哈斯为合作作者,蔡振生译,第 6 期),比较宏观地

介绍了要素主义、永恒主义、进步主义和改造主义等四大流派,其后,杂志又分别就这几大流派刊载了我国学者的研究成果。20世纪90年代以后,关于教育哲学的探讨则或聚焦于某一具体问题(如项贤明的《后哲学时代的教育哲学及其任务》,1997年第6期),或关注于某个具体国家教育哲学的发展动态(如石中英的《20世纪英国教育哲学的回顾与前瞻》,2001年第11期),或关注那些曾经缺乏关注的思想家(如邓敏娜的《分析与实践:索尔蒂斯的公共教育哲学观》,2007年第4期;徐湘荷、谭春芳的《温德尔·拜瑞的乡村教育哲学》,2009年第1期),或聚焦于教育哲学在某一具体领域的体现(如刘贵华的《西方高等教育哲学的困境与大学学术"生态合理性"的确证》,2002年第3期;刘亚敏的《中美高等教育哲学研究的差异——兼论彰显"生命性"的高等教育哲学》,2013年第11期)等,这反映出对教育哲学的研究走向不断深入的过程。

时至今日,《比较教育研究》所刊载的当代教育思想、思潮与理论的论文数量仍在不断增长,质量也在不断提高。显然,这些成果不可能单纯由供职于比较教育研究单位的学者来完成,而是由各学科的学者们所生产,这些成果的性质也远远超出了比较教育学的传统范围,而是由其他各学科中的"国际"部分共同担纲。这一事实如果用另一种表达,也可以说,《比较教育研究》已不仅仅是比较教育学者的交流园地和成长平台,她更为所有教育学者提供了园地和平台;她也不仅仅是传统意义上的比较教育学专业期刊,而是为教育学所有二级学科的发展而服务的研究刊物。这一无法忽略的重要事实表明,比较教育学具有一种惊人的包容性和延展性,这种特征固然对它的内在结构和内聚力带来了伤害,但也使它发挥出基础学科或母学科的作用,而且这种作用一直在不断增强。

这一事实更提示我们,固守传统的学科观念恐怕已经不能适应新的时代。比较教育学的身份危机曾一度引起热议,外界对比较教育学科独立存在价值的质疑也不绝于耳,很多人批评比较教育学研究主题的宽泛性与边界的模糊性,有的则批评比较教育学理论与方法的不确定性与非独特性。其实,从理论上看,学科的边界本来就是相对的,并不存在绝对的边界,在学科的分化、交叉与整合的过程中,学科边界的模糊化正是科学发展的内在要求;原理与方法的综合性、多样性和发展性是各学科的普遍特征,共享部分原理与方法也是各学科的正常现象,过分追求一成不变的独特的话语体系本身就是　种陈旧的方法论。而在现实中,正如《比较教育研究》50 年历史所揭示的那样,比较教育学为教育理论和实践所提供的智力支持不但没有被削弱反而得到了持续增强;教育学其他子学科所从事的比较研究,也并未替代传统的比较教育学,而是形成了相互补充、相得益彰的局面;从事比较教育研究的学者虽然不都集中于比较教育学科点,但他们都成为了比较教育研究队伍的组成部分;教育学原理和教育史等学科边界之宽泛与模糊丝毫不逊于比较教育学,但正因其知识的全面性与统摄性,才使它们与比较教育学一道牢固地成为教育科学的三大基础学科,等等。可见,所谓比较教育学身份危机的问题,实际上具有虚构性和人为性,是"自我制造身份的危机"①。因此,比较教育学者必须放下包袱,轻装前进,才能一无反顾地坚定地团结在一起,并更广泛地团结教育学界的同仁,实现比较教育学的更大发展。这是笔者 7 年前的观点②,对《比较教育研究》50 年历程的回顾则更强化了这一确认。

(二) 思想与思潮

　　本卷书名中的"思想"是个广义的概念,它也包含了思潮。用广义的思想概念,主要是为了标题上的简洁和称谓上的方便。但从某种角度看,思想与思潮的确所有不同,思想主要指称特定个体的观念,而思潮则指为某一群体乃至社会所广泛共享的观念。思想与思潮往往是不可分的,个别思想家的思想有时会发展成为某种思潮,或者说思潮往往由某一思想家所率先掀起,继而又为很多思想家继承和发展,并对社会产生重要影响。从这个意义上说,把某一思想家的思想和与其相联系的思潮分开叙述是不甚恰当的,把它们放在一起讨论才更为合理。但是,思想与思潮的关系非常复杂,不是所有的思想都能发展成为某种思潮,有的思想仅其中某一侧面与某种思潮有联系,也有的思想是多种思潮的理论来源,从这个意义上说将它们分开讨论也有另一种方便。本卷就把思想与思潮分开呈现,论文的呈现顺序是在某一大体的分类之下按论文发表的时间

---

① 顾明远. 比较教育的身份危机与出路[J]. 比较教育研究. 2003(7). 2.
② 高益民. 改革开放与比较教育学三十年[J]. 清华大学教育研究. 2008(6). 33.

排序。

1. 杜氏、苏氏与 20 世纪群伦

《比较教育研究》始终非常关注那些有着世界性重要影响的教育思想家,即使是对卢梭(Jean—Jacques Rousseau,1712～1778)、康德(Immanuel Kant,1724～1804)、洪堡(Wilhelm von Humboldt,1767～1835)等两个世纪前的历史人物的研究,也在杂志中占有一席之地。本卷重点选取了杂志对 20 世纪著名教育思想家的研究论文共 25 篇,时间跨度从 1983 年到 2014 年。

这里首先需要提及的,是对杜威(John Dewey,1859～1952)和苏霍姆林斯基(Васи́лий Алекса́ндрович Сухомли́нский,1918～1970)这两位当代巨擘的研究。

杜威的哲学和教育思想不仅对世界具有广泛而深刻的影响,而且对中国尤有特殊的意义。杜威曾在中国生活过两年零三个多月,演讲 200 多场,在北大、北师大等校还讲授教育学课程,他和他的弟子克伯屈(William Kilpatrick,1871～1965)等人还亲自指导了中国六三三学制的建立。杜威曾在美国报刊上热情地讴歌中国,对中国的未来充满了期望。无论是民国时期的教育改良,还是建国后的"教育革命",或是 20 世纪末的教育改革,都有杜威的影子。对杜威所提出的儿童在教育中的地位问题、经验在学习中的作用问题、学校教育与社会生活的关系问题、思维方法与研究方法的科学性等重大问题的回答,已成为考量现代教育发展的重要维度。遗憾的是,杜威虽然思想深邃,但语言晦涩,这不仅令一线教师望而却步,也给学术工作者的研究增加了难度。即使杜威的学生陶行知以及曾一度崇信杜威的毛泽东,也存在对杜威的误解。《比较教育研究》50 年间共发表过 10 篇关于杜威的论文,从量上看并不算多,但时间跨度很大,说明杜威教育思想虽非热点但却是学界无法绕过、无法回避和常作常新的题材。本卷选取了袁锐锷的《杜威"儿童中心说"对现代教育的影响》(1983 年第 5 期)及郭法奇的《探究与创新:杜威教育思想的精髓》(2004 年第 3 期)两篇作为其中的代表,从中也可见到对杜威认识的发展。

在我国,对中小学教师影响最大的外国教育家非苏霍姆林斯基莫属。《外国教育动态》则是最早向国内教育界介绍苏霍姆林斯基教育思想的杂志之一,且绝大多文章的作者都出自于北京师范大学外国教育研究所。这些文章不仅增进了中国教育学界对苏氏思想的理解，更对一线教师有丰富的启发。今天，苏霍姆林斯基在中国有了大批的追随者，尤其是在新世纪以学生为本的基础教育改革浪潮下，中国教师对他的信仰历久弥坚，这足以告慰这位把自己的一生献给孩子的伟大教育家的在天之灵。本卷中的三篇相关论文作者均是研究苏俄教育的专家，王义高将苏霍姆林斯基看作是从马卡连柯到合作教育学这一连续体上的一个重要环节，并用"苏维埃人道主义"加以概括，既道出了苏氏思想的本质特征，又体现了 20 世纪 80 年代中后期苏联思想界的时代特点。肖甦《苏霍姆林斯基教育思想是教育探索的永恒财富》（2010 年第 3 期）一文对苏氏思想在中国的传播进行了高度的概括和清晰的梳理，而顾明远《再谈苏霍姆林斯基教育思想在中国的传播及其现实意义——办好每一所学校，教好每一个学生》（2010 年第 3 期）则对苏氏思想对中国当前教育发展的现实意义进行了阐发。

除了对杜、苏两氏的研究以外，《比较教育研究》还刊载了大量世界教育思想的研究成果。本卷撷取了其中对 22 位著名教育思想家的研究论文共 20 篇。这里大体分为以下几类：

第一类是关于对教育学的理论发展影响比较直接的思想家理论家的研究。这几位大家是存在主义大师雅斯贝尔斯（Karl Theodor Jaspers，1883～1969）、"默会知识"概念的创始人迈克尔·波兰尼（Michael Polanyi，1891～1976）、解释学教育学的代表人物福利特纳（Wilhelm Flitner，1889～1990）、人类学教育学代表人物博尔诺夫（Otto Friedrich Bollnow，1903～1991）、现象学教育学代表范梅南（Max van Manen）、元教育学理论家布蕾津卡（Wolfgang Brezinka，现多译为"布列钦卡"或"布列岑卡"）。这些人的共同特征是对客观主义或实证主义都进行了不同程度的批判，或者对实证主义的适用范围加以了限定。雅斯贝尔斯认为教育是人的灵魂的教育，而不是理智知识和认识的堆集。他强调理性不能离开生存，这种观点对后来的很多教育家都产生了深刻的影响。朱国仁的《雅斯贝尔斯的存在主义教育观》（1997 年第 5 期）一文对雅氏的存在主义教育观进行了高度的概括。迈克尔·波兰尼对实证主义科学观的批判早在上世纪 40 年代已经开始了，但近年来才受到我国学界的重视，他认为要把以人性为基点的科学信念、科学直觉和内在创造作为科学研究的基础。舒志定的《个人知识与人本教育观透析——波兰尼《个人知识》合法性的一种阐述》(2006 年第 7 期)则把他的"个人知识"理论与人本教育联系了起来,认为这一理论为人本教育提供了很好的理论说明。解释学教育学是德国文化教育学的一个流派,福利特纳第一次将解释学理论运用于教育领域,他把人类的创造活动看作是一种内在精神意识的流露,认为教育的本质是一种"精神启蒙"或"启迪",它是一种促使人自我发现的意义开发。他认为历史和文本的意义不在作品自身,而只是出现在作品与学生(解释者)的对话之中,作品的意义依赖于学生(解释者)的理解而存在,作品的意义也因时代不同而不同。邹进作为我国最早系统引介德国文化教育学的学者之一,她的《理解即意义的生成——德国教育家福利特纳的理解论》(1990 年第 6 期)一文对福利特纳的思想进行了深入的分析。人类学教育学也是文化教育学中的一个流派,20 世纪 90 年代被介绍到我国。博尔诺夫作为人类学教育学的创始人,从存在主义那里汲取了滋养,认为埋藏于人类存在的本质之中的各种干扰形成了人类生命过程中的非连续性,而这种非连续性具有根本性意义,它也要求教育同样要有与之相应的非连续形式(见冯建军的《生命发展的非连续性及其教育——兼论博尔诺夫的非连续性教育思想》,2004 年第 11 期)。现象学教育学也是教育学研究范式向寻求情境化的意义的一个重要代表,近年来兴起的"质的研究"方法和个人叙事研究无不吸收了现象学教育学的思想。范梅南是现象学教育学的创始人之一,朱光明的《范梅南现象学教育学思想探析》(2005 年第 4 期)分析了其主要的思想观点,指出范梅南把体验作为生活世界的本质特征,提倡教育者要具有特定情境下的教育智慧和机智;他反对教育研究的理论化、抽象化倾向,认为教育研究应该指向实践;他提倡通过反思写作的方式把教育生活体验用文本形式呈现出来,通过与文本对话形成一个人的教育思想和教学机智。布蕾津卡倒并没有反对实证主义,但他认为应当把教育学中的描述性命题(对应于教育科学)、规范性命题(对应于教育哲学)和描述—规范混合命题(对应于实践教育学)区分开来,冯建军和周兴国的《略述布蕾津卡的实践教育学思想——兼谈我国教育学的努力方向》(1995 年第 2 期)在我国教育学无法有效服务于实践的问题意识下,重点介绍了布氏的实践教育学思想,包括实践教育学的四种成分和七条标准等,并提出了建立我国实践教育学的初步设想。

　　第二类论文主要是对批判教育理论代表人物费莱雷(Paulo Freire,1921～1997. 现多译为弗莱雷)、福柯(Michel Foucault,1926～1984)、布迪厄(Pierre Bourdieu,1930～2002)、波兹曼(Neil Postman,1931～2003)、鲍尔斯(Samuel Bowles)和金蒂斯(Herbert Gintis)以及吉鲁(Henry Giroux)的研究。费莱雷对教育制度的批判有其不同于西方学者的背景,他在祖国巴西投身社会实践但深陷牢狱之灾,却在西方社会流亡期间以出版了《被压迫者的教育学》而举世闻名,又在近 60 岁时回到祖国重新开始他的政治与教育实践,他的"教育即政治"的思想深受马克思主义的影响。董标的《哪里有压迫,哪里就应该有《被压迫者教育学》——试述保罗·费莱雷的"解放教育学"》(2002 年第 8 期)认为,费莱雷的解放教育学的价值并不在于提供了某种观念,而在于其整体结构建立了一个在相当大范围里均可能有效的解释工具,引起了人们对教育在经济与解放之间、在压迫与自由之间的实际定向的广泛反思,引发了人们通过教育改革实现人的解放的渴望。与费莱雷的"教育即政治"不同,鲍尔斯和金蒂斯的"对应原理"(correspondence principle,亦译为"符应原则")似乎在强调"教育即经济"的命题,他们看到了经济对于教育的深刻影响,看到了教育改革的无效性,给了教育界重要的警醒。但正如杜亮的《鲍尔斯和金蒂斯教育思想探析:"对应原理"及其批判》(2009 年第 8 期)所指出的那样,他们过于消极地看待教育,也低估了教育的独立性。其实,法国社会学家布迪厄对这个原理也不大首肯。布迪厄认为,在教育与政治、经济之间并不存在直接的关系。他还提出了"文化资本(cultural capital)""文化专断(cultural arbitraries)"和"符号暴力(symbol violence)"的概念,认为支配阶级的文化在教育制度中作为文化专断灌输到学生身上,而学生不仅不领会那是一种暴力,反而认可了这种暴力,因此有史以来,对权力和特权的传递问题所提出的所有解决方案中,没有任何一种方式比教育系统所提供的解决方法掩盖得更好。宫留记的《高等教育:社会再生产的工具——布迪厄对法国当代教育制度的批判》(2009 年第 4 期)对布迪厄的这些观点也做了很好的解读。福柯通过对知识与权力关系的分析来从事他的批判,他认为所有的知识都是权力的体现,权力如果离开了知识,自身也将不复存在。张创伟的《福柯话语下的西方学习型社会述评》(2013 年第 2 期)认为,福柯指出学习型社会无法与学习管制相分离;学习也是巩固适应的工具;福柯方法论拆除了对特定学习型社会实践和政策话语的自信,揭穿了学习型社会将实现更深真理的神话。作者指出,人们不能忘记所接受的学习及方式本身在一开始就是当下管理制度的效果和工具,要有意识地把自己从学习中解放出来,从作为基础性力量的学习经验中解放出来。吉鲁是批判教育学的集大成者,但他对批判理论本身是有批判的。我国最早研究吉鲁批判教育学的学者之一郑金洲在《美国批判教育学之批判——吉鲁的批判教育观述评》(1997 年第 5 期)就曾鲜明地指出,吉鲁不同意仅仅强调学校教育的社会制约性,因为这忽视了教育制度中人类自由和自我决定的重要性,忽视了人们可以创造历史的能力,无视了学校内部存在的矛盾和斗争。他同意反抗理论(resistance theory,亦译为"阻抗理论"或"抵制理论")所指出的重要观点——统治社会通过学校和其他机构一方面再生产自己的文化价值和意识形态,另一方面也在再生产出与自己利益相悖的对立阶级和其它下层阶级的文化价值和意识形态,并把自己的理论也归为反抗理论的范畴。

还有一类论文是关于对儿童教育学有重要影响的教育家蒙台梭利(Maria Montessori,1870 ~ 1952)、阿莫纳什维利(Шалва Александрович Амонашвили)、加德纳(Howard Gardner)的探讨。蒙台梭利是当代举世闻名的幼儿教育家,她的名字在当下的中国已经热遍大江南北,这反映了我国对幼儿教育理论的高度需求。实际上,杂志早在 1984 年就刊载了马荣根的《蒙台梭利方法述评》(1984 年第 1 期),对蒙台梭利的理论与实践进行了系统的介绍。此外,20 世纪 80 年代,我国学界曾一度密切关注苏联的合作教育学,其中阿莫纳什维利的儿童教育思想尤其引起了中国学者的共鸣,康万栋的《对儿童的重新发现——阿莫纳什维利的儿童观述评》(1989 年第 1 期)是相关研究中的一篇,文章认为如果说卢梭的儿童观是对"儿童的发现",则阿莫纳什维利的儿童观就是"对儿童的重新发现";如果说卢梭的儿童观曾促使教育学发生了"一百八十度的大转弯",从而"确立了近代教育的原理",则阿莫纳什维利的新儿童观或许也会成为现代教育原理发展的一个思想源泉。这一高度评价,实际上折射出中国学者的期许,因为他们预感到中国正在进入一个发现或重新发现儿童的时代。加德纳的多元智力理论无疑是对儿童的一种新发现,长期以来在学校中被打入另册的儿童大量存在,他们始终遭受片面的评价,他们在认知领域的挫折成为了人生失败的代名词,而加德纳理论的出现促进了教育评价的变革,霍力岩的《加德纳的多元智力理论及其主要依据探析》(2000 年第 3 期)对多元智力的理论来源与科学依据进行了全面的考察,指出这一理论对于我们树立积极乐观的学生观、"对症下药"的教学观和灵活多样的教育评价观,促进我国的教育改革和学生全面素质的提高有着重要的积极意义。

第四类是对赫钦斯(Robert Maynard Hutchins,1899～1977)、克拉克(Burton R. Clark,1921～2009)、阿特巴赫(Philip G. Altbach)等高等教育思想家和理论家的研究。此三人均为世界高等教育学界无法绕过的重要人物。赫钦斯是永恒主义的代表人物,考虑到他对高等教育的深刻影响,所以将王晨的《赫钦斯自由教育思想研究》(2005 年第 4 期)归入到高等教育研究这一类中。赫钦斯的思想推动了美国 20 世纪中叶的通识教育改革,并跨越国界对世界上许多国家的高等教育也产生了不同程度的影响。我国改革开放以来的高等教育改革也吸取了赫钦斯的自由教育思想。克拉克也是高等教育研究领域的世界级学者,他的《学术权力》《高等教育系统》等著作在中国有着广泛的影响。本卷选入的徐春霞的《克拉克关于美国高等教育"冷却"过程的理论述评》(2006 年第 7 期)一文,对克氏的"冷却"理论进行了聚焦,这在我国的克拉克研究中却不多见。阿特巴赫也是一位具有国际影响的高等教育专家,他主编了很多高质量的研究作品,与中国、日本等亚洲高等教育学界也有密切的往来。薛国凤和余咏梅的《依附论中的关怀——阿特巴赫比较高等教育思想评析》(2009 年第 8 期)重点探讨了阿氏的依附论思想。依附论确实是阿氏的核心思想,从这个意义上也可以将他归到西方马克思主义的派别中去,但这里暂归为高等教育研究的范畴。阿氏对发展中国家高等教育落后原因的解释在某种意义上是令人宽慰的,但阿氏实际上也对发展中国家的主观努力提出了期望,其中特别希望发展中国家要努力确保大学自治和学术自由的要求,这一点常常被一些阿特巴赫研究者所忽略。

还有几篇论文很难明确归类,只在这里简要地提及。巨瑛梅《试析美国进步主义成人教育家林德曼和诺尔斯的成人教育思想》(1999 年第 3 期)对这两位具有奠基意义的成人教育学家的思想进行了梳理;谌启标对因《娱乐至死》和《童年的消逝》等得到国人巨大关注的尼尔·波兹曼进行了研究,他的《尼尔·

波兹曼的学校批判与学校重构理论》(2005年第4期)所揭示的理论,对重新认识学校教育的任务有着深刻的警醒。单中惠和勾月的《基于学校和教室层面的教育机会公平——达林—哈蒙德的教育公平思想初探》(2010年第9期)则对这位关注微观实践场域如何实现教育公平的学者进行了研究,并认为她的理论超越了科尔曼。

杂志还刊载了很多对教育思想家的研究,这些思想家包括牧口常三郎(1871~1944)(如周洪宇、蔡幸福《牧口常三郎的"创价教育"思想研究》,2007年第6期)、马丁·布伯(Martin Buber,1878~1965)(如米靖《批判与建构——马丁·布伯与新教育思潮》,2003年第3期)、米尔顿·费里德曼(Milton Fried-man,1912~2006)(如郝文武《教育的两种价值和两种投资——米尔顿·费里德曼教育经济思想探讨》,1989年5期)、李普曼(Matthew Lipman,1922~2010)(如王凌、曹能秀《从"儿童中心"到"探究群体"——李普曼儿童哲学对杜威教学理论的新发展》,2003年第6期)、劳顿(Denis Lauton)(如环惜吾《英国教育家劳顿论教育理论的性质》,1982年第2期)、舒尔曼(Lee S. Shulman)(如王玉衡《让教学成为共同的财富——舒尔曼大学教学学术思想解读》,2006年第5期)、格林(Andy Green)(如朱旭东《格林的教育发展和国家形成理论》,2002年第4期)、赫斯利普(Robert D. Heslep)(如乐先莲《民主国家与教育的道德角色——赫斯利普伦理学视域中的教育与国家关系理论》,2011年第4期)等等,涉及到的人物和领域不一而足。

2. 此起彼伏的新思潮

当代教育思潮此起彼伏。因为教育思潮与前面的教育思想部分有很大的相关性,这里也只作简要的勾勒。本卷选入的教育思潮研究论文共15篇,时间跨度从1985年至2014年。除了前面已介绍过的教育现代化研究以外,论文大体分为以下几类:

这里把永恒主义(见李定仁《评永恒主义教育》,1985年第6期)、改造主义(见郭戈《评改造主义教育思想》,1989年第1期)、人文主义(见施晓光《20世纪美国人文主义高等教育思想的进展》2004年第8期)、全人教育(见刘宝存《全人教育思潮的兴起与教育目标的转变》,2004年第9期)等思潮归为一类。这未必恰当,但也的确可以找到它们的一些共同点,如它们对进步主义的批判是共同的,它们都主张维护长久以来人类社会所形成的共同的、核心的价值。不过改造主义对进步主义的吸收或许跟它的批判一样多,它甚至希望以一种积极主动的方式对社会进行改造,使教育的力量在这种改造中迸发出来。但如果说这些思潮仅仅是针对进步主义的,恐怕就失之偏狭。实际上,20 世纪人类社会的深刻变化才是这些思潮产生的原因。人类社会的这些变化所伴随的物质主义的膨胀和精神价值的萎缩,所伴随的价值追求的多元化乃至碎片化,导致了人在自由中失去了自由,在自我中迷失了自我,在存在中丧失了存在。因此,这些思潮的一个共同立场无异于现代社会的"克己复礼",即运用传统的力量把被打碎的秩序恢复起来。

与前面几种思潮不同,批判理论则把重点放在了否定当下社会秩序中的支配和统治。西方马克思主义、女性主义、后殖民主义、后现代主义、后结构主义等相互交织,错综复杂,但它们共同为批判教育学提供了理论源泉,其实也构成了批判教育学本身,或者是批判教育学不同发展阶段的具体表现。本卷选取的5 篇论文均为这一领域的成果。西方马克思主义无疑是批判的,陈列和俞天红的《"西方马克思主义教育思潮"简介》早在 1985 年就已经发表(第 6 期),文章对西方马克思主义教育思潮的两大流派进行了清淅的梳理,也对这一思潮的贡献和不足进行了概括。女性主义也是批判的,它批判的矛头集中于对女性的压迫,徐辉的《试析西方教育理论中的女性主义思潮》(2000 年第 2 期)对女性主义的不同派别进行了梳理,并分析了其共同的教育主张。与女性主义争取女性权利一样,后殖民主义则把为争取发展中国家和一切受压迫国家的解放作为自己的使命,因而它也是批判的。孙振东的《略论教育研究国际传播中的后殖民主义倾向问题》(2004 年第 8 期)虽然将考察范围限定于"教育研究国际传播",但论文对后殖民主义本身的理论分析是深刻的。结构主义与后结构主义虽然在方法论上显示出重大差异,但它们都服从于同一目的,都旨在把人之灵性从"专断"和"暴力"的传统教育机制的束缚中解放出来。显然,它们也是批判的。曹山柯的《对峙背后的联姻——论结构主义与后结构主义教育思想》对于这一点进行了很好的概括。后现代主义对现代社会的批判更是全面的(见余凯、徐辉《后现代主义与当代教育思潮引论》,1997 年第 6 期),关于后现代主义,在课程理论等其他部分也还将有所补充,因为批判教育学实际上是一种立场、观点和方法,它振聋发聩的高呼对当代教育学发展的影响是极为深刻的和具有颠覆性的,它所带来的思想震撼是空前的。但是,关于批判教育学的一个有趣现象是,它在它所批判的社会之外所产生的影响似乎更大,那些域外之民似乎总能与这些理论产生更强烈的共鸣。或许批判教育学所批判的那些东西恰恰在非西方社会才表现得更明显;或许是这些地方的人们对批判教育学者们的"勇气"投放了一厢情愿的理解,然而长期以来在西方社会中"进行批判已不再是有勇气的证明"。(雷蒙·阿隆语)①

这些论文中,还有一类是对全球化相关问题的理论研究。尽管对全球化的抵制遍布全球,但这一浪潮的不可避免也为越来越多的人们所认识,本卷选入的3篇均在阐述如何应对这一浪潮。全球化可能带来的霸权主导下的天下一统是所有全球化抵制者的担忧之一,陈时见的《全球化视域下多元文化教育的时代使命》(2005年第12期)重点分析了全球化可能带来的另一个方向即文化的多元化,而这种多样化和差异性与教育的民主化也是联系在一起的,因此他期望多元文化教育通过更加关注文化差异和机会均等,培养所有学生进入多元文化世界的适应力与发展力,进而促进世界文化的多样性发展、文化间的相互尊重和世界和平。姜英敏和王雪颖的《20世纪80～90年代美国国际理解教育论争刍议》(2010年第1期)的论文实际上关注的也是全球化时代的多样性共生的问题,但它是通过对两种相互对立的国际理解观点的分析来表达这种关切的,因为这种对立是紧紧地围绕着一元还是多元而展开的。但多元共生似乎也需要某种共同的信念作为前提,至少需要认同多元共生,而这一理念又具有一元性。卢丽华和姜俊和的《"全球公民"教育:基本内涵、价值诉求与实践模式》(2013年第1期)重点讨论正是这种一元性侧面,论文认为"公平与正义"、"生存与发展"、"民主与理性"是核心的"全球公民"教育价值诉求。应该说,对普世价值的不断确认恐怕是人类追求"大同世界"所不能回避的过程,但这一确认过程必须摒弃用暴力铲除异教徒和用强权推行特定价值观的思维,必须尊重和捍卫所有价值观自由表达的权利,通过和平的交流与平等的对话去探索人类社会共同的价值。这实在是对人类理性是一个重大考验。

---

① 转引自周泽雄.萨义德:以己为镜[N].经济观察报.2015—05—11

这里还选入了王长纯《和谐教育需要和谐哲学(纲要)——跨文化对话的角度》(2008 年第 4 期)一文作为代表,以反映那一时期全国教育学界为诠释和谐社会所做出的努力。"构建社会主义和谐社会"于 2004 年由中共十六届四中全会所提出,在其后的若干年内,学界对此进行了多方论证。在 2014 年中共中央办公厅公布的 24 字社会主义核心价值观中,"和谐"二字也赫然在列。"和谐"在诸多价值观中是非常中国化的,在中国的传统智慧中可以清楚地找到它的思想渊源。该文不仅论证了和谐哲学思想对于实现教育和谐的重要意义,还对我国基础教育发展现实中的五对矛盾关系进行了考察,反映出作者强烈的现实关怀。

此外,这里还选入了一篇对华德福教育的理论研究论文,即蔡连玉和傅书红《华德福教育的理论与国内实践研究》(2013 年第 7 期)。华德福教育模式近年在国内开始发挥越来越大的影响,这恐怕与中国的教育困惑有关。本来,华德福教育模式是以鲁道夫·斯坦纳(Rudolf Steiner,1861~1925)极具神秘主义色彩的人智学(Anthroposophy)为基础的,国人理解这种理论似应存在心理隔膜,但因华德福教育在世界上的广泛成功和中国对改革教育的渴望,实践工作者似已无暇顾及其理论中的内在矛盾而先"摸着石头过河"了。

(三)学科理论与研究进展

《比较教育研究》刊载的很多理论研究论文有明确的聚焦,这些具体研究领域中的具体理论所构成的理论群正是一个学科的灵魂或学科本身。前面谈到,囿于篇幅的限制,本卷仅选择了课程与教学、德育、教育管理三大领域的理论研究,并选择了综述其他部分学科的理论动向的论文。

1. 课程、教学与学习的理论

虽然此次论丛单为课程与教学论设了分卷,但本卷仍收入了部分思想性与理论性的研究成果。本卷选入了 9 篇关于课程、教学与学习的理论研究论文,时间跨度从 1987 年至 2008 年,涉及到维果斯基(Lev Vygotsky,1896~1934)、赞可夫(Занков Леонид Владимирович 1901~1977)、达维多夫(Василий Васильевич Давыдов,1930~1998)、奥苏贝尔(David Pawl Ausubel,1918~2008)、加涅(Robert Mills Gagné,1916~2002)、斯莱特里(Patrick Slattery)、

班克斯(James A. Banks)、切瑞霍尔姆斯(Cleo Cherryholmes)等8个人物和一个思潮——建构主义思潮。

本卷所选8个重要人物的国籍非苏即美,反映出这两个国家在这一理论领域的支配性影响。与世界上很多国家不同,我国对苏联的教学理论有独特的关注。而在苏联教学理论家中,维果斯基无疑是最具有世界性影响的鼻祖级人物。他与皮亚杰同时代,也与皮亚杰一样对今天的心理学和教育学有着深刻的影响,他的社会建构主义正是今天流行在中国大地上的建构主义的重要来源。桑新民的《Л·С·维果斯基在教学论基础中的探索和变革》(1987年第6期)虽然写于上世纪80年代,但对长期遭受苏联批判的维果斯基的主要贡献还是做了准确的概括,对他的"文化历史发展论"、关于儿童交往活动与语言作用的研究、"最近发展区"理论都予以了高度评价。大理论家于光远的《评赞可夫"以高难度进行教学"的原则》(1989年第1期)以及达维多夫的中国弟子更生的《学习活动与小学低年级学生的心理发展——试述达维多夫的学习活动理论》(1995年第2期)也被选入本卷,而赞氏和达氏两位的理论正是对维果斯基理论的继承和发展。除此之外,《比较教育研究》还刊载过关于巴班斯基(Юрий Константинович Бабанский,1927~1987)(如王义高《巴班斯基论十大教学原则》,1981年第5期;李定仁《巴班斯基教学方法体系述评》1983年第6期)、沙塔洛夫(Шаталов Виктор Федорович)(如况平和《沙塔洛夫教学法的实质是实行师生合作》,1987年第6期)、阿莫那什维利(如张谦《阿莫纳什维利的教育实验思想评介》,1993年第2期)等苏联教学理论家的大量论文,足见苏联学派的影响。

在国际上,美国的课程和学习理论的影响似乎更为广泛。《比较教育研究》中的很多论文对布鲁姆(Benjamin S. Bloom,1913~1999)、目前仍在工作的九旬老人班杜拉(Albert Bandura)和百岁老人布鲁纳(Jerome S. Bruner)等美国学习理论的重要奠基人都有广泛的研究。本卷仅选择了5篇论文,大体可分为两类。一类是上世纪五、六十年代获得重要发展的认知学习理论,本卷在其中的两个流派中各选一篇作为代表。奥苏贝尔(见陈昌岑《奥苏贝尔的教学法思想》,1987年第4期)与布鲁纳一样都非常强调知识结构,奥氏实际上对"温故而知新"的传统命题进行了现代科学论证,他对接受学习给予了强有力的理论支持,动摇了美国对进步教育神威的信仰,在客观上,他或许会是中国传统式教学成功经验最有影响力的理解者。但我国学界也应注意他的另一方面,即他也吸收了进步主义的营养,特别是其重视儿童兴趣和主动活动的思想,对传统教学法中机械性和强制性是有纠正的。作为行为学派和认知学派之间的一个架桥者,加涅发展了他的信息加工理论(见徐碧波《信息加工理论与加涅的学习观》,1988 年第 1 期),他强调学习程序,强调教师对学习过程的理解,他把教学理解为对内部学习过程的外部保障,这也是当前中国基础教育改革的重要理论依据。另一类是反映美国的后现代课程观的。选取的 3 篇论文(见綦春霞《面向新世纪的课程理论——美国 Patrick Slattery 的后现代课程思想评析》,1997年第 6 期;王鉴、何喜刚《詹姆斯·A·班克斯的多元文化课程理论》,2000 年第S1 期;陈旭远、杨宏丽《切瑞霍尔姆斯课程思想及其启示》,2008 年第 5 期)虽然揭示了不同思想家的特点,但也为中国读者展现了后现代课程观在否定元叙事、否定二元对立、否定单向的线性关系、强调多向交互动态生成等方面的共同信念,这种课程观不仅反对权力的支配,有力地支持了批判理论;但它也反对对权力批判的固化,这又打击了批判理论。或许有人指责后现代课程缺乏建设性,但把建设的任务强加给后现代主义也未必公平,因为建设不是后现代主义的职责,革命才是它的使命。显然,对学界和实践领域而言,消化后现代课程观还需要更长的时间。

　　近年来,建构主义成为了我国基础教育课程改革的重要理论依据之一,它的基本观点也开始为一线教师所熟知。但实际上建构主义的来源极为复杂,其不同流派之间也存在着你中有我、我中有你的关系,其相互区别并不易辨识,从这个意义上说,关于建构主义的基础理论工作仍需继续。本卷选入的丁邦平和胡军《建构主义理论与我国基础科学教育改革的若干问题》(2005 年第 7 期)一文不仅对建构主义理论进行了梳理,还重点论证了科学教育对建构主义的需要,文章认为建构式的科学教育超越了发现式学习,同时也是对接受学习的扬弃,它走的是中间道路,并认为我国更需要研究和实施建构式科学教育。正是因为论文焦点对准了传统上被认为是传播"客观知识"的科学教育上,这一论断就显得更为大胆。

　　除了上述成果以外,杂志还刊载了很多这一领域的研究成果。还有一些成果如曾晓洁、霍力岩、李敏谊等很多学者关注的多元智力理论(如曾晓洁《多元智能理论的教学新视野》,2001 年第 12 期;霍力岩、赵清梅《多元智力理论的评价观及其对学生发展评价的启示》,2005 年第 4 期;霍力岩、李敏谊《多元智力理论与多元文化教育》,2005 年第 11 期)、黄甫全和韩雪等人关注的课程整合理论(如黄甫全《国外课程整合的发展走势及其启示》,1997 年第 3 期;韩雪《课程整合的理论基础与模式述评》2002 年第 4 期)等,内容极为丰富,恕不一一列举。

2. 道德与公民教育理论

本卷收入了 9 篇关于道德与公民教育理论的研究成果,时间跨度从 1984 年至 2008 年,大约可以分为三类。

魏贤超的《价值澄清学派的道德教育学说》(1984 年第 4 期)等 5 篇论文反映了在道德发展问题上不同学派间的理论论争。魏文对兴起于 20 世纪 60 年代并发展成为美国最主要的德育理论之一的价值澄清理论进行了概述和批判性分析,虽然文章对于这一理论中的相对主义和个人主义倾向进行了毫不留情的批判,但明显可以感受到作者敏锐地捕捉到了价值多元新时代的来临对这一学说的需要。张引的《道德的四要素理论》(1989 年第 2 期)在介绍里斯特(James R. Rest,现多译为"雷斯特")时,其实里斯特刚刚完整地提出道德心理过程的理论不久,他指出道德心理过程包含解释情境、作出判断、道德抉择和实施行动四个环节,这个理论突破了以前情感发展方面的精神分析理论、行为发展方面的社会学习理论和认知发展方面的道德认知发展理论,是对道德发展的一种整体性理解。但是,20 世纪 80 年代以后,美国道德教育理论又有回潮的现象,人们担忧美国社会发展的现状,开始对学校道德教育或价值教育实践进行反思,并对基于自由主义的价值相对论以及道德认知主义进行了批判,要求回归传统的品格教育。郑航的《美国品格教育发展中的理论分歧及其整合》(2005 年第 6 期)一文正是对这一现象进行的理论分析,但该文的重点是剖析品格教育发展的理论分歧,指出这些分歧有的甚至是根本性的,并助长了后来对品格教育的批判。诺丁斯正是对这一理论持批判态度的重要代表,袁桂林的《诺丁斯关心理论及其与完善人格教育理论的差异》(2004 年第 2 期)一文是对诺丁斯关心理论(Care Thoery,亦译为"关怀理论"、"关爱理论"等)的综合考察,而这个考察是通过与里考纳(Thomas Lickona)的完善人格教育(Character Education,现多译为"品格教育")思想的比较来完成的。诺氏的理论在否定固化德目下的道德教育方面显然与道德认知理论和道德心理过程四要素理论(four stages component model)有相通之处,但把焦点更集中于人际间关心关系的建立,也更关注每个儿童的发展需要,这与存在主义"我—你"关系论和正义论的理论基础是分不开的。但无论是品格教育理论还是关心理论,它们作为20世纪末的道德教育理论其实都在很大程度上吸收了对立面的理论,而高亚杰、饶从满和魏薇的《伊藤启一统合性道德教育论解析》(2011年第11期)实际上反映了这一动向的国际部分,伊藤的所谓教师型和学生型的统合,也可以看作是上述对立观点相互融合的一种表现,但日本的特征还在于将理论与实践的密切结合,并形成了自己独特的实践。

何晓芳的《艾丽斯·杨的多元文化主义公民资格观与公民教育观探析》(2005年第2期)和郑富兴的《美国批判教育学的道德教育思想述评——批判教育学有道德教育思想吗?》(2007年第10期)两篇文章则反映了后现代主义批判教育学的道德和公民教育理念。杨认为剥削(exploitation)、边缘化(marginalization)、无权(powerlessness)、文化帝国主义(cultural imperialism)、暴力以及骚扰(violence and harassment)这五类族群压迫在美国特别地表现在女性、黑人和墨西哥裔美国人身上,因此他提出了建立多元异质社会与实施差异公民教育的主张,这种主张显然对所有的多民族国家都有启示意义。郑富兴在对美国批判教育学的道德教育思想进行概括的过程中,同样抓住了上述观点,即批判教育学者认为,真正的道德衰退或危机是资本家在权力、财富与威望方面制造越来越大的社会差异,从而产生了大量的贫困和非正义,使年轻人、妇女、少数群体在文化抗拒的、反霸权的尝试中沉默。论文尖锐地指出,在一个犬儒主义盛行的时代和倡导和谐社会的今天,我国也应从批判教育学论者那里吸取道德教育的滋养。

王丽荣和陈志兴的《池田大作和谐德育观初探》(2008年第4期)和檀传宝的《"富的教育"及其实现——小原国芳的富育思想及其现实意义》(2014年第3期)两篇论文是对日本思想家的研究,很有意思的是这两篇论文的选题在道德教育思想和理论的研究中都显得有点"边缘",因为前者所论的人物并非传统意义上的道德教育理论家,而后者所论的"富育"也从未受到过小原国芳研究者的关注,这体现出论文作者的独到慧眼。池田大作作为日本创价学会的领袖,不仅受到创价学会信众的衷心爱戴,而且也具有广泛的国际影响,尤其是他与各国政要和学术文化名人的广泛对话引起了学术界的高度关注。池田大作的佛教信仰为他的和谐思想提供了深厚的思想和理论基础,而他对儒学的尊崇也使其和谐思想带有明显的东方色彩。而小原国芳则是个虔诚的基督教徒,国内对他的"全人教育论"比较熟悉,但并未对于其"富育"思想给予充分的关注。檀文则指出,小原的富育思想对中国具有重要的意义,因为教育年轻一代确立正确的财富观,正确看待、使用和创造财富是今日中国社会与教育的当务之急。

3. 教育治理与教育领导理论

本卷选择了9篇有关教育管理与学校领导理论的研究论文,时间跨度从2002年到2014年。这些成果大体可以分为两类,一类是关于宏观教育管理中的治理理论,一类是微观教育管理中领导理论,我们把这两类理论都看作教育管理理论的一部分。我国的教育管理学在上世纪80年代中期开始建立,在此过程中吸收了企业管理和行政管理的相关理论框架,90年代中期以后,我国对国外当代管理理论前沿的追踪力度加大,新世纪的成果尤为丰富,因而选入本卷的成果也集中于这一时期。

关于教育公共治理方面的论文选入了阎光才的《教育的功能、功用到功效——20世纪西方公共教育政策价值取向的演进逻辑》(2002年第3期)等4篇论文。阎文试图对百年间西方公共教育政策的价值取向进行高屋建瓴的全景式概括,并运用了功能(function)、功用(use)和功效(efficiency)三个关键词对不同时期的不同理论进行了独到的区分。周兴国的《从政府控制到市场运作——哈耶克自由主义教育政策观的思路与困境》(2005年第9期)、潘希武的《美国教育公共治理改革的话语选择困境》(2008年第12期)和乐先莲的《新自由主义视域中教育与国家的关系——韦斯特的"国家公共教育神话论"评析》(2010年第8期)则聚焦于20世纪80年代以来西方教育政策理念,周文的分析对象仅聚集于哈耶克的新自由主义,认为它对以"择校"为代表的学校重建运动和高等教育领域的大学法人化提供了理论支持,并坦率地指出这一理论指导下的改革只能是以牺牲教育的平等来换取教育的效率,甚至期待走出兼顾平等与效率的第三条道路。但是,潘文认为在理论上第三条道路无异于"乌托邦",但同时又认为现实的结果仍是对政府、市场和市民社会这三种空间与力量的混合性选择。当然,潘文不仅探讨了政府、市场与市民社会三者间的选择困难,还讨论了教育的官僚制与后官僚制的选择困境以及教育治理的公共善与个人权利、公平与效率之间等价值选择上的冲突,作者基于对 1990 年到 2006 年间《公共行政评论》等报刊的分析,认为美国教育公共治理改革的话语选择大体上有现代性的政治哲学话语、公共服务治理的空间结构、官僚制/后官僚制等三个范畴。乐文把改革的理论追溯到 20 世纪 60 年代韦斯特(Edwin. G. West,1922—2001)提出的"国家公共教育神话论",认为这一理论预见性地为后来西方社会教育的发展困惑指出解决的道路,并认为韦斯特对于教育与国家关系的开创性研究在很大程度上成为现代教育学术研究的经典。与上述成果不同,雷莉、郭世宝和常永才的《教育中文化多样性治理:三种北美理论模式的比较》(2014 年第 9 期)则重点聚焦于文化多样性治理这一北美国家具有共性的领域,认为文化互动教育模式、多元文化教育模式和反种族主义教育模式虽然都聚焦于文化多样性,但反种族主义模式最富有系统性和批判性,多元文化模式所产生的国际影响和目前遭遇的争议都较大,文化互动模式则为联合国教科文组织等国际组织所倡导,也较为符合我国的历史传统和教育实际需要。

　　另一类是关于教育领导理论,包括葛新斌的《教育领导乃是一种"道德艺术"——霍金森教育管理价值论评析》等 3 篇论文。葛文概括了加拿大教育管理学者霍金森的教育管理价值论,对其强调的道德领导或价值领导给予了充分的肯定,但也认为这一理论带有浓厚的理想主义和一定的神秘主义色彩。胡文龙的《西方学校文化研究进展及其启示》其实为我国学界介绍了西方的学校文化建设现状,认为西方厘清了学校文化的概念,编制了数量繁多的学校文化测量问卷以判断学校文化的特征,揭示了学校文化与学校管理效能、学生发展和教师职业发展之间的关系,确定了优秀学校文化的特征,为塑造学校文化提供了可操作的建议,这对我国的学校文化建设有重要的借鉴意义。郑鑫、尹弘飚的《教学领导的再度兴盛?——兼论西方教育领导研究的转向》认为今天的教学领导发生了重要的转变,是一种"新"的教学领导,是多维教学领导者以多样的方式结合学校的具体情境,选择适当的领导策略,围绕学校的技术核心——

"教学"而展开的领导活动,其目的是促进组织发展或学生学习。

4. 对学科理论动态的追踪

本卷选择了8篇对不同领域理论研究动向的综述性论文,它们分别涉及到教育经济学、教育政治学、教育哲学、教育史学、学前教育学、教育管理学、教育技术学和教育人类学,时间跨度从1989年至2014年。

作为上世纪80年代对学科发展动态的追踪代表,本卷选取了金子元久的《教育经济学发展概要》(1989年第5期)。《比较教育研究》关于教育经济学的学科综述,除了曾发表一篇刘力的《西方高等教育经济学研究的若干动向》(1987年第1期)以外,其他论文均为外国作者(如斯蒂芬·梅钦的《教育经济学的新发展》,杨娟译,2012年第3期)。金子元久在《教育经济学发展概要》一文发表以后,他对中国学界的影响曾中断了很长时间,大约在近十年来,他的教育经济学和高等教育学研究成果才更广泛地受到中国学界的关注。然而,这篇文章却反映出教育经济学开始成为显学的学术动态。就论文本身而言,文章不仅从人力资本理论切入,而且对批判经济学派的观点也进行了概述,这种对教育经济学理论发展的平衡性叙述在当时似乎并未引起足够的重视,然而在今天看来却具有十分鲜明的现实意义。

刘云杉的《国外教育社会学的新发展》(2002年第12期)等5篇论文(还有刘凡丰、徐辉的《当代远程教育理论发展述评》2002年第3期;刘焱《西方学前教育理论与实践的新进展》2002年第7期;周采《战后美国教育史学流派的发展》,2005年第5期;彭虹斌《欧美教育政治学的进展与反思》,2007年第6期)反映了21世纪初我国教育学界对国外教育研究各领域的追踪情况。这一时期,一些对学科前沿的追踪已经开始由全景式的整体描述转为特写式的重点描述,这也正是我国学术不断发展成熟的体现。以该文为例,作者全文罕见地仅阐述了两个问题,以对教育社会学的转向进行"点睛",她指出,研究取向中的解释主义对自然主义的取代以及立场理论的凸现,是"国外"教育社会学的新发展。这种概括本是一种回顾,却成了一个预言,在此文发表若干年后,这种转向已经渗入到我国教育社会学界乃至整个教育研究界,已经成为了对"国内"教育社会学和教育研究新发展的最好概括。

曾文婕和毕燕平的《西方教育哲学研究新进展》(2014年第1期)与沈丽萍

和工海兵《西方教育人种志发展的四个阶段》(2014 年第 1 期)这两篇论文都是最近的研究成果。前者的特点是在分析方法上有了新的变化,它是通过分析《教育哲学杂志》《哲学与教育研究》《教育哲学与理论》和《教育理论》等国际著名的教育哲学英文期刊,得出了新的结论,即近年来西方教育哲学发生着实践性转向,教学和学习已经成为研究的主要关键词;文章指出西方教育哲学依然关注对杜威和实用主义、自由主义的分析,也关注对福柯、德里达(Jacques Der-rida,1930~2004)教育哲学思想和后现代主义等新思潮的研究,并重视对公民教育等基本领域的探讨。后者的特点是将传统的教育人类学中的教育人种志作为教育的一种研究方法来探讨,虽然论文所划分的阶段对于理解教育人类学的发展具有重要意义,但又不止于教育人类学的学科范畴。

除了本卷所选的成果外,《比较教育研究》还对很多研究领域(也包括问题域)进行了追踪,如王燕津的《"环境教育"概念演进的探寻与透析》(2003 年第 1 期)、任其平的《美国学校心理学的发展趋势及对我国的启示》(2007 年第 1 期)、黄志成和韩友耿的《跨文化教育:一个新的重要研究领域》(2013 年第 9 期)等,都是追踪各领域前沿的重要成果。

由这些成果不难看出,《比较教育研究》的志向已不仅在于促进比较教育学科的振兴,而且在于促进整个中国教育学研究的繁荣。这种志向也使比较教育学科表现出一种特殊的"外部性",即它不仅通过生产国际教育的知识直接丰富和深化教育学研究,而且还通过作用于其他教育学科而间接贡献于教育学的学术发展。

《礼记·中庸》十九章有云:"博学之,审问之,慎思之,明辨之,笃行之。"这里的五个为学步骤,也可概括为"学""思""行"这三个方面,因为"审问"和"明辨"也可归为"思"的范畴。仅从研究论文自然无法对"笃行"与否做出判断,但应该说,中国教育学者们"博学"与"慎思"的品质在其中得到了淋漓尽致的体现。

"博学"反映了开放的胸襟和旺盛的求知欲。《比较教育研究》广泛关注当代世界教育思想和教育思潮,关注教育学各领域的发展前沿,正是"博学"的重要体现。儒家倡"博文",佛家主"多闻",都主张思想的开放性,因为广涉他学才能得天下知识之精华,才能做到海纳百川的思想交汇与理论交融,从而形成具有普遍性的独特理论。学术最忌禁区,最忌宗教裁判所,最忌自我审查,这是古今中外的学术史已经证明的铁律。目前我国固然仍缺乏具有世界影响力的教育理论,但世界各种教育思想和理论都能得到中国学者的持续关注这一事实本身,正是中国教育学术发展的前提,也是未来中国教育学术腾飞的前兆。

"慎思"反映了学术工作的批判性。《比较教育研究》中的研究成果表明,虽然我国学者与国外教育思想和理论的接触是"大胆的",但对它们的接受却是"小心的"。这种"小心"一方面体现在对这些学说本身的质疑、诘问以及一分为二式的评价上,另一方面也体现在对这些学说的中国适用性的谨慎判断上。实际上,中国的比较教育学者并不像外界想象的那样奉行"拿来主义",而是始终透出某种矜持。虽然他们了解实践工作者的渴望,而且迫于这种需要,有时也会通过一些明快的结论来加以回应,但又时刻不忘记表达自己的审慎。这是非常可贵的学者气质和学术品质。所谓"批判性",并非仅仅表现在利用专业知识对社会现实进行的批判上,同时也包括对专业知识的批判和对自己的批判。政客与学者的区别,是前者通常用斩钉截铁的口吻为复杂且尚未明暸的事物定性,而后者却宁愿用留有余地的论断对待已经比较清晰的事实;前者从来把批判的矛头指向他人,而后者则常把自己当作批判的对象。

这卷论丛多少勾勒出半个世纪以来苦苦求索却又乐在其中的教育学者的群像,他们是中国知识分子的可贵缩影,那些在血雨腥风的政治运动或汹涌澎湃的经济大潮下默默耕耘的一代代学者丰富了科学精神的内涵,那些把个人荣辱置之度外却把国家命运时刻系于心中的一代代书生彰显了民族精神的实质。在编辑的过程中,编者无时无刻不对所有为中国教育学术做出贡献的同仁们心生敬意,也无时无刻不对他们为这本学术杂志的关爱与垂青满怀感激。

在 21 世纪的今天,中国教育学界正要迎接一个理论创新时代的到来。中国对当代世界各种思想与理论的"博学"已有一个世纪(从 1915 年《新青年》发刊算起,今年正是新文化运动开始一百周年),中国必然需要从满足于祖述现成学说或将现成学说作为批判对象的阶段,进入到一个创立自己的世界性学说的阶段。过去的百年正是新阶段的铺垫和酝酿,或许这个旧阶段还需要更长的时间,但迎接伟大新时代的心理准备已经开始了。对《比较教育研究》下一个 50 年的期待,毫无疑问地将集中于她对中国教育的思想革命与理论创新所做出的贡献。

　　最后,感谢《比较教育研究》编辑部各位同事特别是曲恒昌老师和张瑞芳老师的帮助和指导,感谢本卷的工作搭档姜英敏老师耐心细致的工作,感谢两位研究生刘琦和王希彤所付出的艰苦努力。

高益民

2015 年 10 月

于北京师范大学

20 世纪教育思想家

一、杜威"儿童中心说"对现代教育的影响

（一）

约翰·杜威(1859～1952)是现代著名的实用主义哲学家、教育理论家和心理学家。《新大英百科全书》(1979 年版)在介绍杜威时说,他是"20 世纪上半期美国教育改革中所谓进步运动的卓越思想家。"1930 年,巴黎大学在授予杜威荣誉博士学位时,称他是"美国精神的最深刻、最完全的表现。"他的重要教育理论著作《学校与社会》和《民主主义与教育》都被译成十二种文字,在世界各国广泛传播,他本人还应邀以教育顾问的名义,访问过中国、日本、土耳其、墨西哥和苏联。有人说,"杜威的教育学说,不仅塑造了现代的美国教育,且影响了全世界",是很有道理的。

近二、三十年来杜威的教育理论在各国仍然受到重视。1960 年,为了纪念杜威诞生一百周年,美国全国教育协进会编辑了一本名曰《约翰·杜威,大师和教育家》的书,编者认为杜威永远鼓舞着人们对教育理论和实践进行创造性的批判的思考,他的教育思想将被继续不断地讨论着。美国学者乔·安·博伊兹顿和凯恩林·波洛斯在他们合著的《关于杜威的评论文章一览》中写道,自 20世纪 70 年代以来,关于杜威及其著作的研究项目不只在数量上增加,"实际上研究和著作的质量和范围也在不断地提高和扩大"。另一个值得注意的现象是杜威的著作被译成外文的范围在扩大。还有,1960 年美国的南伊利诺斯大学建立了杜威研究中心,为世界上杜威的学生和学者们研究杜威提供资料和进行协调。美国哥伦比亚大学师范学院院长、教育家克雷明甚至声称:"如果美国再

次出现一个教育改革时代,进步主义可能复苏,那时杜威的哲学及其教育哲学很可能重新受到重视……"这种看法是否正确,我们权作别论。但上述种种情况至少说明,杜威教育思想的现实影响又在继续扩大,杜威学说仍然具有某种研究价值,尽管在各国导致这种研究的原因是多方面的。

(二)

对于杜威的"以儿童为中心"学说,向来毁誉不一。《儿童中心学校》一书的作者拉格教授认为,作为新生事物,虽然存在着种种尚待改进和纠正的缺点和错误,但是杜威"儿童中心说"的提出和以杜威初期的几本小册子的宣传为基础的"儿童中心学校"的勃兴仍不失为教育理论和实践上的一场革命。其巨大作用是不能用常规的方法来度量的,就象不能用尺子来测量地平线一样。我们认为这种评价是过分的,因为杜威这一思想并没有科学地从理论和实践上解决教育的根本问题。

然而,我们并不否认,尽管这种提法带有很大的片面性,尽管杜威的理论并没有使教育史上这个"老大难"问题得到正确的解决,但是他的主张在当时的确使人们的耳目为之一新,起着振聋发聩的作用,引起极大的反响。从此,现代教育派和传统教育报两大教育思潮的斗争,此起彼伏,整整经过了半个世纪,成了现代世界教育思潮发展的主要趋势,影响着许多国家的教育发展。从这个意义上说,杜威"儿童中心说"的提出,在教育发展史上应当有一个地位。有人这样评价杜威:"虽然,在教育史上有许多学者,如卢梭、裴斯泰洛齐、福禄培尔、爱伦凯、蒙台梭利等等都有儿童中心的教育思想,但是杜威学说使我们更加注重儿童的兴趣、需要与能力,并把这种新倾向建设成完备的教育理论体系,且付诸实施推广,使今日学校中儿童的学习生活,更生动有趣,更积极自主,奠定了新教育运动的基础。"可以这样认为,"儿童中心说"虽非杜威首次提出,但经过他的理论化和系统化,并且通过声势浩大的进步教育运动而付诸实验,因而对现代教育产生了极为深远的影响。质言之,杜威这一思想的提出,标志着人们对教育规律比以前有了进一步的认识,它"在反对传统学校令人厌烦的形式主义中"起了很大的作用,推动了教育教学的理论和实践的发展。

另一方面,由于种种原因,尤其是"儿童中心说"本身固有的错误,例如轻视学习系统知识而重视掇拾片段经验,强调学习的当前效用而不顾长远需要,夸大儿童的兴趣和自由在教学中的作用从而贬低了教师的主导作用等等,导致学生基本训练薄弱,学科知识贫乏,因而受到各方面的激烈抨击。我们认为,杜威的"儿童中心说"通过进步教育运动,的确给教育理论和实践也带来了消极的影响。虽然我们决不能把进步教育的论点都笼统地归到杜威身上,但是进步教育是以杜威的理论为指导的,所以进步教育遭到的失败,也可以看作是杜威学说本身带来的必然结果。从 20 世纪 30 年代起,杜威的实用主义教育理论,当然包括其"以儿童为中心"的教育思想,不但在美国,而且在世界上其它一些国家,例如苏联和新中国,都受到了种种的批评和冲击。

1957 年苏联第一颗人造地球卫星发射成功,在美国引起极大的震动。美国国会于 1958 年通过了旨在加强基础科学教育、培养未来科技人材的《国防教育法》,1959 年又派出教育考察团赴苏联,发现两国中学生在知识质量上差别很大,于是归罪于杜威实用主义教育理论大大降低了儿童系统科学基础知识水平。各界人士纷纷发表意见,反对实用主义教育哲学。强调文化科学知识的传授,抵制杜威"以儿童为中心"教育思想在消极方面的影响。

(三)

第二次世界大战以后,科学技术飞速发展,人们惊呼"知识爆炸"。加之世界政治形势逐步形成美苏争霸局面,在科技日新月异的当今世界,争霸靠实力,实力靠科技,科技靠教育。所以从 20 世纪 50 年代末起,苏、美、英、法、西德、日等世界上一些主要的发达国家掀起了教学改革的浪潮。最近几十年中,这些国家的教学理论研究显得极其活跃,成果也十分丰硕。在众多的研究中,美国的布鲁纳和苏联的赞可夫的教学理论具有广泛而深刻的影响,成为美苏两国进行这场教学改革的理论基础,而且影响其它国家。二者的理论重点有着惊人的相似之处,各国的教学改革也有共同的特点。就教学目标而言,都旨在培养能够掌握学科基本结构、有独立和创造精神的人;就教学内容而言,重点都在加强自然科学,同时提高对各年级教材的要求,强调教材的理论性;就教学方法而言,也都一反旧的教学论,批判让学生被动吸收知识的灌输法和单纯的重复练习的陈旧的方法,力图尽量有效地培养学生独立工作和独立获取知识的能力,提高教学效果。新的教学方法的要旨可以用"主动"和"活动"两个词来概括。所谓"主动",就是注重学生学习的积极主动性,强调使学生的学习活动"积极化",所谓"活动",就是强调学生学习活动的探究性,学生不是从教师嘴里获得知识,而是通过实验、调查、理智的活动来获取知识和技能,从而解决问题。总而言之,在教学过程中,十分强调学生本身的主动性,强调照顾学生的兴趣,反对单纯记忆现成知识。不难看出:一方面,这场改革实际上就是对杜威实用主义教育理论的有力批判,杜威在其代表作《民主主义与教育》中所说的"一磅经验贵于一吨理论"至此完全破产;另一方面,上述杜威"以儿童为中心"的教育思想所提出的一些主张,迄今仍然引人注意并具有一定影响。所以不能说杜威的教育思想从此在教育领域里消失了,对它作进一步的研究是必要的。

始于 20 世纪 50 年代末期的以反对实用主义教育理论为中心的课程改革和教学方法改革对提高各国中小学教学质量起了积极作用,但也产生了许多问题。例如,过分强调理论知识在教学中的地位,因而脱离了教学实践和生产、生活实践,也忽视了读写算的基础训练;热衷于提高科学教育水平,不重视生产劳动和职业定向教育;强调自然科学,忽视人文学科等等。尤其是教材层层下放,难度与份量增加,学生学业负担过重,身心健康发展受到损害。苏共领导人在 1981 年召开的苏共二十六大上承认,新的教学大纲和教科书"过于复杂","造成了儿童不适当的过重负担"。1976 年 12 月,日本文部省咨询机构"教育课程设置审议会"就教学改革措施向文部省提出的建议书也指出了同样的情况。当然,美国也没有例外。足见事物的发展总是曲折的,一种倾向往往掩盖了另一种倾向。我们并不主张仅仅乞灵于杜威的"儿童中心说"就可以克服这些问题,更不认为应该回到杜威那里去。我们只是认为,如果不是形而上学地看待杜威以及其它派别的教育理论,定会有助于克服教育理论上的偏颇和实际教育工作中的片面性。有人这样认为:"进步教育论者所提出和试答的一系列课题当前不曾死去,将来不会灭亡。教育技术学和结构心理学的大师,谁也逃避不掉进步教育论者的课题,却都须借助于杜威等人的卓识。过去对进步教育的攻击,全是缺乏冷静审慎的。"还可以举出一个例子,那就是苏联 20 世纪 30 年代的教育改革,在纠正其 20 年代教改之偏时,全盘否定了儿童学和杜威的教育理论,因而逐渐转向传统教育理论。苏霍姆林斯基在其实际工作中深感研究儿童是搞好教育工作的"基本功",因此他公开指出苏共中央 1932 年对儿童学的批判有过头之处,是"把孩子和洗澡水一起泼掉了"。教育史上的经验和教训,是应当记取和给予总结的。

针对上述改革中出现的问题,20 世纪 60 年代在美国出现新的进步教育派。他们与要素教育、基础教育论者不同,"珍惜教育科学的成就,不废以儿童为教育中心,认为过度的硬性灌输会窒息儿童的积极性、创造性,妨碍儿童的自由成长和自然发育"。新进步教育派也不赞成实用主义的一些观点,跟进步教育派也有不同,他们主张在尊重儿童的同时也要注重指导学生系统地学习科学知识,提高科学教育的质量,他们清楚地认识到在生产技术的发展与今天比较起来还算缓慢的 19 世纪,青年仅会技艺而不懂规律尚能应付,而在电子时代的今天,年轻一代如不掌握科学原理,势必难以跟上时代的步伐。除了进步教育派之外,还有大量事实表明:一、二十年来传统派和现代派的观点在一系列实际问题上,有着明显的相互接近的趋势,越来越多的教育家认为现在"不需要在这两种立场之间做出如此尖锐的对立的结论了"。在布鲁纳的著作中就可以看出把上述两种观点融合起来的努力。目前,不少教育理论家提出,教学论中极其重要的问题是要确定形成认识能力与实际掌握知识之间的正确比例,灵活地运用包括儿童中心主义者所主张的适当的教学方法和方式,促进教学过程的积极化,把知识结构通过构成它的基本概念的形式传授给学生,达到在保持全体学生共同学习高水平的教材的条件下,在对有各种才能的儿童的教学中取得理想效果的目的。这种各派观点相互接近的趋势充分说明,杜威"以儿童为中心"的教育思想并没有完全被抛弃,而是被改造和利用了。从这个意义上说,它是人类认识教育规律的辩证的、无限发展的过程中的一个环节。

毋庸置疑,如果能够历史地、辩证地对杜威的"以儿童为中心"的教育思想进行科学的分析和研究,那定会有益于教育史的科研工作,也一定会有益于教育理论的研究和教育的实际工作。

（本文发表于《外国教育动态》1983 年第 5 期。作者袁锐锷,时属单位为北京师范大学教育系）

二、探究与创新：杜威教育思想的精髓

杜威(John Dewey,1859～1952)是现代美国著名的教育家,他将实用主义哲学与美国教育实际相结合,创立了独具特色的教育理论,对美国以及世界许多国家的教育产生了重要影响。在以往对杜威的研究中,我们比较多的是关注杜威对一般教育问题的论述。实际上,在杜威的教育思想中,鼓励探究与创新是其教育思想的精髓。本文试图对这一思想进行初步的研究,以进一步认识杜威教育思想的本质。

(一)

杜威鼓励探究与创新教育思想的形成建立在对社会变革、科学发展和教育冲突等深刻认识的基础上。

首先,这一思想的形成是与杜威对这一时期欧美社会深刻变革的认识分不开的。在杜威看来,自工业革命以来不到 100 年时间里,人类社会发生了迅速、广泛和深刻的变化。工业化和城市化的迅速推进,不仅改变了政治疆界,扩大了生产的规模,加速了人口的流动,也使得人们的各种生活习惯、道德以及观念和爱好都发生了深刻的变化。[1] 这些变革的重要结果就是促进了科学和哲学的发展。一方面,在 19 世纪的欧美社会,随着生理学以及与生理学相关联的心理学的进展、进化论思想的出现、科学实验方法的使用等等,强调发展及变化和重视探究及实验成为西方科学发展的基本特征。这为杜威教育理论的产生提供了条件。杜威的教育思想正是这一时期科学探索精神广泛影响的产物;另一方面,19 世纪后期的美国实用主义哲学也形成了与以往哲学不同的特点。实用主义哲学是一种强调行动和鼓励探究的哲学。它反对只强调观念的孤立或独处状态,而主张将观念与行动统一起来,并在二者的结合中把观念能否产生效果放在第一位。因此,在这一基础上形成的杜威教育思想渗透了强调探究和创新的思想,形成了不同于传统教育的新特征。

其次,这一思想的形成也与杜威对传统认识论进行分析和批判有密切的联系。一般说来,认识论是关于知识以及认知的理论。在杜威看来,认识论所关心的不只是知识问题,更重要的是认知问题。杜威认为,传统的认识论在认知问题上是以"知识旁观者"的理论(spectator theory of knowledge)出现的。这种认识论主张,知识是对实在的"静态"把握或关注。[2]杜威指出,这种认识论在认知上存在两个缺陷:一是认知的主体与被认知的对象是分离的,认知者如同"旁观者"或"局外人"一样,以一种"静观"的状态来获取知识;二是认知被理解为一种认识"对象"呈现给认知者的事件,认知者在认识中是被动的。杜威指出,"知识的旁观者"理论是一种形而上学的"二元论",在现代科学面前是站不住脚的。现代科学的发展表明:知识不是某种孤立和自我完善的东西,而是在生命的维持与进化中不断发展的东西。[3]杜威指出,知识的获得不是个体"旁观"的过程,而是"探究"的过程。杜威认为,"探究"是主体在与某种不确定的情境相联系时所产生的解决问题的行动。在行动中,知识不是存在于旁观者的被动的理解中,而是表现为主体对不确定情境的积极反应。知识是个体主动探究的结果。从这个思想出发,杜威认为所有成功的探究都遵循一般的模式。这种"探究"模式既可以是科学家的科学研究模式,也可以是学校教育中的教学模式和学习模式。① 总之,杜威所主张的以"探究"为基础的认识论批判了传统的"二元论"的认识论,突出了探究主体在认识活动中的重要性,为现代教育重新认识知识的作用和学生个体的活动提供了思想基础。

再次,杜威的这一思想也与他对传统教育"知行分离"现象的批判分不开的。在杜威看来,由于知识"旁观者理论"把认知主体与认知对象相隔离,强调认知是一种认识"对象"呈现给认知者的事情,这样在教育上就逐步形成了以知

---

① 这种"探究"模式由五个步骤组成为。这五个步骤分别是:1. 设置一种真实的不确定的情境;2. 提出能促使思考的真实问题;3. 收集和获取有关解决这一问题的材料;4. 制定关于这一问题可能性的假设和解决问题的方案;5. 对所提出的假设和解决问题的方案进行检验。

识为中心,学习是被动的接受,知识与行为相分离等弊端。结果,在学校教育中,学科变成了书本上的东西,变成了远离儿童经验和不能对行为发生影响的东西。杜威认为,人的知识和行为应当是合一的。如果一个人他所学的知识不能影响他的行为,他的行为又不能源于他所学的知识,那就只会养成一种轻视知识的习惯。从"知行合一"思想出发,杜威强调,学校应当把单纯的以知识为中心的教育转移到儿童的活动上来,依照儿童发展的程序,通过儿童运用他所学习的知识逐渐发展他的能力,直到他能教育自己为止。杜威对"知行分离"现象的批判和"知行合一"思想的阐述,提出了知识与行为相结合以及个体在获取知识上的主动性问题,为正确认识知识传授与儿童活动的关系,鼓励儿童主动地探究,通过探究活动获取知识和经验,提供了指导思想。

总之,杜威关于探究和创新的思想建立在他对社会变革进行深入思考和对传统的认识论和教育观进行批判的基础上。杜威把科学和哲学强调探究和创新的思想引入到教育,对教育的许多问题进行全新的思考,使得其教育思想形成了与传统教育明显不同的特征,为我们认识现代教育的本质提供了新的视角。

(二)

在杜威的教育思想中,由于突出了探究与创新的精神,因此,对儿童创造性的认识及其培养、学校教学方法的改革和初等教育的主要任务等问题便成为杜威关注的中心。

1. 教育应当重视和培养儿童的创造性

在杜威看来,强调探究与创新,就必须认识"创新"和"创造性",认识教育中儿童的"创造性"问题。杜威在《民主主义与教育》一书中对这些问题进行了深入的思考。杜威认为:"创新以及有发明意义的筹划,乃是用新的眼光看这种事物,用不同的方法来运用这种事物。"他还说:"衡量创造性的方法就是用别人没有想到的方法,利用日常习见的事物。新奇的是操作,而不是所用的材料。"[4]在杜威看来,在理解"创造性"的问题上,采用新的视角和不同方法是重要的,而不在所使用的材料。那么在教育上如何看待儿童的"创造性"呢? 杜威在分析了儿童自身的特点后指出:"在教育上可以得出的一个结论就是:一切能考虑到从前没有被认识的事物的思维都是有创造性的。一个三岁的儿童,发现他能利用积木做什么事情;或者一个六岁的儿童,发现他能把五分钱加起来成为什么结果,即使世界上人人都知道这种事情,他也是个发现者。他的经验真正有了增长;不是机械地增加了另一个项目,而是一种新的性质丰富了经验。如果创造性一词不被误解的话,儿童自己体验到的快乐,就是理智的创造性带来的快乐。"[5]在这里,杜威提出了如何评价和认识儿童创造性的问题。杜威认为,对儿童创造性的评价不应以传统的观点为标准;评价儿童的创造性应当以儿童的自我发展水平为基础,即在儿童的发展中,他们过去没有考虑到而现在能够自我发现或使用的方法都是具有创造性的。

与对儿童创造性的认识相联系,杜威还批评了传统教育关于"只有少数人具有创造性"的观点。杜威指出,传统教育关于一般学生和天才学生之间的不同在于一般学生缺乏创造性的推断纯属虚构。"一个人的能力怎样和另一个人的能力在数量上进行比较,这种比较和教师的工作无关。教师所要做的事,是使每一个学生有机会在有意义的活动中使用他自己的力量、心智、个人的方法、创造性表示有目的的或有指导的活动的性质。如果我们照这个信念去做,即使按传统的标准我们也将获得更多的创造性。如果我们把一个所谓统一的一般的方法强加给每一个人,那么除了最杰出的人以外,所有的人都要成为碌碌庸才。"[6]在杜威看来,每个人的能力是不同的,不宜进行比较。传统教育把创造性只限定在少数天才学生身上,忽视了大多数儿童创造性的发展;而在现代教育中,应当看到每个儿童都是具有创造性的,教育应当发展每个儿童的创造性。

从上面对儿童创造性的认识出发,杜威强调现代学校应当把培养儿童的创造性作为主要的任务,并为儿童创造性的培养提供有利的条件。首先,杜威十分重视学校科学性和民主性的建设。他认为,学校建设的科学性主要强调学校是一个实验室,儿童可以在学校里,按照科学的方法检验他们的思想。同时,在教学上,应把儿童的学习与行动联合起来,进行科学的安排,给儿童以充分的思考时间,让儿童自己做出决定。学校建设的民主性表现为,在学校中儿童可以自由地表达和检验各种思想、信念和价值;人类社会的任何文化遗产都可以成为儿童个体批判、探索、研究和改造的对象;学校的任何设施、用具都为全体成员开放和使用。其次,杜威十分重视教学过程中材料的选择和工具的使用。杜威认为,如果教学中"太热心选择不准有发生错误机会的材料和工具,就要限制学生的首创精神,使学生的判断力减少到最低限度,并强迫学生使用远离复杂的生活情境的方法,以致使学生所获得的能力毫无用处。"[7]杜威强调指出,在学校教育上,"使学生形成创造和建设的态度,较之使他从事太细小和规定太严的活动,以求得外表上的完备更为重要。"[8]总之,在杜威看来,肯定所有儿童的创造性是教育的基本任务,教育应当创造条件,把儿童创造性的培养放在重要的位置上。

2. 教学应当重视科学方法的运用

与强调探究和创新的思想相联系,杜威十分重视学校教学方法的改革。杜威指出,由于学校教育中所传授的东西,都是已有的事实、材料和知识,是已经确定的东西。它们能解释问题、阐明问题,确定问题的所在,但是它们不能提供个体所需要的答案。要找到问题的答案,还要进行设计、发明、创造和筹划。[9]因此,学校教育还应在教学方法上进行创新,使学生掌握发现真理的方法——科学的方法,形成探究、发明、管理、指挥自然界的能力。

杜威指出,这种科学的方法并不是学校教育中每一科目具体的方法,而是无论哪一科目都可以使用的方法。这种方法就是试验的方法。在杜威看来,试验的方法就是用人的动作将人的思考和自然界的事物联系起来,形成一种有变化的关系。他举例说,有一种金属,人们不知道是什么东西,传统的方法不过是看它的颜色或重量是什么,而新的方法则通过人的动作先加点酸下去,看它有什么反应;再加点别的酸下去,又看起什么反应;如果加酸不够,则加热,看其会变成什么样子。杜威认为,这种通过人的动作引起事物变化的方法,可使事物的性质和作用变得比较清楚。试验方法的特点是只有行动以后才可以知道,没有动作便没有真正的知识。[10]

在试验方法上,杜威十分重视"假设"的作用。杜威认为科学的试验不是武断的、一成不变的,科学试验只是暂时认定有试验的价值,一切试验都具有假设的性质,都有待于证明和别人来改变它。杜威指出,试验方法和假设思想的提出,对于形成科学的态度具有重要的意义。以往人们对于一种观点的提出,只有两种态度,对的就承认它,不对的就否认它,而试验的思想形成以后,开始形成第三种态度,就是对于一种主张,或真或假,只是把它看成一种假设,认定有试验的价值,都要通过试验的结果来定。在学校教育上,杜威指出,试验方法的作用就是无论对于新思想,还是旧思想都不要一概推翻,也不认定是最后的真理,只是以试验的态度做其存在的理由。总之,杜威强调教育上的"试验"和"假设"的思想,不仅反映了杜威探究思想在教学实践上的具体化,而且也反映了杜威对形成教育科学精神的期盼。在他看来,强调试验方法可以使学校充满探究的气氛,可以打破传统武断的态度和教条的东西,在教育上形成科学精神的统一。[11]

3. 初等教育阶段应当把培养儿童好奇心、好问心和探索心等习惯作为主要任务

与强调探究和创新的思想相一致,杜威十分重视初等教育阶段在培养儿童好的习惯上的重要作用。杜威认为,初等教育的建立基于两个重要的事实,一是儿童期是人最初接受学校教育的时期。在这一时期,儿童的吸收力最大,伸缩力最强,变好变坏都是可能的;二是这一时期是一个打基础的时期,不但是中学、大学的基础,尤其是人一生事业、习惯和爱好的基础。因此,初等教育是人一生发展的重要时期。但杜威认为,由于初等教育受传统观念的影响,只注重知识的学习,不重视儿童良好习惯的养成,反而束缚了儿童的发展。

在杜威看来,初等教育阶段是儿童好奇心、好问心和探索心等好习惯形成的重要时期,这些习惯正是儿童探究能力和创造性形成和发展的基础。杜威指出,这一时期,儿童有好奇的心理,冒险的心理,可以养成他探究的态度和勇敢的品质;如果不去鼓励它,利用它,使他形成试验和创新的态度,只是压抑它,儿童的心理就会变得麻木。杜威指出,这一时期,儿童所求的知识很少,但好奇心、好问心和探究心等好的习惯养成是非常重要的。因此,初等教育的目的不在使儿童读许多书,掌握许多知识,而在养成将来应用的能力、技能和习惯。当然,杜威也认为,在这一时期,知识学习是不能放弃的,但学习的目的不是为求知而求知;知识应当从形成活动的能力、技能和习惯中得来,寓知识于养成习惯之中。在初等教育问题上,杜威提出的通过培养儿童好奇、好问、探索等习惯来形成儿童探究能力和创造性的观点是具有重要价值的。

总之,在教育问题上,杜威关于儿童创造性问题的认识、关于科学方法在教学中的作用以及关于初等教育应当形成儿童良好习惯等观点,反映了他对教育

在形成儿童探究和创新能力上的作用的深入思考。这是杜威在把社会变革思想与教育变革相结合问题上所进行的尝试。

（三）

杜威关于探究和创新的教育思想虽然是 20 世纪初期的产物,但从今天来看,它的基本精神仍然值得我们关注。

第一,应当以不断变化和探究的观点加强对现代教育改革的认识。这主要包含两方面的内容,一是以发展变化的精神来指导现代教育的改革。现代社会是一个不断发展和变化的社会,传统的、一成不变的思想是不适应现代社会发展的。如果现代教育仍然延续传统的、单一地强调知识教育,而忽视儿童的行动和动手能力、割裂知识与行动的联系,远离儿童的生活,只会阻碍儿童的发展。因此,学校所传授的知识应当与社会的发展密切结合,与儿童的生活密切结合,成为解决实际问题的工具。二是以不断探究的精神推进现代学校教育的变革。在现代社会不断发展的大背景下,学校教育的发展并不是被动的,学校的每一步发展都需要不断的探究。在这一过程中,每一个学校都是探究的主体,都应结合实际情况发挥自己的主动性;只有结合自己的实际情况所进行的探究才是最有价值的。只有这样,才有利于学校教育观念的转变,才有助于形成学校的个性和特色。因此,现代学校应当把不断探究和创新当作自己的生命,以此来推动自身的发展。

第二,应当重视教育中对儿童创造性的认识和培养。现代社会是鼓励探究和创新的社会,创造性是人进行探究和创新的基础。现代教育应当把培养有创造性的人放在重要的位置上。从上面对杜威思想的研究可以看出,杜威关于儿童创造性的认识不是从对创造性概念的一般理解出发,而是建立在对儿童个体发展特点认识的基础上;不是放在少数天才儿童身上,而是建立在对大多数儿童认识的基础上,这对于现代社会认识和培养儿童的创造性具有重要的意义。首先,这一观点丰富了教育上关于儿童创造性的内涵,即儿童的创造性是与他自己的发展水平相联系的。这一认识提供了教育上改变传统观念,开展儿童创造性培养活动的可能性。其次,这一观点提供了教育上审视儿童的新视角,即每个儿童都是具有创造性的。这一认识有助于积极地评价广大儿童的创造性,为儿童创造性的发展提供宽松的环境,使学校教育更加贴近儿童的生活。其三,这一观点也有助于提高儿童积极探索世界的兴趣,增强儿童自我发展的信心。需要指出的是,儿童创造性的培养是不能脱离儿童的实践活动的,是在儿童的实践活动中进行的,那种把儿童创造性的培养与儿童实践活动分开进行的做法是不科学的,它割裂了二者的密切联系,是传统教育中"形式训练说"的翻版。

第三,应当重视在现代社会条件下初等教育培养儿童探究和创造能力的重要作用。初等教育是儿童发展的重要时期,是联结中等教育和高等教育的重要阶段。在初等教育阶段,如果学校教育的任务仅仅是以传授知识和学习知识为主,而压抑儿童好奇心、好问心和探究的心理,不去鼓励它,利用它,没有使儿童形成好问的态度、研究的态度和探索的品质,儿童早期所出现的探究能力和创造性的萌芽就会逐步枯萎。因此,在初等教育阶段,如何处理好掌握知识和养成儿童好奇、好问和好思考的习惯关系的问题,是应当认真研究的问题。

参考文献:

[1] 杜威著,王承绪译.学校与社会进步[M].北京:人民教育出版社,2001.

[2] 杜威著,彭国华译.确定性的探究[M].北京:中华书局,2002.

[3] 杜威著,许崇清译.哲学的改造[M].北京:商务印书馆,1958:63—64.

[4][5][6][7][8][9] 杜威著,王承绪译.民主主义与教育[M].北京:人民教育出版社:1990:169,169,183—184,210,210,168.

[10][11] 杜威著,胡适译.杜威五大演讲[M].合肥:安徽教育出版社,1999:137—138,139—142.

(本文发表于《比较教育研究》2004 年第 3 期。作者郭法奇,时属单位为北京师范大学教育学院教育历史与文化研究所)

三、马卡连柯—苏霍姆林斯基—"合作教育学"

——苏维埃人道主义教育思想的接力式发展

马卡连柯于 20 世纪 20～30 年代创立了工学团和公社教育学,苏霍姆林斯基于 20 世纪 50～60 年代创立了帕夫雷什中学实践教育学,20 世纪 80 年代的苏联教育改革中又产生了"合作教育学",它们的共同特点就是深深地渗透着社会主义的人道主义教育思想,可谓之为社会主义的"人道主义教育学"。值此纪念马卡连柯诞辰 100 周年、苏霍姆林斯基诞辰 70 周年之际,将上述三部人道主义教育学中的若干重要方面加以纵向比较,揭示三者接力式发展的轨迹,从而吸取各自的精华思想,无疑是大有裨益的。

(一) 马卡连柯的人道主义教育学

1. 马卡连柯所处的时代背景及他的人道主义教育学的特色

1917 年的十月革命风暴,苏维埃政权初期粉碎内外武装干涉的浴血奋战,汹涌澎湃的农村集体化运动,大规模的社会主义工业化经济建设,新的世界大战对苏维埃国家的严重威胁,曲折复杂的国内肃反运动,以斯大林为首的高度集权政治体制的确立,这一切表明,马卡连柯所处的时代是一个充满国际国内阶级斗争和进行改造社会、改造自然、改造人本身的严酷、艰难的时代。这种时代的严酷性、艰难性,决定了马卡柯连的人道主义教育学也必然充满斗争哲学、严格要求、铁的纪律等军事化、集权化色彩。例如马卡连柯针对当时的法西斯战争威胁就曾严正表示:"我们高举着人道主义的旗帜反对世界上这群疯狂的匪帮。""我们的人道主义完全没有调和的思想,它没有那种毫无作为的口头上的和平主义的气味。""假如战争一旦爆发,我们的公民和全世界的公民将在人道主义的旗帜下沉着地拧断任何法西斯败类的脖子……这种胜利将是历史上人道主义的胜利。"实践证明,马卡连柯的这种充满斗争哲学的人道主义教育学,光荣地完成了它的伟大历史使命,因而应予充分肯定。

2. 马卡连柯人道主义教育学的教育目的论

严酷、艰难的时代背景决定了马卡连柯的教育目的论的特色。马卡连柯坚决认为,社会主义人道主义教育的目的,既不能从非马克思主义教育家的人道主义思想中引伸出来,也不能从托尔斯泰宗教人道观中、从伪儿童学和自由教育论流派的遗传决定论、宿命论中引伸出来,而只能从"社会定论"、"阶级的要求"、"党的要求"中引伸出来;但他反对"用简短的公式"、"革命的空话"、"抽象的理想"来表述教育目的,认为诸如"和谐的性格"、"共产主义者"、"具有充分主动精神的战士"等提法都是"脱离实际"、"无法检查"的空话。因此,他在《教育家莫名其妙了》一文中集中地开列了一个包括十七个"应当"的教育目的系列,在《儿童工学团工作方法的经验》一文中也专门论及了他具体的教育目的,概括起来说(尽管马卡连柯本人认为这样做不合适)他要培养养的是:充满爱憎分明的阶级意识的战士和爱国者,是刚毅果敢、纪律严明、乐观从事、集体利益高于一切、会领导也会服从的苏埃维公民。

笔者认为,第一,马卡连柯视教育为社会现象和阶级斗争的工具,因而教育目的自然产生护社会、阶级、政党的要求,这是完全正确的。但是第二,从现代观点看,马卡连柯的教育目的论似有偏激之处,即对社会、阶级、政党要求的一面重视有余,而对人本身的特点及其需要(年龄、生理、心理)的一面却重视不足。第三,马卡连柯实际上反对用概括语来表述教育目的,这固然是事出有因,因而是可以理解的,然而也过于偏激,须知他本人也不得不概括地指出:"我们的教育任务,就是培养集体主义者。"

3. 马卡连柯人道主义教育学的系统论萌芽思想

人们对马卡连柯教育学的方法论问题作了多方面的研究,唯独忽视了它的系统论萌芽思想。实则这一点是不难发现的,例如马卡连柯强调:"在教育问题上具有决定意义的……是教育工作的全部范畴,即教育工作的整个内容。"还说:"对人的教育不可能是一部分一部分地来进行的,而是由人所经受的种种影响的全部总和综合地教育出来的。"此外,当他谈到教育方法时说:"任何一种方法都不能离开整个体系来单独分析……如果我们脱离开其他的方法,脱离开整个体系,脱离开整个的综合影响来单独分析的话,那就既不能认为它是好的,也不能认为它是坏的。"可见,马卡连柯实际上产生了现代系统论的萌芽思想,即把教育过程视为一个诸成分彼此制约的完整系统,强调教育工作的"全部范畴"和"整个内容",强调教育方法的"整个体系",强调劳动教育、知识教育、政治教育、社会教育的"总的体系"。正是这种系统论的萌芽思想使马卡连柯的实际工作获得了极大成功。

4. 马卡连柯的"要求与尊重相结合"的原则及"平行教育影响"的方法

马卡连柯的"尽可能多地要求一个人,也尽可能地尊重一个人"的教育原则,是对"自由教育"的批判,也是对"专横教育"的否定,它体现了变教育客体为主体、变外在教育为自我教育的辩证思想,因此它是社会主义人道主义教育学的一条奠基性原则。但是,在不同的历史条件和教育实践中对于这一原则的理解和运用是不同的。

马卡连柯倡导的"平行影响"是一种教育方法,而不是一条教育原则,正如苏联研究马卡连柯教育思想的权威学者 Б•Г•格穆尔曼指出的:"'平行影响教育学'在马卡连柯那里是作为一种有效的教育方法,而不是作为原则、规律性、规律加以运用的"。这个方法的有效性,就在于它能使学生感到自己的集体以及自己本人不是教育的客体而是主体。值得注意的是,既然它是一种教育方法,就不可能像教育原则那样处处适用,就要提防滥用集体去干预和影响个性,——马卡连柯注意到了这点,他不排除使用教师直接影响个人的方法。总之,马卡连柯的"要求与尊重相结合"的原则和"平行影响"的方法是集体与个性教育理论上具有开拓性的发现,当然,随着时代的变迁,需要结合实际予以补充和发展。

(二) 苏霍姆林斯基的人道主义教育学

1. 苏霍姆林斯基所处的时代背景及他的人道主义教育学的特色

在苏霍姆林斯基的教育生涯中,影响他教育思想的重大事件有:德国法西斯给苏联人民及其儿童带来了惨无人道的灾难;举国上下对斯大林时期的个人专权、肃反扩大化、贬低人格、压制民主等不正常现象进行了无情的批判;前所未有的科技革命、现代化生产浪潮冲击着苏联社会的各个领域;苏共二十二大新党纲对共产主义社会即在眼前作了超前描述;赫鲁晓夫时期开始了的民主气氛到勃列日涅夫时期逐渐消失下来……苏霍姆林斯基的人道主义教育学因此打上了如下烙印:(1) 坚持真善美,不忍假恶丑。这既是对法西斯惨无人道行为的一种抗议,也是对苏联社会生活中真善美与假恶丑激烈斗争的一种反响。(2) 力求确立人与人之间的民主、平等、尊重的关系,反对盲目崇拜、绝对命令、绝对服从。这是民主化的社会思潮在教育思想上的反映。(3) 确信"人的世纪"的提法比"宇宙世纪"、"核子世纪"、"电子世纪"、"数学世纪"等提法更能反映时代的特色。这是对在科技革命冲击下忽视人的人文人道素养这种偏向的一种冷静的、逆潮流的反思。(4) 确信共产主义社会是最人道的社会,它不仅要求而且可能使每个人在其天赋所及的一切领域里得到自由的、全面的、和谐的发展。可见,新的时代特征赋予了苏霍姆林斯基人道主义教育学以这样的色彩:围绕人本身做文章——人既是社会发展的动力,也是社会发展的目的所在。这种色彩的人道主义教育学具有强大的生命力,带有一定的超前、展望性质,因此苏联人把它誉为"不仅是今天的教育学,而且是明天的教育学",不是没有道理的。

2. 苏霍姆林斯基人道主义教育学的教育目的论

在苏霍姆林斯基看来,教育的目的既出于社会的需要,也出于人自身发展的需要。鉴于此,他提出的教育目的是:(1) 受教育者首先应具备最起码的人道品质;必须限制自己的愿望和行为而考虑周围人们的利益;必须以德报德,多为别人作奉献;必须有"不劳动不得食"的牢固观念;必须从良心出发去尊重、同情、体贴、帮助老弱病残者以及一切不顺遂的人;他必须时时处处坚持真善美而不忍假恶丑。(2) 受教育者必须以上述最起码的人道品质"为轴心",达到德、智、体、美、劳的全面发展。(3) 受教育者还必须以上述最起码的人道品质"为基础",进一步接受更高层次的共产主义世界观、人生观、理想观教育。(4) 受教育者有权在其天赋所及的一切领域里,而不仅仅局限于学习、认知领域里,达到自身的"和谐发展",从而成为"大写的我",成为"抬起头来走路的人",成为

"幸福的人"。(5)受教育者在集体中的交往关系,首要的不是服从与领导、执行与命令、消极与积极的关系,而是争相奉献自己的精神财富、互相补充、互相促进、互相取长补短、彼此尊重和仰慕的关系。苏霍姆林斯基把上述各条教育目的概括成一句话,就是:"学校教育的理想就是培养全面和谐发展的人,社会进步的积极参与者。"

由此看出,与马卡连柯相比,苏霍姆林斯基的教育目的论更突出人本身发展的需要,其发展逻辑是:最起码的人道品质——德、智、美、劳全面发展和崇高的共产主义世界观、人生观、理想观——天赋所及的一切领域中的和谐发展。应当说,满足人本身发展的需要是顺乎社会主义发展规律的,社会主义社会越往前推进,就越能保证人自身的发展。

3. 苏霍姆林斯基的教育过程系统论思想

苏霍姆林斯基引进了"教育作用的和谐"这一概念,认为它是一条"最重要的教育规律"。这个思想,实际上是教育过程系统论思想。他分三个层次阐明了这个思想:

第一,各种教育因素是互相渗透、综合作用关系,"教育的各种影响之间存在着数十种、数百种、数千种依赖关系和制约关系。教育的效果,归根结底要看对这些依赖关系和制约关系考虑得如何,更确切些说,要看这些关系在实践中实现得如何。"

第二,一个教育因素不能脱离开其它教育因素及其整体。关于这一点他指出,"每一种作用于人的手段的教育效果,都要看另一些影响手段的深思熟虑程度、目标明确程度和有效程度如何而定。"例如美育,哪怕它安排得再好,但如果其它各育"有严重弊病",那么美育的影响"就会减弱,甚至可能化为乌有"。又如劳动教育,也是与其它各育"紧密相连和相互制约的,如果这些相互联系和制约的关系不能实现,劳动就会变成令人生厌的任务,不论对智慧还是对心灵都不会有何裨益"。再如学习和智育,它们是与广阔的"智力背景"和精神生活密不可分的。"如果学生的全部精力仅仅局限于上课、啃教科书、完成必要的作业。那末作为教养的特殊目的的智力训练就无从谈起"。

第三,完整的施教体系不能忽视和抽掉其中的任何一个组成因素,否则就会破坏整体的和谐与效果。对此苏霍姆林斯基强调指出:"教育中没有主要次要之分,犹如在构成美丽花朵的许多花瓣中没有主要花瓣一样。教育中一切都是主要的——不论课堂上的课,还是课外对儿童多方面兴趣的发展,以及集体中学生之间的相互关系。""在培养全面发展的人的工作中,一般地说,没有任何一样是次要的东西。这里的一切都是主要的,如果有任何一点被忽视或做得不正确,就会使全面发展这一完整统一事物的和谐的基础遭到破坏。"

苏霍姆林斯基的教育过程系统论思想丰富、发展了马卡连柯的类似思想。正如 C·索洛维伊奇克评论的那样:"安·谢·马卡连柯有一个著名思想:在教育过程中不存在'孤立的手段',就是说,不能用同一种手段解决所有的教育任务。苏霍姆林斯基发展了这一思想,并指出,不仅仅不能用同一种手段,而且不应从整个教育体系中抽掉任何一个方面。如果抽掉任何一点:信念教育、人道教育或是劳动教育,就无法完成其他任何一项任务。"

4. 苏霍姆林斯基对马卡连柯的"要求与尊重"原则及"平行影响"方法的新发展

苏霍姆林斯基对待马卡连柯教育遗产采取了继承发展的辩证态度。他曾说:"我在他的著作中探索我极其需要的真理。我的全部不成熟的经验,就是这种探索的结果。""有人不假思索地竭力把安·谢·马卡连柯的全部论述逐字逐句地移植到生活中去,竭力证明他所说的一切都是正确无误的,而谁要表示异议,谁就是一个离经叛逆者——这种态度首先给马卡连柯的体系本身带来损失……"拿"要求与尊重"原则为例,两位教育家在理解上是有出入的,这表现在:第一,在马卡连柯的著作中,字里行间给人一个感觉,即以要求打头,在要求的基础上体现尊重;而在苏霍姆林斯基的著作中,字里行间给人另一个印象,即以尊重打头,在尊重的基础上提出和实现要求。第二,马卡连柯对要求与尊重二者的分量作了模糊的定性描述,即提出"尽量多地要求"一个人,也"尽可能地尊重"一个人;苏霍姆林斯基则对此作了明确的定量描述,即认为尊重与要求之间存在一种"数学依存性"——十与一之比,也就是说,要在十倍地尊重学生人格、个性的基础上去向学生提出要求、命令、禁止、限制等。第三,在要求的内容上,马卡连柯偏重于根除缺点,或根除缺点与鼓励优点并重;苏霍姆林斯基则偏重于发现、鼓励、扶植优点,并以此去自然压倒缺点,一项禁令要伴随以十项鼓励。由此看来,马卡连柯的理解更符合他那个时代的需要,苏霍姆林斯基的理解则更符合自己的时代需要,时代发展了,所以"要求与尊重"原则也发展了。

苏霍姆林斯基的继承、发展态度还体现在对待马卡连柯的"平行影响"方法上。他对"平行影响"方法的运用提出了许多限制性条件:第一,集体不是影响个性的唯一因素,还应包括教师个人,家庭及家长,精神生活(首先是书籍),社会结交,受教育者个人(自我教育)。第二,"平行影响"方法不是万能的,现今的学生更重视教师个人的直接影响。第三,不能滥用"平行影响"方法,个人的某些"隐私"不宜于由集体干预。第四,教师不能把集体当作为所欲为的、表达自己不合理意志的工具。第五,儿童的过失有别于成年人的过失,不能把成年人的道德法律标准搬进儿童集体中,并利用儿童集体去责罚儿童的过失。第六,利用儿童集体必须以该集体达到了高度成熟性为前提,即它学会了怎样去高度地尊重人和合理地要求人。总之,苏霍姆林斯基认为,不能"不加思索地"遵循"平行影响"方法,不能把儿童集体当作一条放在教师手边、"准备随时动用的工具"。

苏霍姆林斯基适应时代发展的新需要,适应他所面临的学生的新特点,针对苏联学校存在的实际弊病,对马卡连柯的"要求与尊重"原则及"平行影响"方法作了补充与发展。

5. 苏霍姆林斯基在研究儿童上的贡献

苏霍姆林斯基强调:"每个儿童的个性都是独一无二的……只有当我们对孩子的个性有了科学的认识,当我们不是以侥幸的成功,而是以全面科学分析为依据的时候,我们同儿童的交往才会真正起到教育作用。"又说:"人的个性,这是一种由体力、精神力量、思想、情感、意志、性格、情绪等因素组成的极复杂的合金。不了解这一切,就既谈不上教学,也谈不上教育。"所以他告诫青年校长们说:"如果你要想做到对学校实行教育思想的领导……使每个学生在教育过程中都能成为你的助手和志同道合者,使教育和自我教育结合起来,那么你就得把儿童放到你和全体教师注意的中心。"对此,他身体力行:一方面,亲自跟踪观察记录、分析、研究每一个儿童;另一方面,给全体教师举办研究儿童的讲习班——研究儿童个性的全面发展问题,组织心理学讲习班——对学生进行"教育心理鉴定",开办家长学校——共同研究儿童的特点和发展。值得强调的是,苏霍姆林斯基在理论与实践的结合上做了大量的工作,试图填补"教育学中不见儿童"这个空白点。这正是苏霍姆林斯基人道主义教育学的独到之处，也是对马卡连柯教育思想体系的一种发展。

（三）作为人道主义教育学的"合作教育学"

1."合作教育学"产生的时代背景以及它的人道主义色影

"合作教育学"的倡导者 И·伊万诺夫、Ш·阿莫纳什维利、В·沙塔洛夫等是直接受马卡连柯、苏霍姆林斯基的人道主义教育思想的激励而着手各自的教育实验的，他们的"合作教育学"是这两位教育家人道主义教育学的继续，尤其接近于苏霍姆林斯基的教育体系。

"合作教育学"孕育于二十世纪五、六十年代，当时的社会民主化气氛有利于创新活动；六十年代末至八十年代初，社会民主化过程停止并且倒退了，因而创新活动遇到重重障碍，甚至遭到压制、闭锁；"合作教育学"公开露面于八十年代后期的全苏改革潮流中，这时处处提倡革新、创造，提倡按新方式工作，提倡"新思维"，批判官僚作风、行政命令、形式主义、唯意志论，"多一些社会主义，多一些民主化的口号响彻全苏，尊重人格和人的价值、使个性和人的因素在民主化中获得解放的呼声成了时代的最强音。正是在这种时代背景下，"合作教育学"在自己的旗帜卜鲜明地写卜："合作教育学应当成为个性发展的教育学"；"人际合作关系"应当处于教学教育过程的"中心地位"；"只有师生关系建立在人道原则基础上的教育过程，才是对学生的个性发展，同时也是对作为个性特点的认识积极性的发展最有效的教育过程。"——这就是"合作教育学"的人道主义特色所在。

2."合作教育学"的教育目的论

上述历史背景和"合作教育学"的人道主义特色，规定了它的教育目的只能是：既适应改革的需要，又适应个性发展本身的需要。由此出发，它提出了如下教育目的：（1）"社会所需要的人，不光是会听从别人的话的人，而是那样一种人：他们所服从的是法律，是良心，是义务，是荣誉，是生产技术工艺规程，是被科学证明了的真理；生活中引导他前进的是崇高的理想，而不是对倡导者和领袖人物的盲从。"（2）学校不能只发展孩子的执行性才能"，而要突出发展他的"创造性才能"；必须把个性自由与社会责任感同列为"民主的个性的基础"；必须用"合作教育学"去培养学生的"自我调节能力",而不能用"强制性教学和以听话为唯一宗旨的教育"去破坏这种能力,不能把单个学生的独特性"消融于"广大学生的共性之中;不能象美国学校那样把儿童按"能力"分成上、中、下三等,而宜于按兴趣、特殊天赋来划分,这样更利于儿童的个性发展。(3)必须保证学生的一般发展,即保证"智慧、心灵和双手——三者的整体性与和谐";必须兼顾个性内容的各个方面:道德、文化职业、政治、世界观等。不难看出,由于时代的推动,"合作教育学"在目的论上,在个性发展理论上,提出了某些有启发意义的新见解。

3."合作教育学"在教学教育过程的系统理论上也有所创见

"合作教育学"提出了这样一个判断:在"教学方法——教学大纲——人际合作关系"这个三角形中,教学方法和教学大纲是从属性的可变因素,而人际合作关系则是主导性的、不可移易的因素。还解释道:"'合作'一词早就为众人所知,并在所有民主主义教育家的著作中都能遇到。没有合作,就没有民主。但是,把合作视为各种教育关系的核心形式——这个思想却仅仅在近些年内才成熟起来。"从上述论述中可以看出,"合作教育学"把教学教育过程的众多成分和关系看成一个完整的系统,而在这个系统中,人际合作关系占主导、核心地位。对此,"合作教育学"的代表们还特别申明:"我们一再证实,把教师与孩子们之间的关系、把合作的教育思想置于中心地位,这是绝对正确的。"由此看来,"合作教育学"的施教过程系统论的确发展了马卡连柯和苏霍姆林斯基的系统论,因为它不仅注意到了施教过程的系统性,而且突出了系统中的人际合作关系这个主导成分、主导矛盾。

4."合作教育学"的师生合作中心论

由此看出,从"合作教育学"的系统论中还派生出一个师生合作中心论,而这是极有意义的,因为它解决了世界教育史上时而偏于儿童中心论、时而偏于教师中心论这个老大难问题。就是说,这个师生合作中心既取代了儿童中心,也取代了教师中心,使二者统一起来了,就苏联教育史而言,20 世纪 20 至 30 年代出现过儿童中心的偏向,马卡连柯在批判和扭转这个偏向上做了许多工作;20 世纪 40 至 60 年代,乃至今天,反过来又盛行教师中心的偏向,苏霍姆林斯基在批判和扭转这种偏向上,即在填补"教育学中不见儿童"这个空白点上,做出了卓越贡献；80 年代的"合作教育学"旗帜鲜明地提出了师生合作中心论，把马卡连柯和苏霍姆林斯基的未尽事业——既克服儿童中心，也克服教师中心的事业，又向前推进了一步。

5. "合作教育学"使"要求与尊重"原则"平行影响"方法有了新意

如上所述，由于师生合作中心论克服了儿童中心偏向和教师中心的偏向，这就把马卡连柯的"要求与尊重"原则体现得更完满、更鲜明了。另外，由于教师个人学生集体之间压根就是合作关系，而在这种合作关系中又结合着相互尊重与相互要求，这就不仅仅是单向的"平行影响"，即"教师个人——学生集体——学生个人"或者"教师个人——学生个人——学生集体"这种传递式影响，而是多元的、错综复杂的相互影响体系，这也就是"合作教育学"的新意所在。由此可见，"合作教育学"在继承、充实、发展马卡连柯的"要求与尊重"原则、"平行影响"方法上也有一定的贡献。

以上对三部人道主义教育学的重要方面所作的纵向比较，仅是一个初步尝试。笔者把它当作对三个非凡纪念日的微薄献礼，也把它当作教育探讨的引玉之砖。

（本文资料来源或用语出处，均有据可查，共出自 16 份参考文献，因篇幅所限，恕不一一列出）

（本文发表于《外国教育动态》1988 年第 5 期。作者王义高，时属单位为北京师范大学外国教育研究所）

四、再谈苏霍姆林斯基教育思想在中国的传播及其现实意义

——办好每一所学校，教好每一个学生

　　我们刚刚庆祝中华人民共和国成立 60 周年，在喜庆的日子还没有完全过去的时候，我们在文化传承最古老的齐鲁大地来开这样一个会，有着非常重要的意义。

　　国家现在正在制定《国家中长期教育改革和发展规划纲要》（简称"规划纲要"），来规划我们未来十几年教育的发展。我们在庆祝建国 60 年，特别是改革开放 30 年来所取得的成绩的时候，深深为我们所取得的成绩所鼓舞。过去我们是一个十分落后的国家，充斥着文盲，如今变成了一个人力资源大国，我们用了不到 20 年的时间，全面普及了九年义务教育，我们为此感到自豪。但是，我们现在还不是人力资源强国。中国共产党"十七大"明确提出，今后的任务是优先发展教育，建设人力资源强国。建设人力资源强国，最根本的就是要普及基础教育，就是要提高我们全民族的文化水平，要延长全国人民的受教育年限。如何提高全民族的文化素质，培养一批杰出的人才，我觉得需要大力进行教育改革，更新教育观念，改革教育培养模式，充分发挥学生的创造能力。

　　2007 年，我曾经写过一篇文章：《苏霍姆林斯基教育思想在中国的传播及其现实意义》。中国教育学会在长沙召开的教育年会上提出了一个口号就是："办好每一所学校，教好每一个学生，使每一个学生得到成功。"这个目标与苏霍姆林斯基的教育思想是一致的。苏霍姆林斯基的教育思想，指出了教育发展的方向，他的几十年的工作为我们做出了榜样。苏霍姆林斯基的名字，我们并不

陌生,他是改革开放以后,国内最先介绍的教育家之一,他离开我们已经 40 年了,但是他的思想一直在我们国家及世界各国流传,发出耀眼的光芒。为什么他的教育思想能够常葆青春?就是因为他热爱孩子,懂得孩子,研究教育,懂得教育的规律,他懂得儿童的心,能够用自己的满腔热情换得儿童的信任。苏霍姆林斯基曾经说过,心灵是需要用心灵来交流的。我觉得他的伟大思想的核心就是相信每一个孩子。他曾经写过一本书就叫《相信孩子》,这就是他的教育信念。对儿童生活的良好开端具有无限信心,每一个教师都应该有这样的信心,这是我们教育工作者的信仰。如果作为一个教育工作者,不能相信每一个学生都能成才的话,那我们何必要从事教师职业呢?

我们国家正处在转型时期,青少年的思想也出现了很多问题。我们现在经常说"80 后"、"90 后",这些新世纪的青少年确实跟我们过去不一样。有的同事讲,我们的青少年生活在"三片"当中,什么"三片"呢?吃麦当劳的薯片,用手机、电脑的芯片,看电影大片,这就是生活在"三片"之中。这里说的"三片",是指受西方思想的影响,所以,应当说我们的青少年遇到不少新的问题。但是,我们也坚信每一个孩子都是要求上进的,都是可以教育的,有了这样的信念,我们才能做好教育。

最近,我国在山东开了十 · 届全运会,去年在北京召开了奥运会,很多志愿者都是"80 后"、"90 后"的青少年。最近出现了"80 后"、"90 后"的英勇群体。一个学校的一个群体去救落水儿童,结果有三个孩子牺牲了,说明我们的"80 后"、"90 后"是非常有希望的一代。苏霍姆林斯基在每一个人身上都看到了他们优秀的潜在能力,我们教师就要善于发现并挖掘这种能力。他曾经说每一个儿童身上都蕴藏着尚未萌芽的信息,需要我们去发现并点燃它。教育最重要的任务之一就是去点燃每一个心灵的火花,使其潜能天赋最充分地发挥出来。

教师要相信学生,我们说没有爱就没有教育,什么叫爱?我们有些教师不知道什么叫爱。我觉得,我们学习苏霍姆林斯基的教育思想,对学生的爱,就是对学生的信任;对学生的爱,就是对学生的理解;对学生的爱,就是要和学生沟通。苏霍姆林斯基一直生活在学生当中,和学生沟通,互相理解。

教师要特别注意自己的一言一行,不说伤害学生自尊的话,平等地对待学生,给每一个学生一个公正的评价。大家知道,我也是小学教师出身,当过小学老师，当过中学校长、中学教师，我知道学生最不喜欢的老师是谁。学生最不喜欢的老师，就是说话最损人的老师。所谓损人就是损害他人的人格，学生并不讨厌老师的严格要求，但是他们最不喜欢老师说话损人，伤害学生的人格。第二，他们最不喜欢的是处理事情不公平、不公正的老师。所以，我们要相信孩子，热爱孩子，就要正确对待孩子，要理解孩子，要和他们沟通。

苏霍姆林斯基教育思想的一个核心问题，就是培养人的和谐潜力的发展。我们现在强调建设和谐社会，和谐社会就是每一个社会组织都应该和谐。我们的学校更是一个和谐的组织，和谐的学校应主张人的和谐发展。什么叫和谐发展？苏霍姆林斯基说，所谓和谐教育就是如何把人的活动的两种智能配合起来，使两者都得到平衡。两种智能是什么呢？一种智能是认识世界和理解客观世界，另一种智能就是人的自我表现，自我的内在本质的表现，自我的直接的世界观的表现。观点、信念、性格在积极的劳动和创造中，以及在集体成员的相互关系中来表现和谐性。他又说，和谐的教育就是发现蕴藏在每一个人内心的财富，就是每一个人展现天赋时最充分地表现自己，人的充分表现是社会的幸福，也是个人的幸福。他的这些话充满了以人为本的精神。他说每一个教师都应该想一想，我们要把学生培养成为什么样的人，我们要培养的是和谐的、全面发展的人。在人的和谐发展当中，他特别强调培养人的精神生活，他认为，我们要培养的人不仅是有知识、有技能、会工作的忙忙碌碌的人；而且是要培养一个"大写的"人，一个具有高尚精神生活，有理想、有性格、关心别人、关心集体的人。

他说："我们时刻不能忘记有一种东西是任何教学大纲、教科书、教学方法、教学方式都没有作出规定的，这就是儿童的幸福和精神生活。而且，我认为，教育的理想是让所有的儿童都成为幸福的人，使他们的心灵得到劳动的幸福和充满快乐。"这句话对我们今天的教育来讲，多么有意义！我们现在的教育，孩子是不是幸福？我们的老师是不是幸福？教育其实是一个最幸福的字眼，教育也是人类最幸福的活动。对人来讲，学生时代都是最幸福的时代；对我们老师来讲，跟学生在一块活动的时候，应该是感到最幸福的时候；但是我们现在的教育体制是不是这样？我觉得山东做得很好，减轻学生负担，把星期六、星期天还给儿童，这就是让儿童有幸福人生。其他地方还没有做到这点，有很多地方还是学生埋头苦干,学生痛苦,家长痛苦,老师也痛苦。这样的教育,中国怎么能培养出和谐发展的人呢?

学校里的知识当然是很重要的,但是学校里的知识是以后学生从事创造性工作、造福于人类,成为一个文明的人所需要的。苏霍姆林斯基说:"对我这个教育者来说,必须做的复杂而困难的工作,就是让年轻人深信,知识对你来说必不可少,但并不单单是为了将来的职业,并不单单是为了毕业之后考上大学,而首先是为了享受一个劳动者丰富的精神生活。不管你将来当教师还是当拖拉机手,你必须是一个文明的人,是一个精神上无比丰富的教育者。你将来作为父母,你也要变为一个教育者,成为一个使子女的智慧和精神无比丰富的教育者。"他说,知识既是目的又是手段,知识不是为了储存,而是为了沟通,教师不是为了学生记住知识,而是要注意发展学生的精神世界。苏霍姆林斯基非常重视和谐教育中的道德教育,他形象地说,道德是丈量全面发展的第一要素,同时又是人的个性的特殊方面。他强调道德教育要从童年抓起,童年时代由谁来引路,周围世界的哪些东西进入他的头脑,这些都决定着他今后成为一个什么样的人。对祖国、对劳动、对长者和同事的关系都应该在孩子的时候开始认识,道德教育应该从小抓起,从小就将孩子引入一个正确发展的轨道。

他也十分重视德育和智育的关系,要防止教育和教学特权,也就是当学生最需要培养高尚心灵的时候,要去触动他的思想,触动他的心灵。不是单纯地传授知识,而要转变学生的信念。把道德教育渗透在教学当中,这也是我们现在提倡的。

我们现在一直在强调学校要加强德育。德育教学应该融入教育教学的全过程中,这是我们制定《规划纲要》的时候,特别强调的一点:教育为本,德育为先,就是把德育融入教育的全过程。教数学的老师应该进行德育教育,教物理的也应该进行德育教育。当然我们不是贴标签,像文化大革命那样读语录就叫德育,而是在你讲这个知识的时候,讲知识的本质,讲科学的本质的时候,既要培养学生的科学素质、科学精神,还要培养他们一种严谨的学风。

现在中国人有个心病,就是到现在我们没有培养一个诺贝尔奖获得者,特别是去年日本出了四个诺贝尔奖获得者,我们一个也没有。这是我们的一个心病,但诺贝尔奖不是培养出来的,我们基础教育的责任在哪里? 就是培养他的兴趣爱好,培养他的毅力,可是恰恰这一点上,我们没做到,我们从小没有培养学生的兴趣爱好。我们现在大学招生的时候,高中毕业生填写志愿,不是学生自己的志愿,往往是爸爸、妈妈的志愿,爷爷、奶奶的志愿。

苏霍姆林斯基曾说过一句话,如果孩子到了十二、三岁,还没有自己的兴趣爱好的话,我们做老师的要为他担忧,担什么忧? 担忧他将来成为一个对什么都不感兴趣的人,平平庸庸、碌碌无为的人。现在的教育不培养学生的创造精神、实践能力,我们很少注意让学生做一点事,克服困难,有毅力做下去。那些获得诺贝尔奖的人都是经过几百次努力。香港中文大学的高锟是研究光纤的"光纤之父"。四十年以前,当他研究光纤,用光纤传达信息的时候,很多人都讥笑他说,你这是天方夜谭,痴人说梦。在这种逆境之下,他仍然坚持光纤的研究。2009 年他获得了诺贝尔奖,但这时他已患上了老年痴呆症。他是为了功利吗? 他不是为了功利,他是为了兴趣,为了这个事业的发展前途。我记得苏霍姆林斯基的教育思想就是要把智育和德育结合起来,就是要培养这种精神。

道德教育和美育也是连在一起的,美就是道德的存积,精神的丰富。美的最重要的任务就是教学生从周围世界、自然、艺术和人生以及人们的关系来看精神的高大、善良和诚实,从自己的身上来确定这些美的品质。德育和美育及情感世界应相提并论。德育手段不能达到所有精神世界,有些德育达不到学生的心灵。你光给学生说教,学生不一定领会,但是有些美的领域,用美的形象就可能刺激到他的心灵。听一首曲子和看一幅画,都能给予无声的陶冶和感染。艺术作品用艺术的声音和形象来打动读者与观众的心灵,这一切都很容易进入到学生的精神世界。所以,他提倡从校园环境、教室布置、师生的仪表到音乐、体育、美术教育,都要做到外表美和精神美的统一,以培养学生认识美和创造美的能力。他说,那样学生毕业以后所看到的一切都是美的。

苏霍姆林斯基坚持对学生进行劳动教育。他说,每一个人从童年时候,从青少年时期就应该理解,自己的精神生活的完美、劳动愉快和创造的幸福。因此,当劳动成为儿童的精神需要时,它才能发挥最大的教育作用。从劳动中得到愉快,在帕夫雷什中学不同年龄的儿童都显示不同的劳动心理,苏霍姆林斯基还充分重视学生的体质、保健生活,他非常重视学生的全面发展,和谐发展。

苏霍姆林斯基非常重视学生的个性发展。他认为,学生都是具体的,没有抽象的学生,学生的才能、爱好、特长各不相同。要让他们充分发挥、发展,就要提供良好的条件。为什么经过一年的时间,有些学生就出现成绩不好或者落后呢?这是因为我们在学习和劳动中没有注意对学生进行个别对待。他说,教育的艺术和技能在于重视每一个儿童的个性。帕夫雷什中学在布置解题作业的时候,把学生分为几个组,每组都有具体的要求,每组的每一个学生都有自己喜爱的学科,最喜欢的学科就组织学生超纲要,让每一个学生都有一个入迷的自由活动。不仅让学生有自己喜爱的学科,而且让学生有一个入迷的过程;还让每一个学生都有自己喜爱的书、喜欢的活动、喜欢的学科。他非常重视对学生兴趣的培养。当前,我们往往把学生大体看成一个样,很少注意学生的个性发展。我们经常讲教育公平,什么是教育公平?教育公平分为三个层次:一个是教育机会的公平,让人人都可以入学,这是入学机会的公平;教学过程的公平,是要针对每一个学生,针对不同的学生提供不同的教育;这次《规划纲要》里,我们提出这样一个口号就是:为学生提供最适合他的教育,使每一个学生都成为有用的人。有的教育不是这样,为什么我提出来反对人人学奥数?奥数实在是摧残人才,奥数本身并不存在好坏,坏就坏在每个人都学奥数。并不是人人都适应奥数,奥数只是适应少数、个别的对数学有兴趣、有天赋的人,人人学奥数不是扼杀了人人的特长才能吗?本来我很喜欢语文,很喜欢美术,你非要让我去学奥数,这不是对我极大的不公吗?所以最大的公平就是针对每一个学生进行最适合他的教育。再说结果的公平,是使每一个人的才能都能得到发挥,都能得到成功,并不是人人都能去当科学家、政治家、企业家,而是他的才能得到发挥了。如果他的才能受到压抑,那就是他没有得到教育的公平。在实践当中,学习苏霍姆林斯基的教育思想,办好每一所学校,教好每一个学生,这是我们对苏霍姆林斯基最好的纪念。

(本文发表于《比较教育研究》2010 年第 3 期。作者顾明远,时属单位为教育部人文社会科学重点研究基地北京师范大学比较教育研究中心、北京师范大学国际与比较教育研究院)

五、苏霍姆林斯基教育思想是教育探索的永恒财富

从 20 世纪 50 年代末期,苏霍姆林斯基的名字随着他关于共产主义劳动教育思考的两篇文章的译文被传到中国至今,已经过了整整半个世纪。这期间,无论是在生养这位伟大教育家的苏维埃故土,还是在与其比邻的中国大地,社会与时代都发生了巨大的变化。世人对苏霍姆林斯基及其教育思想的关注度也几经沉浮,但惟一不变的是苏氏思想体系中能够用来指导广大教师进行教育探索的核心内涵及其体现的时代价值。改革开放以来,随着我国教育领域改革的阶段性推进,苏霍姆林斯基教育思想对我国教育工作者的影响广泛而深刻。

1998 年,我作为中国教育工作者的惟一代表参加在乌克兰举行的苏霍姆林斯基诞辰 80 周年纪念活动时,就曾在主题发言中说过:"在中国 1 100 多万名教师的心目中,最知名的外国教育家非苏霍姆林斯基莫属。鉴于中国教师比乌克兰教师的人数多十几倍,所以苏霍姆林斯基的名字在中国大地上比在乌克兰、在俄罗斯、在苏联都要响亮。"

现如今,中国教师的总人数已经超过 1 570 万,一些老教师退休了,增加了众多年轻的面孔,但是大家对苏霍姆林斯基的名字、对他的热爱、对他的推崇依然不减。这不仅仅是我们作为苏氏教育思想传播者的不懈努力,作为教育同行对他敬仰、热爱的结果,更重要的是这一教育思想体系本身所蕴含的深刻的教育学真谛和永恒的人性光辉使然。

（一）我国教育工作者对苏霍姆林斯基的教育思想已经进行的传播与研究

整体考察苏霍姆林斯基教育思想在中国的传播、研究和创新实践的历程，大致可以分为三个主要阶段：

第一阶段是 20 世纪 80 年代前期的原著翻译和中后期（甚至延续到 90 年代前期）的大量出版阶段。这期间，北京、上海、天津、湖南、安徽、河北等省市的教育出版社翻译出版了 30 多种苏氏著作，而且有些原著被各个出版社出版了不同的译本。中国教师正是通过这些译著认识了苏霍姆林斯基，初步了解了他的教育理念和实践。

第二阶段是整个 20 世纪 90 年代。前半期主要是教育理论工作者在完成翻译苏霍姆林斯基的一系列著作之后对其理论与实践体系的梳理与评介；后半期则增加了教育实践工作者在自己工作中的感悟和运用，以及由学术界发起的最初的国际、国内交流。首批研究性专著以系统介绍苏霍姆林斯基教育思想体系为主，作者主要是高等学校中研究比较教育学和外国教育史的学者，如北京师范大学毕淑芝、王义高教授的《苏霍姆林斯基的全面发展理论》（1991）；王天一教授的《苏霍姆林斯基教育理论体系》（1992）；顾明远教授的《战后苏联教育研究》（1994）；华东师范大学杜殿坤教授的《原苏联教学论流派研究》（1993）等。与此同时，广大一线教师已经进入在实践中运用苏氏思想的阶段，并不断有文章、心得发表在杂志、报纸、网络上。与对待其他外国教育思想的态度不同，人们对苏霍姆林斯基的追随不是被动的，而是发自内心的；不是一时冲动的，而是持续不断的；不是表面作秀的，而是脚踏实地的；不是机械照搬的，而是切合教育现实的继承与发扬。不论研究者还是实践者都有一种确凿的认同：世界上著名的教育家、教育著作、教学流派有很多，也包括了很多著名学者的深奥理论，但是，最浅显易懂、最打动人心、最具有启发意义和可操作性的教育思想和著作非苏霍姆林斯基莫属。

第三阶段是 21 世纪的头 10 年，我国对苏氏教育思想的研究进入了开花结果的最丰富时期。一方面，成功出版了苏霍姆林斯基系列著作的五卷本大型文集和一些首次翻译的单行本；另一方面，对苏氏教育思想理论的研究开始细化，如苏霍姆林斯基论德育、论教学、论班主任工作、论学校管理；还有将苏霍姆林斯基与中国教育家（陶行知等）、世界各国教育家（第斯多惠、裴斯泰洛齐等）进行比较的论文；此外还出现了以苏氏教育思想为研究对象的博士、硕士论文，等等。

在这近 30 年里，我们与苏霍姆林斯基故乡的教育工作者之间的学术交流一直持续，而且越发频繁。从 20 世纪 80 年代前期与苏霍姆林斯基家人的书信往来，到 80 年代末的电话沟通；从 90 年代初北师大比较教育研究团队首次在基辅拜会苏霍姆林斯基夫人一家并造访帕夫雷什乡村中学，到 90 年代中期苏霍姆林斯基的女儿苏霍姆林斯卡娅院士首次踏上中国土地为中国教师做精彩讲演；从最初的中乌两国学者小规模的纯学术交流，到有来自不同国家的苏霍姆林斯基研究者与上千名普通教师共同参加的数次大型国际研讨会的成功召开，共同的教育愿景和追求将越来越多的教育工作者集结在苏霍姆林斯基的旗帜下。很多优秀教师对于苏霍姆林斯基教育思想的理解和运用上升到了更高的阶段：他们从读苏霍姆林斯基到做苏霍姆林斯基；从写苏霍姆林斯基，再到像苏霍姆林斯基那样写。于是，一大批出自中小学校长、出自普通教师之手的优秀的教育著作被摆在了书店里，放在了更多教师的书架上。仔细翻阅这些教育著作，从人格魅力到教育理念、从工作感悟到学校实践等，苏霍姆林斯基教育思想在多方面对作者们的影响跃然纸上。

据网络不完全统计，仅 1999 至 2009 年间，关于苏霍姆林斯基的研究文章达 4 767 篇之多，关于他的译著、专著不下 70 余种。各教育出版社翻译出版、再版的译著达几十万册。仅这些数字就足以说明苏霍姆林斯基在中国长盛不衰的影响力。这里远不包括许多基层教育管理部门为自己的教师们自行编写的各种苏霍姆林斯基读本，更不包括一些基层学校组织教师自己编辑成册的苏霍姆林斯基的教育格言、名句或者读书心得汇编。

事实上，从苏氏教育思想在我国的传播与研究进程来看，翻译、研究和实践运用这三者是相辅相成的。翻译出版的种类越多，读者就越多，被苏霍姆林斯基教育思想吸引的教育工作者就越多，进一步研究，并在自己的教育实践中运用的人也就越多，影响面也就更大，教师对于苏氏著作的需求量也就越大，教育理论工作者对这些现象以及苏氏教育思想与实践的理论问题展开的研究也就越深入、越系统。

(二) 苏霍姆林斯基思想的研究与实践今后如何继续深入发展

30 年来,我国教育理论工作者与广大一线教师对苏霍姆林斯基教育思想进行了十分丰富的理论研究和学校实践,成效鲜明,影响广泛。但是,时代在不停地前进,变革在不断地深入,社会、家庭、学校、教师、学生所面临的问题在不断地复杂化、个别化。而苏霍姆林斯基去世已近 40 年,如何使他的教育思想能在新形势下继续影响、启发、引导我们的教育理论探索和学校实践? 如何通过对其著作的深入挖掘与解读让更多教师找到开启自己教育智慧的钥匙,找到启迪自身创造力的灵感和勇于创造性实践的信心,使广大读者对苏氏著作能常读常新、常思常有感悟,常用常有创造灵感? 这些问题都需要我们依据新形势进行新的思考。

这里,我们不妨分为"继续怎么做?","深入做什么?"两个话题来展开。

头一个问题"继续怎么做",核心是"继续"和"怎么"。我认为应该处理好务虚与求实、即兴与持久之间的矛盾关系。

关于务虚与求实。由于苏霍姆林斯基的教育思想一直深受中国教师的推崇与爱戴,他在广大教育工作者中的知名度极高。我们曾不止一次地听到我们的教师或者校长这样的断言:"在中国,不知道苏霍姆林斯基的教师,不一定会是一位好的教师,不知道苏霍姆林斯基的校长一定不会是位好校长。"对这种表述,在确信苏霍姆林斯基对中国教师具有足够强大的影响力的同时,我又不能完全认同。因为,在我们的一些偏远、欠发达地区,由于经济发展与文化水平的差异,不排除有很多优秀的教师、校长在十分艰苦的条件下默默地为教育、为孩子无私地奉献着,他们可能不知道苏霍姆林斯基是谁,但是他们尊崇奉行的是与苏霍姆林斯基一样的育人理念。

与此同时也存在另一种现象,在少数学校里,人们仅仅知晓苏霍姆林斯基的名字,但只知其然不知其所以然,他们只是把这位教育家的名字挂在嘴上、写在发言稿里、贴在墙报中,表面上或许能达到引人注目的效果,但并没有很好的实际作为。这种现象无论对学校工作还是个人发展都是存在局限的。所以,我们要做的是,使更多有志献身教育的人了解苏霍姆林斯基的教育实质和教育技巧;帮助那些还未将苏氏理念真正落到实处的教师深入学习,勇于行动,引导越来越多的教师遵循学有所思、思为所用,通过创造性的路径卓有成效地继续前行。

关于即兴与持久。教育是一个古老而永恒的话题,对教育的探索也是一个永无止境的过程。苏霍姆林斯基的教育理念和教育实践都是为了这个永恒的话题,都是围绕教育中永恒的主角——人而展开的,其中的蕴意不仅属于他所属的时代,而且属于现时代,并无可争议地具有恒久的指导意义。因此,即便我们已经在"智力开发教育"、"精神文明教育"、"主旋律教育"、"素质教育"、"创新教育"、"主体教育"等主题下对苏氏的教育思想进行了多方面的研究,从中汲取了很多养分,但我们对苏氏教育思想的研究与挖掘不应该只是即兴的、应时应景的、只是某次运动的口号或心血来潮的时髦行为,而应该是连贯的、延续性的思考与探索,应该是持久的精神追随和思想坚守。

需要强调的是,这种持久的追随和坚守,需要的不仅仅是我们的执着态度,更需要我们拥有能够透过现象看本质的教育智慧—既要善于研析和提炼苏氏教育思想的深刻实质,又要善于把握和丰富时代的本质内涵。只有将教育大师精到的教育判断和感悟与我们所处时代的核心精神及时、妥善、有效地结合,才能够使我们今天的教育富有时代的使命感和强大的生命力。

第二个问题"深入做什么",实际上就是我们如何确立新时期条件下的研究与践行任务。概括说来,就是要处理好整体与个别,模仿与创新之间的矛盾关系。妥善处理好它们的关系,就能回答出何谓深入、何谓新时期的新任务了。

关于整体与个别。多年来我们对苏霍姆林斯基教育思想的理论研究涉及了许多方面:德育理论与实践的研究、学校管理、校园文化、劳动教育、环境教育、心理教育、教师管理、教师发展研究,以及有关学生教育微观层面的,诸如课业负担、学生健康、青春期教育、"差生"教育等具体问题。但这些研究都只是苏氏教育体系中的某个部分,某些层面,即便涉及苏氏教育体系全貌的研究,也往往只停留在理论介绍层面。缺乏从整体上全盘把握,从架构中探究其各个组成部分之间的有机联系、相互作用及功能方面的研究。

现阶段,建设和谐社会、实现和谐发展是党的"十六大"设立的重要发展目标,而实现教育的和谐发展已经被公认为是实现社会和谐发展的重要条件。苏霍姆林斯基的教育理论恰恰是一个以打造和谐教育、追求人的和谐发展为本质的完整体系。因此，对于理论工作者而言，我们亟待把苏氏教育思想与实践作为一个完整的、立体的、多棱面的和谐教育整体架构进行研究，并从中考察各个构成元素自身、元素之间、元素与整体架构的关系。我们十分有必要从系统论的观点去考察苏氏和谐教育的全貌以及教育各元素之间的关系，并深入结合中国实际，尝试构建一个体现我国学校特色的、具有可操作性的和谐教育立体实施模式，为学校和教师展开和谐教育的创造性实践提供思路和可资借鉴的方式，力求解决中小学师生和谐发展中存在的实际问题。

关于模仿与创新。鉴于苏霍姆林斯基著作译本的大量出版，以及其通俗易懂的内容，我国有相当多的教育工作者对他的作品和主要思想耳熟能详。介绍苏氏教育主张的文字，把他的具体做法用于自己的学校中，将他的教学案例用于自己的教案而写就的心得体会很多。但这些评述或者感悟有不少是雷同的。这表明我们的许多老师一方面对苏氏教育思想和实践有一定的了解并生成了很好的主动学习的愿望；但另一方面由于研读和思考还不够深入，可能有时导致机械罗列、简单模仿的情况。

而现时代的学校实践要求我们必须进行创新特征之下的教育探索。更何况，苏霍姆林斯基的教育探索是半个世纪之前进行的，我们在今天的审视与探究过程中，既要坚信其中以人为本、和谐发展的教育理念具有超越时代的永恒性指导价值，也必须要善于剥离其所存在的局限性，辨析其具体发生环境的差异性。

比如，在苏氏的著作里间或把德育完全等同于共产主义理想教育；比如，他对青少年身体发育与心理发育指标的判断已经不适用于现今的孩子；再比如，他的教育实践几乎全部是在农村情境下进行的，而这最初只是乌克兰腹地深处的一个只有小学和初中的不完全中学，等等。如果我们不用发展的眼光去审读苏霍姆林斯基的教育笔记，如果我们不努力挖掘苏氏具体的教育策略中蕴含的普适性实质和深刻的理念，而只是将其具体想法、说法、做法悉数照搬，我们就会局限地认为，他的思考和实践只适合于意识形态高度禁锢的教育环境，只适合于农村学校，只适合中、低年级。若真如此，我们就不仅仅是误读了苏霍姆林斯基教育思想的深刻含义，而且我们也不可能有出色的创新性的本土实践成果。因此，对于我们广大的教育实践者，重要的是在把握苏氏教育思想内核的基础上，从本国、本校、本教学科目、本年级、本班级乃至具体孩子的个性特点出发，最大限度地理论联系实际，最深程度地自主思考，最高水平地发挥创造性，才能使我们的教育探索取得创新性的成果。

（三）苏霍姆林斯基及其教育思想为什么能如此广泛、持久地被我国教育工作者推崇

苏霍姆林斯基及其教育思想之所以能广泛、持久地被我国教育工作者推崇，最根本的原因在于：

第一，苏霍姆林斯基用心灵写作、与教师交谈，所以，他是教师的良师益友；第二，他把心灵献给教育、献给孩子——所以，他是孩子们的朋友和榜样；第三，他的动机是使孩子更美好，使教育更美好，使人性更美好——所以，读他，总给人一种向上的力量，能唤起读者在自身活动中追求真善美的强烈渴望；第四，他的教育理论来源于真实的生活、源自学校实践的肥沃土壤，他的语言平实、质朴、充满真诚、洋溢激情、富有感染力——所以，易读易懂，极富启迪意义，极易产生共鸣；第五，他富于批判精神，但不刻意追求理论建树；他富于创新精神，但从不追求名与利。无论是他的理论著作还是他的实践活动都充满了人性的光辉——所以，他的教育思想体系是当之无愧的人学、是活的教育学。最后，他质朴而崇高的共产主义信念和社会主义制度下的教育实践尤其适合中国的国情。人性的本质使他的教育理论经得起时间的考验，永不过时。

我始终认为，苏霍姆林斯基不仅仅对于乌克兰来说是巨大的财富，他对于中国教育同行也是巨大的财富，他是教师的财富，更是教育的财富，是我们进行教育探索的永恒财富！

那日，当我离开苏霍姆林斯基墓地，回头望去，原野之上，蓝天之下，苏霍姆林斯基的雕像顶天立地。是的，苏霍姆林斯基是真正的大地之子！今天，我们最应该向苏霍姆林斯基学的是——怀着一颗纯净朴素的心，从事纯净朴素的教育！

参考文献:

[1] [苏]B. A. 苏霍姆林斯基著,周蕖,王义高等译. 给教师的一百条建议[M]. 天津:天津人民出版社,1981.

(本文发表于《比较教育研究》2010 年第 3 期。作者肖甦,时属单位为教育部人文社会科学重点研究基地北京师范大学比较教育研究中心、北京师范大学国际与比较教育研究院)

六、理解即意义的生成

——德国教育家福利特纳的理解论

(一)"理解"范畴的发展史

"理解"(Verstehen)是文化教育学的重要范畴。这一范畴最初为狄尔泰引入文化教育学中,其后,斯普朗格进一步发展,到了 20 世纪 60 年代,福利特纳(Wilhelm Flitner,1889~?)建立文化教育学的当代形态——解释学教育学(hermeneutische Pädagogik),从而将"理解"作为文化教育学的核心概念。

"理解"这一范畴有其自身的发展史。第一个从哲学上区分理解和解释(Erklären)的是德国哲学家德罗伊森(J·G·Droysen,1808~1884),他认为不同的对象具有不同的认识方法,自然科学的致知方法是解释,哲学的致知方法是认识,历史的方法是理解[1]。

19 世纪上半叶,德国浪漫主义思想家、哲学家施莱尔马赫在其著作《解释学》一书中,确立了解释学的基本范畴:对本文的"理解"和"说明"。他认为,"理解"历史上的本文,不是作文字上的刻板注释,而是对本文的创造性的重新阐释,因为本文的作者和说明者的理解活动,都同"自我"这个绝对的精神主体、统一体相关联,是这个决定社会历史活动的精神实体的显现。施莱尔马赫认为解释学的目的在于,通过解释来揭示某个本文中作者的原意。他认为由于时间距离和历史环境造成的词义变化以及对作者个性心理的不了解而形成的隔膜使解释必然产生误解,因此,研究者必须通过批评的解释来恢复本文产生的历史情境和揭示原作者的心理个性,从而达到对作品的真正理解。所以,在他看来,避免误解是解释学的核心向题。施莱尔马赫的名言就是："哪里有误解，哪里就有解释学"[2]。

狄尔泰在自己的精神科学中将理解作为精神科学的方法论，而将解释作为自然科学的方法论。他说："我们解释说明自然，我们理解内心生活。"[3]在狄尔泰看来，理解不过是生命的自我认识。一切本文中所表现的历史事件或其它历史内容，是他人的生命经验的外在化，看来是客体的东西，可以通过解释活动，把它们移变为解释者的内在经验，这就是对本文的"理解"，它是借助于对生命经验作内在心理分析而实现的一种再生活动。狄尔泰认为，全部精神科学都是这种生命经验的再生活动，而解释学作为生命自我认识的基本手段，也就成为研究全部精神科学的方法论指导。在狄尔泰看来，理解就是一个人与另一个人（包括一个人对自我的理解）的交流过程，是一种对话的形式。而理解的教育学意义在于，在教育过程中，人对历史上留存下来的哲学、宗教、文学、法律等文化"本文"（Text）加以理解，在感同身受的体验和跨越时空限制而与作者"对话"的理解过程中，其文化"本文"就失去了它陌生与不可思议的特点，它开始有意义，而我们则发展了同它的关系，它成为一个"你"，而不是一个"它"。因此，正是在"理解"中，人类文化产物给人以新的意义，"理解"就不是一个单纯的主体对客体的单向涉人，而是对象作为另一个人（你）同我的对话过程，一个自我揭示的行为和价值生成过程。

斯普朗格进一步发展了狄尔泰的理解论，并把它作为自己教育方法的基础，从具体的方面丰富了理解的内涵。斯普朗格将理解分为三个方面：第一，言语的理解。一切理解活动都是在语言之中进行的，学生的理解活动也是在教师的口头表达和与书面语言打交道的过程中得以实现的。语言是理解必不可少的媒介，理解只有通过这个媒介才得以进行。在具体的教学过程中，要真正把握所学知识的意义，就必须要求学生学好语言，掌握语言的多种用法，并获得透过语言把握语言"背后"东西的能力，为创造性地理解打下基础。第二，人格的理解。即通过"本文"与不同历史、不同地域、不同的时代氛围的人格心灵对话。由其语言而进入心灵层次，实现与他人真正的个性心灵碰撞，因而，学生学习哲学、历史、宗教、文学并不是仅仅为学得知识或记忆其结论或情节，而是实现人格对话，进而将学生的人格升华到作者的高度。第三，文化的理解。即由人格的理解达到对某一特定时代的文化精神和历史价值的体认。这样,学生所获得的就不仅仅是书本上的"死知识",而是还原为"活生生"的似乎可以触摸的生活。使人在理解中,认识传统,感受文化氛围,认识客观历史,进而更好地认识自己。可以看出,斯普朗格已经将"理解"具体运用在教育实践中,并在教学方法上强调"诱导性理解",反对"填鸭式灌输",这对今天仍有启发意义。

到了 20 世纪 60 年代初,德国著名哲学家伽达默尔(Hans-Georg Gadamer,1900～)在吸收和批判德国解释学传统基础上,建立了自己的"哲学解释学"体系。他的解释学思想,对福利特纳理解论的形成影响甚大。伽达默尔在《真理与方法》中,不同意狄尔泰的"理解"观,认为哲学解释学并不只是精神科学方法论,或只是一种"避免误解的艺术",它首要地是一种本体论,要研究一切知识"对我们的世界经验总体的关系,证实理解是存在的基本特性。"[4]他要求解释学的普遍性,在他看来,理解的能力是人的一项基本限定,人正是凭借彼此的理解才能生活在一起。这种限定首先在言语和对话中的共同性中得以实现,也就是说,人们的说、写和交往,甚至潜意识活动和内心独白,都是寻求理解或自我理解。因为,渗透于对话中的语言和理解,总是超越对话中的任何一方理解而扩展着已表达的和未表达的无限可能的关联域。他认为,理解不仅是主体各种可能的行为之一,而且是此在本身存在的方式,而哲学解释学就是通过研究和分析理解的种种条件与特点,来论述作为此在的人在传统、历史和世界中的经验,以及人的语言本性,最后达到对于世界、历史和人生意义的理解和解释。

(二) 解释学教育学的基本含义

文化教育学的后起之秀福利特纳吸收了伽达默尔的解释学思想,将"理解"看作是文化教育学最重要的内容。在福利特纳看来,伽达默尔的理解的历史性和解释学普遍性的理论极为重要,它不仅适用于客体——文化的理解和解释,而且主体——"生成的人"也在理解文化、理解传统时,理解了自己,展开了自己。

福利特纳面对 20 世纪精神危机和教育危机,看到青年学生对理性的怀疑和灵魂的躁动不安,看到在教育过程中,学生对传统文化的不屑一顾,传统、文化、价值的贬值,学生对历史文化、传统、人生意义深感失望并深陷迷惘之中,青年学生丧失了生活的信念,心灵生活处于全面崩溃的边缘。对此,福利特纳十分忧虑,他认为科技发达带来青年一代人格的畸形和心理的病态,青年们面对工业文化的突飞猛进而无所适从。因而产生了"理性的困境"和"意义的危机"。

福利特纳认为,理性的困境直接显示教育实践中"意义危机"的严重性。传统的思辩哲学,以理性主义为基调,将着眼点放在认知主体对自身进行反思,把参与到理解过程中的诸因素分析抽象出来,梳理为观念可以把握的理性,因此,这种由反思方式而认识理解的走向,注定了要在人的历史意识中分裂出一个非历史、或超越历史的理性。这种反思走向对意识的分裂,本身就具有反历史的性质。在福利特纳看来,启蒙运动以来的理性崇拜必然导致"理性的困境",因为,人既然是历史中的个人,为什么人却能够站在历史之外来反思理解人自身?人的理解真的能够象客观解释学者施莱尔马赫和狄尔泰所说的那样:通过种种方法论排除己见,跨越我们所处时代的个人理解视界(Horizont),达到与原作者的原意相符的理解,实现理解的客观性? 福利特纳指出,事实上,任何理解都不可能完全割断自己的历史性和时代性,任何理解都带有主体的思想印痕,不可能绝然达到符合原意的客观解释,任何理解都是人从自己的视界出发与原文的视界达到第三种视界—视界融合(Horizontverschmelzung)。因此,理解不是原意的复现,相反,理解同时是人的自我理解,人的前理解(Vor-verstehen)或"成见"(Vorurteil)使理解成为可能。

然而问题在于,如果说学生认为理性主义抽象出一种普遍的反思意识,使人能超出自己的认识局限并跨越历史鸿沟去客观把握历史上的传统人物和思想成为不可能的话,那么,学生必然会提出这个无法回避的问题:在着手学习传统文化(哲学、科学、宗教、历史、文学、艺术等)课程时,学生是认定历史典籍中已包含有可独立于理解之外的意旨或意义,还是假定历史或典籍中的意义仍处于未定状态,只有理解才能确定和完成它? 如果是前者,那么学习的任务就会规定为发现这种本来的原意(eigent Iicher Sinn),而学习成绩的好坏和学习能力的大小,就由他对原作理解中再现或复原出原意的程度,以及他死记硬背不渗杂个人任何创造性因素的"丧我意识"来判定。如果循着后一种解释的取向,设定历史或本文只是一个张力结构,一个召唤结构,等待着解释者。它的意义仍在时间中流动未定。它呼唤着学生的富于个性的创造性理解和解释,而这种创造性的解释蔑视垄断理解标准的权威解释，也否弃那种人云亦云的理解，而是独辟蹊径，自出新意，发掘前人所没有发掘出来的意义，从而达到对原文的创造性解释。这种解释不仅是对原文的解释，也是对自己的时代精神和人生意义的解释。因此，真正的理解是一种对历史传统、现实人生的理解。福利特纳认为，后一种解释是当代教育注重培养学生能力、启迪学生心智、反对死记硬背和复现原意的"一场解释学教育学的革命"。

人是历史的社会的人。教与学也是具有时代性的。那种在教学中一味咬文嚼字、我注六经式的寻求原义、忠实原义的作法，在福利特纳看来，其实质是要求人超越时代，然而在教学过程中，我们无法重返古代典籍诞生的时代，甚至连作者同时代人也未必就能找到客观原义，因此，在人文科学教学活动中，出现了"原意的危机"和"解释的客观性危机"。福利特纳一反施莱尔马赫和狄尔泰客观解释学的"原意"说，提出自己的解释学教育学命题：1.历史和本文的意义不在作品自身，而只是出现在作品与学生（解释者）的对话之中；2.作品的意义并非狄尔泰所说先于理解作品而自在，相反，它依赖于学生（解释者）的理解而存在；3.任何文化课程的本文的意味因时代的沿革和理解者的不同而改变，作品的意义也因时代不同而不同。福利特纳着重指出上述命题，尤其对教育史的研究具有重大意义。

在提出上述解释学教育学命题以后，福利特纳指出文化教育对文化的传播、对人的陶冶、对新文化的创造是通过学生对文化本文的理解而展开而实现的，因此教育理解的目的直接制约着培养人的方向。他认为，现代解释学教育学与传统教育学的重大区别在于逆转了教育目的的方向：首先，学生在学习中并不着重于对本文亦步亦趋地去寻我所谓原意，去忠实地认知而成为一个"完善的复述机器"。相反，学习即理解，即创造本文的意义，在本文的召唤结构中投人自己的人生体验和独特理解，从而举一反三，使原作成为触发自己创造力、想象力的"动力源"。其次，学生学习不再重视本文（对象）的完成，不再仅仅以标准答案或权威解释为唯一标准，而是将学习看作一种自我对象化和对象（本文）人化的过程，即在理解本文过程中，生发出一种既不完全属于本文的客观意义，又不完全属于精神性的主观意义，而是带有本文意义和主观创造意义双重性的第三种意味（Bedeutung），一种新的意义。因此，理解本文即理解自己，理解人生,理解社会、传统和历史。学习即消除意义危机,而获得新意义的生成。再次,理解不同于知识,知识可以是非个人的、公共享有的文化财(Kulturgüter),而理解却只有在个人的人生体验渗入中才出现,知识带有相对稳定性和客观性,理解却具有创造性和主体性。可似说,每代人有每代人的理解,而一代人中对某种文化现象的理解也会不同,甚至同一个人对某部著作的理解也会因时因地因心境不同而发生变异。因此承认理解是个体创造性的理解,就肯定了任何主体不可能脱离开他自己的独特生活经验和人生经历去理解,承认这一点,也就是承认理解的历史性,同时承认认识对象永远无法消除认知主体的个性——创造性。现代教育必须充分注意学生理解的能动性,这种理解使学生的学习始终保持着一种并放的可能,他不断在理解文化本文过程中理解自己的人生和世界,并不断在改变本文原初视界和自己视界中,推出新的视界。这样,使学生的个体视界处在不断创新的动态过程中,作为新的理解向前运动的起点。正是在这个意义上,福利特纳认为,理解是社会文化与个体人格的整合,教育即"意义的生成;教育即不断以新的视界取代学生原初视界的过程"。[5]

现代解释学教育学从"理解"论出发,要求一种多元意义的学习观。福利特纳力求打破传统教育学对确定性的整齐划一的标准答案的依恋,而转向对不确定性——意义的多元解释的追求。要求学生再也不是凭借知识的丰富和考证的繁琐去发掘文化本文的"本意",或想方设法填补历史的鸿沟而与本文的原初意义相符或趋同。相反,使学生认识到"埋解"就是人自身的存在方式,埋解历史、文化、科学就是理解人生和社会。可以说,解释学教育学作为文化教育学的当代形态,正表明福利特纳已经扬弃狄尔泰的"体验教育学",而走向主客体统一(或视界融合)的"理解教育学"。

(三) 解释的三种类型

进一步说,福利特纳的解释学教育学是一种对于历史、文化本文"意义"理解和解释的理论。意义体现了人与世界、人与社会、人与他人、人与自我的诸多复杂关系。意义是人类生存不可或缺的前提,环诸人类的事事物物无不具有意义,而人对意义的探究和理解也就具有本体论的意义。解释学教育学以对意义的探究为己任，必得强调理解和解释的普遍有效性，同时，它也必得在人与社会的内在联系中追问本文的意义。因此，解释学教育学方法就往往在理解的客观性与主观性、本文解释（对本文原意的趋同）与主体解释（注重主体理解的创造性）上发生解释学的冲突。

一般而言，文化本文的解释存在两个极点，一是本文一极，一是解释者一极。于是有的教育者把本文奉若神明，作为解释学中心，这种"本文解释"以客观主义态度注重追求本文的原意，而忽视理解的历史性；而"主体解释"标举个体主观的阐释活动，不注重本文原意，讲求理解的创见。在这客观解释学和主观解释学之间，还有若干中间的阐释观点。因此，福利特纳认为，与在先的解释相比，现时的解释可以分为以下几种：

其一，符合论。解释者的解释尽可能地与原文本意或原解释结论相符或趋近，并且重复过去占主导地位的阐释。这种解释不给被理解的本文或阐释增添任何新的意义，解释者仅在于解说本文外显的意义或别人早已得出的解释结论。因此，这种对本文原意和原阐释结论的符合或趋近，是一种"超稳定结构"，并不能使对象增殖，因而其自身的价值非常有限。

其二，衍生论。即解释者用新的解释叠加在原解释上，使对象产生意义增殖。这种解释或者对本文作有限的发展，或在赞同原解释的基础上加以新的补充，在对原解释重合外略为溢出原解释意义。衍生论比符合论进了一步，多了一些创造性，使自己的解释结论与原解释结论相比产生了衍生义和某种程度上的意义增殖。

其三，创生论。即解释者的解释对原文加举创造并对原解释进行更具主观色彩的发挥性阐释。一般而言，真正的历史文化本文的价值集中体现在它作为一种召唤结构，令人们不断地加以理解、阐释，永远不能穷尽其意蕴。当然，那种一味从主观出发，对本文加以歪曲的理解，甚至得出截然相反的结论，是一种错误的理解，这是需要教师随时发现并纠正的。然而如果启发学生敢于创新，打破原解释的格局，得出一种有创见的理解，却能一扫过去解释的陈腐，而出之以更新颖、更深刻，更恰当的解释。毫无疑问，这是教育成功的表征。

福利特纳的解释学教育学从文化和历史的角度去看学生对文化财的理解问题和意义危机、意义探究问题，这一理论通过展开理解、解释、运用这解释学三维,通过对"文化本文的时间"和"解释(学习者)的时间"这两个历史的时间距离的考察,得出教育的目的不在于克服时空距离、语言距离而对本文(对象)的原意的追求,而在于通过重新理解而创造主体的能动性,在于通过学生与优秀的历史、文化"本文"的对话,而创造出新的意义,拓展学生的精神世界。作为文化教育学的当代形态的解释学教育学吸收了哲学解释学思想,不将那些优秀的历史文化名著(各门学科教材)看成孤零零的"历史的残片",相反,注重从历史的发展中,从社会与人的内在联系中去探求文化财的现代意义,把"本文"看成是一个不断地处在历史和现实交汇点上的事件,把学生看作一个先在地属于历史并具有独特视界的个体,强调本文意义的无限性和解释者(学生)解释的无止境性,为信息时代的教育注重主体的能动性和创造性,而不致于被众多资料、信息所困住,提供了一个全新的角度。

参考文献:

[1] Georg Henrik Von Wright. Explanation and Understanding[M]. Ithaca: Cornell University Press, 1971:5.

[2] [德]施莱尔马赫. 解释学(德文版)[M]. 海德堡出版社,1859:15—16.

[3] [德]狄尔泰. 狄尔泰全集(德文版,第5卷)[M]. 出版社不详,出版年限不详:14.

[4] [德]伽达默尔. 真理与方法(德文版)[M]. 出版社不详,1960:13.

[5] Flitner. Grundlegende Geistsbildung[M]. Heidelburg,1965.

(本文发表于《外国教育动态》1990年第6期。作者邹进,时属单位为北京师范大学外国教育研究所)

七、布蕾津卡的实践教育学思想
——兼谈我国教育学的努力方向

（一）

世界各国教育学的现状，都不能令人满意，对其科学性和实践效用的疑议日益增多。

"几乎没有一门科学象教育学那样无科学性，一厢情愿的喋喋不休和教条主义的狭隘性随处可见。"

"对正在接受培训的教师或已成为教师的人来说，教育理论是一门很少受到欢迎的学科。""除了教师对此缺乏热情外，近年来，人们对教育理论学术完整性的看法也有所保留。""有人认为，教育理论是一种骗人的东西"；"有人断言，在教育理论中，除了其中的心理学和社会学之外，其它内容几乎是人言人殊。"[1]"在理论工作者眼里，教育学尚未形成较为严密的科学体系，其中对许多重要问题的表述带有随意性，理论水平不高；在实际工作者看来，它脱离实际，至少对教育实践的指导意义不大。"[2]

教育学究竟该怎么办，出路何在？我国的教育学者对此一直有一个美好的设想，这就是要圆两个梦：一是教育学的体系梦，使教育学具有严密的逻辑体系，追求其理论水平和科学性；二是实践梦，使教育学能够指导实践，真正为实践工作者所用。试图在一门教育学中，将两者有机地结合起来，完成其双重任务,这可能吗? 它会产生什么样的结果呢? 这样做导致了传统教育学的产生。它是"一门模糊不清的大杂烩式的学科,既不能满足一门科学在方法论上的要求,又无益于那些对实践教育理论抱有期望的教育者"[3]。因为,科学理论只描述和解释事实,而实践理论并不着眼于解释教育事实,相反,它的功能在于指导实践,它主要是建议性的或规定性的。所以,实践理论不能替代科学理论。科学理论也不能实现实践理论必须实现的目的。因此,试图把教育学构建成具有规范——经验或实践——科学双重任务的不大一体化的学科,幻想它既是科学理论,又是实践处方,这是不可能的。这就是说,这一梦幻已经破灭。那么,教育学要摆脱困境,该何去何从呢? 我们不能不作改弦易辙的考虑。

布蕾津卡的元教育学,给我们以全新的启示,此时确是"山穷水尽疑无路,柳岸花明又一村"。布蕾津卡(Wolfgang·Brezinka,1928~)是德国教育学家,当代著名的元教育理论家。1960 年以来,他对传统教育学的研究方法提出了挑战,并在争论中一直起了核心人物的作用。布蕾津卡认为,对传统教育学的责难不绝于耳,对教育学科学性的讨论长期也未见进展,原因是因为人们都认定能够存在的只有一门教育学。在传统主义者看来,这只能是实践教育理论;在以经验为取向的批评者看来,这种教育学最终应被改造成为科学理论;赞同折衷的人士主张,教育学应当同时既是科学理论,又是实践理论。其实,人们忽视了一个简单的事实,即存在着多种构建教育理论的可能性,不同教育理论无需相互排斥;而可以互相补充。

布蕾津卡依照每种命题体系的认识论基础,将教育学分为分别与科学观点、哲学观点和实践观点相对应的三种理论,即教育科学、教育哲学和实践教育学。在此,我们重点介绍布蕾津卡构建实践教育学的主要思想,以期对我国构建或改革作为师资培训的教育学有所启迪。

(二)

在西方,"教育学"(Pedagogics)一词源于希腊语中的"教仆"(pedagogue)一词,教仆通常是指照料年幼男孩的奴隶,送孩子上学,接他回家,并管束他。

"教育学"是从"教仆"派生出来的,因此,它一开始就是实践理论(在此,理论是在广义上加以应用),而不是科学理论。如果我们考虑一下洛克、卢梭等伟大教育家的著作所阐述的教育理论,也可以发现,他们都是从某些关于在教育中可以做什么或应该做什么的假设开始,再以这些假设为基础就教育者应该做些什么提出一些建议。可见,这些理论都是教育术或育子之术,属实践教育理论。

从历史上看,教育科学的出现,源于实践教育理论,但教育科学的出现,并没有使实践理论成为多余。相反,早期倡导教育科学的学者,如维尔曼(Otto, Wilmann)、迪尔凯姆(又译涂尔干,Emile Durkheim)和洛赫纳(Rudolf Lochner)都认为实践教育理论不仅是合理的,而且是必不可少的。他们在布雷津卡之前,已对实践教育理论作了界定,不过他们都是基于"两分法"来界定的。

维尔曼、迪尔凯姆和洛赫纳的"两分法"就是将"是什么"、"曾经是什么"归入描述性命题体系,主要是对作为社会文化事实或心理客观性的当前或过去的教育事实予以描述和解释,不对未来的教育行为作出任何指令,他们称此为科学教育理论;将"应该是什么"、"怎样做"、"应该怎样做"(含应该做什么)都归入规范性命题体系,它不在于描述和解释客观事实,而在于指导未来的行动,为未来的行动提供一种指令体系。

布雷津卡对教育学的"三分法"思想,是批判继承了上述三位先驱的"两分法"思想而提出的。因为,在维尔曼、迪尔凯姆和洛赫纳的"规范命题"中,还存在有三种不同类型的命题,即"应该是什么"、"怎样做"(含做什么)和"应当怎样做"(含应当做什么)。布雷津卡认为,把表示"应当是什么"的规范与表示"应当或不应当怎样做"的规范区分开来,是很重要的。前者叫做理想;后者叫做行为规范。前者为教育活动提供价值取向和规范取向,对价值判断和非技术性的(特别是道德的)规范予以辩护和宣传,它回答与价值制定有关的问题,并证明其回答的合理性,而不制定行为规范;后者则为理性的教育活动提供规范,提供教育行为的有效准则。值得提出的是,布雷津卡把"怎样做"这一程序性命题(或技术性命题)也并入了"是什么"这一描述性命题,这也正是他"三分法"的不足之处。

布蕾津卡依此将教育学分为三种类型,这三种理论在命题类型、回答的问题和目的、任务上都是不大相同的。兹列表比较如下:

理论类型	教育科学	教育哲学	实践教育学
命题类型	描述性命题	规范性命题	描述——规范混合命题
回答的问题	是什么(含做什么)	应该是什么	应当怎样做(含应当做什么)
目的	科学目的	哲学目的	实践目的
任务	描述和解释事实	提供价值取向和规范取向	告诉教育者在特定社会——文化情景中的教育任务和完成任务所需要的手段

实践教育学是一种描述——规范混合体系,但并不等于说,实践教育学又成了既具有科学的描述任务,又具有指导实践的规范任务的非一体化的学科,回到了布蕾津卡所批判的传统教育学的老路上。教育科学(描述性命题)和教育哲学(规范性命题)在实践教育学中有着不同的作用。如下图所示:

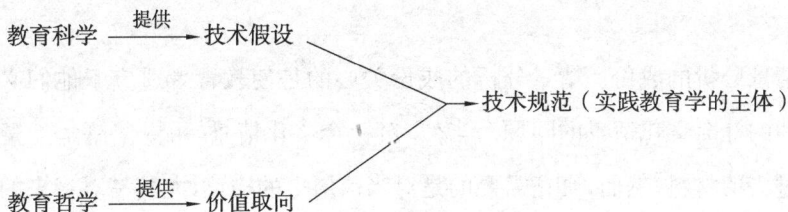

教育科学 —提供→ 技术假设
　　　　　　　　　　　→ 技术规范(实践教育学的主体)
教育哲学 —提供→ 价值取向

因此,可以说,教育科学和教育哲学为实践教育学提供了经验性知识和价值取向。实践教育学的主体由技术规范构成,这种技术规范基于所追求的特定目的(价值取向),基于教育科学进行所提供的技术假设。也就是说,实践教育学是一个以教育科学和教育哲学为基础的指令体系。

但值得注意的是,国人对"实践教育学"一词的理解,有可能重在"实践",误以为是指导特定情景中教育行为的具体方法,这是不恰当的。实践教育学首先是一个理论,而不是具体的操作规则或方法(具体的操作规则和方法是各科教学法的内容)。正如迪尔凯姆所指出的:教育学"是某种介于教育技能和教育科学之间的事物,是一系列与教育活动有关的观念。教育学不是实践活动,但它可以引导实践活动。归根结蒂,教育学并非别的,而是为实践服务的最有条理和资料最丰富的思考"[4]。也就是说,实践教育学是一组指导实践的理论建议。试图将实践教育学变成行为规范的汇编,那只是工作指导手册,而不是实践教育学。

（三）

实践教育学作为对行动的回答,作为指导行动的有效理论,它的形式内容是什么,也就是说,它由哪些部分组成呢?

布蕾津卡认为,实践教育学由四种成份构成,即情境分析成份、目的论成份、方法论成份和职业道德倾向的动力性成份。这四种成份的提出,是与实践教育学的四种任务相对应的:① 给教育者提供有关社会文化情景的评价性解释;② 列举教育目标;③ 为教育行为或教育机构提供实践的观点、规划、建议或指导;④ 唤起、促进和支持教育者道德上完美的教育行为的价值取向和倾向。

情景分析的成份。情景分析的成份关心的是使教育者适应于他们必须活动其间的社会文化情景的问题。当然,对社会文化情景,历史编纂学无疑可以弄清过去的材料,然而,真正需要的是对当前历史的描述,尤其是对将来的教育行为及教育政治行为相关方面的描述。对于情景的分析,由于社会科学的实证研究成果的可利用程度还很有限,所以,选择和解释事实都不可避免地与价值联系在一起。从这个侧面看,实践教育学可以被称为"批判的"或"假定的"。

目的论成份。教育目的受制于价值取向,价值取向的一元或多元,直接决定着所提供的教育目的。在一个封闭社会中,一元的价值取向决定了教育目的直接源于占主导地位的信念,在这种情况下,实践教育学在目的论上,除了教条,别无选择。在一个多元世界观和价值取向的社会中,允许对占主导地位的世界观或价值取向进行批判(但这属于教育科学和规范教育哲学的任务)。在理论上,所有可想象到的规范都可发生作用。然而,在实践上,这种自由构建规范的思想不可能存在,相反,有效的教育行为需要我们作出决定去实现特定的目的,完成特定的任务,而不需要再怀疑这些决定。所以,无论是在封闭社会,还是在开放社会,实践教育学的目的论成份都是教条主义的。

方法论成份。方法论成份指的是如果——那么、结果——手段的关系问题。实践教育学在方法论上要依赖于科学研究,然而,当前实践教育学的最大缺点是对其方法论成份的表述没有恰当地运用相关科学的成果。在给教育者和教育决策者以建议时,实践教育学长期被迫依赖于它自己的见识,这就导致了运用常识解决教育问题的传统。实践教育学的方法论成份对科学知识并非直接运用,还需要转换成具体的行为规则。理想的转换过程必须通过每个教育者自己的具体情景而进行。实践教育学必须为教育者提供一些转换措施,它充当着科学和教育者在特定情景中的实践取向的中介。当然,即使将来有较多的科学知识被引入实践教育学,也不能排除常识性思考的需要。

职业道德倾向的动力性成份。在布蕾津卡的另一篇文章中,他也称此为伦理学成份。这一成份就在于激发、鼓励和支持具有道德价值的教育活动所必需的价值取向和各种倾向。具体地说,就是为职业教育者的社会精神气质提供帮助,为接受实践教育理论的教育者提供"规范的、情感的行为指导"。因为,实践教育学只是一种无约束力的理论建议,它的这种局限性源于这种事实,即给与某人的信息与试图使他相信信息的内容或使他根据信息的内容行动不是一回事。如果我们告诉他应该做什么,这只意味着我们知道他应该做什么,但他可以作出决定不相信或不服从我们所告知的信息。然而,通过激发、鼓励和支持教育者在教育活动中的价值取向和倾向,实践教育学才能有助于教育者持续的自控,因而有助于教育者获得成功教育所需要的个性倾向性。

(四)

上文已经指出,布蕾津卡认为实践教育学是一种适合于行动的理论或为行动提供指导的规范性理论。用认识论的语言,也可以把其称为以科学和规范为基础的指令体系。那么,这种实践教育学有什么性质或特征呢?布蕾津卜提出了以下七条,作为判断教育学文献特征的标准,也作为对实践教育学的基本要求。

1. 实践教育学除了给教育行为提供规范取向外，还应为存在着的教育情景提供有用的实证知识。它应尽可能地考虑科学的成果并以实践取向的形式把它们表达给教育者。所表达的内容不能违背科学有效的陈述。

2. 实践教育学的陈述类型要清楚，不能棍淆实证陈述、分析陈述、价值判断或规范陈述。这是检验陈述是否真实和有效的先决条件。

3. 实践教育学应该坚持逻辑规则。特别重要的规则是：规范（应然陈述）不应该源于描述性陈述，而只能从被认为是规范的前提中推导出来。

4. 价值判断所依赖的基本价值观应加以明确阐明，或至少能从它们出现的特殊情景中识别出来。

5. 规范的内容应尽可能清楚地表述。

6. 实践教育学的语言应当是明白易懂的。理论家应使复杂的关系、深奥的思想变得清晰、简洁明了；应使其著作对读者来说，既具有吸引力，又可以理解。

7. 实践教育学不仅可以用描述性的语言，而且还可以运用情感性的语言。情感语言的运用不应该代替描述性语言，而应该在情感上支持理性上有根据的价值判断和道德规范的接受。

（五）

现在，让我们再审视一下我国的教育学现状。作为师资培训的一门学科，它的性质是什么，它属于什么类型呢？

我国的教育学都标称为"……的科学"，希望既探讨规律，又指导实践，结果导致了这种"两面不讨好"的现状。如同上文所述，企图发展这种"不大一体化"的"大教育学"已不可能。那么，目前的"大教育学"真的是它标示的"科学"吗？

首先，从教育学的绪论看，绪论是关于教育学之论，它要回答的是这门教育学的研究对象、学科性质、研究范围和研究方法等，是编者关于撰写"本论"的价值取向的宣称。我国教育学的绪论都宣称："教育学是研究教育现象，揭示教育规律的科学"(也有学者认为,教育学的研究对象是教育问题,如成有信、丁东)。教育学所列的研究方法有:观察法、调查法、实验法、比较法、分析法、统计法等。就绪论的宣誓而言,可以认定,这门教育学是科学教育学。

其次,从教育学的"本论"看,"本论"是关于教育之论,是教育学的主体。照理,"本论"应严格按照"绪论"的宣誓来阐明关于教育的问题,它应该是对教育事实的揭述和解释,回答"教育是什么"。可实际上,"本论"是一种"价值—规范"的描述,它回答了"教育应该是什么"和"教育应该怎么做","本论"中提到的原则、方法、概念等都是一种理想状态,是指导实践的规范体系。并且,"本论"实际采用的研究方法,也并非绪论所言的实证科学的方法.而是规范研究的方法,如类比、演绎推理等。由此可见,目前"大教育学"的"本论",基本上可以说是一种阐明教育"价值——规范",以为实践提供服务的实践教育学。

这就是说,当前的教育学存在着,实践取向的"本论"和科学取向的"绪论"之间的矛盾。无论从那个角度看,这种不一致状态是不允许存在的。解决这种矛盾,出于不同的目的,可以有多种抉择。不过,我们认为,作为培训师资的一门学科,教育学应当建成实践教育学。那么,我们采取的抉择之一,就是要改写"绪论",理直气壮地标榜自己的规范性、实践性和非科学性。除此之外,更重要的是,目前的教育学"本论"也只是基本上属于实践教育学,还不完全符合实践教育学的要求。因此,我们要对教育学进行批判性反思,研究怎样按照实践教育学的要求,采用实践教育学的规范去改进现行的教育学"本论"。

当然,世界其它国家的教育学是否也存在着"本论"和"绪论"的矛盾,就不得而知了。不过,既然已经确定,作为师资培训的教育学的努力方向是实践教育学,那么,不妨也可作另一种抉择;撇开原先的教育学,认真研究实践教育学的对象、性质、研究方法和内容等,构建一门完善的实践教育学。布蕾津卡构建实践教育学的思想,可作为例子,以资参考。

参考文献:

[1] Moore,T. W. Eduearion Theory[M]. 1974.

[2]陈桂生.教育学的迷惘与迷惘的教育学[J].华东师范大学学报(教育科学版),1989(3).

[3] Wolfgang Brezinka. Meta-theory of Edueation:EuroPean Contribution from an Empirieal-analytieal Point of View. [J]. In J. E. Christensen (Ed.),Perspeetives on Eduearionas Edueolosy. University Press of Ameriea, inc.,1981.

(本文发表于《比较教育研究》1995 年第 2 期。作者冯建军、周兴国,时属单位为华东师范大学教育系)

八、雅斯贝尔斯的存在主义教育观

作为存在主义哲学家的雅斯贝尔斯，人们并不感到陌生，但建立在其存在主义哲学之基础上的教育思想，却鲜为人知。雅斯贝尔斯的教育思想十分丰富、深刻，可说是存在主义教育理论的经典论述，探讨它，有助于我们对整个存在主义教育理论的认识。本文仅就其主要的观点作以述评。

(一) 教育的本质

不同的学者所依据的理论不同，作出的解释也是不一样的。雅斯贝尔斯是基于其存在主义哲学来回答这个问题的。他说："所谓教育，不过是人对人的主体间灵肉交流活动(尤其是老一代对年轻一代)，包括知识内容的传授、生命内涵的领悟、意志行为的规范，并通过文化传递功能，将文化遗产教给年轻一代，使他们自由地生成，并启迪其自由天性。"[1]在雅斯贝尔斯看来，教育并非简单的文化传递方式或一种授受活动。他强调了教育者与受教者平等的关系与主体性，特别是受教育者的自由发展。作为文化传递活动，教育不是机械地授与，而是"人与人精神相契合，文化得以传递的活动"，是使受教育者"顿悟的艺术"，是促进受教育者自觉"生成"的一种方式("教育即生成")，所谓生成，明确地说，就是每个受教育者都能够主动地、最大限度地发展自己天赋的潜力，使其"内部灵性与可能性"得到充分地发展。他进而又指出："质言之，教育是人的灵魂的教育，而非理智知识和认识的堆集。"(第 2、3、4 页)

从其关于教育本质的理解可以看出，雅斯贝尔斯重视的是"人"，是主体的人。他抨击了现实教育中忽视人(指学生)、压抑人的现象，呼吁教育改革，并声称"仅凭金钱人们还是无法达到教育革新的目的,人的回归才是教育改革真正条件"(第 51 页)。

（二）教育的目的

从其存在主义的哲学出发,雅斯贝尔斯提出了培养"全人"的教育目的。他认为,真正的人是一个无所不包的"大全"(Umgreifende),是实体、一般意识、精神和生存形式的组合。教育的目的不是培养某一方面或只具备某种技能、能力、意识的人,而是培养"整体"的人或"全人",亦即促进人之所以为人的所有方面的发展。他又称这种人为"有教养的人"。"所谓有教养的人,即按一定时代的理想所陶冶的人,在他那里,观念形态、活动、价值、说话方式和能力等构成了一个整体,并成为他的第二天性。"(第 107 页)雅斯贝尔斯还认为,对于个体的人来说,"全人"是一个追求的目标,是一个逐步实现的过程。但是,由于个体的人注定是要死的;他与他人、与社会历史性的世界的联系是有限的(因为这个世界之外无人存在);他在认识上依赖于经验、依赖于感性直观,所以,个体的人是有限的。因此,"人永远不能穷尽自身。人的本质不是不变的,而是一个过程。"[2]然而,每个人都能够通过对人的有限性的认识,经自己自觉的努力而不是靠外部的强迫来实现向无限的超越,逐步接近"全人"。他认为:"人,只能自己改变自身,并以自身的改变来唤醒他人。但在这一过程中如有丝毫的强迫之感,那效果就丧失殆尽。"由此看来,"全人"教育目的的达到,归根到底,是个人"自我实现"或"自我超越"的过程。显然,雅斯贝尔斯的教育目的观与其他存在主义教育家是一致的。

（三）教育的过程

雅斯贝尔斯关于教育过程的认识可归纳为三点:第一,教育是师生主体间自由交往的过程。"交往"是雅斯贝尔斯哲学的主要范畴。他认为,人都是自由的,但作为个体的人的自由只有在同其他个人的交往中,并与其自由联系在一起才能实现,交往中双方都是自由的个体和主体。这种交往是师生双方精神的交流、心灵的沟通。有了这种交往,"人就能通过教育既理解他人和历史,也理解自己和现实,就不会成为别人意志的工具"(第 2、3 页)。由此可见,作为交往过程的教育,体现了师生间的平等关系,没有权威和中心存在。第二,教育是整体精神成长的过程。雅斯贝尔斯认为,教育不只是获得知识、技能和能力的活动,而且是师生共同参与其中的精神生活。"教育过程首先是一个精神成长过程,然后才成为科学获知过程的一部分。"(第 30 页)这种"精神是知性的思维、活动和情感的整体","凡意识所思维的东西和作为实存的那些现实的东西,一切一切,都能被吸收到这个精神的各种观念性的整体里。"[3] 雅斯贝尔斯又称这种精神为"整体精神"。教育作为整体精神成长的过程,是促进人的知、情、意统一发展的过程。他认为,现实的教育将学生置于被动的地位,当作容器而机械地灌输,不利于学生整体精神的成长,只能训练他人意志的工具、社会的机器,而培养不出真正的人。这也是所有的存在主义者所反对的。第三,教育是个体自我教育和自我实现的过程。同所有存在主义者一样,雅斯贝尔斯所重视的人是作为个体的人。在教育上,他十分强调学生的自我教育。"我一直认为真正的教育是自我教育。"[4]"教育的过程是让受教育者在实践中自我练习、自我学习和成长……"(第 4 页)。"教育帮助个人自由地成为他自己,而非强求一律"(第 55 页)。在实践中,他要求他的学生"不要追随我,要追随你自己"。雅斯贝尔斯重视自我教育的作用,还在于他认为:"教育只能根据人的天分和可能性来促使人的发展,教育不能改变人生而具有的本质。"(第 65 页)"教育的目的在于让自己清楚当下的教育本质和自己的意志,除此之外,是找不到教育的宗旨的。"(第 44 页)所以,个人的发展只能依靠自己的努力,教育者的使命就是把受教育者引到自我教育的道路上去。

(四) 教育的方式

雅斯贝尔斯关于教育方式的观点也是建立在其存在主义的交往理论基础上的。他认为,迄今已存在的教育方式有三种:一是经院式的教育。这种教育以知识为中心,学生死记现成的知识,教师只是知识的解释者和把知识传授给学生的中介。这种教育的最大弊端是,"人们把自己的思想归属于一个可以栖身其中的观念体系,而泯灭自己鲜活的个性。"(第 7、9 页)二是师徒式教育。这种教育的中心是教师,教师是知识和权威的象征,学生只能被动地依从他而不需要有个性。这种教育培养的是依附他人而缺乏责任心的人。上述两种形式的教育都不利于"全人"的培养。二是苏格拉底式教育。雅斯贝斯非常推崇苏格拉底的教育思想,他关于苏格拉底式教育的论述可归纳为四点:① 在教育过程中,师生是平等的参与者,不存在权威与中心;② 师生双方都要进行自由地思索,善意地对话和论争,无屈从与依附的现象;③ 教师不靠强制性地灌输,而以反讽的形式,使学生认识到自身的不足,进而唤醒其内部潜在的自动力量,使他们"在探索中寻求自我永无止境的过程"(第 88 页),这种教育不是传递真理性的知识,而是探索、发现真理,"不是知者随便带动无知者,而是使师生共同寻求真理"(第 11 页);④ 对学生而言,由于这种教育是靠自己的努力逐步认识真理、探索道德,他们所受的教育就不是单单地增加知识,更重要的是其整个精神得到成长。由此可见,苏格拉底式教育适合全人的培养,为此,雅斯贝尔斯积极倡导这种形式的教育。

(五) 教育内容

雅斯贝尔斯指出:"全部教育的关键在于选择完善的教育内容和尽可能使学生之'思'不误入歧路,而是导向事物的本源。"(第 4 页)他以存在主义的超越理论为基础,提出了他的教育内容观。他认为,人的精神发展有三个层次,即对世界(宇宙)的认识、对生存自我的体验和对上帝的领悟。个体的人要想实现自我而成为完人,就必须实现三个超越:超越现象世界、超越生存自我和超越精神之我。实现这三个超越必须接受三方面的教育:科学教育、哲学教育和宗教教育。雅斯贝尔斯的整体教育也就是这三方面教育组成的统一体,学校教育内容的选择就是以此为依据的。科学教育就是对学生进行关于自然、社会即关于人生存于其中的环境认识的教育。通过它,使学生获得关于世界的知识和自我生存所需要的智力、能力和品格等。它的内容相当广泛,涉及自然、社会、艺术、政治、道德和体育诸方面。这也是个体实现超越的基本条件。哲学教育,就是摆脱具体事物而对抽象概念的把握,目的是使受教育者发展理智和获得认识自身、体验自我的能力。"哲理课发展思想和精神的敏锐和透明,培养说话的清晰和简明、表达的严格与简洁、把握事物的形式、特征,以及了解思想论争双方的焦点所在,以及如何运用'思'而使问题得以澄清。"(第 4 页)"哲学是人对自身的反省,人只要开始思考便进入了哲学领域。"[5]宗教教育的目的是使受教育者掌握宗教的形式,因为这是最终实现自我超越的主要手段。雅斯贝尔斯把宗教知识与形式视为唯一延续至今的西方精神,认为基督教教义是今天任何东西所无法取代的,它是"一个经过加工制造、从最崇高的内容到最简单的形式完全统一了的精神。"[6]"由教会流传下来的宗教密码语言是不可替代的,礼拜的形式和教理中的思维形式是装载超越本质的器皿。"为此,他要求:"学校要开设宗教、圣经史、教理和教会史等课程……。对儿童来说,这笔精神财富将伴随他们一生而受用无穷。"(第 95、96 页)雅斯贝尔斯虽然不是主张进行传统的宗教教育,他所说的上帝是指超越生存的自由的自我,但他的超越理论所体现的神秘性与宗教并无二致,具有突出的非理性倾向。

(六)教育的作用

雅斯贝尔斯十分重视教育的作用。从个人与社会联系的角度来看,他认为:"教育在单个个人的心中成为人类全体未来的希望,而全体人的发展又是以单个个人教育发展为基点的,""每一种社会改善的先决条件要求每个人都要受教育,以便能自我教育。……一个正直的人,他同时就会是一个正直的公民。"(第 43、9 页)从社会角度来看,"教育决定着未来人类的生存,教育的衰落意味着人类的衰落"[7]。"教育方面的失误是对未来影响的开端。"所以,"从长远来看,对教育的疏忽而引起的反响比任何其它因素要更大。"因此"谁赢得了年轻人,谁就拥有了未来。"从个体的人来看,"对于一个完全无知、没有受过教育的人来说,就无法清楚地向他展示所认识的对象。""一个人必须一步步地接受严格的培养,经过数十年的成长,才能成其为人。"(第 68、46、88、47 页)

教育的作用是巨大的,但又是有限的。此外,教育的效益是滞后的,教育的投入不象经济的投入那样立竿见影。尽管如此,雅斯贝尔斯认为:"假如明智的政治家在本质上是个大教育家的话,假如他尽其精神力量并顺应教育天赋行事,肯花费多出目前好几倍的财力,那么,依靠新一代人的复兴才成其为可能,也可能在这个走向毁灭的时代奠定未来的基础。""国家所做的一切,以及将来仍然最有政治意义的事,还是教育。""对于德国民族的未来来说教育比军队更为重要,因为不成功的教育管理所带来的灾难性后果,一直要影响几十年。"所以,国家应把钱"用在比国防力量重要千百倍的未来之上——教育方面"(第

68、66、134 页）。雅斯贝尔斯对教育作用的认识及要求重视教育的主张,是有一定启发意义的。

（七）关于教师

雅斯贝尔斯的教师观也是其整个存在主义教育思想的重要组成部分,与前文所述观点是联系在一起的。他对教师提出的要求有:第一,要爱学生。雅斯贝尔斯坚决反对传统教育中压抑学生的现象,认为"爱的理解是师生双方价值升华的一个因素","爱"是对人不自由的束缚的解脱","爱是教育的原动力"。教师在教育中"对年轻一代的爱护并非降低格调,……而是达到自我升华"(第 1、5、92 页)。第二,教师的责任不是向学生灌输知识,而是引导、激励学生自我发展。"苏格拉底式的教师一贯反对作为学生的最大供求者;教师要把学生的注意力从教师身上转移到学生的自身,而教师本人则退居暗示的地位。"(第 8 页)教师不能使学生满足于能复述和理解自己所说和所思考的事物,而应使他们具有"怀疑精神和自我意识",使他们去认识自己,探索"自我的内心世界",谋求自我发展的方向。总之,教师不应满足于"经师",而要成为"人师"。第三,教师应具有独立的见解和追求。雅斯贝尔斯认为,就教育而言,"最关键的是具有独立见解和追求的教师,他在学生中所发生的作用是极大的"(第 35 页);也就是说教师要懂得教育,拥有自己的良好的教学方法,不受时髦观点和流行做法的影响,能够引导学生自主发展。第四,教师要忠于自己的事业。"教育,不能没有虔敬之心,否则最多只是一种劝学的态度",在教育过程中,"教师不是抱着投机的态度敷衍了事。而是全身心的投入其中,为人的生成———一个稳定而且持续不断的工作而服务。"(第 44 页)

雅斯贝尔斯在向教师提出要求的同时,还要求社会尊重教师,提高教师的地位。他认为:"一个民族如何培养教师,以及在何种氛围下按照何种价值标准和自明性生活,这些都决定了一个民族的命运。""教育革新的先决条件是提高教育的地位,以提高大、中、小学教师的工资来提高他们的社会地位,并通过教育的伟大性和它在国民生活中所表现出来的重要性来获得声望和影响力。"(第 54、50 页)雅斯贝尔斯的教师观虽然是建立在其存在主义思想基础上的,但不乏真知灼见。

综观雅斯贝尔斯的教育思想,不难发现,其存在主义色彩十分浓厚。存在主义哲学的非理性特点,唯心主义的神秘色彩和个人主义倾向性,在其主要教育观点里都有突出的表现。这既是他本人教育思想的局限性,也是整个存在主义流派教育思想的局限性。与整个存在主义流派的教育思想一样,雅斯贝尔斯的教育观点也体现着现代西方教育思想发展的人本主义倾向。他重视学生的"人"的因素、提倡整体教育、强调自我教育、关于教育的作用和教师的论述,以及对传统教育的批判等,都具有积极的借鉴意义。

参考文献:

[1] 雅斯贝尔斯著,邹进译.什么是教育[M].北京:三联书店,1991:3.(文中注页码的引文均出自本注)

[2] 余灵灵等译.存在与超越——雅斯贝尔斯文集[M].上海:三联书店上海分店,1988:209.

[3] 徐崇温主编.存在主义哲学[M].北京:中国社会科学出版社,1986:262.

[4] 雅斯贝尔斯著,王立权译.雅斯贝尔斯哲学自传[M].上海:上海译文出版社,1989:118.

[5] 孙志文主编.人与哲学[M].台湾:台湾联经出版事业公司印行,1982.

[6] 沈恒炎等主编.国外学者论人和人道主义(第一辑)[M].北京:社会科学文献出版社,1991:53—54.

[7] 雅斯贝尔斯著,周晓亮译.现时代的人[M].北京:社会科学文献出版社,1992:57.

(本文发表于《比较教育研究》1997年第5期。作者朱国仁,时属单位为北京师范大学教育系)

九、生命发展的非连续性及其教育
——兼论博尔诺夫的非连续性教育思想

（一）生命发展的非连续性

长期以来,我们根据身心发展的顺序和规律合理地进行教育设计,预测教育的活动。正是这种连续性的设计,才促使人的发展越来越完善。对依据生命发展的连续性(有顺序和规律)而提出的这种连续性教育,"基本上揭示了教育过程的本质。但仅此还不够全面,还需要作一处重要修正。"[1]因为连续性教育易于把生命的发展机械化、程式化,而排除生命发展过程中"偶然的、来自外部的干扰",认为这些东西是没有价值的,是应当避免的,而且原则上也是可以避免的,因为这些干扰无论如何改变不了生命发展的顺序,因而是无关大局的。但按照存在主义的观念,生命的存在是一个"此在",偶然性本身构成了生命的本质。所以,以存在主义来看,人的生活中突然出现的这些偶然的、外在的事件,无论如何不能把它们纯粹视为外在的干扰,相反这些事件具有重要的积极作用。如果我们仅仅按照存在主义的理念,每个人的存在都是偶然的,即"每个人来到这个世界都是偶然的,只在瞬间出现又在瞬间消失",那么"教育似乎根本是不可能的,即使单纯的尝试也是毫无意义的——至少在人们把教育看成是成长着的一代人不断进步的形式时是如此。"[2]

在我们看来,无论是以往把生命视为按照固定顺序和规律的机械发展,排斥偶然事件的影响,还是存在主义把生命发展看作一个偶然性,否定生命发展的有序性,都不符合生命发展的本性。生命的发展,特别是人的精神生命的发展,既有连续的渐进发展的一般规律,又有因偶发性、突发性事件导致的发展连续性的间断以及发展的转向,因此生命的发展是连续性与非连续性的统一,既有规律,又具有偶然性。

生命发展的连续性,是指生命发展的持续、不间断性和发展过程的顺序性。连续性是就人的发展一般过程而言的,它只指明了生命发展的方向,预定了发展的目的地,即到达某个阶段。在顺着这一方向、达到这一目的的过程中,生命发展的道路是"曲折"的,受外在因素的影响很大,因此发展又表现出非连续性。所谓生命发展的非连续性,就是指在生命连续发展的过程中,常常出现一些突如其来的事件和不可预测的外在因素,引起生命发展顺序的局部中断、停止或转向,导致生命在局部出现非连续的发展。因此,"从人的发展的一般过程来看,连续性表现为显性,非连续性表现为隐性;反之,从人的发展的具体过程这一角度看,非连续性表现为显性,而连续性表现为隐性。"[3]生命发展的连续性和非连续性不是对立的,连续性是就总体的方向而言的,它着眼于一个较长的生命发展过程;非连续性是就局部生命发展的某一方面或某一阶段而言的,非连续性虽然总体上不改变生命发展的顺序,尤其是身心发展的顺序。但并不意味着不改变局部的身心发展,尤其是精神发展的方向。

当代西方哲学家赫舍尔(A. J. Heschel)认为,研究人的问题,不能以"人是什么"来发问,而必须问"人是谁"。"人是什么",指向人的事实性和现成存在,并且把人当成自然界中一个简单的存在者、一个物来看待。"人是谁?"是指人怎样才能成为人,指人在具体的环境和经历中怎样成为了他此时此刻的样子(海德格尔谓之为"此在")。"既然人的显著特点是他的存在的可能性超过他的存在的现实性,所以我们不应当把我们的理解力局限于他实际上是什么。我们必须超越事实的限制,以便正确地看待人。人不仅应当被理解为一连串的事实,还应当被理解为一系列的机会。"[4]是这些机会在不断地造就着人,人没有先在的本质,"他的生命历程是不可预料的;没有人能够事先写出自传来。"[5]赫舍尔认为"做人"不是一个物,而是偶然的一个时机;它不是一个过程,而是一系列的行为和事件,是非连续的。"一个过程定期出现,它遵循比较恒久的模式;而一个事件是非同寻常的、不规则的。一个过程可能是连续的、稳定的、始终如一的;而事件的发生是突然的、间断的、偶然的。过程是具有典型性的,事件是独特的。过程遵循规律,而事件则创造先例。"[6]在赫舍尔看来,"做人"不是一个固定的结构,也不是一系列可以预见的事实,人完全是由一个个无法预料的偶发事件塑造的,个体的发展完全是偶然的事情。

生命哲学家柏格森(Henri Bergson)也认为生命是不断地选择和生成。生成是没有终极,也是没有方向,不可预知的。他说:"走过的路程可以一目然,看到它的方向,……至于今后要走的路,人类精神则无话可说。因为道路是走出来的,它本身就是行为的方向。"[7]存在主义大师海德格尔也反对在一般或抽象意义上谈论人的本质,他说,我们只关心人的存在,海德格尔因为这样的认识而把人称作"此在"。"此在"即在此存在,这一称谓表明,生命不是现成摆在那里的东西,而是通过在"那里"的存在展现出来的,生命的发展是此时的存在造就的。

我们在总体的生命发展的连续性基础上认识生命发展的非连续性,这种非连续性主要表现在精神生命的发展之中。当然,一次偶然的灾难、意外伤害或疾病都可以打乱生命的自然发展顺序,甚至夺去人的生命,但这些不仅是教育所无能为力的,而且也是不可抗拒的。并且对正常的生命个体或者正常环境中成长的生命个体而言,身心的自然发展都具有连续性。在精神生命包括的理性和非理性中,生命发展的非连续性又主要体现在非理性领域。这包括非理性思维和情感、意志。柏格森就认为知性无法理解生命的特征,无法把握人的生成性。所谓知性就是一种逻辑的、明晰的理性思维,理性的思维具有严密的逻辑性和连续性。他提出,直觉是把握生成的惟一方法,因此也是理解生命的惟一方法。"所谓直觉,就是……使人们自己置身于对象之内,以便与其中独特的、从而是无法表达的东西相符合。"[8]对生命的直觉,是在生命之中对生命的一种体验和顿悟的非理性思维,具有非连续性。生命发展的非连续性更多地表现在情感、意志、愿望、兴趣、爱好、态度、价值观等方面。一次偶然的失败或打击都可能改变人的兴趣、爱好,改变人对该事物的态度,也可能使人意志消沉;一次偶然的心灵震颤或遭遇,也可能改变一个人的志向。

马克思主义认为,活动是生命发展的机制,生命的发展是在活动中个体与环境相互作用的产物。人在活动中所遇到的每一个物,所经历的每一件事都影响着生命的发展,在这个意义上,就是存在主义所说的人是"此在"。长期的相互作用使人的发展形成了相对稳定的人格特征,比如特定的思维方式、性格、价值观等。通常,不是任何事件、任何的经历都能再改变这些稳定的特征,它需要有较大的强度。博尔诺夫(O. F. Bollnow)指出属于这类事件的有"威胁生命的重大危机"、"突发的对新的更高级生活的向往"、"使人摆脱无所事事状态的号召和告诫"以及"对今后生活起决定作用的遭遇"。

生命发展的非连续性是通过"觉醒"的形式表现出来的。"觉醒"(从教育者的角度说是"唤醒")是德国文化教育学的一个核心概念。斯普朗格(E. Spranger)认为,人的生成并非树木生长那样是连续的渐渐生长的,人的生成过程的关键是"顿悟",人在某一神圣的时刻会突然感到"心里一亮"、"豁然开朗",完成从"渐悟"到"顿悟"的飞跃。"觉醒"的过程是突变的,是生命过程中的非连续性、非阶段性的瞬间生成。博尔诺夫从生存的危机着眼,深深认识到"觉醒"对走出危机,走向生命新层次的重要性。他说,"觉醒"使主体的人在灵魂震颤的瞬间感受到一种从未体味过的内在敞亮,因主体性空前张扬,而获得一次心灵的解放。觉醒触及到心灵的深处,生命发展的过程就是不断觉醒的过程,在觉醒中呈现发展的非连续性。

(二) 非连续性教育的形式

在连续性教育看来,生命发展是有固定的顺序的,教育就是要遵从这一顺序、逐步推进儿童发展完善的。它把儿童发展过程中来自外部的偶然因素当作阻碍和干扰教育,导致教育失误或失败的因素,因此,连续性教育把其作为控制的对象,尽量地避免或者减少这些干扰因素。但从生存论的观点看,个体的发展具有很大的偶然性,那些偶然的事件对人的发展都具有重大的意义。所以,存在主义并不把这些事件作为干扰因素,相反,认为它是"深深地埋藏于人类存在的本质中,从这些事件中表现出一种新的、迄今尚被忽视的人类存在的基本方面,它使连续性发展的观念趋于破灭或者至少表明有很大的局限性。"博尔诺夫批判吸收了存在主义的这些基本观点,据此,他得出结论:"在人类生命过程中非连续性成分具有根本性的意义,同时,由此必然产生与此相应的教育之非连续性形式。"[9]

其实,对具体的个人来说,生活是复杂的,偶然性事件对人的发展的影响是客观存在的。但是,连续性教育总是从一般意义上来看待学生,极易把学生作为一个抽象的、标准的、具有普遍性的客体来看待,而无视生存中的活生生的、具体的、内心充满了矛盾与困惑的个人的存在。赫舍尔就指出,对人的认识的这种概括化过程,显得很不恰当。"我们之所以一再失误,正是由于我们片面地把一般原理运用于人类的境遇造成的。"[10]一旦我们走进具体的教育过程,就会发现影响人的发展的偶然事件随处可见,这些事件是不可能回避的,而且不仅要看到它的消极作用,更要看到它的积极作用。正是由于非连续性因素在现实的具体的生命发展过程中具有根本的作用,那么,教育就必须正视这些非连续性因素,并针对这些非连续性因素采取相应的非连续性教育形式,正确处理和利用影响个体生命发展的这些偶发性因素,从而把它变成有利的因素,促进生命的发展。

博尔诺夫在他 1959 年出版的《存在哲学与教育》和 1983 年出版的《教育人类学》中系统地论述了非连续性教育的重要范畴,这些范畴既可以看作影响人的非连续性发展或教育非连续性的原因,又可以看作是非连续性教育的形式。

1. 危机

危机(如社会危机、家庭危机、疾病危机和成熟危机等)是突然出现的威胁或中断人类和个体生活进程的事件。危机是造成人类社会和个体发展非连续性的一个重要因素。博尔诺夫认为,危机不是一种偶然现象,而是人生的一个组成部分,带有必然性,只要人生存着,就必然会遇到这样或那样的、来自外部或产生于内部的危机。"具有合理功能的危机必然属于生活的一部分"。[11]

人的成长过程是一个通过自我否定而实现的自我超越的过程,否定的本身说明身心发展达到了一定的程度和水平,出现危机,渡过危机,又会使生命进入新的阶段。这就如同科学家库恩所说的科学危机的出现必将导致科学革命、带来科学的进步一样。所以,危机对于生命的发展而言,就不只具有破坏性,而且也具有积极的意义,它内含于生命的成长过程之中。博尔诺夫看到了这一点,指出"向某个新的生命阶段的过程只有通过危机才能得以实现","只有在危机中或经历过危机我们才能成熟起来"。[12]比如青春期的危机就是青少年在走向成熟的过程中必然伴随的现象,认知危机是个体社会性成长过程中的必然。人的生活处处充满危机,人在危机中学会坚强,磨练意志,历练人生,走向成熟。所以,危机不完全是坏事,关键是对待危机的态度,要学会克服和战胜危机。经过努力,危机一旦战胜,就会使人感到生活的格外轻松和特别有意义。因此,危机也往往与人生的新起点紧紧联系在一起,它能增强人生活的信心和勇气,"危机越严重,搜过危机的决心越大,危机后的一种重新开始的清新感就越酣畅。"[13]

危机既然对人的成长具有如此重要的积极意义,是否意味着教育者要人为地制造危机,有意识地去触发它呢? 答案是否定的,因为危机总是可能引发不幸。但面对生活中已经出现的或者必将出现的危机,逃避不是办法,惟一可行的办法是正视危机,积极应对,渡过危机。对学生的危机,教育者不能用安慰性的掩饰来降低危机的严重性,也不能代学生去承担困难、消除危机。教育者所能做的就是启发和引导学生认识危机的本质和意义,培养他们面对危机的勇气和克服危机的顽强意志品质,从而使他们战胜危机。博尔诺夫认为,教师最好的措施就是告诫和号召。教师的"告诫和号召"作为外力,唤醒和鞭策学生,为他们的发展指明方向、提供动力,推动学生使中断的发展重新启程。

2. 遭遇

按照存在主义的观点,人生毫无规律可言,它被"抛入"到世界中,不断地遭遇一些偶然的事件。这里所说的"遭遇"就是"相遇",不过,博尔诺夫所谈的"遭遇"是在"相遇"的基础上,强调相遇的强度。它不是一般的人与物、人与事的相遇,他说:"这一概念标志人们所遇到的实在的强度。这种实在根本上不与人们的愿望和期待相符,以致人们即使反对它也是徒劳的,只能被迫改变自己的行为。"按照博尔诺夫的这一说法,并不是任何的与他人、它物的相遇,都足以震撼人的心灵,改变一个人的人生,称得上"遭遇",只有少数重大的特定的经验才可以称作"遭遇"。它们突然闯入人的生活,打乱正常的生活秩序,令人痛苦地中断正常的活动,对人生产生强烈的振荡,使人生的连续性中断,甚至导致人生的方向发生转折。

遭遇到的可能是某个人、某件艺术品、某部著作,也可能是某件事情;遭遇到的可能是好事,也可能是坏事,但都能够震撼人的心灵,改变人的精神状态。教育就是要利于"遭遇"的这一强烈震撼的价值,使其深入人心、触及灵魂,真正地促进生命的成长。

遭遇某件事情,或与某人遭遇,都会对人的正常生活带来冲击,迫使他们在两种可能性之间进行选择并做出取舍的决断。"遭遇"的这一过程,要求教育者在学生遭遇某一重大事件时,应注重对学生的引导,使他们在遭遇中做出正确的选择,以尽量保证他们发展的积极方向。同时,要有意识地培养儿童在遭遇中自我选择的能力,培养他们有应付遭遇的良好心理素质和坚强的意志。现实生活中,一些人遇到遭遇,尤其是消极的遭遇,或惊慌失措,或萎靡不振,轻者出现心理问题,重者丧失生活的信心,出现自残行为,这些都是因为缺乏面对遭遇的良好心理素质所致。对待学生的不良遭遇,虽然教育者的直接指导是必要的,但最根本的是培养学生处变不惊、沉着冷静的心理素质,以及随时对付突然遭遇的能力和意志。

"遭遇"对心灵的震撼作用还可以有意地利用在教学之中。因为教学的过程不只是为知识而知识,知识本身的价值必须触及人的生命,这样的知识才不至于成为人的一件精美"外套",正像博尔诺夫所说:"如果不能产生真正的触及人心灵深处的、改变其全部生活的遭遇,那么所有的文化知识都不起作用,所以也都无关紧要了。"因此,如果要对精神世界产生真正的内在的理解,"遭遇"是不可缺少的。正是基于这种认识,博尔诺夫提出教学的方向就是"引导成长着的一代人与精神世界的人物进行这种决定性的遭遇"[14]。教学,尤其是人文学科的教学,要创设教育氛围,通过体验和理解,在引导学生与教材,与教材中的儿童和事件遭遇时,产生强烈的震撼,使教育真正从知识的积累转变为生命的体验,成为感悟人生,提升生命境界的过程。在教育教学中,我们虽然不能预料某个特定的遭遇,但我们可以在尽可能大的范围内创设一种遭遇的"良好氛围",以期使遭遇发生后可以朝一个好的方向发展。

3. 唤醒

按照存在主义教育家雅斯贝尔斯的观点,教育并非理智知识和认识的堆积,而是人的灵魂的教育。那么,教育者对学生的教育就不是知识的"授受",而是灵魂的"唤醒"。"唤醒"对教育具有本体论意义,换言之,教育就是唤醒。斯普朗格说:"教育之为教育,正在于它是一个人格心灵的'唤醒'这是教育的核心所在。"[15]知识的授受不是教育的目的,教育的目的是要从人的生命深处唤起他沉睡的自我意识,唤起他的创造力、生命感、价值感,使他具有一种觉悟。所谓唤醒,就是催醒人内心深处沉睡的意识的过程。

雅斯贝尔斯在《什么是教育》中也表达过类似的观点,他把"唤醒"扩大到"知识领域",指出"知识必须自我认识,自我认识只能被唤醒,而不像转计货物",所以,对于知识的教育,他认为不是"授受",不是"有知者"带动"无知者",而是苏格拉底式的对话,"对话是探索真理与自我认识的途径"。雅斯贝尔斯用"顿悟的艺术"来概括他所认识的以唤醒为核心的教育。他说,顿悟"是灵魂的眼睛抽身返回自身之内,内在地透视自己的灵肉,知识也必须随着整个灵魂围绕着存在领域转动。因此,教育就是引导'回头'即顿悟的艺术。由于教育的这一神圣本源,因此在其藏而不露的力量中一向存在着精神体认的财富,但教育只有经由顿悟才能达到对整个人生的拯救,否则这些财富将失去效用。"[16]

博尔诺夫从生存哲学的视角赋予唤醒以本体论的意义,他认为,在人的心灵深处存在着一种所谓"本源性"的道德意识,这种道德意识通常处于沉睡状态。生活在日常生活中的人,社会的意识和规范蒙蔽了他的认识,使他丧失了自我的"个性",而成为一个无"我"的抽象"共性"。因此,教育就是要深达人的存在本性和元意识的深处,在危机和遭遇的剧烈震荡中,唤醒受教育者处在沉睡状态的道德意识,使他们回到本源上去,使一个人可能真正认识自己和自己所处的世界,同时也理解自己的当下处境、历史及未来,从而使自己成为一个具有自我意识和充满希望的真正的人。所以,博尔诺夫的"唤醒"不仅是唤醒沉睡的潜质,而且还要"揭开"和"除去"对本真意识的"蒙蔽",解放人的心灵。与雅斯贝尔斯"致知"的理性"顿悟"不同的是,博尔诺夫的"唤醒"主要在于解放个人的意识,所以,他认为最好的唤醒方法是启迪式的警醒、告诫和号召。

4. 告诫和号召

人是一个"不是其所是","是其所不是"的存在,人本身的现实("是")总是落后于他的"应是",因此,人生需要不断地奋斗,需要不断地摆脱"是"的这种衰退状态,而走向一个新的状态(应是),这就是人的超越性。超越性的主体是人自身,超越的动力只能来自个体生命本身向上的要求。博尔诺夫认为,人似乎不可能保持一个水平或者持续地向前发展。他的生活更多地由于习性和疲乏而被"损耗",由此而陷入非其存在本意的退化状态。在日常的学习生活中,我们也可以感到由于学习枯燥无昧,也由于缺乏明确的学习意向和理想,导致身心疲惫而造成学习热情锐减,学习成绩下降,出现学习的障碍。人生就如一台机器,它在持续不断地旋转中,也会遇到故障,因此,需要排除故障,需要不断地加油,才能正常、持续地运转。

机器遇到障碍,不可能自动地排除,必须要有人来修理。但人的发展过程出现衰退,就不完全是这样,它可能有两种情况。一种是"自动修复",发现自己出现问题,主动查找原因,马上"鼓起劲来",以更大的热情主动投入;另一种与之相反的情况则是,出现问题后,一蹶不振,更加萎靡,甚至误入歧途。这种情况多出现在缺乏主体性的人身上,也常出现在年龄较小的儿童身上,他们无法以自己的力量纠偏,必须借助于外部的推动力。一个人在出现衰退状态时,有可能出现自我激励,但这种情况往往不能持续太久,最常见的情况还是需要外部的推动,需要他人不断地给予告诫并激发其意志力。

在教育中,学习过程是一个很艰辛的过程,受教育者由于年龄较小,学习任务较重,他们在发展中出现种种退缩现象是正常的,并不可怕,关键是教育者要及时激励,教导他们从哪里跌倒就从哪里爬起来。博尔诺夫认为,告诫和号召是两种有效的激励措施。当一个人处于发展的迷茫状态、或者无所事事、或者陷入困境无力自拔、或者已经有所失误、误入歧途时,这时需要教育者的及时告诫。告诫既要警告他,使他意识到问题的严重性及其危害,同时要给他指明方向,使他幡然醒悟,回到"该做的事情上去"。告诫的作用在于使他迷途知返,号召的作用在于给他鼓足干劲,调动他的积极性,就像重新上紧的"发条",投入新的运动。

此外,博尔诺夫在非连续性教育形式中还提到了"吁求"。"吁求"是教育者对受教育者充满爱心的一种呼吁。教育者和受教育者由于年龄、学识和角色的差异,通常会出现心理的错位,教育者对受教育者"耳提面命",缺少平等和爱的交流。博尔诺夫的"吁求"就是要改变这种教育者以权威和压制对受教育者的"耳提面命",以拳拳之心、殷殷之情,向受教育者发出吁求,力求达到与他们心灵的互通。吁求固然是教育者对受教育者发出的一种要求,但这种要求不是指令,不是建立在强制基础上的居高临下的压制,而是基于平等交往基础上对受教育者的关怀和理解,建立在对受教育者尊重基础上的要求。吁求使受教育者领会到教育者要求中所包含的一片热心,因此受到良心的感染和发现,从而达到教育的效果。吁求对人的思想情感转化和品德教育具有重要的意义。因为心灵只能靠心灵来呼唤,情感只能靠情感来感染。武断的、教条式的说服教育,不仅不能解决心灵的问题,而且还会引发受教育者对教育者的敌对情绪,教育效果适得其反。同"告诫"、"号召"一样,"吁求"也是教育者引导受教育者走出困境的一种方式,只不过它针对的是一种情感的困惑和思想的危机。吁求的目的也在于唤起受教育者心灵中潜在的良知,使其受到良心的谴责,进而改正错误,进入新的境界。

总之,人生不会一帆风顺,生活中的危机和遭遇如同暗礁,处处存在;人生也不是永动机,故障和困倦也是发展过程中必然伴随的现象。正是危机、遭遇、挫折、衰退等导致人生发展的中断甚至转向,呈现发展的不连续性。人生必须借助新的动力重新开始生活。唤醒、告诫、号召、吁求作为非连续性教育形式，就是要给中断的人生以激励和动力，激发他们积极向上的热情，使他们重新充满活力，冲破困扰，从而使生命再放异彩。非连续性就像生命成长中的一道"坎"、一条"沟"，踱过这道坎，跨过这条沟，人生依然走向连续。以往的教育过分地注重有目的、有组织的计划和设计，忽视了非连续发展的偶然性。虽然这一点尚未引起重视，但它却具有根本的意义。人的发展是在非连续中延续着连续性，所以，教育也应该在连续性教育中穿插着非连续性教育，这种教育是连续性教育和非连续性教育的统一。

参考文献：

[1][2][9][11][12][13][14] O·F·博尔诺夫著，李其龙等译.教育人类学[M].上海：华东师范大学出版社，1999：51，56，51，63，64，65，61—60.

[3] 庞学光.完整性教育的探索[M].重庆：重庆出版社，1994：129.

[4][5][6][10] 赫舍尔著，隐仁莲译.人是谁[M].贵阳：贵州人民出版社，1994：36，34，39，34.

[7][8] 柏格森著，王珍丽等译.创造进化论[M].长沙：湖南人民出版社，1989：43，3—4.

[15] 邹进.现代德国文化教育学[M].太原：山西教育出版社，1992：73.

[16] 雅斯贝尔斯著，邹进译.什么是教育[M].北京：生活、读书、新知三联书店，1991：14.

（本文发表于《比较教育研究》2004 年第 2 期。作者冯建军，时属单位为教育部人文社会科学重点研究基地南京师范大学道德教育研究所）

十、范梅南现象学教育学思想探析

20 世纪 70 年代以来西方教育科学领域发生了研究范式的转变,"即由过去探究普遍性的教育规律变化为寻求情境化的教育意义"。[1] 现象学教育学是这一研究范式的代表之一。范梅南的现象学教育学思想代表了北美在这一领域的研究成果。

(一) 范梅南和现象学教育学

马克斯·范梅南(Max Van Manen)是加拿大阿尔伯塔大学教育学院的教授、课程与教学研究院主任、国际质性方法学研究院高级研究员,是"现象学教育学"开创者之一。他的教育学著作和论文很多,其中影响较大的有《教学机智》、《生活体验研究》、《儿童的秘密》等,并被译成多国语言,在世界上产生深远影响,享有国际声誉。他还担任目前世界惟一的一本《现象学教育学》杂志的主编。他的研究兴趣包括:人文科学研究方法论、专业实践认识论、儿童的秘密、教育学语言、网上写作等。

现象学教育学思想源于德国、荷兰,在德国被称之为"人文科学教育学",在荷兰被称为"现象学教育学"。20 世纪 40 年代至 70 年代现象学教育学在欧美教育思想领域逐渐被人们所接受。"从现今的发展趋势来看,美国、加拿大、韩国、日本、斯堪的纳维亚半岛等国家和地区的一些学者对之也产生了浓厚的兴趣。"[2] 现象学教育学因其实践的品性逐步成熟而被认同,如今已成为较有影响的教育研究范式。最近现象学教育学也受到我国教育界的重视。教育科学出版社连续出版了范梅南的三部重要著作。他还被邀请于 2004 年 6 月 1～6 日来华作了关于现象学教育学的讲演，吸引了许多专家学者。

现象学教育学理论和实践源于现象学、解释学思想。现象学是德国哲学家胡塞尔创立的现代西方哲学最重要的哲学思潮之一。现象学"回到实事本身"的研究态度以及对现象学方法的共同理解将众多共同见解的哲学家如海德格尔、梅洛-庞蒂、萨特、伽达默尔等联合在一起，形成了欧洲大陆 20 世纪最重要的哲学思想运动之一——现象学运动。[3] 现象学提出"回到实事本身"、"直观事情的本质"、用"还原的方法，描述事情的本质"，强调"生活世界的在先给予性"，"生活世界是一个始终在先被给予的、始终在先存在着的有效世界……每个目的都以生活世界为前提。"[4] 现象学教育学研究被直接体验到的生活世界，而不是我们先前概念化的世界。它关注的是孩子的"经历和体验是什么样子"，研究目的是为了获得对我们日常生活体验的本质或意义的深刻理解，为我们提供了一种从人文视角探索教育的方法论。

（二）范梅南现象学教育学思想的渊源

1. 荷兰的现象学传统

范梅南出生于荷兰，"荷兰的教育传统是很生活化的，具有很强的现象学味道"。这对他的现象学教育学思想的形成有着深刻影响。他所受教师教育的乌特支大学是荷兰现象学教育学的发源地，该校现象学教育学学者兰格威尔德等对他产生了直接的影响。现象学大师胡塞尔、海德格尔、梅洛—庞蒂、萨特、伽达默尔、利科等成为他现象学教育学思想的哲学基础。

2. 对北美课程研究范式的反思

现象学对范梅南的影响直到他来到加拿大才发现。北美当时的教育研究是实证主义和技术主义占主导的研究方式。文化的差异和研究范式的矛盾，致使他从词源上来考察对教育学的理解。在荷兰，pedagogy 一词是教育学的意思，它包含的意义很丰富。而在北美，pedagogy 主要指教学论，"教育"，用 education 来表示，但 education 却没有 pedagogy 意义丰富。这引起了他对教育学的思考并试图重新建立对教育学的理解。

3. 社会科学研究方法对他现象学教育学研究的影响

20 世纪上半叶社会科学中质的研究方法对范梅南教育思想和研究方法也

具有很大的影响,如人种志、传记学、民族方法学、性别研究、叙事研究、建构主义、批判理论、分析理论、符号论和后结构主义等社会学研究方法对他研究教育具有广泛而深刻的影响。这些社会科学研究方法或多或少的渗透在他的现象学教育学思想和研究方法中。

4. 后现代哲学思想的影响

后现代哲学不仅表现在实践转向和语言转向上以及对日常生活的关注上,而且表现了对权威的否定和对个性的尊重、对差异和不确定性的认可,积极倾听弱者、边缘的声音。法国哲学家利奥塔就批判了普适性的"宏大叙事"或"元叙事",倡导有限适用的"小叙事"。后现代哲学思想对范梅南的教育思想的影响在其教育文本中也很明显。

(三) 范梅南的现象学教育学思想

1. 教育学的起点:教育意识

作为一个现象学教育学家,"生活世界"是范梅南思考教育的逻辑起点,也是他教育研究的源泉。"生活世界是一个即时体验而尚未加以反思的世界,而不是我们可以为之下定义、分类或反映思考的世界。"[5]生活世界的这种"前理论、前反思的、前科学的"特征,决定了生活实践先于理论。在反思教育之前,我们已经具有了教育意识。"当孩子出生时,父母由此经历抱孩子、保护孩子、为孩子而不断自我牺牲和即使一切顺利也不断为孩子担忧的种种喜怒哀乐。我们的行为已具有教育意义。"[6]教育意识就是在这样与孩子的实际生活中,在细微的经历中产生的。

意识是人类与世界联系的惟一通道,我们是通过意识与世界相联系的。所以,范梅南认为所有进入我们意识领域内的东西都必然在我们的生活体验之内。我们简单行为中包含着一种含蓄的、无主题的、非反思的意识,在日常生活中起主宰作用。教育意识就是这种"为了孩子好"的意识。它是为人父母或老师的基本条件。他认为生物学意义上的父母不是真正意义上的父母。要想作为真正的父母,就得像父母一样生活。作为父母有一种"使命"感,积极等待孩子的"召唤"。"使命"就是对孩子的成长负起应有的责任。"召唤"就是召唤我们聆听孩子的需求。范梅南认为教育学首先召唤我们行动,之后又召唤我们对我们的行动做出思考。

教育意识使父母和孩子在一起的行为具有"出于向善的、为儿童好的动机"，这就是教育者和孩子间的教育学意向关系。意向是现象学的一个核心概念，意向性是意识的一个必不可少的特征。意向性的本质特征在于它们的指向性，即意识必定指向某个对象，意识总是对某物的认识。

教育学意向改变了父母和老师的行为。教育学意向是为了加强儿童生存和成长的各种偶发的可能性。它不是对儿童生活的任意干涉。所以任何教育学意向都应该尊重儿童本人的实际情况和发展。儿童自己有着他们自己的意向，他们的这种意向是成人参与儿童自身发展的源泉。父母和老师的行为指向儿童的意向，其实质是指向儿童所体验的世界以及儿童体验成人及其生活的目标。"教育学意向就是尽最大可能地加强儿童的任何积极意向和品质"。教育学意向不仅是我们生活哲学的表现，也体现了我们是谁，我们在做什么，我们是如何以积极思考的方式面对世界的，它是教育关系存在的前提。

2. 从"替代父母"的关系理解教师

范梅南认为："教育的本质是我们与处在教育关系中的儿童、年轻人或年老者之间的生活方式。"随着社会的发展，学校的出现，原本属于父母职责的教育被放到了学校、教师的身上。因此，他把教师"替代父母"的关系作为探求教育学理解和获取教育智慧的源泉，这是从教育的源初意义上来理解教育学和教师。教育工作者要从"替代父母的关系"的角度思考自己的角色和责任，不断地提醒自己留意自己与孩子之间的"替代父母"关系。"父母和孩子之间的恰当关系对教师与学生之间的教育关系提供了丰富的信息。"[7]

传统父母和孩子之间的教育就是养育的关系，父母的教育意识是"希望孩子好"。然而教育的这一意义今天可能会在日益强化的管理性的、企业性的环境中完全消失。现代社会把教育当成了企业，它要的是"效率"和"产出"，而忽视了儿童的主体性。在日益异化的现代社会面前，需要教育工作者培养一种充满关爱的学校环境，教会下一代如何生活，让孩子们学会为了自己、他人以及世界的延续和幸福承担起应有的责任。这是为了孩子们，最终也是为了社会。现代变动的家庭似乎忘了应有的责任。然而，学校作为专门的教育机构，却不能忘却。学校要承担起这样的责任。

教育学是以我们的爱、希望和责任的意向性为条件的。他认为,从专业教育者"替代父母"的职责看,教师除了知道他们教授什么,如何教授以外,家长最关心的是老师是否喜欢他们的孩子。因为家长们觉得积极的情感关系对孩子的学校生活和学习的成功是有利的。教育的智慧性就是一种以儿童为指向的多方面的、复杂的关心的品质。这是人的崇高使命,是专业教育者的职责。爱孩子,就是对孩子永远要抱有希望,若没有了希望,教育关系将不存在;关心孩子,就要从孩子的角度出发思考教育,要"发展一种指向儿童的价值取向"。面对教育上的任何教条主义,"教育者需要为了儿童的幸福随时准备站出来并接受批评",纠正偏离教育学的倾向。

传统上,父母是孩子的榜样和未来走向,他们有着确定的价值观念。现代社会的多元化使得父母和教师无所适从。对于现实,教育工作者往往是批判多于肯定。范梅南认为,提供很好的教育实例要比批判现实更符合教育学要求;引导学生注重合理性要比引导学生注重不合理性更具有积极意义。虽然我们知道没有什么绝对的理性或道德体系能告诉我们与孩子交往时怎么说、怎么做才是对的。然而我们不能因此而放弃我们的责任。我们拥有许多与孩子相处时的智慧且机智的生活实例。他说,不要怕犯错误,教育学要求我们首先积极地行动。否则,就是把孩子推给了其他媒体。我们的教育影响,不是通过说教、引诱、嘲笑和批评,而是通过亲身展示怎样生活来促使孩子成长。这也是教育学规范性特征之所在。

孩子在父母心目中是惟一的、独特的。这对专业教育者的启示是,教育是面向个体的,"教育学是关于个体的学问",否则,教育就变成了一个企业。每一个儿童都是一个独特的个体,是一个成长着的主体,教育者要关注每一个孩子。日常教育生活中,教师要看到每一个孩子,要"承认"每一个孩子。因为每个孩子每天对老师都有所期待。承认孩子就需要老师对每一个孩子的"认可"。认可是对孩子成长的理解,个性的支持。孩子总是觉得自己在老师心目中是特别的。他们在老师面前表现总希望得到老师的赞赏、注意、鼓励等积极的反馈。

3. 理解儿童:可能性

范梅南提醒,"孩子不是为了我们,而我们是为了孩子"。孩子给我们带来了礼物:体验可能性。孩子就是孩子,他们在成长过程中,他们体验着生活的可能性。作为父母和教师,要认识到成长本身永远也不会结束。从历史和文化上看,这个世界限制了许多生活和存在的可能性。孩子们通过学校、媒体、邻居以及我们的介绍理解这个世界。然而他们需要通过自己的探索、选择和努力去确定他们自己的身份(indentity)和独特性(uniqueness)。所以,必须允许他们行动、体验、创造。当他们尝试了可能性时,就是提醒我们,可能性仍然向我们敞开着。因此,孩子成了我们的老师。

认识到儿童的可能性,我们就要对各种体验保持敞开的态度。"敞开"(openness)就是去除自身的偏见,积极倾听,理解、认可并接受孩子的多种可能性。世界本来就有多种可能性,是"可以解释并再解释的"。敞开意味着我们尽力地去理解孩子的世界是什么样子的,具体地说,就是我们尽力理解具体某个孩子的处境,反思他是如何在多方面体验生活的。

他还提醒,许多教育者认为他们自己的教育观是完美的,所以总想施予一套想当然的信念和价值观。这样的"教育"必然会把教育学变成压制和控制——一种成人对儿童的权威统治形式。有这样"完美"教育观的教育者们往往把儿童看成是不完美的。这样就没有必要倾听他们,所以也就不可能向他们学习。他说,当孩子向我们提问或求助时,"一个有远见的父母或有效的教师肯定不会实施或控制孩子的每一个可能性的体验。一个机智的教育者会抓住孩子的提问并悄悄地深化它。"一个机智的教育者会保持孩子提问的兴趣。"我想使问题向他敞开着,而不是用一个答案固定它。"[8]

4. 教育学的要求:教育机智

范梅南提出,在与孩子相处时,我们需要的是机智。机智是包含着敏感性、一种全身心的、审美的感知能力。机智的本质不在于与他人良好相处或与他们建立良好的社会关系的简单愿望或能力。机智是瞬间知道该怎么做、一种与他人相处的临场的智慧和才艺,不是简单的行动前的计划。一个富有机智的人具有对人事的敏感性和理解力、行为表现具有良好的分寸和道德知觉等特点。

他反对用一种技术化的和实用主义的理性思维来谈论教育能力和教育理论(当然不反对教师必须知道怎样备课,有效利用媒体等)。他认为机智不是我们用来将理论转换成实践的工具,而是一个帮助我们克服理论与实践分离问题的概念。它不仅是一个"瞬间"决定的过程,更是一种深切的关注。它使我们能够在与孩子和年轻人生活时充满智慧地行动。

范梅南把教育学的结构分为内外两层,即教育智慧(thoughtfulness)和教育机智(tact)。教育机智是一种教育学理解,是注意孩子、聆听孩子,是教育情境中的智慧性行动,是一种全身心投入型的智慧行动,不是简单地在行动中的反思。他说,当我们与孩子相处时,我们不可能抽出来进行反思然后再行动。教育机智是教育者拥有的一种表达责任的方式:他们以此来保护、教育和帮助孩子成长。教育机智具有人际间的和规范性的特点,这特别适合我们与孩子的教育互动。

机智是指向他人的。教育机智是指向孩子的,是对孩子幸福的关心。它是通过教育者积极主动建立起来的关系方式。这种教育机智表现在,首先要正确对待孩子们的成长,不能急于求成,要有耐心;要理解孩子的体验,对孩子的经历保持开放,避免用一个标准的和传统的方式来处理情况;尊重孩子的主体性;教育者对教育情境充满自信;以潜移默化的方式影响孩子;还要有临场的天赋等。

教育机智的目的是为了保留孩子的空间,保护那些脆弱的东西,防止孩子受到伤害;它可以让破碎的变成完整的;它可以巩固好的品质,加强孩子的独处能力,支持个性的成长等。教育机智通过实施某种认知的敏感性和实践一种对孩子的主动关心来实现它的目的。一方面,教育机智依赖我们的能力来感知孩子的需求和具体认识孩子的各种潜力,用一种关心和接受的态度感知、聆听孩子;另一方面,机智敏感的眼睛折射出它关心的眼神,通过运用眼神、言语、沉默、动作等来作为机智干预和关心他人的工作。

5. 理解教育:"实践的首要性"和教育学理论

人们谈论教育时有两个出发点:一是从建立一种教育理论着手,然后用这种理论来指导我们的行动;另一种是从生活本身开始,用在与孩子们相处中的反思帮助我们更好地理解教育。范梅南认为教育学理论从根本上是一种实践。教育学不能从抽象的理论文章或分析系统中去寻找,而应该在生活世界中去寻找。教育学存在于"极其具体的、真实的生活情境中"。

实践是第一位的,理论是反思实践而产生的结果。"实践的完整性并不依赖于理论,但是,实践可以在理论的基础上更好地发挥其主动性。""理论自身并不能控制实践,教育的任何科学的理论总是在实践中发展出来的。理论只有在实践完结时才有了自己的空间。"他认为,理论总是姗姗来迟,所以不能以一种技术性和工具式的方式来指导实践。

他认为现代教育之所以停滞不前和相对沉寂,是因为教育与理论研究已经忘记了其最初的使命:教育理论研究应该定位于我们与儿童之间的教育关系。他批判性地指出,现代教育与理论研究似乎面临三个主要的问题:教育理论与日常教育对话的基本形式的混淆;抽象化的倾向以及引起的与儿童日常生活世界失去了联系;难以发现生活世界的普遍教育意义。

他认为现代教育研究多采用折中的手段,随意从其他学科中借鉴其语言和技巧,如人种志方法。这些研究并未将儿童的生活带入我们的视野,却使我们远离了孩子的生活,忽视了观察和描述者与儿童之间的关系。教育研究必须充分展示我们的教育立场以及我们对读者、儿童所应该承担的教育义务。如果为了取得教育研究成果却将研究从教育本质中分离出来时,这就脱离了实际、偏离了教育的方向。

他认为抽象化倾向是学术活动中普遍存在的缺陷。这些学者忘记了自己的教育责任,忘记了教育是体现在不断的实践中。教育的研究与理论仅是教育知识形式的一部分。这从家长和教师的养育、教育中可以看出来。他们经常对此进行反思。这种反思是受教育责任所推动的。[9]

教育不是具体的一种"事物",不是字里行间给读者的启发,也不是文本含义的总结。教育不是这个或那个的问题,教育也不存在于可观察的行为或活动中。实证主义者重视对行为的研究,然而教育不仅是一种可观察行为,更重要的是它必须是一种具有教育意义的行为。"教育学不是在可观察得到的那类事物中找得到的,而是像爱和友谊一样,存在于这种情感的亲身体验中——也就是说,在极其具体的真实的生活情境中。就是在这儿! 就在这儿! 一个成人做了对孩子个人发展正确的事情。"[10]

6. 提高实践智慧,增进人文理解——体验研究

他认为研究就是一种关注的行为,关注就是关心我们所爱的人。搞研究就要对我们感受和理解世界的方式提出疑问,就是以某种方式深刻地存在于这个

世界。现象学研究的最终目的,在于实现人类的价值,使我们更好地承担起自己的职责。

现象学教育学研究是对生活体验的研究。教育体验是原初的、现场的、未经定义、分类和反思的体验。研究就是要知道儿童的"经历和体验是什么样子的"。现象学研究起始于情境,是"对嵌入在这个情境中的一个典型意识节点的分析、阐释和说明"。[11]它定位于发现,希望找出某种现象的意义,以及它是如何被体验的,所以研究应该力图避免任何对程序、技术和概念进行预先构思的倾向。正如伽达默尔所说,现象学和解释学的方法就是没有方法。但是现象学研究并不是不可以把握的,"现象学研究因循一定的传统,具有一定的知识体系,包含思想者的生活历史,这一切共同构成了现代人文科学研究实践的来源和方法论基础。"[12]范梅南强调人文科学"解释性研究模式"的重要性,相信通过对人类生活体验的研究可以更好地理解人类。生活体验研究是通过反思写作来实现的。现象学教育学研究就是写作的研究,其最终目的是理解与孩子共处情境之中的教育意义。在研究过程中通过与文本的对话形成一个人的教育思想和教学机智。[13]

文本是通过现象学的语言来建构的。这种语言,他援引梅洛—庞蒂的话说"尽力以直截了当的语言来描述当时的体验,而不作任何原因解释或概括总结。"现象学研究项目不是把教育关系转换为清晰地定义下来的概念,而是把这种关系所表达的意义更充分地带进我们的现实存在。所以现象学体验文本是:不要意见,不要看法,不要观点,不要说明,不要解释。现象学所要的是对"前概念"、"前反思"即原初的教育生活体验的"还原"。体验往往比我们所能够描述的更加复杂、高深,但是由于群体社会生活的联系以及语言在使用中"家族相似"所达成的共识和一致,所以,经过研究者审慎的描写,意义是可以识别的。"只有当我们使意义可识别时,现象学的研究与写作才算是成功的。"[14]

现象学教育学研究没有统一、具体的方法。但范梅南从自己的研究出发,给出了他的研究过程:首先从个人经验出发,获得经验性描述;收集小说、轶事等文学、艺术作品中相关的经验性描述。然后进行现象学反思:对各种经验描述进行主题分析,揭示描述的主题。所以他从以下六个方面给出了现象学教育学研究的基本结构,这六个方面可以视为六种活动之间的动态结合:关注转向生活体验本质;对生活经验的调查研究,对根本主题的反思,写作和改写,保持一种强烈的指向关系;通过考虑部分和整体的关系协调整个研究。

（四）总结

通过对范梅南现象学教育学的探析以及目睹他的为人风范,笔者认为他的教育思想是他教育实践的反映。范梅南把他对教育学的理解以他通俗、浅显的语言和故事展现给我们,深深地影响了每一位读者。特别是他对教育的执著和责任感,是值得我们学习研究的。也许有人觉得他"有些理想化,有种道德说教的味道"。然而,正如他所说,他"不会为关心孩子们的这份热情而感到歉意"。他的这种以人文理解和关怀为主要思想的教育理念,以及对生活体验、实践智慧的关注,对我们理解教育的本质、师生关系以及教师教育和教育研究都具有广泛的启示和借鉴作用,值得我们研究,同时也为我们提供了新的教育研究范式。

参考文献：

[1] 钟启泉,张华.在东西方对话中寻求教育意义[A]世界课程与教学新理论文库.北京:教育科学出版社,1999.

[2] 钟亚妮.现象学教育学研究的启示意义[D].北京:首都师范大学硕士论文,2004:21.

[3] 宁虹.教师成为研究者:国际运动·理论路径·实践[M].北京:首都师范大学出版社,2002:49.

[4] 倪梁康.现象学及其效应—胡塞尔与当代德国哲学[M].北京:三联书店,1994:131.

[5][6][9][11][12][13][14] 范梅南,宋广文等译.生活体验研究——人文科学视野中的教育学[M].北京:教育科学出版社,2003:11,191,177—183,22,37,2,5.

[7][11][加] 范梅南,李树英译.教学机智——教育智慧的意蕴[M].北京:教育科学出版社,2001:8,43.

[8] Van Manen. The Tone of Teaching [M]. Richmond Hill Ont：Scho-lastlc-TAB（in Canada），1986：21—22.

（本文发表于《比较教育研究》2005 年第 4 期。作者朱光明，时属单位为首都师范大学教育科学学院）

十一、个人知识与人本教育观透析

——波兰尼《个人知识》合法性的一种阐述

近年来,教育界在教育观念更新方面,提出了人本教育观。概览人本教育的主要观点,以期认识与把握人本教育观的本质,仍然是一项困难的工作。这里引入波兰尼的个人知识观点,希望对理解人本教育观提供一条思路。

(一)人本教育观若干观点的简略分析

教育的任务是强调知识传授与改善人的理智。但是,如果过于偏重知识传授,就会出现负面现象,影响学生的全面发展。比如评判学生知识学习成效,把考试分数作为评价学生优劣的指标,甚至作为惟一的指标,显然这样的评价与学生个性发展、特长发展是不能一致的。这些现象已经客观存在着。对此的反思与批评,一种观点认为是由知识传授所引起的,因而要否定知识传授在教育中的地位。对这样的看法,我们必须慎重思考知识传授是否是引发教育问题的本质性原因。比如知识传授是否就会压抑人性? 重视人的需要,是否要把知识教育放在次要的地位? 思考这些问题,是提出人本教育观的重要背景。

然而,我们通过简略地比较与思考人本教育观的相关观点,发现人本教育观虽然表述有异,但共同的理论旨趣是揭示并试图消解知识教育的消极性,这就需要我们循着这一思路,进一步阐述人在发现知识、获取知识的过程中所体现的主动性、自主性与创造性。

1. 教育社会理想指导的人本教育观

教育是为社会培养人才,教育活动就要确立社会理想。但其出发点是如何培养合格人才。适应现代民主社会发展的需要,教育要遵循人的价值、权利、需要,强调教育要教学生学会做人,"成为一个人"。学校要鼓励学生张扬个性,营造有利于学生个性发展的氛围,教育本质上是民主的而不是专制的。[1]

2. 教育人才观指导的人本教育观

教育要培养合格人才,需要有新的人才观指导教育活动,适应于现代社会需要,教育要培养创新性人才。因而强调教育必须以人的全面发展为旨归,促进知、情、意、行的和谐,批评以应试为价值导向的学校教育,并强调要对标准化、模式化的人才培养保持高度警觉。因此,相信每一个正常学生都有巨大潜力,教育者的责任就是要帮助学生发现这些潜力,一同开发潜力。[2]

3. 后现代教育思想指导的人本教育观

反思近代以来教育受理性主义影响出现的负面影响,后现代语境中的知识教育观认为,知识传授要遵循人的知识接受规律,反对封闭的、简单化、机械的教学内容设置与传授方式,主张训练受教育者成为知识的积极创造者。甚至有更激烈的观点主张,教学目标、内容、课程目标不再是预先确定的,课程是师生共同探索新知的发展过程,是丰富的、开放的、经验的多层次组合。[3]

4. 教育策略指导的人本教育观

这种人本教育观主张教育必须坚持科学与人文的统一,体现人性化。它认为当前教育被功利主义、片面追求升学率的观念制约,使学生升学或就业成为学校教育最主要的办学目标,而人性的完善、人文的关怀未受足够的重视。因此,人本教育观强调科学知识与人文情意的统一,培养学生具有统合知识、理性批判思考能力,具有开阔的视野而不是盲目跟随,能自由地表达自己的态度、情绪、意愿。

人本教育的这些认识,虽然有些差异,但认识目标却有一致性,即激烈地批评主知主义教育观、理性主义教育观的局限,主张教育关注人、尊重人,体现人的地位与价值。

其实,教育问题的出现,并不是"知识传授"必然产生的,根本原因还是人本身,即教育问题存在的根本原因还在于现实社会的人,解决教育问题,要求社会和教育者正确认识知识传授对人的发展产生的积极作用与局限性。

探索这些问题,不妨阅读与思考波兰尼的个人知识理论,他通过分析人与知识的关系,揭示人在知识发展中作用与地位,为理解人本教育观提供了一条思路。

(二)个人知识:多维度凸现人的价值

受教育者通过知识学习,促进个人发展,是人本教育的现实课题。因而研究人在知识学习与知识发现中的独特地位与价值是十分重要的课题,波兰尼的个人知识观点是值得重视的思考路径。

1. 肯定知识的个人性,凸现人是知识的主体

波兰尼认为,知识的发现与获得、传承必须与个人有关。任何一项科学成果的发现,第一步都是由个人完成的,是个别科学家对事物或对象的怀疑、设问、求索所得,后经不断的证实,由个别科学家的知识演化成普遍性的知识。波兰尼称是少数人垄断普遍知识。正是因为这一点,个人知识显示出独特的价值。"探索的科学家从一个隐蔽的现实所得到的种种前兆都是个人的。这些前兆都是他自己的信念,而且,由于这些信念是他首创的,所以迄今为止惟独他持有。然而,它们却不是心灵的主观状态,而是在普遍性意图中持有的确信。"[4]普遍的、客观性知识的发现与个人主观性因素直接相关,如人的情感、意志、信念等因素的介入,有助于知识的寻求、发现与传播,是个人发现新知、接受新知的内在动力。比如运用生产工具进行劳动,这些生产工具虽然是客观存在的,但是要使它发挥最好的效益,与使用工具人的知识、经验及技能相关,不同的使用者就会产生不一样的效果。

就此来说,波兰尼的个人知识,不是讨论谁拥有知识,也不是讨论以什么样方式拥有知识,比如是个人拥有还是群体拥有,而是强调人是知识发现的主体。"无论是默会的还是言述的思维中——我们都同时依赖两种官能,即(1)我们在现实的基础上用观念框架吸收新经验的能力,和(2)在应用这一框架的同时改造它以便增强它对现实的把握的能力。"[5]人是知识的主人,不是知识的"奴隶"。人只有自觉地、积极地推动知识的发现与传授,这样的人才能逐步确立其主体地位,有了主体地位的个人,才能自觉地要求发现新的知识、传授新的知识。所以,教育促进人的发展,不能把人的智力或情感发展作为目标,而是确立人的主体地位。但是,传统理性主义知识观,强调知识的客观性、普遍性而遮蔽

了人在知识发现与获取中的主体性,否定了人的情感、意志等主观性因素在发现知识中的积极意义,这样,把"知识"与人的个性发展相对立。

2. 阐述默会知识,肯定个人在知识发现中的优先性、差异性,提出要构造知识创新的平等格局

波兰尼认为有些知识可以言传,能够用逻辑的、明确的文字叙述或者是数字加以表达,还有些知识不容易被清楚地表达、不容易被相互分享。比如学习骑自行车,他未必能够知道自己到底是怎么学会骑车,骑车是一种什么样的技能。又如音乐或绘画,我们所听到或看到的只是一段乐曲或一幅画,但品味乐曲或画蕴含的内涵,个人会有不同的感受,要让每个人都能十分清楚地说出来,则是一件困难的事。对此,波兰尼肯定是默会知识的存在所致。[6]它虽然不用语言说出来、写出来,不容易觉察,但是它客观存在着,是非常重要的知识类型,因此波兰尼研究了个体在感受、表达默会知识中体现的独特价值。

默会知识不仅象数学公式、文字、图表等一样传达着一定的信息,而且伴随信息的传达,还隐含着信息的意义,如果能够领会与看懂默会知识,既掌握了传达的信息,又理解了信息包含的意思。但是,认识与理解默会知识,波兰尼强调它是通过感官或直觉获得,不同于通过明确的逻辑推理过程获得的外显知识。所以,它是更具有个体化的知识,更要受到个人思想、观念、生活经验的影响,不同的个体,对默会知识的领悟、理解会产生不一样的效果,这也是个人能动性、主动性的体现。波兰尼就强调,即使是伟大科学家的发明活动,也是如此。科学家的科学兴趣、充满热情的参与、把毕生精力投入到科学研究中,这些因素是发现、创造具有重大价值的科学知识所不可缺少的。这说明默会知识是客观存在着的,支配着整个认知活动,而且认知活动要依赖个体独立完成,个人又是独一无二的。因而要求在知识传授中尊重每一个人的积极性与创造性,为每一个人提供发现知识、接受知识的平等空间,要重视个体差异,并能积极地利用个体差异,从而营造让每一个个体积极参与、富有活力的知识共同体。

3. 波兰尼提出个人知识,核心是关注个体创造力

个人学习知识、接受知识的目的是为追求真、善、美,学校教育要教会学生追求真、善、美。然而,20 世纪后 50 年以来,网络资讯的发达,知识的学习与传授出现了负面现象,知识可以象商品一样出售,张贴在各种网站上,任何人只要

运用电脑与网络,就比以往更容易获得知识。而且,人们获取知识的评判标准也发生了变化。不是以知识的"真"为标准,而是强调知识是否有用。人们总是问:它出售吗? 它有效吗?

事实上,现实生活中,如果以"物体有什么用处"作为掌握知识的尺度,即使是"学富五车",也不能解决一切问题。波兰尼举了这样的例子。从市场上购买一台机器,机器制造商已经提供了一份相当完整、规范的说明书,它告诉使用者各种操作规定以及机器最常见故障出现的原因与解决办法,有了这份说明书,使用者在使用中觉得十分方便。但是,使用者如果把"说明书"当作"圣经",这样的使用者就不是能动的、负责任的个人,他只是将机器看作是自己购买的一种商品,服务于自己工作需要。所以,波兰尼强调个人购买机器满足自己生产的目的,但机器只是工具,更应体现生产者本人的价值,任何一个使用者的价值不应定位在机器的使用上,应该体现自己的社会责任心与创造力,要将说明书与机器实际运用中出现的问题结合起来考虑,创造性地使用机器,创造性地解决出现的各种问题。然而,现代社会机器"说明书"越来越普及,人也越来越依赖"说明书",个人过份依赖"机器"工作,自身的意志、情感、思想则被机器统治,人受机器奴役,实质是摧毁了个人的创造力。因此,个人知识是强调个人发现知识的创造力,波兰尼希望人们不要随意地盲从别人的观点,受别人的观点"奴役",在发现知识中增强自己的创造责任感与信心。[7]

(三) 个人知识:拓展了人本教育观的理解视野

通过对波兰尼个人知识理论的简略分析,由此思考人本教育,可以得出,强调人在知识发现与接受中的主动性,凸现人的主体性,是人本教育的基本要求。

1. 人本教育的立足点是人,强调人与人在相互交往中实现知识共享,为此要训练学生学会从不同的角度观看事物的意识与能力

科学知识是人类智慧的结晶,具有"客观性、普遍性",但它是个体创造性活动的产物。因此,让受教育者获得科学知识,更重要的目的是培养他们求知的兴趣、热情,使知识的学习与获得变成是个人独立思考的创新活动。受教育者的知识学习应是寻求知识的创新活动。创新既包括了求新、求变、怀疑、批判、自主、独立的活动特点,也包括好奇心、探求心、想象力以及直觉、顿悟、灵感等

等非逻辑思维过程。但是,在现实的学校教育中,学生经过十几年的学习,练就的不是自主的激情、自由的想象、大胆的怀疑、独立的批判以及好奇的探索与尝试,而是习惯了盲目的服从、刻板的顺应、机械的复述、麻木的听命以及违心的应付,创新能力也随之殆尽。波兰尼的个人知识,充分说明了教育必须培养学生创新能力,鼓励个体差异,不应片面强调整体划一。

这种创新教育基本策略是教会学生学会交往,在相互交往中学会共享不同人的观点,分享别人的观点与思想。所以,要帮助学生学会合作与交流的技能,使他们能够自觉地用不同的视角观察事物、分析事物,从而获取更多的知识。

2. 人本教育的价值目标是培养与关怀人追求科学的信念

一个人要具备良好的智力,要有批判与反思能力,培养坚强决心与信念是十分重要的。"信念是一切知识的源泉。默会同意与求知热情、群体语言与文化遗产的共享、融入志趣相投的共同体,这些都是造就我们赖以掌握事物的、对事物本质的幻想的冲动。"[8]这里所讲的信念,是对科学美的追求,是对科学、真理的无限忠诚,"我相信,我的目标必须是发现我真诚地相信的东西并把我觉得自己确信的东西形式化。我相信,我必须克服自己的自我怀疑,以便坚定地坚持这一自我认同的纲领。"[9]

其实,信念的形成植根于学生的日常生活世界。如果学生的学习内容,只是一些枯燥的知识理论、道德教条、僵化的审美观念,教学过程中又是一概用科学知识的解释手段与框架、思路、手段来阐述,那么以这样的做法来培养学生求知的兴趣与信念将变得十分困难。

当然,强调植根于学生日常生活世界培养信念,也要反对把回归学生生活世界的教育活动庸俗化。学生科学信念培养的主要思路是利用学生的日常生活经验,与科学知识结合,使学生对科学知识增加感性认识,激发潜存于学生身上有利于学习的各种因素。[10]

3. 人本教育的现实任务是建构文本、观念、经验之间的互动关系,在互动中充分展现受教育者的个人知识,凸现受教育者的主体地位

波兰尼个人知识观的重要启示是强调"知道的"远比"说的"多,这是说,教师不能以直接传授知识作为最主要的教育目标,而是要为学生提供文本、信息,帮助学生在阅读文本中理解社会、理解人生,懂得人活在世上的意义。以往教

育,确定教育者是文本的解读者,受教育者必须听从教育者的意图。因此,要转变教育者的思维方式与教学行为,实质就在于如何结合、利用受教育者的经验去阅读文本,帮助受教育者理解文本隐含的意义,完成自我塑造的目的。就此,波兰尼规划了对待文本的四种态度:A. 改进文本的意义;B. 重新解释文本;C. 重新解释经验;D. 把文本视为无意义而废弃。现在看来,这四种方法单列开来,仍然只是抓住了受教育者阅读文本的某一方面,要么重视了文本本身,要么重视了经验的地位,所以,将四种方法完整地统一起来,构建教育者、受教育者、文本互动格局,在交互阅读中,张扬受教育者想法、观点,使受教育者乐于思考,乐于发表意见、观点,由此体现主体地位。

4. 人本教育的实践目的是鼓励和组织个人参与群体的活动,替个人的发展找到构筑精神的居所

知识发现依赖于个体,社会必须为个体的独立思考创造条件。对此如果持不同的态度,就会出现两种对立的状况:一是权威性社会与思维力的缺乏;二是自由社会与思维力的扩大。这两种情况在现代社会都存在着。波兰尼将前者称作是独裁主义社会,后者称作是现代动态社会。而二者的区别在于后者是竞争性思维作指导。它鼓励培养独立思考、敢于创新的个体,对持不同意见的人保持宽容的态度,从而构成相互竞争、相互鼓励的人才成长环境。前者则将知识看作是权威,服从社会制定的标准并以这些标准为指导。在这种社会中,人们只需要服从,无须拥有批判性的思维与行为能力,这并不是真正关注人、重视人。

因此,强调人的发展,要倡导在群体中促进人的全面发展。这要求调整教育策略:一是建立供受教育者、教育者相互交往的空间。只有自由的空间,受教育者与教育者才能自由地追求理想,激发求知热情;二是教育要提供可靠的"上层知识"。上层知识指的是科学和其他事实性真理,还包括文化体系中的人们认为优秀和有价值的东西,这些上层知识对所有人来说都是十分重要的。所以,重视人的发展,必须重视人如何去沟通社会文化,替个人发展找到精神的居所。"对话只有在参与的双方都属于同一个共同体、都大体上接受同一种学说和传统并以此来判断自己的肯定时才能维持下去",[11]这种对话,使教育者或受教育者有了精神的寓所。从这个角度看,建构有利于发现个人知识的社会空

间,这是研究与思考人本教育的实践目的。

参考文献:

[1] 张凯元.人本主义教育的理念与实践[M].台北:心理出版社,2003.

[2] 纪大海.现代人才品质与新人本教育[J].教育研究.2001(11):30—33.

[3] 多尔.后现代课程观[M].北京:教育科学出版社,2000:52.

杨洲松.后现代知识论与教育[M].台北:师大书苑,2000:57—58.

[4][5][8][9][11] 迈克尔·波兰尼.个人知识[M].贵阳:贵州人民出版社,2000:477,688,408,409,583.

[6] Polanyi. TacitKnowledge[DB/OL]. http://www. sveiby. com/articles/2005—05—27.

[7] Mullins,P. Michael. Polanyi 1891—1976[DB/OL]. http://www. deep-sight. org /articles/ polanyi. htm /2005—5—27

[10] Walt Haney;Michael Russell;Damlan Bebell. Draw-ingon Education:Using Drawing to Docunent Schooling and Support Change[J]. Harvard Educational Review,2004(74-3):266.

(本文发表于《比较教育研究》2006 年第 7 期。作者舒志定,时属单位为浙江师范大学教育科学研究所)

十二、美国批判教育学之批判
——吉鲁的批判教育观述评

批判教育理论是西方重要的教育理论派别。它自 20 世纪 60 年代以来汇综了多种思潮在内,形成了一个庞杂的理论体系。众多的教育家卷入了这场思想运动,有的积极推进批判教育理论,有的抵制、批评批判教育理论,还有的对批判教育理论进行学术研究,这些批判、推进、研究的合力,构成了起伏跌宕的批判教育理论思潮。20 世纪 90 年代前后,批判教育理论在美国出现了一种新形式——批判教育学(the critical pedagogy)。它以后现代主义为理论基础,对教育的种种现象和问题进行了解构和批判。本文主要以美国批判教育学的代表人物吉鲁(Giroux, H.)的思想为线索,对美国批判教育学理论作一勾勒。

(一)从"再生产理论"到"反抗理论":批判教育学历史寻迹

20 世纪 60 年代后期,随着西方经济衰退和社会动乱(如反歧视、反越战)的加剧,教育坠入"冰川时代"。一时入学率锐减,缀学率突增,学生学业水平下降,校内暴力和骚乱事件不断增加,加上大量经费投放不见效益,教育上各种改革未能立时奏效,遂使人们对学校的信赖和对教育的热衷产生了怀疑。在这种情况下,各种激进的教育思潮趁机泛滥起来。其中有"新韦伯派理论(New-Weberian Theory)"和"新马克思主义理论(New-Marxist Theory)",有非学校化理论(Deschooling Theory)和知识社会学(Sociology of Knowledge),有现代派理论和后现代派理论,有结构主义理论和后结构主义理论,有现象学理论和解释学理论。这些理论派别错综复杂,难有源流之分,主次之辨。

吉鲁 1983 年对这些理论进行了汇综和批判,剔弊理纷,从而为批判教育学的构建提供了理论上的前提。他把批判教育理论大体分为两大类别:一类是"再生产理论(reproduction theory)",另一类是"反抗理论(resistance theory 也译阻抗理论)。这两者在主要见解上虽有显著差别,但至少有三个共同之处。其一,它们都起源于对教育不平等和不公正的关注;其二,提出了造成不平等、不公正的理由;其三,寻求消除不平等的方法,其中,再生产理论中因对造成不平等、不公正的理由的回答不同,又区分出三个分支:经济再生产模式,以鲍尔斯和金蒂斯(Bowles,S and Gintis,H)为代表;文化再生产模式,以布迪厄(Bourdieu,P)等人为代表;霸权国家再生产模式,以葛兰西(Gramsci,A)等人为代表。

经济再生产模式是批判教育理论的雏形。其代表人物鲍尔斯和金蒂斯借用马克思的"再生产"概念,指出学校教育的主要作用不仅是资本主义社会得以进行下去的劳动力分工的再生产,而且也是资产阶级统治思想、意识形态和文化价值的再生产。他们认为,只有通过对学校教育和国家政治、社会关系的认识,才能深刻地理解学校教育的功能。

在其合著的《资本主义美国的学校教育》(Schooling in Capitalist America)一书中,鲍尔斯和金蒂斯指出,在资本主义社会,资产阶级的权力地位并不是稳固的,它可能被工人的联合所威胁。资本家为了保持自己的优势,就用各种方式来维持和再生产社会关系。教育"是现代社会阶级结构再生产中一项不可或缺的因素"。他们考察了教育上存在的"符应原则(correspondence principle)",认为"学校教育主要通过学校与阶级结构之间的符应,而一直对再生产社会关系有所贡献"。教育上的不同层次,实际上符应了职业结构的不同层次。在他们看来,各种课堂上的社会关系——隐蔽课程——使得维护资本主义逻辑和合理性的劳动观念、权威观念、社会规范和价值观念等,以"沉默"的方式渗透到学校中,使之合法化并对学生产生影响。他们要求改变教育赖以实施的社会制度和社会关系。鲍尔斯和金莱斯的教育与经济的简单的"符应原则"在布迪厄那里得到了修正。

布迪厄认为,在教育与政治、经济之间并不存在直接的关系,教育主要是传递文化的,只有通过文化的媒介,才能在社会再生产中成为重要的社会力量。他提出了"文化资本(cultural capital)"、"文化专断(cultural arbitraries)"和"符号暴力(symbol violence)"的概念。认为教育制度中有自己的文化专断,那就是支配阶级的文化,在教育过程中实际蕴含着将支配阶级的文化专断灌输到来自于其它文化的儿童身上,其结果是:① 支配阶级儿童一直被给予"文化资本",会发现教育是容易理解的;② 支配阶级的文化被显示出是比较高级的;③ 一种"符号暴力"籍着"霸权课程(hegemony curriculum)"的方式强加给其他阶层的儿童,使其达到社会化。吉鲁在对布迪厄的理论进行分析时说,布迪厄不懂得"文化既是一种结构过程,也是一种改造过程",他只看到了学校的文化性质和知识形式是"统治阶级文化资本的无理反映,而没有看到这种统治和控制反映在学校教育过程内部是充满矛盾、冲突、斗争和阻抗的"。

20 世纪 70 年代以来,一些批判教育理论家十分注意探讨国家干预教育的复杂作用,认为学校教育的性质和作用不应只限于考察经济和文化再生产过程。这种考察方式没有充分注意到西方发达国家中存在的不均衡现象,对国家干预教育的政治因素缺乏必要的了解。葛兰西认为,资产阶级国家行使的霸权可以解释为"暴力和同意的结合"。国家既有通过学校满足为资本劳动需要提供必需的劳动力、知识、技能和文化价值的任务,同时还有通过学校用经济的、意识形态的和心理的感染力赢得劳工阶级对既定国家政策表示"同意"的任务。阿普尔(Apple,L)也认为资产阶级为了取得经济利润,实际上是在力求自己的文化为其它阶级所接受,这是一种"文化霸权(cultural hegemony)",其核心是"意识形态"。通过国家对学校的干预作用,这种文化霸权得以有效运行。

吉鲁对上述再生产理论进行了批判性思考,指出它仅仅考察了学校教育的社会制约性的一方面,把学校看作工厂甚至监狱,而教师和学生只受资本主义制度的限制,忽视了教育制度中人类自由和自我决定的重要性,忽视了人们可以创造历史(包括他的限制)的能力,也无视了学校内部存在的矛盾和斗争。

也正是基于以上考虑,一些批判教育理论家在 20 世纪 70 年代来开始向"再生产理论"挑战,并试图超越"再生产理论"。他们提出,由于人的能动作用的发挥,各种社会和文化的再生产根本不可能得到实现,因为它往往受到对立因素的"阻抗";在分析学校与统治社会之间的复杂关系时,应把矛盾、冲突、斗争和阻抗等概念放在重要地位,建立和发展一种"反抗"理论。反抗理论认为,统治社会通过学校和其它机构一方面再生产自己的文化价值和意识形态,另一方面也在再生产出与自己利益相悖的对立阶级和其它下层阶级的文化价值和意识形态。威尔斯(Willis,P)就提出了"反学校文化(anti-school culture)"的概念,指出反学校文化是整个劳工阶级文化的一个层面或显示,是劳工阶级价值和态度的一种表现。反学校文化最基本、最明显的层面,就是以个人化的形式坚定地、广泛地反对权威。反学校文化的学生,因其未能很好地掌握学校中的"主流文化",常常进入非技术性与半技术性的行业。如此,就促进了劳工阶级文化再生产和西方资本主义的再生产。这种研究表明,那些反学校文化的学生常常表现出一种奇特而又较为深刻的思想的和行动逻辑,也就是说,他们最终走向确认而不是反对现存的资本主义社会关系。

批判教育学的代表人物吉鲁本人很欣赏反抗理论,把自己的思想也归为反抗理论的范畴。他认为,与简单的再生产理论相比,反抗理论是一个更有价值、更深刻的理论,它有助于我们了解下层社会经受教育失败的复杂方式。实际上,在一定意义上讲,吉鲁的批判教育学理论就是在反抗理论中孕育发展起来的,是反抗理论在后现代主义背景下的衍生和发展。

(二) 后现代主义:批判教育学产生的思想土壤

后现代主义一词出现于 20 世纪 30 年代,至 60 年代开始有文学批评家以较严肃的态度使用此术语,80 年代后受到重视,近年已成为西方文化的"显学"。主要代表人物有马库塞(Marcuse,H)、哈贝马斯(Habermas,J)等。在一定意义上说,批判教育学是将反抗理论置于后现代主义视野下对教育产生的新认识,是资本主义后工业社会和后工业文化的产物。

在西方一些学者看来,晚期的资本主义已经进入了后工业社会。在这个社会里,累积、处理、发展知识的方式发生了革命性的改变,这使社会的价值观及生活形态开始向多元主义迈进,而基本的原动力就是解构思想。所有的观念、意义与价值,全部都可以从过去固定的结构体中解构出来,可以自由地漂流重组,一切都视情况及上下文而定。

后现代主义与现代主义多有对立。其理论特征是:消解认识论和本题论,即消解认识的明晰性、意义的清晰性、价值本体终极性、真理的永恒性，而接近反文化、反美学的"游戏"平面；它反对中心性、整体性、体系性；重过程轻目的，重活动本身而轻框架体系；不重过去（历史），不重未来（理想），而重视现实本身。

后现代主义体现在哲学上，是"元话语"的失效和中心性、同一性的消失；体现在美学上，则是传统美学趣味和深度的消失，走上没有深度、没有历史感的平面，从而导致"表征紊乱"；体现在文学上，则表现为精神维度的消逝，本能成为一切，人的消亡使冷漠的纯客观的写作成为后现代的标志；体现在宗教上，则是关心欲望、焦虑、自杀一类课题以走向"新宗教"来拯救合法化危机的根源——信仰危机；体现在教育上，则是为教育提供了新的理论工具，以批判、解构为出发点重新思考教育上的种种问题，深化和扩展教育理论，进而确立批判教育学。

（三）解放与反抗：批判教育学的主要观点

批判教育学并没有形成一个整体的话语（discourse）和相应的一套方法。它在过去 10 年的发展历史中，无论在方法上还是在意识形态定向上都纳入了不同的政治立场。吉鲁自称，他要把现代主义强调用人的批判理性去阐述公众生活问题，与后现代主义关心的我们如何在一个千差万别的世界中发挥能动力量结合起来。简言之，批判教育学就是试图把现代主义的解放（emancipatory）观念与后现代主义的反抗（resistance）观念结合在一起的教育学。

同其它批判教育理论派一样，批判教育学把"解放"作为教育最终追求的目标，要求个人摆脱权力的控制，把自己从他人的操纵中解脱出来，充分发挥自己的能动性，掌握自己命运，取得控制自己生活的权力。基于这样一个目的，批判教育学反对教育上一切的权力形式，如教材、教师等，反对教育中的普遍性与统一性，要求在教育过程中始终贯穿批判性的思想，以建构教育上的文化新形式。

吉鲁提出了反文本（counter-text）和反记忆（counter-memory）的概念，对传统意义上的课程提出了挑战。文本（text）是后现代主义和后结构主义常用的一个术语，概指一切文化符号。批判教育学认为，一切文本都有其历史的及文化上的局限性，其"话语"都或多或少地与一个社会的特定文化有关。学校中文本的主要表现形式——教材往往体现的是社会的主流文化，它忽视了其它文化,在形成学生社会化的同时,也使其忽视了分析教材背后隐藏的意义和价值。而历史上形成的东西也是如此,所以,学生在反文本的同时,还要反记忆。学生不能把文本(教材)作为单纯地继承下来的知识,既要批判地分析、读解过去是如何转向现在的,更要通过现在去读解、认识过去。也就是通过学生的"声音(voice)"来重构历史。

这种反文本、反记忆的呼声转化为课程实践,就是反对忽视学生不同文化和历史背景的统一的课程,把与主流文化相异的价值、观念、思想(吉鲁称之为"附属文本")引进课程领域,产生文本的"离心(decentre)"现象;并且打破现有的学科界限,形成多种学科相结合的"后学科(post-disciplinary)",使学生超越规定教材的意义和价值,依靠自己的经验重新建构知识,创造自己的"文本"。课程中的"表现符号"也要多样化,不仅仅只限于书籍,还应引进摄影、电影、电视等,使学生接受更多的文化信息。同时,课程还要与大众文化及学生生活紧密结合,吉鲁认为,随着后工业社会的来临,文化与工业生产及商品结合越来越密切,文化已完全大众化了。高雅文化与通俗文化的距离已经消失了;文化已从那种特定的"文化圈"中扩展开来,进入了人们的日常生活,所以,课程如果还是"束之高阁",与大众文化割裂开来,就会被"阶级文化"所控制,影响学生对其它文化的接受和主体的建构。

在教学过程中,批判教育学要求将批判与质疑贯穿始终,讨论及批判性的分析似乎是其最崇高的方法。吉鲁反对传递式的教学(transmission teaching),他使用另一位著名批判教育理论家弗莱雷(Freire,P)的术语,称之为"银行教育"(banking education)。他主张用"文本情景"(textuality)来取代这种教学方式,并以语文教学为例说明了教学过程中应采用的方式方法。他提出写作可分为三个步骤来进行:阅读—解释—批判。阅读是使学生明了作品的文化符号,并进而明确自己如何运用这些符号,在此,学生要有机会重述故事,对它加以概括和扩充;解释是在阅读的同时对课文进行评述,并帮助学生把该课文和其它课文联系起来进行分析,以使他们形成对课文间联系的整体认识,这里,学生要摆正自己的主体地位,要"充分地去阐释,更要去批判";最后,学生要运用自己的经验去评判课文,分析其缺点与不足,不仅要确定作者意识形态上的真正利益,而且要考察现有权力结构促使该作品产生的因素,以便形成学生独立批判思考的能力。教学的整个过程要体现出促使学生超越意义、知识、社会关系及价值的意图，需要学生运用自己的特殊经验对课文进行批判性的讨论和转换，充分发挥其能动作用。

在这种情况下，教师是否就要完全放弃自己的权威呢？批判教育学认为不是的。关键在于教师要把权威转换成一种解放实践，为学生的批判提供条件，如帮助学生分析学校以外制约教材的力量，了解来于不同社会背景学生在学习时为什么会有差异及有什么差异等。批判教育学还要求教师更具自我批判性地分析、看待自己的局限性以及政治价值观，并甄别这种局限性和价值观对学生的影响。他们认为，教师同学生一样，要理解并尊重其它文化，在教学中不仅对不同文化间的差异作出阐释，而且要使这种差异合法化，亦即把不同文化的思想、观念、价值集结在一起，创造一个文化边缘地带，引导学生去认识、分析、批判、重构。

（四）批判教育学可行吗——批判教育学之批判

吉鲁被誉为当代资本主义的反判者，他在批判再生产理论的基础上所创立的批判教育学，把西方教育理论的"反抗理论"推向了高潮。虽然人们对批判教育学毁誉参半，甚至作出功大于过的是非评价，但所有的人不得不承认，批判教育学所倡导的理论是清晰的、有活力的，吉鲁的批判精神和勇气是令人敬佩的。因为他致力于倡导以反抗、反叛为特征的批判教育学，结果他虽拥有250多篇论文，撰写或合写专著81部，其著作先后5次被美国教育研究会评为最有价值的教育著作之一，但在波士顿大学仍被拒绝授予终身教授资格。

吉鲁反对以往批判理论家将隶属于现实的做法，致力于建构一种激进的教育学，并把理论作为批判教育学所有观念的核心。他倡导"理论教育学（pedagogy of theory）"与"理论化的教育学（pedagogy of theorizing）"的结合（前者指教育者引导学生掌握知识的理论，后者指学生在教育活动中作为主体实际建构知识的理论），创造性地构造起有关"反抗"的理论。大概也正因为如此，批判教育学自产生以来的近10年的历史中，才没有象其它批判教育理论只是昙花一现，而是日益呈现出兴旺的景象。

批判教育学提出了振耳发聩的"改造教育"和"解放教育"的口号，它在后现代主义思想下阐发的一系列理论主张,的确给人以耳目一新的感觉,为我们了解教育过程和现象提供了一个新的视野,在教育观念上提供了一个新的可供选择的可能性。其一系列见解对我们来说不无启示意义,例如,把教育置于政治与文化背景下进行考察,主张充分发挥学生的能动作用,把学生自己的经验融汇到课堂生活中;课程设计要考虑到文化差异,把不同的文化引进课程领域;批判教师权威,让学生批判性地思考一切权力结构。如些等等。这些都有助于深化我们有关教育研究及教育问题的认识,促使我们对教育理论与实践进行再思考和再分析。

批判教育学反对一切权力形式,反对教育中的普遍性、统一性、整体性,倡导学生参与批判,这种观念与我们已有的教育观是相对立的、逆转的。虽然它源于晚期资本主义后工业文化,与我们所处的文化背景有一定的差异,但我们也不得不问:这种理论可行吗? 其实,从前面所谈到的吉鲁本人在美国的遭遇就可以看出,批判教育学即使在美国也是不大受欢迎的。毕竟它是以一种反抗的姿态出现在文化与政治舞台上的,教育活动要想从意识形态的"牢笼"中挣脱出来谈何容易。吉鲁正确地认识到,权力与知识是一体的,知识是权力的象征,更是权力的附庸。如若教育摆脱不了与政治、权力的渊源,那么它也就无法摆脱与主流文化的关系,要想在教育上大张旗鼓地宣扬"反文化"、"亚文化"也就不现实了。实际上,吉鲁本人对此并非无所知晓,也许是后现代的批判精神鼓舞他与现有社会抗衡,是后工业社会暴露出来的文化矛盾与危机促使他振臂高呼,唤醒人们沉睡的文化批判意识。无论如何,我们在崇敬他的这种批判精神和勇气的同时,却不得不对其理论的可行性提出质疑。

其实,就是在西方,自批判教育学产生以后,对它的批判声就不绝于耳了。有人指出,批判教育学忽略了学生在学校中"反应的、巨大分歧性和复杂性",认为仅用"反抗"这一范畴来说明学生的行为是不全面的;批判教育学把非绝对、乐意地服从教师要求的学生行为都归之于"反抗",是一种简单化的做法。也有人持与之类似的观点,提出不应对学生文化做"赞成(pro)"与"反对(anit)"的两分法。伍德斯(Woods,S)曾分析了学生在学校活动中的 8 种不同的反应方式,如迎合、顺从、退缩、不妥协、反叛等。也有人对批判教育学注重文化差异,要求把其它文化特别是亚文化引进学校课程的作法提出异议,认为这如同社会学家经常认同劣势者的世界一样,在赞美、融合亚文化的同时,没有深刻考察它给学生带来的不良影响。

参考文献:

[1] 王佩雄. 当代西方教育理论与马克思主义[J]. 外国教育动态,1983(3).

[2] [美]鲍尔斯,金蒂斯著,李锦旭译. 资本主义美国的学校教育[M]. 台湾:桂冠出版公司,1989:146,189.

[3] [英]杭特著,李锦旭译. 教育社会学理论[M]. 台湾:桂冠出版公司,1981:212.

[4] Willis, P. Learning to labour:How Working Class Kids Get Working Class Jobs. Westmead[M]. England :Saxon House,1977,II.

[5] 罗青编译. 什么是后现代主义[M]北京:五四书店,1989:6—7.

[6] Giroux, H. Border Pedagogy and the politics of Modernism/Postmodernism, in Giroux, H, (ed)Postmodern Education, Politics, Culture and Social Criticism[M]. 1991,72.

[7] Giroux, H. Democracy and the Discourse of Cultural Difference towards a politics of border pedagogy[J]. British Journal of Sociology of Education,1991(12-4).

[8] Hargreaves, A. , Resistance and Relative Autonomy Theories[J]. British Journal of Sociology of Education,1982(3-2).

[9] Woods, S. Sociology and the School[M]. London:Boston :Routledge & K. Paul,1983:90.

(本文发表于《比较教育研究》1997 年第 5 期。作者郑金洲,时属单位为华东师范大学)

十三、哪里有压迫,哪里就应该有

《被压迫者教育学》

——试述保罗·费莱雷的"解放教育学"

巴西教育家保罗·费莱雷(Paulo Freire,1921~1997)被认为是半个世纪以来最重要的教育家,是自赫尔巴特、杜威以来,教育理论史的"第三次革命"的开创者和实施者。[1]到 1996 年,美洲和欧洲共有 29 所大学授予他名誉学位。费莱雷在多个国家和国际组织中获得过荣誉和奖励。

(一)费莱雷的核心教育观:非人性化世界中的意识化

若说 20 世纪 70 年代还有焚书坑儒的事,人们多会不以为然。但在很大的范围内,费莱雷的《被压迫者教育学》确实曾经是禁书。然而禁而不止,它又在更大的范围内被争相传诵。这主要因为《被压迫者教育学》"是真正的革命教育学"。[2]它问世以后,"解放教育学"、"批判教育学"、"对话教育学"、"革命教育学"、"批判—交往教育学"乃至"终生自由教育学"等等,都纷纷登堂入室并渐渐相得益彰了。这些"教育学",或者根基于《被压迫者教育学》,或者受它的影响和启发。

用"被压迫者教育学"给这一理论"命名",不够平白易懂,有点"不大利索"。费莱雷对这种指责并不害怕。他认为:"平白易懂,不仅是自欺欺人,而且会使之黯然失色";"语言的清晰性具有阶级性,在释义的过程中总是有利于特定的阶级";[3]"被压迫者教育学"就是对被压迫者特别有利,因为它要揭示、解释并构想行动策略的内容,正是在从被压迫者的非人性化到自由的解放过程中教育的角色。

《被压迫者教育学》在 1970 年问世。它当初的命运与《爱弥尔》颇为相似，但费莱雷的经历，似乎没卢梭那么浪漫并富有传奇色彩。费莱雷虽然有着巴西中产阶级背景，但童年时就家道中落。所幸他识字较早，故能先当老师，而后上中学进大学。作为法学院的学生，费莱雷的专业成就平平，唯孜孜以求哲学和语言心理学，对教育的哲学问题和社会学问题感兴趣。大学毕业后，律师生涯尚未开始，就自行结束，转而参与扫盲工作。1946 年起在一个慈善机构当教育主任并很快主管这个机构，直到 1954 年。[4]这是"被压迫者教育学"思想的形成期。在这十多年的扫盲实践中，费莱雷发现，精英教育模式与被压迫者的现实生活完全脱节，人民大众的生活和语言，应当是探索扫盲方式的起点，因此，必须把教育改造为"自由实践"。

1967 年，费莱雷出版了第一部著作《作为自由实践的教育》（Educationas the Practice of Freedom in Education for Critical Consciousness）。这个书名暗示的是，在"作为统治实践的教育"摆布下，被压迫者即使"识字"，也不会"识世"。

费莱雷的所谓"扫盲"，与人们通常的理解很不一样。一般认为"扫盲"即识字教育（Reading the Word），使人能阅读和书写简单的文本。费莱雷的"扫盲"是识字教育与"识世教育"（Reading the World）的一体化产物，"识世总先于识字，识字是持续地识世。"[5]这个"扫盲"概念也改变了"文本"的涵义。物质的文本是写在纸上的，这是自然文本；记忆的文本是铭刻在心里的，这是柏拉图的文本；压迫的文本是填充在生活中的，这是费莱雷的文本。[6]因此，所谓"识世教育"，是要发现生活世界中的压迫，要追问社会现实和生活世界的本质，要培养和开发批判精神和批判能力，以使受教育者能够以行动主体的身份，在"阅读"和批判中，提高社会公正，增益社会平等，创造民主社会。这个过程就是费莱雷的核心观念——"意识化"。也可以把"意识化"理解为，通过"意识觉醒"（Consciousness-raising）而"增权"（Empowerment），即在掌握了关于压迫的知识和形成批判的技能的基础上，挑战社会压迫。[7]

过去对"读写能力"的理解比较简单。从"意识化"的要求看，现在不能再简单地坚持认为是对"识世"与"识字"关系的正确把握。把读写能力的基本构成分解为功能性读写能力、文化性读写能力和批判性读写能力三个层次（类型），[8]有助于促进对问题的认识，也有助于促进对费莱雷的理解。功能性读写能力指的是学生熟练地掌握了理解诸如路牌、产品说明书和报纸头版要闻之类简单文本的技能。文化性读写能力是指在功能性读写能力的基础上获得比较广泛的能力体系，包括熟悉特殊的语言传统，特别是懂得参与政治活动和文化生活所必需的文化和历史知识。批判性读写能力是指能够深入到文本、制度和社会实践的各种意识形态维度，识别诸如电视、电影之类的文化形式所体现的利益选择，进而通过分析批判，挑战社会压迫，把社会导向正义、平等和民主。

如此反观费莱雷的扫盲方式，可见他的首创是，从功能性走向批判性并定格在批判性，倡导在"阅读"两个"W"的行动中认识社会和反抗压迫。这也注定了费莱雷的教育学是穷人的教育学，被压迫者的教育学。

（二）解放教育学的中心论题：通过教育获得解放

从《作为自由实践的教育》到《被压迫者教育学》，费莱雷的中心论题只有一个：被压迫者如何通过教育获得解放？完整阐述这个论题的著作正是后者。

严格来讲，"被压迫者如何通过教育获得解放"不是全新的问题。在许多民主主义者和教育批判家那里，类似的问题早就提过。费莱雷的特殊之处在于，他在一个相对于西方而言的"边缘化"社会，把自己的实践探究和理论建构与"压迫"现实密切结合，并赋予这种结合以特定的文化特色和语言风格，建立了一个在方法论和价值观上都具有原创性，并因此具有普遍性和迁移性的思想体系。

1. 反思与行动合一，反思主导学与做

《被压迫者教育学》的思想体系颇为复杂。大体说来，马克思的意识形态理论，列宁、毛泽东和卡斯特罗文化实践的经验和教训，马尔库塞、阿尔都塞的"新马克思主义"以及它们与存在主义的结合，既是费莱雷对人的信念的源泉，又是命名（设定）人的本性的根据；从历史唯物论推演的（具体）情境唯物论，是建立完整而自成系统的观察单位（主题域）和分析对象（统治）的坚实基点；娴熟的辩证法艺术，例如黑格尔对主人与奴隶的关系的经典分析，给《被压迫者教育学》提供了透析压迫力量的来源和动力，也成为揭示压迫者与被压迫者普遍异化的

现实的有效工具;人本主义心理学与"书斋人类学"①的互为取用,使之对个人与群体的性格结构和思维模式的解剖匠心独运,迫使压迫者的"恋死癖世界观"(与"嗜命癖世界观"相对)裸露天日;费莱雷的现代语言学素养,又使"词"(命名与改造世界)的双重品格(反思与行动)的彰显成为可能,从而揭示了人性、命名与对话的统一性。执著的人类感情,熔化了压迫现象的温情脉脉——伪善,伪善的本质是人的非人性化和被压迫的重复性(复演)。在真正的革命中,"爱"是不可或缺的要素,因为爱意味着对话、责任和创造。苦难意识升华为寻根行动,行动就是意识化和反意识形态化。

导源于独特的感情世界、经验基础、理论根据和知识储备的这个思想体系,就整体结构来看,是浓缩现代性人类精神的独到尝试,是费莱雷对马克思主义精神实质的独到理解的结晶。

马克思说,哲学家们只是用不同的方式解释世界,而问题在于改变世界。这是马克思主义的命脉和灵魂,在马克思思想体系的整体结构中,它居于核心地位。马克思主义的标志、价值和前景,亦当在此。这自然不应该被简单地理解为"改变世界"优先,也不应该把"改变世界"与"解释世界"孤立化和等级化。以前一种理解方式为基础,则"解释世界"无异于在犯罪。以后一种理解为原则,则张三"解释世界",李四"改造世界",从而使一部分人高出另一部分人,以确保社会结构的等级性。

"反思和行动二者的激烈互动构成了我们的生活世界,如果两者有一方成为了祭品——那怕是部分地成了祭品——则另一方亦必即刻蒙难",[9]费莱雷的阐发拓展了马克思主义。从认识与实践的统一中,费莱雷建构了以反思和行动为中心的教育解释论。

在教育家熟悉的语汇中,有教与学合一,也有教与做合一。费莱雷的教育解释论,贡献给教育学的新语汇是:从反思与行动合一出发,并以反思与行动主导学与做。反思主导的"学"之所以如此重要,是因为只有在反思和批判中,被压迫者才可能发现:非人性化,决非天命注定如此,而是具体历史事实;非人性

---

① 指弗雷泽的《金枝》。在《被压迫者教育学》中,费莱雷没有明示他受弗雷泽的影响,但后者的人类学(因未做过田野工作而被戏称为"书斋人类学")核心概念("交感"),的确是《被压迫者教育学》重要的工具范畴。

化,是不公正的社会秩序使然。不公正的社会,既然滋养了压迫者的横生暴行,就必然使被压迫者非人性化。[10]

2. 教育与压迫同构,灌输与统治同源

人类是惟一发展的存在,但压迫和被压迫关系,却是现实的、普遍的社会关系。被压迫者的行为是一种规定行为。这种行为自然是不自由的,是远离人性的完美的。或者说,压迫是人性被剥夺和人性丧失之总和,是双方的非人性化。被压迫者习惯了,进而顺从了被规定、被强加的社会结构;喜欢奴役状态下的安全感,却不喜欢、甚至恐惧自由,尽管他们发现,没有自由就不能真正地活下去。费莱雷精心地揭示了被压迫者悲剧性的两难选择或被压迫者的二重性,发现了面向被压迫者的教育的社会和文化基础是教育和文化完整地反映了压迫意识和社会结构,现实的教育把压迫与被压迫的关系具体化,并通过特定的表现形式,贯彻执行压迫意识,维系强化统治结构:

教师教,学生被教

教师无所不知,学生一无所知

教师思考,学生被思考

教师讲,学生听——温顺地听

教师制定纪律,学生遵守纪律

教师作出选择并将选择强加给学生,学生惟命是从

教师作出行动,学生则幻想通过教师的行动而行动

教师选择学习内容,学生适应学习内容

教师把自己作为学生自由的对立面而建立起来的专业权威与知识权威混为一谈

教师是学习过程的主体,而学生只是纯粹的客体

压迫者设计和利用这种灌输式教育,并辅之以家长式的社会行动机制,使学生麻痹、轻信和盲从,从而使个人成为世界的旁观者,不介入,不怀疑,无反思,自动地习惯于压迫者创设的各种规定。这样,"占少数的统治者就越容易发号施令",[11]这也切实保障了教育符合压迫者的利益。压迫者的教育目的,正在于此。

如此一来,怎样才能使被压迫者批判性地意识到压迫者和被压迫者都是非

人性化的表现形式呢？提问式教育就是真正的人的解放的教育。通过对话,打破灌输式教育的纵向模式,为改造世界而对世界采取反思和行动。把决定意识存在的世界,变成了反映这种意识的世界——意识与世界同在。

意识怎样与世界同在？这要通过以提问式教育与灌输式教育的对比来分析。

表 1　灌输式教育与提问式教育对照表

灌输式教育	对照项	提问式教育
把现实神话	怎样对待现实	清除现实中的神话
抵制对话	怎样对待对话	实行对话
学生是等待帮助的客体	怎样认识学生	学生是成长中的批判思想者
抑制创造力,否定人性的完美	怎样理解人性	以创造力为依托,肯定现实的反思和行动
强化宿命论意识	怎样选择行为	提高"识世"能力
驯化和顺从	怎样认定目的	探究与改造
使人固化不变	怎样的出发点	人的具体历史性
权威主义和理智主义	怎样的理论信仰	人道主义的解放实践

"存在决定意识"也是马克思主义的基本命题。对这个命题,有两个极端的理解方式。一是,因为"意识被存在决定",所以意识屈从于存在。凡是存在的,都是不应反思的并且是不可(应)改变的,应该从社会生活中剔除"反思"。二是,因为"意识被存在决定",所以意识能够被存在决定。凡是存在的,都是能够被意识到的因而是能(应)被反思的,应该从人的本质上张扬"反思"。反思是行动并引导进一步行动。

灌输式教育取法于前一种理解,提问式教育致力于后一种建设。但是,仅仅这样说还不够。因为在被压迫者教育学里,这不是一个认识论问题,而是一个政治学问题。费莱雷把在认识论里纠缠不清的意识与存在的关系问题,"降格"到或者诉之于社会关系和社会结构中,用体验教育学(Pedagogy of Knowing)和文化政治学(Cultural Politics)把语言的习得和使用、历史记忆和个人日常生活中的社会经济因素和政治文化因素联系起来并充分揭示这种联系。这既是他的生命历程使然,也是他的巨大功绩,所以有论者把"被压迫者教育学"

理解为"是以充分发展了的哲学人类学,即人类本质的理论为依据的,我们可以说是一种世俗神学,它包括了自身的门类,但不可以复归到任何其它哲学身上。"[12]

提问式教育,作为解放教育和自由实践的直观表达,不仅出于对人性完美的肯定和渴望,而且更把这种肯定和渴望,建立在对人与世界的关系和人与人的社会关系(特别是后者)的建设性实践上。由此,附着于否定人性并服务既定社会结构的灌输式教育,之所以要被提问式教育取代,倒不见得是因为前者的善良愿望在教育过程中碰到了无法逾越的技术障碍,而在于它根本就没有产生善良愿望的思想基础和社会机制。故而,提问式教育,或者说解放教育,也就不是靠先进技术或善良愿望来实施的。实施解放教育的惟一途径是,采取具体的社会行动——对话。

3. 统治与解放对立,自由与对话一体

对话只能发生在愿意并且能够命名的人之间——对话是普遍人权,不是特殊专权。对话(说出一个真词),是以世界为中介的人与人的接触。它旨在命名世界,它是人造就世界的过程,并且反过来造就人。

"词"的基本要素是反思与行动。说出一个真正的词,就意味着改变世界。词的真假标准是,是否将反思与行动分离。没有行动的词,是空话。没有反思的行动,词就变成了机械行动(Activism)。[13] 在这两种情况下,都没有对话,没有解放教育,没有自由实践。

对话是针对非人性化世界的联合反思和行动,是一种创造活动。对话对对话者的个人要求是:爱的倾注,谦虚,信任。对话对对话双(多)方的要求是批判性思维和充满希望的情感。

在教育过程中,对话的起点不在于"好人"理想模式的先验性存在,也不在于根据自己而无视人的具体情况而制定出的教育计划。在对话的起点上,教育者要懂得人民的思想、语言及其赖以存在的社会结构,重视人民的独特的、情境化的世界观,并推进世界观的对话。这种对话,还是调查和确定对话主题的活动本身。通过这样的文化行动,或者说通过这样的谈论过程,能够"让人民终于感觉到他们像是自己思想的主人。"[14] 思想的主人之间的对话或行动,不可能是有人灌输、有人接受的行动,也不应该是一个人控制另一个人的狡猾手段。

建立对话关系很不容易。这种文化行动一旦展开,处处可见反对对话行动理论与对话理论的对立。这种对立,再现了统治与解放的对立。

表 2　两种文化行动的对照表

反对对话行动理论	对照项	对话行动理论
征服	文化行动的意图	合作(对话行动只存在于主体间,现实是中介)
离间(个体失去人格,群体相互分裂)	文化行动的手段	为解放而团结(反意识形态化)
操纵(约定;推动人民建立虚拟组织)	文化行动的形式	组织(自由、纪律和权威的辨证关系的建立)
文化侵犯(世界观的强加并引向模仿)	文化行动的后果	文化合成(战胜敌对矛盾,为组织和解放服务)
统治	文化行动的目的	解放

从非人性化史、社会结构和文化对立来看,对话行动是走出历史阴影、变革社会结构、重建文化精神的革命实践。这个过程,是一个迥异于压迫者教育的实践,是与作为统治实践的教育相反的解放教育,是被压迫者的自由教育。这种教育,是从非人性化到人性化的解放过程——是所有人的"终生意识化"(a Permanent of Conscientization)[15]过程。

(三)教育即解放:对解放教育学的初步估价

作为教育家,费莱雷是穷人的教育家。这一点,给我们把费莱雷与马克思相互对比提供了基础,因为马克思是穷人的哲学家。穷人的教育家和哲学家,在标准化观念中是"他者",在正统性观念中是"异端"。费莱雷的教育学,作为被压迫者的教育学,既不合标准,也不符正统,"标准教育学"和"正统教育学"也就不怎么重视它,这与马克思的教育学的地位一样。

但现在就急着完整地、深入地揭示被压迫者教育学的思想体系,或者论定它的全部意义和终极价值,仍为时尚早。首先是因为我们"实际上是在遵循压迫者的意旨"行事,习惯了社会结构,顺从于内外威胁。用费莱雷的话说,被压迫者具有二重性——在受压迫的同时,模仿压迫者——压迫淹没了"人类意识"。这既是理解的障碍,更是解放的障碍。[16]其次,研究者几乎认定,费莱雷的语言风格是独一无二的,他创造的一些术语,很难在脱离拉美环境的情况下来了解其文化和认知意义。[17]最后,费莱雷的大部分著述,我们还没有好好地研读过,我们不宜从有限的文献得出无限的结论。

从《被压迫者教育学》可能获得的初步认识是,如果费莱雷是一个轻易地宣判"陈旧知识"死刑的虚无论者,是一个执意清剿"宏伟叙事"遗产的主观论者,是一个完全否定"分析演绎"价值的技术论者,那么,他或者在"知识革命"中不见历史智慧的价值,或者在"观念更新"中无视人类苦难的根源,或者在"深入课堂"中忘却社会的批判。如此一来,即便时代对被压迫者教育学千呼万唤,另一个遮蔽了其反映的敏感性和应有的解释力的费莱雷,当不为我们所知。

换言之,费莱雷的《被压迫者教育学》,倒不一定在于给我们提供了一种可供模仿或灌输的"观念",而在于其整体结构本身,建立了一个在相当大的范围里——比如在压迫者和被压迫者存在的社会结构里(这里可以撇开压迫者是否愿意自我命名)——可能都是有效的解释工具。或者说,费莱雷对现代教育作了总诊断,被遮蔽了的、并因为这种遮蔽而兼有神圣化和妖魔化特点的现代教育的性质,再次裸露了。现代教育性质的这一次裸露,引起了人们对教育在统治与解放之间、在压迫与自由之间的实际定向的广泛反思,激发了人们对把教育改革导向人的解放的渴望——解放教育学是对"教育即解放"的呼唤。这大概是费莱雷具有世界性影响的主要原因吧。

至于从教育思想的历史和教育变迁的过程的结合上,例如,把费莱雷及其教育实践与马克思、杜威、毛泽东、伊万·伊里奇、鲍尔斯、金蒂斯、布迪厄等及其教育的时代精神相比,如何最终论定费莱雷的地位问题,还是留待将来吧。

参考文献:

[1] Paulo Ghiraldelli Jr. . Educational Theory：Herbart,Dewey,Freireand Postmodernists-an Perspective from Philosophy of Education [O/L]. http://www. educacao. pro. br / educational_theory. htm,December18,2000.

[2][13] Paulo Freire. Pedagogy of the Oppressed [M]. London：Penguin

Books,1996. Backcover,37.

[3][10][11][12][14][16] 保罗·费莱雷. 被压迫者教育学[M]. 上海：华东师范大学出版社,2001:13,2,28,纪念版引言,14,67,4.

[4] Leslie Bentlie. DR. PAULO FREIRE：A Brief Biography [O/L]. http://www. socsci. kun. nl /ped/whp/histeduc/links08d. html # fre. December16,2001.

[5][15][17] Martha Montero-Sieburth. A Rationale for Critical Pedagogy[J]. Harvard Educational Review,1985,55(4):461,462,458.

[6] James Paul Gee. The Legacies of Literacy：From Platoto Freirethrough Harvey Graff [J]. Harvard Educational Review, 1988, 58 (2)：195—212.

[7] KevinK. Kumashiro. Toward a Theory of Anti-Oppressive Education [J]. Review of Educational Research,2000,70(1):25—53.

[8] PeterL. Mclaren. Cultureor Canon? Critical Pedagogyand the Politics of Literacy[J]. Harvard Educational Review,1988,58(2):213.

[9] 董标. 学校教育的基本价值[J]. 南京师范大学学报(社会科学版),2002,(1):68.

（本文发表于《比较教育研究》2002 年第 8 期。作者董标,时属单位为华南师范大学教育学系）

十四、高等教育：社会再生产的工具
——布迪厄对法国当代教育制度的批判

布迪厄（Pierre Bourdieu，1930～2002）的一生大多是在教育场域中度过的，为此他特别关注教育问题，并以教育为主题撰写了至少五本专著①。在这些书中，他把学校看作是在发达国家中为社会等级制提供证明的极为重要的机关。而且，与中世纪社会中的教会没有什么不同的是，学校为现存社会秩序提供了行动的社会正义论、不平等的合理原则和使它得以维持的认知基础和道德基础。

（一）巴黎高师与国家行政学院的位置之争

自 20 世纪中期以来，以知识分子价值信念为趋向的巴黎高师（校址在巴黎，创办于 1794 年）和以培养政治、经济人才为宗旨的国家行政学院（校址在巴黎，创办于 1945 年）的位置之争围绕着文化生产者中的霸权地位而展开。斗争的结果是国家行政学院取代了巴黎高师在法国高校中的位置。随着第五共和国的建立，巴黎高师不再是国家的长女，昔日将巴黎高师与第三共和国联系在一起的伦理上和政治上的同谋关系，从此让位于专家治国论者与新的国家精英之间的同谋关系。这些精英中的绝大多数都是毕业于国家行政学院的巴黎资产阶级。国家行政学院的毕业生垄断了国家机器，从而也把他们的态度和价值

---

① 以写作时间为序，它们分别为《继承人》(1964)、《学术话语语言误解和职业能力》(1965)、《教育、社会和文化的再生产》(1970)、《学术人》(1984)、《国家精英》(1989)。另外，布迪厄在 1973 年创办并指导，由位于巴黎的欧洲社会学中心编辑的杂志——《社会科学研究探索》中，也有七期有关教育的专号。

观带进了国家机器。由于对权力、权力的操作和权力哲学越来越陌生,巴黎高师人从以前第三共和国赋予他们的位置上被赶了下来,这常常使得他们在教师或者研究人员的岗位上度过自己的流放生活,并且把这种生活当作失去社会地位的经历来体验,因为无论在社会关系还是在经济方面,教师或研究人员的职务都已经失去了原来的价值。正如巴黎某文科预备班的一位哲学教师所说:"巴黎高师的神秘已经不如当年,其主要原因在国家行政学院。那些人尽管是道德上的无赖,但是他们却很辉煌,所以,如今有野心的人都去考国家行政学院。巴黎高师已经有点老了,它还停留在第三共和国,而国家行政学院是属于第四和第五共和国的。"[1]

这一发生在法国教育场域的斗争,直接影响到该场域中行动者的地位和策略,尤其是像布迪厄——这些巴黎高师的学生(涂尔干、萨特、雷蒙·阿隆、列维—斯特劳斯、福柯和德里达都毕业于此)。"作为阐释和理解全球知识分子场景中当代法国哲学家(福柯、德里达等等)的特殊性的主要要素,我陈述了这样一个事实:这一代大多数的(如果不是全部的)异端哲学家一直处于一个非常奇异的位置,正是这个位置使得那些非做不可的俗事,变成了出于知识分子的良知不得不为的事,也正是这个位置把一代人的集体命运,变成了一个可以选择的选择性。在正常情况下,他们原本将注定要在学术体制内凭借他们在学术上的成功进行简单的再生产,而他们学术上的成功则会把他们领到体制内的统治地位。然而,他们却经历了学校的体制就在他们脚下崩溃的体验。在'五月风暴'以及紧随而至的法国大学改革之后,他们看到并经历了这个传统的统治地位的塌陷和难以为继。他们因而被引向了一种反体制的性情,这一性情至少部分地在他们与作为一种体制的大学的关系中找到了根源。就我个人的发展轨迹和立场而言,我无法否认我分享了这种反体制的情绪。"[2]布迪厄在《学术人》英语版的前沿中的这段话,说明法国教育体制的改革促使他成为异端哲学家。这种"异他者"心态始终影响着布迪厄的学术态度,他很少无反思地完全接受任何时尚理论和学说,从 20 世纪 50 年代萨特的存在主义到列维·斯特劳斯掀起的结构主义浪潮,再到 70 年代德里达推动的解构主义风潮,他都站在潮流之外,不依潮流而动。他形成的、特有的学术惯习与他所经历的教育场域的斗争不无关系。

高等教育场域斗争的结果是,权力从知识的一极向行政和经济的一极转移。如今,在定义高等教育最合法、最有影响力的斗争中,国家行政学院已取代了巴黎高等师范学院的位置,国家行政学院已经开始强行将它自己作为整个法国著名学院的标准,这种转移与知识性职业(教学和研究)传统声望的下降是平行发展的。与此同时,国家行政管理、大公司、政党领导、大众传媒,尤其是与电视中的高级地位相联系的声望在不断增长,所以知识性职业的声望每况愈下。这种转移对知识分子从事科学研究的自主性带来了挑战,它引起了以让·保罗·萨特为典型代表的法国著名的知识分子独立传统的削弱,增进了对雷蒙·阿隆"智力新闻业"的容忍,而这正是布迪厄感到悲伤的。

(二) 学业称号在知识权力化中的作用

布迪厄认为,在当代发达资本主义国家中,学校代替了上帝的位置。文化资本在当代发达资本主义国家的社会再生产中起决定性作用。学校作为传递和分配文化资本的机构,在社会空间结构的再生产中起着决定性作用。文化资本和学校起决定性作用的原因在于国家利用了这一看似中性的机构——学校。

学校在传播知识和本领方面起着决定性作用,这一点没有什么值得怀疑,然而,在当代法国,学校对于权力和特权的分配,以及对于这一分配的合法性同样起着决定性作用。布迪厄认为:"在文化资本分配的再生产中,因而也在社会领域结构的再生产中,起着决定性作用的教育制度,变成为争夺统治地位的垄断斗争中的关键环节。"[3]学校是通过神话的魔法活动在社会的连续性中开凿一系列或多或少有点专制性的鸿沟。并且,通过象征性的工作使之合法化。通过设立边界,将那些在经受了学校的所有重要考试之后被选拔出来的人与普通人区分开来,这样学校就建构了一个精英群体,并且通过分离行为,赋予这个群体通常只属于神者的一切特征,在国家权限所及的范围内,他们被授予被普遍认同的称号。这些国家精英不仅有权事受权力位置的特定等级,而且还有权得到认同与尊敬。精英学校就是负责对那些被召唤进入权力场域的人(这些人大多数都出生于这个场域)进行培养,并且对他们加以神话的机构。在精英学校里通过分离和聚合这样的神奇活动完成的转化过程,产生了被神话的精英群体,这一被神话的精英群体不仅有别于其他群体,与其他群体相分离,而且还得到了别人和他们自己的认同，就好像他们真的名副其实。学校在实施分离活动的同时，使这些人的习性得以神话，从而强化了（"是贵族就得行为高尚"）这些习性。

学校作为象征暴力工具最典型的权力就是颁发学业称号——"文凭"。这一文化资本的体现者"成功地将先天特性的特权地位与后天获致的成绩结合在一起"，[4]"文凭"（Credentials）一词源自"Credentialis"，即赋予权威、给予验证之意，文凭一词还可以进一步溯源自"Credere"，即相信某人某事。从文凭一词的含义，我们不难理解在浸淫着民主理念的当代社会里，在完成社会特权得以沿袭相承的合法化任务方面，文凭具有独特的适应性。在布迪厄看来，所谓文凭，就是权力机构颁发的关于能力的证明，就是对文凭的持有者的技术能力和社会能力进行担保和认证的社会委任书，是以对发证机构的集体信仰为基础的信誉称号。赐予某人一个学校出产的称号，实际上是一项进行合法分类的法律行为，通过这一行为对社会身份起着决定性作用的重要标志被颁发了出去。学业称号，由于它能够指定一种本质，因而它能够生产它所证明的，同样也能够认可它所证明的，学校能够赋予人们抵达某一职位的权力。在这一职位上，人们通常能够获得占据这一职位所必须的主要技能。正如布迪厄引用黑格尔《法哲学原理·序言》中的一句话："上帝给谁一项职能，也会赋予他相应的能力。"但是，布迪厄强调："学校颁发的证书是它所承诺的事业成功的必要条件，但仅有这个条件是不够的；事实上，只有那些既继承了财产，又继承了关系的人，即那些正宗的'fisticis'（巴黎高等商学院的学生对自己的称呼）们才真正能够达到事业的成功。"[5]社会行动者的社会成功与学业资本的依赖程度是不同的，行动者的经济资本越雄厚，他的再生产对文化资本的依赖就越小；学业资本的经济收益和社会收益在许多情况下都依赖于社会资本或者经济资本。因为对于学业资本支配下的社会身份来说，学业资本是一张双面证书，只有社会资本才能够使它的价值显示出来。"正如人们所看见的那样，一个白手起家的人要想进入专家治国论者的企业或者国有企业的领导核心，已经是越来越不可能了，就连谋取一个高级管理的职位也变得越来越难。说到底，学业称号实际上从来就不足以独立在经济场域中为人们确保一条抵达霸权位置的通道。关于这一点，我们有例为证：几乎所有企业的大老板都出身于与实业资产阶级有着这样或者那样联系的家庭。"[6]

学业称号之所以能够产生魔法效应,是因为它能够证明享有者们掌握的技术能力。拥有学业称号的人是稀有位置的合法拥有者,在某种程度上,他们是杰出技能的掌握者,这一切便构成了他们垄断的基础。学业称号使拥有者能够得到物质方面的报酬以及其他的象征利益,而这种象征利益并不一定与实际能力相一致。学业称号的一个显著的特征,就是它不仅是一种入场券,而且还是某种终身能力的保证,它不象技术能力总是面临过时的危险,学业称号是不会过时的,也不会衰老,它和它的持有者一起消亡。学业称号是得到公众认同的权力机关颁发的关于能力的证明,它是公共的,也是官方的。对于学业称号所证明的能力,我们永远都不可能分辨出,也不可能衡量出究竟其中有多少技术成分,又有多少社会成分,但是这种能力却永远独立于持有者本人和周围其他人的估计。

(三) 考试:实施分层的象征性暴力手段

布迪厄认为,"考试的逻辑在'被录取者'和'被淘汰者'之间,更加戏剧性的是,在会考的最后一名录取者和最前面一名淘汰者之间造成了绝对的不连续性;正如考试的逻辑以其最典型的方式所显示的那样,学业制裁能够出色地发挥社会作用。就是说,能够产生某些特殊的、被分离的、被神话的人群,要做到这一点,只需要让所有的人认识并且认同这条将他们从普通人中间分离出来的边界,并且使他们得以被深化的差别成为公开的、人尽皆知的、得到共识的事实;并且由此转变被录取者的信仰,使他们认识到(并且认同)自己的特别。会考是强制推行人数限制的一种手段,也可以说是一种设立围墙的行为,他在最后一名人选者和最前面一名淘汰者之间建立了一条社会边界——一种不连续性"。[7]考试只能完全保证考生的表面平等,却以不具姓名的方式根本不考虑考生在社会出身的实际不平等。对社会不平等的误识导致了以天生的即天资方面的不平等来解释所有的不平等,特别是学习方面的不平等。事实上,考试所保证的表面平等只是把特权转化成了成绩,把社会等级变为学校等级从而使社会等级的再生产合法化。

马克思在《黑格尔法哲学批判》中讲到:"……考试……无非是官僚政治对

知识的洗礼,是官方对世俗知识变体为神圣知识的确认。"[8]在欧洲的教育体制中,法国是最重视考试的国家。在当代法国,知道了某人通过了多少次考试,也许就知道他的社会地位了。如果在现实生活中没有一定的社会认同基础,会考评审委员会划定的社会边界就不可能如此广泛地进入人们的信仰中。因此,社会边界在一定程度上是在人们的信仰中建立起来的。"在社会的痛苦中,很大部分是学历的痛苦。学历不仅造就了一个人的社会命运,还决定了人们对这个命运的自我感觉(这无疑有助于解释所谓社会底层人的被动性,动员他们的困难性等)。"[9]将一个人划定在一个本质卓越的群体里,就会在这个人身上引起一种主观变化,这种变化是有实际意义的,它有助于使这个人更接近人们给他的定义。精英学校的学生在他们的同龄人面前,努力表现出高贵的外表和智力强大的样子,他们不仅有了作为高贵人自信的举止和作风,而且还有良好的自我感觉。在以后的岁月中,无论是在他们的生活中,还是在他们的使命里,这种感觉将他们引向极大的野心和最有声望的事业。

(四)学校在学生的惯习形成过程中的作用

在布迪厄的社会理论中,惯习(habitus)不是习惯(habit),而是行动者在场域里的社会位置上形成的对客观位置的主观调适,是外在性的内在化的结果,是"结构化了的结构"(structured structures)和"促结构化的结构"(structuring structures)。所谓结构化了的结构,是指惯习源于行动者早期的社会化经历,是结构的产物,为行动设置了结构性的限制;所谓促结构化的结构,是指惯习作为一种结构化的机制,是行动者实践的生产者,为实践的生成提供原则。

布迪厄认为,学校在学生的惯习形成过程中起到了决定性的作用。由于在早先获得社会价值能力的机会上的结构性不平等,所以下等阶层出身的学生,在上学期间就不容易获得成功,特别是在高等教育期间,他们大多被剥夺了在主导文化及其能力获得系统训练的机会,被置于一种更为简单的课程中,而且他们还受到鼓励,内化学校关于他们没有文化能力的定义。学校反复灌输主流文化合法性的既成事实,目的在于通过那些降到次级教育的学生认识到这种教育及其被教育者的次要地位,接受他们被排除获得文化资本的机会的"自然性",学校通过给学生灌输天赋意识形态,这种机会的不平等才被证明为正当。

在当代法国,出身于不同场域的青少年被引向了不同的学校,从而使得每一个学校都在最大程度上聚集了来自相同场域的学生,因而也就在最大程度上集中了彼此间具有大体相同惯习的学生;学生群体达到了最大程度的同质性,因而这些学生的惯习则与其他学校的学生的惯习存在着明显的差异。出身于不同家庭的学生所继承的文化资本不同,导致他们在社会空间的人生轨迹的起点不同。有家学渊源的子女必定比来自文化资本有限的家庭的子女更有学习潜力,或者说更容易得到学校和社会的认可,从而为将来积累更多的资本奠定了坚实的基础。也就是说,资本占有的不平等,导致社会竞争先天存在不平等的结构。家庭是文化资本生产的第一站,在家庭熏陶中获得的不平等的文化资本在学校教育中受到制度化保护。学校将来自不同家庭的学生一视同仁,从而默认了家庭传承的不平等文化资本的合法性。比如,像巴黎高等师范学院这类"知识分子学校",是法国高级知识界人士的摇篮,大部分被这些学校所吸收并由此倍感荣耀的学生之所以深深地迷恋这些学校,只是因为他们的性情倾向是这些学校所要求和维持的那种资本的生动体现。也就是说,这些学生来自于资产阶级中有文化素养的群体,并将毕业后回到这一群体中;像巴黎高等商学院和巴黎综合工科学院,它们是培养产业巨子和政府要员的学校,学生基本上来自法国上层资产阶级中经济富裕的群体,他们注定也要回到这一群体中;而法国国家行政学院主要吸收那些祖上传下杰出的学业成就和殷实的财富家底的学生,内阁成员和高级公务员的职位等待着他们。

总之,布迪厄认为:"社会行动者对那些施加在他们身上的暴力,恰恰并不领会那是一种暴力,反而认可了这种暴力,我将这种现象称为'误识'。"[10]为了使人们产生"误识"①,当代发达资本主义国家的特权阶级总是把选拔人才的权力完全委托给学校,以显得他们把从一代人向下一代人传递权力的权力交给了一个完全中立的机构,从而拒绝了旧时通过世袭传递特权的专断性特权。事实上,学校表面无可挑剔的判决总是客观地为统治阶级服务的。在以一个以民主思想为基础的社会里所能想象出来的惟一方式,就是学校比过去任何时候都更

———————

① "误识"是布迪厄社会理论中的一个十分重要的概念,布迪厄用这一概念来表明,由于各种旨在掩盖社会不平等的符号形式的存在,社会成员往往不能正确地识别出他所处的权力场域中的位置。布迪厄的"误识"概念与马克思的"虚假意识"概念有着内在的联系。

好地促进了业已建立的社会秩序的再生产,完美地把灌输的功能、智力与道德一体化的功能和维续现存社会特有的阶级关系结构的功能有机地统一在一起。"可以肯定的是,有史以来,对权力和特权的传递问题所提出的所有解决方案中,确实没有任何一种方式比教育系统所提供的解决方法掩盖得更好,因而也更适合那些要一再使用最封闭的权力和特权的世袭传递方式的社会。教育系统的解决方式就是在阶级关系结构的再生产中发挥重要作用,并在表面上中立的态度之下掩盖它履行这一职能的事实"。[11]

参考文献:

[1][5][6][7] 布迪厄. 国家精英——名牌大学与群体精神[M]. 北京:商务印书馆,2004:368,288,502,172.

[2] 包亚明. 布尔迪厄访谈录. 一文化资本与社会炼金术[M]. 上海人民出版社,1794.

[3] 高宣扬. 当代法国思想五十年[M]. 北京:中国人民大学出版社,2005:517.

[4] Pierre Boundieu:"Forms of Captal", John G. Richardson: Handbook of Theory and Research for the Sociology of Education[M]. New York: Greenwood Press,1986:245.

[8] 马克思,恩格斯. 马克思恩格斯全集(第 1 卷)[M]. 北京:人民出版社,1956:307.

[9] 河清. 全球化与国家意识的衰徽[M]. 北京:中国人民大学出版社,2003:118.

[10] 布迪厄,华康德. 实践与反思:反思社会学导引[M]. 北京:中央编译局出版社,1998:222.

[11] 苏国勋,刘小枫. 社会理论的政治分化[M]. 上海:上海三联书店,2005.

(本文发表于《比较教育研究》2009 年第 4 期。作者宫留记,时属单位为河南大学高等学校人文重点学科学科开放研究中心、复旦大学哲学博士后流动站)

十五、鲍尔斯和金蒂斯教育思想探析：
"对应原理"及其批判①

引　言

　　鲍尔斯和金蒂斯合著的《资本主义美国的学校教育》(Schooling in Capitalist America)从 1976 年出版以来，就引起了教育理论界的极大关注，特别是针对整本书中的核心思想——"对应原理"，各方更是反应不一，毁誉参半。② 国内目前对该理论的研究可大致分为 3 类：第一类从西方教育理论或者教育史发展的角度出发，对鲍尔斯和金蒂斯的理论进行简要介绍和归类；[1][2] 第二类文献则基于鲍尔斯和金蒂斯的理论框架，对新社会背景下教育与经济生活的"对应"关系进行了分析和反思；[3] 第三类文献将鲍尔斯和金蒂斯理论置于西方"新马克思主义"教育学[4]或者批判教育社会学传统的大背景下进行系统的考察。[5] 同时这些作者还往往提到一些批评观点。[6] 遗憾的是，这些学者对于"对应原理"理论缺陷的分析往往一笔带过，未能深入展开。随着改革开放的深入与经济的快速发展，我国的社会结构发生了深刻变化，社会上也出现了新的利益阶层与群体，这样的社会变化在教育领域中也反映出来。鲍尔斯和金蒂斯的理论为我们分析这些教育变化提供了有益的思路。在这种情况下，对这一理论的概念体系和缺点的全面认识，将有助于我们把握西方教育社会学理论的沿革

---

　　① 笔者感谢英国剑桥大学教育学院高级讲师 Roh Moore 和北京师范大学教师教育研究所朱旭东教授对本文修改提出的宝贵意见。

　　② 该书的中译版最早于 1989 年在台湾出版。稍后，简体中文版也在大陆面世。

和现状,避免在运用"对应原理"分析我国的教育和经济生活现实时生搬硬套。

本文首先简要分析鲍尔斯和金蒂斯在《资本主义美国的学校教育》一书中提出的"对应原理",①然后在总结一些西方社会理论研究者观点的基础上,提出对于该理论的几点批判和反思。希望以此抛砖引玉,为我们正确理解我国教育正在经历的深刻变化拓宽思路。

(一)"对应原理":一次新马克思主义教育分析尝试

鲍尔斯和金蒂斯"对应原理"的提出有着特殊的历史背景。在 20 世纪 60 年代的西方,"阶级、种族和国家间矛盾尖锐激化,似乎标示着具有截然不同的社会政治观点的新一代人的登台"。[7] 当时左翼思潮和运动席卷了整个西方世界,给西方的社会研究者留下了深刻印象。在《资本主义美国的学校教育》一书中,鲍尔斯和金蒂斯坦承:"我们的合作研究肇始于 1968 年,当时我们一方面积极参与校园里的政治活动;一方面注意到教育改革领域中的种种矛盾现象,于是我们开始专注于重新诠释教育在经济生活中的角色和作用。"[8] 鲍尔斯和金蒂斯的激进观点正是在这一背景下提出的。

在《资本主义美国的学校教育》一书中,鲍尔斯和金蒂斯首先回顾和批判了当时的教育理论主流他们称之为"自由主义教育理论"(liberal educational theory)的教育社会学理论。而这一理论又可分为两大流派:以杜威及其支持者为代表的"民主派"(democratic school)和以结构功能主义社会学及新古典经济理论为代表的"技术决定—选优任能派"(technocratic-meritocratic school)。"民主派"认为,在民主的环境下,教育的 3 方面功能,即社会化、平等和发展(the integrative, the egalitarian and the developmental functions)——是可以同时实现的。稍后的"技术决定—选优任能派"则认为,只要一个免费普及的学校教育为所有人提供了平等的教育机会,那么社会成员之间的"收入、权力和地位差异……基本上是智力、体力和其他能力差异的反映而已"。[8][9]

---

① 虽然鲍尔斯和金蒂斯此后根据其他学者的批判,对自己的理论进行了一些修正,但"对应原理"的基本观点没有根本变化。更重要的是,《资本主义美国的学校教育》作为鲍尔斯和金蒂斯最重要的教育代表作,对后来学者产生了广泛影响,这是他们的其他教育论著所无法比拟的。因此,笔者在本文中的分析仍然基于《资本主义美国的学校教育》一书中的论述。

针对自由主义教育理论,鲍尔斯和金蒂斯一方面指出它在实践中的失败,其中包括20世纪初的进步主义教育运动的失败;另一方面他们又认为,"民主派"的失败,在于他们没有认识到资本主义经济生活在本质上的非民主特征;而"技术决定——选优任能派"则错误地把知识技能当作胜任一项工作的基本前提,却无视社会生产关系在资本主义劳动力市场中的决定性作用。[10]在鲍尔斯和金蒂斯看来,资本主义学校教育的主要作用就是按照学生的阶级背景把他们分配到相应层次的劳动力队伍中去。因此,自由主义教育改革家寄希望于通过教育体系来弥补资本主义经济体系不足的愿望注定会落空。[11]

鲍尔斯和金蒂斯接下来提出了著名的"对应原理"。他们认为,美国的资本主义教育通过教育中的社会关系与生产过程中社会关系的"对应"来实现年轻一代的社会化。具体来说,教育中的社会关系——包括管理者与教师之间、教师与学生之间、学生与学生之间以及学生与作业之间的关系——都一一对应地复制了资本主义劳动过程中的等级结构关系。比如,学校中的权威关系"对应"了经济生产活动中的等级结构,资本主义生产过程中劳动的异化在教育中则体现为学生对教育过程和课程内容的异化和缺乏控制,等等。[12]除此之外,鲍尔斯和金蒂斯还指出,教育中的分层现象"对应"了经济活动中的职业分层。譬如,有些学校强调学生的服从性与纪律性,而另一些学校强调的则是社会关系网络的发展和对各种制度的内化。这种不同学校的教育特点对应了经济活动中对不同层次劳动力的要求。实际上,在鲍尔斯和金蒂斯看来,这种校际风格差异也在某种程度上反映了不同学校占有教育资源多寡的差异。资源稀缺的穷人学校没有条件开设丰富的选修课或者聘用专长教师,从而难以提供一种开放、自由、灵活的教育环境来为学生适应将来高端的职业工作打下良好基础。也就是说,鲍尔斯和金蒂斯认为,更多地是学生在不同学校中培养出了不同的个性特质,而非所谓的知识技能,决定了他们将来在职业体系中的地位。

鲍尔斯和金蒂斯同时强调,这种学校教育与经济生活之间的"对应"关系的维系还取决于不同阶层家长的阶级意识。他们认为,学校间的差异"反映了(学校)管理者、教师和家长的教育目标与期望(以及学生对各类教学和控制模式的反应)对于来自不同阶级背景的学生来说是不一样的"。[13]处于社会底层的家长的工作经验往往告诉他们,服从是保住一份稳定工作的前提,因而他们倾向于认同比较严格的学校教育方式；而较高级的白领职业人士则倾向于认同较开放和强调自主的教育氛围。

总之，鲍尔斯和金蒂斯认为，资本主义美国的学校教育主要有两方面的功能：第一是培养能够为资本家带来利润的劳动力；第二是再生产个体的阶级意识，特别是工人阶级对自己社会地位的认同意识，从而维系资本主义社会的合法化。基于资本主义社会中教育和经济之间的这种"对应"关系，鲍尔斯和金蒂斯最后得出结论认为，任何真正意义上的根本教育变革"都必须与整个社会的革命性转变结合起来"。[14]

（二）教育、经济与社会：关于"对应原理"理论缺陷的几点反思

如前文所述，《资本主义美国的学校教育》及其提出的"对应原理"从一开始就受到学术界的重视，它对 20 世纪 70 年代末西方教育社会学的发展影响尤其巨大。"对应原理"关于教育与经济关系的论述，在传统的结构功能主义解释之外给了人们一种新的理论选择。一些教育研究者依据这一理论进行的田野调查也部分证实了该理论的实践意义。[15]但是，鲍尔斯和金蒂斯理论的缺陷和不足也一直被许多研究者所诟病。例如，有研究者指责鲍尔斯和金蒂斯重阶级研究而轻种族和性别研究；还有学者从历史角度对他们的观点提出了质疑，指出在 19 世纪最早实现工业化的英国，其基础教育发展却落后于德、美等西方工业大国，这个史实根据鲍尔斯和金蒂斯的"对应原理"将难以解释。[16]在这里，我主要想从几个方面探讨《资本主义美国的学校教育》一书中的"对应原理"存在的理论缺陷。首先，鲍尔斯和金蒂斯的"对应原理"最值得商榷之处在于其对教育与经济之间关系的理解。它的片面性和局限性体现在两个层面：其一是对教育相对于经济体系的相对独立性缺乏认识；其二是关于经济利益究竟如何在教育中得以体现的问题。然后，我将简要指出，鲍尔斯和金蒂斯对教育与其他社会层面之间关系的忽略。

首先，让我们看看教育的相对独立性，这也是自从他们提出"对应原理"以来，鲍尔斯和金蒂斯一直饱受指责之处。在《资本主义美国的学校教育》一书中，鲍尔斯和金蒂斯所描述的教育制度——从教育内容、组织形式直到教育变革——几乎方方面面完全由经济制度所决定。虽然鲍尔斯和金蒂斯在论述中

也承认经济体系与教育体系的差异性以及二者之间产生不适应的现实可能性，但是他们仅仅把这种不适应看作一种变革时间上的差异。也就是说，他们认为当经济体系发生变化时，稳定性更强的教育体系的变化可能会稍有迟滞，但这只是一个时间早晚的问题，而没有认识到二者之间可能产生的其他形式的关系。这种简单机械的"决定论"解释，其实并不符合马克思主义关于经济基础与上层建筑的关系的理解。这里我引用英国教育学者摩尔[17]的观点来具体阐释"对应原理"的这一理论缺陷。摩尔认为，确实社会生产关系最终决定了教育中的社会关系，但重要的是我们应当把社会生产关系（social relations of production）与生产中的社会关系（social relations in production）两个不同的概念区分开来。前者是指资本主义社会生产方式下所有社会关系的总和，而后者则指直接的商品生产过程中存在的社会关系。而教育体系和职业体系（occupational system）都是建立在共同社会生产关系基础之上的"具有内在规律和可能性的不同的生产场所（site）"。换言之，职业体系是直接的物质生产场所，而教育体系是知识生产场所，二者都建立在资本主义社会生产关系的共同基础之上。鲍尔斯和金蒂斯所犯的错误就是把社会生产关系直接等同于生产中的社会关系，从而认为教育体系中的社会关系直接"对应"商品生产中的社会关系，这样便忽略了教育作为一个知识生产场所所具备的相对独立性。事实上，作为相对独立的生产场所，教育体系和职业体系中的生产方式可以具有丰富的多样性，二者之间的关系也不一定是"对应"关系。摩尔用下图来说明这种关系结构：

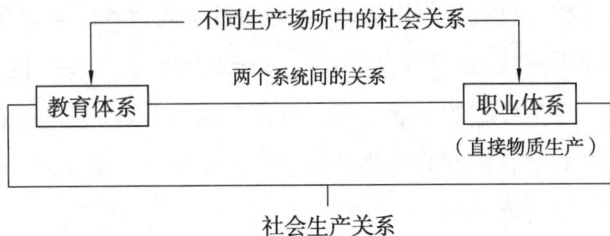

摩尔关于资本主义生产关系下的教育体系和职业体系
之间关系的模型图[18]

作为独立的生产"场所"，教育中的生产关系体现了基于知识生产的独特的社会关系，它虽然最终受到总的社会生产关系的制约，但并不一定直接对应商品生产中的社会关系。笔者认为,这种对教育相对独立性的理解,显然可以帮助我们解释 19 世纪末英国的工业生产领先但基础教育却相对落后的现象。再比如,鲍尔斯和金蒂斯认为,资本主义教育的所谓基于知识与能力的选择功能"不过徒具象征意义罢了",实际上也表现出他们对教育作为一个独立的知识生产(和再生产)场所的缺乏认识。作为这样的独特生产场所,教育的选择功能显然不能够被一笔抹杀。无数个案证明,教育确实在一定程度上具有促进社会流动的作用,特别是社会底层的向上流动。教育的这种功能至少说明了两点:第一,作为任何处于特定历史阶段的社会,其中的教育实践也必定处于某个特定的历史位置,从而决定了它必然有其特定起源和发展规律以及确立自身合法性的内在要求;第二,教育的选择功能一定程度上也是符合统治阶级的最终利益的,因为不断吸纳和改造下层社会中的优秀成员是统治阶级缓和社会矛盾,保持自身活力的重要方式。从这个角度来看,布迪厄等人提出教育的社会再生产功能是以文化再生产为媒介来实现的,这种理论显然更加精致和具有说服力。特别是"惯习"(habitus)概念的提出,相比鲍尔斯和金蒂斯关于教育对"阶级意识"的再生产功能的论述,显然是大大地前进了一步了。

其次,让我们来关注一下统治阶级的经济利益究竟如何在教育中得以体现的问题。鲍尔斯和金蒂斯认为,在经济变革时期,资本家可以运用他们的强势经济和政治权力,通过对教育资源、财政以及对教育信息和教育观念的左右及控制,来主导教育发展过程。从更微观的层面来说,统治阶级的利益则具体通过"对应原理"在教育过程中得以反映,也即通过不同背景的学生在学校中的不同经验和接受的不同"隐蔽课程"(hidden curriculum)来实现。但是,由于鲍尔斯和金蒂斯缺乏对学校中的生活经验和教育实践的考察,他们关于经济利益体现在教育体系中的微观机制的论述难免显得比较苍白。换言之,虽然鲍尔斯和金蒂斯指出经济与教育之间的"对应"关系,却没能够提供具有足够说服力的实据来说明这种关系在学校日常活动中的实现过程。诚如著名社会学家卡拉贝尔和霍西在批判冲突理论时所指出,"在拒绝用遗传基因和文化剥夺等理论来解释学习成绩和阶级背景之间的关联性的同时,冲突派学者们发现他们陷入了一种困境:一方面他们指出学校乃问题之源;另一方面他们又无法具体说出究竟是学校的什么地方出了问题。尽管关于教育过程中的非认知层面,他们也提出了一些真知灼见,但是他们基本上没有触及学校的内部运作机制这个黑箱"。[19]而正是在这个方面,20 世纪 70 年代初英国的"新教育社会学"(New Sociology of Education),思潮开始极力提倡深入关注学校和课堂中的实践,引起教育社会学界对学校知识社会学的关注。[20]

最后,鲍尔斯和金蒂斯对教育与外部社会关系理解的简单化和片面性,还反映在《资本主义美国的学校教育》一书仅仅关注了教育与经济之间的关系,而忽略了教育与其他社会因素之间的复杂关系。特别是在美国社会环境下,性别、种族等社会因素往往与经济因素交织在一起,对美国教育形成深刻影响,但鲍尔斯和金蒂斯在论述中却鲜有涉及。

结　语

鲍尔斯和金蒂斯的"对应原理"是在特殊的历史条件下提出的,相对于从前有关教育的结构功能主义解释,它对于我们理解资本主义条件下教育与经济的关系以及教育在社会再生产过程中的作用,是有其积极意义的。但是,作为经济学家出身的鲍尔斯和金蒂斯,由于缺乏对教育作为一个独特社会领域的特殊规律的认识以及深入学校教育教学活动中的实践经验,"对应原理"从一开始就带有过于粗糙和简单的先天性理论缺陷。更重要的是,这种把教育中的社会关系看作是经济活动中的社会关系的简单"对应"的做法,把教育置于一个完全从属的地位,从而抹杀了教育中师生的主观能动性,忽略了广大师生在教育变革中——以及从更广泛的意义上来说,教育变革在整个社会进步的过程中所能起到的积极推动作用。无怪乎一些西方批判学者尖锐地指出,"对应原理"宣扬的乃是一种悲观的"经济决定论"——或者说消极的"简化论"(reductionism),极易使教育工作者和受教育者陷入无所作为的境地。如美国左派教育理论家吉鲁所言,这种理论的缺陷在于"把社会主体(human agency)置于一种消极的社会化模式之下,过于强调(社会)控制而无视存在于学校和工作等场所的各种形式的矛盾和抗争。"[21]正是一种对教育在社会进步中的重要作用的坚定信念以及对教育中人的主观能动性的呼唤,致使另一本与《资本主义美国的学校教育》几乎同时出版的社会学著作《学会劳动》[22]引起了众多教育理论研究者的广泛关注,最终促成西方教育社会学批判理论的一次重要转向。当前,我国社会正经历一场深刻的变革,社会经济生活中的变化必定会通过某种方式反映到教育领域中。一方面,我们应当密切关注和深入分析二者之间存在的复杂联系;同时要避免把两个领域简单对应起来,从而忽略教育过程的自身规律以及教育生活中受教育者与教育者的主观能动性的做法。

参考文献:

[1] 朱旭东. 当代美国教育理论多元化格局形成的文本和话语分析[J]. 清华大学教育研究,2000(2):36—43.

[2] 张薇,贺国庆. 20 世纪美国教育史研究的发展[J]. 教育评论,2003(1):93—96.

[3] 罗云,曾荣光,卢乃桂. 新社会背景下教育与经济生活之关系——再思"符应原则"[J]. 北京大学教育评论,2005,3(4):87—94.

[4] 钱民辉. 论美国学校教育制度的实质[J]. 北京大学学报(哲学社会科学版)。2001,38(2):127—137.

[5][6] 郑金洲. 美国批判教育学之批判——吉鲁的批判教育观述评[J]. 比较教育研究,1997(5):15—18.

[7][19] Karahel, J. , & Halsey, A. H. (Eds.). Power and Ideology in Education[M]. New York:Oxford University Press, 1977. 29, 44.

[8][9][10][11][12][13][14] Bowles, S. , & Gintis, H. Schooling in Capitalist America[M]. London and Henley:Routledge & Kegan Paul,1976:7—8,22, Chapter 4, 148, 131—141, 132, 274.

[15] Anyon, J. Social Class and the Hidden Curriculum of Work. Journal of Education[M]. 1980:160(1), 67—92.

[16] Macdonald, P. Historical School Reform and the Correspondence Principle. In M. Cole(Ed.), Bowles and Gintis Revisited:Correspondence and Contradiction in Educational Theory. London [M]. The Falmer Press, 1988.

[17][18] Moore, R. The Correspondence Principle and the Marxist So-

ciology of Education. In M. Cole(Ed.), Bowles and Gintis Revisited: Correspondence and Contradiction In Educational Theory. London[M]. The Falmer Press, 1988:51—85,74.

[20] Young, M. F. D. (Ed.). Knowledge and Control: New Directions for the Sociology of Education. London[M]. Collier—Macmillan, 1971.

[21] Giroux,H. A. Theory and Resistance in Education: A Pedagogy for the Opposition. South Hadley, MA[M]. Bergin & Garvey Publishers, Inc, 1983. 86.

[22] Willis, P. Learning to labour: How Working Class Kids Get Working Class Jobs. Westmead[M]. England :Saxon House, 1977.

（本文发表于《比较教育研究》2009 年第 8 期。作者杜亮,时属单位为教育部人文社会科学重点研究基地北京师范大学教师教育研究中心、北京师范大学教师教育研究所）

十六、福柯话语下的西方学习型社会述评

福柯（Foucault）认为话语是一种特定历史时期、表达特定领域知识的方法。"话语是人类行动、互动、交流和认知的单元而不仅是语言的单位。话语不是对先前存在实体的简单表达，也不是对事物先前称述的参考，它是知识的组织，而不是某些外在于语言事物的简单中立表达。"[1]

在福柯看来，正确的话语给人们提供这样的理解：个人应该取得教育和话语的平等通道。"教育也许可以被看作一种正确的工具，借此社会上的每个人都能够获取某种话语。"[2] 但是，学术权力作为在教育机构内运作的最深刻形式，包括大学，往往对不同主体给予不同的分配并使他们屈从。尽管在现代观点看来，存在一种可以分离的统治权力与学术权力关系，"通过学科生产和传输知识是主流意识形态的一部分，它为资本主义利益服务。"[3] 然而福柯却认为："学科既是知识实体也是权力运动。"[4] 他的观点挑战了知识可以与权力分开的现代假设，"权力与知识互相包含……没有知识领域的相辅就不存在权力，同样没有权力关系的预设和镶嵌，知识也无所谓知识。"[5] 因此，知识与权力相互关联，共存于"真理制度"之中。

罗斯（Rose）采用福柯的概念——"管制"（Governmentality）进一步讨论政治权力怎样与话语相关，提出："政治权力无所谓公私之分，它们缠绕在一起，把主体作为标准规范的目标。"[6] 因此，政治可以在更为广泛的意义上被理解为"引导人类行为的技术和程序。"[7] 同理，西方学习型社会话语自产生之日起便流转在政治权力关系之中，虽然具有乌托邦的维度，但终究处在全球化资本主义的铁笼之中。尽管如此，人们还是可以通过"逾越"获得解放。

(一) 学习型社会：一种管制工具

福柯引入的词汇"管制"(Governmentality)，由"管理"(government)和"智能"(mentality)构成。从系谱的观点看，管理一直伴随着这样的问题：怎样管？谁来管？管什么？在《法兰西大学》中，福柯对管理艺术和进一步发展提供了详细的分析：商业主义(Mercantilism)和财政主义(Kameralism)作为统治理性；政策及相关的学科作为统治技术；自由主义作为政府理性管理的对应物；吸收严行纪律的人和安全机制作为统治工具；社会作为管理主题和干预的领域；社会国家危机和新自由主义诞生——在统治层面上对自由主义进行反思和改革。针对这些理性和技术，福柯宣称："现代国家是政府国家，也就是一种以控制人民为目的的集权统治关系混合物。"[8]

为了加深对这种政府化的风险理解，有必要了解福柯对管制的解释。福柯认为管制是"对管理的管理"[9]。这表明统治的对象不是外在的被动人，而是在特定场合管理着自己的人。管理按照自我管理和他人管理的方式展开。福柯在20世纪80年代关注自我技术——允许人们采用特殊的方法把他们自己联系起来并把自己构建为主体。

现代自由的管制总是与特定的个人自由联系在一起，而个人自由不是人的自然状态，而是包含自我管理。自由管制引发了自我管理和主体意识。所以，自由管制是保障作用对象自由的纪律权力再编码。显然，"国家的政府化总是与自由的政府化紧密地联系在一起。"[10]人们不是通过残酷的力量被吸收到现代国家，而是通过自我管理和达到一定高度的自我意识才被包含到政治国家(the governmental state)。因此，现代国家背景下，自由正在成为一种被政府管理的自我管理实践。

1. 新自由主义工具

新自由主义(Neoliberalism)是这里的中心概念。"对应于哈耶克的自然、自发自由主义，新自由管制的管理通过致力于规范经济、社会生活和个人生活的不同权威之间的联盟实现。"[11]人们不再被称作由社会标准来承诺自由或自治的公民，而是具有企业家自我精神的人。企业家精神(创业精神)的自我管理暗示把个人看作环境的居民，有欲望并通过生产商品或投资人力资本来满足自己的需要。针对企业家精神的自我管理，国家管理的主要任务是创造和控制市场环境以确保创业精神自由。这正是福柯提出的"自由政府化"新阶段。

这个阶段的管理和自我管理制度具有这样的特征：被重新定义为创业精神的经济扮演着中心和战略性角色；自由被重新概念化，人被定义为在自由的名义下面，追求自我实现的自治和积极个人。新自由主义在政府和管理对象之间组成了特定的关系。"被管理者是自己生活的主体，他们实践着自我管理的自由形式。"[12]换言之，新自由主义把特定形式的自由作为管理对象整合到政府实践中去，借此，公民的自由表达与国家的政治抱负相一致——自由既是管理的工具也是管理的结果。

由此，在福柯看来，学习型社会是一种联系个人与集体的管制形式。在这个意义上，它组成了独特的新自由管制。因为管制构成实践意义上的国家理性，它就是控制的工具。这种特殊的管理意义在欧盟非常明显，它"宣布终身学习是具有中心地位的教育规划，其诉求是整合二十五种居民为一个欧洲身份。"[13]欧盟委员会宣称："终身学习在教育和培训政策的协调上具有战略主导地位。终身学习方法是开发公民责任与权力、社会凝聚力和个人发展必不可少的政策举措。"[14]里斯本终身学习备忘录（Lisbon Memorandum on lifelong Learning）指出："欧盟已在正式和非正式意义上确定终身学习，认为它是欧盟的主要资产，特别在地区发展、地区整合、地区现代化、人力资本提升以及就业方面尤为如此。"[15]

在学习型社会中，终身学习构成特定的技术：使劳动力服从凯恩斯主义福利国家体系从未有过的灵活理性。罗伯特·博耶（Robert Boyer）指出："在凯恩斯主义的规范模式之下，因为缺乏控制工人的社会和技术手段，所以导致全球化经济耽搁。"[16]终身学习技术使无限的知识主体全球化生产成为可能，它成为把工人组织成为知识主体的非凯恩斯主义方法标志。这种技术既使个人承担教育和学习的责任，又废除福利国家的这一方面义务。在很多方面都表现出灵活性。首先，使企业和政府避免了直接责任。其次，使企业和国家的劳动力具备流动的适应能力。这样的劳动力灵活性所需的技能和胜任力具有短期性质，这是泰勒制（Taylorism）和福特制（Fordism）所不具备的。最后，作为关键战略，终身学习使得劳动条件和雇佣的法律限制变得宽松起来。

但自相矛盾的是:"这样的灵活性帮助了经济生活的某些方面稳定。"[17]终身学习话语以信息和技术准备为基础,用教育和知识获得权代替工人的传统权力,有利于以效率为导向的教育背景再构。正如图斯奇利和恩格曼(Tuschling and Engemann)所言:"终身学习不是去制度化,而是机构之间的制度化学习。为了应对所有的情形,它改变了学习的领域;它激发了在所有可以想象的情景下,个人作为学习者的自我行动变化。由此,学习化个人被塑造为机构之间的实体,穿越机构和情形,被迫策略性地展示自己的知识和技能。"[18]所以,这种灵活的战略必须被看作是新自由管制工具,它有利于相关最主要经济体,有利于资本家突破经济发展的人力限制。

2. 自我管理转向

福柯认为,现代社会的治理重点是以个人和集体的期待为导向,而这可以用管制来总括,因为自18世纪以来,主体管理(个人和集体)依靠知识和知识的生产……知识概念本身不具备本质的意义,意义随历史和话语背景的改变而改变。[19]福柯宣称:"知识的可能性不内在于大脑结构也不存于康德的超验范畴,而在于知识的历史档案之中;管制的概念使得人们采用另一种思维路径,不去思考事物与人们的本质特征,而去追问这种概念如何出现? 在哪里? 以什么背景? 对自己及他人产生什么影响。所以知识拥有政治的维度,"是政治认识论在组织知识的生产。"[20]

同样,教育技术应该被理解为管理和塑造个人的智能和实践工具。教育科学被传统地认为只关注机构提供的正式教育,而在当代社会,一个重要的趋势是教育范式传播和扩张的领域在传统看来不属于教育。今天,世界各地的教育不仅是学校内教什么的问题,而且是以终身学习的名义,渗入社会管理活动之中。越来越多的机构认为这种范式对他们的行动至关重要。在此,政治、社会和文化部门的界限被拆除,生命长度和宽度内的学习被认为是共通的责任。

所以,尤一夫·奥尔森(Uif Olsson)指出:"探求的焦点不在于把教育与知识看成是个人为将来准备的工具,而在于认为将来由教育和知识所构造。"[21]主体的知识生产成为他自己作为负责的个人参与社会管理的工具。当然,这些观点都建立在个人具有"自我创业精神"这样的假设之上,知识在工作导向的学习中,被看成自我管理和社会管理的枢纽,终身学习话语的中心。

今天的工作世界和社会以快速变化为特征,"灵活性"(Flexibility)在全球资本主义框架内代表了这个特征。在传统福利国家内,就业被认为是国家和政府的责任。而在新自由主义管制话语下,就业和学习的责任重点发生了明显的转变,"一个大致的结局是:从国家和政府的观点转向强调工人自己的责任。"[22]就业理想与终身学习话语和胜任力开发联系在一起,个人对胜任力开发和就业负责。新的商业逻辑形成了:"学习和知识作为公司竞争优势的唯一源泉,当然也是个人在劳动力市场中生存的关键。"[23]知识和学习越来越多地被经济染色并在市场中转化为商品,古斯塔夫森(Gustavson)在 20 世纪 80 年代描述了教育话语作为意识形态的这种转向。由此,在学习者和工人转换的背景下,对他人更为宽泛的管理努力形成于劳动力市场上的自我管理。

福柯指出存在两种不同的自我管理技术,它们由希腊人提出:照顾你自己(苏格拉底名言);认识你自己(阿波罗神谕)。"照顾自己组成认识自己,认识自己成为照顾自己的目标。掌握自己与政治行动相联。"[24]苏格拉底"照顾你自己"的观点包含了年轻人要关心自己和城市政治的指令,后来的希腊文化研究者认为这样的责任贯穿人的一生,这样的义务要求个人必须永远地成为自己的医生——通过研究、阅读、写作等自我锻炼为不幸和死亡作准备。自我认识关涉自我文化,既有伦理哲学的思索也有真实生命境遇的行动。

由此,终身学习成为存在规则,"不学习的人成为不会自我管理的人,当然成为社会的'另类'或者是应该接受治疗的'病人'。"[25]所以,终身学习是新自由主义的自由:一种依赖于自由个人能力、借助自我管理的管人工具。罗斯(Rose)指出:自由在不同的历史阶段有不同的表达。他认为:"通过管理标准和规则实现的自由不同于依赖自我管理而获得的自由。"[26]然而在西方发达资本主义国家,自我管理思想产生了这样的悖论:个人有接受或拒绝学习型社会思想的自由。当然这样的自由是错觉的,因为它必将遭遇拥有知识权力的社会精英反对。他们认可这样的终身学习话语:包容所有公民的学习型社会是健康的社会。显然,自由不是绝对的,它归属于特定的话语。

3. 替代知识管理

詹姆斯·马歇尔(James Marshall)指出终身学习的新自由话语改变了知识的过程:"知识被技能和学习代替,任何事情都能被理解为知识的获得。"[27]

这意味着教育需要关注技能和信息。伯特·朗皮耶(Bert Lambeir)也认同这样的观点"信息社会和学习型社会的结合显得非常紧密。"因为在过程及作为信息功能方面,学习已经被重新定义,它需要不断地调整和再构以满足信息服务产业的客户需求。从这个意义上说,学习是为持续适应外部所要求的胜任力与技能而进行的不断努力。由此,教育成为迷恋证书的工具。理查特·爱德华兹(Richard Edwards)的话语在回响:"持续变化的世界,为了抢先所有可能的变化,知识和技能必须不停地更新。"[28]终身学习话语呼唤终身教育,朗皮耶如是说:"终身学习是教育和经济政策制定者的话语魔咒。"[29]

终身学习适应全球化教育和技能供给,以机会平等、包容、强调关键品质、关键技能和根本知识为基础。正如朗皮耶指出这种自我管理的学习融入了供给导向向问题导向教育的转变,用马歇尔(Marshall)的话语表达:"从知道的事实转变为知道学习是劳动力市场中所需不断变化胜任力集合的事实。"[30]在此意义上,终身学习是一种市场话语,把教育定位于创业社会,那儿学习者成为他们自己的创业者。个人必须依靠自己,自己对自己负责。最终,终身学习把责任从系统转向个人,个人对自己的解放和创造负责。个人为了在社会上获得地位,必须独立和自治地担当起更新技能的任务。采用福柯的话语,终身学习组成了一种新的权力技术,它是新自由主义社会运行的控制构件。

马歇尔指出:"学习型社会以终身学习塑造人的主体性,不是通过身体而是通过思想,通过教育、教学实践、教育中的选择,形塑自主选择的主体。"[31]终身学习代表了自我管理的新技术,使技术与个人发展、经济与技术变化的时滞最小化。个人不仅要对知识的内容负责,还要为水平、结构、过程和组织负责;国家提供的是工具、设备和审计过程。个人不仅要学习还要明确学什么,适时地根据环境的要求遗忘不必要的东西。知识管理的变化和劳动力市场的灵活需求相一致,个人将没完没了地为知识和技能承担财务支出。

4. 道德分析工具

对福柯而言,伦理不是由道德符号、错对的抽象意义来表达,而是由指向自我的评价、行动等实践造就,这被福柯称为"自我技术",它是形成人格的工具或塑造主体的方法。技术,包括自我技术都是方法,借此主体接受、评价、期待和努力与他人形成目标一致,概言之是"外部目标的内部化"。

正如前面提到的学习型社会中的个人假设是具有进取精神的人。以进取心的眼光看，灵活性、革新都被认为是"美好生活"的本质，以此技术进行实践的人被认为是进取的、灵活的和创新的学习者。组织技术（包括权力的运行）和自我技术（形塑主体）往往与成功技术（激励与进取心）结盟。组织的期待（更大的生产、灵活的工作、提增效率、增加产出）被视为个人的愿望（通过精准的组织和高水平的绩效完成更大的自我实现）。通过这种方法，主体被引导为自我塑造的积极学习者并且自我管理，接受生产最大化能力的激励。具有进取精神的自我被框定在一定的学习话语之中，表现为自治、自我管理和自我责任。

社会秩序转化为学习秩序，形形色色的人被学习大动员，为了进取心和适应性学习选择和选择学习。"专家化的组织生活，结构、时间表、监控系统、工资体系、课表等驱动人际关系"[32]支持个人的自我实现。杜·盖伊（Du Gay）指出："进取精神的道德品质对维持个人、组织和国家经济竞争力的灵活发展至关重要……无论遭遇什么样的环境，个人必须保持持续地在事业中努力，这样的事业心不能被理解为多元道德人格的一个因素，而要被看成是一种具有本体意义的优先性。"[33]

在此，进取品质，例如自我依靠、个人负责、大胆探索、风险偏好，被认为是人性的价值，不仅仅限于职业生涯，也指向整个人生。新公民被要求不停地从事培训、再培训、提高技能、增加资格证书，为一生的工作做准备：生活成为没有休止的自我资本化。显然，积极的、进取的、灵活的主体学习动员是社会总动员的一个部分。

动员可以被理解为把潜在的东西带到可以利用的层面，因为人生活在资源有限的环境下，所以技能、知识和胜任力需要被动员起来转化为收益。创业生活不在乎标准化社会结构中的位置，而在乎在不同环境或网络的生活事业中持续就业。按照这种逻辑，"自我动员不仅是指动员人力资本，而且生活也因用经济指标衡量而资本化。"[34]自我创业的经济价值不仅表现在财务方面（劳动力市场环境下的价值），也适用于能促进满足环境需要的生产的任何方面。自我创业与投资行为相似：精确地讲，一种希望有收入回报的人力资本投资。"学习作为负责的资本化、生活动员及深思熟虑的投资，是持续商业生活的先决条件。"[35]概言之，商业伦理是一种以最大化匹配为基础的自适伦理：做想做的，但必须考虑自己人力资本的适应性。

　　福柯认为道德实践引出自我,这里的假设是:"自我深处有一个被埋藏得很深的意义,它一旦被发现,通向快乐、心理稳定和个人权力的大门就被打开"[36]。换言之,真我是通过道德实践来发现的。这样的假设和学习型社会的基点完全一致,引导公民意识到自己是一个需要通过学习进一步完善的学习者,他(她)的学习永远不会完成。在福柯看来,建构主体是学习的目标,他以性教育为例来说明:"基督教堂的忏悔(confess)转化欲望,使性得到管辖而不是镇压。"[37]这一过程同样适合健康、生活方式、福祉和生涯发展,是社会秩序的中心,由此,外在强加的训诫让位于内在向往的自我管理。然而,忏悔必须要有对象,在忏悔的过程中,人们是说和坦白的主体,他们被权力所包围:屈从于神父话语的权威。牧师、临床医生、顾问、劝告者和教师制造了忏悔者说和做的材料,这些材料组成了以特殊方式浇铸主体的知识,使神父式专家干预主体的方法具备合法性。通过专家的引导,主体簇拥在学习需求、定义愿望和自我发展路径这样的现实话语环境之中。寻找自我成为现代管理的标志,它被理解为一种真理制度,一种独特的知识权力形式,披着客观专家知识和人性话语的外衣。它的权力模式通过扩散和缠绕的毛细血管流通社会指令,象根茎一样相互关联地起作用。"忏悔"被转达在社会生活的不同方面,在人们身上根深蒂固,以至于人们不再把它看成是限制性的权力影响力。相反,它似乎是真理,嵌入在最秘密的本性之中,需要的只是浮出水面;如果做不到,那是因为这个地方还存在限制,强制权力的暴行阻滞了它,如果它最终能被表达,就表现为一种解放。

　　可见,忏悔实践和技术把人的内在生活带到了权力场域。忏悔使人被塑造为积极的主体,紧紧拥抱权力,屈从于忏悔话语和干预现场。实现自我,发现真我——成为在人格上和经济上合意的人,"个人被动员与政治目标保持一致:履行经济增长,成功企业和最佳幸福指数。"[38]忏悔的实践活动既内在也外在于教育,使欲望和经济互动,成为管理的中心。终身学习就此被定义为道德责任。个人被目标化和商品化,自我被认为是有缺憾的,人具有通过永远的学习来填补这种缺憾的责任,不能更新自我的人是不履行责任和义务的人,也被认为道德上有问题。

（二）缺憾：包容与排斥

尽管在今天的西方政策话语中，学习型社会被看成是"通达天堂生活的门径，是每一个人更好生活的承诺。"[39] 然而，安德烈亚斯·费耶什（Andreas Fejes）通过对瑞典终身学习政策的历史回顾发现：尤为重要的是终身学习被建构为管理现场，它作为权力工具在运作时候，包容了能包容的同时也排斥能排斥的，包容所有人的学习型社会政策话语是指向未来的理想叙述。

瑞典教育部在 1924 年指出："自由教育意味着针对所有人，不管他先前的教育和社会层级……更多的市民人群需要丰富的经济和社会方面的知识，需要接受更深远的社会教育，因为公民需要学习这些议题以应对新的未来。"[40] 显然，终身学习的观念在 20 世纪 20 年代的政策叙述中得到表达——为了成为负责的民主公民，能够作出好的政治决定，必须学习。

然而，在 20 世纪 20 年代的政策话语中，尽管每个人被定义为可教育的，尽管自由成人教育被定义为包容所有人，但仍然存在一个特殊的群体，他们没有达到要求的文化水平。这些群体被指需要接受恰当的教育，借此从被动和不文明的生活状态中拯救出来，否则他们将不能承担公民权力。终身学习成为负责和不负责公民的分水岭，如果人们不能用正确的方式学习、掌握公民应有的权力，社会将受到威胁。由此，终身学习可以被解释为国家组织的一个部分，通过国家对自由成人教育的组织支持，社会变得能够计划，国家计划着未来。正如奥尔森和彼得松（Olsson and Petersson）所认为的"在 20 世纪早期，瑞典没有国家和社会之分。"塑造未来是集体的事件，个人应该与福利的共同标准相一致，自由成人教育的基本原则是导向人的自我行动。所以，20 世纪初的瑞典认为，生活可以由政府和社会来计划，个人被认为是社会稳定和国家管理的工具。

到了 20 世纪 50 年代，瑞典越来越意识到需要高教育程度的居民来满足劳动力市场的要求，他们甚至认为：如果在这方面无所作为的话，那么将会面临经济停滞的危险。因此提出："通过对具有天赋人群的成人教育计划，国家的将来就会得到控制。"[41] 瑞典教育部在 1952 年的教育政策中指出："能在生活中利用天赋和其它资源的人将会获得满意人生，这符合社会的利益，因为这样的个人能被期待在工作中作出努力。"[42] 政策文本关注的是有天赋的人，主体被建构为具有内在潜力,并可以在社会的支持下得到开发。每个人被理解为最终停留在与其内在潜力相符的社会位置之上。学习的倾向和内在潜力相一致,根据内在潜力的预期决定学习程度。教育部的政策这样表达:"如果你被认为具有天赋,那么你将获得学习机会而不管你来自于何种社会背景;如果你不具天赋,那么也会获得幸福,只要根据内在潜力进行选择。"[43]

这种根据心理学和统计学知识把成人分为有天赋的和没天赋的方法,在实践过程中还是产生了排斥,那些被认为没有天赋的成人被排除在教育之外。研究把人分为有天赋和没有天赋,并制造了这样的观念:主体能够根据内在潜力选择人生道路;而不根据内在潜力选择的人是另类,将受到排斥。当然,这种清晰二分方法在今天看来有简单和武断之嫌,所以不再沿用。事实上,依据心理学和统计学对天赋和能力的研究,其方法是创设了一种语言的可能性,对主体进行基于将来的管理,按照福柯的理解只是特定时期的一种权力话语。

今天的瑞典政策提出每个人都应是终身学习的一个部分,其标准是成人主体拥有基本社会技能——沟通技能、批判和创造思考、自我批判和社会胜任能力。不具备这些基本技能的人将会存在被社会边缘化的风险,并被排斥出劳动力市场,而成人教育可以帮助这些人开发基本社会技能。1998 年的瑞典教育部政策认为:"给继续教育和个人发展提供机会,既作为公民的角色也作为工人的角色;它包括知识和创造力及学习新事物应对变化的资质。"[44]那些缺乏基本社会技能的人由于不参加终身学习而不能应对变化,因此他们应该参与成人教育。显然,社会中的权力关系对终身学习者和终身学习指定了意义,通过参与成人教育,每个人都能取得参与终身学习的先决条件。每个人都是可以教育的,据此,借助创造有学习意愿的主体创建管理工具。瑞典教育部 2001 年的文件指出:"个人不仅必须适应变化而且要建立适应变化的行为方式。"[45]在这世界上没有人能严格地引导变化,只有自己灵活地适应变化。如果一旦失败了就将被划入"另类",需要通过参与成人教育来纠正自己。表面上,这似乎是管理实践的政府缺席,然而事实上,它却是新自由管理理性的表达。国家被建构为赋能型政府,它使主体自己做决定成为可能。通过使主体成为自治的、自我规范的行动者,对自己的将来负责,就能达到国家的将来能够被控制的目的。1999 年瑞典教育部指出:"终身学习话语关注高程度教育居民,它是创造能和世界其它国家竞争的知识型社会的工具,确保经济增长、维持福利和就业……使欧洲成为世界上最具竞争力、最具活力的知识型经济体。"[46]

诚然,"瑞典终身教育政策主张每个人是终身学习的一部分,但却没有变成现实。"[47]尽管"包容"走在了教育政策的前沿,但也制造了排斥。纵然终身学习观念提出:整个人生,所有阶段,所有背景,正规的、非正规的和非正式的学习,但同时应看到,一些人被认为是不具备参与的先决条件。这样的表述是政策话语中的权力关系表达,政策中的"所有人"不是严格意义上的,因为还存在不参与终身学习或不具备参与先决条件的人,他们是需要用社会政策矫正的人。终身学习政策话语定义了终身学习者和非终身学习者。

综上所述,不管是 20 世纪 20 年代的"为了正确的政治抉择而包容每个人",还是 20 世纪 50 年代的"每个人必须依据自己的内在潜力选择合适的教育",抑或今天的"每个人必须要成为终身学习者",瑞典在实施"包容"的政治理想时也同时制造了"排斥",因为不是每个人都能做出正确的政治决定,不是所有人能根据内在潜力进行学习选择,当然也不是所有人都具有参与终身学习的技能。因此,以终身学习实践为镜,很容易发现学习型社会只是一种创造美好未来的工具。故而,需要对学习型社会的叙述采用批判的态度,尽力理解学习型社会影响了什么样的主体? 对学习型社会进行怎样的改述才可以避免上述矛盾?

(三) 逾越:一种新的解放观

显然,西方学习型社会不是独立于政治权力流转的自然现象,它不能超越新自由政府理性,相反它与新自由管制紧紧地捆在一起。在当下的新自由社会中,终身学习所呼唤的是一种特殊的主体——终身学习者,在管制之下持续地为自己的学习负责。由此,新自由管制把学习从权利转为责任。

奥尔森(Olssen)指出:"要防止学习被新自由主义挪用。"[48]爱德华(Edward)的观点比较折中:以某种方式建立终身学习的努力永远不会完美,因为总会遭遇多样化和意想不到的变化和改变,新自由管制不仅会制造顺从和可以预料的人民也会生产被贴上不顺从和不可预料标签的人。所以必须清楚,作为新自由管制工具的学习型社会是管制的一个部分,只要主体不清楚实践中的权力运行方式,他们就可能被"自由选择向所有人平等开放"这样的观点所愚弄。或许,理解学习型社会的新自由权力关系运行方式是克服与对峙权力影响的方法。

福柯提出了一种理解权力运行的新方法。他认为:"对权力运行的更好理解不会自然地把我们置于这样的位置——从权力影响力中解放出来。"[49]福柯旗帜鲜明地反对人们利用知识与权力做搏斗的观点。他驳斥了这样的观点:"知识与权力是分离的实体,解放由知识对权力的胜利组成。"[50]在福柯看来知识与权力总是结合在一起,"我们应该摒弃这样的传统:允许我们想象知识能够在权力关系悬置的地方存在。"[51]福柯还敦促人们认清人总是在知识权力场域中行动的事实——一种知识权力针对另一种知识权力,而不是权力对知识或知识对权力。

难道生活在权力铁笼中的人们就没有逃脱的可能吗?确实,福柯认为应该放弃这样的希望——获取组成历史限度的彻底和权威知识,但这并不是说人们对于知识与权力的命题无能为力,相反,福柯同意启蒙思想家康德的观点:批判由分析和反思限度组成。他指出:"如果康德的问题——关于认识知识限度的命题不得不宣布放弃'逾越'(Transgression),那么这对我来讲似乎回到了肯定的一边:在哪些方面我们被赋予普适、必要、强制,什么地方被非凡的、可能的、不可预知的东西和任意限制的产品所占领。"[52]

为此,福柯提出了"事件化"(Eventualization)或"去本质化"(De—Naturalization)方法。不寻求特定事实或事件的单一化解释,"事件化"通过围绕某一事件进行建构、形成多边或多面理解来奏效,事实的真相永远不会有限定。"事件化"意味着对事件、要素、关系和相关领域作复杂化和多元化理解。因此,事件化不会导致对结构或原因的更深理解,正是在这个意义上,事件化不会生产把人从结构和原因的影响中解脱出来的知识。福柯坚信,这样的分析并不意味着没有效果。他指出事件化不能生产的是关于做什么的建议、指南或指令,但能带到这样的情景:"人们'不再知道他们所作所为',至此,行动、姿势、话语似乎不再有成为问题、困难和危险这一说。"[53]显然,福柯的分析没有导致一个对权力运行更深、更真的理解,它只是震动了那些想当然的东西,它也没有生产行动方法这样的目标。福柯强调这类知识不针对社会工作者或改革者而面向行动主体。

福柯强调,在某种意义上,唯一重要的是到底发生了什么? 这使得占据超越可能的实践批判成为必要。超越的实践并不意味着克服限度,而是阐释限度,因为限度不仅起限制的作用,而且还发挥赋能的力量。因此,福柯拒绝了现代启蒙观把解放看成是通过理解权力运行而克服权力的过程。这种拒绝开创了一种批判的新领域、新风格或称为"逾越"的新实践,逾越也可以被理解为阐释限度的实践。逾越不能被设计为"他们会更好"的假设基础,"逾越的决定性作用在于它表露、证明了事物的存在方式是限度的唯一可能性。"[54]正是这微妙的一步起了关键作用,因为它打开了可能之门"不再自以为是地存在、行动和思考",确切地说是对"不明确的自由内容"(the undefined work of freedom)给出新的刺激。

值得注意的是,福柯方法论对解读西方学习型社会的最大帮助莫过于拆除了对特定学习型社会实践和政策话语的自信,不再妄言学习型社会实现更深真理的大话。当然,这样的方法并不是没有解放的效果,最为重要的是:这是一种不同类型的解放——不是尽力挣脱权力,而是允许不同权力聚集——一种不同的存在与做事方式。因此,学习型社会追求从权力中的解放不是传统意义上的解放,而是更像福柯认为的"不明确的自由内容"。同样重要的是,解放的作用不是基于新自信的建构,而是以存在自信的逾越为基础。

由此,需要对学习型社会进行重新表述:学习型社会不能与学习管制相分离;学习既是一种适应自我管理、进取精神的力量也是巩固适应的工具。因此,如果把学习型社会看成是学习或终身学习从国家、组织、教师主导、经济权力中解脱出来并作为自治、自由条件的社会形态的话,那么事实上,已经忘记这种人们所接受的学习及方式本身在一开始就是当下管理制度的效果和工具。或许,现下人们需要的不是脱离政府、经济和意识形态的学习解放,也不是对潜在规制或解放的区分,必要的是人们把自己从学习中解放出来,从作为基础性力量的学习经验中解放出来,它们是自由和集体福利所必须的。也许,这种解放行动是自我关系的转化,指向另一种教育实践和观念,不限于学习或学会学习。

参考文献:

[1] Richard Edwards. Actively seekibng subjects[A], in Fejes, Katherine

Nicoll. Foucault and Lifelong Learning[C]. London And New York. Routledge. 2008:22.

[2] Foucault, M. 'Discourse on language'[A], in R. Kearney and M. Rainwater(eds), The Continental Philosophy Reader[C], London: Routledge. 1996:351.

[3][6] Andreas Fejes. Foucault and lifelong Learning[M]. Routledge. London And New York. 2008:106,166.

[4][5][11][51] Foucalt, M. Discipline and Punish: The Birth of the prison[M]. London: Penguin Books, 1977:222,27,13,27.

[7] Foucault, M. 'On the government of living'[A], in P. Rabinow (ed.), Ethics, subjectivity and Truth[C]. New York: The New Press. 1994:80.

[8][9][10] Jan Masschelein. The Learning Society from the Perspective of Governmentality[M]. Blackwell Publishing Ltd. 2007:4,5.

[12][19] Fejes, Katherine Nicoll. Foucault and Lifelong Learning[M]. Routledge. London And New York. 2008:13. 63.

[13] Mark Olssen. Understanding the mechanisms of neoliberal control [A], in Fejes, Katherine Nicoll. Foucault and Lifelong Learning[C]. Routledge. London And New York. 2008:37.

[14] European Commission. European Report on Quality Indicators of Lifelong Learning[R]. Brussels. 2002:4.

[15] European Commission. European Report of the Taskforce on lifelong Learning[R]. Brussels. 2000:4.

[16][17] Boyer, R. The Search for Labour Market Flexibility[M]. Oxford: Clarendon Press. 1988:258,227.

[18] Tuschling, A. and Engemann, C. 'From education to lifelong learning: the emerging regime of learning in the European Union'[J]. Educational Philosophy and Theory, 2006:38,451—70.

[20] Petersson, K. 'Nostalgia, future and the past as pedagogical technol-

ogies'[J]. Discouse,2003:28. 49.

[21] Uif Olsson and Kenneth Petersson. The operation of knowledge and construction of the lifelong learning subject[A]. Fejes,Katherine Nicoll. Foucault and Lifelong Learning[C]. Routledge. London And New York: 2008:65.

[22] Garsten,C. and Jacobsson,K. (eds). Learning to be Employable, New Agendas on Work,Responsibility and Learning in a Globalizing World [M]. Basingstoke:Palgrave McMillan,2004:1.

[23] Marinette Fogde. Self—Governance in the job search[A]. Fejes, Katherine Nicoll. Foucault and Lifelong Learning[C]. London And New York: Routledge. 2008. 104.

[24] Foucault,M. 'Technologies of the self'[A],in L. H. Martin,H. Gutman and P. H. Hutton(eds),Technologies of the self:A semina with Michel Foucault[C]. Amherst,MA:University of Massachusetts Press. 1988. 26.

[25] Gun Berglund Pathologizing and medicalizing lifelong learning [A]. Fejes,Katherine Nicoll. Foucault and Lifelong Learning[C]. London And New York: Routledge. 2008:147.

[26][34] Rose,N. Power of Freedom: Reframing Political Thought[M]. Cambridge:Cambridge University Press. 1999:64,162.

[27] Marshall,J. D. 'Education in the mode of information:some philosophical consideration'[A],in philosophy of Education 1996,Proceedings of the philosophy of Education Society[C]. IL:philosophy of Education Society. 1996:269.

[28] Edwards,R. Changing Pleaces? Flexibility,Lifelong Learning and a Learning Society[M]. London:Routledge, 1997:2.

[29] Lambeir,B. 'Education as liberation:the politics and techniques of lifelong learning'[J]. Rducational Philosohy and Theory,1937:350.

[30] Mark Olssen. Understanding the mechanisms of neoliberal control [A]. Fejes,Katherine Nicoll. Foucault and Lifelong Learning[C]. London

And New York: Routledge. 2008:41.

[31] Marshall, J. D. 'Foucalt and neo-liberalism: biopower and busno-power'[A], in A. Neiman(ed.), Philosophy of Education 1995, Proceeding of the Philosophy of education Society[C]. IL: Philosophy of Education Society. 1995:322.

[32] Rose, N. Inventing Ourselves[M], Cambridge: Cambridge University Press. 1998. 154.

[33] Richard Edwards. Actively seeking subjects? [A]. Fejes, Katherine Nicoll. Foucault and Lifelong Learning[C]. Routledge. London And New York. 2008. 28.

[35] Maarten Simons. Our'will to learn'and the assemblage of a Learning apparatus[A]. Fejes, Katherine Nicoll. Foucault and Lifelong Learning [C]. Routledge. London And New York. 2008. 55.

[36][37] Richard Edwards. Actively seeking subjects? [A]. Fejes, Katherine Nicoll. Foucault and Lifelong Learning[C]. Routledge. London And New York. 2008. 30.

[38] Miller, P. and Rose, N. 'Governing economic life'[A], in M, Gane and T. Johnson (eds), Foucault's New Domains[C] . London: Routledge. 1993. 102.

[39] Popkewize, T. S. Governing Children, Families and Education: Restructuring the Welfare State[M]. New York: Palgrave Macmillan. 2003. 1

[40] Andreas Fejes. Historicizing the Lifelong Learner [A]. Fejes Katherine Nicoll. Foucault and Lifelong Learning[C]. Routledge. London And New York. 2008. 93.

[41][42][43][44][45][46][47] Andreas Fejes. Historicizing the Lifelong Learne[A]. Fejes Katherine Nicoll. Foucault and Lifelong Learning[C]. Routledge. London And New York. 2008. 93,91,88,90,89.

[48][49] Gert Biesta. Encountering Foucault in lifelong learning[A]. Fejes Katherine Nicoll. Foucault and Lifelong Learning[C]. Routledge. Lon-

.don And New York. 2008. 196,199.

［50］Pels,D. Kennispolitiek:Een Gebruiksaanwijzing voor Foucault［M］. Kennis Methode. 1992. 39.

［52］Foucault,M.'What is Enlightenment? in P. Rabinow(ed.)［M］. The Foucalt Reader,New York:Pantheon. 1984. 45.

［53］Foucault,M.'Question of method'［A］,in G. Burchell,,C. Gordon and P. Miller(eds),The Foucault Effect in Government［C］. Chicago:The U-niversity of Chicago Press. 1991. 84.

［54］Gert Biesta. Encountering Foucault in lifelong learning［A］. Fejes, Katherine Nicoll. Foucault and Lifelong Learning［C］. Routledge. London And New York. 2008. 201.

（本文发表于《比较教育研究》2013 年第 2 期。作者张创伟,时属单位为华东师范大学职业教育与成人教育研究所）

十七、蒙台梭利方法述评

意大利女教育家蒙台梭利,被誉为在世界"幼儿教育史上,自福禄培尔以来影响最大的一人"。她不仅在教育史上具有如此重要的地位,在当今幼儿教育中也有着广泛的影响。在英国,由于蒙台梭利的影响,蒙台梭利方法和教材大量地渗透进传统的福禄贝尔的幼儿园(雷蒙特《幼儿教育史》)。苏联在 20 世纪 50 年代时对蒙台梭利还大加鞭笞,斥之为"反动理论"(沙巴也娃《教育史》)。到 20 世纪 70 年代则已给予某些肯定。例如,1978 年苏联出版的《学前教育学》中说:"在帝国主义时期的学前公共教育方面,蒙台梭利特别出众"。她"实行了独创的教育体系"。苏联的幼儿教育已吸收了她的一些有价值的东西,特别是她的各种各样的教学材料和在感官教育中利用这些材料的方法。蒙台梭利方法本世纪初在美国经历了盛、衰的浮沉之后,近来又流行起来了。自 1958 年第一所蒙台梭利学校在康涅狄格州重建以来,到 70 年代初,美国已有几百所蒙台梭利学校。美国教育评论家伯斯登在 1979 年《教育史季刊》中说:"蒙台梭利运动正在美国日益扩大,地方公共图书馆有一书架论蒙台梭利教育的书籍,在距离我家半径五英里的方圆内至少有五所蒙台梭利学校"。对于这样一位在教育史上和当今教育实践中有着世界性影响的人物,在我国却介绍甚少,本文的目的在于作一简单介绍,引起人们对她方法的注意,加深对其学说的分析批判,甚至批判地引入实践,根据实践效果进一步作出科学的评价。

蒙台梭利生于 1870 年。1896 年,蒙台梭利以罗马大学第一个女医学博士身份毕业并在该校附属精神病诊所工作。在工作中,她运用低能儿童教育的先驱法国心理学家依塔尔和赛甘的思想和教育方法,教育低能儿童并取得成功。

这使她坚信:"智力低下与其说是医疗问肠,不如说是教育问题。"1907 年,罗马住宅改善协会为保护房屋,愿提供资金,把由于父母外出工作而无人照管的儿童组织起来。蒙台梭利应邀办起了"儿童之家"。结果,这方法经适当修改对正常儿童也取得极大成功。由此,引起国内外人们极大的注意。1909 年,她总结了"儿童之家"的经验,出版了《适用于幼儿之家的幼儿教育的科学教育方法》一书(英文译为《蒙台梭利方法》)。该书很快译成多种文字,在世界各地广泛流传。1919 年,蒙台梭利开办国际教师训练班,进一步扩大影响。从 1925 年到 1951 年(她死前一年),她一直任国际蒙台梭利协会召开的九届大会的主席。由此可见蒙台梭利终其一生致力于教育工作。

(一)

要分析、评价蒙台梭利教育思想,必须抓住她教育体系中几个基本因素:"自发冲动、活动和个体自由",要理解这些因素则又必须从她对遗传、环境对儿童心理发展的关系的论述上着手。

一方面,蒙台梭利十分重视人的遗传素质和内在的生命力。她说:儿童的"生长,是由于内在的生命潜力的发展,使生命力显现出来,他的生命就是根据遗传确定的生物学的规律中发展起来的。"对内在力量的推崇,必然把外界影响置于隶属地位。"环境无疑在生命的现象中是第二位的因素,它能改变,包括助长和抑制,但它从来不能创造。"另一方面,长期的教育经验又使她坚信,环境对人的智力发展是举足轻重的。她说:"把头等重要性归咎于环境问题,这形成了我们教育方法的特点。……以至这成了我们整个体系的中心。"既认为遗传是第一位,又认为环境具有头等重要性,这两个似乎矛盾的思想是怎样在蒙台梭利的思想体系中协调起来的呢?

首先,既然遗传是第一位的,则由遗传决定的生命力就具有头等地位。对儿童来讲,生命力的表现就是自发冲动。对儿童的自发冲动是压制还是引发,这就成为区分教育的好坏的分水岭。蒙台梭利对旧学校压抑学生的自发冲动的做法给以猛烈抨击。她说:"在这样的学校里,儿童象被钉子固定的蝴蝶标本,每人被束缚在一个地方——桌子边。"这给学生带来极大的痛苦。在身的方面,骨骼畸型。在心的方面,教师为了把零碎干瘪的知识塞进儿童的头脑,用奖励和惩罚诱逼儿童集中注意和缄默不动。蒙台梭利说:"奖惩是强加的一种刺激,它将导致一种非自然的结果。"人的尊严丧失殆尽,类同机器。可见,扼杀儿童的自发冲动,必然使儿童身心受害。蒙台梭利明确指出:"我们窒息了他们的自发冲动,结果也许是我们就窒息了生命本身。"

其次,生命力的冲动通过儿童的自发活动表现出来。蒙台梭利看到一个儿童长时间全神贯注于把石块装进小桶,又倒出来时,分析说:"儿童无意识的目的是他的自我发展,而不是装满小石的外界的事实,生动的外部世界的吸引只是虚假的幻想。""他不在乎已经得到的任何东西,而是向往着仍在追求的东西。例如,他宁可要自己穿衣的动作,而不满足于穿衣的状态,即使穿得很漂亮。"这里明显地含有两重意思。第一:通过活动,儿童的生命力和个性得到表现和满足。第二:通过活动,儿童的生命力和个性得到进一步发展。活动需要环境,由此,生命的自发冲动通过活动跟环境因素联系起来了,蒙台梭利为"儿童之家"设置了一个良好的环境:有一个较大的花园,学生可自由进出,轻巧的桌椅,四岁的儿童可随意地搬动;每个教室有长排的矮柜,放置各种教具供儿童任意使用。这里环境的设置很明显地服务于儿童的自由活动。

最后,蒙台梭利进一步从个体心理发展的过程,强调生命力不仅通过自发活动呈现和发展,更表现出一种节律。这里明显地提出了儿童心理发展的关键期思想。蒙台梭利认为,生命力在个体成熟的不同阶段,会表现出不同感官的敏感期。例如,对良好的行为规范的敏感期在两岁到六岁,对颜色、声音、触摸等感觉的敏感期在两岁到四岁。某种感觉能力在相应时期内出现、消失。当它们出现时,能最有效地学习。许多低能者之所以低能,就是因为忽视了敏感期的训练,这是一种很难甚至无法弥补的损失。在这里,环境和教育就成了问题的关键。至此,"遗传的第一位"和"环境的头等重要"就统一起来了。要进一步指出的是,在蒙台梭利眼中,不同的个体有不同的发展节律。教育必须跟敏感期相吻合,这就意味着要用不同的教育来适应不同的成熟节律,为此,必须个别教学,儿童各自按自己的需要进行活动,儿童的自由成为教育的关键。

根据以上的叙述,我们可以对她的儿童心理发展观有一个大致的了解。生命力的冲动是发展的原始动力,它以对不同对象的敏感,通过活动表现出节律。正常的心理发展必须使生命力在每个敏感期都得到充分发展,这必须依靠环境和教育的及时组织。每个儿童有不同的发展节律，为此，儿童的自由成为环境和教育跟敏感期的需要相吻合的最佳途径。下面我们看看这一理论是怎样运用于感官教育的。

蒙台梭利在《蒙台梭利方法》一书中，花了四分之一的篇幅来论述感官教育，可见感官教育在她的方法体系中占有极重要的地位。它的重要性表现为，从心理学意义讲，符合儿童该时期心理发展需要。"刺激，而不是对事物的思维，吸引着他的注意。"从教育学意义讲，算术、书写、言语、实际生活的能力、良好秩序的规范都由感官教育引出。既然，感官教育根据儿童心理特点而制定的，则上述的生命力活动的特点在感官教育中反映出来了。

第一，由于儿童对不同的感官刺激有不同的敏感期，为此，感官训练必须细分为触觉、视觉和听觉等，并相应地设计各种教材。由于生命力只有通过活动才能得到满足和发展，为此，感官训练必须由儿童自己操作。例如，有一套教具是训练儿童的视感知能力的，在一块木板上有十个大小不等的孔，每个孔相对于一个圆柱体，每个圆柱体直径只差 1 毫米，要求儿童能正确地把混杂在一起的圆柱体放进相应的孔中。蒙台梭利认为，在操作教具的过程中，通过对细微差异的注意、比较、判断，感觉就敏锐了。

第二，由于儿童的自由是使教具跟儿童敏感期相配合的关键，为此，感官教育要给儿童以活动的自由，外人尽量不干预。这一点表现在以下两方面：首先，实施个别教学，每人可自由选择符合自己内在需要的活动。其次，教具能控制错误，儿童进行自我教育。以刚才的例子来说明，如果儿童把一个圆柱体放进一个比它小的孔，则放不进，如果把它放进一个比它大的孔，则到最后，终将至少有一个圆柱体放不进孔中。所以，整个过程只要有一个错误，就必须重新选择。因此，"这套教具控制了每一个错误，要求儿童能进行自我纠正。"

第三，由于生命力的活动服从一定的节律，它在不同时期"保持在某个限度之内，被某种不可战胜的规律约束着。"为此，每种感官的训练都由一套逐渐加大难度的练习组成。例如，跟文字学习有关的感官教育分为五步：(1) 手、眼联合感知圆柱体的差异；(2) 单纯用眼感知棱锥、立方体等的差异；(3) 单纯用手触摸，感知沙纸上略高的字迹；(4) 用笔临摹字迹，进行肌感的训练；(5) 用水彩、绘画自发地写字。实际技能的训练、算术的学习等都有类似的渐进的顺序。

蒙台梭利用此法训练,使四岁的儿童用一个半月、五岁的儿童用一个月时间学会了写字。而按传统方法,五岁的儿童至少要两个月。

　　根据以上的论述,我们可看到,蒙台梭利的生命力学说是带有某种神秘色彩的。但如果我们仔细地分析她整个思想体系,剔除其中神秘的东西,那不难看到,她的学说中包含着某种合理的见解。她对儿童活动的分析,不仅区分了成人和儿童活动目的的不同,更区分了儿童活动的精神价值和物质价值。劳伦斯认为,这种分析深深地影响了她之后的教育家,成为我们现在幼儿教育实践中必须考虑的一个方面(《现代教育的起源与发展》)。敏感期和儿童心理发展的阶段论思想,更已被心理学家广泛承认。亨特在1964年版《蒙台梭利方法》的序言中更明确指出,蒙台梭利方法重视儿童早期经验,主张通过感知和运动的协调促进智力发展等思想符合当今的儿童心理学的见解,成为它目前在美国流行的主要原因。蒙台梭利主张教育必须允许儿童自由,它的实质就在于,"这种自由在于绝对服从儿童自己本性发展的规律。"(勒斯克《伟大教育家的学说》)当然,我们认为教育并不能仅仅由心理学决定,但正确的心理学是使教育有成效的必不可少的先决条件。蒙台梭利方法之所以取得一定的成功,跟她对儿童心理有一定的正确理解分不开的。从教育史角度讲,蒙台梭利方法确有创见。例如,感官的自我教育,卢梭从儿童自由出发,主张遵循自然的教育,少受人为的限制,提出"自然后果"原则,作为道德自我教育的途径。蒙台梭利从德育扩大到智育,主张儿童在自我操作和摸索中,通过"教具的控制错误",达到智慧的自我教育,这对以后个体化教学是一个启示。文字书写的学习,裴斯泰洛齐主张通过绘画对形的掌握过渡到文字的书写,蒙台梭利则使幼儿进"儿童之家"的第一天起,就有计划地进行感官训练,寓兴趣于其中,使儿童在不知不觉之中,"爆发式"地学会书写。效果比常规的要好得多。我们在看到她方法中的长处时,也必须正视它的缺陷和不足。首先,它整个的学说是建筑在生命力冲动的基础上的,视教育仅仅是儿童潜能的展现,这必然贬低教育的作用。实质上,遗传、环境和教育处于辩证统一体中,相互牵制,相互作用。例如,遗传虽然决定成熟的顺序,但成熟表现的节奏却受环境和教育的影响。其次,感官的单独刺激,对特定材料的有关刺激果然敏锐了,但由于强调单一的器官的孤立训练,必然使个体与丰富的社会生活和现实世界相脱离。对于这一点,苏联教育家和美国的克伯屈都有正确的批评。第三,感官教具的自我控制,由于顺序机械划一,长此以往,必然不利于儿童的丰富联想和自由创造,从这方面讲,它就没有福禄培尔的积木赋有强大的创造自由。总之,感官教材作为丰富多采的幼儿园中活动材料之一,是富有价值的,但视之为唯一,或推崇过高,以致排斥其他,则只会适得其反。

(二)

蒙台梭利崇拜儿童的自发冲动,给儿童极大的自由活动权,这是否会导致"儿童之家"中充满混乱呢? 否。良好的秩序是蒙台梭利引以自豪的"儿童之家"的特征之一。在"儿童之家"一切秩序井然,儿童"完全专注于手头的工作,这已成为惯例","一切都在极度的平静中进行"。那么,这种良好的秩序是怎样获得的呢?

蒙台梭利说:"这些秩序不可能由命令、说教,总之通过任何人们熟知的特设的训练手段而获得。"任何企图直接达到秩序的意图都不能有效地达到目的。她说:"秩序总是通过间接手段而达到。""真正的秩序是通过作业第一次显现出来的,到了某一时刻,儿童对一项作业有强烈的兴趣,从他的脸上表情和注意力集中于一项活动的持续时间之长,可以看出来,这个儿童已踏上了秩序之路。"

这里,首先要明确蒙台梭利的"作业"的含义。它的内涵的主要特征是自发的需要,即"这工作不能由外界武断地提供,……它必须是人们本能地想的,在这工作中,生命的潜能将自然地出现,或者说,个人逐步地上进。""作业"的外延包括:"每人都专注于自己的作业,有的在进行感官练习,有的在做算术练习,有的在摆弄字母卡片,有的在画,有的在练习穿衣和脱衣的动作,有的在扫地。"这里,似乎很难区别作业和活动的差异。在蒙台梭利的体系中,着重区别的是自发的活动还是违背儿童本能而强加的活动。因此,这里"作业"可广义地理解为"自发的活动"。

至此,我们进一步理解,蒙台梭利之所以竭力主张儿童的活动自由,不仅使儿童的内在需要得到满足、个体得到发展,而且通过儿童的自由选择,使作业符合自己的兴趣,全神贯注于其中,达到良好的秩序。康内尔认为:"自由、作业和秩序是蒙台梭利为儿童营造的建筑物的三根主要支柱。"(《二十世纪教育史》)

由以上的分析,我们可以说,这三根支柱是通过"作业"协调统一起来的。下面我们看它们是怎样协调起来的。

首先,作业有助于肌肉的协调和控制。蒙台梭利认为,儿童能遵守纪律,意味着儿童有能力执行某种动作。而这时期儿童最大的困难是缺乏肌肉的控制能力,动作充满着不协调,这就表现为儿童不遵守纪律。蒙台梭利认为在这些不协调的动作背后,"潜藏着要求协调运动的潜能"。它意味着将来的有秩序。为此,任何成人的命令,例如,"给我站好",根本无助于使复杂的心理——肌肉系统达到有秩序。形成良好秩序的唯一途径就是让儿童有充分的活动自由,在作业中,使动作协调。在"儿童之家",有呼吸、走直线、脚尖踮着走路、儿童自我服务等练习都赋予协调和控制肌肉的教育意义。连精巧易碎的玩具和摆设,也包含着促使儿童"学会谨慎、学会自觉、学会指挥身体的行动"的目的。

其次,作业有助于培养独立性。蒙台梭利认为:"必须这样指导儿童个人的自由表现,使得通过活动达到独立。"这里有两个目的。从社会意义上讲,"儿童之家"是专为双亲白天外出的子女开办的,因此,生活自理能力的培养具有重要意义。在"儿童之家",要求儿童学会自己穿脱衣、自己洗手、甚至自己洗澡、自己动手给小伙伴分配食物,总之,"尽可能使儿童自己满足自己的要求"。从心理意义上讲,蒙台梭利认为,依赖会使人变得无能,使个人品质堕落和败坏。因此,在蒙台梭利学校,学生普遍采用自己选择的个体作业方式。蒙台梭利说,通过自由选择学会了"依靠自己",以个体工作方式学会尊重他人的权利。结果,"儿童之间没有妒忌,没有争吵"。独立工作方式培养"绝对平静"的气氛,良好的秩序由此体现出来。

第三、作业有助于培养意志力。蒙台梭利认为,服从是自我约束的一个很重要的标志。而儿童服从的先决条件是他有相应的活动或抑制能力,即意志力。但初生的儿童是没有任何意志力的,为此,"意志和心灵的形成必须先于服从"。它的途径只能是,通过各种作业,为意志力形成作准备,推动儿童服从。蒙台梭利认为,重复自己心爱的作业是正常儿童的天性。由于作业是自己选择的,儿童以满意的心情重复练习几十次,在时间上持续两个多小时,专注于一项活动,体现出一种顽强的活动意志力。抑制意志为的培养是通过"肃静课",这形式上是听觉感官训练,教师在远处低声叫一个儿童的姓名,这时,要求儿童有抑制能力,根绝一切动作,保持绝对安静,以便听到自己姓名能迅速汇报。蒙台梭利认为,上述的两种状态的"外在标志就是自我约束",进入这种状态就意味着"走上了自我发展之路"。蒙台梭利自豪地说,她的方法的每一部分都含有意志力的训练。

蒙台梭利认为,以自由、作业为基础建立起来的秩序,显然不同于常规压制和命令训练出来的服从。压制和命令训练出来的服从导致教育上最大的弊病,个性的泯灭。而用新方法培养的儿童,就不再是"原先那个只知道驯服地为善的人,而是一个自己使自己更善的人。"

总的来说,蒙台梭利的从自由经作业到秩序的纪律教育是富有创见的。赫尔巴特也曾希望通过良好的活动环境达到秩序,他说:"当环境的布置,足以使儿童在其活动中自己能够寻获那有用的线索,而将其活动的一切,尽量发挥于其中的时候,儿童管理则获得极大的成功。"但他又认为由于儿童天性的"野蛮顽皮性",这个理想在儿童群聚处是无法实现的。为此,必须用威胁、监督等管理手段克服儿童的"劣性",作为教育的先决条件。而蒙台梭利却把儿童的内在冲动视为发展的动力,通过"开导",而不是"堵塞"达到秩序。这里的关键是她能正确地认识到肌肉和意志的控制在达到良好秩序中的作用,给以有计划的训练。在训练过程中,始终紧扣儿童的兴趣,在无形中达到自我控制。儿童独立性的培养,无论从心理或社会意义上来讲,都有现实意义。当今,我国独生子女率逐年提高,普遍对子女较溺爱,儿童缺乏自理能力。为此,有必要加强这方面的训练。这里还须指出的是,蒙台梭利方法,20世纪50年代末在美国流行,原因虽然很多,但有一点绝非偶然巧合,即这时美国正全力以赴要提高教学质量。蒙台梭利方法虽属新教育运动,主张儿童自由,但反对放任,她的方法最引人注目的成就就是高度的秩序和较强的读、写、算能力。正如勒斯克所说:"蒙台梭利方法是作为对抗'自由方法'的一部分","她被当作一个为了自由而拥护秩序者"在美国复兴的。自由和纪律是教育上争论最持久的领域之一,纵观教育史,任何偏激都不能有效地解决问题,从这个意义上,我们不妨说,蒙台梭利的自由和秩序的协调是一个有意义的尝试。她的方法也有一些较严重的不足,例如,所有这些措施都属于"行"的方面。无疑,在儿童的道德品质形成过程中,"行"在儿童初期特别重要,但仍然不能排斥"知"的作用,蒙台梭利绝对排斥教师说理，认为儿童只要达到自我控制，即能悟出"善"，这种观点，我们不能接受。其次，把儿童自由和集体纪律绝对对立，把儿童集体做操都看作是压抑个性，这也是错误的。

（三）

在蒙台梭利学校，儿童的自我教育是主要教育方式，那么教师起什么作用呢？蒙台梭利认为，旧式学校的教师是按照某种形而上学的哲学原则培训的，教师仅仅"动口"照抄照搬某些权威人士的思想。而科学的教育学要求教师自己"动手"进行科学实验，努力揭示儿童的秘密。揭示秘密的最好方法是科学的观察，耐心的观察是科学实验的基础，也是教师必须具备的素质。蒙台梭利说："儿童从最初的不协调的活动到自发的协调的活动，对这些方面的观察，这就是教师的书本。这是一本鼓舞她行动的书本，如果她要成为一个真正的教育工作者，这也是她必须学习和研究的唯一的一本书。"因此，教师的首要职能是观察。康内尔说："对她来讲，科学很大程度上是观察和整理的艺术。"蒙台梭利认为，教师的观察应着眼于儿童的成熟程度，通过对"每个儿童对不同刺激引起注意的时间长短"的观察，作出判断。

观察虽然重要，但观察并不是最终目的。蒙台梭利认为教育科学不同于一般科学，它的对象是活生生的人。科学教育的目的在唤起人，因此，教育必须有助于生命力的展现。"刺激生命——然后让其自发发展、展现——教育工作者的最重要工作就在这里。"因此，教师的工作除了消极的观察，还应该积极地引导。但这种引导并不是传统的直接教给儿童方法和观念，而是给儿童提供活动的环境和作业的教具，使儿童通过自己作业，达到自我发现和发展。蒙台梭利认为，儿童发展的最佳条件是作业和儿童成熟程度相符合。因此，指导的关键在根据上述的对儿童成熟程度的观察，作出不同的教育措施。指导的另一含义是阻止不良行为。蒙台梭利认为，不良行为不同于由于肌肉控制力弱而产生的不协调行为，它将危及自己和他人的发展，不利于良好秩序的形成，为此，必须阻止。

在蒙台梭利学校中，由于教师很少直接传授知识，于是教师的形象就显得格外重要。雷蒙特在《幼儿教育史》中用富有诗意的笔触写道："普通的教师必须多学点知识以便传授,而蒙台梭利的教师化更大精力于自己的完善,以便可以对成长中的儿童辐射更多的光。"他认为,这种教师的自我完善,最有价值的就是对儿童的爱,对儿童发展的期望,由此产生一种献生精神。"儿童之家"不同于当时一般的幼儿园只开半天,它要从上午九时到下午四时。除此之外,为了进一步了解儿童和他们的父母,蒙台梭利晚上也跟他们同住一幢楼房,"生活于他们之中"。康内尔说得好:"蒙台梭利在教育界产生巨大影响的秘密在于她对儿童的真诚的爱,她教锐地感觉到他们的需要、兴趣、把他们置于她生活的中心。"这是蒙台梭利个人成功的关键,也是蒙台梭利渴望新教师必须要具备的最主要品格。

　　尽管蒙台梭利在不少场合用最美丽的词藻颂扬教师的作用,但她的体系决定了,教师的主要职能是被动、消极的,这必然不利于充分发挥教师的主导作用。但也应该承认,把观察、指导、及时的适当的刺激作为教师的主要工作,这必然要求教师有丰富的心理学知识和教育的机智,这对提高教师的素养有积极意义。蒙台梭利是富有教学艺术的教育家,被勒斯克称作,真正以优秀教师而闻名的世界教育史上两个大教育家之一。虽然有点溢美了,但至少说明蒙台梭利作为一个教师是有其独到的成功之处的。她的长处,各史家叙述不一,可粗略地归纳为:对儿童的"爱"、"信任"和"尊重";细致耐心的观察和机智及时的指导。

　　(本文发表于《外国教育动态》1984 年第 1 期。作者马荣根)

十八、对儿童的重新发现

——阿莫纳什维利的儿童观述评

沙·阿·阿莫纳什维利是苏联著名教育家,是一个善于洞察儿童心灵、探索儿童精神世界的教师。他继承和发展了马卡连柯、赞可夫和苏霍姆林斯基等教育家的教育思想,又长期坚持教育实验,坚持在小学上课,探索改革中小学教育的道路,从而形成了具有他本人鲜明个性的、新鲜的、富有实践活力的教育思想(包括儿童观)。

在儿童观发展的历史长河中,如果说卢梭的儿童观是对"儿童的发现",那么,阿莫纳什维利的儿童观就是"对儿童的重新发现"。如果说卢梭的儿童观曾促使教育学发生了"一百八十度的大转弯",从而"确立了近代教育的原理",那末,阿莫纳什维利的新儿童观将有可能给学校和教育学注入新的活力,或许也会成为现代教育原理发展的一个思想源泉。

(一) 从儿童所处的立场出发

随着社会生活环境的变化,20 世纪 80 年代的儿童也发生了很大的变化,他们比过去的儿童更加聪明,视野更加开阔,懂得的更多了。他们总是喜欢缠着大人问,电视上的字幕说的是什么,报纸、书本上的字怎么读,别的星球上到底有没有人,等等。对知识的着迷,甚至使他们忘记了玩自己的洋娃娃和小自行车。那么,这是否意味着儿童天真烂漫的天性改变了吗? 否。阿莫纳什维利认为,无论儿童的知识水平有多高,儿童毕竟是儿童,对他们来说,玩就是生活的意义之所在。教师和大人们应当把儿童当作儿童,以儿童的本来面目对待儿童,从儿童所处的立场出发教育儿童。

阿莫纳什维利告诫人们,儿童心灵深处潜藏着一些大人看来难以理解的"遗传密码",教育的艺术就在于探究儿童心灵的奥秘,善于释译这些"遗传秘码"。大人们应当理解儿童,因为你们是大人,而儿童是很难领会大人的意图的,因为他们是儿童。一切热爱和关心儿童的大人们,不要把儿童当作像自己一样的大人,而要把儿童当作儿童,用他们的眼光来看待世界上的一切事物,弄清他们的企求,并借助于精心设计的教育方法,把每一个学生的生活和学习引向认识世界和致力于善行的方向。

阿莫纳什维利指出,从儿童自己所处的立场出发教育儿童,与让儿童随心所欲、想干什么就干什么、想怎样干就怎样干的"自由教育"是毫无共同之处的。"自由教育"是一种荒谬绝伦的教育主张,是对儿童的犯罪行为。阿莫纳什维利批驳了学习会剥夺儿童快乐的童年的说法,他认为,儿童追求的,不是要告别自己的童年,而是要获得智慧的童年。应当坚信,童年,这不仅仅是一个贪玩的、无忧无虑的年龄时期,真正的童年是一个成长的过程,是从一个质的状态过渡到另一个、更高的质的状态的人生。儿童生活的欢乐和幸福的源泉就在于这一成长过程之中。

阿莫纳什维利认为,正确的教育是基于人道主义原则的教育,它的根据是"儿童不仅在准备生活,而且现在已经在生活"。教育不是无视儿童已经在生活、压制儿童天性的"残暴的后娘",而是遵循儿童的天性,关心、帮助和引导儿童成长的"慈祥的引路人"。

阿莫纳什维利批评传统的教育学是无儿童的教育学,认为这样的教育学没有反映儿童们自己的生活。他怀着对儿童爱的激情,发出了"为什么在教育的圣殿里没有儿童,而只有教师一个人踱来踱去和为什么本当是四季如春的教育花园里一年到头是严冬"的质问。他大声呼喊:孩子们,你们快回来吧! 回到教育学中来,回到教育的花园中来吧!

(二) 从儿童的个性出发

阿莫纳什维利认为,儿童有一个完整的个性,在教育过程中他是以一个完整的个性表现自己的。但是,传统的教学体系却严重忽视了儿童的个性。首先,它把教师当作教学和教育过程的主要人物,而把儿童看作是棋盘上任意调动的棋子。阿莫纳什维利指出,儿童不是棋子,而是有个性的人。棋子可以任意摆布,而对有个性的人却需要尊重他们的意见。其次,它往往把儿童的个性肢解开来,孤立地研究儿童个性的个别心理状态,如注意、记忆等,而忽视儿童个性的其它心理状态,如需要、动机等。在教学中教育者往往只关心教学大纲,只注意学生应该掌握的知识技能,而忽视在教学过程中逐步形成的学生对待学习的态度。阿莫纳什维利认为,学生对待学习的态度要比掌握知识技能本身更重要。

阿莫纳什维利认为,儿童的个性是和谐发展的。如果儿童单靠动脑,只能理解和领悟知识;如果加上动手,他会明白知识的实际意义;如果再加上心灵的力量,那么认识的所有大门都将在他面前敞开,知识将会成为他改造事物和进行创造的工具。阿莫纳什维利引用赞可夫的话说:"智慧、心灵和双手——三者的整体性与和谐,这就是一般发展的实质所在。"他认为这段话的含义,即儿童是一个整体的个性。因此,我们吸引儿童参与的教育过程,应当不仅触及他的个别属性,而且要把儿童本身作为一个整体发动起来。

我们可以看到这样一种情景:在游戏中,儿童的全部个性都投人到里而去了,而教育过程则往往未能做到这一点,其原因是教育过程忽视了儿童的需要和对生活的渴望。因此,教育必须从儿童的个性出发,围绕着儿童的种种需要和对生活的全部渴望来进行,使儿童日益增长的学习需要以及其它方面的兴趣都得到满足。

每一个儿童都是一个独特的世界。因此,儿童们每天来到学校,并不是以纯粹的学生的面貌出现的,他们是以形形色色的个性展现在我们面前的。儿童和教师一样,有他自己的快乐、痛苦、苦恼和忧愁,懂得失败的耻辱和成功的欢乐。在每一个儿童身上都潜藏着他的独特的精神、心灵和智慧的力量,应当通过教育把每一个儿童所具有的独特的精神、心灵和智慧塑造成一个和谐的结晶体——特殊的个性。这就要求教师要从儿童的个性出发对待儿童。这表现在:每一个儿童的个性都能真正受到尊重,任何一个学生都不会因学习上的挫折或因被猜疑没有才能而受到歧视、侮辱和冷落;每一个学生都能感受到教师普爱之光的温暖和教师真诚的、慈祥的关怀;每一个学生都能得到对他的学习——

认识活动应有的评价;每一个学生在课堂上都能按照自己的兴趣爱好"自由选择"学习任务;每一个学生的迫切需要都能得到满足,每一个学生都能得到学习的欢乐;每一个学生潜在的天赋才能都能得到充分的发展。

正是基于上述认识,阿莫纳什维利坚信:教育的强大力量就在于,它能在多大程度上区别对待地致力于发展每一个学生的智慧和形成他的个性特点,能在多大程度上有助于以普遍的友爱和与人为善的精神感染他们中间的每一个人。

(三) 从儿童已有的经验出发

阿莫纳什维利认为,丰富多彩的童年生活经验是个性形成的肥沃土壤。"儿童的童年生活的经验愈是丰富多彩,就愈能顺利地使他长上最丰富的人类经验的翅膀。"阿莫纳什维利指出,没有儿童自己的、个人的丰富的童年生活经验,他在学校里就不可能有顺利的学习和欢乐的生活。没有儿童自己的生活经验,他在自己的成长过程中就会出现障碍。儿童丰富的童年的生活经验是孕育儿童丰富想象力的基础,也是顺利地掌握理性知识,使儿童的生活变得快乐起来的必要条件。因此,教师应从儿童已有的经验出发,善于运用儿童的生活经验来丰富和活跃课堂教学,并帮助儿童用宝贵的生活经验使儿童自己充实起来。

阿莫纳什维利认为,儿童是不可能把自己的感受、印象和生活远远丢在校门之外,怀着纯之又纯的学习愿望来到学校的。例如,上课时儿童可能还想着骑自行车去玩,想着自己可爱的小花猫,可能还没忘记祖母讲的一个什么故事或家里发生的某个事情等等。教育者的责任不是阻止儿童带着这些印象、感受和生活来到学校,而是巧妙地利用儿童的生活经验,激发儿童学习的需要和兴趣,并使儿童的个性从中受到陶冶。为此,阿莫纳什维利提出了一条教学原则,即"使儿童的生活在课上继续的原则"。

当然,重视儿童的经验,这并不是什么新鲜思想。然而,阿莫纳什维利把儿童的生活经验视为个性形成的土壤,作为使儿童的学习变得快乐起来的必要条件,提出"让每一个儿童都带着自己的全部生活来到学校",这是值得认真研究的。

（四）学习应该使儿童得到欢乐

人们往往认为，只有礼物、游戏才能使儿童感到快乐，这是没有根据的，学习也能够并应该使他们得到欢乐。因为游戏固然是儿童的天性，但求知的需要也是他们的天性。阿莫纳什维利认为，使儿童得到学习的欢乐，这是对儿童进行教育教学工作的基本原则之一。

怎样才能使儿童得到学习的欢乐呢？阿莫纳什维利的观点是：

1. 实行没有强制的学习。自古以来就有一条不成文的信条，即强制儿童学习。现代学校教育的很多东西都发生了极大的变化，但强制儿童学习的现象还尚未彻底改变。阿莫纳什维利认为，对很多学生来说，学习仍然没有成为他们酷爱的乐事，很多儿童还没有把学习看成是自己生活的主要内容。教师们也虔诚地相信，只有用强制的办法才能教儿童。这样，学生的学习活动就常常受到极端形式主义的、不与学习活动本身相联系的外在动机所驱使，因此，学生就觉得学习是一个强迫的过程，是一种苦难。

阿莫纳什维利认为，教师试图用种种强制手段迫使儿童学习，其中最有力的手段便是分数。在传统教学体系中，要是没有分数，教师就会象一个陷人敌阵而失去了战刀的士兵一样束手无策。然而，分数这东西，一方面不可避免地会导致直接的学习动机不合理地被间接的学习动机所取代，即学生把兴趣放在追求分数上，而不是放在掌握知识、发展能力上；另一方面，它又无形中使学生产生了对教师的恐惧心理和敌视心理，导致教师与学生间冲突、家庭冲突、家长与教师、学校与家庭和家长间的冲突，造成师生间的冲突久而久之，学生对学习就会失去兴趣，产生厌学心理。教师可以强迫学生学习，但他不能强迫学生产生积极的学习动机。阿莫纳什维利认为，在认识过程中或在认识过程完成后感受到的欢乐，这是产生积极的学习动机的重要源泉，然而，一旦学生的学习受制于分数，他就失去了这种欢乐。

正因为如此，阿莫纳什维利主张坚决废止强制学生学习的教学方法，并主张取消分数，而代之以"深入而多方面的评价"。

2. 以人道主义为原则，建立平等相处、相互信任、相互尊重和相互协作的师生关系。阿莫纳什维利特别强调教学过程中师生的合作，他认为这是使学生乐丁学习的秘密所在。他甚至认为，整个新教学体系的目的，就在于要消除"教育的大悲剧"——师生的对立和冲突。

阿莫纳什维利把师生交际的方式划分为两种不同的类型：一种是专制主义的；另一种是人道主义的。前者是靠强制手段、处分和分数的恐吓来维持的。后者则是建立在师生平等相处、相互信任和相互尊重的基础之上的。教师在与学生交往中要热爱儿童、尊重儿童、发现儿童、信任儿童、吸引儿童、爱护儿童和帮助儿童，那种对学生愤怒地提高声音说话、呵斥、辱骂、冷酷无情、傲慢和强制手段等等都是不能容许的，这是教师的无能，是教育上的笨拙之举。他深情地说，作为教师，他的生命之火就应该为儿童燃烧，教师应该是善的化身。这种善的真正含义在于帮助儿童，寄希望于儿童，一切为了儿童，也就是苏霍姆林斯基所说的"把心献给儿童"，对儿童满怀真情实意的爱。只有这样，才能建立一种人道的师生关系，在这种师生关系中，学生不仅感到自己是一个学生，而且感到自己是一个有独立人格的人。阿莫纳什维利提出了一个独特的思想，即教师的工作并不局限于教育教学过程，而是要为儿童创建一个完整的、良好的人化的环境，使儿童能在这样的环境中获得温暖，进行交往，欢度自己的童年。

阿莫纳什维利深刻地指出，只有在教师的能力和情绪跟自己的学生的能力、力量和情绪相接触的最高境界上，才能产生出一种真正的、欢乐的、引人入胜的教育学。这种教育学是与从前的教育学截然不同的新教育学，它的显著特点是：特别注重使儿童乐意学习，使他们乐意参加到教师和儿童共同的教学过程中来。

3. 创设自由选择的教学情景。阿莫纳什维利认为，在教学过程中体现自由选择的原则是可能的。其实质是要使学生在积极的动机作用的基础上接受教育要求所必需的学习——认识任务，也就是要使学生自由选择的学习对象恰恰是教育要求所必需的学习任务，是他们必须掌握的知识体系。他研究儿童的心理，研究游戏在儿童认识活动中的作用，发现游戏的心理学基础是有自由选择的情感。儿童选择游戏的时候，也因之而选择了与完成游戏有关的困难，克服这些困难会使游戏充满激情，会给儿童带来欢乐。教学过程也应象游戏一样，让儿童自由选择他愿意学习什么以及怎样学习，从而激发他们的学习兴趣，调动他们的学习积极性。阿莫纳什维利创造了许多新颖的教学方法，来实践他的教学思想。如,在选择某些教材时,请孩子们作他的顾问和助手。教师在课堂上经常征求学生的意见:"你们说先学哪一个问题最有趣?""你喜欢作难一些的习题还是容易一些的习题?"有时,教师在课堂上故意弄出一些错误,让学生帮助教师纠正。有时,教师把印有一些小课文但还未裁开的活页纸发给学生,让他们自己折叠并整理成一本小书。阿莫纳什维利认为,在教学过程中培养学生自由选择的情感,教学过程中的强制性就会减少和克服。

当然,教师在采取"自由选择"的教学技巧时,还是严格执行教学大纲的,这和自由教育论毫无共同之处。按照什么教学大纲教儿童,用怎样的方法教儿童,儿童是不能选择的。但是,教师可以在课堂上创设自由选择的教学情景,在这样的情景中,学生可以自愿地、按照自己的"愿望"去获取知识。教育学之所以既是一门关于教育的科学,也是一种关于教育的艺术,其根本原因就在于此。

(五) 始终相信每一个儿童的能力和发展的前途

有些教师常常把中学生学业成绩不好的原因归之于学生笨,或抱怨现在的学生不想学习。而在新教学体系中,当儿童们的学习取得异乎寻常的成绩时,他们却又不相信,认定这是欺骗,断言"儿童不可能做到"。阿莫纳什维利批评这是一种"僵化的儿童观"。这种儿童观实际上否定了教育学和教师的创造价值。

阿莫纳什维利指出,如果一个儿童学习有困难,而我们也确实想帮助他。那么,我们应该始终不谕地坚守的原则就是,使他能感受到他象所有其他儿童一样,也是有才能的,他也有自己的特殊的"天赋"。

基于这样的立场,阿莫纳什维利强调教师要对学生怀着真诚的和乐观主义的态度,正确地对待他们的成功和失败。他认为,这是学习——认识活动的推动因素。阿莫纳什维利以生动的比喻指出,一个儿童学习有困难,他自己并不明白自己所处的情况,他有病,不过是一种与需要医生治的病全然不同的病,它要靠教育疗法来医治。因此,教师对待儿童犹如医生对待病人,任何时候都不应丧失信心。那种认为某个儿童无可救药的想法本身就会断送儿童的发展前途。

阿莫纳什维利认为,当学生的学习受到挫折时,教师一味谴责(哪怕是同情的责备),而不相信和没有指出他在将来必定会克服困难,这实质上是对儿童的不人道的态度。他说,教师对学生在学习上的挫折要表示同情,并表示相信他在以后会取得成功。他还说,教师要真诚地为每一个学生取得的成就而感到自豪和快乐,同时,也要使学生为自己同学的进步而感到高兴。总之,要想尽一切办法改变周围人们对学习受到挫折的儿童的态度,从而使每一个儿童都能在"合乎人性的环境"里得到充分的发展。

阿莫纳什维利是一个极富探索精神的学者,他倡导的"对待儿童的新态度"(新的儿童观),乃是他教学体系赖以建立的基础。当然,他的思想观点并非都是无可争议的。例如,他的某些观点就对教育的社会制约性欠考虑,因而带有一定的理想化成分。然而,这并不影响他对教育思想作出的新贡献。阿莫纳什维利敢于碰教育上的一些很少有人正面触及的敏感问题,如"取消分数"的问题,仅就其革新精神和理论勇气来说,也是值得称道的。

参考文献:

[1] 阿莫纳什维利著,朱佩荣编译. 学校没有分数行吗[J]. 外国教育资料,1985(4).

[2] 外国教育资料[J]. 1986(6),1987(1)(2)(3)(4).

[3] [日] 筑波大学教育学研究会编,钟启泉译. 现代教育学基础[M]. 南京:南京师范大学出版社,2006:第二章第二节.

(本文发表于《外国教育动态》1989 年第 1 期。作者康万栋)

十九、加德纳的多元智力理论及其主要依据探析

传统的智商(IQ)理论和皮亚杰(Jean Piaget)的认知发展理论(Cognitive Development Theory)都认为智力是以语言能力和数理——逻辑能力为核心的以整合方式存在的一种能力。而近十几年来,西方不少心理学家在批评上述两种理论的基础上提出了人具有多种智力,而且人的多种智力都与具体的认知领域或知识范畴紧密相关而独立存在的观点。其中,哈佛大学教授、发展心理学家加德纳(Howard Gardner)提出的"多元智力理论"(Multiple Intelligences)引起了世界范围的广泛关注并成为许多西方国家 20 世纪 90 年代以来教育改革的重要指导思想。在深化教育改革、全面推进素质教育的新形势下,研究多元智力理论对我国教育改革具有重要的现实意义。

(一)多元智力理论的基本涵义

基于长时间的、大量的科学研究,加德纳在 1983 年出版的《智力的结构》(Framesof Mind)一书中提出了一个新的智力的定义,即"智力是在某种社会或文化环境的价值标准下,个体用以解决自己遇到的真正的难题或生产及创造出有效产品所需要的能力。"[1]在加德纳看来,智力与一定社会和文化环境下人们的价值标准有关,这使得不同社会和文化环境下的人们对智力的理解不尽相同,对智力表现形式的要求也不尽相同;另一方面,智力既是解决实际问题的能力,又是生产及创造出社会需要的产品的能力。

根据新的智力定义,加德纳提出了关于智力及其性质和结构的新理论——

多元智力理论。也就是说,加德纳所谓的"个体用以解决自己遇到的真正的难题或生产及创造出有效产品所需要的能力"其基本性质是多元的——不是一种能力而是一组能力,其基本结构也是多元的——各种能力不是以整合的形式存在而是以相对独立的形式存在。在《智力的结构》一书中,加德纳提出,他所谓的多元智力框架中相对独立存在着 7 种智力,这 7 种智力分别是言语——语言智力、音乐——节奏智力、逻辑——数理智力、视觉——空间智力、身体——动觉智力、自知——自省智力和交往——交流智力:

1. 言语——语言智力(Verbal-Linguistic intelligence)

这种智力主要是指听、说、读、写的能力,表现为个人能够顺利而高效地利用语言描述事件、表达思想并与人交流的能力。这种智力在记者、编辑、作家、演讲家和政治领袖等人身上有比较突出的表现,例如由记者转变为演说家、作家和政治领袖的丘吉尔(Winston Churchill)。

2. 音乐——节奏智力(Musical-rhythmic intelligence)

这种智力主要是指感受、辨别、记忆、改变和表达音乐的能力,表现为个人对音乐包括节奏、音调、音色和旋律的敏感以及通过作曲、演奏和歌唱等表达音乐的能力。这种智力在作曲家、指挥家、歌唱家、演奏家、乐器制造者和乐器调音师身上有比较突出的表现,例如音乐天才莫扎特(Mozart)。

3. 逻辑——数理智力(Logical-mathematical intelligence)

这种智力主要是指运算和推理的能力,表现为对事物间各种关系如类比、对比、因果和逻辑等关系的敏感以及通过数理运算和逻辑推理等进行思维的能力。这种智力在侦探、律师、工程师、科学家和数学家身上有比较突出的表现,例如相对论的提出者爱因斯坦(Albert Einstein)。

4. 视觉——空间智力(Visual-spatialintelligence)

这种智力主要是指感受、辨别、记忆、改变物体的空间关系并藉此表达思想和情感的能力,表现为对线条、形状、结构、色彩和空间关系的敏感以及通过平面图形和立体造型将它们表现出来的能力。这种智力在画家、雕刻家、建筑师、航海家、博物学家和军事战略家的身上有比较突出的表现,例如画家毕加索(Pablo Picasso)。

5. 身体——动觉智力（Bodily-kinesthetic intelli-gence）

这种智力主要是指运用四肢和躯干的能力,表现为能够较好地控制自己的身体、对事件能够做出恰当的身体反应以及善于利用身体语言来表达自己的思想和情感的能力。这种智力在运动员、舞蹈家、外科医生、赛车手和发明家身上有比较突出的表现,例如美国篮球运动员麦克尔·乔丹（MichaelJordan）。

6. 自知——自省智力（Intrapersonal intelligence）

这种智力主要是指认识、洞察和反省自身的能力,表现为能够正确地意识和评价自身的情绪、动机、欲望、个性、意志,并在正确的自我意识和自我评价的基础上形成自尊、自律和自制的能力。这种智力在哲学家、小说家、律师等人身上有比较突出的表现,例如哲学家柏拉图（Plato）。

7. 交往——交流智力（Interpersonalintelligence）

这种智力主要是指与人相处和交往的能力,表现为觉察、体验他人情绪、情感和意图并据此做出适宜反应的能力。这种智力在教师、律师、推销员、公关人员、谈话节目主持人、管理者和政治家等人身上有比较突出的表现,例如美国黑人领袖、社会活动家马丁·路德·金（Martin Luther King）。

根据加德纳的多元智力理论,作为个体,我们每个人都同时拥有相对独立的 7 种智力。每个人身上的 7 种相对独立的智力在现实生活中并不是绝对孤立、毫不相干的,而是错综复杂地、有机地、以不同方式不同程度地组合在一起。个体身上存在的 7 种智力的不同组合使得每一个人的智力都有独特的表现方式,使得每一个人的智力各具特点。同时,根据加德纳的多元智力理论,即便是同一种智力,其表现形式也是不一样的,例如,同样具有较高逻辑——数理能力的两人,其中一个可能是数学家,而另一个可能是文盲,但他有很好的心算能力。同理,两个同样具有较高身体——动觉智能的人,其中一个可能在运动场上有出色的表现,而另一个则可能因为动作不协调根本上不了运动场,但他在棋艺室里却有上乘的表演。根据加德纳的多元智力理论,因为每个人的智力都有独特的表现方式,每一种智力又都有多种表现方式,所以我们很难找到一个适用于任何人的统一的评价标准来评价一个人的聪明与否、成功与否。前面提到的著名人物如丘吉尔、莫扎特、爱因斯坦、毕加索、麦克尔·乔丹、柏拉图和马丁·路德·金,谁更聪明呢? 谁最成功呢? 加德纳的多元智力理论为我们提供了看待"聪明"问题和"成功"问题的全新视角。根据加德纳的多元智力理论,我们不能说上述 7 种智力哪一种重要、哪一种不重要,我们只能说 7 种智力在个体的智力结构中都占有重要的位置,处于同等重要的地位,它们在每一个个体身上都有自己独特的表现形式。因此,我们不能说上述人物谁更聪明、谁最成功,我们只能说他们各自在哪个方面聪明、在哪个方面成功,以及他们各自怎样聪明、怎样成功。由此,我们应该清醒地认识到,智力是多方面的,智力的表现形式是各不相同的,我们判断一个人聪明与否、成功与否的标准当然也应该是多种多样的。

另外,根据加德纳的观点,承认智力是由同样重要的多种能力而不是由一两种核心能力构成的,承认各种智力是多维度地、相对独立地表现出来的而不是以整合的方式表现出来的,是多元智力理论的的本质之所在(Gardner 1993)。

个体身上存在着的上述 7 种智力是否一成不变呢? 个体身上是否还存在着除了上述 7 种智力以外的其它智力呢? 在加德纳看来,他所提出的 7 种智力的观点虽然比较准确地反映了人类智力的特点,但在某种程度上还只是一个理论框架或构想。他不仅不否认其它智力的存在,而且还提出人身上可能还存在着其它的智力如灵感、直觉、幽默感、烹调能力、创造能力和综合其它各种能力的能力等。事实上,1998 年,加德纳自己已经又在上述 7 种智力之外增加了第 8 种智力,即认识自然的能力[2]。按照加德纳的观点,某种能力是否可以成为多元智力中的一种,需要看它是否得到足够证据的支持,如果有,就可以在多元智力的框架中增加它们。需要特别指出的是,在加德纳看来,个体到底具有多少种智力是可以商榷和改变的,随着支持或不支持某一智力的科学研究成果的出现,我们掌握的证据可能会使现有的 8 种智力增加或减少。

(二) 多元智力理论的主要依据

加德纳多元智力理论的主要依据是什么? 加德纳在"提出一组似乎是普遍的、真正有用的智力名单时"[3],有 8 个方面的依据。正是基于这 8 个方面的依据,加德纳形成了一个智力选择系统——确定某一种能力是否可以成为多元智力框架中的一种相对独立的智力的"智力选择依据系统","这样,任何一位受过训练的研究者都能确定某种智力是否符合合适的入选准则了。"[4]前述7种相对独立的智力正是加德纳及其哈佛大学的同事们根据这样一个"智力选择依据系统"确定的,而且,他们依然据此确定个体身上是否还存在着前述7种智力以外的智力。下面我们逐一分析加德纳智力选择系统的8个依据。

1. 对大脑损伤病人的研究

加德纳曾经指出:"从大脑损伤会使特定能力被单独地摧毁这个意义上来说,某种特定能力相对于其它能力的相对独立性便可以清楚地表现出来了。"[5]事实确如加德纳所说,大脑生理学的研究表明,大脑皮层中有与多种不同智力相对应的专门的生理区域来负责不同的智力。如果大脑皮层的某一特定区域受到伤害的话,某种特定的智力就会消失,但这种特定能力的消失对其它的各种智力没有影响,也就是说,某种特定的智力消失了,其它各种智力还能够继续正常发挥其各种功能。例如,大脑皮层左前叶的布罗卡区受到伤害,个体就会发生语言智力方面的障碍,但个体的数理能力和运动能力等仍会有正常的表现。再如,右脑颞叶的特定区域受到伤害,个体就会发生音乐——节奏智力方面的障碍,唱歌、跳舞等能力就会缺乏或消失,而其它能力仍然正常。又如,大脑额叶的特定区域受到伤害,个体就会发生自知——自省智力和交往——交流智力方面的障碍,自我反省能力和人际交往能力就会缺乏或消失,而其它能力仍不受影响。由此,我们可以清楚地看到,个体身上确实存在着由特定大脑皮层主管的、相对独立的多种智力。

2. 对特殊儿童的研究

一般来说,"神童"是在某一或某几个智力领域中有突出表现的个体,现实生活中所谓的"神童"经常是从小就表现出某种天分,例如数学、音乐或是绘画等超常能力。但在加德纳所列举的8个方面的智力领域全都"早慧"的个体是难得见到的。同时,"在心智不健全而有专长的情况下,我们所见到的则是在其它领域中能力平庸或严重落后的背景下,某一特殊能力的超常现象。这些人的存在重又使我们得以观察到相对孤立甚至是特别孤立情况下的人类智能"[6]。确实,世界上存在着一定数量的"白痴奇才",他们在某一方面有突出的表现,但在其它很多方面则根本低能或无能。例如有这样一位"白痴奇才",他的心算速度可能比一般人用计算器还快,但他不仅生活难以自理,而且连话也不会说;再如,有的人一直被我们认为是白痴,但突然有一天,人们却发现他在绘画方面有超人的才能。

3. 对智力领域和符号系统关系的研究

加德纳认为,"许多人类知识的体现与交流都是通过符号来进行的,而符号就是在文化方面设计出来的含义系统"[7],"语言、绘画和数学就是在全世界都十分重要的、人类为了生存和生产的目的而使用的符号系统"[8]。人类的符号系统是多元化的,常见的符号系统有语言符号、数学符号、图像符号、音乐符号等。在加德纳看来,智力并不是抽象之物,而是一个靠符号系统支持和反映出来的实在之物,多元智力中的每一种智力都是通过一种或几种特定符号系统的支持反映出来的。例如,言语——语言智力是靠语言符号支持和反映出来的,演讲家依靠声音语言系统表达其思想,作家依靠书面语言符号写就其作品。空间——视觉智力是靠图像符号支持和反映出来的,画家通过他们的画笔描绘出世界的百态,而我们也是通过他们的画作知道了他们对世界的感悟。不同的智力领域有着自己的相对独立性,这种不同智力领域的相对独立性导致了不同符号系统的相对独立性,使得每一智力领域都有自己特定的接受和传达信息的方式以及解决问题的特点。

4. 对某种能力迁移性的研究

根据加德纳的研究,人的7种智力之间的相关是很低的,不仅在一般情境下某种智力的优势和特点难以有效地迁移到另一种智力之中,而且,即便是在不断的教育训练之后,某种智力的优势和特点仍然难以有效地迁移到另一种智力之中。研究表明,如果我们通过一种特殊的方法对儿童的言语——语言智力进行训练,我们会使儿童的言语——语言智力得到明显的提高,但是,这种言语——语言智力的提高对于儿童的身体—动觉智力的提高却没有什么帮助。不仅如此,这种言语——语言智力的提高对同属于传统的智力范畴的儿童的逻辑—数理智力的提高也没有什么帮助。现实生活中,我们每一个人都萌生过将自己在某一方面的优点或长处迁移到其他方面的愿望,例如,"我的语文成绩要是像我的数学成绩一样该多好呀"、"绘画比赛我又得了第一名,可我的数学成绩什么时候才能名列前茅呀"、"我的学习成绩特别好,可我要是再自信些、勇敢些、更善于与人交往就好了",但是几乎谁也无法如愿。不同智力各有特点,不同智力之间的优势和特点难以相互迁移,这就从另外一个角度进一步说明了加德纳所谓的多元智力中的每一种智力是相互独立的。

5. 对某种能力独特发展历程的研究

对某种能力独特发展历程的研究为加德纳的多元智力理论提供了第五个重要依据。对各种能力发生、发展规律的研究可以使我们清楚地看到,每一个个体各种智力之间存在着不平衡的发展现象。研究表明,多元智力中每一种智力都有自己独立的发生、发展历程,发生的年龄是不一样的,发展的"平原时期"和"高峰时期"也不同。人的音乐——节奏智力可能发展得很早,如莫扎特4岁开始学作曲,而且很快就达到了相当高的水平;现在的"琴童"们三四岁或七八岁开始学琴,其中有相当多的人在十几岁时就已经有不错的"琴技"了。身体——运动智力则不同,四五岁的儿童或六七十岁的老人都不可能在体育竞技场上成为风云人物。人的逻辑——数理智力的发展曲线也有自己的特点,数学家在四五十岁以后就很难再有什么重大的发现和创造,即使他在 20~30 岁时确实曾经辉煌过。但是,言语—语言智力则又是另外一种情况了,一个 20 多岁的作家写出的作品总显稚嫩,而 30~50 岁才是作家们创作的黄金时期。另外,对于空间—视觉智力来说,一个人从三四岁开始的生命发展线中的每一个点上都可以开始学习绘画并有所成就,甚至退休以后六七十岁也可以开始学习绘画并最终有所成就,我国目前老年大学中的绘画专业大受欢迎的一个重要原因就在于此。

6. 对多种智力学说的研究

长期以来,在关于智力及其性质和结构的问题上,心理学家们从各个不同的角度提出了不少不同的观点和看法,形成了"单因素说"和"多因素说"两个阵营。最初,智力被解释为一种以语言能力和数理逻辑能力为核心的一种整合的能力,如"智商理论"和皮亚杰的"认知发展理论"。这就是所谓的智力的"单因素说"。后来,随着人们对智力认识的不断深入,越来越多的心理学家逐渐认识到"单因素说"的局限性并摒弃了"单因素说",提出了智力的"多因素说",即智力是由不同因素构成的、是多元的。从英国心理学家斯皮尔曼(C. E. Spearman)的二因素说(智力可以被分为一般因素和特殊因素),到美国心理学家桑代克(E. L. Thorndike)的三因素说(智力可以被分为心智能力、具体智力和社会智力),再到美国心理学家瑟斯顿(L. L. Thurstone)的群因素说(智力可以被分为计算、语词理解、记忆、推理、空间知觉和知觉速度),再到美国心理学家吉尔福特(J. P. Guilford)的智力三维结构模型说(智力应该从操作、产物和内容三个维度考虑,共有 150 种智力因素。)都提出智力是多元的。20 世纪80 年代以来,对于智力及其性质和结构的研究更是发展到了一个新阶段。美国心理学家斯坦伯格(R. J. Sternberg)提出了智力的三元理论,认为人的智力是由分析能力、创造能力和应用能力三个相对独立的能力方面组成的,绝大多数人在这三个智力方面的表现不均衡,个体智力上的差异主要表现在智力这三个方面的不同组合上。例如,有的学生在创造能力方面有突出的表现,思维活跃、想象丰富,敢于打破陈规,敢于"挑战老师",但在传统的学习科目上却表现不佳[9]。与此同时,美国心理学家塞西(S. J. Ceci)提出了智力的领域独特性理论,认为每一学科领域或职业领域的活动都有其独特的内容和方式,因而从事不同学科领域研究的人或不同职业领域工作的人在智力的活动方式上存在着差异。例如,历史学家、数学家和生物学家在智力方式上,特别是在思考问题和解决问题的方式上是不一样的。尽管上述学者对智力结构的解剖与加德纳的观点并不相同,但加德纳仍然从他们那里找到了对自己多元智力理论的支持,这就是他们都认为智力不是一种能力,而是多元的能力。

7. 对不同智力领域需要不同神经机制或操作系统的研究

"我关于智力问题的看法中最核心的内容之一是认为有一种或多种能处理特定输入物的神经机制或操作系统的存在。我们甚至可以把人类智力定义为一种神经机制或操作系统,这种机制或系统由遗传所编定,而由某种内在或外在的信息激发或'引发'出来"[10]。而不同的智力领域需要不同的神经机制或操作系统。例如,音乐——节奏智力中的"最核心部分"是敏锐的对声音高低的区分能力,而对声音高低的区分能力应该在大脑中有自己特定的神经部位,即有自己特定的神经机制或操作系统;身体—动觉智力中的"最核心部分"是对别人动作的模仿能力,而对别人动作的模仿能力应该在大脑中有自己特定的神经部位,即有自己特定的神经机制或操作系统;视觉——空间智力中的"最核心部分"是空间组成能力,而空间组成能力应该在大脑中有自己特定的神经部位,即有自己特定的神经机制或操作系统。在加德纳看来,尽管上述对各种智力中

"最核心部分"的确定目前还是"猜测",但是基于研究和经验的这种"猜测"是十分重要的。现在的关键工作是通过"猜测"找到各种智力中的"最核心部分",确定他们的神经部位,然后再去证明这些不同智力的"最核心部分"确实是分离的。而且,在加德纳看来,如果我们在工作中发现我们所确定的某种智力的"最核心部分"与其它智力的"最核心部分"没有分离,这正好是一种线索,它指示我们应对这种智力的"最核心部分"进行重新确定或对这种智力的"最核心部分"进行调整。

8. 对环境和教育影响的研究

对于智力的发展和表现会因社会文化环境和教育条件的差异而有所差异现象的研究可以使我们清楚地看到,尽管各种社会文化环境和教育条件下人们身上都存在着多种智力,但不同社会文化环境和教育条件下人们智力发展的方向和程度有着鲜明的区别,智力的发展方向和程度受到了环境和教育的极大影响。就智力的发展方向而言,以航海为生的文化重视的是视觉—空间智力,生活在这种文化环境下的人以空间认知和辨认方向能力的相对发达为智力发展的共同特征;而以机械化和大规模复制产品为主要特征的工业社会重视的是言语—语言智力和逻辑—数理智力,生活在这种社会环境下的人以语言表达能力和逻辑运算能力的相对发达为智力发展的共同特征;今天,我们生活在以信息化和产品不断更新为主要特征的信息社会,这种社会环境要求我们以人的多种能力的充分发展和个性的展示为智力发展的共同特征。就智力的发展程度而言,无论是哪种智力,其最大限度的发展都有赖于环境和教育的影响。我国目前重视的学生的书面语言和逻辑运算能力的发展,就是通过有目的、有计划和有组织的学校教育施行的;而运动员夺取金牌、艺术家争得大奖都离不开教练、导演精心的培育和指导。同时,环境和教育还深刻地影响着人自身的思维内容和方式,影响着人与人之间的交往的内容和方式、人与自然的交往内容和方式:例如,计算机的出现特别是计算机网络系统和电子邮件在我们日常生活中的广泛使用,使得我们人与人之间的交往方式发生了根本性的变化。

(三) 多元智力理论对我国教育改革的积极意义

多元智力理论在美国教育改革的理论和实践中产生了广泛的积极影响,并且已经成为当前美国教育改革的重要理论基础之一。现在,美国有上百所学校自称为多元智力学校,还有难以计数的教师以多元智力理论为指导思想进行课堂教学改革并取得了突出的成绩[11]。运用多元智力理论分析我国的教育问题,对于我们树立积极乐观的学生观、"对症下药"的教学观和灵活多样的教育评价观,促进我国的教育改革和学生全面素质的提高有着重要的积极意义。

积极乐观的学生观:每个学生都有自己的优势智力领域,有自己的学习类型和方法,学校里不存在"差生",全体学生都是各有智力特点、学习类型和发展方向的可造就人才。我们看待学生时应该时刻清醒地认识到,每个学生都是 7 种不同智力不同程度的组合,学生的问题不再是一个学生有多聪明的问题,而是一个学生在哪些方面聪明和怎样聪明的问题。

"对症下药"的教学观:"对症下药"的教学观有两个方面的含义,其一是针对不同智力特点的"对症下药"。加德纳的多元智力理论认为不同的智力领域都有自己独特的发展过程并使用不同的符号系统,因此,教师的教学方法和手段应该根据不同的教学内容而有所不同。其二是针对不同学生的"对症下药"。同样的教学内容,教学时,应该针对每个学生的不同智力特点、学习类型和发展方向"对症下药"地进行。无论什么教育内容都使用"教师讲,学生听"的教育方法;无论哪个教育对象都采用"一本教材、一块黑板、一支粉笔"的教学形式,是违背教育规律和因材施教原则的。新的教学观要求我们的教师根据教育内容的不同和教育对象的不同创设多种多样适宜的、能够促进每个学生全面充分发展的教育方法和手段。

灵活多样的评价观:评价的导向作用或者说"指挥棒"作用是不言而喻的,在"升学至上"的传统教育中,学科考试的分数和升学率是评价教育质量的主要指标,而以言语——语言能力和数理——逻辑能力为核心的学科考试过分强调死记硬背的书本知识,缺乏对学生理解能力、应用能力和创造能力的客观评价,难以真实准确地反映学生解决问题的能力和生产及创造出各种初步精神产品和物质产品的能力。根据加德纳的多元智力理论,既然我们有积极乐观的学生观,有"对症下药"的教学观,我们就应该摒弃以标准的智力测验和学生学科成绩考核为重点的评价观,树立多种多样的评价观:我们的教育评价应该通过多种渠道、采取多种形式、在多种不同的实际生活和学习情景下进行,确实考查学生解决实际问题的能力和创造出初步的精神产品和物质产品的能力；我们的教师应该从多方面观察、评价和分析学生的优点和弱点，并把这种通过从多方面观察、评价和分析学生的优点和弱点得来的资料作为服务于学生的出发点，以此为依据选择和设计适宜的教学内容和教学方法，使评价确实成为促进每一个学生充分发展的有效手段。

教育改革的根本问题是改革的指导思想问题，或者说教育观念的更新才是教育改革的本质问题之所在。加德纳的多元智力理论对于我们进一步澄清教育改革的指导思想，树立新的教育观念包括学生观、教育观和评价观提供了一条新的思路。

参考文献：

［1］Gardner H. Frames of mind：The theory of multiple intelligences. ［M］. NewYork：BasicBooks，1983.

［2］Gardner H. Beyondthe IQ：Education and human development［J］. Harvard Educational Review，1987(57)：187～193.

［3］Gardner H. Multiple intelligences：The theory in practice［M］. New York：BasicBooks，1993.

［4］Gardner H. Are there additional in telligences？［M］. Kane J(ed.). Education：information and transformation. Englewood Cliffs，NJ：Prentice-Hall，1998.

［5］Anne Bruetsch，J. D. Multiple intelligences lesson plan book［M］. Tucson，ZephyrPress，1995.

［6］Komhaber M，Krechevsky M. Expanding definitions of learning and teaching：Notes from the MI underground［M］. NewYork：Garland Publishing，Inc. ，1995.

［7］Krechevsky M. Project Spectrum Preschool Assessment hand—book. NewYork［M］. Teachers College Press，1998.

［8］Chen J Q. Project spectrum：early learning activities［M］. New-

York：Teachers Colege Press，1998.

　　（本文发表于《比较教育研究》2000 年第 3 期。作者霍力岩，时属单位为北京师范大学国际与比较教育研究所）

二十、赫钦斯自由教育思想研究

赫钦斯(Robert Maynard Hutchins,1899~1977)被认为是 20 世纪上半叶美国最有影响的大学校长之一,其具有鲜明人文主义色彩的高等教育思想是西方高等教育理论的一个重要组成部分,在美国高等教育界有着广泛而深刻的影响。在他体系庞大、内容丰富的思想中,自由教育被认为是高等教育的基础,有着重要的地位。

自由教育(Liberal or General Education)又称博雅教育、普通教育或文雅教育。在西方,传统的自由教育一直是西方教育思想和实践的主要方向之一。公元前 4 世纪,自由教育就已经开始孕育和发展,其代表人物为亚里士多德。他推崇"不为其他目的,只为知识本身的知识",认为这是最高贵的知识,教育的目的就是探索这种"纯理论"知识,因为它有益于智力发展,能使人成为自由人。这便是古希腊崇尚"自由教育"的思想基础。它旨在促进人的心智发展,提升人的本质——理性的价值,提供心灵的训练和教养,其本质是非专门化,非功利性和强调心智训练价值。根据近现代的观点,它既包含科学,也包含人文。

亚里士多德的学术思想通过中世纪神学的改造,主宰了近千年西方学术思想的主流,而自由教育的观点也成为西方教育的正统思想,并且通过"七艺"的形式发展并巩固了下来。但中世纪把理性、人的价值统统置于上帝的阴影之下,背离了古希腊自由教育为理性发展、人的价值提升而存在的宗旨。到了文艺复兴时期,自称为"人文主义者"的文艺复兴斗士对亚里士多德的"自由教育"进行了重新确认,但在这一过程中所采用的方法多是研究过去各个时代的文学,这导致了自由教育概念的一个重大改变:即古典文学研究本身就等同于自由教育。这最终导致了一条鸿沟出现在精通古典文学和掌握现代知识、特别是和飞速增长的现代科学知识之间。文艺复兴时期确认的自由教育应该坚持完全的人文科目,尤其是古典人文科目的观点是对古希腊自由教育精神的一种涂改。自由教育因为受到了人文主义的影响,而逐渐达到顶峰,但也埋下了近代纷争的种子。尤其是随着科学技术的发展,自由教育充当了排斥科学技术的挡箭牌,或者认为自由艺术即纯粹人文科目,或者认为科学技术知识没有终极价值不必过于重视。[1]随着科技、经济、民主的发展和知识的分化,高等教育以前所未有的速度持续发展分化,规模膨胀,类型丰富,目的、功能趋向多元,职业教育、工科教育兴起。在这种新的背景下,自由教育及其存在的基础受到了现实的挑战。

在赫钦斯时代,实用和功利性的教育价值观对美国高等教育的发展起了主导作用。他对当时教育沦为科技与实用的附庸,陷入实用主义和功利主义的迷途,实感痛心。他极力揭示自由教育的真正价值,把西方正统的自由教育与美国民主政治哲学的理想、自由社会观点、人性教育主张、永恒价值的课程观相整合,提出了"人人的自由教育"(liberal eduction for all)的口号,希望使已经趋向于商业化的教育,重新回归自由教育的理论和实践。

(一)自由教育的价值与目的

1. 价值之所在

赫钦斯认为,自由教育是最具价值的,最适合于现代工业社会,甚至是未来世界的教育,也是各国教育制度中至为重要的一环。因此,自由教育是专业或高深研究的教育基础,应成为大学的正规教育。

他认为在现代社会中,首先,自由教育有助于维护西方文化传统。在西方教育传统中,自由教育历来被认为是"给最优秀的学生的最佳教育",[2]具有永恒的价值。其次,赫钦斯认为自古以来自由教育都是培养人的优秀品性,以人为最终目的的教育,因此具有对人性的价值,而"其他种类的教育或训练皆以人为其他目的的工具,例如赚钱谋生等,并非以人为终极目的的"。[3]再次,自由教育是民主社会的要求。在现今民主社会中,人人是民主国家的一分子,自然人人都有权力接受这种最佳的教育。因此,赫钦斯认为施行全民自由教育是人民的基础权利,也是国家应尽的义务。最后,自由教育符合工业经济的需要。赫钦斯指出:"假如工业带给人人充裕的空暇,空暇必须明智运用,否则是危险的。因此每个人必须接受自由教育,使他们明智地应用闲暇。假如闲暇使自由教育有可能实现,而工业的发展给人带来更多的闲暇,则工业就使人人接受自由教育成为可能。"[4]

2. 价值之体现

赫钦斯认为上述四种价值主要体现在三个方面。

(1)自我终身教育方面

赫钦斯认为,自由教育是一种心智陶冶的过程,也是一种智性美德的培养手段,是对个性起深远作用的教育,而不存在其他实用的或职业的功能。由于自由教育是训练正确思想,陶冶智性美德与心灵,并养成标准正确的行为价值观的教育,因此,也被认为是个人终身教育的基础。只有学生具备了综合的学力修养,才能永远独立地进行自我教育。不论变化如何剧烈,问题如何复杂,事态如何困难,学生都能因时制宜,独立解决。因此正式制度化的自由教育,是使青年做终身自我教育的准备。[5]

(2)社会沟通与团结方面

赫钦斯认为,现代社会,在专门化主义、科学主义的发展支配下,注重专门研究,必导致社会的分裂,人与人的疏离。因而赫钦斯认为,自由教育提供给全体人类以共同的课程内容、共同的语言工具、共同的知识观念、共同的沟通习惯,有利于社会沟通、社会团结统一。赫钦斯说:"文雅科目是一种意见交流的艺术。所有人类心灵的伟大作品即是全人类的共同传统,它们提供了人类互相了解的框架基础,如缺少它们,所有事实的资料、区域性的研究及各国间个人的交往,全属琐碎之事,且徒劳无功。"[6]赫钦斯认为,通过自由教育,学生人人能全面了解自然与历史的演进,掌握科学的原理原则,理解艺术及文学,并获得各时代哲学的智慧,必能产生理想的社会秩序与规划,形成社会的整体意向,从而引导社会发展,实现一个更公正、明智的民主社会。

(3)高深学术研究方面

赫钦斯对当时某些教育学者所提出的自由教育与专业化教育背道而驰的观点提出了反驳。他认为,恰恰相反,自由教育正可为各种专业教育提供一种共同的学术基础,从而强化专业教育的实施,两者相辅相成。在现今经验科学迅速发展、信息剧增的情况下,相同的基本教育显得更重要。[7]赫钦斯明确主张,没有自由教育,就没有大学。自由教育应成为大学各高深学术或专业研究的共同基础。所有专家学者或研究员,在开始专业研究之前,必须先接受自由教育的陶冶,建立广泛的共同知识基础,培养与别人交流的技能与兴趣,才能成功。[8]

3. 目的

自由教育是实现赫钦斯教育目的的理想教育,通过它能达到大学教育的最高目的:智慧和善。自由教育具体的目的,赫钦斯认为是在于心灵的陶冶及正确思想的训练。因为要达成智慧的至高境界,必须对人类的心灵予以陶冶,启迪智慧。赫钦斯说:"自由教育的目的是心灵的陶冶,更是进行训练以产生智慧的行动,换言之,自由教育目的是在培养拥有智慧的公民。"[9]

心灵陶冶的成败,其具体表现就是由理性分析产生智慧行动。而智慧行动又表现在能否对事物做出正确的选择判断,因而又关系到思想的正确性,所以心灵陶冶的具体实施与实现,即是正确思想的培养;使学生在亲历其境时,能聪明敏锐地运用理性逻辑进行思考,做出最明智的抉择与批判,并理性地行动。因此赫钦斯自由教育的具体目标就是培养学生理解力及判断力。心灵、思想经过陶冶与训练,具备了上述种种能力,才能达到善的境界。此外还应该将自由教育的目的放在人类社会的共同幸福与价值上,使其思想、行动,以谋求全人类幸福为志向;以创建整体社会的善为信念,才不致与人类理想背道而驰,丧失教育的价值。赫钦斯说:"自由教育是一种领导学生趋向全人类较大利益的教育,包括行为、成就以及价值作用的标准。"

（二）自由教育的内容

赫钦斯以为,自由教育的具体内容应包括下列两大类:永恒知识的研究(Permanent Studies)和理性遗产(Intellectual inheritance)的学习。[10]

1. 永恒知识的研究

古典名著是自由教育的基本部分,因为如果缺少这些书籍,即不可能了解任何科目或理解当今的世界。永恒知识的研究,实际上就是学习研究自古迄今古典名著所研讨的基本观念,以及世上最重要、最基本的问题。赫钦斯提出:"自由教育即寻求基本问题的澄清,以及了解由这一问题产生另一问题的途径。自由教育要掌握的是解决问题的方法,并为实验解决的方法,制定标准……"。[11]

赫钦斯指出自由教育的内容"应该将事物的基本概念重新解释。这些概念应该是关于普遍永恒的事物,不应该涉及特殊与短暂的现象",[12]应该让学生认识其伟大精深之处,让学生了解此类伟大的思想和至今仍在研究的重心,从而使学生有价值地继续研究下去。[13]永恒知识的研究能发掘人类本性的共同因素,产生共同观念,将人与人紧密联系在一起,在吸收古今伟人思想智慧精华的基础上,使今人接触古人思想的精义;同时,永恒知识的研究还是高深学术研究及了解世界的基础。

2. 理性遗产的学习

理性遗产的学习,可分为两大类:

(1) 文雅科目(Liberal Arts)的学习

自由教育实施的核心,就是文雅科目的学习。赫钦斯认为其主要作用在于教导学生一些基本的学习技能,即学习如何阅读、书写、讲演、听话、了解及思想,并且学习计算、测量、应用操作物件、数量化、以及如何采取行动,从而获得预测、生产及交换意见等能力。[14]赫钦斯还指出古典名著该如何与文雅科目整合,以形成其理想的自由教育内容。他说:"文雅科目是自由的艺术(arts of freedom),要使一个人得到自由,必须了解其生活中的传统。名著即是对传统获得明晰重要的了解。包括以名著为文雅科目的教育,应是惟一能使我们理解所生活的时代传统的教育。如果我们要把自由教给学生,则必须在文雅科目及名著中教育他们。"[15]赫钦斯所指的文雅科目包括文法、修辞学、逻辑及数学。

(2) 文化传统的学习

文化传统是古代遗留下来的智慧,是教育的根本,必须成为自由教育的重要内容。赫钦斯指出:"在教育方面来说,传统是发明的先驱。要受教育者的天才或智慧真正进步,就必须先掌握传统。所以我认为传统是教育的根本。"[16]赫钦斯认为,在现今社会生活中,在我们所阅读的书籍中,在我们所欣赏的艺术中,甚至在科学知识中都充满此类传统。这些古今人类智慧的结晶,正是自由教育取之不尽、用之不竭的资料源泉。学生学习后自然能全面了解文化传统，孕育出真实的知识、纪律和美德，成为"完人"。[17]

（三）自由教育的实施

赫钦斯说："假如我们重新考虑从小学到初级学院的公共教育系统，可知正常的学生可在 6 年内完成小学教育。毕业后即可升入中学，中学应为准备性质，不是学习的终结，其课程可 4 年内完成。虽然某些学生可能需要较长或较短的时间，但中等资质的学生将在 16 岁结束此中等教育。完成这个阶段后，一些学生可选择接受 4 年制的自由教育；某些无法接受自由教育者，可选择接受技术训练，或某种半专业技术训练，如工程或商科等，其课程应该是兼顾自由教育，只是较偏重于技术性训练而已。这两种教育规划在许多地区可由两种机构有效推行。依此情形，推行自由教育者可称为'自由教育学院'；执行技术教育者可称为'技术学院'。"[18]

在赫钦斯观念中，大学教育并非公众教育的一环或工具，而是促进高深学术及专业研究的崇高组织。大学的任务是增进知识，启迪时代思想，成为社会之光。因此，赫钦斯主张大学应从公众教育系统中分立出来，且应实行严格的入学甄选制度，并不是人人都可接受，只有具备学术与专业研究兴趣和能力的学生，才能入学。[19]文理学院实质上是一个整合了自由教育和大学高深学术与专门研究的学院，专门研究艺术、文学及科学等。自由教育学院中之佼佼者才能入学，研习 3 年完整课程，及格毕业可得硕士学位。[20]

赫钦斯认为，这样的新学制可以将教育分阶段实施，每一阶段有自己的目的和功能。这样既可避免高中后两年与学院前两年课程的重复浪费，又可避免专业工作与自由教育混淆，造成功能混乱。赫钦斯认为，这个系统是最合逻辑，最合自然、社会和生物发展的。

从西方高等教育史的发展看，医学、法律、神学很早就构成了大学教育的一部分，也属于专业教育的范畴。因此在赫钦斯的后期著作中，他对专业教育的态度已经有所转变，不似前期的决然批评，但他强调应先实施广泛的自由教育，再给予专业教育。因而，就体制上来说，专业教育是在自由教育之后实施的一种高深教育。

（四）评价

赫钦斯的自由教育思想在继承西方传统文化和古典高等教育理论的基础上,对自由教育的价值、目的、内容和实施提出了自己独到的看法,是其高等教育思想和实践的重要组成部分和坚强基础,对当时美国泛滥成灾的实用主义哲学是一个强有力的挑战,在客观上有助于逆转学校教育职业化、专业化和实用化的消极倾向,这使他在高等教育思想史上获得了一席之地。

赫钦斯的思想与其他自由通识教育思想一起推动了美国 20 世纪中叶的通识教育改革,并成为其中的主要理论流派之一。20 世纪 60 年代以来,赫钦斯的高等教育思想已超越国界,对世界上许多国家产生了不同程度的影响。各国开始转变以往过分强调职业训练和专业教育的大学办学方针,开始重视大学生的基础知识训练,注重文理科目的相互交叉和渗透。

但赫钦斯的自由教育思想也存在着局限性,例如他将自由教育、理性训练与职业训练分离开来的,扬此抑彼,具有精英教育倾向;而过分崇尚古典的自由教育和古典名著,沉浸在那种永恒的理念中使得其容易固守传统而显得保守,与社会的发展显得格格不入;对理性思辨能力的推崇,对当代社会所必需的一些实用技能的鄙夷,在一定程度上助长了学校教育脱离现实生活的不良倾向。

参考文献:

[1] 高慎英.自由教育的传统及其流变[J].玉林师范高等专科学校学报(哲社版),2000(4):28—32.

[2][3][4][11][14][17] HutchinsR M The Great Converstion[M]. Enwclopedia,Britannica,Inc. 1952 Vol I. 42、3、84、3、4、5.

[5][6] Harper and Brothers. Hutchins R M The Conflict in Education[M]. NY:1953:74、89.

[7][8][13] Hutchins R M The HigherLearning in American[M]. Yale University Press,1936:59、60、59、74.

[9][10][18][19][20] Hmchins R M No Friendly Voice[M]. Greenwood

Press. N Y 1936:130、70、109、109、110—111.

　　[12] Hutchins R M The Learning Society[M]. The New American Library,NY:1968:99.

　　[15] Hutchins R M Education for Freedom [M]. Louisiana State University Press,1943:14.

　　[16] Hutchins R M Tradition in Education [J]. Harvard Education Review. Vol 7:301,313,302.

　　（本文发表于《比较教育研究》2005 年第 4 期。作者王晨,时属单位为北京师范大学教育学院）

二十一、克拉克关于美国高等教育"冷却" 过程的理论述评

早在 1960 年,伯顿·克拉克就在《美国社会科学杂志》发表了著名的《高等教育的"冷却"功能》一文。在此文中他系统阐述了美国社区学院的冷却功能。[1]伯顿·克拉克首次提出了社区学院"冷却"过程的概念。"冷却"过程是一种隐性的制度设计过程,鼓励学业期望超过其学业能力的社区学院学生,放弃转学课程,转入终结性学位课程学习。自伯顿·克拉克提出"冷却"过程的概念后,在高等教育界便引起了广泛的关注,并引发了有关社区学院"冷却"功能的争论。我们今天回顾伯顿·克拉克的高等教育"冷却"功能的理论,对该理论产生的背景、操作过程及对该理论引发的纷争思考,有助于深刻理解美国社区学院在美国高等教育大发展时期中的特殊功能和作用。同时,伯顿·克拉克有关高等教育"冷却"功能的理论在中国高等教育大发展的今天,也有一定的借鉴意义和启示作用。

(一)"冷却"过程理论提出的背景

20 世纪 50~60 年代美国高等教育在数量和规模上的发展是惊人的,史称美国高等教育大爆炸时期。[2]当时,美国高等教育正处于大众化时期,美国高等教育面临前所未有的压力,一方面是来自外部开放入学的压力;另一方面是来自高等教育系统内部保持优秀的压力。为实现"教育机会均等",满足大众对高等教育的需求,大学不断扩大招生,同时,为确保生源质量和教育质量的"优秀",高教界采取区别对待的政策。高等教育内部矛盾重重,平等与优秀、平等

入学的理想与现实、目标实现与手段之间存在巨大的鸿沟。

伯顿·克拉克首先从民主社会鼓励人们去获得的机会（理想）和实际机会的有限性（现实）之间所存在的矛盾入手，指出对竞争中败下阵来的人予以安抚和安置的重要性："民主政治鼓励个人奋斗，似乎社会升迁的可能性普遍存在，社会地位的获得必需通过个人的努力奋斗。但是民主社会也需要选择性的培训机构，等级化的工作组织，只允许少数人成功实现地位升迁。机会与拒绝、失败并存。因此，民主社会不能仅激励人们取得成就，也要安抚遭受拒绝、失败的人，使他们在面对失望时，保持进取心，转移他们的怨恨。在现代大众化的民主社会中，庞大的组织规模、平等入学和参与的思想意识及社会地位与出生无太大关联，皆使这种安抚的任务变得至关重要。"[3]

目标与手段的背离是个体受挫和反抗的根本原因。伯顿·克拉克借用社会学目标与手段的分析方法，分析了组织化团体对目标与手段分离现象的回应，特别关注减轻这种矛盾张力的缓解过程，分析了美国高等教育普遍存在着的入学期望与实现途径之间的矛盾，具体分析了减少结构差异造成的压力以及缓解个人遭拒绝所带来压力的过程和结构。克拉克认为应予以关注"冷却"过程中的一些构成要素。

1. 美国大众对高等教育平等入学的诉求

伯顿·克拉克认为当时美国大众普遍要求接受高等教育主要有三个动因：

（1）美国大众接受高等教育期望得到公立学院开放入学政策的鼓舞

上大学学习已日益成为社会地位升迁，维持较高社会地位的重要手段。由于专门化、专业化的程度不断增强，要求人们具备更多的知识储备，高等教育与地位较高职业之间呈现出更相关的趋势。

（2）美国大众机会均等的意识形态

机会均等意味着根据能力进行选择，然而，人们一般理解为高等院校不限制入学，不准许上大学等于否认机会平等。高等教育应该为所有人留有一席之地，而不以过去的成绩来评判。

（3）美国当时的社会经济状况也鼓励人们接受高等教育

职业选择和教育甄别推迟到上大学时期或更迟。美国是个富裕国家，有能力支撑庞大而复杂的高等教育系统。美国经济高速的发展也需要更多的专门人才,上大学既是一种需求也是一种权利。

除了这些压力对扩大招生政策产生决定性作用外,高等教育系统在某种程度上,也受到其他因素的制约。

2. 制约高等教育机会的因素

伯顿·克拉克认为,除了开放入学的压力,公立院校的实践还受到学术人员、学院组织及校外要求维护成绩标准和毕业标准的压力。学术人员和院外有识之士认为,一个学院的地位与教师质量、学生和课程的质量息息相关。教师希望教授有前途的学生,在优异声誉的院校工作。在与其他院校角逐资源时,低标准、能力差的学生对学院构成障碍。人们普遍认为大学教育应该为公共事务、业界和专业领域培养高素质的领导人。

开放入学与优秀成绩的矛盾,对不具备高校学力的学生而言,意味着必将遭受无法达到学业成绩标准的打击。这种失败是不可避免的,而且是"结构性的"。这就要求许多学院适当地"处理"这些学生,即进行"冷却"的过程。

3. 美国高等教育对目标与手段背离的回应

面对"教育机会均等"的目标与为确保生源质量和教育质量"优秀"而采取的手段之间的矛盾,美国高等教育对待达不到标准的学生,当时有两种做法:

(1)强硬的做法

"对达不到既定标准的学生断然予以辞退"。[4]在 20 世纪 50 年代,州立大学采取了这种"强硬"的做法,大学屈于巨大的入学压力,大量招收学生,通过高淘汰率维护其标准。第一年,淘汰大量能力差的学生,大约占入学人数的三分之一或更多。这种过激的做法,失败是公开的。"这激起了公众的压力和焦虑,显然这种做法不能无限地坚持下去,因为入学的要求越来越强烈"。[5]

(2)"温和"的做法

"为基础欠佳的学生另辟一条通向成功的道路,而不是让他们失败"。[6]决不开除一个学生,而是提供一种选择。一些州立大学,采用一种"温和"做法,让学生进入一个扩展的部门或一所普通学院,有时让学生转入"容易"的学习领域(如教育、商业管理和社会科学)。采取这种"温和"做法的不是四年制的学院或大学,而是擅长处理学生的两年制公立初级学院。

在许多州,两年制学院是高等教育的一部分,大量易于陷入目标和手段背离矛盾中的学生被分配到两年制学院。初级学院的大多数学生希望一两年后，转入高级学院继续攻读学士学位。加州初级学院大约有三分之二的学生主修转学课程，但只有三分之一的学生实现了转学。其余的学生成为"潜在的终结性学生"。在全国，这类学生占全国初级学院学生的三分之一到二分之一，"高等教育不应忽视这些学生。理解他们的出路对于理解现代高等教育来说是至关重要的。"[7]

（二）"冷却"过程的运作过程

"冷却"过程是从转学课程转向一至两年的职业、商业、半专业性培训。要求学生放弃初衷，接受终结性课程，调整不切实际的目标，作出符合自己能力的选择，即再定向过程。

伯顿·克拉克提出"冷却"过程的五个步骤：

1. 入学前的测验。成绩测验中分数较低资质欠佳的学生安排到补习班。学生成绩测试的成绩进入档案，累计记录学生的能力和成绩。

2. 劝告性的面谈。在第一学期末和每学期开学时对学生进行劝告性面谈。"在面谈中，辅导员帮助学生根据自己的目的、测验分数、高中成绩记录和来自以前学校的测验记录来选择合适的课程。"[8]

3. "通向学院"（Orientation to College）的专门课程。它是再定向中的一个主要步骤。为潜在的终结性学生提供的特殊课程，均由辅导教师小组中的教师辅导员教授，目的之一是帮助学生评价自己的能力、兴趣和智能倾向；基于此，评价学生的职业选择，帮助制定实施学生选择的教育计划。进行机械能力和文秘工作能力的职业测试，根据测试分数、课程成绩、教师辅导员的建议等，帮助学生接受自我的局限，放弃不切合实际的想法。

4. 职业辅导之后，定向课程转向学习转学课程和终结性课程的毕业要求，规划四学期的课程，使学生熟悉要转学学院的要求，思考前进中的障碍。

5. 试读（probation）。试读是挫折阵痛的必要步骤。"根据学术委员会的建议，在任何一个学期平均成绩在 2.0（C 等）以下的学生，将被降为试读生"。[9]如果学生连续三个试读期都是如此，建议完全放弃大学课程的学习。试读的目的不是让学生半途而废，而是辅助学生找到他能够取得成功的目标（主修领域)。

"冷却"作用的最大优点在于安抚性地、非爆炸性地使过高的期望降温。通过这个过程,使那些会走向失败或几乎不能成功的学生,找到他们重新明确的职业和学业的前途。"[10]

(三) 冷却过程的作用

关于两年制学院"冷却"功能的作用,伯顿·克拉克说:"在高等教育的冷却过程中,系统在学生的理想与高校所能提供的手段之间所产生的矛盾被掩盖,使个体和系统的压力最小化。冷却过程的作用是社会能继续鼓励人们不断奋斗,而不会出现承诺和期望不能实现带来的重大骚乱。"[11]伯顿·克拉克同时指出,两年制学院的"冷却"过程针对的是那些潜在的终结性学生,而非有能力实现转学、适于接受转学教育的学生。他说,社区学院强调"终结性功能"的同时,也强调"转学功能",而不强调把转学性学生变成终结性学生;社区学院被普遍视为中转站。初级学院成功地把那些高中成绩差或克服了社会经济障碍的学生拉进来,接受高等教育而不是把他们赶走,这是对人才的挽救,否则对社区和国家都是损失。它确实发挥了一种门户开放作用,让隐藏的人才在这里被发掘出来。这样,初级学院成为所有高中毕业生有机会探索未来职业的场所,发现与自我能力相适应的教育类型的场所。简而言之,初级学院"是一个人人可以进来,而且人人可以成功的地方"。[12]

冷却对学生的作用:避免学生遭受公开的失败,为他们提供另一种成功途径;对四年制学院和大学的作用:维护其学术优秀;对社会的作用:维护其现有秩序和稳定。

两年制学院"冷却"功能的提出,总结了两年制学院在美国整个高教系统中的地位和作用,归纳了对两年制学院内部职业教育职能的认识。初级学院成立的最初目的,就是为了减轻大学招生的压力,把大量学业准备不足的学生带离大学,从而确保大学的"学术优秀"。

(四) "冷却"过程引发的纷争

自从克拉克·伯顿首次提出冷却过程概念,在高等教育界引起了广泛的关注。社区学院在美国高等教育大众化和民主化进程中，确实发挥了重要的作用。对社区学院的批评主要来自社区学院的批评者如卡拉贝尔、兹韦林、纳索和平可斯。他们认为社区学院不是帮助学生，而是妨碍学生在教育和经济上的成功。卡拉贝尔认为，社区学院加大了而不是减少了社会和阶级的不平等。兹韦林支持卡拉贝尔社区学院维护和保持美国金字塔社区、经济结构的观点。[13]平可斯从社区学院作为职业教育中心的角度，揭示了社区学院"冷却功能"对学生社会升迁产生的负面影响。社会中享有特权的人不易受到挑战，而工人阶层和少数族裔的学生其教育期望被社区学院冷却掉了。[14]道梯认为职业课程让学生远离学士学位，精英主义的理念使许多打算转入大学的学生其愿望遭受挫折。[15]

冷却过程的公平性也是关注的焦点。克拉克认为冷却是根据学业能力和连续累加记录来决定学生是否被冷却。冷却过程建立在精英教育的原则上，如果与学业能力无关的因素不能显著影响对学生冷却的预测，冷却过程就是公平的。[16]但只要教育资源按学生相应的学业能力分配，教育机会均等的问题就存在。

一些批评家认为冷却过程是不公平的，他们质疑精英主义的核心假设：有效测量学生学业能力的理念。因为这些测量往往有利于有社会特权的学生。他们认为社会经济地位、种族、性别显著影响学生在冷却过程中的进程及在冷却过程中学生得到的建议和评价。

布尔迪厄阐释了以文化资本衡量学业能力的精英主义的测量方法，某一社会团体的语言和社会规范更接近学校人员尊重的规范，其社会团体的文化资本增值。因为社区学院非常看重"主流文化"的文化资本价值，在冷却过程中，学业能力的评价，从入学前的标准化考试，到辅导员的劝导面谈，到教授评价，都是按中产阶级白人标准评价学生的思维能力、语言能力及写作能力的，不具备文化资本的学生往往会经历冷却过程，最终被冷却掉。[17]

克拉克认为批评理论家利用和潜在地滥用了冷却过程，把它作为社会分层和社会不平等的一般分析的一部分。他反对批评理论家呼吁的普遍接受教育和社会重建——包括兹韦林大声疾呼"消灭初级或社区学院因为他们是为阶级服务的教育机构"，克拉克认为这样的呼吁是很天真的。[18]

对检验冷却过程公平性与精英主义原则相关性的实验研究,也没提供充分可信的结论。伯德(1971)发现被冷却女生的社会经济地位高于未被冷却的女生,但是其样本是原计划攻读专业学位但最终计划学习艺术学士学位被冷却的学生。[19]卡利斯柴斯基(1986)发现少数族裔的学生要比白人更容易被冷却,但他的研究样本 50%是社区学院辍学的学生。[20]

海里密奇(1993)进行了一项研究,结果表明社区学院的冷却过程并没有因社会经济地位、种族、性别等拒绝学生进入转学学习。[21]

理查德(2004)进行了调查研究,结果表明两年制学院入学者的教育期望是很不确定的。一个可能是学生夸大了其教育期望,或学生根本不明确其教育期望,社区学院的批评者过高估计了冷却的作用,至少,教育期望的冷却早在入社区学院之前就发生了。教育期望降低不是因为学业能力,而是经济限制,是对社会的控诉,社会没有提供平等的教育机会,而不是社区学院的失败。[22]对社区学院的批评主要认为社区学院降低了学生的教育期望,而理查德的研究对此提出质疑,两年制学院的入学者可能要比四年制学院的入学者的教育期望更不确定或更低。[23]

20 年后克拉克(1980)再次回顾了这一论题,探讨了冷却功能能否被其他过程所替代、改变社区学院的作用及不需要冷却功能等可能性。他提到有六种选择:提前选择学生(中学或社区学院入学时)、转学轨的选择(禁止学生学习转学学分)、公开的失败(没通过课程的学生离开学校)、保证毕业(人人通过,把问题留给别的机构)、减少转学和终结性课程的区别(如果社区学院不介意转学率)、结构性改革(消除社区学院的转学功能,把两年制学院改为四年制学院或完全取消社区学院)。克拉克认为上述选择都不令人满意。提前教育甄别,违背美国人普遍的教育公正、机会均等的意识形态。转学轨的选择,确定了以阶级分轨的观念。公开的失败,太残忍。保证毕业,使文凭贬值,减少了转学和终结性课程的区别,使社区学院合理性身份丧失。结构性改革,是不现实的,高级学院不愿认可两年课程、社会日益增长的短期课程需求。

因此,克拉克得出结论:"任何高等教育系统都必须调解各种相互冲突的价值观,如平等、能力、个人选择。必须采取妥协的方式顾及每一种价值观,冷却过程就是一种妥协方式,也许是必要的方式。"[24]

参考文献：

[1][3][4][5][6][7][8][9][10][11][12][18] Clark,B. R. The 'Cooling Out' Function in Higher Education[J]. American Journal of Sociology,1960 65(6):569—576.

[2] 徐辉,方展画主编.世界教育大系—高等教育[M].长春:吉林教育出版社,2000. 20.

[13][24] Cohen, A. M. & Brawer,F. B. The American Community College[M] Jossey—Bass A Wiley Imprint，2003. 391、391.

[14][15] Dougherty, K. J. The Contradictory College: The conflicting Origins,Impacts,and Futures of the Community College[M]. Albany:State University New York Press,1994. 18—19.

[16] Hearn, James C. The Relative Roles of Academic,Ascribed,and Socioeconomic Characteristicsin College Destinations[J]. Sociology of Education,1984(57):22—30.

[17] Bourdieu,Pierre. Cultural Reproduction and Social Reproduction. In R. Brown (Ed.),Knowledge,Education and Cultural Change[M]. London: Tavistock Papers in the Sociology of Education. 1973. 71—112.

[19] Baird,Leonard. Cooling out and Warming up in the Junior College [J]. Measurement and Evaluation in Guidance,1971 (4):160—171.

[20][21] Hellmich,DavidM. Assessing the Fairness of Burton Clark's Cooling—Out Process[J]. Community College Review,1993. 21(3):17—30.

[22][23] Richard M. Romano. "Cooling Out" Revisited:Some Evidence From Survey Research Community College[J]. Journal of Research and Practice, 2004(28):311—320.

（本文发表于《比较教育研究》2006 年第 7 期。作者徐春霞,时属单位为浙江大学教育学院）

二十二、依附论中的关怀
——阿特巴赫比较高等教育思想评析

美国波士顿学院菲利普·G·阿特巴赫（Philip G. Altbach）教授是 20 世纪后半期以来世界著名的比较高等教育专家。作为比较高等教育依附论的重要代表人物之一，他在坚持依附论基本分析框架的前提下，对世界大学模式、大学之间的关系、国际学术语言、国际知识网络、国际人员流动、高等教育全球化、私立高等教育发展等多方面问题做了广泛而深入的研究。虽然作为美国体制内的知识分子，[1]阿特巴赫对以美国为主的西方高等教育体系和体制给予拥护和颂扬，但同时作为一位严肃的国际比较教育学者，他也对以往一直被忽视的第三世界国家高等教育发展给予了长期关注和殷殷关怀。这使得他的高等教育思想在第三世界国家备受关注，并不断被加以研究。本文立足阿特巴赫的依附论研究立场和对第三世界国家高等教育发展的关注情怀，对其比较高等教育思想进行评析。

（一）究源与解释：第三世界国家高等教育不发达的原因

作为教育依附理论的重要代表人物，阿特巴赫认为，西方发达国家与第三世界国家之间在教育上存在控制与被控制的不平等关系，两类国家的高等教育也基本分别处于发达与不发达的两极，形成了"中心——边缘"的基本关系格局。这种格局的形成有着历史和现实的诸多影响因素。阿特巴赫总结了第三世界国家高等教育不发达或者说造成第三世界大学边缘性和依附性的五大因素，即历史、语言、科研实力、知识交流和人员流动。

1. 难以超越的历史传统：大学模式的西方化

阿特巴赫研究指出，从世界大学模式来看，西方国家是大学的发源地和中心，"大学的历史传统是西方的传统，并且几乎与第三世界的知识或教育传统没有什么关系"。[2]无论第三世界国家是否曾沦为殖民地，其高等教育学术模式从本质上说都是仿照西方的，从学校模式到课程、教学技术和有关高等教育在社会中作用的基本观念都是西方的。阿特巴赫指出，边缘大学多处在发展中国家，它们依靠工业化国家的大学，特别是美国、英国、法国和德国的大学为自己提供发展模式，对中心大学存在着"心理依附"。[3]因此，尽管现代学校出现以后，第三世界国家在高等教育发展中关注了本土传统，但并没有摆脱模式上的整体西方化，这使得其高等教育发展紧紧依附于发达国家，很难超越这个发达的"中心"。

2. 语言的阻碍：欧洲语言的国际化地位

"作为维持社会地位的手段和获得精英成员资格的途径，语言具有社会学的和心理学的含义"。[4]阿特巴赫观察和研究后指出，不管有没有受过殖民统治，许多第三世界国家高等院校的教学语言已受到或正在受到欧洲语言的影响，有的影响还很大。尽管一些国家也试图使用本国语言来代替欧洲语言，但欧洲语言——首先是英语，其次是法语和德语等——仍然占据着重要位置。语言在民族发展中有着极为重要的作用，美国学者萨姆瓦等人曾指出，"语言和文化相互协力，形成我们的现实观念"。[5]第三世界国家的大学由于受到欧洲语言的支配，致使语言与传统文化之间出现剥离，因而大学在引导和促进民族文化发展方面的作用受到抑制，并导致大学不可避免地或超乎寻常地朝欧洲或北美的中心方向发展。语言强化了第三世界国家大学对西方"中心大学"的依附。

3. 加大的科研实力差距：西方是知识的创造者

阿特巴赫认为，西方国家处于国际知识网络的中心地位。据阿特巴赫统计，20世纪70年代中叶，占世界人口30％的34个发达国家所出版的著作占到全世界的81％。在社会科学领域，全世界62％的期刊由美国、英国和法国出版发行。[6]"第三世界国家从根本上是知识的'消费者'，它们在科研、对科学进步的解释及信息方面通常依赖工业化国家。世界上绝大部分的科学研究都是在工业化国家进行的。"[7]西方工业化国家科研人才的汇集、科研资金的充足、科研设备设施的完善都是第三世界国家无法相比的。西方国家还进一步主导了世界科学观念和科学研究的方向,且"第三世界有限的科学进展是受到西方资源的鼓励和资助的",[8]这些都更加深了第三世界国家在科研发展和知识创造方面的艰难处境和对西方国家的依附性。第三世界国家在短时间内难以拉平与发达国家的科研实力差距而成为世界知识的创造中心。

4. 知识交流上的不平等:工业化国家控制交流网络

阿特巴赫认为:"知识的交流途径掌握在工业化国家的手中。主要的学术杂志、出版社、文献及图书馆都在欧洲及北美。"[9]知识是从工业化国家流向第三世界的,西方国家对交流网络的控制有着重大影响,这表现在三方面:一是第三世界的学术需要或学术产品根本没有得到发达国家的注意或引起其兴趣;二是第三世界的学术体制正朝着工业化国家的方向发展;三是最具有革新意义的国际互联网、数据库等交流手段或产品也为工业化国家所有或控制。所有这些都使世界范围内的知识交流成为西方发达国家主控的交流,第三世界国家很难摆脱或扭转这种强势局面,因此必然难以自主发展或在长时间内处于依附地位。

5. 人员流动的单向性:发达国家成为主要"东道国"

阿特巴赫指出,第三世界国家存在着严重的高等教育人才"外流",其中最应关注的是留学生问题。国际上的留学生"大部分来自第三世界国家以及环太平洋的新兴工业化国家。他们在各工业化国家学习,其中美国、英国和德国都是主要的东道国。"[10]而在阿特巴赫看来,这些来自第三世界的留学生在留学过程中不仅适应了东道国的教育体制、知识倾向、科研方法以及工作习惯和职业前景等,而且他们中的一部分人学成之后选择留在东道国,即便那些选择回本国发展的学者,差不多也都会以在工业化国家接受教育的经历来引导自己的发展方向。更为突出的是,由于这些人往往处于本国社会的高层,会在思想观念或行动领域引导本国社会的教育发展方向,所以在一定程度上会造成对本土模式发展与创新的干扰。

综合来看,阿特巴赫认为上述五种因素是基于历史和当代不平等国际体系所造成的不可避免的结果,这些因素与其他新殖民主义因素,比如国外援助项目政策、文化交流政策、西方教材的使用和专家的提供等,一起强化了第三世界大学的边缘地位和依附性。此外,第三世界还普遍认为,"任何帮助对其解决发展中遇到的错综复杂的问题总是有用的",[11] 所以其内部政策与西方新殖民主义政策一起维持与强化了世界大学的不平等关系,进一步造成本土高等教育的不发达。

（二）批判与警醒:第三世界国家高等教育发展应注意的问题

虽然第三世界国家高等教育在国际格局中处于不利的地位,但发展总是必需的。复杂的国际和国内形势使第三世界国家在发展高等教育过程中必须谨慎从事。阿特巴赫站在国际比较教育发展的学术立场,不仅对美国等发达国家的一些不当行为给予了批判,同时也对第三世界高等教育发展提出了警醒之言。

1. 要摆脱对发达国家高等教育发展模式的盲目模仿

阿特巴赫认识到,世界上许多国家正不断向美国等"中心国家"的高等教育系统寻求思想和模式,虽然这是发展中的自然现象,但是他还是对第三世界盲目模仿发达国家的高等教育发展模式提出了批评。他认为,美国和其他西方发达国家的高等教育系统都产生于本国经验,不能被轻易移植到国外。"在研究和培训方面适合美国的东西可能不适合或者至少不适宜加纳和中国。如果国家不再有能力控制课程的基本元素、教学语言和教学法哲学,以及高等教育传播的其他关键因素,很多的东西就丢失了。"[12] 第三世界的专家能做的应该是"在思考本国问题的解决途径方面发现某些有价值的美国经验",[13] 而不是直接移植美国或者其他"中心国家"的院校模式或思想,否则只会导致依附程度进一步加深。

2. 要批判地看待来自发达国家的国际教育合作

阿特巴赫并不反对知识的国际化或合作,但他反对"强迫那些落后国家受制于巨大不平等的市场,掠夺学术机构和体系在关于课程、质量标准和各种各样的别的教育元素方面做出决策的权力。"[14] 因此,处于弱势依附地位的第三世界在面对来自发达中心国家的教育合作行为或项目时,必须具有批判的眼光,并对开展合作予以慎重考虑。随着教育的市场化和商业化推进,教育在某种范围内逐渐成为一种交易。虽然"处于教育水平两端的都有权利去规划教育交易"，[15]但问题是处于中心的发达国家掌握着交易主动权，对第三世界发出诱人的利益召唤。从依附论角度来分析，发达国家策划、参与或主动援助高等教育项目更多的还是基于本国政治或经济利益的考量，且"合作项目所在国很少作出努力去使来自发达国家的模式适应该国的需要或传统，它们只是原封不动地引进这些项目和计划。"[16]阿特巴赫特别对中国提出告诫："中国必须仔细考虑学术机构和项目的流入。如果简单地敞开大门，并且希望市场会自行处理可能发生的问题将是一个错误……中国必须牢记国家需要。"[17]这不仅是对中国的告诫，也是对整个第三世界国家的告诫。第三世界国家对此有必要保持警觉。

3. 要认清国际高等教育中的学术殖民主义

当前许多发展中国家高等院校正在积极寻求美国的大学认证。阿特巴赫认为，大学国际认证是高等教育国际化与高等教育自身发展的逻辑使然，但这也应引起反思和警惕，因为这是一种学术殖民主义行为。"原则上，对他国的学术项目以及院校进行认证是一个坏主意"，"外国认证是一种知识傲慢行为，其意蕴远远超出传统的院校评价范畴。"[18]阿特巴赫指出，美国的认证是针对美国高等教育现实而设计的，它反映的是美国学术系统的历史、规范和价值观。当以美国化的认证标准来认证外国院校时，被认证的外国院校事实上不可避免地要承受"美国化"的压力，要受到美国经济、政治、文化的影响甚至制约。有中国学者也指出，其后果最终就是"导致学术话语权被剥夺、国家教育主权丧失、民族意识淡薄、民族凝聚力消解等。"[19]阿特巴赫还指出："美国认证只是对最低质量提供保证，而不是对最高质量做出估价。"[20]所以，面对美国认证他国大学的行为，那些被认证、即将被认证或想申请认证的大学及其国家必须对此提高警惕，慎重审视而后行之，避免使自己的国家或高校日益沦为美国及西方文化的殖民地。

4. 要警惕"入世"对高等教育社会服务职能造成的压制

阿特巴赫认为，在全球化背景下，高等教育越来越被商品化。但是，高等教育全球化的基础是"中心——边缘"世界高等教育格局的存在，且这种格局的不平等性越来越突出。"中心国家的标准、价值、语言、科学创新以及高知识含量的产品不断排挤着有别于它的思想和行为。"[21]不发达的第三世界国家在全球化世界中几乎不能自主,甚至实际上"已丧失了独立性和某种具体发展的可能性,高等教育全球化使大学间的不平等更加尖锐"。[22]近年来许多发展中国家都在热心追求"入世"。"入世"本质上带来的是高等教育商业化运作,WTO 市场规则的介入只会使发展中国家的大学更加无法对本国社会的发展和巩固做出应有的贡献。因为"在发展中国家,高等院校一经成为从属于 WTO 管辖的国际学院市场,将会受到以营利定位的而不是促其民族发展的国外院校和大纲等方面的'压制'",[23]高等教育服务于社会福利的思想将处于第二位。为此,WTO 控制高等教育最大的负面影响将出现在发展中国家,"WTO 之类的条约会不可避免地破坏发展中国家正在出现的院校系统。"[24]因此,发展中国家高等教育的发展更应注意服从教育和知识的逻辑而不是市场规则,更要注重服务于本国社会使命的完成。

(三)展望与建议:第三世界国家高等教育的发展思路

作为依附论学者,阿特巴赫在洞察第三世界高等教育发展不发达的原因,并较为客观地分析与批判来自发达"中心国家"或国际层面的一些教育行为之后,也站在关怀第三世界高等教育未来发展的角度,尝试提出了一些建设性意见或思路。

1. 要主动寻求自主发展

阿特巴赫认为,第三世界高等教育要发展,必须在观念上打破对"中心国家"的崇拜与迷信,要敢于怀疑来自西方"中心国家"所倡导的高等教育发展模式。第三世界国家应该走内源性发展道路,要主动寻求自主发展之路。为此,阿特巴赫认为,最重要的就是第三世界国家必须在知识经济全球化大背景下保持一种平衡的视觉,正确认识高等教育全球化与市场化的双刃性,要在国家需要和国际潮流之间保持张力的平衡。在日益全球化的教育环境里,"国家和社会的共同利益价值观是必须保护和保存的"。[25]阿特巴赫特别提到第三世界科学与学术的发展。他在分析中国情况时指出,中国的科学与学术是在一种科学技术不平衡的背景下发展的,因此尽管中国拥有全世界最多的人口和不断发展的经济,但"在科学与学术方面,她仍然亟待进一步自主发展"。[26]这一分析其实可以被推广,即第三世界国家在这方面都需要进一步自主发展。

2. 要格外注重传承民族传统

阿特巴赫虽然一再强调大学是国际性机构，但也不断指出大学又具有深厚的民族性。"其他国家和制度的经验有许多值得学习，与此同时，将国情牢记于心亦是重要的"。[27]对此，阿特巴赫认为，第三世界国家首先做的应是正确理解比较视角。比较不是照搬，"照搬外来经验差不多一直是一种错误"，[28]"运用比较的方法，可以通过考察其他国家如何解决自己的问题，来对问题与解决方案进行批判性的评价"。[29]比较的意义在于以一种批判性视角来审慎地对经验、模式和实践等进行评价，并最终建立一种发展性思想，这是创造性适应过程。其次，第兰世界国家要特别注意发展中的"文化自我殖民"。正因为发达国家在向海外拓展高等教育时带有文化殖民倾向，而许多第三世界国家又对发达国家表现出"自愿"接受的倾向，因而更应该警觉这种现象。总之，第三世界国家要努力发掘本民族的传统文化宝藏，增强民族文化认同，扎根于本国的价值观和民族语言，并通过文化与制度的不断创新来发展本国的高等教育。

3. 要积极追求大学自主和学术自由

"如果大学要繁荣，就需要充分的自主权和学术自由"。[30]否则的话，"大学的优点和效率有可能因学术自由受到限制而被贬低"。[31]阿特巴赫认为，许多发展中国家的大学不能充分发挥潜能，是因为它们没有充分的自治权。第三世界国家必须努力解决这个既有历史原因也有现实因素造成的难题。为此，第三世界国家首先应充分认识到大学的作用，发展自己可行的科研基础。"总体上讲，大学体制必须更加面向科研"。[32]第三世界大学的科研应当在本地进行，以满足本地发展需要。其次是建立大学和企业之间的密切联系，保持大学"纯科研"与"应用科研"之间的适当平衡。大学不仅为社会经济发展提供大量专业人员，而且能够通过科研援助或合作推动工业企业的技术发展，进而推动社会进步。再次是大学和政府之间要达成理解。为使大学充分发挥潜力和作用，第三世界国家政府必须认识到大学的优势与不足，承认大学有效运行必须要有一定程度的自治与自由，并有义务提供必要的发展经费。只有这样，"大学才能够拥有适当的自治，同时又会承担充分参与发展进程的职责"。[33]最后，要从法律和制度上充分保护学术自由。学术自由是有效的大学的根本前提，也"是大学最核心的使命之一。它是教学和研究的关键"。为实现这一点，其一要进一步发

展人们的观念和制度,并继续巩固大学学术自由和自治的学术标准;其二要对
侵犯学术自由的现象进行监督并予以公开;其三要建立更有效地调查侵犯学术
自由的机制;最后还可以创建有关学术自由问题的固定网站等。这些都是有效
改善学术自由环境的有力措施。

4. 要稳妥推进私立高等教育发展

阿特巴赫认为,第三世界国家在更好地建立高等教育发展系统中,要关注
私立高等教育的作用,因为它可以填补公立高等教育资源不足的空缺。私立高
等教育在西方发达国家和亚洲的韩国、菲律宾等国有较长的发展历史,但许多
第三世界国家在 20 世纪后半期才给予其特别关注。拉美私立高等教育从 20
世纪 60 年代得到扩张,中国则是从 90 年代开始大量建立私立高等院校。阿特
巴赫分析了这种发展的推动因素,认为,其一是高等教育大众化的推进,其二是
高等教育资助理念的变化,前者是主要因素。不过,阿特巴赫也指出,尽管第三
世界国家私立高等教育的发展可以满足未来十年的入学需求,但是“大多数国
家大部分私立院校处于声望等级的底端”,[35]面临着诸如与公共利益的冲突、
质量保障、信息透明、学术职业和营利性等问题。因此,这些国家今后不仅要继
续重视私立高等教育的发展,而且要注重通过建立自主权与责任制的有效结
合,促进教授职业化、学术自由,提高教育计划的标准,注重社会责任的履行等
来确保私立高等教育为社会服务的价值目标的实现。

以上这些建议或思路是阿特巴赫论述较多的方面,此外他还就第三世界国
家的学术系统定位和评价、独立学术文化的创建、语言媒介的使用,以及远程高
等教育的发展、高等教育管理机构的分工、高等教育的评估与质量控制和学术
人员的专业保障等做过讨论。

最后需要说明的是,我们对阿特巴赫的依附论高等教育思想,特别是关于
他对第三世界国家高等教育发展的研究所秉持的一种合理态度,不应是苛判,
而应是理解。其实,不管是对于一位国际比较教育学者来说,还是对于任何一
位学者而言,他的学术责任主要在于解决“是什么”和“为什么”的问题,而“做什
么”和“如何去做”本质上属于操作技术范畴,是那些属于学者研究受众范围内
的高层决策者或实践者自身必须努力思考解决并创造性地去完成的事情,而不
可能幻想完全依赖或者试图要求学者来制定出完美的行动框架或操作措施。

比较教育的重要目的之一是为决策者提供参考,而不是代替决策者为其做出决策或行动指南。正如阿特巴赫曾指出的,比较研究这种方法的作用在于"为政策制定者提供更多的可能性",在于"明了潜在的问题",在于"检验各种选择方案"[36]这一点正是我们合理地理解阿特巴赫的第三世界国家高等教育发展思想的根本出发点。总之,通过上面的分析,我们可以深切感受到阿特巴赫作为一位发达国家的学者所流露出来的对第三世界高等教育发展的关怀之情。这种关注和研究体现了一位比较教育学者对自己学术责任的履行。

参考文献:

[1] 徐丹.解读阿特巴赫的立场——在《比较高等教育:知识、大学和发展》之后[J].煤炭高等教育,2005,(5):40.

[2][4][7][8][9][10][11][31][32][33] 菲利普·G·阿特巴赫著,人民教育出版社教育室译.比较高等教育:知识、大学与发展[M].北京:人民教育出版社,2001:33,34,34,35,35,5,37,276,243,290.

[3] Philip G. Althach. Servitude of the Mind? Education, Dependecy and Neocolnialism. In: Philip G. Altbach, Robert F. Arnove & Gail P. Kelly. Comparative Education[M]. New York:Macmillan Publishing Co. Inc., 1982. 471.

[5] [美]萨姆瓦等著,陈南,龚光明译.跨文化传通[M].北京:三联书店,1988:155.

[6] Philip G. Althach. Literary Colonialism: Book in the Third World [J]. Harvard Education Review,1975(45,2),227.

[12][14][15][25] 菲利普·G· 阿特巴赫著,肖地生译.作为国际商品的知识和教育:国家共同利益的消解[J].江苏高教,2003(4):121,121,121,120.

[13][26][28] 菲利普·G· 阿特巴赫著,蒋凯译.从比较的角度看中国高等教育的发展趋势[J].现代大学教育,2002(1):4,4,4.

[16] 菲利普·阿特巴赫著,郭勉成译.跨越国界的高等教育[J].比较教育

研究,2005(1):8.

[17] Philip G. Altbach. Chinese Higher Education in an Open Door Era [J]. International Higher Education,2006(45).

[18][20] 菲利普·G· 阿特巴赫著,陈运超译.学术殖民主义在行动:美国认证他国大学[J].复旦教育论坛,2003(6):1,2.

[19] 陈厚丰.高等教育国际化≠西方化≠美国化[J].复旦教育论坛,2004(2):53.

[21][22][23] 菲利普·G· 阿特巴赫著,卢爱珍译.高等教育"入世":并非全球化的明智之举[J].广州广播电视大学学报,2002(3):2,2,3.

[24][30] 菲利普·G· 阿特巴赫著,蒋凯译.全球化驱动下的高等教育与WTO[J].比较教育研究,2002(11):4,3.

[27] 菲利普·G· 阿特巴赫著,邓红风主译.亚洲的大学:历史与未来[M].青岛:中国海洋大学出版社,2006:总序二.

[29][36] 菲利普·G· 阿特巴赫等著,别敦荣等译.为美国高等教育辩护[M].青岛:中国海洋大学出版社,2007:(9—10).

[34] 菲利普·G· 阿特巴赫著,别敦荣译.变革中的学术职业:比较的视角[M].青岛:中国海洋大学出版社,2006:195.

[35] 菲利普·G· 阿特巴赫著,蒋凯,林小英译.私立较高等教育:比较视角下的主题与变化[J].比较教育研究,2000(5):29.

（本文发表于《比较教育研究》2009 年第 8 期。作者薛国凤、余咏梅,时属单位为河北大学教育学院）

二十三、试析美国进步主义成人教育家林德曼和诺尔斯的成人教育思想

(一) 林德曼的成人教育思想

　　林德曼(E. Lindeman,1885~1953)是美国当代最杰出的成人教育哲学家。他一生积极从事成人教育工作,著述甚多。1926 年出版的《成人教育的意义》是林德曼的成人教育思想的代表作,该书在 20 世纪 80 年代被美国大学教授提名为最具有影响的两部成人教育著作中的一部(另一部是诺尔斯的《现代成人教育实践》),甚至有人认为美国的"整个成人教育的实践结构主要建立在林德曼的 1926 年的这部作品的哲学基础上"。[1]

　　在《成人教育的意义》一书中,林德曼将成人教育的特性归纳为以下四个方面:首先也是最重要的是,林德曼将教育设想为终身的一个过程。他认为,教育是生活的预备的观念使学习过程陷入恶性循环之中,因此,应该放弃那些将教育归属于青年时期的学习过程的所有的僵化观念。在他看来,"整个生活就是学习,因而教育是没有止境的"。[2]其次,林德曼认为,成人教育具有非职业的特性。他指出:"成人教育应更确切地确定在职业教育停止的地方。它的目的是使人们的整个生活具有意义。"[3]在他看来,在成人教育中,工人们会比那些将知识仅仅作为点缀和谈话用的人发现更多的价值,成人教育的任务是帮助工人发现生活的意义和实现创造性,并使工人同高度的专门化所必然导致的个性的片面发展作斗争。再次,在成人教学中,以情景为主而不是以课程为主,即,林

德曼遵循的便是进步主义教育家所倡导的"我们教的是儿童,而不是课程"的思想。第四,林德曼认为成人教育应以学习者的经验为学习的主要资源。以上这些思想始终贯彻在林德曼的整个成人教育思想中。

林德曼指出,成人教育"不仅仅是改变成人的文盲状态,更为重要的是它是生活价值的全部结构的重建。"在林德曼看来,成人教育的目的具有双重性。首先,林德曼主张成人教育的目的是发展成人的智力水平。他认为:"从心理学的角度而言,智力是学习的能力,是解决问题、利用知识适应不断变化的环境的能力。"[4]林德曼指出,由于生活和环境都在不断变化之中,这就要求人们善于适应各种变化。林德曼对于培根的"知识就是力量"的至理名言极为推崇。他认为,科学技术是战胜自然的重要武器,人们惟有在智力上持续不断地努力,才可以使人类与科学的发展并驾齐驱,并使人类的智力水平能够驾驭自己的生活。他指出:"成人教育是我们的头脑清醒地吸收与力量等同的知识的重要手段。"[5]其次,林德曼认为成人教育是改良社会的重要手段。他认为,个人和社会是有机地统一在一起的,虽然成长是生活的目的,但成长只有通过个体积极投入到社会生活中才可以实现。在他的一生中,他始终认为成人教育有助于社会的民主化,而且坚信"成人教育是一种改变生活的令人鼓舞的工具"。[6]林德曼看到,由于资本主义社会中普遍存在的统治与压迫现象导致工人的反抗,引起社会的变革,从而带来很多的"恶果"。所以,他主张作为成人教育运动的最重要的组成部分的工人教育是工人用智力代替武力的最为重要的手段。他指出,成人"希望提高自己,这便是他们现实的基本目标。但是,他们也希望改变社会秩序,这样,充满活力的人们将创造一个使他们的愿望得到适当表现的新环境。"[7]林德曼还认为:"如果可以使成人教育自我改善的短期目的和改变社会秩序的长期的、试验性的,但又是绝对的政策相一致,那么,它将成为一种进步力量。改变个体使之不断适应变化着的社会——这就是成人学习的双重的、但又是统一的目的。"[8]一言以蔽之,林德曼的成人教育理论既强调成人教育在发展个人的智力水平,促进个人成长中的重要作用,同时又强调成人教育在社会改良中的巨大作用。

由于受杜威进步主义教育思想的影响,林德曼极其重视经验,并将经验作为成人教育的基础。林德曼明确提出:"如果教育即生活,那么,生活也就是教育。"他认为,在成人教育中,"最有价值的资源是学习者的经验","经验是成人学习者的最有效的课本"。[9]林德曼指出,成人教育与只注重书本的传统教育不同,书本记录的只是他人的经验,而学习者自己的经验同样是教育的有效基础。所以,生活中的一切内容都是成人教育的课程,教育不应限制在学校教育的范围中,成人教育的目的是赋予各种经验以意义,而并非是知识的简单的分门别类。而且,林德曼指出,知识与不断变化的经验分不开,知识等于经验,真正的教育是思与行相联系的,"如果最有知识的人不能将他的所知成为他的生活的重要组成部分,那么,他依然是很无知的人。"[10]

林德曼重视以学习者的经验为主的教育内容,但他更重视教学的方法。他认为,成人教学法的最重要的目的是培养成人具有运用于各种情境之中的一系列分析性的技能和技巧。因此,在林德曼看来,教学方法比教学内容更为重要。情境法是成人教育的最重要的方法之一,他认为,"最好的教学法产生于情境经验之中",[11]成人教育应以成人的工作、娱乐、家庭和社区生活等各种具体的情境作为出发点。在这种教育中,课本和教师发挥着新的作用,他们必须让位于具有重要性的学习者。林德曼指出,成人教育要求一种新的课本和新型的教师,但是在传统的教育体系下,教师和课本都企图使情境符合课程,而事实上应该是使课程服务于情景。讨论法是林德曼所提倡的另一重要的成人教学法。林德曼认为,讨论并非只是简单的谈话,而是有组织的谈话。当讨论法被作为成人教学的方法时,教师不再是仅仅提出问题或者引诱学生得出教师预想的答案的人,而是提出问题和解释问题的对话者、小组的发言人、培训个人加入小组的教练及组织和协调整个行动的谋略者。讨论的规则是经过讨论最终达成共识,而非是战胜什么人。而且在他看来,仅有讨论是不够的,最为重要的是行动。另外,林德曼推崇的成人教学方法还有问题解决法和实验法等。

总之,林德曼的成人教育思想是非常丰富的,作为一位成人教育家其影响是极其深远的。正是因为他的丰富的成人教育哲学思想使他赢得了"美国成人教育精神之父"的美称。

(二) 诺尔斯的成人教育思想

在美国的成人教育发展史上,人们往往认为诺尔斯是继林德曼之后的另一位著名成人教育家。

诺尔斯(M. S. Knowls,1913～1997)是美国当代最有影响的成人教育家。他以提出"成人教育学"(Andragogy)一概念并使之理论化而在美国成人教育界颇有影响。

1967 年,诺尔斯在和南斯拉夫成人教育学家杜桑·萨伟斯韦茨(Dusan Savicevic)交谈中,第一次听到"成人教育学"这个名词及其含义,后经其吸收和采用,于 1970 年出版了自己的成名之作《现代成人教育实践——成人教育学和儿童教育学的对比》(The Modern Practice of Adult Education: Andragogy Versus Pedagogy)。此书出版后,在世界上产生广泛影响,在得到好评的同时,也遭到许多的批评。许多批评者认为诺尔斯将成人教育学与儿童教育学对立起来是极其错误的。诺尔斯接受了这些批评意见,对该书加以修订,将书的副标题改为《从儿童教育学到成人教育学》(From Pedagogy to Andragogy),并于 1980 年再次出版。

作为 20 世纪 70 年代以来在美国颇有影响的成人教育家,诺尔斯虽然继承了杜威的进步主义教育思想的衣钵,但他的成人教育理论和林德曼的有所不同。

诺尔斯对成人教育正在和将要产生影响的主要观点有以下四点:(1) 由于知识的急剧增长和教育机会均等时代的到来,将成人教育的目的局限于传授知识便无所不能的信念已不能适应时代的要求。加之,由于教育还没有被看作是一个终身过程,学校教给青少年的还是应当知道的东西,而不是教给他们怎样去发现问题。所以,诺尔斯认为,必须把成人教育的使命定义为"培养有能力的人——即能够把知识用于变化着的环境中的人","成人教育的使命之一可以从正面说成是帮助个人形成一种观点:把学习确实看成是一个终身过程,帮助他们获得独立学习的技能"。(2) 成人教育的理论和实践应从注重教转为注重学。他认为:"教育是一个过程,一个帮助人们自学的过程。"[12] (3) 终身教育是各项教育事业的组织原则。他认为,在一个加速变化的世界里,必须把教育视为终身的过程。成人教育必须主要考虑向独立的探索者提供资源和支持。教师的职责必须从知识传递者的职责转变为独立探索的帮助者和资源人的职责。(4) 向个人提供教育的新方法,以便他们终身得以尽可能随时随地地坚持学习。

诺尔斯认为,长期以来,人们一致认为儿童教育中所采用的原则和方法在帮助成人学习时也会有同样的效果。但是,随着实践经验的积累,随着成人教育研究和相关社会科学研究的知识积累,人们日益明显地感到:"成人不仅仅是长大了的儿童,作为学习者,他们具有某些特点,需要有与儿童教育不同的原则和方法。"[13]因此,诺尔斯提出了与儿童教育学(pedagogy)(此字是从希腊字"paid",意为"儿童",和"agogus",意为"领导或指导"两个字演变而来的)相对应的成人教育学(andragogy)(此字是从希腊字 aner 意为"成人"和"agogus"两个字演变而来的)的理论。诺尔斯认为"儿童教育学"是教儿童学习的艺术和科学;"成人教育学"是帮助成人学习的艺术和科学。但是,诺尔斯对儿童教育学和成人教育学之间的关系的认识有一个变化的过程。诺尔斯最初认为,两者之间是对立的、矛盾的关系,但是,他的这种观点遭到许多成人教育理论者和实践者的批评。加之,后来的教育实践证明,将成人教育学的观点运用于对青少年的教育,有时也能产生极好的学习效果。因此,他将成人教育学定义为另一种有关学习者的模式,它可以与儿童教育学的理论模式同时运用。不过,在诺尔斯的成人教育理论中,诺尔斯将成人教育学依然作为与儿童教育学相对立的一种模式。

诺尔斯认为,成人教育学至少是以下列有关学习者的特点的理论为前提的。这些理论与传统的儿童教育学的理论大不相同。这些理论是:(1) 儿童的自我概念(self—concept)是依赖型的,而成人的则变成独立性的。诺尔斯认为,成人的自我概念变成了独立人格的自我概念后,成人产生了一种深刻的心理需要:希望他人将自己看成是独立的人。因此,对教师来说,帮助成人形成作为学习者的积极的自我概念是至关重要的。(2) 成人积累了丰富的经验,这些经验日益成为他们丰富而重要的学习资源。诺尔斯认为,成人从事任何事情都以他自身经验为背景。因此,当他发现他的经验不被应用的时候,或它的价值被轻视的时候,他就不仅感到经验被丢弃,而且感到人被丢弃。(3) 儿童学习是生理发展和学业压力之作用,成人学习则是为了扮演社会角色的需要。对于儿童来说,教育基本上是一个积累知识和技能以用于未来生活的过程。因此,儿童倾向于带着学习书本知识的观点进入任何教育活动;而成人则有一种立即运用知识和技能的愿望,即对于成人来说,教育是一个提高能力以应付生活中面临的问题的过程。（4）儿童的学习是以学科为中心（subject-centeredness）的，但由于成人有各种各样的需要，所以成人的学习则是以问题为中心（problem-centeredness）而进行。（5）成人的学习动机是为了自我的实现，是内在的。总之，诺尔斯关于成人教育学的理论是以上述假设为基础而建立的。

在以上这些假设的基础上，诺尔斯将成人教育学的过程划分为以下七个阶段：（1）形成一种有利于成人学习的气氛，其中包括适宜的物质环境和良好的心理气氛及教师行为；（2）创造一种组织结构，以便让学习者参与计划的制订；（3）诊断学习需要；（4）形成学习目标；（5）设计学习活动；（6）管理学习活动；（7）评价学习结果与再诊断学习需要。

另外，在诺尔斯的成人教育理论中，他还极其强调学习合同。他认为，学习合同是一个可以使外部需要和期望与学习者的内部需要和兴趣得以协调的手段；学习合同可以使学习者通过参与诊断需要、形成目标、确定资源、选择方法、评价成绩等过程，可以把计划视为自己的东西，因而能够主动地负起责任。另外，学习合同可以使以工作为基础的学习者和工作监督人明确学习目标。总之，在诺尔斯看来，"在帮助学习者组织其学习上，它是一种非常奇妙有效的方法"。[14]他认为，形成学习合同的步骤是：第一，诊断学习需要；第二，确定学习目标；第三，确定学习资源和方式；第四，确定完成日期；第五，确定成绩的证据；第六，确定如何判断证据；第七，与咨询员一起检查学习合同；第八，执行合同；第九，评价学习结果。

从以上论述中，可以总结出诺尔斯的成人教育的主要原则：（1）尊重成人学习的自主性；（2）重视经验，并将经验作为成人学习的源泉；（3）强调成人课程的选择要与人生发展阶段任务相适应；（4）主张学习是内在过程，是学习者满足和力求达到目的的过程；（5）注重教育过程的设计，其中包括：师生共同创造良好的学习气氛；共同计划教学；共同阐明学习目标；共同设计教学方案；帮助学生完成学习计划；共同评价学习效果。

综上所述，诺尔斯的成人教育思想是极其丰富的。作为 20 世纪 70～80 年代以来在北美极具影响的成人教育家，诺尔斯的成人教育理论及其积极推动成人教育发展的热情得到了许多教育界人士的充分肯定，他被誉为是"成人教育学的大主教"。[15]但是他在享有盛誉的同时也遭到不少的批判。有的批评者认为,他的成人教育理论很大程度上是建立在心理学基础上,而缺少深厚的哲学基础,并且其理论规定性的成分远远多于分析性。[16]也有人士对于诺尔斯的成人教育学与儿童教育学之间关系的论述提出非议。[17]然而,这些围绕成人教育学的争论对于促使人们认识成人教育过程及丰富和完善成人教育理论具有重要意义。不管怎样,对于许多人来说,作为成人教育学(andragogy)理论的奠基者,诺尔斯的影响是不可磨灭的。

(三)林德曼和诺尔斯成人教育思想的比较

由于林德曼和诺尔斯同属于进步主义成人教育家,所以二者的成人教育思想有许多共同之处。首先,林德曼和诺尔斯都强调经验在成人教育中的重要性,二人都将经验作为成人学习的重要内容。其次,林德曼和诺尔斯都重视成人教育的方法。林德曼强调情境法、讨论法、问题解决法等在成人教学中的重要性;诺尔斯极其推崇问题解决法,主张成人教学应该以问题为起点,再次,林德曼和诺尔斯都主张教学是教师和学生共同协作的过程,主张学习者在学习过程中具有重要地位。总之,两人的成人教育思想有许多共同之处。

但是,由于林德曼和诺尔斯处于不同的时代,所受的哲学、心理学、社会学等思想的影响也不同,因而,二人的成人教育思想也存在很大的差异。

林德曼的成人教育理论形成的时期正是进步主义运动教育蓬勃发展的时期。进步主义运动作为资本主义条件下的文化重建运动,其目的是在资本主义已取得的巨大物质进步的基础上,推动社会的全面改善,创造出与物质繁荣相应的精神文化条件,重建遭到工业文明摧毁和破坏的社会价值体系,从而推动资本主义的顺利发展。[18]正是由于 20 世纪早期是进步主义运动盛行之时,社会变革是其教育哲学思想的重要组成部分,因而,像林德曼这位早期的成人教育家将社会变革作为其成人教育的重要组成部分。他认为成人教育的目的是双重性的,既强调个人的成长、发展,同时又主张通过成人教育来改良社会。然而诺尔斯的成人教育理论却深受 20 世纪 60~70 年代流行于美国的存在主义哲学的影响。存在主义哲学把人的存在作为其基础和出发点,并将"存在先于本质"作为其哲学的基本论点,强调个人主观的"自我意识"之重要地位。另外,人本主义心理学对诺尔斯成人教育理论的形成影响也很大。以马斯洛和罗杰斯为代表的人本主义心理学将"最终关心和提高人的价值与尊严，关心每一个人天赋潜能的发展"作为其理论的基本原则，并将自我实现（Self-actualization）作为人的最高层次的需要，主张教育的总目的是帮助人成为他能够成为的最好的人，即将个人的自我实现作为教育的目的。正是受了以上理论的影响，诺尔斯相信个人从其天性而言能够决定自己的需要和目标，并相信个人生来为自我实现而努力的，所以他强调成人教育对于个体发展的意义以及学习者的自主性等在成人学习中的重要作用。

　　从文化传统来说，个人主义（individualism）是美国人最基本的价值观念。在美国人的心目中，个人的价值，个人的权利、自由和幸福是最宝贵的。但在20世纪初期，美国传统的个人主义占据主流，它主张个人生活是公众生活的一部分，不将个人自由与个人权利绝对化，将个人利益与社会利益视为相互依存的整体，强调伦理目的和道德责任等。林德曼深受这种传统的个人主义观念的影响，并将其纳入他的成人教育哲学体系中。他认为，如果个人的自由和个人的学习不能保持在公众的道德观念的范围内的话，成人教育就毫无意义。他主张将成人教育和公民对公众事务的参与作为与经济繁荣和物质进步所带来的反社会、反文化的恶果作斗争的武器。然而诺尔斯所处的时代，由于科学技术的高速发展，传统的个人主义受到极大的冲击，并逐渐地失去其早期的含义。所以，这一时期的个人主义更强调个人的自由和个人的权利，并将自我利益作为行为的首要原则。因而，这种文化大背景下，对于诺尔斯来说，成人教育的最重要的使命是促使各人的发展，即成人教育帮助个人通过自身的职业和生活方式实现自我是最为重要的。正如美国当代著名的成人教育家达肯沃尔德（G. G. Darkenwald）和梅里安（S. B. Merriam）所指出的，诺尔斯的成人教育哲学"关心的是人的发展，深信每个人的价值，坚信只要人们能够得到必要的信息和支持，那么他们就会为自己做出正确的决定。它认为当人和物这两种价值处于矛盾的时候，应当优先考虑人的成长而不是物的成就。它强调解放人的潜力而不是控制人的行动。"[19]

　　总之，从以上对林德曼和诺尔斯的成人教育思想的分析和比较中可以看出，二者的成人教育思想有许多相同之处，但也存在很大的差异。这一切从某种程度上揭示了二十世纪以来美国成人教育思想随时代的变迁和文化的发展而发展和演变的历史轨迹。

参考文献：

[1] P. Jarvis,Twentieth Century Thinkers in Adult Education[M]. London and New York：Routledge,1991:138.

[2][3][4][5][6][7][8][9][10][11] E. C. Lindeman,The Meaning of Adult Education[M]. New York：New Republic,1926:6,7,18,25,35,165, 13—14,166,9—10,171,186.

[12][13][14] [美]马尔科姆·诺尔斯著,蔺延梓译. 现代成人教育实践 [M]. 北京:人民教育出版社,1989:10,19,11,33,307.

[15] R. Boshier,Malcolm Knowles,Archbishop of Andragogy[J]. Adult Education Quarterly，1998(48-2).

[16] A. Hartree,Malcolm. Knowles Theory of Andragogy[J]. A Critique,International Journal of Life long Education, 1984(3):208—209.

[17] M. Tennant. Anevaluation of Knowles theory of adult learning[J]. International Journal of Lifelong Education,1986(5,2):116—118.

[18] 李剑鸣著. 大转折的年代——美国进步主义运动[M].天津:天津教育出版社,1992:3.

[19] [美]达肯沃尔德,梅里安著,刘宪之等译. 成人教育——实践的基础 [M]. 北京:教育科学出版社 1986:62.

（本文发表于《比较教育研究》1999 年第 3 期。作者巨瑛梅,时属单位为北京师范大学教育系）

二十四、尼尔·波兹曼学校批判
与学校重构理论

尼尔·波兹曼(Neil Postman,1931~2003),世界著名的媒体文化研究者和批评家,生前为美国纽约大学文化通讯系主任,著名的媒体生态学教授和教育评论家。尼尔·波兹曼著述甚丰,其中关于教育的经典之作包括:《教学是一种颠覆性的活动》(Teaching as a Subversive Activity,1971)、《怎样认识一所优秀学校》(How to Recognize a Good School,1973)、《童年的消逝》(The Disappearance of Childhood,1982)、《教育的目的:重估学校价值》(The End of Education:Redefining the Value of School,1996)等。值得注意的是,尼尔·波兹曼梳理了美国当代学校批判运动的简明历史,并提出了学校批判的具体主张,特别阐述了新型学校构建的思想。

(一) 学校批判的历史

尼尔·波兹曼对于美国学校批判的历史进行梳理,提出了自己独特见解。这些思想集中反映在《怎样认识一所优秀学校》及其相关作品之中。尼尔·波兹曼对于美国学校批判的历史划分为以下阶段:[1]

第一阶段:学校批判源于苏联人造卫星发射成功不久。美国许多政治家、军职人员、大学教授猛烈抨击美国教育的现状,指责学校教育是美国防御战略中最薄弱的环节,公立学校教育缺乏目的性、软弱、无效率。他们批评进步主义教育改革过于强调适应儿童,学校变得不够严格,学校忽视了重要的学术和学科,使得典型的现代学校更像马戏场而不是学术性机构。尼尔·波兹曼对这些观点进行了反驳:首先,以杜威为代表的进步主义教育理论,能够将学校生活和社会实践有机结合,但是现行的学校并没有真正贯彻好杜威的教育思想,教育理论和教育实践严重脱节的现象随处可见。其次,学校教育体制根本没有发生变革。在这一阶段,阿德迈·里科奥佛(Admiral Rickover)曾经提出一个颇有价值的问题:"学校为了什么?"但是没有人真正对这个问题进行回答。

第二阶段的学校批评运动始于1959年马塞诸塞州教育会议。此后,自然科学领域(数学、物理等)的专家学者加入批判学校的行列,特别是对学校课程进行了批评。专家学者采用杜威"做中学"的思想,改革学校课程,帮助学生自我规划,发展创造力。专家以及有关教育理论家还认为,教育技术的进步可以提供新的课程模式,从而能够解决学生学业失败的问题。1964年《孩子们是怎样失败的》(How Children Fail)等出版物相继出现,这些研究主要认为,学校教育体制的目的还没有考虑到孩子们的利益,而是钟情于国家的利益和无情的经济思想。"学校为了什么"的问题开始引人关注。

在1965到1970年间,学校问题引发更为广泛的争论,批评家集中于学校教育官僚主义的管理和控制,要求变革学校管理过程以改进学校。伊里奇(Ivan Illch)在专著《非学校化社会》(Deschooling Society)中甚至提出要废除学校,以"学习网络"取而代之。

第三阶段的学校批评运动始于20世纪80年代。特别是美国1983年《教育处于危机之中:教育改革势在必行》报告之后。对于美国基础教育暴露的种种弊端,尼尔·波兹曼从技术对于美国文化的影响,从媒体生态的角度批判学校教育的失败。他指出,电视作为一种课程,成功地战胜了学校里的课程,甚至几乎消灭了学校里的课程。由于电视的内容缺乏复杂性,以及电视欠缺传统传播工具对事件深入的、理性的探讨,这种以电视传媒为文化背景的现代学校制约了儿童的思维。[2]他指出,儿童上学时是逗号,放学时成了句号。[3]尼尔·波兹曼在回顾学校批评的历史之后,提出了一个问题:学校在教育孩子方面究竟扮演什么角色？这将学校批评的争论引入一个新的高潮。

（二）理想学校的界定

针对一些批评家关于学校基本功能消失的主张,尼尔·波兹曼认为,恰恰是应该强化学校的基本功能,学校的基本功能在于保护学生的童年,使得他们的童年向成年过渡。尼尔·波兹曼主张,学校机构必须重构,变革学校制度应该从学生出发,为了学生的利益。其相关主张如下:[4]

1. 理想的学校应该具有开放性的学习时间

学校的日常生活应该紧密联系学生的学习活动;在学习上应该允许存在差异,不应该对差生进行惩罚,也不应该对优生进行奖励;课程不应该具有时限,而应该集中于学生课程学习的结果;在一定程度上应该让学生自我管理学习的时间。

2. 理想的学校应该提供选择性的学生活动

学生的活动应该与学生的生活息息相关。学校应为学生提供参与活动的多种选择机会,学校活动应该服从学生的兴趣;学校的活动应该以学生的活动为主,教师的工作必须联系学生的活动;学校应该借助社区资源为学生的活动提供支持,学生能够接触真实的社会生活并有能力面对社会生活。

3. 理想的学校应该反思学生学习成功的标准

学校应该反思学生成功的标准,如建立知识、智力和品行的价值标准。学校应该意识到,学生进行创造性思维、问题解决和研究,比被动接受知识要有价值得多。其价值在于:日常生活知识的应用;培养学生的交往能力;为学生学习提供机会。学校还应认识到,学生的自我知识也是有价值的知识的源泉。

4. 理想的学校应该变革评价方式

理想学校在评价学生方面,应该根据学生良好的行为表现予以激励,不能因为学生的行为不端而惩处学生;学校评判学生的方式应该更加人道,并赋予个性;学校评价学生的标准应该是多维的;学校应该根据学生个别需求制定考试制度,而不应该采用标准化考试;教师的评价应该具有建设性意义,而不应该具有惩戒性,行政管理人员的评价亦应如此。

5. 理想的学校应该变革传统的教师角色

理想学校应该鼓励教师放弃传统的教师权威角色,并提供民主协作的学校文化气氛;学校应该给予学生进行自我管理的机会;学校应该考虑发展的规模,着眼于人员的管理,而不是后勤的问题。根据尼尔·波兹曼的观点,富有人性化的学校其规模最大不超过 250 人。

6. 理想的学校应该促使教师成为学习者

理想的学校应该鼓励教师将自己视为学习者,并构建"学习共同体",教师更应是一种协作者,而不是一种指导者;学校应鼓励不同的人士参与教学过程,包括专家、学者,甚至学生。学校应组织教师分享教学知识和专业技能;学校应鼓励学生参与学校行政管理活动,例如课程设计,促进学生之间的合作而不是竞争。

(三) 理想学校的建构

尼尔·波兹曼在《教育的目的:重估学校价值》(The End of Education:Redefining the Value of school)一书中写道:"来源于我们劳动生活的叙事创造,可以发展我们人类的历史,解释我们的现在,并为我们的将来指明方向。[5]他认为,没有叙事,生活将没有意义;没有意义,学习将没有目的。尼尔·波兹曼打破了传统学校的神话叙事,并创造了新的学校神话,重新对学校赋予意义。

1. 传统学校的神话叙事

尼尔·波兹曼悲叹,20 世纪还没有一个善良的"神话";同样,由于缺乏善良的神话,教育缺乏善良的品质。尼尔·波兹曼描述和批判了 4 种神话:(1)"经济效用"神话给予孩子虚拟的假设:"如果你在学校专心学习,回家好好做家庭作业,考试获得高分,并且行为端庄,那么当你走出学校的时候,你将会获得高薪的工作职位。"[6]他认为,所谓学校教育对一个人未来的收入有着重要的意义,这个说法并不像许多人想像的那么站得住脚。(2)"消费主义"神话基于一种假设:"赢家通吃"。[7](3)"技术工具"神话的假设在于:"技术是万能的,可以打破教育机会不均"。他认为,技术被神化,成人的头脑日益萎缩,童年逐步走向消亡,这些都是可悲的现象。(4)"多元文化"神话的假设在于:"美国是一个多元文化的社会"。实质上,美国社会是一个"白人文化"占据主流地位的文化社会。尼尔·波兹曼告诫我们不要将文化的普遍主义和文化的多元主义混为一谈,特别值得注意的是,"非白种人正在为其文化的合理性而极力抗争"。[8]他还认为,"非白种人,特别是那些白种人话语霸权下的受害者,具有善良的天性"。[9]

2. 全新的学校叙事神话

尼尔·波兹曼对于传统学校的神话叙事进行批驳,并构建了 5 个全新的神话叙事:"太空船式地球"、"堕落天使"、"美国试验"、"多样性法则"和"世界创造者"。

(1)"太空船式地球"(the Spaceship Earth)

尼尔·波兹曼深信,人类具有提升全球意识、相互依赖和互相合作的潜能,因而,人类是"太空船式地球"的乘务员和监护者。这种神话的意义在于:"学校应具有创新的方法,让学生更加关注自己的学校、邻居和城镇。"[10]"太空船式地球"相一致的主题应该是考古学、人类学和天文学的教学。考古学的教学将逐渐向学生灌输"一种珍爱地球的意识"以及"人类地球存在连续性的感知"。人类学的教学将给学生"一种人种差异的敬畏感,正如人类共同人性的理解"。[11]天文学的教学将会非常有用,因为它涉及到"人类自身以及人类使命的基本问题",能够培养一种"敬畏感、互相依赖感以及全球使命"。

(2)"堕落天使"(Fallen Angel)

与"太空船式地球"不同,"堕落天使"叙事主要集中在教育方式而不是教育内容。尼尔·波兹曼认为,人类自身会走向迷失,这意味着"堕落";但是,我们能够跨越我们的过失,这意味着成为"天使"。他进一步主张,我们能够摆脱所有的教科书而提升教学。就他看来,"教科书是教育的敌人,容易使教学滋长教条主义,学习的意义变得微不足道。"[12]他断言,如果数学教师被分配教授艺术学科,艺术教师教授科学,科学教师去教英语;这样的教学的确需要改进。[13]教师必须帮助学生去寻求"永恒的真理和不朽的观念"。"堕落天使"叙事意在治愈我们对于"绝对知识的崇拜",鼓励我们对于相对知识的追求。

（3）"美国试验"（American Experment）

通过"美国试验"叙事主题,学生知晓美国历史的成功和失败,学习如何表达自由思想,了解熔炉文化,认识教育对于国家公民的意义以及技术对于人民带来的影响。[14]"美国试验"叙事主题就是举例说明美国社会在变革过程中的历史试验和政治争论。

（4）"多样性法则"（Law of Diversity）

"多样性法则"叙事,就是告诉我们"如何与他人进行交往,从而进一步了解到我们究竟是什么。"[15]尼尔·波兹曼解释道,学生通过多样性语言文化的学习,包括英语语言文化和外语语言文化,比较分析宗教、国家和人种风俗习惯,学习艺术创作,了解博物馆等,理解世界的多样性。

（5）"世界创造者"（World Makers）

"世界创造者"叙事则是围绕"语言与世界联系"展开,解释人们是如何通过语言改造世界而又如何被世界所改变的。通过比喻、定义和问题的基础学习,学生能够掌握"语言与世界的联系"。"世界创造者"叙事主题是"教育目的"的根本体现。

3. 重构理想的教学活动

尼尔·波兹曼认为,学习是一种开放性和个体性的活动,当学习者与他们的生活世界交互影响的时候,适应并进行知识和经验的再建构,在建构的过程中对于知识和经验的自我解释,这时的学习才变得最有效。学校的教育目的、培养目标、教育内容,甚至学习目标应该由学习者本人进行制定。为此,尼尔·波兹曼提出了重构教学活动的一系列建议:[16]

（1）所有的教科书只能运用 5 年时间。教科书都是预设的知识,与学生的生活经验毫不相干。它们不仅毫无价值,而且十分有害。如果一定要为学生提供教科书的话,最好在教科书里提供空白边页,让学生组织属于自己的教材。

（2）重组教师,构建理想的学习课堂。英语教师教授数学,数学教师教授英语,社会研究教师教授科学,科学教师教授艺术,等等,能行吗？对于教师而言,建构理想的学习环境是最大的障碍。教师必须体察到学习者的需要。

（3）学科进行融合,打破官方课程,避免教师以此为借口逃避为学生服务的职责。

（4）教学中必须限定教师的发言时间不超过 25 分钟,学生才有充分的时间进行计算与收集资料。

（5）教师应当禁止对学生已知问题进行提问,这样不仅要求教师洞察学生,而且有助于教师学习怎样通过提问产生新知识。

（6）教学中废除考试和等级。考试和等级是制造学生学习障碍的威胁,教师必须拿开这种操纵学生的武器。

（7）教师必须提供爱护学生的真实证据,而非泛泛的口碑。

（8）教学中必须有"禁语"。教学中必须禁止使用下列词语:讲授、课程提纲、教学范围、智力、测试、处境不利、天才、加速、增进、学业、等级、分数、人性等。

尼尔·波兹曼提供了一种学校重建的可能性。尼尔·波兹曼提出了一个最基本的问题:"学校是为了什么?"这对于学校改革者具有特别的意义。正如尼尔·波兹曼所言,我们的文化会忘记它需要儿童的存在,这是不可想象的。但是,它已经快要忘记儿童需要童年了。那些坚持记住童年的人将完成一个崇高的使命。[17]

参考文献:

[1] Postman N. Weingmtner,C. How to Recognize a Good School[M]. Phi Delta Kappa Educational Foundation Copyright，1973:23.

[2] Postman N. Making a Living,Making a Life[J]. Techndogy Reconsidered Cdlege Board Review,1995(77):8—13.

[3] Postman N. Childhood's End[J]. American Educator 1981(3):37.

［4］Eckert P. , Goldman S. Wenger E. The School as a Community of Engaged Learners［J］. Wingspread Journal，Summer 1997. http://www Johnsonfiln org/summer97/learners html.

［5］［6］［7］［8］［9］［10］［11］［12］［13］［14］［15］Nell Postman. The End of Educmion:Redefining the Value of School［M］. New York：Knopf，1996:7, 27,33,53,52,100,110,116,113,144,142.

［16］Postman N. , Weingartner C. Teaching as a Subversive Activity ［M］. New York:Dell Publishing Co,Inc，1971:6—23.

［17］［美］尼尔•波兹曼著,吴燕莛译. 童年的消逝［M］.桂林:广西师范大学出版社,2004:214.

（本文发表于《比较教育研究》2005 年第 4 期。作者谌启标,时属单位为福建师范大学教育学系）

二十五、基于学校和教师层面的
教育机会公平
——达林－哈蒙德的教育公平思想初探

20 世纪 80 年代以来,美国对于教育公平问题的研究更加深化,并凸现出新的研究特点,即超越了社会和地区层面教育机会公平的宏观研究,更加深入到学校和教室层面教育机会公平的微观研究。具体来讲,把更多的注意力转移到学校教育的课程和进程上,关注教学、课程以及教师的质量,以实现学生获得成功机会的平等。因为学生在教学和课程中所得到的经验,往往是导致教育成功或失败的最直接原因。

作为强调学校和教室层面教育机会公平研究的代表人物,美国教师教育专家琳达·达林－哈蒙德(Linda Darling—Hammond)从教师质量、教学质量和课程质量三个方面论述教育机会公平的问题,阐释了她的教育公平思想,指出少数民族学生和低收入家庭学生学业成绩低的关键因素,是因为他们不能平等地获得教育资源(尤其是具有高技能的教师和高能力要求的课程)。

(一)教师质量与教育机会公平

达林－哈蒙德认为,必须平均分配具有资格许可和高质量的教师。她之所以强调这一点,是因为教师的专业技能与教学质量和课程质量是直接相关的,学生的学业成绩与学生获得高质量教学的机会之间的关系是不言而喻的。达林－哈蒙德曾这样指出:"黑人学生和白人学生在学业成绩上的差异,实质上是由于学校教育机会的不公平而造成的,尤其是高质量的教师和教学方面的不公平。"[1]

在美国,处于城市的贫民区或偏远的农村地区的学校教育条件和教育质量都很差,其学生多为少数民族学生和低收入家庭的学生,他们的学业成绩很低。在美国,超过80%的非洲裔学生和少数民族学生所在的学校都是极端贫困的学校。[2]然而,白人学生和富裕家庭学生为主的郊区学校,办学条件日益优越,教学资源和师资力量雄厚,学校声誉很好,教学质量很高,因而学生的学业成就相应较高。这样,就形成了一种学区间的分化和隔离。

在达林－哈蒙德看来,美国白人学生和富裕家庭学生获得高质量的教师的可能性较大,但拥有完全合格或高学历并具有良好教学实践的教师则很少提供给非洲裔学生和少数民族学生。例如,少数民族学生所占比例最高的学校,拥有资格许可的数学或科学教师的可能性还不到50%。[3]因此,教师质量的不同直接造成了白人学生和黑人学生学业成绩的差异。达林－哈蒙德指出:"少数民族学生和低收入家庭学生由质量最低的教师进行教授,这导致了他们的学校教育失败。"[4]在她看来,如果能平等地分配具有资格许可的教师,黑人学生与白人学生之间在学业成绩上的差距将会逐渐缩小。

教师的专业准备会对学生的学习产生很大的影响,其中,任教资格、硕士学位以及教学经验都是影响学生学业成绩的重要因素。因此,达林－哈蒙德认为,学生在学业成绩上的差距大部分是由于教师质量的不同而造成的。例如,在小学连续3年的成绩测验中,被分配低质量教师的学生与被分配高质量教师的学生相比,他们的分数低50%还要多;而非洲裔学生和少数民族学生中约有一半被分配到低质量的教师,这个数量相当于白人学生的两倍。[5]研究表明,当高质量的教师教授少数民族学生和低收入家庭学生时,他们的表现会和优质学校的白人学生一样好,而且他们的学习能力往往是最高的。因为没有充分专业准备的教师,在教学中很少会考虑到学生不同的需要,并据此制定不同的计划和作出适当的改变;而且在教学中也缺乏技能,不能及时地预计学生的知识水平和学习过程中可能会遇到的困难。这样的教师往往看不到自己教学中的问题,在教学不能达到预期目标时便会认为是学生的问题。

达林－哈蒙德还认为,导致教师资源分配不平等最主要是教育政策方面的原因,这致使弱势群体的学生学业成绩越来越差,进而影响学校内其他稀缺资源的获得。她指出:"对于少数民族学生和低收入家庭学生来说,只能分配到专业准备不足、教学经验缺乏和质量低下的教师,这是因为政府资助不公平、当地政府的分配政策不当和雇佣实际不正常等原因共同造成了这种情况。"[6]具体来讲,教育政策的因素涉及联邦政府资助政策和教师分配政策,以及州政府的教师教育政策和教师聘用政策。美国教学与未来委员会(The National Commission on Teaching and America's Future)发现,在美国有很多被聘用的新教师没有达到资格许可标准,其中 25％的新教师被分配去少数民族和低收入家庭学生居多的学校任教,而具有合格资历的新教师则被富裕的学校所聘用。对于这种政策,达林－哈蒙德提出了尖锐的批评。在她看来,联邦和州的政策制定者想通过聘用专业准备不足的教师来解决贫困地区学校教师缺乏的问题,那只能进一步加剧少数民族和低收入家庭学生教育的不公平;希望通过降低教师的资格认证标准来弥补教师的短缺,使一些人以极少的专业准备或不进行专业准备就可以从事教师职业,其结果必然会造成区域间的师资力量更趋向两极分化。

因此,达林－哈蒙德指出,进行教育政策的改革才是实现教育机会公平的希望。联邦政府应该在加强教师教育和教师分配方面担任领导角色,为美国学校特别是大部分城市学校提供足够的、高质量的教师。例如,在国家范围内制定政策,相应提高教师资格许可的标准;针对所有新教师,设计指导和评价规划,为教师专业发展投资,对薄弱地区给予特别援助;针对需求高的新教师(包括短缺学科领域的教师、少数民族教师)制定相关的津贴、奖金和可宽限的贷款等政策。州政府也应该制定相关政策,支持教师教育的发展和提高教师的待遇。例如,聘用具有资格许可的新教师,尤其是在薄弱领域和薄弱地区,通过奖金和贷款等方式吸引更多的优秀高等院校毕业生进入教师职业;加强和提高教师专业准备,促进教师专业发展,进行教师资格认证制度改革;制定教师的激励机制,为教师教育和高质量教师提供津贴,减少教师流失和提高教师质量;提供实际训练、有系统的辅导和针对性的指导,包括资助实习生计划。

达林－哈蒙德还提出,教学实习模式是一个促进教育机会公平的有效措施。因为它可以帮助薄弱学校获得更多具有专业技能的教师,实现具有专业技能的教师更合理的分配。所谓教学实习模式,主要是招收对长期从事教学工作感兴趣的大学毕业生,为他们提供为期1年的带薪培训。这种培训由熟练教师进行指导,通过观摩有效的教学方式来学习如何教学,在教学实习结束时颁发证书和硕士学位。这些经过培训的教师到以低收入家庭和少数民族学生为主的学校里继续接受两年的指导,然后在这一地区服务5年。对他们实行相应的优惠政策,例如,攻读硕士学位时期的贷款可以免除或提供免费的硕士学位的教育。对此,达林－哈蒙德指出:"采取教学实习模式为所有的儿童提供高质量的教师,城市学校体系形成一股强大而稳定的教学力量,这将开始触及国家教学质量问题的根基。"[7]

由于教师专业准备程度不同导致了教师资格许可和专业技能的不同,这是影响学生学习能力和教育结果的一个重要原因,因此,达林－哈蒙德教育公平思想的核心就是加强教师教育,培养更多具有资格许可的教师。在她看来,具有专业技能的教师是高质量的教学和高能力要求的课程的根本,是实现学校和教室层面教育机会公平的起点。

(二) 教学质量与教育机会公平

达林－哈蒙德认为,入学分数和种族背景相似的学生由于教学质量的不同,就会造成他们在教育结果上的差异。也就是说,在获得高质量教学方面的不平等,正是造成学业成绩上种族差异的重要因素。例如,在美国,非洲裔学生和白人学生相比,由于非洲裔学生接受的教学质量比白人学生的要低得多,因此,非裔学生的学业成绩总体上远远低于白人学生。达林－哈蒙德在研究中发现,对能力相当的非洲裔学生和白人学生进行同样质量的教学,结果是他们一样得到良好的成绩;但是,如果非洲裔学生平均所接受的教学质量远远低于白人学生,那么就会在整体成绩上产生种族的差异。而且,事实上,能力最高的学生是低收入家庭的非洲裔学生,他们的学业成绩之所以低是因为教师不能为这个有才能的学生群体提供高质量的教学。此外,城市学校与郊区学校教学质量差异的原因也在于教学模式上,低收入家庭学生多的城市学校在教学上更多地注重死记硬背的基本技能,而高收入家庭学生多的郊区学校在教学上更多地关注较高水平的技能,例如,问题的解决、运用练习册进行引导等。

达林—哈蒙德还认为,高质量教学方面不平等的另一个突出问题就是分组教学的实行。虽然分组教学涉及很多方面的问题,如教师分配的不平等、课程设置的不平等,但最重要的还是教学质量的不平等,从而加剧了获得知识的不平等,因此,分组教学实际上造成了教室内的不平等。她强调指出:"分组教学体系通过在学校内分离许多少数民族学生而加剧了教育不平等,在教室层面分配给他们的教育机会较少。"[8]在达林—哈蒙德看来,少数民族学生和低收入家庭学生往往被分入低能力组,所接受的教学仅限于注重记忆技能的传授、低认知水平要求和应试的学习任务,使他们很少有机会讨论他们所想读的书籍以及研究和写作,在数学、科学或其他学科的教学中缺乏建构和解决问题能力的培养。在低能力组的班级,教师也很少关注以激发动机为目的的教学,教学方式以经验教学为主,教学任务以低认知水平的技能为主。因此,分到低能力组的学生只能接受有限的教学,与背景相似但被分到学术组或没有分组的学生相比,其学业成绩明显偏低。达林—哈蒙德认为,越来越多的研究结果表明,分组教学实际上并没有提高低能力组学生的学业成绩,反而由于不利因素的影响而降低了低能力组学生的学业成绩。因为与低能力分组的班级相比,在高能力分组的班级中普遍运用"探究式"教学,更强调问题解决和对原理的理解。关于分组教学的问题,许多教育社会学家通过研究证明,与混合编班背景下的同学相比,低能力组班级的学生学习表现要差不少。美国教育学者加莫兰(A. Garrnoran)说:分组本身并没有制造成绩,而是教学制造了成绩;一旦学生被编排在不同的能力组,他们就会经历不同的课程和不同质量的教学。[9]

因此,为了使城市学校内的少数民族和低收入家庭学生得到高质量的教学,达林－哈蒙德指出,首先要改变城市学校落后的教学模式,即改变教学仅仅是讲授的传统模式,而使教学成为一种与学生发展密切相关的反思性活动。因为教师的教学模式和学生的学习方式是密不可分的,所以,在学生所及的范围内,为学生设置较高的目标,以学生的兴趣和特长为学习的出发点。对于教师来说,要求他们具有批判性的思想,以对学生先前知识的了解和对学生之间不同需求的了解为前提,系统地组织教学过程,创设有效的学习环境,激励学生的学习和发展。

由此,达林－哈蒙德强调指出:"如果要想改变少数民族学生和低收入家庭学生的学业成绩,就必须改变他们所面对的学习机会的数量和质量。"[10]在她看来,高质量的教学不应该只是面向少数精英学生,而应该是面向所有的学生。教学不仅需要教师具备熟练而又多样的教学技能,而且还需要进行针对每一位学生的有效教学。因为有效教学注重培养每一位学生更高要求的思维过程,包括假设的能力、预判的能力、评价的能力和综合思维的能力等。在某种意义上,有效教学能推动高质量教学的平等。为此,达林－哈蒙德提出,未来的学校教学必须要作出相应的调整,其调整的核心是要求教师不仅完成课程任务或照本宣科,而且要更为全面而深入地参与教学建设,加强以少数民族和低收入家庭学生为主的学校的教学改革,提高美国学校整体的教学质量。

(三) 课程质量与教育机会公平

达林－哈蒙德认为,教师和教学的质量最终会影响课程的质量,具有专业技能教师的分配不均也加剧了学生获得高质量课程的不平等。因为只有具有专业技能的教师才能提供高质量的课程,而学生所学课程的质量直接关系到学生的学业成绩。但是,不同群体的学生在接受高水平和富有挑战性的课程方面存在着不平等。所以,达林－哈蒙德指出:"获得高水平和挑战性课程的不平等,实质上是少数民族学生和白人学生学业成绩差异的另一个因素。"[11]

在达林－哈蒙德看来,学生所接受的课程质量与他们的学业成绩有着密切的关系。在当前美国学校教育中,少数民族学生和低收入家庭学生所接受的课程内容和质量水平都较低。例如,在城市学校里,大多数少数民族和低收入家庭学生所接受的多为低质量的课程,课程内容多为信息的片段以及依据公式和规则的简单实验。但是,一些进入郊区学校的少数民族和低收入家庭学生与白人学生和高收入家庭学生有着相似的初始成绩,同样拥有更多的机会接受高水平和挑战性课程以及额外的学业帮助,那么,他们也能取得和白人学生一样好的学业成绩和教育结果,一样会按时毕业和升入大学,最后找到稳定的工作。所以,达林－哈蒙德指出:"不同的种族和民族的学生接受相似质量的课程,那么他们的学业成绩差距就会大大缩小。"[12]

达林－哈蒙德也指出,在课程质量不平等上的另一种表现是课程设置的种类和水平的不平等。学校为少数民族和低收入家庭学生提供的课程学术性很低而职业性很强,大学预备课程也是随着种族和学生社会经济地位的变化而变化的。"与白人学生占多数的学校相比,少数民族学生占多数的学校很少提供大学预备课程,而是提供更多的辅导课程,这成为教育机会不公平的根源之一"。[13]例如,在新泽西州,以富裕家庭和白人学生为主的学校在学前教育阶段就提供了外语教育,而黑人学校直到高中阶段才提供外语教育,而且课时相对较少,有的以贫困家庭学生为主的学校根本就没有提供外语教育。[14]尽管少数民族学生和低收入家庭学生的学校也提供了一些大学预备课程,但只提供了一小部分,所以,到高中阶段,少数民族学生和低收入家庭学生在职业教育领域的成绩偏高,而在学术教育领域的成绩偏低。其原因就是在这一领域给他们提供的相关课程(如英语、数学、科学)不足,加之具有专业技能的教师的缺乏,进一步加剧了在获得高质量课程上的不平等。

此外,达林－哈蒙德还指出,美国学校中所开设的英才课程,对于少数民族和低收入家庭学生也存在着很大的不平等。因为仅仅为 20% 的学生提供英才课程,所以,接受英才课程的机会很少提供给非洲裔学生和少数民族学生,从而造成他们在获得知识和教育资源上的不平等。尽管在"天赋和天才"计划中,从小学阶段到中学阶段都提供了优质课程,并配备专业技能最好的教师,但是,只有极少数学生可以从中获益。因此,达林－哈蒙德通过研究得出:一般来说,在学术班级里,如"天赋和天才"计划和著名的先修课程(advanced cource),非洲裔学生和少数民族学生的人数很少。[15]"天赋和天才"计划是为白人学生和少数亚洲裔学生准备的,他们的教室明亮,配备书籍和电脑,接受高水平和挑战性的课程,课程目的是发展儿童的能力和探索精神,培养儿童的语言、逻辑思维、解决问题的能力以及逻辑和推理能力。通常,在进入这一计划的学生中,非洲裔学生和少数民族学生只占有很小的比例。

因此,达林—哈蒙德批评说,当前美国学校的课程质量很低,尤其是大部分非洲裔学生和少数民族学生所接受的课程多是能力要求较低的课程,这对于现代生活的要求以及联邦和州教育委员会所制定的新标准来说显然是远远不够的。因此,她建议,应该依据新的课程标准进行课程和评估体系的改革。在课程和教育资源方面,应该确保以新的课程标准为核心,在非洲裔学生和少数民族学生的班级中也能得到普遍实现;与此同时,现存的评价体系也必须做出相应的调整,从以死记硬背的基本技能为导向的能力测试转向以解决问题和发展思维能力为目的的能力测试。在达林—哈蒙德看来,单纯地依据考试分数来决定学生将来的发展道路,这是一种极大的误导,因为单纯的多项选择考试并不能完全预测学生未来的表现。[16]所以,在课程标准和评估体系方面仍然需要进行更广泛的改革,使新的课程标准和评估模式可以更适合教学和帮助所有的学生更有效地学习。州和学区要制定相关的政策,提供更丰富的课程和更有效的评价方式,实现高质量的课程和教学资源分配平等,以推动学校的发展和教育机会的公平。

(四) 结语

达林—哈蒙德对学校和教室层面教育机会公平的研究,无疑将美国的教育公平理念又向前推进了一步。在教育公平问题上,她更加关注学校教育微观层面的教学、课程和学生经验,分析教育不公平是如何在学校和教室层面发生的以及对学生学业成绩的影响,从而进一步解读了学生学习机会的不平等是如何引起学业成绩的差异以及教育结果不平等的。

在美国，对于教育不公平问题的一般看法是，针对学校中能力不强的落后学生，学校必须制订相关的计划并向他们提供额外的教育。但是，达林－哈蒙德通过对不同群体的学生之间学业成绩差异的深入研究，改变了人们这种错误的观念。她指出，美国学校和教室内存在的教育机会不公平的情况，正是由于非洲裔学生和少数民族学生的种族与社会地位没有被广泛认可。因此，教育机会不公平的问题，不仅存在于州之间、学区之间、学校之间，而且存在于学校内的班级之间、课程之间。少数民族学生和低收入家庭学生在学业成绩上的差异，实质上是由于学校和教室层面教育机会的不平等所造成的。这些学校内的不平等，具体包括教师准备上的差异、物质设备的差异以及教学质量和课程质量的差异。因此，达林－哈蒙德的基于学校和教室层面的教育机会公平思想形成一个"三角理论"，教育机会公平这一目标由教师、教学和课程这三个因素支撑，其中教师因素是最关键的因素。其观点可以用下图表示：

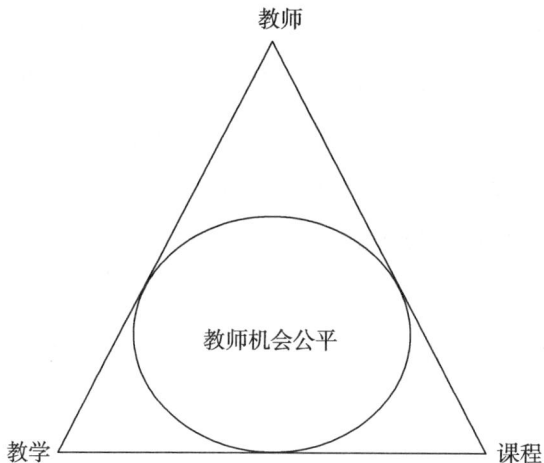

达林—哈蒙德的教育机会公平"三角理论"图

应该看到，达林—哈蒙德基于学校和教室层面的教育机会公平思想超越了美国教育家科尔曼（James Coleman）等人。虽然科尔曼在他的报告中将学生的学业成就引入到教育机会公平的研究领域，指出教育资源分配的不平等，但他又认为，教育资源的分配对于学生学业成绩的影响很小，并且独立于学生的背景和一般的社会环境。与科尔曼相比，达林—哈蒙德在对教育机会与结果的关系予以关注的同时,将教育机会扩展至获取以教育资源为基础的高质量教育的机会和学业成功的机会,并指出学生家庭和种族背景会影响他获得学校教育资源的多少和质量。正因为如此,达林—哈蒙德强调指出,从学校和教室层面来看,美国教育体系实质上并没有为学生提供平等的教育机会,因而也就会出现不平等的教育结果。

达林—哈蒙德的教育公平思想在教育政策方面也有较大的影响。她主张通过改变和制定相应的教育政策,以实现教育机会公平。学校和教室层面的教育机会不公平状况要想得到改善,其关键是平等分配具备资格许可和专业技能的教师,使学生平等接受高质量的教学和高能力要求的课程,从而使每个学生都能获得学业成功的机会。

参考文献:

[1][4][6][14] Linda Darling-Hamn New Standards and Old Inequalities: School Reform and the Education of African American Students[J]. the Journal of Negro Education. 2000(69):271,272,272,273.

[2] G·科恩.变革社会中的平等教室[A].莫林·T·哈里楠主编.教育社会学手册[C].傅松涛等译.上海:华东师范大学出版社,2004:348.

[3][5] Linda Darling-Hammond. Unequal Opportunity: Raceand Education[J]. the Brookings Review. 1998(16):31,30.

[7] Linda Darling-Hammond. A Future Worthy of Teaching For America[J]. The Education Digest. 2009(74):15.

[8][10][11][12][13][15] Linda Darling-Hammond. The Flat Earth and Education: How America's Commibnenl to Equity Will Determine Our Future [M]. Educational Researcher, 2007:321,329,324,324,324,324.

[9] Gamoran, A. Measuring Curriculum Differentiation[J]. American Journal of Education, Vol. 97, 1989:29—43.

[16] Linda Darling-Hammond. Transforming Urban Public Schools: The

Role of Standards and Accountability[C]. Paper prepared for the Harvard Urban Education Seminar Series. Cambridge，MA，2001.

（本文发表于《比较教育研究》2010 年第 9 期。作者单中惠、勾月，时属单位为浙江大学教育学院）

当代教育思潮

一、现代生产与现代教育

历史学家把文艺复兴作为现代文明时代的开始。恩格斯在《自然辩证法》的"导言"中对文艺复兴的伟大意义作了全面的评价。他说:"这是一次人类从来没有经历过的最伟大的、进步的变革,是一个需要巨人而且产生了巨人——在思维能力、热情和性格方面,在多才多艺和学识渊博方面的巨人的时代。"[1]在文艺复兴运动的推动下,自然科学也在普遍的革命中发展着。到哥白尼的《日心说》那本不朽著作的出版,标志着自然科学开始从神学中解放出来,成为独立的科学,并从此大踏步地前进。到了 18 世纪中叶,科学技术开始和生产结合,科学技术的发明成果在生产上逐步得到应用,终于在英国爆发了产业革命。从此开始了现代生产的新纪元。当然,产业革命时代的现代生产还不是我们现在所说的现代化的生产。现代生产发展到今天,已经历了好几个阶段。如果以科学技术在生产上的应用为标志,那末,发展到今天已经历了蒸汽机的发明和应用的时代,电动机的发明和应用的时代,以及当前的核子和电子的应用时代。

现代教育是和现代生产联系在一起的。在现代大工业生产之前,学校教育是被少数统治阶级所垄断的,劳动者只是靠师傅带徒弟的方式获得生产经验和技能。学校教育与生产劳动完全相分离。自从出现了机器生产,即大工业生产之后,才对劳动者提出了具有一定科学文化知识和熟练技能的要求。随着社会生产的不断发展,百多年来教育也有了很大的发展。为了研究现代生产和现代教育的关系,我们首先要了解现代生产有哪些重要的特征。

（一）现代生产的基本特征

现代生产从 18 世纪中叶的产业革命开始，发展到今天已经历了几个阶段，但是，它的基本特征却是相同的，那就是现代生产是革命的、不断变革的。马克思在《资本论》中指出："现代工业从来不把某一生产过程的现存形式看成和当作最后的形式。因此，现代工业的技术基础是革命的，而所有以往的生产方式的技术基础本质上是保守的。现代工业通过机器、化学过程和其他方法，使工人的职能和劳动过程的社会结合不断地随着生产的技术基础发生变革。这样，它也同样不断地使社会内部的分工发生革命，不断地把大量资本和大批工人从一个生产部门投到另一个生产部门。"[2]马克思在这里把现代生产与以前的传统生产严格地区别开来了。

现代生产的不断变革的基本特征表现在哪里呢？

第一，表现在科学技术的成果迅速运用到生产中。传统的生产之所以是保守的，因为它与科学技术没有直接的联系。只有到了资本主义大工业生产，科学技术才直接与生产发生了联系，从此，科学技术从发明到应用于生产的周期愈来愈短。只要列举一些数字就可以说明：

蒸汽机的发明到应用于生产经过了 80 年，电动机经过了 65 年，电话经过了 50 年；真空管经过了 33 年；飞机经过了 20 年；原子弹经过了 6 年；晶体管经过了 3 年，激光器经过不到 1 年。[3]

有人估计，20 世纪第一个十年中工业劳动生产率的提高只有 5～10％靠采用新的科学技术，而现在 60～80％要依靠新的科学技术的采用，有的行业甚至 100％要靠新的科学技术的采用才能提高劳动生产率。

第二，现代生产的不断变革的特征表现在新技术、新产品迅速过时。据统计，最近十多年以来发展起来的工业新技术，到今天已有 30％过时，在电子技术领域中达到 50％。例如 20 世纪 60 年代初在电子技术领域中开始应用晶体管。1966 年美国生产的晶体管中大约有 70％用于导弹、计算机和通讯设备方面。但到 1969 年，美国的弹载计算机已不再使用晶体管，而改用体积更小、性能更好的集成电路。70 年代初，晶体管在导弹、计算机、通讯技术等领域已经显得陈旧过时了。[3]

第三,现代生产的不断变革还表现在生产工艺的不断革新而造成的行业的变换。由于新的技术和工艺在生产上的应用,使得一些行业消失了,一些新的行业产生了。例如美国从 1949 年到 1965 年期间约有八千种职业从劳动力市场消失,同时出现了六千种以上新的职业。由于农业生产的工业化,农业劳动的性质发生了变化,农业劳动者大为减少,流入城市,转入工业或服务性行业。

第四,现代生产的不断变革还表现在人在生产中的地位发生了质的变化。人从直接参加生产劳动转到主要地负责控制生产。人把完成生产中的一些逻辑思维职能交给技术手段(电子计算机等),使人从直接生产过程(不是从一般生产过程)中解放出来,体力劳动的比重减少,脑力劳动的比重增加,生产劳动逐步变为科学劳动,社会劳动不断智力化。

总之,现代生产是不断在变革的,无论是在燃料的采用上,原料的选择上,生产工艺上,生产管理上,以及人在生产的职能上无时无刻不在变化,这种变化影响着人们的一切社会生活。

(二) 现代生产对教育的要求

现代生产改变了人们的一切社会生活,当然也就对教育提出了不同于过去的要求。

传统的手工业生产造成人的畸形发展,现代大工业生产则要求人的全面发展。马克思、恩格斯在论述资本主义生产过程中,反复阐明了这个观点。马克思说:"大工业的本性决定了劳动的变换、职能的更动和工人的全面流动性。"而且认为,这种劳动的变换是大工业生产不可克服的自然规律。因此,"承认劳动的变换,从而承认工人尽可能多方面的发展是社会生产的普遍规律,并且使这种关系适应于这个规律的正常实现,"[2] 就是大工业生产的生死攸关的问题。马克思在这里提到"全面发展的个人"。他说:"大工业还使下面这一点成为生死攸关的问题:用适应于不断变动的劳动需要而可以随意支配的人员,来代替那些适应资本的不断变动的剥削需要而处于后备状态的、可供支配的、大量的贫穷工人人口;用那种把不同社会职能当作相互交替的活动方式的全面发展的个人,来代替只是承认一种社会局部职能的局部个人。"[4] 这就是现代生产对人的全面发展提出的客观要求。

马克思还讲到，现代大工业的机器生产不需要象工场手工业那样，使一些工人始终从事一个职业。因为工厂的全部运动不是从工人出发，而是从机器出发，因此更换工人不会使劳动过程中断，同时，大工业的技术基础是革命的，工人的职能和劳动过程的社会结合不断随着生产的技术基础发生变革。这一切给人的全面发展提供了物质前提。

但是，马克思恩格斯指出，由于资本主义的生产方式，不断地重复着旧式的分工；并预言，由于现代生产的不断发展，旧的生产方式必须彻底变革，旧的分工必然会消失。到那个时候，"生产劳动给每一个人提供全面发展和表现自己全部的即体力和脑力的能力的机会。"[5] 由此可见，现代大工业生产从客观上要求教育为它培养全面发展的人，即"懂得整个工业生产的科学基础，而且其中每一个人从头到尾地实际阅历过整个一系列生产部门。"[6]

怎样才能培养人的全面发展？马克思提出要给工人以教育，要把教育同生产劳动结合起来。他说："未来教育对所有已满一定年龄的儿童来说，就是生产劳动同智育和体育相结合，它不仅是提高社会生产的一种方法，而且是造就全面发展的人的唯一方法。"[7]

以上我们引用了许多马克思和恩格斯的论述，为的是说明马克思和恩格斯在研究和论述资本主义的过程中，对现代大工业生产和教育的关系曾作过充分的阐发。这些观点在今天更显得重要而有意义。大工业生产要求人的全面发展，这就要求把生产劳动同教育结合起来，当代意义上的现代生产就更是如此。可以这样说：教育同生产劳动相结合，培养全面发展的人是现代生产对现代教育提出的普遍规律。它不只是对无产阶级教育起作用，而且对资产阶级教育也起作用。我们考察资本主义工业化国家的现代教育可以发现这样一点：工业化国家的教育所以得到迅速的发展，正是因为它们的经济发展要求教育为它培养掌握科学技术知识的技术人员和熟练工人；同时由于教育的发展适应了这种要求，又反过来促进了经济的发展。当然，在资本主义制度下，由于资本主义生产的固有矛盾，这个客观规律不能充分发挥出来，一方面现代生产需要全面发展的人；而另一方面又有大批工人因劳动的变换而失业。这是一个绝对的矛盾。但是，资产阶级要发展生产，就必须使教育适应现代生产的要求，这条客观规律还是普遍地在起作用。普及教育、职业技术教育、终生教育等都是它在教育上的反映。

现代生产不仅对培养什么样的人提出了客观要求,而且对教育的发展规模,教育的组织、内容和方法都提出了自己的要求。

过去传统的手工业生产,它的劳动经验和技能可以由师傅带徒弟的方式传下来,劳动者的培养是个别地进行的。现代大工业生产要求劳动者具有一定的科学文化知识和熟练的技能。普及义务教育就是在这个形势下实现的。19世纪资本主义国家由于生产的需要,同时在工人阶级争取教育权利的斗争下,相继开始实行普及义务教育。(表一)现代教育的模式实际上是在近百年来现代大工业生产的基础上形成的。不过现代生产发展到今天,特别是当代科技革命的时代,对现代教育,无论在培养人的规格上,教育发展的规模上,还是在教育制度、内容和方法上都提出了新的要求。下面我想结合第二次世界大战以后世界教育的动向来谈谈这些要求在教育上的反映。

表1　几个资本主义国家开始实施义务教育情况

国别	最初实施年代	起讫年龄	年限	法律规定
美国	1852年	8～14岁	6	马萨诸塞州的"义务教育法"
英国	1870年	5～12岁	7	初等教育法,伦敦市先实施
德国	1872年	6～14岁	8	义务教育法,但因战争未实施
法国	1882年	6～13岁	7	"一八七二年法"
日本	1886年	6～10岁	4	"小学校令"

(三) 战后世界教育的概况

1. 教育的普及化

二次世界大战以后,随着科学技术的新的发明创造在工业上的应用,现代生产需要大量受过较高教育的工人和科技人员,再加上广大群众要求受教育机会均等的斗争,中等教育在发达的国家渐趋普及,高等教育也有了很大的发展。(表二)"人力资源的开发"被作为高速度发展经济的条件在20世纪60年代提了出来。教育投资不再被看作没有经济收益的消费性投资,而是被看作其经济效益超过物的投资的生产性投资。教育经费逐年增长。

表2　几个发达国家学生注册人数在相应学龄阶段人口中的比率

国家	年份	中等教育	高等教育
		(6～17)*	(20～24)
美国	1960	98	32.07
	1965	101	40.18
	1970	101	49.43
	1975	87	57.64
	1976	86	…
		(12～18)	
英国	1960	67	8.5
	1965	66	11.75
	1970	73	14.07
	1973	80	16.18
	1974	81	16.66
		(11～17)	
法国	1960	46	9.83
	1965	56	18.20
	1970	75	19.50
	1975	85	24.29
		(6～18)*	(20～24)
西德	1960	67	6.11
	1965	71	8.83
	1970	78	14.41
	1974	82	19.28
	1975	82	20.15
		(12～17)	
日本	1960	74	9.45
	1965	82	12.05
	1970	87	17.01
	1975	92	24.69
		(7～14)	
苏联	1960	95	11.02
	1965	95	29.51
	1970	92	28.30
	1975	91	21.73
	1976	90	…

* 为中小学合计。资料来源:联合国教科文组织《统计年鉴》1977 年。

　　从上表可以看出,从20世纪60年代到70年代初,几个发达国家的学校注册人数逐年增加,而且增加的幅度很大。发展最快的是高等教育,在50年代高等教育的入学率除美国和苏联外都没有超过同龄人的10%,但到70年代初几乎都超过了20%。中等教育也有很大发展,从50年代的入学率60～70%,发展到70年代的80～90%。由于教育的发展,劳动者的质量有了提高,出现了所谓"高学历化"的趋势。例如日本就业人员的文化水平在1965年初中毕业生占41.8%,高中毕业生占46.8%,大学毕业生占11.4%;但到1975年就分别变为9.1%,57.3%和33.6%。[8]苏联每千名国民经济工作人员中受过中等教育和高等教育的人数1939年为123人,1959年为433人,1970年为653人,1977年为780人。[9]

　　发展中国家的教育在近二十年来发展得也很快。主要是在扫除文盲和普及小学教育方面做出了很大成绩,至于中等教育和高等教育的发展与发达国家相比,差距还很大。（表三）

表3　几个发展中国家各级学校注册人数在相应学龄阶段人口中的比率

国家	年份	初等教育	中等教育	高等教育
阿尔及利亚	1960	46	8	0.31
	1965	68	7	0.83
	1970	75	11	1.70
	1974	87	17	2.71
	1975	89	19	3.04
埃及	1960	66	16	4.86
	1965	75	26	6.77
	1970	69	32	7.92
	1974	72	40	12.46
	1975	72	42	13.51
赞比亚	1960	48	1	—
	1965	59	5	—
	1970	72	12	0.38
	1974	96	14	1.11
	1975	95	15	1.93

国家	年份	初等教育	中等教育	高等教育
缅甸	1960	56	10	0.92
	1965	71	15	1.26
	1970	87	21	2.17
	1974	83	22	2.10
	1975	80	…	…
印度	1960	61	20	2.84
	1965	74	27	4.99
	1970	72	29	6.39
	1974	77	28	6.33
	1975	79	28	…
泰国	1960	83	12	1.92
	1965	78	14	1.54
	1970	81	18	2.02
	1975	84	24	3.51
	1976	83	26	…

资料来源同上。

2. 教育结构的多样化

教育要适应现代生产的需要,培养掌握技术的熟练工人和为现代化社会服务的各种行业的劳动者,单一的普通教育是不能完成这个任务的,必须设有多种多样的学校,在中等教育日渐普及的今天,教育结构的多样化主要是在高中阶段和高等学校阶段。

在高中阶段,大多数国家分普通学校和职业技术学校两大体系。许多国家的普通学校又实行分科,如法国在高中头一年分成三个组,第二年开始分成五个组。此外还设有技术中学(学制三年)和职业学校(学制一至二年)。据法国教育部统计,初中毕业生中 30% 进入分科的普通高中,18% 进入技术中学,43% 进入职业学校。

西德的中学从初中开始就分为三类:完全中学(九年)、实科中学(亦称中间学校,六年)、主要学校(五年)。实科中学和主要学校的毕业生主要进入各种职业学校。

日本在高中分普通高中和职业高中。职业高中又分工业科、农业科、商业科、水产科、家庭科等等。也有把普通高中和职业高中合设在一个学校的叫综合中学。据统计,1978年普通高中学生占高中学生总数的6.4%,职业高中学生占32.9%,其他专门学科的高中生占0.7%。此外,日本还设有上百种职业课程的所谓"各种学校"。这种学校程度不一,学习年限不等,大部分属后期中等教育,也有高中毕业后的各种学校。据文部省1979年5月1日统计,全国有各种学校5 503所,在校学生77万余人。[10]

高等教育更是多样化,多层次化。一般国家都把高等教育分为三个层次:即二年制的短期大学或专科;四—五年制的大学本科;培养硕士博士的大学研究院。战后,短期大学(在美国称初级学院或社区学院)在高等教育普及化中起了很大的作用。例如美国初级学院学生,1978年占大学生总数的21.5%。日本在20世纪50年代为适应经济发展办起了短期大学,发展很快。1951年仅有180所,学生16 000人,到1979年已增至518所,学生37万余人,约占大学生总数的16%。1976年日本开始实行专修学校制度。现在已有2 500余所,在校学生43万余人。大部分是私立的,占全部专修学校的86.8%。专修学校分为两类:一类是招收高中毕业生,进行相当高的专科教育,这类学校有学生33万人,约占学生总数的80%;第二类是招收初中毕业生,进行高中程度的专科教育,学生有68 000人,约占16~17%。还有一些是不同学历的,有26 000人,约占6~7%。这种专修学校发展的原因是它比较适应社会分工的多样化和技术的高度化。在经济高速增长的过程中,出现很多需要新的知识和技术的职业。但是大学不能完全适应这种新的要求,[8]例如现代化的医院不仅要有医生,还需要有很多辅助医生工作的护士、X光透视技师、检查技师、化验师、使用现代化新技术的技师等等。但是,大学却只培养医生,几乎不培养其他技师,而专修学校就弥补了这种不足。由于专修学校毕业生掌握专门技术,符合企业的要求,容易找到职业,因此许多高中毕业生愿意报考专修学校。专修学校在日本发展的另一个原因是它适应妇女就业的需要。因此专修学校的学生中女生占优势,占总数的68.4%。

苏联的业余高等教育占很大的比重,绝大多数大学都设有夜校和函授部。1977年函授生占大学生总数的32%,夜校占13%,两者相加几乎是全部大学生的一半。

以上这些国家中等教育结构改革和发展高等教育的经验很值得我们认真吸取。

3. 教育内容的现代化

20 世纪 50 年代末开始,教育改革的浪潮席卷全世界并非偶然。这是由于科学技术的新发展带来了新的生产力,传统的教育再也不能适应新的形势的需要了,教育改革就成为必然的趋势。改革的主要内容是使教育的内容现代化。许多科学家认为,20 世纪以来,特别是战后 20 年,科学技术有了很大的发展,但是,中小学校的教育内容还是 19 世纪的东西,没有明显的改变,特别是科学教育的内容陈旧落后,不能适应当代科学技术发展和社会生产的要求。1957 年苏联第一颗人造地球卫星上天,触发了这次改革运动。美国在《国防教育法》的拨款下,组织了大批科学家和教育家编写数学和自然科学学科的教材,把现代科学技术的新成果充实到教材中。这就是教育现代化运动的开始。此后,英国、法国、日本、西德、苏联等都相继实行了教育改革。

到了 20 世纪 60 年代末 70 年代初,这个改革运动的势头有所减弱,对教材的现代化开始有了批评意见。认为现代化教材偏难偏深,只适用于少数有才能的学生,脱离了大多数学生的实际水平。还认为采用新教材使学生负担过重,教师也不能适应。但是,尽管对新教材有许多批评,教育改革运动还是向前发展着,试验还在继续,而且在苏联和日本已取得了较好的成果。教育内容的现代化是现代生产对教育的客观要求,是大势所趋。

在试行教育内容现代化的同时,加强基础理论教学是当前教育的重要趋向。当前科学技术发展迅速,日新月异,一个熟练工人如何才能适应这种新变化呢? 许多人认为,狭窄的专业训练是不行的,必须具有丰富的知识和坚实的基础理论才能适应这种变化。因此许多国家无论在培养专家的高等学校,还是在培养普通工人的技术学校都强调要加强基础课的教学。如苏联在培养技术工人方面,非常强调技术训练和普通教育的结合。据他们调查,一个具有中等教育程度(十年制毕业)的工人的生产教学时间可缩短 20%,而完成的定额比八年级毕业的工人高 25%。普通教育水平高的工人能更快掌握新专业和新技术,能在各种不同的设备上工作。一个只有五、六年级文化水平的钳工要提高一级技术平均要花五年时间,而十年级毕业生大多只需一年时间。[12]

近年来高等学校基础理论的教学有了加强,专业教学的时间大幅度减少。这就是为了防止狭隘的专业化,使毕业生对科技的发展有较强的适应能力。

4. 职业教育和终生教育

现代生产需要具有一定技术的熟练工人和各种具有专长的职业,再加上中等教育的普及,教育如何为青年就业作准备的问题就很突出。战后各国都十分重视职业教育,并建立起职业教育的体系。美国于 1963 年通过了"职业教育法",1968 年又通过了修正案,极大地刺激了职业教育的发展。西德对职业教育特别重视,16 至 18 岁的青少年约有 80% 受各种形式的免费义务职业教育;凡受完九年义务教育后没有进其它学校继续学习的人,都必须接受职业义务教育至十八岁。苏联的职业教育单成体系,全国设有职业技术教育委员会统一领导,这个委员会直属部长会议。罗马尼亚、南斯拉夫等国也都十分重视职业技术教育。罗马尼亚从 1973 年起,将高中阶段全部改为专业教育。南斯拉夫于 1974 年召开的南共十大通过决议,在十一、十二年级直接进行职业教育或职业定向培训。

科学技术在生产上的应用,造成职业的变动和失业。实践证明经过一次职业训练已不能保证终生的职业,新的科学技术的发明,使学生在校学到的知识迅速陈旧过时,这就促使人们要不断学习和重新接受训练,为生存而学习,以适应瞬息万变的世界。这就出现了"终生教育"的思想。这种思想为联合国教科文组织终生教育局局长郎格朗首先提倡。他认为,把人生分成两半——前半生用于受教育,后半生用于劳动的概念,是毫无科学根据的,接受教育应当是每一个人从生到死永不休止的事情。

随着这种教育思潮的出现,各种类型的学校也就应运而生:函授大学、广播电视大学、开放大学、暑期课程等等,利用各种时间,采取各种方式为成年人提供继续教育的机会。

终生教育被资产阶级教育家视作"战胜失业"的灵丹妙药。这事实上只是梦想,只要资本主义制度不改变,失业就不可避免。近年来西方大学生过剩,八十年代的教育危机就是证明。但是,终生教育的思想是可取的,它也是现代生产对教育提出的客观要求。特别是在我们社会主义制度下,加强在职职工的教育,使他们适应现代生产的发展,是有利于四化建设的。

5. 加强生产技术教育和学校同企业的联系

在重视职业教育的同时,在普通教育中越来越重视生产技术教育。苏联和东欧国家把实施综合技术教育作为普通教育的重要内容。1977 年苏联通过了《关于进一步改进普通学校学生的教学、教育和劳动训练》的决议,强调中学生在学习期间应当掌握深刻的科学基础知识和劳动技能,要认真掌握一定的职业技能。为此,要利用学校附近的企业、集体农庄和国营农场给学生安排有效的劳动教学和职业指导。建议各加盟共和国部长会议指定一批企业、机构、国营农场和集体农庄建立新的教学车间和地段,进一步扩大校际教学生产联合工厂,大力开展学生参加公益劳动的各种形式——校办工厂、学生生产队和其他组织。决议把九至十(十一)年级的劳动教学时间从每周二小时增加到四小时。

1974 年南共十大通过了改革中等教育的决议,要求每个学生在第十学年必须具有与联营劳动组织签订合同,并在企业中参加 135 个小时的实际工作,才能升入结业阶段进一步接受职业培训。

日本在 20 世纪 60 年代曾大力提倡"产学合作",加强学校和企业的联系。工读交替的所谓合作教育方案在美国、瑞典等国家也广为流行。这都反映了教育与生产劳动结合的客观要求。

6. 教育方法的改革和现代化教育手段的应用

战后科学技术的迅猛发展,科技情报的爆炸,使人类受到现代新知识巨浪的冲击。据统计,全世界每年发表的科学论文有 500 万篇,登记的发明专利有30 万件。学校教育不可能,也没有必要把全部知识教给学生。这就要求把最基本的最先进的知识教给他们,同时注意培养他们的能力,使他们能够独立思考,举一反三,善于探索新的知识。也就是说,教育不只是教会学生知道什么,更重要的是教会他们如何学习,如何去探索事物的奥秘。学生不仅是教育的客体,而且应该是教育的主体。当前教学方法的改革就是围绕着培养学生的能力这个课题进行的。

现代科学技术的发展武装了现代生产,同时也为教育手段提供了新的技术基础。电视、广播、计算机等先进技术逐渐地推广到学校中来,它必然引起学校教育的变革。但是机器总是要由人来操纵,机器的软件也需要教师来编制。所以教师仍然是不可缺少的。因为学生在学校学习绝不是简单地获得一些知识，而是要通过教学过程学会从事脑力工作，发展他们的能力，特别是要培养学生具有高尚的道德品质，更是任何教学机器所不能代替的。

以上几方面是世界教育的一些概况，由于许多同志已有较详尽的论述，不再赘述。总之，现代生产对教育提出了一系列的要求，涉及到教育的方针政策、制度、内容和方法以及教育手段等各个环节。当然，影响教育的不只是生产一个方面，还有社会政治、文化、宗教乃至于风俗习惯等等许多方面。因此，研究现代生产和现代教育的关系不能孤立地进行。本文只是对一个方面作初浅的探索，并通过对各国教育的比较，找到对发展我国教育有益的东西。

参考文献：

[1] 恩格斯.自然辩证法.马克思恩格斯选集（第三卷）[M].北京:人民出版社,2012:445.

[2][4][7] 马克思.资本论.马克思恩格斯全集（第二十三卷）[M].北京:人民出版社,2012:583—534,535,530.

[3] 孙学璨.当代科学技术发展的特点[M].北京:科学技术文献出版社,1978.

[5][6] 恩格斯.反杜林论.马克思恩格斯选集（第三卷）[M].北京:人民出版社,2012:335,335—336.

[8] 世界经济,1979(5).

[9] 柯斯塔尼亚.国民教育经济学[M].莫斯科俄文版,1979.

[10] [日]日本文部省公报资料,98.

[11] [日]每日新闻,专修学校的现状与展望,1980.10.8.

[12] 马赫莫托夫.中等职业技术学校的普通教育训练[J].苏维埃教育学,1980(2).

（本文发表于《外国教育动态》1981年第1期。作者顾明远，时属单位为北京师范大学教育系）

二、教育现代化的几个理论问题初探

（一）教育现代化的几个假设

第一，教育现代化的前提条件问题。教育现代化道路是自上而下，还是自下而上或上下同步的道路？问题在于谁来确立教育现代化的道路。教育现代化的道路是无意的、自然的，还是有意的、人为的？我认为教育现代化的道路的前提条件是现代民族国家的建立和发展。没有现代民族国家的建立和发展教育现代化是不能启动的。

第二，教育现代化研究的前提条件是历史性。教育现代化首先是动态的，具体地说是一个历史的演进变化过程。探讨教育现代化可以有两种思维趋向，一种是总结性趋向；另一种是规划性趋向。无论哪一种都不可回避历史性的制约。教育现代化在世界范围内存在先后的时序差异。

第三，探讨教育现代化的再一个前提条件是确立教育现代化的目标价值。现代化研究中存在两种对立的情绪：消极的和积极的。我们首先肯定教育现代化的存在；其次我们赞同反现代化的学术思潮，因为反现代化实质上是反西方化，反欧化。

第四，探讨教育现代化还有一个前提条件是教育现代化道路的多元普遍主义的特性，也就是说，在普遍性的教育现代化道路前提下，必然有它的特殊性。这不仅因这"普遍和特殊之间的张力"构成问题讨论的焦点，而且因为特殊性乃是教育现代化所追求的道路目标。从当代世界各国教育现代化的发展进行分析，任何一个国家的教育现代化在具有其本身固有的自主性、本源性、独立性的特征条件下,都必然会具有其普遍的、一般性的教育现代化道路的特征,即所谓的教育现代化的普适性。

第五,教育现代化的自演变规律的问题。探讨教育现代化的对象不仅包括和社会现代化的宏观关系,而且主要是要研究教育现代化的自演变规律,即教育作为社会大系统中的一个子系统而言有它自身的现代化过程。

根据以上假设,本文欲就教育现代化的一元多维的外部复杂系统、教育现代化的内部动力系统、最显现的教育现代性——教育的国民性、教育现代化的普适性等几个教育现代化的理论问题进行初步探讨。

(二) 教育现代化的一元多维的外部复杂动力系统

在研究教育现代化理论问题时,首先要解决的是教育现代化的道路问题。世界各国在实现教育现代化过程中必然要遇到的难题是道路选择问题。工业化道路具有内在的客观规律,它要通过国民经济各部门的相互协调、互相促进来实现。那么教育现代化道路也应当由教育所具有的内在的客观规律来实现。然而教育与工业化不一样,工业化本质上是生产力自身的变革的过程,而教育在部分内容上则是依附于生产力变革过程来实现变革的。因此教育现代化与生产力和生产关系之间并不一定构成直接的对应关系。英国学者格林认为,教育模式与生产技术和经济技能需求水平上的变革之间产生的关系是间接的,它需经其它因素作为中介而发挥作用;教育发展与劳动的社会条件变革之间的关系也很复杂,他们之间根本构成不了一种直接而便捷的相应性关系[1]。因此格林特别强调,工业化不能以任何方式与学校教育的新模式形成取得联系。我认为此话虽有些偏激,但有其合理之处。我们可以这样以为,教育现代化是从属于因生产力的变革而导致的社会经济、政治和文化等各个领域的现代化。社会的现代化还包括工业化、城市化、都市化、世俗化等侧面;也包括民主化、民族化、国际化等内容。这是从教育外在的因素或动力源来分析教育现代化的决定因素,即构成教育现代化的动力系统是一元多维的外部复杂系统。在这个复杂系统中,生产力和生产关系的变革是决定教育现代化变革一元的动力;但它们之间并不一定构成直接的关系,构成直接关系的倒是多维的动力系统,也就是由生产力变革而引发的社会各个领域的现代化组成了推动教育现代化的多维的动力系统或"网络"。但是从教育内在的因素或教育的结构上分析其现代化的表现因素，则是另一个方面的内容了。教育本质上首先与"人"发生关系，这里的"人"不仅仅是马克思理论所理解的集自然性和社会性于一体的双重性的"人"。他应当是具体的教育活动的主客体，即学生和教师以及与教育结构相关的客体，也就是现代管理意义上的教育管理者。学生和教师所具有的历史的、社会的、政治的、文化的、经济的意蕴体现在教育现代化的多维的动力系统中。

（三）教育现代化的内部动力系统——教育现代化的要素分析

不可置疑的是，人们认识教育的理性能力具有历史性、时代性、阶级性，而总体上这种理性能力是不断增强的。教育与人发生的关系也随历史的变化而改变。历史上的教育活动的主客体所拥有的教育时间和空间在总趋势上是不断延长和扩大的。18 世纪的教育活动的主客体，尤其主体所拥有的教育时间和空间的长短和大小显然不能与 20 世纪的今天同日而语，而且还存在着教育活动的主体本身的范围的大小。确立教育的时间和空间概念作为分析教育现代化自身的内在特性之一，具有强烈的方法论意义和实践意义。《开放社会科学》认为："如果我们把时间和空间的概念看成是世界（和学者）藉以影响和解释社会现实的社会变量，我们就面临着发展一种方法论的必要性。"[2]这样我们就可以把时间和空间当作分析教育现代化的内部变量。是否可以这样假设，教育现代化是教育活动的主客体所拥有的教育时间和空间不断延伸和扩展的过程，它所具有的政治、经济、社会、文化意义在于教育现代化的要素，即教育权力和教育权利的合法性、教育功能的扩散性和分离性、教育参与的大众性和普遍性。这与塞缪尔·P·亨廷顿的"政治现代化涉及权威的合理化、结构的分离和政治参与的扩大等三方面"相仿[3]。教育权力和教育权利的合法性，教育功能的分离性和扩散性和教育参与的大众性和普遍性之间存在着不断加剧的矛盾，这个矛盾实际构成了教育现代化内部的根本动力。但同时它们之间具有互相推动、互相促进的协调关系。在教育现代化过程中，教育权力的合法性首先在民族国家的宪法中得到确认，无论是受教育权还是教育权都取得了宪法赋予的合法性地位。教育功能的扩散性在纵向、横向层面获得了实现。教育权利和教育权力在教育时间和空间的不断延伸和扩展下，其要求也随之增长。在现代民族国家里教育权利追求不只是受教育权的目标,而且包括教育发展权的目标。在整个社会教育功能的扩散性和分离性前提下,教育权力保证教育权利与教育功能相互满足,也就是教育发展权按个体的实际需要提供发展的机会和权利。

在纵向上,由于受到教育参与普遍性的加剧,实现了"中心结构"体系一体化线性结构的建立,同时"边缘结构"在教育权力有限的资源的配置下,在教育权的旨意下得到了建立。现代民族国家社会里,教育权合法性下"边缘结构"的存在实际是教育权力有限资源配置不足的表现,同时也是充分利用教育资源的途径,它也反映了教育功能扩散性和教育参与普遍性。例如,在教育现代化过程中,教师世俗性、合法性的确立,在现代民族国家里是通过教师法的颁布和教师职业资格和证书的国家检验认定和颁发。宗教社会里的牧师是教会学校的主要教师,只需受宗教教育后便成为不证自定、不证自明的合法教师,尤其在中等、高等以上的教育机构中。当现代民族国家建立以后,国家和宗教的分离决定了教育权的转移,国家确立了自身的合法教育地位,伴随着社会世俗化的进程,教育的世俗权力的确立,教师的角色身份需重新确立,教师的权力的合法性得以确立。而民族国家里的学校教师是国家建立的专门的学校——即最初的师范学校到后来的师范学院乃至师范大学或教育学院而提供的。殊不知在现代民族国家中,与教师培养相关的一切设置无一例外的都体现了国家教育权力的合法性。这些设置的国家化性质极其显著,从设置的建立到教师培养乃至到教师的分配都是在民族国家的合法性中实现的。"国家的合法性依赖于它提供普遍改革的能力,同时满足私人资本积累的需求。"[4]对进入教师职业之门进行控制是现代国家教育制度的一个显著特征。科南特说:"当现代国家教育制度脱离中世纪的教会学制、市镇和行会学制以及大学制度而形成起来时,我们就可以清楚地看到要求鉴定教师的各种理由。"他还说:"在美国,地方世俗当局早就对公立学校的全部教师鉴定工作建立了控制权,而宗教领袖们有时候充当了世俗社区的代理人。"[5]在现代民族国家里,考试制度的建立和授予学位同是教育权力的不可分割的组成部分。

同时它还具有社会的结构意义,即教育的"中心结构"一体化整合线性结构体系和"边缘结构"的依附性从属体系的建立到"中心结构"和"边缘结构"内的变革过程。从外在形式上分析,"中心结构"的特征在丁从幼儿园到博士后结构的完善性;从属性上分析,"中心结构"的特征在于它的政治属性和普及属性。政治属性主要是由现代民族国家的特性决定的,更确切地说是取决于教育权力和教育权利的合法性;普及性是由教育参与的大众性和普遍性决定的,而且它体现了即时性和历时性的历史形成特征。

（四）最显现的教育"现代性"——教育的国民性

《开放社会科学》指出:"社会科学一向都是围绕着国家这个中轴运转的,之所以这样说,是因为国家构成了一个假想的无需证明的框架,作为社会科学的分析对象的种种过程便发生于其间。"[6]事实正是如此,由启蒙运动开创的理性研究,教育研究作为游离于其间的一个部分,毫无疑问地围绕国家这个中轴来进行,而且显现出民族的特征。在这个研究模式的视野里,文艺复兴时代所颂扬的拒斥神性的人性在民族国家构架内具有了民族性的"爱国者"和"公民"。在这点上,从孟德斯鸠开始的近代思想家的教育观念中,人、国家、民族这三个维度泾渭分明。实际上,它们是教育现代化中观念形态构筑的教育"现代性"中的三个要素,追求教育现代化的教育理论家们在思索教育问题时,都是从这三维要素出发来阐述教育观点的。可以说,这三维要素交互地制约着教育现代化的理论和实践的发展,任何孤立地去看待它们各自对教育的作用和对教育的需要的企图都会遇到障碍。譬如,卢梭是近代思想史上颇具独特个性的思想家,《社会契约论》建立了他的国家学说,《新爱洛依丝》揭露腐化的贵族,《爱弥儿》塑造了一个理想的"贵族",《关于波兰政府筹议》呼唤了波兰民族的"波兰人"。表面上,互不相干的论题,却贯穿着三维要素的逻辑线索。卢梭并不要为"国家"、为波兰民族培养"自然人",他要教育培养的"爱弥儿"是一位国家里的"公民",具有波兰民族特征的爱国者——"波兰人"。在他的教育思索域内"公民"和"波兰人"是统一的,两者不是非此即彼的关系。

实践上,教育现代化的进程中教育与三维要素之间存在这样的关系(如图所示):

意识规定(语言、文化、传统、宗教、疆域等)

终极目标

需要目标　民族

爱国者

教育　培养目标　人　统一体　现实关系

公民

国家(政体)

需要目标

终极目标

权利制约（直接、间接）

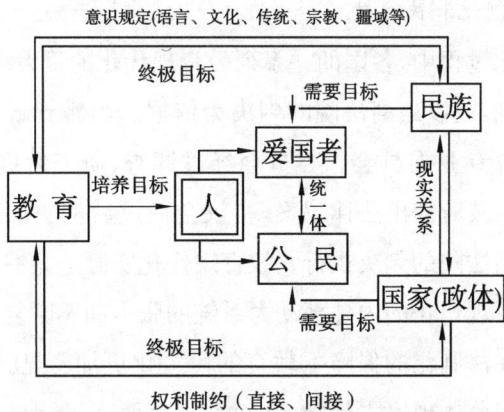

从上面理论构架内，我们看到教育与人，教育与国家，教育与民族之间的相互关系。然而，"人"处在中心位置，这是教育首要关注的维度，教育培养的目标是"人"，而"人"又是"公民"和"爱国者"的统一体。国家(政体)需要维护其统治的"公民"，民族需要保持其独立和延续的"爱国者"。教育处在国家权力控制下，同时不同的政体，不同的国家形式决定教育权力控制的不同形式；民族通过教育以其语言、文化、传统、宗教等民族意识和民族观念塑造爱国者；国家通过建立学校培养从事不同职业的"公民"。而国家和民族的现实关系决定了不可能有没有民族的国家，也不可能有没有国家的民族，民族是国家的民族，国家是民族的国家，两者统一为一体，密不可分；民族国家（nation—state）是近代社会以来表现出来的一个最显著的特征之一。同样，"爱国者"不可能没有"公民"的品性，"公民"不可能不是"爱国者"，两者也是统一体。这也是民族国家的客观需要。这种教育现代性——教育的国民性在现代社会中表现得更加彰显。尤其伴随1945年以后世界政治结构的变化，"在政治上，世界上出现了两个新的地缘政治格局：一是美苏之间的所谓冷战；二是非欧洲民族争取独立的历史伟业"[7]。"非欧洲"实际上指亚、非、拉丁美洲的民族国家的纷纷建立，随即确定了民族国家框架内的教育国民性。

（五）教育现代化的普适性

教育现代化的普适性也就是世界教育现代化过程中普遍适用的特性，它们可以说构成了教育现代化的具体的普遍内容。

1. 教育的法制化和民主化

在教育现代化过程中,各国的一系列教育现代化的重大举措——教育改革大都以法律为基础,或以最高法院的判决为依据。当碰到新的改革课题时,各国往往会成立教育专业委员会。委员会经过调查、研究后提出建议或改革草案。在此基础上由政府提出法律议案,待议会通过后依法推进改革,对有争执的问题则按照最高法院的判决执行。教育现代化实际上是一个法制化的过程。这个过程依据教育现代化的内外部动力系统的张力而不断复杂化。

教育现代化在法制化的保障下教育的民主化更加彰显。教育的民主化是指在教育领域中充分体现民主精神,就教育制度而言,教育民主化是指教育的机会均等,不同种族、信仰、性别,不同社会经济、政治地位的社会成员都享有均等的接受教育机会。在教育管理上,公众和学生以及有关的个人和团体广泛地参与教育决策的制定与执行。在教学过程中,教师和学生建立一种民主平等的关系。

2. 教育的国家化

世界各国教育现代化中表现出的教育国家化趋势愈益明显。教育国家化还表现在教育目标的制定上,突出国家的目的;在教育的意识形态上,经济主义、科技主义、国家危机论等无不体现了强烈的国家意识;在教育权上,在教育法制化的推行下,国家确立了教育权的合法性。克拉克·克尔认为,"在英国,'政府'权力甚至渗透到了各个学院。皇家委员会促进了牛津和剑桥的现代化"。他还说:"无论在什么地方,……最高权力都存在于'政府部门',""一般地说,权力中心已从最初的师生社群内部转移到外部。"这个"外部"是指"政府权力"。那么什么是"政府权力"呢? 克尔说:"'政府的'权力是一个包括皇帝、教皇、教育部长、拨款委员会、评议员以及皇家委员会的非常混杂的实体"。这个"政府"权力授权创办大学并使其合法化。"在近代,拿破仑是第一位把握控制大学系统的人。他彻底地重建了大学体系,并使其成为国家管理的法国教育体系的一部分,并一直保持至今。"[8]教育现代化的今天,国家最高领导机构或最高领导人亲自对教育提出要求或意见,并组织专门的机构对教育问题展开综合性的调查研究,然后再由最高领导机构或最高领导人对教育改革做出重大决策,在全国范围内推行。

3. 教育结构的完善化

教育结构同样取决于教育外部的一元多维的复杂系统和教育内部的动力系统。教育结构的完善化是指教育现代化过程中一体化的线性教育结构的中心体系的建立。无论是发达国家还是发展中国家都致力于这种教育结构的建立。这个中心体系的建立是在现代化进程中实现的,而不是历史某一时刻产生的结果。它包括多元的教育权结构的形成和从学前到博士后的一体化教育结构的完善。从教育权结构上看,教育权、受教育权、教育选择权包括教育的发展权的多元结构的形成,教育权结构的确立使一体化教育结构体系得以实现;一体化教育结构同时为多元的教育权结构的实现提供了良好的条件。

4. 教育理论的科学化和分化

教育理论的发展在总趋势上是综合——单一分化的演变过程,而这是教育现代化的内外部的动力系统所决定的;同时在世界性科学技术的革命性进步中教育理论不断科学化。教育学借助于自然科学和社会科学的各种理论的方法、技术,也开始急剧分化,并在与其相邻的学科之间发生交叉。它从其它人文科学、自然科学的各个领域里汲取营养而日趋丰满,许许多多的新的教育学分支如教育人类学、教育社会学、教育经济学、教育技术学……从传统的教育学理论中分化出来。教育科学逐渐形成了有别于自然科学和社会科学的一门独特的、有 50 门之多的科学学科群。这些新的教育分支学科,在更广阔的背景上,在新的方法论原理指导下,对教育现象的本质及其规律作了更为深刻的描述和解释。

5. 教育方法的技术化

在某种意义上说,现代化是科学的技术化过程。在教育现代化过程中教育主动地适应技术的变革成为共同的普适性特征。尤其是 20 世纪 60 年代以后世界进入到一个高度信息化和非常技术化的时代,技术的发展和变革对教育领域提出严峻的挑战。教育技术已成为在教育决策,在课堂教学,在各级教育特别在成人教育中取得教育成功的重要手段和方法。社会的技术化必然带来教育方法的技术化。教育技术通过对所有学习资源的系统鉴别、开发、组织和利用,以及通过对这些过程的管理来促进人的学习。教育技术的实施对高层次的教育决策产生影响,它包括教育内容的确定由专家负责,许多媒体化教学的内容是由教学内容专家、教学设计者等确定的;由于教育内容由专家确定,课程必将向标准化方向发展,媒体化教学日益广泛;教育内容标准化之后教育过程的质量得到提高;教育的作用得到改变,教学将变得更为人本主义化。由于教育技术的运用,直接影响了教学模式。教师可使用"视听教具"进行辅助教学,还可以使用完整的教学系统,即媒体化教学,教师在其中的主要作用是设计教学系统、评价和选择教学系统。教育技术通过利用广泛的学习资源,为人们学习提供了多种教育途径,推动了非正式的教育体制即远距离或媒体化教育体制的发展。开放教室、个别化媒体教学和使用社区内外的资源,开办自由学校,强调非强制的学习和教学决策分享;还可以建立学习网络。

6. 教育的终身化

教育的终身性作为一个教育研究领域是 20 世纪 60 年代出现的,但从教育现代化的进程上来看,它取决于教育的时间和空间的实现程度,而且受教育的内部动力的制约。在人类教育现代化普遍性上看,这种终身性远没有实现,而且实现的程度在全球范围内具有不平衡性。

7. 教育的国际化和全球化

教育的国际化和全球化受制于教育现代化的内外部动力系统,世界经济的变化形成了经济的国际化,特别是从 20 世纪 60 年代起经济的国际化无论在规模上还是范围上都已显著扩大,几乎席卷了所有国家和一切经济领域,这种国际化的经济对培养国际竞争人才的教育提出了更高的要求。战后国际政治形势的变化,尤其是在 1957 年苏联第一次成功地发射了第一颗人造地球卫星之后,给西方资本主义社会造成了巨大的震撼。他们不仅认识到教育的经济意义,而且更进一步认识到了教育的国际政治意义。他们在加强对国内教育进行调控的同时,积极推行国际化的教育政策,使国内教育系统成为国际社会大系统的重要构成要素之一,形成了教育的国际化。教育国际化的目标是培养有能力参与国际竞争的人才。国际竞争人才的培养不仅立足于国内而且实行了开放性政策,不断地加强和扩大了国际间的教育和学术交流,特别是高等教育的国际合作,同时充分利用国际教育机构进行教育国际化的各方面的工作。一些地域性和国际性的教育机构,如联合国教科文组织、国际教育发展委员会、文化合作委员会、教育研究与革新中心、欧州委员会、国际大学联合会、国际大学校长协会等相继成立。从教育的国际化趋势来看,教育的国际化是一个国家推行外交政策的重要手段,它有助于一个国家的国际政治战略目标的实现。

参考文献:

[1] Andy Green, Educationand State Formation: the Rise of Education Systems in England,France and USA[M]. the Macmillan Press LTD,1990.

[2] 华勒斯坦等著,刘锋译. 开放社会科学[M]. 北京:生活·读书·新知三联书店和牛津大学出版社,1997:82.

[3] [美]塞缪尔·P·亨廷顿. 变化社会中的政治秩序[M]. 北京:生活·读书·新知三联书店,1989:87.

[4] Written by H. M. Levin, edited by Martin Carnoy. Work and Education in International Encyclopedia of Economics of Education[M]. Gambridge University Press, 1995:15.

[5] [美]科南特,科南特教育论著选[M]. 北京:人民教育出版社,1988:164,165.

[6][7] 华勒斯坦等. 开放社会科学[M]. 北京:三联书店,1997:87,37.

[8] 克拉克·克尔著,陈学飞等译. 大学的功用[M]. 南昌:江西教育出版社,1993:16,15.

[9] [日]川岛武宜. 现代化与法[M]. 北京:中国政法大学出版社,1994.

[10] 丹尼尔·贝尔. 资本主义的文化矛盾[M]. 北京:三联书店,1989.

[11] 丹尼尔·贝尔. 后工业社会的来临[M]. 北京:商务印书馆,1984.

[12] 洪朝辉. 社会经济变迁的主题——美国现代化进程新论[M]. 杭州:杭州大学出版社,1994.

[13] 李庆余,周桂银等. 美国现代化道路[M]. 北京:人民出版社,1994.

[14] 罗荣渠. 现代化新论[M]. 北京:北京大学出版社,1993.

[15] 罗荣渠著,牛大勇编. 中国现代化历程探索[M]. [出版社不详]1992.

[16] [美]塞缪尔·亨廷顿等. 现代化理论与历史经验的再探讨[M]. 上海:上海译文出版社,1993.

［17］时兴和著.关系、限度、制度：政治发展过程中的国家与社会［M］.北京：北京大学出版社,1996.

［18］［美］西里尔·E·布莱克编.比较现代化［M］.上海：上海译文出版社,1996.

［19］［美］西里尔·E·布莱克编.现代化的动力［M］.成都：四川人民出版社,1988.

［20］殷陆君编译.人的现代化［M］.成都：四川人民出版社,1985.

［21］张琢主编.国外发展理论研究［M］.北京：人民出版社,1992.

［22］中国美国史研究会编.美国现代化历史经验［M］.北京：东方出版社,1994.

（本文发表于《比较教育研究》2009 年第 2 期。作者朱旭东,时属单位为北京师范大学国际与比较教育研究所）

三、历史上英国教育现代化进程的渐进式特征

（一）英国教育现代化历史进程的典型特征——渐进式发展

英国教育现代化的历史进程具有鲜明的渐进式特点，没有疾奔，亦无停顿。短时期看，进展甚小，长时期看，成就却甚大。埃德蒙·金说："英国在本世纪（指 20 世纪——引者）前 50 年中所进行的社会变革要比别国的大多数流血革命所能带来的变化多得多。"[1]恩格斯于 19 世纪就指出："在英国，一个进步一经取得，照例以后永远不会失去。"[2]这些评论同样适用于教育。这种教育变迁方式的优点是稳健，重点点滴滴的积累，重历史发展的连续性，埃德蒙·金将这种变迁方式视为"勉强的革命"，它不贪多求大，讲求踏踏实实的进步。

严格地讲，世界各国所取得的教育成就都是渐进式发展的结果，但英国教育的渐进式发展的特点尤为突出。例如，英国统一的国民教育制度的建立经历了漫长的道路，1870 年教育法的颁布只是建立了国民初等教育制度，未涉及中等教育问题。1870 年教育法没有规定实行义务教育（英国实施义务教育始于 1880 年，最初年限规定为 5 年，以后逐渐延长，1972 年时规定为 11 年），也没有规定义务教育免费（规定公立初等教育免费始于 1918 年，而规定公立中等教育免费则始于 1944 年）。1900 年英国初等教育普及化，1902 年英国建立国民中等教育制度，然而未使中等教育与初等教育相衔接。1907 年英国通过的免费学额计划在初等教育和中等教育之间架起了一座很窄的独木桥。从 1928 年起

英国开始实施教育重组计划,为人人受中等教育作准备。直到 1944 年英国才从法律上确定初等教育和中等教育是两个相互衔接的教育阶段。这个过程在一些国家通过立法在很短的时间内就可实现,在英国则经历了 70 余年。甚至,直到颁布 1988 年教育法时,英国才开始实行"全国统一课程",此前漫长的教育发展过程中并无全国统一的课程,而只是由教师来决定学生的学习课程。

为什么英国在教育变革中步伐如此之小呢?为什么英国教育会走上渐进式道路呢?

(二) 英国教育渐进式发展的历史成因

英国渐进式发展道路的形成是英国两种主要的政治倾向——保守主义和激进主义冲突与融合的结果。

英国的保守主义与我们一般所理解的顽固反对变革的保守主义不同,它是一种稳重守成的力量,但它并不绝对地反对变革,而是对变革的进程和方式持慎重态度。20 世纪初的保守党政治家塞西尔认为保守是人类的一种天性,"天然的守旧思想是人们心灵的一种倾向。那是一种厌恶变化的心情;它部分地产生于对未来事物的怀疑以及相应地对经验而不是对理论论证的信赖;部分地产生于人们所具有的适应环境的能力,因此,人们熟悉的事物仅仅因为其习以为常就比不熟悉的事物容易被接受和容忍。……变化不但是可怕的,它也使人疲劳。当人们试图去了解和判断一项新计划时,这种努力总要消耗精力,使他们不堪负担,判断力和识别力使他们内心发怵。为什么抛弃安全的已知事物而去追求可能有危险的未知事物呢?"然而塞西尔并不主张一成不变,也赞同变革和进步,并认为保守与进步并不冲突,他说:"希望进步和害怕前进中的危险这两种心情在表面上是矛盾的,而在实际上却是相互补充、互为条件的。……进步依靠守旧思想来使它成为明智、有效和切合实际的行动。如果没有守旧思想,进步纵然不是有害的,至少也是徒劳的。……人们在整个进步过程中的一个首要的、虽然确实不是惟一的问题,就是如何以正确的比例来调和这两种倾向,既不至于过分大胆或轻率,也不至于过分慎重或延迟。"可见,英国的保守主义不意味着赞同倒退、抗拒变革,而是意味着尽可能长地保持某个事物,并且在不得不进行变革时把变革的幅度限制在尽可能小的范围内。保守主义理论家埃德蒙·柏克 1790 年在《法国革命随想录》中认为,英国人最大的长处就是尊重传统,注重社会发展的连续性,既不回头倒退,也不盲目向前,即便是发生变化,"变化也只能局限于有毛病的部分,局限于有必要作出改动的部分;就连在这种时候,也只能在不会瓦解国家与政治整体的条件下进行,目标是从原有的社会因素中创建新的国家秩序"。柏克极力主张"有保留地变革"的原则,该原则一直是英国保守主义的处世哲学,柏克的名言是:"我决不排除另一种可以采用的方法,但是,即使我改变主张,我也应该有所保留。"[3]

激进主义则要激进得多。潘恩(1737~1809)的《人权论》(1791~1792)可算是 18 世纪末英国激进主义的宣言书,其矛头直指柏克。潘恩批判柏克的传统思想,认为不必拘泥于传统,后人有权改变先人之定制。他否定英国的政治制度,倡导人权,要求建立一个充分民主的政治体制。潘恩远远地走在了历史的前面,但因走得太远,其主张在当时并不切实。与潘恩同时代的葛德文(1756~1836)也是一个激进主义者,他非常强调社会的变革,但不赞成激变,认为激变是激情的产物而不是清醒而冷静的理性的产物,他要求政府进行不间断的改革,"不必给得太快,不必给得太多;但是要有给我们一些东西的不断想法"。[4]

保守主义立足于现实,激进主义着眼于未来,二者在政治上势必引起冲突,有时冲突还比较激烈。在冲突中,"保守主义因冲突而意识到变革的必要性,激进主义因冲突而接受了现实的局限性,当这种冲突在经历了许多次激烈的碰撞之后终于摸索到一个融合点时,英国式的渐进变革就发生一次。接下来,新的冲突再起,新的碰撞再生,直至摸索到新的融合点"[5]。1688 年革命时,英国用一种和平的方式完成了从专制王权向贵族政治的转换,1832 年议会改革用类似的方法开始了向民主制转变的过程。1832 年的议会改革标志着英国式发展道路的正式确立。此后,政治变革对国家造成的震荡被减轻到最小,变革以比较平稳的方式进行而不是以你死我活的对抗式形式来进行。到了 20 世纪,英国的一切社会冲突,包括教育中的冲突,都是用这种冲突与融合的方式解决,"这就是英国式发展道路——渐进改革之路。光荣革命以后的 300 多年,英国极少有大起大落、波澜壮阔的历史场面。人民看到的只是逐步的变革、前进。这表明,渐进改革已不仅是英国民族取得变革与进步的一种方式,而且成了人们头脑中根深蒂固的价值取向。它是英国文化模式的一个组成部分……。"[6]

英国的保守主义不是固守传统、顽抗新事物的极端保守主义,激进主义也不是全盘否定传统的极端激进主义,"在英国,这两种力量并没有势不两立,而是最终走向妥协,形成一种渐进改革之路。这种改革的机制是,激进主义着眼于现有弊端,努力地把历史向前推进;保守主义则作为变革的制动闸,力求把变革限制在尽可能小的范围内,以防止无谓的冒险和走极端的行为,并有效地守住已达到的目标——改革的实际成果。这样,英国社会的冲突绝大多数结局既非复辟倒退,固守传统,也非极端革命,割裂传统,而是激进的目标与保守的方式融合起来,呈现出一种独特的方式。这种方式的变革似乎可以看成是对传统的完善,是传统自身的进化。因此,这种变革之路较为通畅。英国这几百年来走的的确就是这条渐进的和平变革之路,并一直延伸到现在。其间英国极少有大起大落、暴风骤雨式的历史场面。这表明,渐进改革不仅是英国人求得进步的一种行为方式,而且成了人们头脑中根深蒂固的价值取向。"[7]

英国渐进式发展模式1832年于议会改革后正式确立,而英国政府恰从1833年开始通过议会立法手段干预教育,这样,英国的渐进式发展道路对英国教育的变革方式必然会产生深刻的影响。教育政策的产生方式、教育立法的形成方式、教育经费的拨付方式都是由国家的政治、法律运作机制所决定的,它们不是外在于政治、法律制度之外的孤立行为,例如教育立法、教育拨款同其它社会立法和拨款一样皆要经议会议决。可见,英国教育的变革方式与社会变革的方式在权力、资源分配机制方面有着深刻的内在联系。英国传统的议会制经过不断改革后,议会成为英国社会各方利益的表达场所。两大执政党轮流执政的政党制度使得其中任何一党为了在议会中占有更多的议席而拼命拉选票,为了拉到更多的选票,就要尽力满足各种利益集团的利益要求。这样,政党就要协调各方的利益冲突,提出的社会改革方案包括教育改革方案往往带有强烈的折衷色彩。

英国的这种政治运行机制直接影响到教育的发展方式。英国的近现代教育史就是一部教育渐进改革的教育立法史,而立法恰是议会的功能。在英国教育立法过程中也曾发生各种各样的利益冲突,使得议会为使法案通过不得不顾及各利益集团的要求,对法案作出修改乃至很大的修改。1870年初等教育法案被称为"妥协之上的妥协",是经过多次修改后才在议会获得通过的;而1902年中等教育法案仅在下院就被激烈地辩论了59天,两个法案所涉及的焦点问题是宗教问题,尤其是国教会势力与非国教会宗教势力、与世俗势力的冲突问题。1944年教育法通过得比较顺利,没引起教会等方面的激烈争论和抵制,这一方面是因为当时的政府是一个得到各政党支持的联合政府,另一方面也是由于在议案提交至议会前,已就一些必须解决的宗教、经费等问题进行了大量的协商并争取到了各派对议案的理解和支持。妥协和折衷就成为英国教育立法的重要特征,而以教育立法为基础的教育发展进程因此就必然具有渐进式发展的基本特点。

(三) 英国教育渐进式发展模式的利弊

英国教育渐进式发展的模式既有优点,也有弊端。渐进式教育发展模式的优点是,它使英国教育发展与改革的步伐具有非常大的稳健性。尽管英国教育的发展历程无大刀阔斧的豪迈,但由于其步伐比较稳健,使得教育能得以持续不断地发展,不会因发展过程中存在种种矛盾和冲突而导致教育现代化进程的停顿或逆转。渐进式发展道路使英国人能比较好地处理教育发展过程中传统与创新、继承与否定的关系。

为什么英国的教育(乃至整个社会)能够稳定地发展而有些国家的教育在一定时期内(如我国在"文革"期间)则因社会的动荡而遭受巨大破坏? 原因有很多,但一个根本的原因是英国的政治体制为教育发展提供了一个稳定的社会环境。教育发展能否有一个稳定的社会环境不是教育本身所能决定的。教育体制在整个社会体制中是边缘结构而不是中心结构,它往往受制于其它一些社会因素,尤其受制于政治体制。英国的政治体制经过不断完善而成为一种适合英国国情的、非常有效的调节和整合社会矛盾的机制。英国持续不断的议会改革使议会对民众的吸纳范围逐渐向下延伸,使各阶层、各团体的利益要求在议会中能得到充分的、公开的表达。历史表明,英国的民主化和法制化使得议会有充分的能力解决社会现代化变迁过程中产生的种种问题而不致引起整个社会的动荡,进而使教育能在一个稳定的社会环境中得以持续不断的发展。

英国教育渐进式发展模式的弊端是,教育发展的步伐较小,效率不高,与改革力度较大的国家相比显得迟钝和落后。英国的议会政治对教育发展迟缓应负一定责任。为使教育法案在议会讨论时不致夭折，法案的设计者往往煞费苦心，1902 年中等教育法案的设计者本不想设立"第三部分教育当局"，但他们只是为了获得许多自治市和城市区保守党对法案的支持，才不得不这样做。后来的实践表明，这样做阻碍了教育效率的提高，完全没有必要。为促进教育事业的迅速发展，必须加大中央政府对教育的干预力度。1917 年下议院议员费希尔(Fisher, H. A. L)提出了一项加强中央政府权力、削弱地方政府权力的教育议案，但因遭到了地方教育当局的激烈反对而未获通过，致使费希尔不得不于1918 年将该议案再次提交给议会，最后该议案被作了大量修改后才获通过。因此，1918 年通过的教育法案是一项妥协折衷的法案，它在加强中央政府管理教育权力的同时也加强了地方政府管理教育的权力。英国的议会政治可谓广开言路，让各种教育利益都充分地表达出来，然而其问题在于不利于效率的提高，扯皮和妥协都需要时间，贻误教育发展的良机。有时利益冲突使得议会左右为难，不知所措。1902 年 3 月 24 日鲍尔夫首相在向下议院介绍 1902 年教育法案时深有体会地指出，"政府行事，困难重重，对此没人会比我体会得更深刻"，"我们认为，为了国家的荣誉，教育改革再也不能拖延。多年以来，这件事使立法机关和改革者左右为难，对这一重大问题我们已下决心向下议院提出我们的解决办法"。立法机关和改革者何以左右为难？他们不是不明白教育改革的必要性，令他们左右为难的是如何协调各种利益冲突。鲍尔夫要求"彻底结束这些已浪费了我们太多时间的无聊争论"，提高教育发展的效率。[8]

总之，英国教育渐进式的发展模式有其深厚的历史渊源和政治基础，的确是独树一帜的。这种模式有其优点也有其弊端，我们在借鉴这种教育发展模式时，应扬其长而避其短。

参考文献：

[1][2] 转引自王承绪，徐辉主编.战后英国教育研究[M].南昌：江西教育出版社，1992：367，366.

[3][4][5][6] 钱乘旦，陈晓律.在传统与变革之间——英国文化模式溯源

[M].杭州:浙江人民出版社 1991:174—185,221,274,278.

　[7] 顾明远主编.民族文化传统与教育现代化[M].北京:北京师范大学出版社:1998.

　[8] 瞿葆奎主编,金含芬选编.英国教育改革[M].北京:人民教育出版社,1993:13—17.

　（本文发表于《比较教育研究》2000 年第 3 期。作者褚宏启,时属单位为北京师范大学教育管理学院）

四、比较视野中的教育现代化进程

世界各国教育在教育现代化进程中因其历史、自然环境和文化传统等因素而表现出各不相同的特征。对这些国家教育现代化过程进行跨文化比较研究，从中发现教育现代化发展的内在规律，可以启发教育现代化进程中的后来者更快、更好地完成教育现代化的历史任务。

（一）教育现代化历史进程的比较分析

教育现代化进程的开端可以追溯至 17 世纪的欧洲，①以班级授课制为基础的现代学校教育的产生和发展可以看作是教育现代化进程的起始标志。克伯雷在其《教育史读本》中曾用"非常现代化"来评价夸美纽斯在 17 世纪的欧洲所倡导和实践的以班级授课制为基础的新型学校教育，说他"在初等和中等教育领域中引来和支配着整个现代化运动"。[1]还有学者称夸美纽斯为"现代教育学的第一位传道士"。[2]正是夸美纽斯创立的班级授课制，给人类社会的教育带来了世俗化、民主化和科学化的可能，而这些深刻的变化是构成教育现代化进程的基本要素。到了 19 世纪，以现代学校教育制度为核心的现代教育体系在欧洲已经基本确立。在这样的背景下，赫尔巴特把现代心理学研究成果引入教育领域，创立了与现代学校教育制度相适应的现代教育学。至此，人类社会的教育从实践到理论都开启了一个现代化的历史新进程。

---

① 关于世界教育现代化的历史开端，学界尚有其他观点，如新中国比较教育学科奠基人顾明远先生等一些学者认为，应以 18 世纪 60 年代的英国工业革命作为教育现代化的历史开端。

回顾历史,各国教育现代化的道路是不尽相同的。就现代化的先行者英国而言,其重商主义的传统在经济和社会、文化等方面的长期积累为英国教育的现代化奠定了坚实的基础,也使其教育现代化发展进程很早就表现出务实的精神。英国的学校较早引入了科学知识内容,表现出实用的取向,尤其是在那些非捐资兴办的私立学校里,更是很早就开设了数学和科学课程。英国政府在很长的历史时期里并未实施对教育权的控制,主导英国教育的主要是各种宗教团体、独立社团和私人。这种状况与英国清教众多教派和平共处相呼应所形成的社会文化氛围有关,使得英国在教育现代化过程中能够容许英格兰、威尔士和苏格兰等不同地区实行各自不同的多元教育体制。在法国和德国,情形却完全不同。在教育现代化过程中,德国和法国政府都建立和保持了对教育的强大干预力量。德国哲学家费希特就认为,建立能够教化全体国民而不只是培养少数有文化阶层的国民教育制度,是重建德意志民族国家的惟一道路。在法国,无论是18世纪的思想家还是革命时期的政治家,几乎都认为教育是国家当然的职能。产生这种倾向的原因之一,就是对饱受邦国战争和教派纷争之苦的欧洲大陆国家来说,建立统一的现代民族国家非常重要,这也是他们迈向现代的前提之一。

与美国等新兴移民国家相比,欧洲国家在教育现代化过程中相对而言有更多的传统教育因素被保留下来。英国的教育现代化进程自一开始就一直是在传统和现代相互妥协中渐进地向前推进的。在英国的传统中,教育一直是教会和家庭的职责,其学校教育体系也主要是由教会以及其他各类社会团体主导的。在教育现代化进程中,英国政府主要扮演了一个协调者和适度干预者的角色。在这样的情形下,英国现代学校教育体制中的传统色彩至今还相当浓重,其公学、牛津大学特殊的学院体制等很多传统的教育体制历经多年如今依然运转如常。欧洲大陆国家如今各具特色的现代教育制度,也是其传统教育因素在现代化过程中被保留下来的结果。譬如今天看来独具特色的德国职业教育,实际上是其传统学徒制的"遗迹"。德国人在教育现代化过程中保留了中世纪学徒制传统,并加以改造以适应新的现代学校教育制度,从而形成了独特的德国式职业教育体系,为其现代产业发展培养了一批又一批高素质的技术工人。法国一直以其文化传统为荣,它以传统人文主义文化为基础,在启蒙时代创造了灿烂的文化。在教育现代化过程中,这个有着专政和革命传统的国家也一直重视对其文化教育传统的维护。今天我们看到的法国独具特色的一系列教育制度,都是作为其文化传统的重要组成部分被保留下来的。

美国作为一个新兴的移民国家在教育现代化进程中较少受到传统因素的制约。在这一历史过程中,美国人既学习英国,又学习德国以及欧洲其他一些国家,从而在借鉴与创新中逐步形成了具有美国特色的教育体系。独立后,美国教育很快就加入了现代化的发展进程,并在学习欧洲的过程中跨越式地从高起点起步,并很快形成了一个有美国特色的、适应美国社会发展需要的现代教育体系,在很多方面实现了对欧洲教育的超越。在英国重商主义传统的基础上,美国人进一步发展其实用取向,最终形成了实用主义这一美国本土哲学,而这一哲学在其教育的美国特色形成中又起到了十分重要的作用。杜威实际上是在美国重构了欧洲人发明的现代学校教育制度,倡导教师在教学过程中采取一种平等探讨的、而不是居高临下宣讲真理的态度,鼓励学生在实际活动中提出问题,探索解决问题的办法,以培养学生独立解决问题的能力,进而在经验的基础之上形成自己真正掌握了的知识。美国的高等教育在现代化过程中形成的美国特色也是显而易见的。传统的英国人认为大学是培养贵族的地方,传统的法国人则认为大学是培养领袖人物和学者的地方,而美国人在教育现代化过程中很快就抛弃了这些传统理念,转而强调大学培养人才、为社会服务的现代社会职能。这一新型的高等教育理念给美国大学的办学方式、课程设置、学分制形成等都带来了深刻的影响。

对教育现代化的后发国家而言,包括美国、日本以及后来的第三世界国家,教育现代化都经历了和正在经历着一个外源与内化的转变过程。

美国在殖民时代的教育基本上是移植和模仿英国及欧洲大陆教育的,教育现代化初期主要也向欧洲学习,但美国国内特定的社会条件决定了照搬照抄欧洲是不可行的。于是,在与本国教育实践相结合的过程中,美国人逐渐摸索出更加适合本国社会现代化进程的教育现代化发展模式。在整个现代化过程中,教育的任务也从最初保存和传递基督教知识,很快转向传授社会生活所需要的知识和技能,转向为美国式的新生活方式做准备。因此,在美国的教育现代化发展历程中,我们先是看到了"老骗子撒旦法",看到了用渡船税、婚姻税、酿酒许可税等来弥补英国式捐赠制度无法支持的公立学校运作的不足,而后就看到了依靠公共税收支持的、免费的初等教育,看到了弗朗西斯·帕克和约翰·杜威的进步主义教育改革运动,看到了职业教育与普通教育相结合的具有美国特色的综合中学,等等。

日本的教育现代化也是走了这样一条"引进——创新"的发展道路。日本人起初诚心诚意地要彻底学习欧美的教育,1872 年日本仿照欧美建立了现代教育制度,其制度架构和教育内容无不充满欧美色彩。由于明治维新后新成立的政府缺乏足够的财政基础,加上教育内容脱离日本社会实际,这场教育变革在日本社会遭到强烈的反对,效果不佳。1886 年日本颁布学校令,建立"集权学校制度",并逐渐转而寻求通过改造日本社会既存教育资源来推进其教育现代化。所以麻生诚等在评价这段历史时说,这一阶段"教育政策的核心是在一定程度上把上述固有因素结合起来,以便有效地加速教育现代化"。[3]在福泽谕吉的"进化论的实用主义"及其强调"独立和自重"精神的影响下,日本人逐步找到了自己有特色的教育现代化之路。

对殖民地和半殖民地的后发展国家来说,教育现代化的模式受到更多复杂因素的影响。正如亨廷顿(Samuel Huntington)所言,"在第一和第三这两个世界中,迥然不同的历史条件产生了并将继续产生不同的现代化发展道路"。[4]印度在殖民时期几乎是原封不动地移植了英国的教育模式。1947 年印度独立,开始根据印度社会实际和本国发展的需要对殖民地时期的教育体系进行改造。1968 年,印度颁布实施"10—2—3"学制,基本形成了有自己特色的现代教育体系。1986 年,印度又着手建立所谓"学校联合体",即一种有弹性、有组织、网状的学校协作组织,这都是印度有自己特色的现代化学校教育制度。中国的现代学校教育制度起初也是由西方传教士们伴随着《圣经》一起输入中国的。坚船利炮使得中国人很快就看到了隐藏在这种新式教育中的科学技术的强大力量,于是中国有了开设数、理、化课程的京师同文馆;有了 1901 年饬令书院改办学堂的"兴学诏";有了 1902 年以日本明治学制为蓝本的癸卯学制和 1904 年逐年递减以致停止科举的谕旨;有了洋务派从技术教育、军事教育到高等教育的新学堂尝试;有了随后新式学堂在中国的迅猛发展,中国人开始自己兴办新式学校,开设新课程;这其中又夹杂着"中体西用"之争,各种被动的和主动的变革交错杂陈,教育现代化艰难前行。直到 1978 年以后,中国教育现代化才真正步入了快速发展的阶段。

几乎所有的历史都证明,无论是外源的还是内生的,决定教育现代化发展的关键还是本国社会发展的历史状况,别国的经验只是起到了一种诱发和引导的作用。

(二) 影响教育现代化历史因素的比较分析

影响世界各国教育现代化发展历史进程的因素是纷繁复杂的,自然的因素和社会的因素都影响着教育现代化的发展以及各国教育体系民族特色的形成。

就自然因素而言,历史地理的差异给教育现代化进程带来了不同程度的影响。英国作为一个与欧洲大陆隔海相望的海岛国家,与其他国家的商业贸易无疑具有重要意义。伴随着广泛经济往来而在文化上形成的兼收并蓄和宽容自由的社会氛围,为其教育现代化创造了良好的社会空间,而重商主义的传统和工业革命的效益,为其教育现代化奠定了雄厚的经济基础。处于欧洲大陆中心位置的德国,在海洋扩张时代却并非处于世界贸易的中心地带,而是落后于大西洋沿岸的欧洲国家,北部的海岸在殖民贸易中难以给德国带来多少便利。在这样的条件下,德国教育现代化进程中的经济推动力固然存在,但如宗教改革这样一类精神上的革命却起到了十分重要的推动作用。新教领袖们都把举办学校教育放在了十分突出的重要位置。新教在德国教育普及、民族语言教学等方面,无疑做出了不可忽视的贡献。当洪堡等人在德国推行教育改革,国家从教会手中接管教育事业的时候,德国教育事业的发展已经为其现代化进程的加速奠定了良好的基础。中国作为一个地大物博的多民族国家,既有漫长的海岸线,又有辽阔的腹地,长期不间断的文明积累使其具有很强的文化创造力,对外来文化有很强的包容和消化能力。这也使得中国文化在面对外来文化冲击时表现出更大的稳定性或者惰性,而其文化变革过程也往往更多地受到内部因素的影响。在这样的环境中,教育现代化在中国就经历了一个由表及里、由用及体、十分复杂的变革过程。日本作为一个海洋国家,虽然文明开化较晚,但其开放的文化心态却成就了迅速崛起的日本神话。在教育现代化过程中,日本人在教育政策上采取了折衷的、实验的态度,[5]这使得日本的教育体制在现代化过程中表现出多变而折衷的历史特征。日本 1879 年实施教育令,主要学习的是美国的分权教育体制;1885 年,森有礼担任日本第一任文部大臣,又仿照德国在日本建立了一套双轨的教育体制;1936 年,日本教育改革会议提出以"神道教、政府和教育"三位一体为前提推行教育改革,日本开始实行国家主义的战时教育体制;1945 年日本无条件投降,教育体制也在美国主导下进行美国式的改造,建立单轨学制,实行分权管理;1951 年 11 月,日本法规修订咨询委员会向内阁提交关于改革教育制度的建议,此后日本政府又逐渐强化文部省对教育的控制,逐渐形成了所谓"中央地方合作型"的教育体制。在各种内外部因素和力量的作用下,日本的现代教育在不断变化中发展着。

由于宗教对教育的深刻影响,宗教权力的不同格局也影响着教育的现代化进程。与罗马教廷联系紧密的天主教有着长期的专制历史,这使天主教国家和地区的教育现代化过程较之新教国家和地区要面对更强大的传统阻滞力量。同样是在德国,天主教地区的教育现代化步伐要落后于新教地区。到 18 世纪后期,天主教地区才奋起直追,大力推行教育改革。与新教地区渐进的、有组织的教育改革不同,天主教地区的教育改革是比较突然的、自上而下的,因而遭遇的抵制力量也要大一些。出现这样的差异,是因为新教打破了传统天主教的精神框架,给人们提供了一系列新的伦理精神。新教强调个人独立面对上帝,并要求教育与人的生活相联系,给了个人成长以更大的自由空间。新教要求每个人直接阅读《圣经》,赋予每个信徒接受神学教育的权利,从而也将教育的普及推上了现代化的历史轨道。为了有利于每个人更好地阅读和理解《圣经》,新教从路德等人开始就将《圣经》翻译成民族语言,并且在其学校中教授民族语言,这也为现代教育在内容上以现代科学和民族语言文学为主这一基本特征的形成奠定了基础。新教还把信仰与人对知识的追求联系起来,把科学引入了神学,使大学与科学产生了密切的联系。所有这些,无疑在教育内容和教育方法上为教育的发展打开了通往现代化道路的门锁。新教强调劳动是一种世俗的礼拜,是对上帝最大的忠诚,他们把职业劳动看作是确证自己为上帝选民的惟一手段,而每一种正当职业在上帝面前都有同等的价值。正是这样的信仰所奠定的社会基础,给了欧洲现代职业教育的发展提供了丰厚的文化土壤。

发源于商业气息浓厚的日内瓦的加尔文主义与英国重商主义传统天生有

着亲和性。英国清教信奉加尔文主义等新教思想，并通过经院哲学以严格的学术方法来阐发加尔文的恩典神学，倾向于通过严密的逻辑、在有机联系中理解神学，经院哲学的逻辑推演为英国的大学迈向现代科学铺垫了重要的台阶。英国清教内部宗派林立，面对查理二世和詹姆斯二世时期对清教徒的大迫害，清教逐渐在内部各教派之间进而在清教与其他教派之间达成了"大宽容"的宗教氛围。多教派共存及其争辩，无疑有利于"剑桥柏拉图主义者"们发起的理性主义运动在英国社会的扩展，从而为科学的发展及其向教育的渗透提供了必要的自由空间。

法国作为一个有着天主教文化传统的国家，其文化教育权力长期处于教会的控制之下。早在"秃头查理"建立法兰西帝国之前，墨洛温王朝时期法兰克国家的学校就已经全部由教会举办。封建时期的法国长期实行政教并行的政治体制，所以文化教育的权力一直牢牢控制在教会手中。在法国，由于宗教改革本身对天主教和王权专制的谴责，加上法国南部一些大贵族一开始就在法国宗教改革中掺杂了政治目的，所以法国历代国王对新教都采取了残酷镇压的态度。拿破仑1801年签署的《教务专约》承认的仍然是天主教会。巴黎大学一直被置于教皇的权力保护之下，法兰西研究院也是红衣主教黎塞留掌权期间为了进一步控制思想文化、强化中央集权而建立的。等到教育现代化进程中国家逐渐接管教育并建立国民教育体系的时候，这种中央集权控制的教育管理体制也就很自然地同时被国家接管了下来。

在基督教文明传统的欧洲，宗教权力和世俗权力一直是在相互独立的状况下互相对峙的。这是基督教文明与东正教、伊斯兰教或亚洲诸宗教的不同之处。在后几种文明中，要么是宗教权力凌驾于世俗权力之上，要么是世俗权力高于宗教权力，少有相互独立对峙的状况。欧洲宗教权力与世俗权力独立对峙的格局使得欧洲的教育现代化发展进程呈现出多元的、自由的和个性选择的特征。为了通过教育来传播新教思想，基督教新教对学校教育的重视以及其投入教育的热情也是东方诸宗教中比较少见的。在东方宗教文明背景下，无论是宗教权力还是世俗权力独占统治地位，都易于形成对文化教育的专制，教育多在一种思想的主导下展开，异己思想很难渗透，教育的现代化发展，也往往呈现出非此即彼的一元化思维特征。

影响教育现代化进程的自然因素和社会因素很多,除了地理环境和宗教因素外,我们还可以从很多方面来对这一历史发展进程进行因素的比较分析。

(三) 教育现代化理论的比较分析

关于教育现代化的比较研究是比较教育学一个十分重要的研究领域。这一研究领域的形成与现代化理论对比较教育学的影响是直接联系在一起的。现代化理论在一定角度上对现代人类社会发展进程确有很强的解释力,但同时其自身又存在很多局限。

教育现代化理论是现代化理论在教育领域的应用。17、18 世纪,欧洲历史学家逐渐放弃基于基督教的历史分期,开始用古代、中世纪和现代的历史分期方法把大约 1 500 年前后作为分界线,将这之后的世界历史称为现代史。此后,涂尔干的分工论、马克斯·韦伯的合理化理论和帕森斯的结构功能主义理论,都试图用一种新的思路来解释人类社会在这一段被称为"现代史"的历史时期内所发生的一系列不同于从前的发展变化。但是,现代化理论的真正提出,则是在 20 世纪 50 年代。到 20 世纪 60 年代,这种理论在西方学术界达到了鼎盛。现代化理论是一种对 1 500 年以来人类社会历史进程的解释模型或解释思路,对"现代化"的具体涵义,学界至今仍然见仁见智,没有一个公认的定义。有学者认为现代化是指人类自科学革命以来所经历的知识迅速增长和社会高速变迁的过程。"现代性"是"那些在技术、政治、经济和社会发展诸方面处于最先进的国家水平所共有的特征。'现代化'则是指社会获得上述特征的过程";[6]也有学者这样描述现代化的特征:生活方式都市化、价值取向世俗化、政治生活民主化。[7]

现代化理论对比较教育学研究有着重要的影响。20 世纪 60 年代和 70 年代初期,西方比较教育学界开始重视研究第三世界,而现代化理论就成为这些学者重要的分析框架。在这类研究中,教育与经济发展的关系、教育在国家发展中的作用、教育对社会现代化的推动力量以及如何通过教育现代化来促进社会现代化等一系列问题,成为比较教育学者们关注的重要问题。有的比较教育学者还专门研究哪一级教育以及什么类型教育的发展对社会现代化贡献最大;有学者将工业化国家和非工业化国家的人均国民产值和教育水平相互关联地进行比较分析,试图说明教育在现代化过程中的重要作用;还有学者专门从观念现代化、政治现代化等不同角度来研究教育现代化及其对整个社会现代化的促进作用。到 20 世纪 70 年代初,非正规教育又被纳入这类比较教育学研究的视野之中。由于这些研究者多为西方学者,采用的分析框架又是西方中心的现代化理论,所以,比较教育学传统的"借鉴"思维模式在这时发生了转向,西方教育模式向第三世界国家的输出成为比较教育学研究的基本路向。同时,这类关于教育现代化的比较研究主要关注的问题是在教育与国家发展的宏观层面,对发生在学校教室内的实际教育教学过程却有所忽视,关于学校课程设置、教学方法、教育内容等的比较研究很少。这种状况至今依然存在,并且在一定程度上影响和制约着比较教育学的进一步发展。与教育现代化比较研究相关的还有两个重要研究领域,一是比较教育学的传统研究领域——教育与国家发展研究;二是 20 世纪 70 年代在西方兴起的关于教育的比较社会史研究(comparative social history of education)。在这两个研究领域的比较教育学研究成果中,现代化理论的影子也到处可见。

我们应当注意到,现代化理论的重要思想基础包括西方中心主义、进化论的社会历史观和古典社会学关于社会变迁的"两极理论"(将人类历史划分为传统与现代两极)等。尽管不同的现代化理论流派对传统社会和现代社会的具体表征界定不一,但它们在这种两极划分模式和西方中心的描述方法上却是一致的,即都是对近代以来西方社会的特征进行归纳,然后把符合这些特征的社会归属于现代社会,而把所有不符合这些特征的社会则统统归于传统社会。在这样一个思路的主导下,它们不知不觉地完成了一个将空间时间化的学术操作,把原本是同一时代不同地域空间上的社会差异,转化为传统与现代、野蛮与文明等时间维度上的和进化意义上的差异,从而在同一解释模型中消解了人类社会文化多元存在这一历史事实。面对现代化理论的一系列局限性,此后,作为对现代化理论的批判,学术界又出现了依附理论和世界体系分析理论等新的历史解释模型。这些理论在 20 世纪 70 年代对比较教育学研究也产生了非常大的影响。

我们认为,应当把作为历史事实的现代化进程与现代化理论区分开来,对教育现代化和各种关于教育现代化的理论也应区别对待。我们今天常说要实现教育现代化,并非意味着要完全按照现代化理论所勾画出的社会模型来改造我们的教育,更不是完全照搬西方的教育模式。在前文中我们也已看到,实际上,各国的教育现代化都有着自己独特的发展道路,决定教育现代化发展的不是来自一个国家外部的影响,而是这个国家内部的实际社会条件。

今天,人类历史正在发生一系列新的深刻变革,全球化理论正日渐成为一个与现代化理论并驾齐驱的、描述人类历史发展进程的新理论模型。实际上,全球化本身仍然是现代化进程的延伸,是现代性在全球扩展过程的一部分,或者直接就是现代化进程的一个重要历史阶段。在现代化进程中,人类社会的结构在发生着所谓"分化"和"集中化"的深刻变化,以血缘和地缘关系为基础的封闭性结构格局逐步消解,人们日益相互依赖,普遍的联系和交往越来越成为必需,人们活动的规则也日益统一化,他们越来越多地参与、分享并共同创造着相似的制度、规范、道德乃至语言。[8]从这个角度来说,把全球化看作是现代化的继续显然并不为过。全球化是一个不以人的意志为转移的客观历史过程,它实际上贯穿了整个现代化历史的始终。在教育领域,我们已经切身感受到这一历史过程的存在,无论是发达国家还是发展中国家,世界各国相互之间的教育联系和教育交流从来没有像今天这样频繁和紧密。在这样的历史背景下,比较教育学研究的意义和价值也更加突出地显现出来,因为,在这样一个全球化的时代,正如印第安那大学荣格(FritzK. Ringer)教授所说的那样,除了比较的方法(comparative approach),"简直就没有其他的方法能够达成对教育中的发展变化进行解释,而不只是进行描述。"[9]

需要特别强调的是,教育现代化是一个不断发展的过程。所谓"实现教育现代化",也无非是指一个朝向进步的目标不断努力的过程。在西方部分发达国家,随着现代化的不断发展,社会和教育的发展已经呈现出一系列新的不同于现代化初期的社会现象和价值取向。20世纪70年代后期,西方学界提出"后现代社会"的概念,将其作为继传统社会、现代社会之后的第三个历史阶段。这类思想逐渐演变成一个内涵极其庞杂的社会思潮,这股思潮中的各种流派思想不尽相同,但在反思人类社会现代发展的历程和批判现代性理念给人类发展带来的各种局限等方面,却呈现出很高的一致性。在教育领域我们看到,一方面是理论领域出现了各种有关后现代的论述,这些论述在很多方面仍然含混不清,有待进一步的完善;另一方面在教育实践层面,网络教育发展迅速,近年来在部分西方发达国家还出现了"家庭学校"(home school)和"在家上学"(home schooling)现象。种种迹象表明,在教育现代化进入成熟发展阶段的同时,一些全新的发展趋向已经出现。现代的教育内容和教育手段开始突破现代学校的时空框架,重新向家庭和社会生活的其他领域拓展。人类教育的未来发展道路究竟怎样? 我们这些仍然在为实现教育现代化而不懈努力的人们,也需要对此进行认真的思考,不仅为了未雨绸缪,更是为了实现跨越式的发展。

最后我们还要特别强调,教育现代化不仅是人类社会现代化的结果,同时也更是社会现代化的重要推动力量。关于人类社会现代发展历史的无数研究都已证明,教育是社会现代化和民主化的先决条件之一。[10] 我们在研究和推动教育现代化的过程中,一定要看到教育现代化对国家发展的重要作用,对社会进步的重要作用,对人自身发展的重要作用。

参考文献:

[1] [美]E. P. 克伯雷选编,任宝祥等译. 外国教育史料[C]. 武汉:华中师范大学出版社,1991:367,396.

[2] [英]伊丽莎白·劳伦斯著,纪晓林译. 现代教育的起源和发展[M]. 北京:北京语言学院出版社,1992:70.

[3][5] [日]麻生诚等著,刘付忱译. 教育与日本现代化[M]. 北京:人民教育出版社,1980:5.

[4] [美]S. 亨廷顿等. 现代化理论与历史经验的再探讨[M]. 上海:上海译文出版社,1993:330.

[6] [美]C. E. 布莱克著,景跃进等译. 现代化的动力——一个比较史的研究[M]. 杭州:浙江人民出版社,1985:5.

[7] 金耀基. 传统与现代[M]. 台湾:时报文化出版事业有限公司,1978.

[8] 孙立平等. 国外发展理论研究[C]. 北京:人民出版社,1992:38.

[9] [美]Fritz K. Ringer. Education and Society in Modern Europe[M]. Bloomingtonand London:Indiana University Press, 1979:1.

[10] [德]里夏德·范迪尔门(R. vanDülmen)著,王亚平译.欧洲近代生活[M].第3卷"巫术、宗教和启蒙运动"[A].北京:东方出版社,2005:159.

（本文发表于《比较教育研究》2007年第12期。作者项贤明,时属单位为教育部人文社会科学重点研究基地北京师范大学比较教育研究中心、北京师范大学国际与比较教育研究所）

五、评永恒主义教育

永恒主义教育是现代西方资产阶级教育流派中提倡复古的一个流派,它由于宣扬宇宙精神的永恒存在而得名。这一流派是怎样产生的,有哪些主张,目前影响如何? 本文试图对此作一初步评价价。

(一) 永恒主义教育思想产生的历史背景

永恒主义教育流派产生于 20 世纪 30 年代初,主要代表人物有美国的罗伯特·赫钦斯(18991~),莫蒂默·丁·艾德勒(1902~),英国的里·德·利文斯通(1880~1960),法国的阿兰(1868~1951)等。

永恒主义教育的出现不是偶然的,而是有着重要的历史背景,它的出现是资本主义危机加深的表现。我们知道,1929 年秋,资本主义各国陆续卷入经济危机的深渊之中。这场危机是一次历史上空前严重的世界性危机。

从经济损失来说,这次危机延续四年之久(1929~1933 年),美国最早陷入危机,遭受打击也最为严重。这次危机不仅涉及工业生产,而且还扩展到农业、财经等部门,并且相互交织在在一起,危机震动了整个资本主义体系,使资本主义世界遭受 2 500 亿美元的损失,比第一次世界大战的损失还要多 800 多亿美元。

从生产速度来说,危机十分沉重地打击了工业生产的各个部门,使整个资本主义世界的工业生产急剧下降。当时,各主要资本主义国家的工业生产指数,如果以 1929 年为 100 的话,到 1932 年美国下降为 53,德国下降为 59,意大利下降为 66,法国下降为 69,英国下降为 82。

从阶级矛盾来说,这次危机充分暴露了资本主义制度的腐朽性,使资本主义各国的阶级矛盾空前激化。在危机年代,资本主义各国共有 4 000 多万工人失业和数千万农民破产。其中美国有失业工人 1 700 万,德国有 700 万,英国有 350 万,意大利有 100 万,法国有 100 万。广大失业工人饥寒交迫,流离失所,而反动资产阶级却大量销毁剩余物质。严酷的阶级斗争事实,启发了广大群众的觉悟,促使他们投入无产阶级解放的斗争。法国在 1930 年爆发了 1 700 次罢工,约 85 万人参加。美国 125 万失业工人举行示威游行。德国在危机年代发生 1 000 多次罢工。英国发生水兵暴动。

群众革命运动的蓬勃发展,使得各国垄断资产阶级如临深渊、惶恐不安,他们想方设法寻找出路。永恒主义教育思想正是在这样的历史背景下应运而生。当时,永恒主义者看到整个资本主义社会是一个"动荡的世界",失去文明的精神基础。而在美国教育界占统治地位的进步派教育理论又软弱无力,使人们不知什么是善与恶。因此,永恒主义者提出"应该给一切人以更高的教育,这不是熟练的技术,不是知识,而是自制的能力,抵制意气用事的能力"。永恒主义者就是以这种教育的永恒性,去维护资本主义社会的稳定性。所以,从永恒主义教育思想产生的背景,就可以明显地看出它的阶级性。

(二) 反对适应论,主张永恒论

永恒主义教育流派是在 20 世纪 30 年代初反对进步派教育思潮中出现的。当时,在美国教育界处于统治地位的是进步派。进步派的教育原理是适应论。这种理论认为人生活在进化中的世界里,观念、价值观点和世界本身都在不断变化。因而知识是动态的而不是永恒不变的,课程的设置也必须适应这种变化。而永恒主义教育思想的哲学基础是古典实在论,认为事物的精神("共相")先于物质本身("个别")而独立地、永恒地存在着。因此,他们认为教育的性质是不变的,教育的基本原理是永恒的。在永恒主义者看来,进步派的适应论是极端错误的,他们之间在许多教育问题上表现了明显的对立和差别。

在教育目的问题上,进步派的教育理论在于使青年一代适应他们的环境,不管这个环境是好的还是坏的。适应环境的方法就是学习有关环境的事实,注重当前直接的需要。而永恒主义者则反对进步派提出的这种适应环境的教育,认为教育是未来生活的准备,而不是生活。教育的目的是培养"有理性"的公民去参加未来的社会生活。永恒主义的主要代表人物赫钦斯说:"所谓改善人,意味着他们理性、道德和精神诸力量的最充分的发展。一切人都有这些力量,一切人都应最充分地发展这些力量。"[1]

在教学过程上,进步派认为儿童生来是好的,但是学校和教育损坏了儿童的本性。学校必须是儿童自发活动、自然生长的环境,让学生听任自己的兴趣、爱好学习一切。进步派的这种主张虽然强调培养儿童的学习独立性和创造性,注重儿童的兴趣和特点,但由于忽视系统知识的掌握,导致教学质量下降。因此,遭到永恒主义者的激烈反对。他们批评进步派的这种作法是把学生的学习过程变成尝试错误的过程,把教师的教变成一种无目的辅导,教师只不过是学生的伴随者。永恒主义者强调掌握系统知识需要一个人付出艰苦的努力,而不是一时的兴趣。如果沉湎于简单的兴趣、爱好,就会丧失稍鼓勇气。稍加专心即可到手的那种更高的快乐。阿兰说:"什么儿童乐园,什么寓教育于娱乐之中等等的发明,我是不太相信的","谁不在开头吃些辛苦,谁就终久愚昧无知。"[2]赫钦斯引用剑桥大学三一学院院长休厄尔的话,批判进步派的这种教育主张是"助长和发展他们的任性、固执、个人的爱好和癖好,但这不是教育。"[3]

在课程设置上,进步派从适应环境的理论出发,注重眼前的、直接的需要,开设的课程名目繁多、五花八门,甚至当时美国很多名牌大学,开设有美容学、捕鱼和踢踏舞等等许多无聊课程。赫钦斯说:"设想一下你所能想到最无用、最幼稚、最不相干的科目——设想一下各种室内游戏,设想一下自我美容,设想一下你喜欢设想的任何东西——我愿担保给你们从美国高等学校设置的课程中找出来。"[4]永恒主义者认为这些课程除了消磨时光以外,毫无意义,造成教育质量下降的严重后果。他们指出很多人受了十几年的教育,但缺乏基本知识,许多中学生读、写、算的能力很差。艾德勒引用当时纽约州立大学评议会的一个调查材料,说明当时教育质量的情况。这个调查材料说:"多数男女学生一放学,仅仅为消遣而阅读,主要地是阅读第二流的或劣等的小说杂志和日报。而且所阅读的是最简单、质量最差的东西。"这些学生甚至对他们在学生时代所出版的最优秀的小说毫无所知。更坏的是他们一旦离开学校,往往就不再接触书本。他们大多数人不知道怎样去阅读,以致不喜欢读阅。艾德勒引用这个材料说明,在逐步派适应论的影响下,教育质量差,学生水平低。为了改变这种状况,永恒主义者提出教育上的恒与变的问题,认为教育要重视恒的方面,不应为了适应当时此地的变,而忽略教育的永恒因素。为此,他们提出:"课程应当主要地由永恒学科组成",[5]"如果学生必须受教育的话,那么在任何领域里整个科目发展所寄托的永恒课程,就必须掌握起来。"[6]

为什么课程应当由永恒学科组成呢?他们提出的所谓理论根据有如下几点:

第一,以所谓"培养人的理智"为依据。他们认为人是理性的、道德的和精神的生物。因此,"由理智美德的培养所组成的教育是最有用的教育"[7]。"任何普通教育计划必须以这样的理智的行为教导学生"。[8]永恒主义者这种重视人的理智能力的发展,从表面上看来是正确的,但从实质上来看,却又是别有用心的。在资本主义社会,劳动人民受剥削、受压迫。而永恒主义者要人们不要去追求"物质上的满足",而要注意道德和精神的改善。在阶级矛盾异常激烈的年代,他们不要人们参加罢工斗争、示威游行,不要犯上作乱,而要按照理性控制自己的行为。赫钦斯在《教育中的冲突》一书中,曾引用亚里士多德的一段话论证这个问题。他说:"必须平均的不是人们的财产,而是他们的欲望,除非他们按照事物的性质受到足够的教育,这是不可能做到的。"[9]从这里可以看出,永恒主义者鼓吹培养人的理智的目的,在于维护资本主义社会的稳定秩序。

第二,以所谓"共同人性"为依据。他们认为各个不同的人,都有一个共同的本性。因而,对每一个人的教育也应该是相同的。赫钦斯曾说:"人的职能,作为一个人来说,在每个时代和每个社会都是相同的,因为这是一个人的本性所造成。一种教育制度的目的在使此种制度能够存在的每个时代和每个社会都是相同的,那就是作为人而求人的进步。"[10]因此,他们提出,每一种健全的教育方案,都必须具有某些永恒不变的特点,在课程上必须由永恒学科组成。这种以所谓"共同人性"为依据的主张,显然是不正确的。因为人是社会的产物。不能脱离具体的历史条件和社会关系去考察人的本质。离开人的社会性,离开人的社会历史发展的超阶级的、共同的"人性",是根本不存在的。

第三,以所谓"传授真理"为依据。永恒主义者认为,教学意味着知识。知识是真理。真理在任何地方都是相同的。因而,教育的任务是使人适应永恒不变的真理,而不是适应现实的世界。赫钦斯提出:"如果教育被正确地理解的话,任何为全体人民设计的课程的核心,在任何时间、任何地方,在任何政治、社会或经济条件下,都是相同的。"[11]我们说,这种鼓吹永恒真理的说教也是站不住脚的。因为一定的教育,是一定的政治经济的反映,并为一定的政治、经济服务。学校的教学内容不仅受社会生产发展的客观要求所制约,在阶级社会中,它直接为阶级利益所决定。学校给予学生什么样的知识、技能和技巧,反映一定阶级的要求。不同社会、不同国家,有着不同的教育目的,也就有着不同的教学内容。

以上就是永恒主义者提出学校应由永恒学科组成的"理论根据"。那么,什么是永恒学科呢?

(三) 永恒学科的课程体系

永恒主义者把教育目的看作是发展永恒的理性、道德和精神力量。那么,怎样发展人的这种永恒的理性、道德和精神力量呢? 他们认为永恒的学科是训练理智的最好办法。所谓永恒学科,"首先是那些经历了许多世纪而达到古典著作水平的书籍。"[12]赫钦斯和艾德勒推行读古书的运动,阿兰主张"和古代伟大人物的思想取得接触",利文斯通提出教育的未来必须回到希腊、回到柏拉图。

他们为什么极力提倡学习古代的著作呢? 在他们看来:

第一、古典著作是普通教育的基本部分。"因为没有它们,要想懂得任何问题或理解当代世界是不可能的。"[13]他们认为古典著作适用于知识的每个部门。柏拉图的《理想国》对于理解法律是重要的,亚里士多德的《物理学》对于了解自然科学和医学是有益的,牛顿的《原理》有助于懂得近代科学的基础。因此,赫钦斯提出:"美国普通教育的一切需要似乎通过这种课程而予以满足。"[14]

第二、古典著作是影响学生思想和品德的工具。永恒主义者认为资本主义社会在物理、化学、生物和冶金学等方面都取得很大成就。但是,这些科学、技术、经济所研究的是关于方法而不是关于目的,对于它们的研究愈多,那么就愈需要在教育上和生活上加强"善和恶"的知识科目的学习。否则,在动荡不安的年代,人们就会干出不利于资产阶级的、缺乏"理智"的行动。在永恒主义者看来,古典著作就可以对青年一代进行"品格陶冶",确立"善与恶"的观念。赫钦斯说,古典著作"可以帮助学生养成阅读的习惯,掌握鉴赏和批评的标准。这些习惯和标准将使成年人在完成他的正式教育以后,对于当代生活中的思想和运动能明智地进行思考和行动。它将帮助他参与他的时代的理智活动。"[15]

第三、古典的学问是各门学科得以生长的土壤。利文斯通提出各门学科的形成和发展都需要依靠古典学问这个土壤。例如,为什么要在中学学习拉丁语呢? 他认为不掌握拉丁语,"任何关于欧洲的法律和历史、拉丁系语言、甚至英语、爱尔兰语的专门研究都是不可能的。"[16]又如,为什么要学习希腊语呢? 他认为希腊语虽然不是近代各门科目的代替物,但是对近代的各门科目有一种矫正和辅助的作用。掌握了希腊语,有助于研究希腊文学;而掌握了希腊文学,又有助于研究近代各国文学。

从这样一个指导思想出发,永恒主义者提出一套学校的课程计划。

在大学课程方面,赫钦斯在美国圣约翰学院推行"百种大书计划"。他们取消选科办法,选择大约 120 种古典著作作为大学课程。这些著作中,包括从古希腊诗人荷马的《伊利亚特》,到近代黑格尔的《逻辑》等。其中有四分之三是1 800 年以前的著作,有三分之二是 1 700 年以前的著作,20 世纪的著作只有两种。赫钦斯说:"一个从来没有读过这些著作的人,是不能称得上是受过教育的。"[17]

在中学课程方面,利文斯通主张学习希腊文、拉丁文、逻辑学、修辞学、文学、数学等等,为学习古典著作打下基础。

在小学课程方面,永恒主义者认为主要是进行读、写、算的基本训练,同时要求儿童熟记古典著作中的个别部分。

以上就是永恒主义者设计的课程方案。他们极力推行读古书,其目的在于以此对学生进行"品格的陶冶",形成"理性的人生观"和"永恒的道德"。因此,从课程上,加强古代著作,排斥实利主义的内容,从教材上,以系统教材代替设计教学,从教法上,以基本的学习代替儿童的兴趣主义。

总的看来,在永恒主义教育思想中,虽然重视文化遗产,强调系统的书本知识学习。但是,他们企图用共同的人性、永恒的道德、不变的教育内容,向学生灌输传统的文化思想，目的是维护资本主义社会的永恒、秩序。永恒主义教育思想与要素主义教育思想虽然都反对进步派的教育观点，都属于新传统教育派。但是永恒主义与要素主义也有所不同。要素主义偏重于现代的、自然科学的知识，而永恒主义则偏重于古典的、人文学科的知识。永恒主义教育思潮，自20世纪30年代初产生之后，曾在二次世界大战前后一度膨胀，但由于这种教育思想不远合时代发展的趋势，其影响必然逐渐消失。

参考文献：

[1][2][3][4][5][6][7][8][9][10][11][12][13][14][15][16][17] 华东师范大学教育系等.现代西方资产阶级教育思想流派论著选[M].北京:人民教育出版社,1980:219,243,204,213,206,203,199,201,221,219,201,207,207,211,209,252,207.

（本文发表于《外国教育动态》1985 年第 6 期。作者李定仁）

六、评改造主义教育思想

改造主义教育思想是现代西方资产阶级教育思想流派中有较大影响的一个,它以大肆宣扬学校教育的主要目的是"改造社会"而得名。这一流派是怎样产生和发展的,有哪些教育主张,它同其它教育思想流派的关系如何,有些什么特点,为什么没有得到广泛的赞同? 本文试图对这些问题作一些初步的评述。

(一) 改造主义教育的产生和发展及其历史背景

改造主义教育思想的产生和发展,是与当时社会尤其是美国的政治经济状况相适应的,并同科学文化的进步有着密切的关系。

从 1929 年持续到 30 年代的资本主义国家、特别是美国的经济危机,使资本主义生产和制度遭到严重的打击,也使资本主义的文化观点有了重大的变化。在美国教育界中,许多人纷纷出来指责盛行一时的实用主义进步教育软弱无力,破坏了传统社会文化的稳定性,强烈要求以新的传统教育代替进步主义教育。就是一些进步主义教育者也感到不良的社会生活正在影响着儿童,并试图寻求一条使学校教育能为建设一个没有经济萧条的新社会作出贡献的道路。所以 1929 年以后,进步主义教育者开始把注意力从儿童个人发展转移到了通过学校的努力建立合理的社会秩序上。

杜威早在 1920 年就曾在《哲学的改造》一书的标题中提出过改造主义这个名称。到 20 世纪 30 年代,他又说:"教育必须参与社会的改造。"[1]这时有一批自称"拓荒者思想家"的如康茨、拉格等人要求学校通过培养学生对新的社会秩序的忠诚来为创造一个更公平和理智的社会开辟道路,认为公立学校可以作为

311

社会改造的工具。康茨在 1933 年以《学校敢于建立一个新的社会秩序吗?》为书名,极力宣扬学校必须和敢于成为改造社会的主要工具。一时间,学校在引起社会变化上应起什么作用,成了教育界争论不休的一个主题。然而由于种种原因,他们的主张在社会实际和教育工作中没起多大作用,相反则每况愈下,在第二次世界大战期间,有关社会改造的论争几乎销声匿迹了。

20 世纪 50 年代,随着进步主义教育的衰落和新传统主义教育的得势,又有一批改造主义教育家如鲁格、史密斯、斯坦利、伯克森、布拉梅尔德等,进一步企图利用杜威学派的哲学支持主张对社会承职责任的教育理论,继续宣扬“社会改造”,并且致力于探索一种既使公民有基本的民主自由的权利,又使学校发挥社会改造工具的作用的方法。其中布拉梅尔德是改造主义教育最重要的倡导者和建设者,他使改造主义教育于 20 世纪 50 年代成为一种独立的教育思想流派。所以,对改造主义教育思想的评介,大都是以布拉梅尔德的观点为主。

改造主义教育是建立在以下两个根本的前提上的:首先,“我们今天生活在一个人类历史上最大的危机时期的时代中”,这次危机“是前所未有的”[2]——人类已能在一夜之内毁灭文明(如核战争);在四分之一世纪之内爆发两次世界大战;社会主义国家强大体系的兴起;以及目前难以预兆的宇宙开发。这些已经动摇了美国作为第一流工业强国的地位,各国对美国的强盛和民主的怀疑与日俱增。在教育上,1957 年苏联人造卫星上天的挑战,“不仅使美国人从他们对教育漠不关心的状态中唤醒过来……还显示出我们对我们民主国家教育职能和目的的看法,存在着惊人的混乱状态。”[3]总之,“美国生活在一个骗人的繁荣和自满的气氛中”。[4]因此,布拉梅尔德断言,任何教育制度若不迅速考虑这些危机,诊断其原因,并教育年轻一代怎样应付之,那就是逃避它最迫切的职责。其次,“即行为科学中正在出现的革命。这一革命要求教育重新考察它整个传统结构。”[5]自然科学、行为科学的革命正在唤起人们,认识到人类现在正在接近建设一个富裕、健康和人道的世界文明的机会,这种文明是肯定生命的、有前途的,而人造卫星和氢弹所象征的危机则是否定生命的、可怕的。改造主义教育不需要新传统教育支持的那些过时的有关学习和训练的概念,而是利用行为科学的最丰富的资料及其所阐明的把人看作一个整体的理论。布拉梅尔德说:“美国所需要的那种教育,必须根据这两个前提加以改造。”[6]

（二）改造主义教育的基本原则和方法

改造主义教育的基本原则有六条：教育的主要目的是提倡一个彰明较著的社会改革方案；教育应当毫不迟疑地进行这项工作；新社会秩序必须是真正民主的；教师应该用民主的方式说服学生，使他们相信改造主义观点是正确的和迫切需要的；必须按照行为科学的研究成果重新制定教育的手段和目的，儿童、学校和教育本身都应当主要依靠社会和文化力量来塑造。[7]

改造主义教育对传统教育结构的改造，主要有三个方面："（1）编排教材的新方法，（2）组织教学过程与学习过程的新途径，（3）确定学校和社会的目的的新方法。"[8]

编排教材的新方法。布拉梅尔德认为，当时的各门教材（如语文、数学、社会学、自然科学等）之间很少或毫无有意义的联系，每门学科往往再划分为若干不相连贯的单元，大体上是个大杂烩。"人类生活，无论从个人讲或是从文化方面讲，日益被用模式和结构看待了。"[9]他主张："必须努力使课程结构具有有意义的统一性。"[10]他根据行为科学关于整体人的理论，指出不仅应把所有知识领域统一起来，而且应给它们提供新鲜而有力的意义。

组织教学过程与学习过程的新途径。布拉梅尔德基于行为科学和精神病学的研究成果，把人类在多种角度中相互作用的"力量场"和无意识或非理性看作教学过程的基础。他说："作用于人类集体内部的力量和过程的'集体力学'的方法学，也许是行为科学研究迄今为止有效地运用于教育的一个方面。"[11]并且，人的行为除了受到理智的支配外，也深受情绪的、非理性的情欲所控制，"有些学习完全是无意识的，这种经验的极化现象，几乎完全为课堂教学常规的正统的理论所忽视"。[12]布拉梅尔德还把教学过程视为宣传改造主义思想的学习过程，作为达到改造社会、实现目标的一种途径，因而他把"教学过程与学习过程"的教育"看作能够有力地分担控制与解决危机的工作"。[13]

确定学校和社会的目的的新方法。"行为科学正在开始证明，现在可以根据我们对文化的比较价值甚至普遍价值的研究来表达人类的目标"，"这种确定教育目的的途径，也有赖于不断扩大研究的成果。"[14]布拉梅尔德从强调寻求未来目的的"目的哲学"和"价值哲学"出发，认为要消除危机，只有确定充满价值的目标,然后设想出达到目标的途径。他着重于建立一个"崇高的"理想社会,要求教育指向未来的目标,成为一个制订明确而严密的社会计划的主要手段。"一种真正有一个目标体为中心而进行的教育,在用科学上可以探知和检验的人类未来的希望来代替这些破坏力量方面,能够比任何其它机构作出更大的贡献。"[15]

(三)改造主义教育同其它教育思想流派的关系

在布拉梅尔德看来,进步主义、永恒主义和要素主义是对一种文化环境的广泛的、互相交迭的一些看法,这种关于自然、人和教育的自由、复旧和保守的看法,远不是美国所特有,在其它文化环境中也会有相应的思想,所以它们的产生和存在是正常的。"改造主义正确地评价进步主义、永恒主义和要素主义做出的许多贡献,并把它们的许多东西组合到自己的模式里去","改造主义深深地受惠于其它多种教育哲学。"[16]例如,从要素主义那里借来了多种测验的工具;和永恒主义一样关切人类命运的问题;同意要素和永恒主义关于进步主义把为生长而生长作为教育的最终目的是不够的观点,等等。但是,"正在形成中的改造主义哲学,从进步主义那里学到了最多的东西。在某些形式上这两种理论这样相似,以致人们可以合理地问,它们实际上是否分离得开。"[17]改造主义教育的哲学基础主要是进步主义的自然主义观,表现在宇宙论上是杜威的经验主义,表现在认识论上是杜威的经实践后证明有效的真理观,表现在价值论方面就是杜威的以事物能否满足人类的需要、达到人们目的为评价标准的价值论。布拉梅尔德承认,改造主义的提出并不是单纯地为了与众不同,相反,则是要"重新加以表述""它的最亲密的哲学上的同盟者不可估量的成就","在试图改正进步主义的弱点的同时,将会补充、统一和加强它的成就",使它"最好地保存和延续下去"。[18]

布拉梅尔德强调,虽然要素主义、永恒主义同改造主义有不少共同的认识,可是它们却没有看到危机时代和科学革命所带来的对传统教育结构、特别是教育目的的彻底变革和改造,而只是迎合了危机时期人们习以为常的改革方式,即从过去的方面改换到相反的另一方。他进而指出,要素主义是一种"文化落后"的保守主义教育哲学,而永恒主义不过是一种"提倡复古"的倒退主义教育哲学。至于改造主义与进步主义的分歧早在三十年代就存在着。进步教育论者克伯屈和蔡尔兹虽然也主张教育要意识到它的社会责任,但他们不同意改造论者关于学校应当承担具体的社会目的的观点,并坚信自由、民主、经验、学校活动以及由师生共同决定的目的等,是不受任何条件限制的,即便是经济危机。

那么,改造主义教育跟进步主义教育究竟有哪些分歧,或者说,改造主义教育是怎样"补充、统一和加强它的成就"的? 归纳起来,大致有这么几点:(1)进步主义教育是以实用主义哲学为基础论述教育问题的;而改造主义教育不但利用哲学上最有用的知识,而且吸收自然科学、社会科学、人文科学等多方面的成果,成了以社会为背景的"文化哲学"。(2)进步主义教育哲学主要是一种过程哲学、手段哲学和方法哲学,改造主义教育者认为"杜威给教育提供的仅仅是教育方法,而不是教育目的",[19]他们更强调教育的目的和结果,使教育成为制订和实现一个确经周密考虑的理想社会的主要手段,因为在他们看来,只有在一个公平的有秩序的社会组织里,才能有效地实行进步主义的教育方法。(3)进步主义教育过分重视儿童中心和个人自由;而改造主义教育提出在给儿童一定自由的条件下,更注重人的社会文化的制约和合作精神,并在民主社会改造的各种运动中塑造和实现自我。(4)进步主义教育提倡解决问题的方法;把科学的实验作为理智的方法;改造主义教育把创造的方法看得高于问题解决法,认为实验科学的方法并不完全适用于创造性的工作,它还需要补充说明目标、目的和价值的地位。

(四) 对改造主义教育的初步认识

通过学习改造主义的教育思想,我们可以发现它至少有如下特点:(1)没有一个教育思想流派象改造主义教育这样重视行为科学。布拉梅尔德说:"虽然某些其他观点和我所持的观点,在主要危机的这个事实上是一致的,但是没有一个其他观点推论出类似的教育上的迫切需要","即行为科学中正在出现的革命。"[20]他认为,行为科学研究成果的重要性是因为它们能使我们发现人们最坚信的正确的价值观,以及这种价值观是否具有普遍性。改造主义教育就是以此重新考察和改革传统教育的目的、课程结构和教学过程的。然而,关于行为科学的研究成果的解释和理解有很多,布拉梅尔德的不过是其中的一种,而且,行为科学中是有不少缺陷的,甚至行为科学家们之间也是众说纷纭、莫衷一是。如此说来,我们对改造主义教育的科学基础及其改造思想就不能不产生疑问了。(2)改造主义教育是一种博采各家之所长的文化教育哲学。改造主义者把文化作为一个整体,这个文化实际上就是整个社会文化。他们是从文化背景说明教育问题的,因而对任何文化成就都是给予重视的。改造主义教育不但"真诚地尊重和借用所有三种主要的哲学"[21]即进步主义、要素主义和改造主义,而且还吸取了文化人类学、精神病学、文艺学、物理学、生物学等各门科学的新成果,甚至受到马克思主义的影响。当前,布拉梅尔德强调改造主义还要利用未来学、生态学等方面的观点。(3)同其它教育思想流派相比较,改造主义教育非常重视教育的目的和社会文化的影响。无论是进步主义还是要素主义和永恒主义,都是把主要的精力用于课程教材、教学方法和过程的改革上,在教育目的方面都没有象改造主义那样具有它最令人瞩目的特点。改造主义者宣扬:教育应当成为制定一个明确的社会行动方案的主要手段,实现这个有计划的方案将成为教育的主要目的。事实上,这是把社会的目的当作教育目的,那就难以突出教育的具体目的及其在社会中的恰当地位。从根本上说,改造主义教育仍然是从个人主义的立场出发的,通过教育社会成员明确社会改革的需要,并在改造社会中改造和发展他自己。换言之,个人在改造教育中既发挥他本性中社会性方面,又学会了如何参加实现理想社会的社会活动。布拉梅尔德称之为"社会的自我实现"。[22]因此,改造主义教育和进步主义教育在个人发展的价值观上是一脉相承的。(4)改造主义是进步主义教育的同盟者、继承者和发展者。改造主义教育与进步主义教育除了在哲学基础和教育价值观上的根本一致外,还自称是进步主义的真正的继承者和最亲密的同盟者,很为 50 年代横遭"抨击"的杜威鸣不平,认为是"不负责""粗暴地虚构问题"。[23]他们也确实做到了如他们宣称的对进步主义弱点的改正,以及对它的成就的补充、统一和加强。

然而,改造主义教育"还只赢得比较少数的教育理论家的赞同"。[24]究其原因主要有:第一,虽然"改造主义者把任何折衷的倾向看作是'生长中的磨炼'",但是"改造主义无疑地具有折衷主义性质",尚不具备"完成了的哲学'体系'的特点"。[25]所以难免会成为人们挑剔和批评的"借口"。第二,改造主义者提出的观点不大符合美国社会和人民的文化传统和价值观念。无论是 30 年代的经济萧条,还是 50 年代的社会危机,美国希望的仍然是个人的自由幸福、安全需要和经济利益,在教育改革上只要求象新传统主义教育那样改变一下策略和方法就行了。而改造主义教育所宣称的理想的社会改造计划,在美国这个信奉自由个人主义和多元的民主社会是很难有市场的。此外,由于改造主义教育宣扬的仍是进步主义那一套,并且又自称是一个灵活注释的新马克思主义,因而不但得不到人们的赞同和支持,反而成了那些批评公立学校、社会改造具有社会主义倾向的人所攻击的靶子和迫害的对象。第三,改造主义教育没有得到进步主义者的同情和支持。30 年代,有关教育的目的和手段等问题的论争曾引起两家的不和和分裂。虽然改造主义者声称是进步主义的同盟者和继承者,可是进步主义者并不欣赏这些论调,反而"感到困惑",以致"感到愤慨"。[26] 第四,改造主义教育提出了不切实际的教育目的,让教育承担了过多的社会责任,去进行社会改造,实现理想的社会计划,实际上是否定教育的真正目的或具体目标,混淆了教育和社会文化的界限,可以说是一种不现实的提高教育作用的奢望,甚至可以说是"教育万能论"、"教育救国论"在现代的体现和复活。

参考文献:

[1][2][3][4][5][6][8][9][10][11][12][13][14][15][16][17][18][20][21][23][24][25] 华东师范大学教育系等. 现代西方资产阶级教育思想流派论著选[M]. 北京:人民教育出版社,1980:2,74,73,74,76,74,76,76,77,77,77,78,78,78,69,71,71,76,71,73,69,71.

[7][19][22] 陈友松主编. 当代西方教育哲学[M]. 北京:教育科学出版社1982:94,99.

[26] 梅逊著. 西方当代教育理论[M]. 北京:文化教育出版社,1984:102.

(本文发表于《外国教育动态》1985 年第 6 期。作者郭戈)

七、20 世纪美国人文主义
高等教育思想的进展

　　人文主义高等教育思想是 20 世纪美国高等教育哲学主要流派之一。在过去的百年间,它始终是作为实用主义或者工具主义高等教育哲学流派对立面而存在的,成为制衡工具主义高等教育发展的重要力量。

(一) 历史回顾

　　美国的人文主义高等教育思想按照其自身发展的特点,可以分成兴起、冷落和复兴三个时期。

　　第一时期是从 19 世纪后期到二战之前。这个时期美国社会正从农业社会向工业社会转型,高等教育经历了从学院制向大学化的转变,其制度赖以存在的思想基础从古典主义转向实用主义。19 世纪中叶之前,美国高等教育机构的典型代表是文法学院,这种文法学院既不想为变化中的工业社会提供所需的应用技术人员,也不希望提供生活所需的实际知识和教育,其目的在于开发人的心智和满足人的精神需要。19 世纪中叶,以富兰克林、杰弗逊、韦兰德、塔潘、爱略特、怀特、吉尔曼等人为代表的学院改革派,通过调整办学方向,引进为职业和现实生活准备的新课程等方式,使美国高等教育办学模式发生了很大变化。尤其是随着范海斯的"威斯康星思想"、威尔逊的"为国家服务的大学"和巴特勒的"服务性大学"概念的广泛传播,到 20 世纪初,实用主义高等教育思想已成为影响美国高等教育发展的主流观念。然而,美国实用主义高等教育思想的发展也引起了一批人文主义思想家们的强烈不满,他们纷纷站出来阐述自己的教育思想和主张,试图以此来抑制来势凶猛的实用主义高等教育思想的泛滥,从而一场声势浩大的新人文主义运动在美国兴起。

哈佛大学教授欧文·巴比特是 20 世纪初最早对实用主义高等教育思想提出质疑的新人文主义者。他在《文学与美国学院》和《人文主义与美国》等著作中阐述了自己反对高等教育机构为现实事务提供服务而拓展课程的态度。哥伦比亚大学教授阿尔伯特·诺克也从人文主义的立场,对倾向实用的高等教育改革提出了批驳。他在《自由演讲和平凡语言》和《自传》中所阐述的观点被认为是悲观精英人文主义高等教育思想的准确表达。哥伦比亚大学教授约翰·厄斯金是开创 20 世纪初哥伦比亚大学声名大振的以《伟大经典著作》为核心的"现代文明"课程的倡导者。据说他开设该门课程的目的"实际是对巴特勒的实用主义教育思想的反击"。[1]芝加哥大学校长罗伯特·赫钦斯被认为是 20 世纪初美国最著名的高等教育批评家。他不仅领导了影响全美的永恒主义教育运动,而且也是一名"人文主义者"。威斯康星大学安荷斯特实验学院的院长亚历山大·玫克利约翰是这个时期另一位具有代表性的人物。他所写的《文法学院》等著作,在对人性和人的"社会才智"充分认识的基础上,阐述了文法学院及其开展"自由教育"课程改革的意义和价值。劳伦斯学院院长、后来成为布朗大学校长的亨利·赖斯顿被认为是"20 世纪教育动力典型化和学院复兴的代言人",[2]是一个"从来没有动摇过开展小型文法学院所具有的独特价值的本科教育的信念"。[3]的人。他在其代表著作《重审自由教育》中,阐述了自己的人文主义办学理想,提出建立具有"合适的课程、杰出的教师和适当的环境"三个基本特征的文法学院。除此之外,在这个时期,著名教育家弗莱克斯纳和维布伦等人,虽然没有声明自己是人文主义的坚决支持者,但是他们的著作《美国的学院》、《大学:德国、英国、美国》和《美国的高深学问》等,都具有德国新人文主义思想的痕迹。

第二个阶段是从 1945 年到 1960 年代末,这是人文主义高等教育思想开始受到冷落的时期。二战结束后,随着冷战的开始和国际竞争加剧,尤其是前苏联"卫星冲击波"之后,美国的教育政策发生了实质性改变,强调促进国家发展、服务于国家需要的实用主义或工具主义高等教育思想再次受到重视,重新确立了其在高等教育思想领域的统治地位。在战后的 25 年里,美国学术界主流声音基本上属于工具主义或实用主义的。由于高等教育思想的基调发生了根本性的转变，人文主义已经不再是学术关注的焦点，人文主义学者处于失落状态，20世纪50、60年代对于人文主义高等教育者来说，进入到一个相对寂寞的时代。

第三阶段从20世纪70年代到90年代初，是人文主义开始复苏和振兴的时代。伴随美国经济滞胀现象的出现，美国社会进入保守主义时代。具有浓厚保守主义色彩的文化思潮所带来的影响几乎渗透到美国社会各个领域和角落。由于1960年代以来以工具主义思想支配下的高等教育的急速扩张，美国大学和学院陷入了严重的"经济、道德和学术危机之中"。[4]1970年代后，随着工具主义高等教育的合法性基础普遍受到人们的质疑和批判，一批新的人文主义教育思想家，也开始积极反思和猛烈批判工具主义高等教育哲学和人文主义自身的缺陷，使人文主义的观点和主张重新回到学术视野的中心，受到社会的普遍关注。1970年安德森发表的《20世纪中叶的人文教育》一文，强调要在总结60年代人文教育和人文学科自身弊端和缺陷的同时，更应该重新审视被否定的人文教育的价值，逐步恢复西方文明和文化传统。1973年布兰查德出版的《人文教育的功能》也对大学人文教育价值予以重新肯定。1980年代，美国社会思潮与政治气氛更加趋于保守。由于政治上极端保守的共和党人里根赢得大选，并采取了保守主义的经济和文化政策，人文主义高等教育思想发展的高潮重新到来。这个时期，比较有影响的人文主义包括美国高等院校联合会人文教育委员会主席 W·威瑟福德、著名社会活动家沃尔特·贝特、文学评论家莱恩内·切尼、原教育部长威廉·贝内特、著名学者罗伯特·拉比、阿兰·布鲁姆和裴斯·斯密斯等。他们出版的著作《挽救文化遗产：高等教育中人文主义的报告》、《人文学科的破坏》、《美国的记忆》、《学者和社会》、《心理的习性：美国生活中的个人主义与献身精神》、《良好社会》、《走向封闭的美国精神》、《爱情与友谊》和《扼杀精神：美国高等教育》等都是这一时期人文主义思想家的代表作。它们的问世标志着新人文主义教育思想复兴的时代已经来到。

（二）基本特征

20世纪美国人文主义高等教育思想发展的基本特征是：

1. 对个体人存在的思考构成人文主义高等教育共同的哲学基础

美国人文主义高等教育思想家继承了古典理性主义传统,赞扬个体人存在的价值,他们始终把人作为教育的对象,把人的个性发展、人文知识的传播视为高等教育的最高原则和哲学基础。20 世纪 20 年代,巴比特致力于民主社会的"新人文文化标准"概念的探索,其确立概念的前提就是对个体生命的两个基本假设。巴比特认为,任何个体内心都潜在"生命的贪欲力"和"生命的控制力"两种力量。两种力量的斗争形成了现实世界中"善"与"恶"的矛盾对立体。由于这两种力量构成了每一个人内心世界的基本要素,因此所有的人都无法逃避这两种力量的冲突。他指出,由于每一个社会都是由具有这两种力量的人所统治,因此,以塑造人为存在意义的教育的价值就在于有意识地限制个体的"生命欲望",强化个体的"生命控制力"。他认为,如果一个国家能够很好地发展人的"生命控制力",那么其社会就会得到更多的合作、和平和幸福,反之就会有更多的矛盾和冲突。诺克与巴比特的教育思想极其相似,但是他的教育思想不是从分析个体心理假设开始,而是将重点放在对人类群体的划分上。他认为,任何社会都是由"残余人"和"大众人"两部分成员组成。所谓"残余人",就是能够在推理过程中,利用智力手段克服文化限制、独立思考、坚持己见和自己行为方式的极少数人;而"大众人是一个既不具有全面理解人类生活原则的能力,也没有稳定地严格遵守人类生活原则性格的人。"[5]他坚信大多数大众人都具有动物性,而只有残余人才具有更多社会理性。与巴比特和诺克不同,赫钦斯的高等教育哲学是建立在对人的理性"思考力"分析的基础上。他认为人的"理性"思考力是人的最高潜能,是"人性"当中最重要的东西,也是人摆脱动物属性的最重要标志。在探讨理性价值时,他认为,人的理性赋予了人的道德、精神和政治发展能力。在强调智力重要性的同时,赫钦斯并不排斥其他方面的人格品质,如道德和精神潜能。他认为幸福,即美好生活的目标,对人格品质的依赖就像对理智力量依赖一样。他断定,由于个体不使用理性就无法获得其他的个性,所以理智力量在他的系统中是最重要的,是获得美好生活的决定因素。像赫钦斯一样,玫克利约翰的高等教育哲学也是建立在对人的本质、身体和精神,尤其是精神的分析基础上的。他相信,"人的精神在非人性和非精神的宇宙中是孤独的。但是不论怎样,它都将为自身而存在。"[6]他指出:"只有当作为有机体人本质的这两方面都被考虑后,人才被正确地描述了。一个人才能成为自己经验有意识的主宰者,人的生活及其生活的世界才能达到最高的水平。"[7]他进一步分析指出,在人的精神世界中,"社会才智"是最重要的元素,社会才智不是人先天的个性特征,相反,是通过人与文化环境之间互动而发展起来的。因此,高等教育职能就是促进学生这种有意识的控制和理解能力的发展,其他任何职能都不能阻碍大学或学院实现这一使命。20 世纪 60 年代之后,作为人文主义变种的存在主义哲学仍然将人的存在当作全部哲学的基础,并把有思想和情感的个体存在看成是高等教育发展的基础。沃尔夫在《大学理想》中明确指出,大学存在在于满足个体需要和求知欲望。与存在主义一样,战后新人文主义者即保守主义思想家更是从人本的角度建立高等教育哲学体系,瑞斯曼从"学生消费主义者"的角度,提出社会不仅应该满足学生个体高等教育的需要,更主要应该提供可靠的高等教育。1980 年代保守主义的领袖人物阿兰·布卢姆则从深入分析当代大学生的道德信仰危机状态入手,思考现代大学存在的意义和价值。由此可见,无论早期还是战后的人文主义思想家都将对人的本质及其成长的认识作为阐述自己教育主张的逻辑起点。关于人性的主题成为他们的高等教育思想共同的哲学基础。

2. 普通教育始终被视为实现人文主义教育目的的有效途径

普通教育是美国高等教育一贯的中心主题,由普通教育与专业教育引发的争论也成为人文主义和工具主义矛盾的焦点。在历史上,由人文主义者倡导和推动的"普通教育"改革思想运动发生过四次。第一次发生在 19 世纪中期美国学院制度的变革时期。代表人物是耶鲁大学校长 J·戴和 N·波特、普林斯顿大学校长考什等。他们试图通过发起"保守主义运动",来维护古典学院教育及其课程体系的完整性。第二次发生在 20 世纪 20、30 年代的大学专业教育建立时期。代表人物是赫钦斯、艾德勒、马克·范杜伦、杰卡斯·马力丁、诺曼·弗尔斯特和约翰·厄斯金等永恒主义教育家。他们试图通过开设"伟大经典名著"计划和"现代文明"课程等方式,抵制现代大学对自由教育传统的破坏。艾德勒指出:"自由教育的目标,对于一切人在任何时候和任何地方,都是相同的。"[8]赫钦斯全面接受了艾德勒的观点,并将其发展成一句世人皆知的名言:"教育意味着教学,教学意味着知识,知识意味着真理,真理是任何地方相同的,因此教育也应该是任何地方相同的。"[9]他在《美国高等教育》中指出："普通教育便成为适合于自由人的教育，如果所有的人都应有自由，则人人应受这种教育。"[10]他甚至断言："没有普通教育，就没有大学，普通教育应该成为大学各高深学术或专业研究的共同基础。"[11]第三次开始于 20 世纪 40 年代末止于 60 年代高等教育多元化变革时期，一些历史学家称之为"普通教育受到一致颂扬的时代"，[12]或者说是"普通教育的鼎盛期"。[13]这个时期的代表人物康南特、祖克和丹尼尔·贝尔等人，根据战后高等教育多元化和多样化发展的特点，从维护国家利益的角度重新思考普通教育的价值，确立普通教育在高等教育体系中的地位和作用。他们认为，普通教育就是作为一个社会成员和公民所必须接受的那部分教育，是"给予学生在一个自由社会里能够正确、完满生活所需的价值观念、态度、知识和技能的那种教育"。[14]为了实现这种教育，人文主义教育家们提出两条重要的建议：第一，强调普通教育与专业教育的结合；第二，普通教育面对来自校内外的挑战，主动实现自身的变革。第四次发生在 20 世纪 70 年代末 80 年代初反思和改善时期。主要代表人物是卢索沃斯基、波伊尔和贝纳特等。罗索夫斯基是哈佛大学文理学院的院长。1978 年，他在哈佛本科学院提出《关于公共基础课报告》，试图建立一套"核心课程"体系，目的在于确保学生知识的广度和平衡，使其获得全面发展。他认为，一个全面发展的人应该是"一个有教养的人"。而这种"有教养的人"必须通过学习普通教育课程来形成，这种课程至少应该包括文学和艺术、自然科学、历史研究、社会分析、外国文化和道德理性等六方面内容。波伊尔是卡内基教学促进会的主席，他针对美国本科教育存在忽视普通教育的现状，提出了一项包括 7 个学科领域组成的普通教育"综合核心课程"方案。他指出："任何高质量的大学都应该提供普通教育和专业教育紧密结合的课程体系，而不是肢解了的两个独立的部门，更不能因加强职业技能训练的需要而忽视甚至放弃普通教育。"[15]

3. 反思批判与变革精神贯穿人文主义高等教育思想发展之中

从历史上看，尽管不同时期的人文主义思想家关注的中心问题不同，但是从本质上说，他们都是反对实用主义或工具主义的。早期的人文主义者生活在实用主义高等教育占据统治地位的年代，而这种高等教育思想的存在对于他们实现自己的社会理想和教育理想构成了严重阻碍，因此他们从一开始就对实用主义高等教育思想展开猛烈的批判。巴比特认为，虽然"大学存在的唯一目的在于发现'新人文文化标准'并将之传递给学生"，[16]但是20世纪美国高等教育的变革并没有按照这个方向发展，相反把主要精力投入到发展以物质主义为核心，以实用效用为目的教育模式上去。在他看来，这是传统高等教育机构的衰败，其严重后果是将美国的民主和文明置于最危险的境地。他指出："那种使高等院校对当前社会发生实际作用的期望意味着美国国家的灾难。"[17]他驳斥了所谓大学应该满足社会实际需要的观点，坚决反对任何以实际效用为名的改革，并提出了希望在美国社会"能够少听到关于一些服务，多听一些人的智慧和性格"[18]的论调。悲观精英主义者诺克明确指出，正是美国高等教育实用的物质主义倾向导致具有真正价值的古典学院和古典课程的破坏。其后果"已经意味着具有生存能力的美国文明的终结"，[19]从而也使他希望建立少数"残余人"统治社会理想的破灭。赫钦斯认为，高等教育的唯一目的就是发展民主社会赖以存在的人的完美的理性思维。他批判美国高等教育机构没有很好地发展学生的智慧能力。他认为，美国高等院校正是被"烦琐和平庸"破坏着。这种"烦琐和平庸"是典型的反"理性主义"高等教育哲学。他不能够看到"这些哲学支配下的高等教育能够形成人的理智"。[20]玫克利约翰对实用主义高等教育也表现出极度的反感和厌恶。他批评那种集中于实际操作技术而忽视基本哲学理解的高等教育。他希望自己的学院集中于"知识的价值，即不是那种贡献于眼前实际目的的专业知识，而是那种统一的具有洞察性的理解力"。[21]二战之后，人文主义思想家已无法阻挡工具主义思想支配高等教育的事实，开始在接受现实的基础上总结自身存在的问题。他们试图通过完成自身的改造，确保人文主义思想的合法性生存。如丹尼尔·贝尔的《普通教育的改造》、阿兰·布卢姆的《人文教育危机》都从人文主义的角度，寻找自身危机的原因，并且希望通过完成对人文主义的改造，使之更好地服务于民主社会。1970年代后，随着美国本科教育出现严重问题，许多人文主义者开始从反工具主义高等教育思想，转移到对人文教育自身问题的反思和探索，而这种探索首先是建立在对人文教育、人文学科危机的充分认识基础上的。W·威瑟福德认为："当前的人文教育似乎与本科学位人口，尤其是美国中产阶级的生活毫无关系，……学术观念已经不具有民主性，人文学科内容腐朽不堪，不考虑学生们的兴趣，人文教育似乎走向停滞。"[22]沃尔特·贝特在《哈佛评论》上撰文批评美国人文主义时指出："美国的人文教育不仅进入,而且陷入自一百年以前现代大学建立以来的最糟糕的危机时代。"[23]威廉·贝内特在《挽救文化遗产:高等教育中人文主义的报告》中分析美国人文主义教育危机产生的原因时指出："人文教育的失败不仅仅是科学教育造成的恶果,而且还在于来自人文教育自身内部的威胁。"[24]阿兰·布卢姆是新人文主义者中最典型的代表人物。他分析大学教育危机的原因时指出,大学及社会道德危机的主要根源在于人们对理性主义信念的动摇和道德精神走向封闭,而改变这种现状的主要出路在于完善大学教育,加强普通教育。在实施普通教育时,他认为,要注意处理好人文科学、社会科学和自然科学三者的关系,倡导思想史和经典名著的学习,振兴普通教育,向人们展示人类在人文、历史、科学方面的重要思想以及在社会发展的重大问题上作过哪些探索。

(三) 意义与局限

首先,美国人文主义高等教育思想作为一种观念哲学,对防止实用主义或工具主义高等教育思想的泛滥起到一种遏止和平衡作用。尤其是 19 世纪末 20 世纪初,由于科学技术发展和实用主义文化兴起,许多人从对西方传统文明的虔诚转而变成对现代科学技术的崇拜。他们开始深信只要尽力发展科学技术,将人类智慧与能力完全奉献于物质生产,就可创造一个幸福美满的社会,享受舒适的生活。正是这种纯粹物质的社会思潮的影响,在大学里,科学主义教育的倾向逐渐在西方社会成为强势,人文主义教育逐渐被冷落。科学技术和职业技术方面的课程内容占据越来越大的比重,反映西方文化传统的人文课程越来越少。大学生们的精神信仰发生危机,文化素质水平整体下降。面对这种情况,人文主义思想家对功利主义、科学主义和物质主义进行批判,在客观上对实用主义高等教育思想的过度追求实用和强调职业的倾向起到了某些遏止作用。

其次,人文主义高等教育思想对更新和完善现代高等教育理念具有重要意义。18 世纪末以来,为了适应工业革命对大量实用人才的需求,高等学校开设自然科学课程,实施专业性较强的科技教育,在全面提高公民科技素质的同时,促进了社会生产力提高,加速了学科进一步分化,这是历史的一种进步。但是,过度强调专业的科技教育和职业课程,使人文教育和人文学科受到冷遇。美国人文主义思想家呼吁科学与人文"统一和整体"的观点,恰恰是想把包括人文科学与社会科学在内的人文教育和包括自然科学与职业课程在内的科技教育有机结合,使学生的科技素质和人文素质得到协调发展,这种思想对今天的高等教育改革可以给予一定的启示。

美国人文主义高等教育思想也存在明显的局限性。人文主义高等教育哲学的基础是古典的,许多主张是保守主义的或是复古主义的,这些思想在 20 世纪不免显得不合时宜、落后于时代。

参考文献:

[1] 柯昕. 从哈佛到斯坦福[M]. 北京:东方出版社,1999:201.

[2][3] Vab Horn Harold Edson. Humanist as Education:The Public life of Henry Merritt[M]. University Microfilms international Ann Arbor Michigan, 1980:71,71.

[4] George Roche. The Fall of the Ivory Tower[M]. Regnery Publishing. Inc. 1994. ix.

[5][7][16][17][18][19][20][21] Michael R. Harris Five Counterrevolutionists in Higher Education[M]. Oregan State University Press, 1970:88, 167,65,65,66,81,141,142.

[6] Baldwin Raobert Harrison. A Quest for Unity:An Analysis of the Educational Theoeries of Alexander Meiklejohn[M]. University Micriofilms. Inc. 1980:22,23.

[8][9] [美]布鲁贝克. 高等教育哲学[M]. 杭州:浙江教育出版社,1987: 77,88.

[10] R. M. Hutchins. University of Utopia[M]. The University of Chicago Press,1953:72.

[11] R. M. Hutchins. Higher Education of American[M]. Yale University Press,1936:70.

[12][13] G. E. Mille. The Meaning of General Education[M]. Teachers

College Press，1988：143，116.

［14］马骥雄.战后美国教育研究［M］.南昌：江西教育出版社，1991：158.

［15］施晓光.西方高等教育思想进程［M］.哈尔滨：黑龙江人民出版社，2002：362.

［22］［23］［24］Nancy Warehime. To Be One of US［M］. State University of New York. Press，1993：9，10，12，16，17.

（本文发表于《比较教育研究》2004年第8期。作者施晓光，时属单位为北京大学教育学院）

八、全人教育思潮的兴起与教育目标的转变

全人教育是 20 世纪 70 年代从北美兴起的一种以促进人的整体发展为主要目的的教育思潮，后来传播到亚洲、大洋洲等地区，对各级各类教育产生了重要的影响，形成了一场世界性的全人教育改革运动。

（一）全人教育思潮的源起与发展

作为一种教育思潮，全人教育的一些思想实际上可以追溯到古希腊时期的亚里士多德，他的自由教育论在本质上体现了全人教育的理想。文艺复兴时期的人文主义教育家维多利诺、拉伯雷、蒙田、伊拉斯谟等从提倡"人性"出发，也将人的身心或者个性的全面发展作为教育的培养目标。18 世纪法国启蒙思想家、教育家卢梭认为自由是人的一切能力中最崇高的能力，也是人的天性和最重要的权利，教育的目的就是促进儿童生而具备的自然性无限制地自由发展，培养自然的人（亦即自由的人）。卢梭的自然教育理论成为全人教育理论的肥沃土壤。18 世纪末 19 世纪初在德国兴起的新人文主义教育的主要代表人物洪堡提出了培养"完人"（vollstandige menschen，又译"完全的人"）的教育培养目标。19 世纪中叶英国教育家托马斯·阿诺德坚持教育要培养"基督教绅士"，约翰·亨利·纽曼声称教育培养具有智力发达、情趣高雅、举止高贵、注重礼节、公正、客观等优秀品性的绅士，也都属于全人教育的倡导者。

在 19 世纪末 20 世纪初，美国进步教育之父帕克和实用主义教育家杜威，反对用外砾的目的要求儿童，主张教育即生活，教育即生长，教育即儿童经验的改造，倡导儿童中心主义，要求教育尊重儿童的本能和兴趣，在生活中、在活动

中发展儿童的潜能和创造性。20世纪20～30年代,永恒主义教育流派的主要代表人物赫钦斯认为教育的目的就在于促进人的理性、道德和精神力量的最充分发展,培养完人(perfect man)、完整的人(a complete human being)、自由的人、作为人的人,而不是片面发展的工具。

20世纪60年代以来兴起的建立在人本主义心理学基础之上的人本主义教育思潮,为全人教育的发展注入了新的源泉。马斯洛认为人的发展不仅包括知识和智力,而且包括情感、志向、态度、价值观、创造力、人际关系等,教育的目的在于人的整体发展,在于促进主观能动性的充分发挥和内在潜能的充分实现。罗杰斯主张教育要培养"完整的人"(the whole man)。所谓完整的人,是指"躯体、心智、情感、精神、心灵力量融会一体"的人,"他们既用情感的方式也用认知的方式行事"。[1]

日本教育家小原国芳在他创建的玉川学园倡导全人教育。他说:"我衷心希望培养出真正的人,培养出至为普通、毋宁说至为平凡的人,培养出费希特所说的'文化人格'(kulture charakter)、中世纪以后伊拉斯谟或路德或加尔文所要求的'全人'(Homototus)。"[2]他认为教育的理想在于创造真、善、美、圣、健、富六项价值,也就是使受教育者在学问、道德、艺术、宗教、身体、生活六个方面得到均衡、和谐的发展。

20世纪70年代,在后现代主义、生态学、整体论、永恒主义哲学、批判理论的基础上,一些激进的教育家继承并发展了人本主义学派的教育理想,发展出以"人的整体发展"为宗旨的联结与转化学习理论。70年代末,全人教育的主要倡导者隆·米勒(R. Miller)正式把这种理论称之为全人教育(holistic education)。1988年,隆·米勒在美国佛蒙特州布兰顿市创办第一份以全人教育为宗旨的专业期刊——《全人教育评论》(Holistic Education Review),后来将刊名改为《交锋:寻求生命意义和社会公正的教育》,以期把全人教育运动引向一场教育改造运动。1990年6月,80位支持全人教育的学者在芝加哥签署《教育2000:全人教育的观点》(Education 2000:A Holistic Perspective),提出全人教育的十大原则,标志着全人教育从一种温和的教育思潮走向一场激进的教育改造运动。

全人教育的思想也传播到加拿大、墨西哥、澳大利亚、日本等国家和香港、台湾地区,形成一种世界性的教育思潮。加拿大多伦多市翁特里奥教育出版社研究所的约翰·米勒(John P. Miller),1988年出版《全人教育课程》一书,成为加拿大全人教育运动的旗手。墨西哥籍学者雷蒙·加力格斯·那瓦(Roman Gallegos Nava)的《全人教育:普世之爱教育学》在西班牙语国家有着较大的影响。日本学者吉春中川(Yoshiharu Nakagawa)师承隆·米勒,先后出版《觉醒教育:东方视野中的全人教育》和《培养整体性:精神教育的视角》等著作,以东方文化中的忍、无、理、道等概念和静坐、冥想等东方式的方法论,探索西方全人教育,在全人教育界引起不少关注。澳大利亚学者D·杜特(D. Dudty)和H·杜特(H. Dudty)主编《全人教育:澳大利亚的探索》,在澳洲燃起全人教育之火。在我国台湾和香港地区,一些学者也尝试发掘中国传统教育思想中的全人教育思想。

总的来讲,全人教育思潮是对制度化教育危机和社会危机的一种反思,是对20世纪末全球化经济体系和全球文化发展的反映,试图通过一种新型的人本化的教育解决教育和社会发展中的问题,试图在当前的"军备竞赛——工业发达——全球化——合作的体系"中创造一种新的文化。

(二) 全人教育思潮的哲学基础和基本主张

全人教育的哲学基础可以概括为三个概念:联结(connectedness)、整体性(wholeness)和存在(being)。[3]

联结的概念源于整体论,后经生态学、量子物理学和系统论的发展而逐渐成熟。它包括四个方面的涵义:一是相互依赖(interdependence),指系统的一个部分的功能依赖于其他部分的功能和系统整体的功能。二是相互关系(interrelationship),指在一个系统内部各部分之间、系统与系统之间存在着复杂的关系网络。三是参与(participatory),指个体是与环境密切相连的,同时也创造着环境。四是非线性(non—linearity),指通过反馈链、自组织系统或者混沌理论所表述的复杂的相互关系模式,要比简单的线性的因果关系常见的多。

整体性是指"整体大于部分之和"。它也包括四个方面的涵义:一是整个系统(whole systems),指在考虑问题时应该从部分到整体、从目标到关系、从结构到过程、从等级到网络,重心应该从理性到直觉、从分析到综合、从线性思维到非线性思维。二是多种视野(multiple perspectives),指复杂系统是以复杂的方式相互联系的,应该从不同的视角分析,没有"惟一的答案"。三是独立性(independence),指系统在很大程度上可以作为独立的、自动的整体运行。四是多种水平(multiple levels),指一个大的系统又包括许多子系统,形成一个网络,他们之间以复杂的方式相互作用。

存在是指人全面经历现在,指人的内心宁静、智慧、洞察力、诚实、可靠。它包括四个方面的涵义:一是整全的人(fully human),承认人包括身体、情感、智力、精神多个方面。二是创造性的表达(creative expression),承认创造性表达的机会对个人和群体的重要性。三是成长(growth),承认每一个人都可以达到人类精神的最高境界。四是责任感(responsibility),承认个人和群体对在区域、全球和宇宙等多种水平上的选择和行动具有洞察力和责任感。

在联结、整体性和存在三个基本概念和原则的基础上,全人教育思潮形成了与传统的教育思想有着明显边界的教育主张。这些主张集中反映在1990年全人教育学者签署的芝加哥宣言上。芝加哥宣言对美国现行教育制度以及人类社会所发生的文化、社会、生态危机表示忧虑,提出十大教育改革原则,以期通过教育改革来建设一种新的文化,解决上述各种危机。[4]

1. 为人类的发展而教

个体的发展应优先于国家经济的发展。教育的主要的也是最基本的目的,就是要实现人类发展的内在可能性。学校应该是所有学习者乐于学习,而且可以获得充分发展的地方,而不是培养学生的服从、效忠、纪律以增加国家"人力资源"的地方。教育应该重新审视个体作为"人"的价值——和谐、平静、合作、合群、诚实、公正、平等、同情、理解和爱。人是一个复杂的整体,而不只是充当工人或雇员的角色。只有作为个体的人可以过上圆满、健康、有意义的生活,他才会是一个"有用的"人力资源,从而使国家经济发展和人的个体自我发展之间获得平衡。

2. 将学习者视为独立的"个体"

无论年轻或年老,每个学习者都是独特的、有价值的个体,都具有潜在的创造性,都有独特的生理、经济、知识、精神需要和能力,也都有无限的学习潜力,因此对每个学习者都必须给予宽容、尊重和欣赏。必须重新审视年级、教材以及标准化测验的适切性，以个人化测量标准取代年级和标准化测验。必须用学习类型理论、多元智能理论、学习心理学等专业知识指导教学，根据不同学生的需要采用不同的教学策略。

3. 经验的关键作用

教育和经验是密切相关的，所谓学习就是个体积极、多感官感知周遭世界的过程。教育的目的是让个体经由经验自然而健康地成长，而不是借助有限的、割裂的、预先编制好的"课程"来汲取知识和发展智能。教育应该通过学习者对自然界的经验把学习者与自然界连结起来，通过学习者与实际社会、经济生活的接触把学习者与社会连结起来，通过艺术、诚实的对话和冥想把学习者与其内部世界联结起来。

4. 整全的教育

全人教育的整全观主张宇宙是一个整体，每一事物都是互相联系的。在教育过程中，每一种学科都有独特的价值，每一种方法都有独特的作用，都是整体不可或缺的组成部分。教育的目的就是实现人的整体发展，不仅要实现个体在智力和职业能力方面的发展，而且要实现个体在生理、社会、道德、伦理、创造性、精神各方面的发展。

5. 教育者的新角色

教学是一种集艺术敏锐性和科学操作于一体的工作，必须重新理解教师的角色。教师必须是学习的促进者，根据需要设计和运用学习情境，以适应学生的特殊需要。教师必须确立新的教学范式，和学习者建立一种相互学习、共同创造的教学过程。教师必须以学习者为中心，了解并尊重每个学习者的需要。

6. 选择的自由

真正的教育只有在自由的气氛中才能实现，对于个体来说，自由探究、自由表达、自由成长都是必要的。因此，在学习历程中的每一个阶段，学习者都应有自我选择的机会，依据他们的能力，对课程和学习过程发表意见，同时负起教学成败的责任。现行的教育体制虽提供了许多选择性，但是还远远不够。

7. 为参与式民主社会而教

真正的民主社会，是一个全民积极参与社区事务的社会，是一个充满正义、和谐的社会，是一个独立思考的社会。为了建立这样的民主社会，必须建立一个真正民主的教育模式,培养公民的同情心、体谅、正义感、原创性思维和批判思维。这才是教育的精髓所在。

8. 为培养地球公民而教

我们每个人都是地球公民。在全球化时代,不同文化之间的交流和联系增加了。全球化时代的教育,必须让所有文化的所有新生代了解人类文化的多样性,了解和尊重不同的文化。要确立地球生态的思想,强调自然与人类生存、文化维系之间的互动和互赖关系。要传授一些普遍价值,引导人们去追寻生命的意义、爱、同情、智慧、真理、和谐。

9. 为地球的人文关怀而教

地球和生长其上的所有生命,共同组成一个互相依赖的整体,人类的发展是与周遭的万物密切联系在一起的。教育必须能够激发个体对地球的人文关怀,使人们认识到宇宙星球间的互赖本质、个人和地球万物间互相依存的协同关系,认识到每个人在生态环境中所扮演的角色和所肩负的责任。

10. 精神和教育

所有人都是精神性的动物,他们可以借助其天赋、能力、直觉和智慧表达自己的独特性。每一个人不但可以在生理上、情感上和智能上发展自己,而且也可以在精神上发展自己,净化自己的灵魂。教育必须不断培育个体的精神,使其健康成长。而不断的学习评价和同学竞争是不利于精神发展的,只能妨碍精神的发展。

总之,全人教育不是一种特殊的课程或方法论,而是一整套教育思想,它强调人的整体发展,强调个体的多样性,强调经验和个体之间的合作。

(三) 全人教育思潮对教育培养目标的影响

全人教育的核心思想在于教育培养目标的转变。全人教育对传统教育只重视知识传授和技能习得的培养目标提出批评,倡导教育培养完整的人,使人在身体、知识、技能、道德、智力、精神、灵魂、创造性等方面都得到发展,成为一个真正的人、一个具有尊严和价值的人,一个作为人的人,而不仅仅是一个雇员、一个国家的人力资源、一个政治或经济的工具。课程设置、学习方式、师生观等方面的思想和措施,都是围绕实现培养完整的人这一目标设计的。从 20

世纪 70 年代开始,全人教育思潮便和人本主义教育思潮、后现代主义教育思潮等改革思潮和运动一起,对教育培养目标的转变产生了一定的影响。

联合国教科文组织 1972 年发表的《学会生存:教育世界的今天和明天》指出:"目前教育青年人的方式,对于青年人的训练,人们接收的大量信息——这一切都有助于人格的分裂。为了训练的目的,一个人的理智认识已经被分割得支离破碎,而其他的方面不是被遗忘,就是被忽视;不是被还原到一种胚胎状态,就是随它在无政府状态下发展。为了科学研究和专门化的需要,对许多青年人原来应该进行的充分而全面的培养被弄得残缺不全。为从事某种内容分得很细或某种效率不高的工作而进行的训练,过高地估计了提高技术才能的重要性而损害了其他更有人性的品质。"[5] 该报告指出,人类心理的最大特点就是,"人要排除令人苦恼的矛盾;他不能容忍过度的紧张;他努力追求理智上的融贯性;他所寻求的快乐不是机械地满足欲望,而是具体地实现他的潜能和认为他自己和他的命运是协调一致的想法,总之,把自己视为一个完善的人。"[6] 因此,教育的目标就是要培养出这样的完人,"使人日臻完善;使他的人格丰富多彩,表达方式复杂多样;使他作为一个人,作为一个家庭和社会的成员,作为一个公民和生产者、技术发明者和有创造性的理想家,来承担不同的责任。"[7] 1996 年,由雅克·德洛尔任主席的"国际 21 世纪教育委员会"向联合国教科文组织提交了题为《教育——财富蕴藏其中》的报告。该报告重申了一个基本原则:"教育应当促进每个人的全面发展,即身心、智力、敏感性、审美意识、个人责任感、精神价值等方面的发展。应该使每个人尤其借助于青年时代所受的教育,能够形成一种独立自主的、富有批判精神的思想意识,以及培养自己的判断能力,以使由他自己确定在人生的各种不同的情况下他认为应该做的事情。"[8] 该报告提出教育应以学会认知、学会做事、学会共同生活、学会生存为支柱,培养全面发展的人。

不但联合国教科文组织认识到全人发展的重要性,一些国家和地区也开始把全人教育作为教育改革的理论基础和指导思想,注意培养完整的人。这种倾向尤以我国台湾和香港地区为甚。1997 年,台湾提出教育改革要以全人教育为目标。2002 年 6 月,香港特区行政长官董建华表示,为了配合知识型社会的需要,保持香港的竞争力和经济活力,香港将全力以赴落实教育改革,建立以

"全人教育"和"终身学习"为中心的教育体系。

自全人教育思潮产生以来,全人教育也逐渐成为各级各类学校的办学理念。据国外学者统计,至 1994 年,至少有 7,500 所全人教育学校,而且还在迅速增加。[9]美国阿勒冈州波特兰市的全人教育小学(The Holistic Education Elementary School of Porland)是北美全人教育学校的典型代表。该校的宗旨就是促进人的发展。"我们深知,教育主要应该关注青少年'存在状态'(state of being)的发展,包括完整性、达观、善于享受生活、敏锐性、社会责任感、面对社会挑战的勇气、对生活深层的关注等。这并不意味着我们不重视智力的发展,相反我们认为智力是每一个人的一个非常重要的组成部分,但仅仅是一部分。全人教育认为传统教育的大部分措施过于关注智力,而忽视了'人'的发展。"[10]

在台湾地区,近年来全人教育之风劲吹,各级各类学校甚至幼儿园,特别是教会学校,在立校宗旨上,大都打出全人教育的招牌。以辅仁大学为例,该大学的办学宗旨在于成为追求真、善、美、圣的全人教育之师生共同体,肯定人性尊严,尊重学术自由;探讨生命意义,提升道德生活;专精学术研究,重视人文精神,致力于培育学生达到知人、知物、知天的理想。

早在香港政府提出以全人教育为基础改革香港教育体系之前,香港的许多学校特别是高等学校,早已将全人教育作为自己的教育指导思想。例如,香港浸会大学在建校不久,便逐步确立了"全人教育"的办学理想,致力于提供完整教育,使学生能在学问、思想、专业技能、人格修养各方面均衡发展,成为具有创造力之领袖及富有责任感之公民。为了实现上述目标,该大学强调培养学生终生自学的习惯、自我反省和自我完善的能力,鼓励独立思考,倡导学无止境和思想自由,注意提升学生的自信和专业技能。

近年来,全人教育思潮在中国大陆也引起人们的关注。一些学者批评教育培养目标中的工具化倾向。有学者指出,教育培养的人才并不是真正全面发展的"全人",而是作为工具的人。"作为工具的人,虽然也包含着人自身提高和发展的因素,但人的个性没有得到应有的充分发展,人性没有得到真正的解放。恰恰相反,受到了极大的制约和扭曲!"[11]还有的学者批评现在的教育把"教育中的教育性连同那活生生的'人'一起被淡漠了,教育者没有努力使学生向一个完全的人、高尚的人、真正的人的方向迈进"。[12]因此,教育要把人培养成作为人的人、真正自由的人,而不是要把人培养成作为工具的人、片面发展的人。"教育者首先要把学生作为一个人,一个主体的人,一个有情感有智慧的人;同时,力求把他们培养成为一个具有与他们所受教育层次相称的文化积淀与文化教养的人,一个具有与他们所在大学、所学系科(或专业)相应的知识与视野并获得必要的技能和能力训练的人。一个在生理与心理、智力与非智力、情感与意向诸方向协调发展、具有较高综合素质的人。总之,让他们成为一个完全的相对完善和完美的人,而不是'机器'或者'半个人'。"[13]从"半人"教育走向"全人"教育,成为我国教育培养目标的改革取向。一些大学、中小学和幼儿园也提出以全人教育作为自己的指导思想,以培养全人为目标。我国的学校提出要培养"全人",并不是否定马克思主义的人的全面发展学说,相反却是真正反映了马克思主义关于人的全面发展学说的实质精神。全人,是真正全面发展的人、完善的人,是具有主体性并能够把握自己命运的人,是作为人的人而非作为工具的人,是整全的人而非残缺的人,和马克思所倡导的自由、和谐、全面发展的人是一致的。

在一定的时期内,全人教育及其培养目标还可能是一种理想,一种可能不会完全实现的理想,但又是一种不能放弃的理想追求。正如让·米勒所言:"全人教育是一个梦,但梦要让它实现。"[14]

参考文献:

[1] 吴式颖,任钟印.外国教育思想通史(第十卷)[M].长沙:湖南教育出版社,2002:142.

[2] 小原国芳.小原国芳教育论着选(下)[M].北京:人民教育出版社,1993.2.

[3][4] http://www.hent.org

[5][6][7][8] 联合国教科文组织国际教育发展委员会.学会生存:教育世界的今天和明天[M].北京:教育科学出版社,1996:193—194,193,86,85.

[9] Scott H. Forbes. Values in holistic education[A]. Roehampton Insi-

titute, London. Third annual conferenceon "education", spirituality and the whole world child. June 28,1996.

[10] http://www.holistic—education.net

[11] 孟明义.大学应该培养作为人的人而不是制造工具[J].有色金属高教研究,1995(4).

[12][13] 文辅相.文化素质教育应确立全人教育理念[J].高等教育研究,2002(1).

[14] 陈能治.以全人教育理念作为通识教育的核心价值[A].高雄:人文价值于生命关怀通识课程之理论基础研讨会,2002.

（本文发表于《比较教育研究》2004 年第 9 期。作者刘宝存,时属单位为北京师范大学国际与比较教育研究所）

九、"西方马克思主义教育思潮"简介

当代西方哲学的最大特点,便是它的"多元性"和"多变性"。各个学派、各种主义复杂纷繁、层出不断。与此相对应,西方当代教育哲学思潮也在二次大战后经历了一个风云变幻、沧桑嬗变的时期,这个时期尽管至今为时不长,但却流派并出,新旧更替,有的应运而生了,有的与世辞别了,有的现如昙花,有的咄咄逼人。在诸多教育哲学流派中,一个与传统的资产阶级教育哲学迥然有别的学派在夹缝中冒了出来,美国著名教育哲学家奈勒在其新作《当代教育思潮》(1984 年版)中,称之为"马克思主义教育哲学"。

这里的"马克思主义教育哲学",不是指坚持马克思主义的社会主义国家的教育学,或者是西欧一些国家的共产党理论家们的教育思想,也不是指西方资产阶级学者研究马克思主义教育学的学术观点,而是指西方那些以"马克思主义"为招牌,试图用马克思主义基本原理解释教育职能及其与政治、经济、科技、文化和个人发展之关系的资产阶级教育理论学说。

(一)"西方马克思主义教育思潮"的起因

"西方马克思主义教育思潮"是伴随着"西方马克思主义"的产生发展而来的。"西方马克思主义"出现于 20 世纪 20～30 年代。一次大战以后,革命在相对落后的俄国取得了胜利,而在中、西欧一些先进国家却遭受了失败,这一历史背景使得中、西欧国家的共产党的理论家们陷入了究其原因的深刻思索中,以期探索一条新道路。就在这些人中间,产生了"西方马克思主义"的第一代人物卢卡奇、柯尔施和葛兰西。然而,"西方马克思主义"的流行并形成强大的思想流派,则是在二次大战后的50～60年代。此时,形形色色的打着马克思主义旗号,鼓吹"补充"、"发展"马克思主义的"西方马克思主义"各个理论派别,汇合成一支庞杂的哲学社会学流派。但从总体上说,由于现代西方哲学各流派分属于人本主义与科学主义两大思潮,因而"西方马克思主义"各流派也可归类为"人本主义的西方马克思主义"与"科学主义的西方马克思主义",前者有如"现象学的马克思主义"、"存在主义的马克思主义"和"弗洛伊德主义的马克思主义"(法兰克福学派),后者有如"新实证主义的马克思主义"、"结构主义的马克思主义"等与前一类相抗衡的反人道主义的流派。

在"西方马克思主义"哲学的发生发展中,同时也形成和发展起了"西方马克思主义"教育哲学和教育社会学。作为教育理论学派的"西方马克思主义"在作为哲学学派的"西方马克思主义"中的出现,至少有这么几个原由:

1. "西方马克思主义"思潮从对当代资本主义社会的政治、经济、科技、文化生活现状的分析探讨出发,猛烈抨击现存资本主义制度,试图进行改革并过渡到一个在他们看来是合理的或人道主义的社会。变革者是谁? 他们来自何处? 于是,"西方马克思主义"理论家们求助于教育、求助于学校,他们因此也就势必在自己的理论体系中添置教育理论部分。"西方马克思主义"创始人、意大利"马克思主义"者葛兰西就主张用成人教育来创造一种工人阶级的文化,以揭露统治阶级文化并为人民大众控制社会作准备。法兰克福学派的主要代表马尔库塞也认为,变革社会的激进思想可以起源于教育机构内部,因此他十分强调必须保卫教育这个领域,使之不完全变成统治阶级所垄断的工具,他说:"为自由的和批判的教育而斗争成为更广泛的革命斗争的一个要害部分。"

2. 资本主义社会经济进入20世纪50～60年代得到了高度发展,科学技术革命大大提高了生产力,给西方的社会阶级结构和生活结构带来了深刻的变化。然而,西方社会的病态却未因之而得以克服,依然是危机四伏、矛盾丛生,科学技术在给人的生活提供了一定的保证的同时,又加深了人性的摧残和异化。这些当代资本主义社会制度暴露出来的新状况、新特点,在"西方马克思主义"者看来,是对站在19世纪的"传统"马克思主义创始人的关于人、关于科学技术、关于阶级斗争学说的巨大挑战。为了"补充"、"发展"传统的"马克思主义","人道主义的西方马克思主义"理论家们在抨击资本主义社会使人"片面化"的同时,提起黑格尔、弗洛伊德中的东西,试图塞进马克思主义学说中,以探索新的"全面发展"理论;而极力反对侈谈"人性"的"科学主义的西方马克思主义",在反驳"人道主义的西方马克思主义"理论观点时,也不免大量涉及到"人"的问题。人的发展问题恰是教育理论中的一个重大问题,所以,"西方马克思主义"思潮在自身发展中又发展起其教育观。

3. 在20世纪60年代末,西方出现了所谓的"新左派"政治力量,这股政治力员在大学校园里表现尤为猛烈,现在还通用的"五月风暴"、"校内骚乱"等几乎成为教育术语的字眼,便是当年学生造反运动的写照。在这一政治风暴中,对发达资本主义社会多少作过分析批判的"西方马克思主义"理论被学生们接受为一种主导思想,同时,又让实践检验了这一股理论思潮,使得"西方马克思主义"的一些理论家们更进一步认识到了学校教育、知识分子在他们幻想的社会改革中的"新主体"地位的作用。因此,他们在实践中与学校教育挂上了钩,在实践中发展了他们的教育理论。

4. 身处资本主义社会制度的一些西方教育理论家和批评家们,不满足于以往资产阶级教育理论家的陈词滥调,试图借助马克思主义来深入分析现时代资本主义制度下的教育的社会职能,而这些教育家们,往往又把马克思主义不是贴到这一股西方哲学思潮上,就是凑到那一支西方哲学派别上,所以,他们是各种"西方马克思主义"在教育理论界的代表人物。

(二)"西方马克思主义教育思潮"的两大学派

"西方马克思主义教育思潮"也与"西方马克思主义"哲学一样,大体上可分归为"人本主义的西方马克思主义教育理论"与"科学主义的西方马克思主义教育理论"两大派别。前者各流派在肯定青年马克思时否定或贬低了成年马克思,他们热衷于马克思早期著作《1844年经济学——哲学手稿》,对马克思该手搞中的"异化"、"人道"等未成熟时期马克思所用的、以前哲学家的术语津津有味地加以宣扬和"发展",并据此把青年马克思与从黑格尔、费尔巴哈走向了历史的和辩证的唯物主义时期的马克思对立起来,鼓吹"人道主义"、能动主义和个性自由;而后者各流派恰恰相反,他们肯定的是成年马克思而否定青年马克思,马克思的晚期著作,尤其是《资本论》,是他们热衷于研究的东西,认为成年马克思是科学主义者、实证主义者。这两派的这些认识特点反映在教育理论上，表现为前者在批判资产阶级社会的压抑、摧残人性时，特别关注人、人性、人的"异化"和人的解放等"人道主义"问题，努力寻求个人自由发展的可能性，从而排斥了人的社会性和阶级性；而后者则以普遍的"结构"概念取代个人的"存在"，用探索神秘的结构取代个人自由的追求，认定个人受制于他们的阶级结构和社会结构，是结构的"使役"和"载体"，从而排斥了人的主观能动性；前者坚持上层建筑的独立性和能动性，坚持以"意识形态中的革命"代替社会革命，认为通过改革上层建筑之一的学校教育而加速社会革命是可能的，故他们悉心探讨教育在"人道化"社会中的重要作用，试图通过培养青年学生的"新型人格"去催化工人阶级的意识，以建立人道化社会；而后者坚持内在结构对社会发展的决定作用，坚持上层建筑受制于经济基础，否定作为上层建筑之一部分的学校教育的反作用，故他们在探讨教育的职能时，主要探讨学校教育是如何服务于"再生产"资本主义社会的政治、经济和文化之社会结构的。

在众多的"西方马克思主义"教育理论家中，其始祖当数意大利理论家葛兰西。葛兰西没有专门论述教育的著作，但在他的《狱中笔记》和大量书信中已孕育着"西方马克思主义"的教育思想了。如，他认为在西方资本主义社会里，革命不单纯是由于社会和经济条件的必然作用导致的，还可以通过意识形态的教育和酝酿，"通过意志作用"而产生，他还说："社会主义的学校始终应该是人道主义的中心。"这些阐述，为后来的"西方马克思主义教育理论"尤其是"人本主义的马克思主义教育理论"的发展莫定了基础。尽管葛兰西本人没有发表过教育的专著，但人们对他的教育思想的研究专论却不少，有英特威斯特的《安东尼奥·葛兰西：急进政治的传统教育》、威尔顿的《葛兰西对于公共教育分析学的贡献》、伦巴弟的《马克思主义教育家——安东尼奥·葛兰西》等。

自葛兰西后，"西方马克思主义"教育理论家也按"人本主义"与"科学主义"而分为两大阵营。"人本主义的马克思主义"教育家们，有存在主义的梅劳—庞蒂和萨特尔，有作为"批判的社会理论"的法兰克福学派的代表人物马尔库塞和哈贝马斯；"科学主义的西方马克思主义"教育家们，则有法国的结构主义者柯尔杜塞、鲍狄埃和保朗坦斯，英国的结构主义社会学家伯恩斯坦以及美国受结构主义影响较深的鲍莱斯与根蒂斯、阿泼莱（也有人将他划为"新人道主义者"）。

（三）两大学派的教育观点及其思想特点

有关存在主义的教育思想，国内有过颇多评介，这里就不赘述了。在当今"西方马克思主义教育思潮"中，代表"人本主义"的法兰克福学派与代表"科学主义"的结构主义学派是两支有声有色的教育思想流派，我们以下着重介绍这两个学派的教育观点及其思想特征。

20 世纪 20～30 年代，在德国的法兰克福大学社会研究所里，聚集了一批哲学、社会学家，从事"社会哲学"研究并提出了一种"社会批判理论"，形成一个后来被称为"法兰克福学派"的思想流派。30 年代德国法西斯统治时期，这个学派中的大多数辗转到了美国。他们的影响起先发展缓慢，但到了 60 年代晚期和 70 年代早期却到达顶峰，成为一支影响很大的流派，那时，美国也与世界各地一样，学生左派运动席卷高校，而法兰克福学派由于经常引用马克思早期著作中的片言只语作为理论依据，批判法西斯主义，抨击现代资本主义制度，迎合了对资本主义社会不满的激进的知识分子和青年学生。后来通过这一派新一代的努力，在许多学术领域如哲学、社会学，历史学和教育学中，都形成了它的理论派别。在教育领域里，马尔库塞的《单面人——发达工业社会思想体系之研究》、《与伯里安·曼奇的对话》、《从富裕社会中解放出来》；哈贝马斯的《知识与人的旨趣》、《向着一个合理的社会——学生反抗，科学和政治学》、《理论与实践》等著述，集中体现了这一学派的教育思想。

首先，法兰克福学派猛烈批判发达资本主义社会现状，尖锐指出当今"发达工业社会"是一个"全面遭受压抑的社会"是"病态的社会"，是吞噬个人本性的"工艺装置"，在这个社会里，由于现代科学技术的应用，社会文化对人性已实行了全面的统治，这不仅在政治、经济、教育等领域中如此，在私人生活中也复如此，个人已被工业和宣传工具降格为产品的消费者，个人的自由与创造性已丧失殆尽，个人已成为一种只言物质生活、没有精神生活的"单面人"，社会也成为一种使"当代人的全面的异化"的"单面社会"。其次，他们认为，由于社会的病根在于人们的心理，因此社会的改革无敌也不应该使用暴力，而只要通过发展技术、改善人的心理，即可实现"人道主义的社会"。学校教育的作用，在于通过培养一种新型的、没有病态的人格，由他们来构想出一个不同于现存制度的生活方式,建立人道化社会。然而,他们认为,新型人格的培养必须依靠教师,教师们要用公民学课程激励学生检查他们自身及他们父母的生活方式,激励学生去想象改革的可能性,要用文学艺术来激发出已为生产和消费法则所压抑了的人的本能与情感,使学生发现人类潜能和精神。因此,马尔库塞说:"艺术代表了全部革命的至极目标,即个人的自由和幸福";教师还需用社会学科来培养学生的对现实的独立批判性思维,帮助学生更好地理解个人与社会。最后,在涉及到改革的力量时,他们把希望寄托在大学生身上,他们认为,大学生固然不能替代工人阶级而充当主要革命力量,但是,由于大学生"酷爱本性的解放"、"酷爱自由",所以"学校和大学中的那些未被同化的知识青年",是活跃工人阶级意识的"催化剂"。由上不难看出,宣扬资本主义社会中个性自由与解放的可能性,夸大意识形态的能动作用和学校教育对社会改革的作用,是法兰克福学派教育思想的基本特征。

与法兰克福学派的"人道主义"教育观相反的"结构主义"学派的教育思想的代表人物及其著作很多,主要的有鲍莱斯与根蒂斯的《资本主义美国的学校教育》、鲍狄埃的《教育、社会、文化中的再生产》、《理论与实践纲要》、《作为保守力量的学校》、《符号强力》和阿泼莱的《教育与权力》、《意识形态与课程》、《教育中文化与经济再生产导论》等,这些著述构成了结构主义教育学派的教育观。尽管这些人物思想不一、观点不一,但至少在这么两个方面有共同的见解:
(一)他们以"社会结构"来阐述学校教育结构在资本主义社会制度中的作用,认为学校教育无非就是通过培养不同水平的、分层次的劳动者,通过培养统治阶级的思想意识,以及通过培养统治者的文化,来"再生产"资本主义社会的经济、政治和文化结构,并"合理化"了这种结构。鲍莱斯与根蒂斯认为,教育制度把青年人作了有益于资本主义经济的分层,从学校不同层次毕业出来的学生,充填社会生产结构中不同地位的职能,他俩说:"教育制度通过使它的社会关系符合经济生活关系而为再生产经济上的不平等服务,并使个性畸形发展";鲍狄埃认为,教育过程是社会秩序和个人间的一种"沟通系统",教育制度通过传递那种反映统治阶级世界观的知识(他称之为"文化资本")而"再生产"并"合理化"了社会秩序;阿泼莱也指出,学校不仅为资本主义经济准备青年,而且还传递资本占有者和上层管理人员的文化,即是说,它不仅"再生产"社会的经济秩序,而且"再生产"社会的文化秩序。(二)他们否定法兰克福学派设想的在学校教育中培养新型人格,人道化教育的可能性,认为是资本主义制度本身使学校教育畸形了,使个性畸形了,"学校中的压迫性和不平等之根扎于资本主义经济结构及其作用中";由于资本主义"不能解决它所创造出的问题",它不可能产生一个非压迫性的、平等公正的社会,所以,也就不能在改革社会、人道化社会之前实行人道化教育。可见,强调社会结构对学校教育的制约作用,否定意识形态的能动性,否定在资本主义社会中个性自由发展的可能性,是这一派教育理论的基本特点。

"西方马克思主义教育思潮"在揭露现代资本主义社会制度的弊端、抨击资本主义社会对个性的压抑和畸形化、暴露学校主要的社会职能方面,无疑有一定的批判意义。然而,他们的通病在于,在摘取马克思主义的片言只语的同时,并没有"补充"、"发展"马克思主义和马克思主义教育思想,相反,他们倒是更多地歪曲、阉割了马克思主义基本原理和关于教育的学说。例如,在科学技术进步与人的全面发展之关系、教育与社会变革之关系等重大教育基本理论问题上,不是夸大地就是僵化地理解了马克思的原意。而当涉及到怎样把理论运用于社会实践时,立即就显示了这些理论家们的乌托邦性质。法兰克福学派的理论家们期望用文学艺术、社会科学来培养"新人",再由他们来激活工人阶级的意识,达到改造社会的目的,他们说:"一部文艺作品可谓是革命性的,假若……它以个人的典型命运来代表普遍的不自由和反叛力量,因此就冲破了神秘化的(也是僵化了的)社会现实,并打开了改革(解放)的眼界。"这样的改革方式不是显得太幼稚可笑了吗?而结构主义学派的理论家们却在研究资本主义社会"结构"时反被"结构"封住了自己的思想,想不出什么能突破这一结构的办法来,说到底,它只不过是一个"解释世界"的哲学学派,却毫无"改造世界"的手段。在改造世界方面的无能为力,是当今"西方马克思主义"各思想流派的致命弱点,也是它们的教育理论中的最大要害。

(本文发表于《外国教育动态》1985 年第 6 期。作者陈列,俞天红)

十、后现代主义与当代教育思潮引论

自 20 世纪 60 年代以来,伴随着各种理论群体的喧哗与骚动,后现代主义登高一呼,成为欧美学界应者云集的理论思潮,其影响现已遍布哲学、社会学、美学、艺术、宗教等诸多领域。90 年代以来,一直持观望态度的教育学者们也开始对后现代主义表现出浓厚的兴趣。本文旨在对后现代主义思潮进行观照之后,展开由后现代主义在教育领域引发的有关问题的思考。

(一) 问题的提出:现代和后现代

从表面上看,后现代主义的迅速崛起是同其对现代哲学的激烈对抗和反动密切相关的,而实质上,后现代主义是以极端激进的形式重新表述业已处于没落和解体的现代神话。在此意义上,后现代主义并非对现代话语的否定,而是对超符码化(overcoding)的现代心理积淀的矫枉过正。毕竟,现代化的进程是不可逆的。

这里的"现代"概念与以往的定义有所区别,笔者将较为宽泛的现代哲学追溯到启蒙运动时期。启蒙思想家们从科学和理性出发,确立了现代意义上的二元对立思维方式,在理论与实践、思维与存在、现象与本质、主体与客体间建立起价值等级。现代哲学承诺实现自由、平等、民主,赋予理性主义、英雄主义、理想主义以无上的特权,终极关怀、绝对真理、精神、意识等诱人的抱负成为现代哲学的崇高使命。伴随着科学技术对人类生活的改善,教育的普及,民主革命的发展,现代理念在过去的几个世纪一直昂首阔步、锐不可挡,在 20 世纪初一度到达其巅峰时期。

20 世纪下半叶,美国率先进入丹尼尔·贝尔所说的"后工业社会"时期,在这一过程中,最值得注意的转变就是以制造业经济转向服务性经济占主导地位,以专业技术人员为代表的中产阶级取代企业主成为支柱[1]。旧的等级制度四面楚歌,大众化成为文化进程的主旋律,昔日现代理念对精英文化的倚重受到威胁。大众文化以消费为重要特征,这种渗透时代意识和大众生活方式的文化模式逐渐淘汰了理性和精英崇拜。与此相关的是现代神话的接连破产。科学的滥用使生态平衡和核战争成为悬在人类头上的达摩克利斯之剑;理性的光芒也未阻止民族主义、种族主义和宗教冲突的猖獗;坚信凭借科学方法可以揭示客观真理的学者们尴尬地发现,无论在自然科学还是社会科学领域,信心百倍的命题被一再证伪,他们竭力追求的肯定性和普遍性遥不可及。以怀疑和否定为思维特征的后现代思潮应运而生,以激进的态度表现出对现代话语无力承担的许诺的浓厚兴趣。

信息技术的出现又极大地促进了后现代思潮的发展。计算机改变了人类的时空观念,多媒体和虚拟现实技术打破了真实和虚幻的界限,人工智能的设想挑战了人类的中心地位。重要的是,高歌猛进的信息技术有利于大众文化的传播。各种各样的信息在网络上都有平等的对话机会,就象比尔·盖茨的那个玩笑:"在网络上没人知道你是一条狗!"现代意义上森严的等级制度从此土崩瓦解,权力开始与知识的占有息息相关。后现代主义思潮呼啸而来。

（二）后现代主义理论景观

为后现代主义下一个准确的定义几乎是不可能的,即使集结在后现代主义大旗下的当代思想家也因其对这一思潮的不同心态而区分成不同的理论群落[2]。因此,我们仅可以写意地勾勒出这一世界性思潮的轮廓,将其思想特征概括为如下几个方面:

1. 怀疑和否定的思维特征

后现代主义不再假定有一个绝对支点可以用来使真理和秩序合法化。利奥塔德在《后现代状态:关于知识的报告》中指出:"用极简要的话说,我将后现代定义为针对元叙事的怀疑态度。"[3]所谓元叙事(meta narrative),就是指那些能够为科学立法的哲学话语。后现代主义者矛头直指现代性,认为它们依赖元叙事来证明自己的合法性,而事实上,有关那些支配社会制约关系的机制的合法性,它们本身也需要合法化证明。后现代主义对一切合法性的基础加以质疑,主张摧毁人们对元话语的信任感。总之,伟大主题和英雄神话破产了,代之而起的是对无序、悖论和非一致性的追求。作为一种彻底的否定力量,后现代主义对任何一种被奉若神明的前提和假定发动攻击,从而驱使人们尽可能从广阔的视野和多样的角度来重新审视以住不言自明或默默无闻的话语。

2. 取消判断的价值取向

这意味着赋予不同的话语以平等的权力。后现代主义要求取消深度模式中潜藏的价值判断,恢复价值的平面性[4]。文化是后现代主义率先发难的领域。按照杰姆逊的说法,与晚期资本主义伴生的后现代以消费为其重要特征,尽管失之偏颇,却也看到了文化在日益商品化、大众化的过程中不再寻求终极关怀,开始成为人们日常生活消费品并遵循市场操作规律的现实。影视艺术由于遵循商品生产的逻辑迅速走向世俗化,不仅形成了新的商品拜物教,而且也充当了大众意识形态的传声筒,一向被人视作阳春白雪的高雅艺术如今已不复重现昔日的英雄气概,在价值日益平面化的今天不得不沦落风尘,与他们一度不屑一顾的通俗文化争一日之短长。

3. 非中心化和反基础的解构策略

此前的后结构主义者的研究工作动摇了西方哲学理性中心主义(Logo centerism)的合法性,从根本上消除了终极价值的可能性,粉碎了人们对统一性、整体性和中心性的信仰。后现代主义对传统哲学持续运用二元对立逻辑追求确定性非常反感,对本质与现象、中心与边缘、主体与客体、真理与谬误间非此即彼的确定性重新加以严正的拷问,持续对真理判断外在立场的所有主张展开攻击。德里达(Derrida)从不讳言自己的矛头所向就是一切"决定性的权威",即黑格尔所主张的通过理性反思达到的客观真理。后现代主义刻意的标新立异并非无的放矢,其目的旨在通过对差异和流动的强调取代对中心的基础的迷恋。

4. 多元化的方法论

后现代主义强调本文的多义性和解释的无限性,克服从单一理念出发观照世界的作法,宣称"所有的方法都有自己的局限性",提倡"认识论的无政府主义",号召"怎样都行(anything goes)",允许采用任何方法,容纳一切思想,摆脱僵化的形式理性,将人类从传统方法论的奴役中解放出来,从而建立一个开放的、多元的方法群落。

（三）当代教育思潮与后现代主义

尽管一度声势夺人、极端偏激的后现代主义今天在世界范围内已经全面退潮，然而其特有的精神气质却在各个学科领域发生着深远持久的影响。教育作为人类一种有目的、有组织、有理性的行为，始终与人类社会的现代化进程紧密地联系在一起。在后现代主义思潮的荡涤之下，各国教育学者进行了深刻的反思，教育思想、教育活动和教育研究等方面已经出现了一些显著的变化。

1. 教育思想与后现代主义

（1）知识观

继福柯给知识涂抹上一层泛权力化的色彩之后，利奥塔德的《后现代状态：关于知识的报告》也系统地阐述了后现代主义的知识观。

利奥塔德认为，叙事与科学"范式不可通约"导致了现代知识的危机。利奥塔德指出："科学始终同叙事发生冲突。依照科学的标准来衡量，大部分叙事不过是寓言传说。但是，科学除了在陈述有用常规和追求真理方面可以不受限制，它仍然不得不证明自己游戏规则的合法性。于是它便制造出有关自身地位的合法化话语，即一种被叫作哲学的话语。"[5]这导致了人文科学和自然科学的持久对立。同时，由于现代信息技术的迅猛发展，电脑的操作介入了知识的发现、传播和应用过程。知识在网络上的快速传递使其具有了商品的某些特征。自然科学由于本身的精密程度与信息技术一拍即合，而人文科学则前途未卜，其思辨色彩将全线退隐。

后现代主义挑战了对真理的传统看法，如大卫·格里芬指出："传统的观念认为，科学是追求真理的，只有真理才能给我们以真相。现在，这种观念已经被某些领域代之以相反的观念。新的观念认为，科学既不能给我们真理，也不能探求真理。"[6]后现代主义者强调奉行一种开放的知识和真理观。与此同时，他们视知识为新的权力形式，宣告对信息的控制和拥有将成为人类争夺的新焦点。

（2）教育目的

经典的教育科学热衷于为教育寻求一个外在的教育目的。早期的教育家关注教育目的的社会意义，如《大学》的"大学之道，在明明德，在亲民，在止于至善"的主张，亚里士多德对斯巴达把教育作为最大的政治事业的政策的推崇，等等。近现代以来，教育家们则更多地从人的发展来看待教育目的，如卢梭、夸美纽斯、裴斯泰洛齐等等。

在后现代主义者看来,这些史诗般波澜壮阔的梦想尽管诱人,但其继承理性中心主义余绪而来的合法性值得质疑,即这些梦想都倾向于以某种绝对参照物作为中心和出发点。后现代主义者在杜威的教育哲学里找到了共鸣,杜威"教育即生活"、"教育即生长"的论断被他们作为目标重新表述为新奇话语的发明,以新的理念和思想挑战所谓普遍真理。后现代主义者认为,对教育目的社会意义的强调往往再生产了社会统治者所期待的等级秩序和权力关系。从对理性和真理的质疑出发,后现代主义也否定了个人发展的教育目的。因此,后现代主义对教育的作用不再抱有过高的期望。

(3) 教育变迁

现代神话的破产导致的后果之一便是精英群体的失落。后现代主义为了"使王位的空缺成为常态",从其产生之日起就致力于消解思想霸权和权力话语。在后现代主义者看来,每个个体因其不可替代的独特性而拥有平等的价值,为此,后现代主义者反对通过精英教育重新建立知识的等级秩序和思想界的特权阶级,而将关注的视线投向具有无限多样性和丰富性的个体。

激进的后现代主义者甚至对传统的教师、学生和学校的观念也提出挑战。在他们看来,教师所使用的心智训练方法最终将被淘汰,甚至教师这一职业存在与否也值得怀疑。因为数据库作为新的知识来源正取代教师的角色,其百科全书式的知识容量足以满足学生对新知识的好奇心,从而最终成为"后现代人的本性"。同时,这一新的求知方式也有利于消解教师的话语霸权,铲除对秩序和权威与日俱增的服从,培养求知者的民主和创新意识。学生的命运也发生了变化,学生不再接受掌握信息控制权的教师的耳提面命,而像选购商品一样在网络上自由搜寻有用的信息,在这种主动的探询过程中"发现"新的知识。作为现代神话中塑造人类心灵的园圃,学校和图书馆将成为历史遗迹为寻梦的现代主义者所凭吊,网络终端最终取代了昔日它们的显赫地位。

2. 教育活动与后现代主义

与极端激进的后现代主义者对学校教育的否定相比,建设性的后现代主义态度却显得温和,他们更乐于采用后现代主义的批判思维方式对教育活动提出富有建设性的意见。

(1) 道德教育

在建设性的后现代主义者看来,对理性和科学的趋附导致了道德教育沦为统治者利用来为其权力的合法性提供支持的工具。道德教育一直强调社会功能,旨在使年轻一代接受现存社会的基本价值观念和行动准则。现代话语的二元对立逻辑支持了性别歧视、人类中心论、欧洲中心论、种族主义、民族主义的泛滥。针对这种情况,后现代主义者要求将道德教育作为教育活动的基础,采取批判的态度扫除附存于现代社会之上的道德标准,将社会作为教育的对象加以多元化的改造。

后现代主义者认为,必须在道德教育活动中根除人类中心论,摆脱将人等同于上帝的盲目乐观主义论调,倡导与自然和社会的和谐共处;对人类所拥有的理性良好感觉,后现代主义者更是不屑一顾,因为在奥斯威辛集中营的苦难记忆还未抹去,海湾战争、波黑战争、巴以冲突纷至沓来的时刻,这种良好感觉不但廉价可笑,而且不堪一击;后现代主义提倡多元的价值观,要求颠覆自法国革命以来的自由解放和德国黑格尔哲学衍化的追求真理的两大合法性神话,继而关注焦虑、绝望、行为异常等边缘性道德主题;世俗精神取代精英化的超越维度,作为现代西方社会道德基础的新教伦理赋予资本主义雄心勃勃的英雄气质在消费文化的引导下已荡涤殆尽,后现代主义鼓励人类从世俗力量中汲取精神活力,超越一切凝固的抽象道德格局;在道德教育过程中,以批判意识进行自我反思、自我批评,不断消除对既有权威道德话语的盲从,主张以平等的心态在未来的维度上重建人与人之间的相互理解。

（2）课程

后现代主义者以其一贯立场出发,在课程问题上坚决反对元叙述,反对各种形式的二元论,要求在课程组织中倾听各个方面的呼声,关注课程活动的不稳定性、非连续性和相对性以及个体经验相互作用的复杂性。

学科中心倾向首当其冲地遭到后现代主义者的袭击。在后现代主义者看来,科学中心倾向是黑格尔哲学追求统一性和整体性的结果,是理性中心主义在课程理论方面的表现,难以使学生以开放的眼光看待具有无限多样性的现实世界。后现代主义者要求消融学科边界直至最终取消学科本身。

后现代主义者对凝固和静态的课程观不以为然,他们认为,课程应该是通过参与者的行动和交互作用形成的,那种预先设定好的课程不应该提倡。在教学过程中教师和学生应共同形成和发展课程并不断对其进行评价和修订。课程设置者不仅包括教师和学生,而且教育学者、科学家以及相邻社区也可以不同方式参与课程设计,随时进行修订。后现代主义者并不对课程评估表现出关注和兴趣,因为课程评估总是与等级相联系的,在他们看来,评价的意义仅仅在于反馈。

值得注意的是,信息技术的突飞猛进为后现代主义者探索课程问题提供了新的视野。后现代主义者对以往以教材等静态形式反映动态的无限膨胀的知识的作法十分不满,计算机与网络技术的发展解决了这一由来已久的危机。计算机的巨大存贮容量和信息网络的快速便捷极其符合知识的增殖特性。借助于检索技术,学习者可以迅速获取有关领域的全部最新信息。这一变革将不可避免地导致动态课程的产生,教师和学生将共同作为课程的开发者制定松散的课程结构,以非线性的求知方式最大限度地获取最全面的知识。

(3)教学

传统教学在本质上是独白式的,即承认并维护教师在知识传授中的权力中心地位,知识就像河流一样从高地流向低地。后现代主义者则鼓励教师和学生发展一种对话关系,在教学过程中持续进行思想的交流。在这种教学过程中,教师和学生围绕具体的问题情境,在各自不同的立场上给出自己的思考,通过沟通最终达成和解(而非一致)。教师和学生都是平等的对话主体,正如弗雷尔所描述的那样:"通过对话,学生的老师和老师的学生之类的概念不复存在,一个新名词产生了,即作为老师的学生或作为学生的老师。在对话过程中,教师的身份持续发生变化,时而作为一个教师,时而成为一个与学生一样聆听教诲的求知者。学生也是如此。他们共同对求知过程负责。"[7]

对话关系使教师和学生发展起一种富有建设性的批判意识和民主气氛,有助于教师和学生超越单一视角,以广阔的背景来解读问题情境,从而从各种权力话语的潜在影响中解放出来。

3. 教育研究

后现代主义者否定了绝对真理的合法性,继而又向传统方法论原则的唯一性和普遍性宣战。他们对通过教育研究发现真理的说法表示怀疑,反复提醒人们,真理具有多重性,同一教育现象可能有不同的诠释方式。费耶阿本德就力倡"认识论的无政府主义",认为传统的方法论原则都存在着一种过于抽象和简化的色彩,因而势必在发展中遭到否弃。后现代主义者要求在教育研究中容纳一切规则、方案和标准,向僵化凝固、缺乏想象力的理性主义教育研究方法告别,促进教育研究生气勃勃地自由发展。

后现代主义者希望在教育研究中使用崭新的话语。他们认为,以往教育家的权力话语无时无刻不在影响着其后教育研究者的研究方向、研究方法和研究成果。我们的所谓创新和进步,极有可能就是无意识地重复那些为人们所接受且已根深蒂固的话语。为了解决这一危机,教育研究者必须不断进行极端激进的话语创新,藉以消解权威话语的影响,同时,对微观层面上一向不为研究者所关注的教育细节应表现出极大的热情,呼吁倾听处于边缘地带的声音,以有利于开创新的研究领域。

后现代主义反对建构宏大完整的教育理论体系的做法,对其可能性提出质疑,因为这种构建是与整体性、确实性和连续性等现代合法性神话联系在一起的,不可能也没有必要。近年来某些青年教育学者对“元教育学”的批评当是后现代主义思潮在中国教育理论界的回响。

此外,弗·杰姆逊在对后现代主义的研究中,提出了著名的第三世界文化理论,值得教育研究者们给予关注。杰姆逊认为,第三世界对第一世界的经济依赖导致了相应的文化依赖,第一世界通过文化传媒和信息网络在输出科学和技术时也强制性地输出了自己的价值观和意识形态。第三世界文化在这种不平等的交流中面临着文化殖民的威胁和意识形态的激烈冲突。杰姆逊的分析提醒我们对教育理论的本土化应有清醒的认识。消解第一世界教育理论和实践的话语霸权,以本土化的教育模式寻求平等的对话,共建充满活力的国际教育的话语空间,无疑是当代中国每个教育研究者义不容辞的责任。

后现代主义大潮正在全面消退,但后现代主义所独有的精神气质将永远传承下去,成为教育领域内一股持久的怀疑和否定的力量,激励我们清除教育理论中一切形而上学的障碍。

参考文献:

[1] Daniel Bell: the Coming of Post—industrial society: A Venture in Social Forecasting[M]. Basic Books, New York, 1973.

[2] 中国学者王治河认为后现代主义至少存在三种形态,代表着后现代主

义的三个向度,即激进的后现代主义、建设性的后现代主义和庸俗的后现代主义。详见王治河"论后现代主义的三种形态",《国外社会科学》1995年第1期。

[3] 世界文论编辑委员会.后现代主义[M].北京:社会科学文献出版社,1993.

[4] 杰姆逊曾总结了后现代主义对四种深度模式的取消,即黑格尔式辩证法对现象与本质的区分,弗洛伊德的表层和深层的心理分析模式,存在主义关于真实性与非真实性、异化与非异化的对立,以及索绪尔符号学的能指与所指的划分。见弗·杰姆逊:《后现代主义与文化理论》,陕西师范大学出版社,1987年版。

[5] 利奥塔德.后现代状态:关于知识的报告[A].王岳川,尚水编.后现代主义文化与美学[M].北京:北京大学出版社,1992.

[6] 大卫·格里芬.后现代科学:科学魅力的再现[M].北京:中央编译出版社,1995.

[7] Freire. Pedagogy of the oppressed[M]. New York, Continuum, 1970:67.

[8] Gilles deleuxe and Felix Guatari. Anti—oedipus: Capitalism and Schizophrenia[M]. University of Minnesota,1983.

[9] Jean—Francois Lyotard. The Postmodern Condition: A Report on Knowledge[M]. Manchester University Press,1984.

[10] Jacques Derrida,Dissemination[M].Chicago, 1981.

[11] Michel Foucault. Power Knowledge:selected Interviews and other writtings 1972~1977[M]. ed,colin Gordon,New York,Pantheon,1980.

[12] 丹尼尔·贝尔.资本主义文化矛盾[M].北京:三联书店,1989.

[13] 佛克马·伯顿斯编,王宁等译.走向后现代主义[M].北京:北京大学出版社,1991.

(本文发表于《比较教育研究》1997年第6期。作者余凯、徐辉,时属单位为北京师大国际与比较教育研究所)

十一、试析西方教育理论中的
女性主义思潮

女性主义（又称女权主义）作为西方一种影响广泛、意义深远的政治运动、社会思潮，在我国学术界已有了相当的研究。对于其主张、观点、影响乃至不足，我们也有一定的了解，但教育领域中的女性主义还少有人问津。作为 20 世纪 60 年代以后产生的一种教育思潮，女性主义在西方教育领域独树一帜，它不仅有自己独特的研究视角，而且具有鲜明的理论特色，其影响也越来越大，逐渐形成了教育理论研究中的一个流派。本文拟对其概念表述、思想基础和教育主张做出初步分析。

（一）概念表述

女性主义（feminism）一词在西方使用已久。从词源学的角度看，它来自拉丁文"femina"，意指妇女，最初的意义是"使有女性品质"。到 19 世纪 80 年代才被用来指要求性别平等的一种观点。有人把女性主义这个词最早的书面出处追溯到 1895 年 4 月 27 日出版的《文学俱乐部》(The Athenaeum) 中的一篇书评中。[1] 当然，这并不是近代妇女运动的开端。因为在此之前人们已用"妇女主义"(womanism) 一词来讨论女性问题，根据涂特尔 (L. Tuttle) 等人的观点，19 世纪人们常用来探讨男女平等、女性问题的术语是"妇女问题"(The Woman Questions)、"妇女运动"(Women's Movement)。[2] 时至今日，西方学术界表述妇女问题较多的是 feminism 一词。

女性主义教育在西方学术界亦有多种表述。表述不同，当然含义就不完全相同。但它们的论题及范围是相互联系、相互重叠的,主题也是相对一致的。具有代表性的表述有四种:一是女性主义教育(Feminist education);[3]二是教育中的性别理论(Gender theories in education);[4]三是妇女教育(Women education);[5]四是新女性教育研究(New scholarship on women in education)。[6]女性主义教育主要指用女性的独特视角来体验、考察教育问题,包括妇女对教育的要求、理解;女性思维中的教育问题;她们常用的研究方法及方法论特色;女性解放的途径。教育中的性别理论主要探讨两性不同的身心特点在教育中的反映;两性关系;性别不平等;女子教育的缺乏等。妇女教育则主要指女性教育,包括从幼儿园直到大学阶段的女子教育,具体内容包括女子教育的实施、内容、方法、妇女研究、女性压迫等。新女性教育研究是 20 世纪 80 年代以后在美国学术界流行的一个术语,它使用的时间虽不长,但目前已有国际影响。其含义主要指从女性的观点研究女子和妇女教育的作品及成果。与前三者不同,新女性教育研究较少涉及实践领域,它把重点放在妇女教育的理论思考和现实研究之中,主要关注妇女教育研究中的思想、概念、资料、事实等。我们这里所取的是内涵相对稳定、外延相对一致、为人们讨论女性教育时所普遍认可的概念"feminist education",作为汉语"女性主义教育"的英语对应词,并以此为基本参照收集资料。对女性主义教育这一概念做出上述界定有助于我们廓清对女性主义教育的理解、阐释方面的种种误解和歧义,使讨论的对象更为明确,同时也与我国学术界特别是文学领域、哲学领域、社会学领域和历史领域中普遍接受的概念相呼应、相一致。

(二) 思想基础

女性主义教育的思想基础是女性主义或女权主义运动,因此,要了解当代女性主义教育的基本观点和主张,首先必须了解女性主义自身的基本内容。由于女性主义本身错综复杂、派别众多,作者在此根据其主要观点予以相应分类,并兼顾历史发展的序列,简述女性主义主要派别的基本观点。

1. 自由主义的女性主义(Liberal feminism)

这是女性主义思潮的早期代表,至今仍有很大影响。它出现在 19 世纪中后期。它的产生实际上是与 18 世纪的启蒙运动、新教的发展和个人主义的漫延分不开的。自由主义的女性主义关注的主要内容是女性的自然权利、公平和民主,核心问题是中产阶级妇女在政治、法律和就业方面权利的延伸,所以它带有浓烈的自由的、布尔乔亚式的和个人主义的色彩。由于自由女性主义运动,19世纪西方妇女,尤其是英国中产阶级妇女,在婚姻和财产法、受教育的权利、就业机会、进入职业女性的渠道以及参与政府部门和公共事务的工作等方面无疑得到较大的改善。

2. 激进的女性主义(Radical feminism)

这是女性主义在20世纪的杰出代表。它出现于20世纪50年代末、60年代初。有人认为激进的女性主义深受著名的女权主义者B·弗蕾丹(Betty Friedan)的影响,并以她1963年发表的《女性的奥秘》为标志。[7]在美国,这场妇女解放运动(又叫现代或新女性主义运动)是与60年代的"新左派"政治运动、人权运动和反越战运动紧密相连的。她们在语言表述上显然受到马克思主义的影响。如S·费尔斯通(S. Firestone)1970年发表的《性别辩证法》就用了大量的性别、阶级、革命等术语来阐述自己的见解。[8]激进的女性主义在女性主义思潮上有三大贡献。首先,她们提出了一个重要的术语——父权制(patri-archy)作为分析妇女受压迫的基本理论;其次,提出了"女性受压迫的普遍性"假设;第三,明确提出了"培养女性意识"的主张,[9]即认识到男性统治的后果,妇女应该接受一种针对自身的教育或再教育。以上三点奠定了当代西方女性主义运动的思想基础。

3. 马克思主义和社会主义的女性主义(Marxist and socialist feminism)

这是西方马克思主义学说在女性问题的表现之一。它出现在20世纪70年代后期,最初是以修正激进主义的观点和补充自由主义的面目出现的。其实,早在20世纪50年代,J·米切尔(J. Mitchell)就在英国左翼政治中明确表达了女性主义观点。她构建了马克思主义的女性主义学说的基本框架,即生产理论——妇女在劳动力市场的地位;再生产理论——家庭内部的性别分工;性的本质观——把女性视为性的存在物和性对象的观点;社会化理论——教育和养育青年一代成长的理论[10]。20世纪70年代末,更多的马克思主义、社会主义的女性主义者进入了这个同盟。[11]她们用传统的马克思主义观来探讨女性压迫、父权制关系;特别重视生产与再生产理论和资本主义与父权制的内在关系,以及性别、文化与社会之间的复杂的相互作用。她们认为,在资本主义社会父权制有其物质上和历史上的基础。她们还特别强调阶级对性别的影响。

4. 黑人女性主义(Black feminism)

黑人女性主义是少数人种中的女性主义的代表。它跨越的时间较长,在19世纪,黑人女性主义主要围绕废除奴隶制展开讨论;在20世纪,则是围绕人权运动。黑人女性主义不仅对白人社会、父权制社会对黑人妇女的双重压迫进行了猛烈的批评,而且对白人妇女运动忽视有色人种妇女在经济与社会方面的差别进行了抨击。显然,黑人女性主义对当代女性主义尤其是激进的女性主义忽视种族主义的问题提出了挑战。她们还对白人妇女运动中的一些重要术语和观点提出了不同的理解。卡尔白(H. Carby)认为,父权制就对黑人妇女有不同的含义。她认为,黑人妇女受压迫的来源不是单一的。白人女性主义者单独强调父权制,她们认为男性黑人与男性白人与资本主义等级社会和父权制社会的关系不同,但从黑人妇女自身角度看,这实际上是一样的。[12] B. 胡克斯(B. Hooks)也持类似的观点。她指出,白人女性主义的中心是仅仅把中上阶层的男性白人视为敌人和"压迫者",而置其他男性于不顾。[13]

5. 心理分析的女性主义(Psychoanalytic feminism)

这是20世纪70年代以后出现的又一种女性主义思潮。它既从马克思主义和激进的女性主义那里吸取了部分内容,同时又有自己独特的知识基础。心理分析的女性主义更倾向于研究妇女所受的压迫是怎样影响她们的情感生活和性别特征的。它认为妇女受压迫的根源深深根植于她们的灵魂中,妇女要寻求自身的解放,必须有一种"内部的"和社会的革命。J·米切尔是这一学派的杰出代表。她在研究中大量借用了弗洛伊德理论的概念,如无意识、女性结构、心理影响等,并以此为工具来分析父权制社会。[14]有的女性主义者运用弗洛伊德的理论来分析妇女在家庭和养育子女中的作用。曲冬熔(N. Chodorow)就着重分析了母——女关系。她反对用纯粹的生物学或社会学观点来解释妇女在养育子女中的作用,她认为,男性从小到大受妇女的照料从心理上减少了他们承担养育子女的职责。她说:"妇女独特的养育分工造成了男性统治的心理和妇女对男性的惧怕,这是把人类社会不公平地分为公共事务部门和家庭事务部门的基础,这两部门的人员分工则是由其性别决定的。"[15]根据上述观点,她认为父权制产生于男女的性别概念之中,当然,这还与心埋和财产等因素有关。曲氏认为,要彻底解放妇女,必须重新调整人类社会的家庭关系,使男人和女人共同地、平等地承担养育的责任,使儿童从幼年起就在双亲而不仅仅是母亲的养育下成长。心理分析的女性主义还对妇女解放的心理动因、女性受压迫的心理危害及表现等进行了探讨。

6. 批判的女性主义(Critical feminism)

批判的女性主义出现于 20 世纪 80 年代,这是一种更为复杂、更易混淆的女性主义派别。它起源于对妇女运动和父权制社会的批评,同时也与后冷战时代对科学和宏观政治学说幻想的破灭有关。从理论方面看,批判的女性主义的直接源泉是后结构主义和后现代主义理论。我们先看看后现代的女性主义的情况。众所周知,后现代主义的基本目标是反权威、反知识中心、解构抽象话语、消除同一性,后现代的女性主义同样也把目标集中在相似的论题上,如注重寻求现代历史的根基和专制主义;批判西方现代(即男性)学术界的客观主义和唯理性;呼吁更换原有的或寻求表述人类知识的不同的方式及内容等。正如赫克曼(S. J. Hekman)指出:"与后现代主义一样,后现代的女性主义对现代各门科学,无论是哲学还是物理学都提出了挑战。但是,它们所开辟的领域都与研究人的科学有关。后现代主义和后现代的女性主义都特别关注现代性的主要特点、人类学中心(即男性中心)对知识的定义。"[16]

后结构主义的女性主义则更强调创造观察和认识事物的新途径。她们试图更详细地分析父权制在社会各个侧面的表现。与自由的和激进的女性主义常用的概念不同,后结构主义的女性主义用多元性、差异性等术语来阐述社会关系,而不用同一性和统一性。她们普遍关注各种"机构"(agency)的重要性,重视"结构"(structure)在社会实践中的作用。她们认为,个体并不是被动地在自己的生长经历中社会化,也不是被动地受他人的影响而成长,而是通过主动地参与各种对话从而逐渐成长、成熟的。作为一种"反话语"(reverse—discourse),后结构主义的女性主义处于对男性权利和意义进行挑战的位置。这是一种新的、反抗的语言表述形式。此外,后结构主义的女性主义还非常重视赋予妇女利益以特殊的权利,并分析阐释了在各种对话中妇女权利的运用与保护、压迫是怎样发生的、以及如何进行反抗。

以上是西方国家女性主义思潮主要派别的基本观点及其在近现代发展的简况。从根本上看,西方女性主义思潮的核心内容可归纳如下:在政治层面,主要是一种旨在提高或改进妇女生存环境与生活质量的运动;在批判层面,是一种持续的对主流(男性)认知和行为模式的理性批判;在实践层面,是一种对女性职业和个人实践方面更符合道德规范进步的关注。随着女性主义运动在世界范围的发展,还产生了许多"边缘的"女性主义派别,如基督教女性主义(主要关注女权主义宗教学的创立);人文主义的女性主义(倡导用一个标准来评价男性与女性的平等);穆斯林的女性主义(视妇女解放运动和西方势力对伊斯兰教都有极大威胁,其思想基础十分广泛);生态学的女性主义(又一个基础广泛的其宗旨既呼吁一种新的与自然界的关系,同时又关注发展中国家妇女权力的运动)。[17]这里我们就不一一赘述了。

(三) 教育主张

1. 富有个性的研究对象

与西方现代各种教育理论、教育思潮大异其趣,女性主义教育在研究对象上独辟蹊径,极富特色。她们把教育研究的对象界定为女性所有的教育问题,其核心是性别间的不平等及对学校教育和整个教育系统的影响,换句话说,凡是涉及女性的一切教育、成长方面的问题都属女性主义教育的范畴。

由于女性主义流派不同,它们对性别间的不平等对整个学校教育系统持续、广泛的影响的解释和理解也就不同。当然,不同的理解与分析提出的改革措施和策略就更不一样了。自由主义的女性主义者认为无知是性别不平等的主要原因,她们提出将普及教育、广泛传播知识作为解决问题的主要途径。在她们看来,因为学校中性别的不平等是由一系列复杂的原因引发的,如偏见(包括家长、教师乃至整个社会的)、传统的价值观念(重男轻女)、恰当体制的缺乏以及结构方面的障碍等,所以,解决的方法也应该是两方面的。第一,通过在职培训和制定一系列学校方面的政策提高女性的意识;第二,通过运用法律手段在必要的地方废除障碍物,如通过教育机会均等法。激进的女性主义者则把学校教育中的不平等归咎于男性权力和男性主导的两性关系,这两者造成了男性主导、女性从属的二元性。她们宣称上述现象在社会各个方面都有反映,无论是在学校、在家庭，还是在高等学校、在工作单位。由于性别差异是广泛存在的，因此，消除两性之间的不平等不能仅仅依靠教育和教师。妇女应发挥她们力所能及的一切来消除性别歧视，重塑整个社会。激进的女性主义者认为教育具有潜在的解放力量，但它不是现成的。只有当教育从其男性基础上更换其课程、知识和文化的时候，它才具有改革的实际意义。西方马克思主义和社会主义的女性主义对教育在社会变革中的积极作用似乎认识不足。她们视教育为性别斗争和阶级斗争的舞台，是复制传统的社会主导与从属模式的基本工具。她们认为，工人阶级的女孩在学校中既遭受了和本阶级男孩同样的阶级不平等，还接受了女性"次劣"的教育，她们在教育中处于双重不利的境地。由于资本主义内部性别不平等的社会性本质，因此，她们所能提出的解决教育不平等的办法是相当有限的。尽管如此，马克思主义和社会主义的女性主义者在教师联合会里对男权提出挑战，在把女性问题提上教师联盟的议事日程方面还是相当活跃、功不可没的。[18]

黑人女性主义者似乎也怀疑教育在彻底改变或改革社会不平等中的作用。她们认为在根除种族歧视和性别歧视方面，法律在某种程度上具有更重要的作用。她们认为，不区分黑人教育中的性别和种族问题，是掩盖了黑人女孩教育的特殊性，或者说用种族问题代替了性别问题。她们还猛烈批判了因为肤色不同把不同种族的女性视为某种同类大种族群体的倾向。不同种族的女孩所遭遇的种族主义有可能是相似的，但是她们不同的文化背景、经济背景和宗教背景使她们所接受的教育有可能完全不同。

后现代和后结构主义的女性主义者对学校教育中的不平等及其解决的措施也提出了自己的见解。由于她们对所谓"正常化"的和"自然化"的话语表述感兴趣（在这种话语中知识与权力是联系在一起的）；也由于她们把研究重点放在某些"地区"或社区上，所以，她们宣称创造一种"反话语"（即与男性话语相反、相对抗的话语）是完全必要的，也是可能的。在这种话语中，女性未曾表述或表达的内容可以得到充分表达。她们倡导的行动之一是在教育语境中促进学生对自身地位的批判性觉醒；另一行动措施是对女性的各种行为保持高度注意。[19] 然而，要做到上述两点十分困难，关键问题是怎样才能培养、创造这种批判性意识。

2. 鲜明的研究主题

同样,女性主义派别及观点不同,她们所选择的教育研究主题及重点也不相同。我们先看自由主义的女性主义者的情况。在教育研究中,她们研究的侧重点往往集中在女童的"失败"或学校教育中的学业不良以及女性为了改变自身环境而应接受的普通教育等问题上。比如,她们比较深入地探讨了学校教育中女孩和青年女子学业不良的实例;在某些学科(特别是数学、自然科学和技术)中男性与女性不同成就模式的原因;选修课和就业方向上的性别印迹;考试和测验中的性别特点;学校教师构成模式中的性别差异等等。显然,自由女性主义者所力争的目标,是在现存的学校和社会体制下,以最小的代价使妇女环境得到快速改变。因此,尽管她们用了"途径、选择、未充分表达、成绩不佳"等术语,但她们的基本立场仍是在不根本改革男性化社会现状的前提下做出有限的改革。

与此相反,教育领域中激进的女性主义者在批评男性中心的社会,抨击学校教育中的知识本质以及现存教育制度与女性的距离等方面表现得坚决而彻底。她们研究的主题大都集中在批评"男性化"的教学科目、考察学校教育中男权形成的过程以及课堂内性别间的关系。与自由主义的女性主义者不同,激进的女性主义者强调在课堂、工作单位,特别是学校教育中由于性别差异造成的女性受压迫的情况。她们还提出了一个颇具争议的问题,即为了创造某种独特的女性学习的文化氛围,是否有必要建立一种单一性别的学校呢?[20]这派女性主义者常用的术语是"男权关系、主导与从属、压迫与解放、女性中心"等。这些术语既反映了激进女性主义者的基本观点,又反映了她们对教育现状的普遍批评。

相对而言,马克思主义和社会主义的女性主义在教育研究主题上表现出更复杂的情况。她们比较关注在形成两性不平等的过程中的教育,特别是学校教育所发挥的作用,以及这种作用的限度。她们重视在学校中工人阶级的子女(尤其是女孩)是怎样被培养成从事体力劳动的"接班人"的;在维护特权阶级和两性关系中,家庭、学校与就业的相互作用。她们常用的术语是"资本主义、生产、再生产、阶级、性别、男权关系和同化理论"。这一派对教育领域中的实践者——广大教师影响不大。

　　黑人女性主义者也对学校教育的弊端进行了有力的抨击。她们抨击了某些地区和社区的种族主义和男性主义的本质;集中力量揭露了黑人家庭的"文化病理";批判了人们强加的所谓"黑人女性的特点"。此外,她们还探讨了英美学校中黑人女性的实际经验;教师中的男性主义和种族主义;作为某种问题构成的黑人女生。[21]她们常用的术语包括"反对性别歧视、反男性中心、黑人不利处境、制度化的种族主义、定型化、期望缺乏"等。

　　最后,我们以后结构主义为代表看看批判的女性主义在教育研究主题方面的情况。后结构主义的女性主义在教育研究主题上的影响主要体现在女性主义教育的宏观理论方面。雍斯(A. Jones)认为,后结构主义的女性主义更推崇复杂性,而不是前文论述的各种模式、体制。他们对教育中的"不确定性"持肯定的观点。[22]沃克丹尼(V. Walkerdine)探讨了"进步主义教育学"的思想。她认为,在所谓进步主义的小学课堂上,"真理王国"就是以男性为标准的儿童的主动和以女性为标准的教师的被动(因为小学中多数教师是女性)。教师们的独立性和自治性被牺牲了。通过她们"准母亲般"的照料,促进了儿童"自然"的成长。但这还仅仅是富有阶级的情况。工人阶级的女童和黑人儿童则被视为某种社会问题,因为她(他)很难达到理想儿童(即白人儿童)的标准。因此,沃克丹尼认为,在进步主义关于自由、民主、安全和本性的"表述"中,有一种对权力和不平等的反对。

　　戴维斯(B. Davis)考察了学前儿童对主流文化的理解、各种"故事"描述和性别特征的意义。她发现儿童不能理解女性主义者的"故事"及其讲述,因为他们平时所闻所见的都是主流文化、"经典的"男性表述和儿童传统的故事和童话。有的后结构主义者还研究了女性主义者的"实践"和自我反省。[23]后结构主义的女性主义者常用的术语包括"主体性、主观性、权力、知识、社会结构"等。

　　3. 独特的研究视角

　　是否存在一个客观的又有鲜明特色的女性主义的教育研究方法或方法论呢? 这是我们考察女性主义独特的教育研究视角首先面临的一个问题。对这个问题,女性主义者自己也是见仁见智,众说纷纭。有的人极力倡导,如莱英哈兹(S. Reinharz)提出了一个女性"共同"的研究方法,她称之为"经验主义分析法"(experiential analysis)。[24]持反对意见的人也不少。她们认为对特殊、惟一研究方法的追求是毫无意义的,它不仅妨碍女性主义研究者对各种科学研究方法的广泛借鉴、采用,而且画地为牢,窒息女性主义研究方法的发展。[25]笔者认为,要立即对女性主义的教育研究方法或方法论做出某种界说,把它同其它教育研究方法严格区别开来,现在为时尚早。这里,我们仅对女性主义研究方法论的某些基本特征和常用方法作一些粗浅分析。

(1) 女性主义方法论的基本特征

第一,反对实证主义。在教育研究方法上尽管女性主义者意见不一,各持己见,但是她们在反对社会科学尤其是教育科学研究中传统的、正统的实证主义倾向方面是基本一致的。主要表现在她们力图修正已有的经验主义的实证方法。例如,她们用现有的后经验主义的方法论中哈芮(R. Harre)和斯柯得(P. F. Secord)的"新"社会心理学来代替传统的教育研究方法;用怀疑的后现代主义和后经验主义来批判正统的实证主义,等等。

第二,两性关系分析模式的广泛运用。女性主义方法论最主要的特征或许是她们对性别问题的独特关注。由于男女社会地位不同、男性与女性权利不平等,造成两性不平等关系渗透到社会生活的各个领域。正因为如此,女性主义研究者才致力于描述、解释和阐发女性世界。也由于上述原因,女性主义者才大力提倡研究者利用、描述女性经验,批判传统研究中的男性家长式的基础,高度评价两性关系在研究活动中的影响和作用。

第三,赋予科学以价值承诺(The value—ladenness of science)。传统的实证主义认为,科学没有价值意义上的高低、大小之分,一切科学的价值是等同的。女性主义者认为,对科学本身而言,事实从未如此。从女性主义观点出发,她们认为科学是人类的社会行为,因而科学研究既带上了从事科学研究的人的价值,同时也打上了支持科学研究的体制和制度的价值的烙印。实证主义的经验主义研究提供的是剥夺了解释权力的确切的事实知识,它是为保护男性既有的社会地位和妇女受压迫服务的。在强调研究的价值意义时,女性主义方法论还十分重视女性主义道德原则及标准体系,关注以性别差异为基础的语言使妇女处于从属地位的方式、阻碍女性研究出版发表的公平与公正问题、抑制女性就业的因素,以及男性研究者干预女性参与分享研究的成果等问题。

第四,解放方法论的接受与采用(The adoption of liberatory methodology)。女性主义运动是以谋求妇女受压迫的解放为其基本宗旨的,因此,她们经常声称以研究为基础的知识应为促进妇女的解放服务。密耶斯(M. Mies)是其中一个杰出代表。她指出,为了改变现存的社会环境,女性主义者必须把自己的研究与妇女谋求解放的斗争紧密联系在一起。她说,判断一种理论的价值其标准不是它方法论的应用,而是它促进解放过程的力量。[26]

解放方法论的倡导者对收集妇女材料时常用的态度调查(法)提出了尖锐的批评。她们认为这些调查很少反映女性真实的思想状况。在表述解放方法论时,女性主义者强调研究过程必须成为弗雷内(P. Freire)所说的"意识化"(conscientization)过程。这一过程涉及"对社会、政治和经济矛盾的理解,并对现实中的压迫因素采取反抗行动"。[27]作为一种解决问题的方法论,"意识化"包含对压迫主体、压迫现实的研究,在这类研究中,社会科学研究者把她们的研究成果贡献给受压迫者以便她们能表达和逐步理解她们自身的问题。从这个意义上说,女性主义的解放方法论在目前的实际研究活动中还处于形成之中。

第五,对"非等级"研究关系的追求。女性主义方法论的第五个共同特点是,她们强烈要求研究者与被研究者之间保持一种非等级关系,亦即平等关系。这与实证主义者推崇观察和数据的倾向,以及他们赋予研究者某种认识论意义上的特权形成鲜明对比。女性主义方法论特别注重用一种民主参与的调查方式来代替传统研究者的认知特权。在这种民主参与的调查中,研究者与被研究者形成一种互惠关系,并逐步发展为他(她)们相互平等的认识。有的女性主义者还认为,建立这种非等级的关系还要求在必要时用"有意的偏心"来代替那种旁观者式的对待女性的态度。

(2)常用的研究方法

从研究方法的一般使用情况看,女性主义者比较推崇实验(法)、元分析和人种志。尽管她们对社会科学领域中大量运用实验的方法,以及随之而来的实验者与被试之间的不平等关系、实验中的人为因素等进行了抨击,但是,不少女性主义者仍提倡在社会、心理等领域创造性地使用"富有责任心"的实验法,并力图以此避免实验室试验中被扭曲的社会关系及其人为性。元分析法则主要用来概括在性别研究这个充满矛盾领域中众多实验研究的不同成果。事实上,元分析法是近年来才逐渐形成的一种综合处理研究成果的方法,包括对某一领域诸多个别研究的分析结果作数理统计分析。有人认为这种元分析对女性主义研究做出了重大贡献,因为它对性别研究的范围和程度提供了强有力的计量分析的结论。由于女性主义者普遍都有偏好定性研究而拒斥定量研究的倾向,因此,她们常使用人种志的研究方法,因为这些方法承认研究背景的重要性、突出有关女性的实验报告、在研究者和被研究者之间建立的是合作关系。这些定性研究打破了流行的假设—演绎研究模式,鼓励研究者归纳出自己的结论。

(四) 结语

通过对西方教育领域中女性主义的简略分析,可以看到女性主义教育既有共性的一面(如有共同的研究主题、研究对象等),各个派别的观点又错综复杂,各有自己的见解和主张。虽然女性主义在西方历史上由来已久,女性主义的教育表述、教育主张也不是战后才出现的事,然而,真正使女性主义教育获得独立的文化、教育乃至界说内涵,成为一种女性主义教育潮流并在今日的教育格局中占据一席之地,是在 20 世纪 60 年代以后。从女性主义教育思潮的女性观来说,早期的女性主义者基本上持性别差异论。这种理论解构了启蒙主义意义上的中性的"人"的概念,认为女性在社会与身体经验、文化构成和主体想象上都不同于男性。当人们以超越性的"人"来谈论问题时,实际上,他们是潜在地以男性为标准来构造"人"的想象,从而在社会、文化等各个方面上对女性的差异性和独特性进行压抑。后期的女性主义者多数持性别身份的文化构成论。她们认为一个人之为女人与其说是天生的,不如说是"形成"的,进而以"sex"(生理性别)和"gender"(社会性别)来阐述女性性别身份的文化构成,以打破长期以来的性别本质主义观点。这一理论观点的形成与当代女性主义教育思潮构成了一种充满生机的互动关系。女性观的改变使得女性主义者不再遮蔽或忽略自身独特的体认而竭力达到一种"不分性别"的认识高度;相反,她们意识到"女性身份"构成了她们表述个人成长、历史记忆和现实处境的独特之处和无法更改的事实,因而在她们的教育讨论中那些由于性别差异而来的个体、社会、历史、都市和民族的独特性获得了充分的表现,而这一切恰恰构成了 20 世纪 80年代以来女性主义教育思潮的最重要的内容。

展望未来,女性主义教育仍处于一种发展时期,胡克斯(B. Hooks)称之为

"正在形成中的理论"。[28]这种发展由于带有极大的批判性而面临着多方面的挑战。但随着各种文化冲突的深入、女性主义自身的发展、世界教育潮流的变革,作为代表人类智慧一半的对教育有独特理解并提出自己特殊要求的女性主义教育思潮,必将对整个人类教育的发展做出自己应有的贡献。

参考文献:

[1] RossiA(ed.). The Feminist Paper:From Adams to de Beauvoir[M]. New York:Bantam,1974.

[2] Tuttle L. Encyclopedia of Feminism[M]. London:Arrow Books,1986:349.

[3] Weiner G. Feminisms in Education:an introduction[M]. Philadelphia:Open University Press,1994:51—73.

[4] Husen T,Postlethwaite T N. International Encyclopedia of Education[M]. Pergamon Press,1994:24,53.

[5] Pearson C S. Educating the Majority:Women Challenge Tradition in Higher Education[M]. New York:Macmillan, 1989.

[6] Biklen S K. DwyerC(ed.). The new scholarship on women and education[J]. Education Researcher,1986,15(6):6—33.

[7] Friedan B. The Feminine Mystique [M]. Harmondsworth Penguin, 1963.

[8] Firestone S. Dialectic of Sex[M]. New York:Paladin, 1970.

[9] Weiner G. Feminisms in education[M]. Buckingham:Open University Press, 1994:55.

[10] Mitchell J. Woman's Estate[M]. Harmondsworth. Penguin, 1971.

[11] Barret M. Women's Oppression Today:Problems in Marxist Feminist Analysis[M]. London: Verso, 1980.

Davis A. Women, Raceand Class [M]. London: The Women's Press, 1981.

Segal L. Is the Future Female? Troubled Thoughts on Contemporary Feminism[M]. London: Virago, 1987.

[12] Cardy H. Black feminism and the boundaries of sisterhood. In : Arnot M, Wciner G, ed. Gender and the politics of schooling[M]. London: Hutchinson, 1987:65.

[13] Hooks B. Arn't Ia Woman : Black Women and Feminism[M]. London : Pluto Press, 1982:88.

[14] Weiner G. Feminisms in education[M]. Buckingham: Open University Press, 1994:61.

[15] Chodorow N. T he Reproduction o f Mothering : Psycho analysis and the Sociology of Gender[M]. Berkeley University o f Califonia Press, 1978:90.

[16] Hekman S J. Gender and Knowledge Elements of Postmodern Feminism[M]. Boston : Northeastern University Press, 1990. 2.

[17] Young IM. Humanism, Gynocentrism and Feminist Politics[J]. Women's international Studies Forum, 1985. 8(3).

J. Vidal,And theeco feminists shall inherit the earth[M]. The Guardian (supplement), 1993. 9. August:10.

[18] Rowbotham S. The Past is Before US: Feminism in Action since the 1960s [M]. London :Pandora, 1989:74.

[19] Lather P. Getting Smart: Feminist Research and Pedagogy With/in the Postmodern[M]. New York : Routledge and Kegan Paul, 1991:63.

[20] Deem R. Coeducation Reconsidered[M]. Milt on Keynes, Open University Press, 1984.

[21] Amos V, Parmar P. Challenging imperial feminism[J]. Feminist Review, 1984(17):3—18.

[22] Jones A. Becoming a girl[J]. Gender and Education, 1993, 5 (2):158.

[23] Lather P. Getting Smart: Feminist Research and Pedagogy With/in

the Postmodern[M]. New York ：Routledge and Kegan Paul，1991,82.

[24] Reinharz S. Experiential analysis：A contribution to feminist research. In ：Bowles G，Klein R D，ed. Theories of Women's Studies[M]. London ：Routledge and Kegan Paul，1983.

[25] Harding S.. Is there a feminist method? In ：Tuana N，ed. Feminism and Science[M]. Bloomingt on ：Indiana University Press，1989.

Clegg S. Feminist methodology：Fact or Fiction? [J]. Quality and Quantity，1985，19(1)：83.

[26] Mies M. Towards a methodology for feminist research. In ：Bowles G，Klein R D，ed. Theories of Women's Studies[M]. London ：Routledge and Kegan Paul，1983.

[27] Freire P. Pedagogy of t he Oppressed[M]. Penguin，Harmondsworth，1972. 15.

[28] Hooks B. Feminist Theory ：From Margin to Center[M]. Boston ：South End Press，1984.

（本文发表于《比较教育研究》2000 年第 3 期。作者徐辉，时属单位为西南师大教育科学学院）

十二、略论教育研究国际传播中的后殖民主义倾向问题

近几年来,"文化殖民主义"(cultural colonialism)或"后殖民主义"(postco-lonialism)成为国内外学术界的热点话题,文化殖民主义理论成为一种全球性的文化和哲学理论思潮。由于教育研究具有的文化特征,"文化殖民主义"思潮应该在相当程度上启发我们思考教育研究的国际传播中是否也存在着殖民主义倾向。但是就目前的情况看来,这一思潮对我国教育研究的启发与影响甚微,甚至有相当一部分教育研究者不知萨义德为何人,不知后殖民主义或文化殖民主义为何物。原因何在?

在传统的美、英理论体系中,受以客观主义和"主客二分"思维方式为特征的唯科学主义方法论的支配,忽视教育研究的文化特征,认为有"普适"的教育学。尽管杜威在《哲学的改造》(1920)中批评了"普适"的"人"与"社会"的哲学概念,并坚持"哲学与教育的同一",[1]对教育研究的具体化有重大启发,但将教育研究"科学化"仍然成为传统。如20世纪90年代流传广泛、影响较大的维尔斯曼(W. Wiersma)的《教育研究方法导论》(1995)中关于教育研究特征的表述仍带有明显的实证主义倾向,没有重视文化与教育研究的关系。[2]我国的教育研究方法理论在这一点上基本承袭英美传统。国内流行的比较有影响的教育研究方法和方法论著作或教科书诸如陈震东的《教育科学研究方法》(1980)、李秉德主编的《教育科学研究方法》(1986)、叶澜的《教育研究及其方法》(1990)和《教育研究方法论初探》(1999)、裴娣娜主编的《教育研究方法导论》(2000),都没有对教育研究的文化特征进行讨论。尽管20世纪90年代以来由于人文科

学方法论研究成为热点,唯科学主义方法论受到批判,我国教育研究中对教育和教育研究的人文特征的讨论开始有所重视,但是还没有形成共识,更没有形成主流,对文化、哲学领域中的新思潮、新方法对教育研究影响的反应仍然滞后。笼统地说教育研究应该有民族特色、地域特色可能不会有太大异议,但具体到文化与教育研究的关系或文化理论与教育理论的关系来看,由于研究方法论倾向影响及如何寻找切入点等问题尚未达成共识,因此研究甚少却争议很大。所以,在文化殖民主义理论引发的讨论已经成为国内外学术界热点问题的同时,教育研究领域却对该理论的价值与局限认识不够。

　　文化殖民主义理论的诸多观点和研究视角尚存在争论,尤其在国内,又与晚清以来关于"中西"、"新旧"、"体用"、"传统与现代"、"科学与玄学"、"精神与物质"等问题讨论纠缠起来,众说纷纭。但是,不论具体观点,只就文化殖民主义理论重视话语主体、重视研究者立场和看问题的视角、提醒人们重视对问题及其研究的民族性和地域性的方法论旨趣来说,对教育研究方法论的构建也颇有启发意义。具体到教育研究国际交流或国际传播中是不是存在文化殖民主义倾向问题,必定也会有所争论,因为在作为这个问题的前提的一系列问题上就存在争论,诸如我国教育学开初就是"舶来品",研究方法也多从西方学术,这种自己主动学术的东西,叫不叫"文化殖民"? 是否发达国家对发展中国家的研究资助、研究成果的推广使用、研究课题的合作等都一定有其背后的霸权目的? 即使西方有"国族之终结"理论的流行、有"跨国文化意识"对民族文化的无视,是否所有西方理论、理论载体、研究方式都会在向发展中国家传播过程中推行西方文化? 更为关键的问题是怎么理解"文化殖民主义"本身? 对"二战"以前的殖民主义教育及其影响的研究不断有新观点涌现,但其问题自身并不是新问题。"二战"以后的教育,特别是教育研究中的殖民主义倾向问题也不是从文化殖民主义理论推演出的,而是从教育研究历史过程本身提出来的问题。胡森(Torsten Husen)主编的《国际教育百科全书》中的"教育研究的传播"词条里有这样一段话:"在殖民时代,宗主国与殖民地形成了一种长期存在的联系形式,在殖民地独立以后,这种联系依然存在,因此全世界都朝北看齐,不仅输入他们的研究成果,而且在北方研究者所做研究中选择自己准备从事的研究种类。"[3]该书共 12 卷,于 20 世纪 80 年代初写成,时间大约与作为"后殖民"概念奠基作

的巴勒斯坦裔美籍文化学家萨义德(Edwar Said,1935～2003)的《东方学》①
(1978)同时写成。词条"教育研究的传播"只有3条参考文献,均为间接相关的
教育类文献,没有涉及文化和殖民主义。并且其中的"殖民时期"建立在通常的
殖民主义概念基础上,并非建立在文化殖民主义理论关于殖民主义三个阶段划
分的概念基础上。但是,文化殖民主义理论可以概括和强化对教育研究国际传
播中存在的这种现象和问题的认识。

"后殖民主义"概念和理论的基础是萨义德在其《东方学》中奠定的,在其
《文化与帝国主义》(1993)中又作了进一步完善,并经汤林森(J. Tomlinson)、里
拉·甘地(Leela Gandhi)等人的阐发逐步形成了"后殖民主义理论"。按照后
殖民主义理论来看,殖民主义发展经历了三个阶段:旧殖民主义、新殖民主义和
后殖民主义。旧殖民主义是指殖民关系的第一阶段,在时间上被限定在第二次
世界大战以前,其特点是殖民宗主国在政治、军事上对于殖民地国家赤裸裸的
直接统治,殖民地国家或彻底或部分地丧欠了自己的国家主权。而在理论上对
于殖民主义的分析与批判,在源头上可以上溯至马克思,而其成熟形态则是本
世纪初列宁等人的"帝国主义理论"。在第二次世界大战以后,世界各地的绝大
多数殖民地国家在政治上纷纷独立,取得了国家主权,并开始摆脱帝国主义的
直接控制。但是由于种种原因,它们在经济与政治上仍然无法彻底摆脱对于原
西方宗主国的依赖。冷战开始以后,这些国家和地区形成了所谓第三世界,人
口众多、幅员辽阔、经济落后,在政治与经济上都无法真正独立。这就是殖民关
系的第二阶段,即新殖民主义阶段。这个阶段的相应理论是20世纪60～70年
代在拉美国家发展起来的"依附理论"或称"新帝国主义理论"。它的宗旨是阐
述新殖民主义阶段西方发达国家与第三世界国家之间不平等的政治、经济关
系,力图表明:在"二战"后出现的资本主义世界秩序中,西方发达国家通过自己
的技术与金融等方面的优势,处于世界体系的中心,掌握着第三世界的命运,使
之依然处于半殖民地或准殖民地的状态,亦即世界体系的边缘,可以说是不叫
殖民地的殖民地。胡森主编的《国际教育百科全书》中所说的"殖民时期"主要

---

① [美]萨义德著、王宇根译:《东方学》,三联书店1999年版。该书原书名"orientalism",又被译作
《东方主义》。罗后立在《"东方主义"与"东方学"》中认为翻译成《东方主义》更为符合作者原义。参见
《读书》杂志2000年第4期。

指的就是这两个阶段的殖民主义统治时期。

如果说旧殖民主义与新殖民主义主要体现的是西方宗主国与殖民地国家或第三世界国家的政治、经济关系，那么，后殖民主义理论则集中关注第三世界国家和民族与西方殖民主义国家的文化上的关系。也就是说，后殖民主义理论与帝国主义理论、依附理论不同的地方在于它特别强调文化问题，是对第三世界国家文化状况的一种理论概括。因此，后殖民主义又称"文化殖民主义"，关于后殖民主义的理论就是文化殖民主义理论。在文化殖民主义理论家看来，第三世界国家在政治上的独立与经济上的成功都不意味着它在文化上的自主或独立。由于第三世界国家摆脱西方殖民统治的努力常常是借助后者的所谓现代的方式、现代的语言与文化，这就形成了一个悖论：第三世界国家的反帝、反殖、争取民族独立与富强的事业，常常是借助西方第一世界国家的思想与文化，从而无法摆脱西方文化的深刻影响与制约。[4]

文化殖民主义理论揭示了殖民主义侵略、扩张的手段除去军事、经济、政治之外，还有文化的渗透与控制，并提醒了发展中国家高度警惕发达国家在科学技术发展、经济发展的"全球化"幌子下对弱小民族、第三世界国家民族文化的毁灭，揭露出部分发达国家"文化殖民"背后对弱小国家政治经济控制的野心。惟其如此，文化殖民主义理论对发展中国家或第三世界国家"现代化"过程中政治经济发展的独立自主、民族文化的传承提升的意义之大自不待说。但同时也应该看到，文化殖民主义理论本身也存在自相矛盾和极端偏狭的成分，理论概念泛化、滥用的倾向相当普遍，以至提出了诸如抛开政治经济基础的文化决定论倾向、各种烦琐的"话语霸权分析"论说并存在狭隘的民族主义倾向等弊病。

由此可见，胡森主编的《国际教育百科全书》中关于"殖民时期"以后教育研究国际传播中"南方国家"对"北方国家"的依赖现象，其实属于广义的文化殖民主义理论概括范围内。用文化殖民主义理论的视角看，教育研究国际传播中存在的"朝向"问题在文化殖民主义理论自身形成前后都是客观存在，只是一个有无名称和意识程度或范围大小的问题。这一点，还可以从国际比较教育季刊《教育展望》2000年专题论坛《教育研究》汇总的一组文章中找到一些相关的观点和研究实例进一步证明。特别是罗伯特·瑟普尔（Robert Serpll）的《非洲教育和人类发展研究的机遇和限制：关注评估与特殊教育》与费兰·费雷尔（Ferran Ferrer)的《有关教育研究趋势的一些想法》两篇文章,都描述和论述了教育研究国际传播中落后国家与发达国家之间的关系。前文在谈到"国际协作"时特别指出了当将"北方富国"的研究成果诸如评价工具等运用于第三世界国家时遇到的问题以及"北方富国"与第三世界国家协作研究时给后者造成的牺牲;[5]后文在谈到"基础研究与应用研究"的国际趋势时指出:"看一看国际局势就知道,只有少数国家才有进行基础研究所需的经济资源。由于许多国家都感到了经济和教育需求的压力,通常都优先重视应用研究。基础研究在许多情况下为支持发展中国家应用研究的教育模式打下了基础,但它主要是在发达国家进行的,因而间接控制着其他地方的教育研究。倒不是它们有意这样做,而是人力与经济资源现有分配不平均的结果。"[6]从这些及其他更多的有关描述和论述中可以看出,在教育研究的国际传播中确实存在着文化殖民主义理论中所指出的发达国家对发展中国家的"文化殖民"问题,并且以多种形式存在于多个方面。

概括地说,教育研究国际传播中的殖民主义倾向体现在如下几个方面:第一,发达国家通过雄厚的研究基金吸引控制着不发达国家教育研究的选题范围,这种带有"强加于人"的意志往往以不发达国家"自愿"的形式得以实现,具有很大的隐蔽性;第二,发达国家有发达的传播设施,一方面可以将自己的思想观点通过大量杂志发行和书籍出版影响不发达国家;另一方面还通过"帮助"发展中国家传播研究成果的形式,发表发展中国家的教育研究成果,而这些成果难免要经过发达国家一定的意识形态和文化的筛选;第三,发达国家通过接受发展中国家访学、留学等形式为发展中国家培养、培训研究人员,从而将自己的思想观点、方法论、研究选题的价值取向以及研究的方法技术传播到发展中国家,让发展中国家的研究人员按照自己的方式去听、去看、去思考、去实施;第四,组织国际协作研究,派专家援助指导发展中国家的教育研究,从中将自己的观点、思维方式、价值取向强加于援助和指导对象。但以上这些也许正如前引费兰·费雷尔所说"倒不是它们有意这样做"。

就我国目前的情况来看,由于历史、文化、意识形态、社会制度等多方面原因,在学习西方文明进行现代化建设与防止"全盘西化"保持中国特色之间存在一种张力,合理处理二者的关系是思想理论和实际工作中努力的方向。教育研究也不例外。在教育研究方法论建设方面,应该重视教育研究的文化特征,充分认识到当前的文化殖民主义理论的价值。尽管萨义德所说的"东方"主要指东方的阿拉伯世界(《文化与帝国主义》中又扩大到非洲和澳大利亚等国家和地区),并不包括中国,但是其中的"后殖民"概念在风行全球的同时,也被我国学者借用来讨论"全球化"或"现代化"过程中出现的中西文化关系问题。如前所述,这种文化、哲学领域中的讨论热点没有反映到教育研究中的现象,是教育研究方法论研究的滞后表现。应当认识到,提出教育研究国际传播中存在的殖民化倾向问题,不是文化殖民主义理论在教育研究领域的牵强运用,也不是构筑"假问题",而是教育研究国际传播过程中真实存在的问题。教育中充满了价值问题,教育研究者、教育决策者和教育实践者都是教育的价值主体,有自己的教育价值观,因此研究教育问题必然涉及到教育研究内部的文化要素问题和教育研究外部的文化环境问题。教育研究国际传播的各层次、各方面中,都会遇到文化的冲突和融合,遇到文化适应性问题。这方面意识的薄弱是方法论意识薄弱的一个突出表现,这种意识的薄弱已经在当前我国教育研究中表现出来,并深刻地影响到我国教育的改革和发展。诸如当前包括"新课程改革"在内的一系列教育改革,在"适应国际教育改革大潮"的背后,其理论基础上明显存在上述费兰·费雷尔所说的受"发达国家间接控制"的状况。忽视甚至放弃与本民族文化和意识形态最接近而又对教育改革发展影响最为重大的教育基础理论研究,言必称美英、文必书日本,"全民上阵"搞建立在别国理论基础上的应用研究、对策研究,这样的教育研究是不可能促进一个国家、一个民族的教育健康、稳步发展的。

在运用文化殖民主义理论强化提防教育研究国际传播中的殖民化倾向意识的同时,也应该注意文化殖民主义理论中的极端民族主义思想倾向,避免将学习西方先进文明与文化殖民主义混淆。尽管萨义德本人创立文化殖民主义理论努力寻求消解"东西二元对立",但是文化殖民主义理论讨论中存在夸大"东西"差异、泛化意识形态的倾向,甚至存在误解、排斥、敌视西方文明的倾向。对于诸如此类的文化殖民主义理论中的消极因素要予以充分认识。本文以"殖民主义倾向问题"而不是以"殖民主义倾向"作题,目的也在于强调民族、地区、国家之间教育研究传播中的互相学习与霸权"殖民"的区别,表达了作者不赞同将发达国家先进文明对发展中国家文化发展的影响称成为文化殖民主义,表达一种既反对文化殖民化又反对泛化和滥用"殖民主义"概念的意向。

参考文献:

[1] [美]J·杜威著,胡适等译.哲学的改造[M].合肥:安徽教育出版社,1999:118—120.

[2] [美]W·维尔斯曼,袁振国主译.教育研究方法导论[M].北京:教育科学出版社,1997.3.

[3] K·金著,高湘萍译.教育研究的传播[C].[瑞典]T·胡森.国际教育百科全书(第3卷)[A].贵阳:贵州教育出版社,1990:149.

[4] 陶东风.后殖民主义、后殖民主义理论和后殖民性[EB/OL].文化研究网:http://www.culstudies.com,2003—4—9.

[5] [美]罗伯特·瑟普尔.非洲教育和人类发展研究的机遇和限制:关注评估与特殊教育[J].教育展望(中文版),1999(3).

[6] [西班牙]费兰·费雷尔.有关教育研究趋势的一些想法[J].教育展望(中文版),1999(3).

(本文发表于《比较教育研究》2004年第8期。作者孙振东,时属单位为西南师范大学教育科学学院)

十三、对峙背后的联姻
——论结构主义与后结构主义教育思想

结构主义与后结构主义是西方 20 世纪 50 年代以来相继出现的重要学术思潮。结构主义以其独特的研究方法获得了人文社会科学学者的青睐，使其得以从作为事物整体的各种关系总和中寻找它们的有机联系和相互转换的规则，强调共时性和整体性研究的重要性；而后结构主义则致力于对事物整体的各种关系总和的质疑，强调发掘隐含在这些关系之间的差异和变化，以揭示差异性如何导致事物内部自我颠覆的可能。

结构主义和后结构主义的相继诞生，如同一把光芒四射的双刃剑，深刻地影响着人们关于教育问题的思维模式和研究方法。它们作为教育研究的有力工具和手段，我们很难断定哪一个"主义"更好，但是我们可以肯定地说，无论结构主义还是后结构主义，都为当今的教育研究提供了颇为有效的方法和途径。

（一）

结构主义从索绪尔（Ferdinand de Saussure）的语言学那里开始走向形式、模式和结构，其目的就是要建构一个追踪深层意义结构的话语权威中心。索绪尔的符号学理论把符号分成能指和所指两种。能指是指符号的"物质形象"或"音响形象"；所指是指符号的概念。任何一种语言，从单词到句子，都是由能指和所指构成基本意义。索绪尔的能指和所指概念形成了一种寻找语言意义的结构模式，对结构主义思想的兴起和发展起到了举足轻重的作用。

让·皮亚杰（Jean Piaget）是著名的儿童心理学家，他把弗洛伊德的那种随意的、缺乏系统性的临床观察变得更为科学化和系统化；他的理论对于现今的哲学、教育学等都产生了难以估量的深远影响。他在《结构主义》一书中指出了结构的三要素：整体性、转换性和自身调整性，由此奠定了他的结构主义思想和结构主义教育观。整体性"就是在结构与聚合体即与全体没有依存关系的那些成分组成的东西之间的对立关系。当然一个结构是由若干个成分所组成的；但是这些成分是服从于能说明体系之成为体系特点的一些规律的"。转换性是指形成整体特质的内在规律，它从性质上讲是起结构作用的。所以，"要判断一个思想潮流，不能光看它的来源，还要看他的流向，而且从语言学和心理学的一开始，我们就看到转换观念的出现了"。自身调整性指结构能够自我调整，带来结构的守恒性和某种封闭性，它的特点是"一个结构所固有的各种转换不会越出结构的边界之外，只会产生总是属于这个结构并保存该结构的规律的成分"。[1]

后结构主义以消解和批判结构主义的姿态出现。从语言观的分歧上看，后结构主义与结构主义似乎是相互对峙的，但是，它们在理论渊源上存在着密不可分的关系。后结构主义是从结构主义发展而来的，因此，那些曾与结构主义紧密相关的专家和学者的名字往往又被归于后结构主义的旗下，例如巴特（Roland Barthes）、拉康和福柯等人，都被认为是后结构主义的"始作俑者"。巴特提出一种取消结构的文本分析理论，即"结构消融论"。他主张去掉文学中的华丽修辞以及不必要的结构而找出其"无意识的原型"。按照他的理论，阅读首先是把文学放在语言的上下文中去理解，而不是把它放在与事物的关系或与思想的关系上去理解。符号就是符号本身，不代表任何事物。文学的意义是读者或文学批评家所赋予的。意义的结构是流动可变的。但他又指出，这种变动的意义是在一个框架之内，读者或文学批评家就是在这个框架之内进行多价解释。

德里达（Jacques Derrida）是著名的后结构主义哲学家。他提出了著名的解构战略，并且以此为指导对西方文化中的许多经典文本进行了解构性的解读，在欧美学术界产生了广泛的影响。"在德里达看来，索绪尔的这种结构主义语言观是西方形而上学的逻各斯中心主义（Logocentrism）的支脉，必须加以消解。逻各斯中心主义来源于希腊语 logos（逻各斯），意即'语言'或'定义'，是关于正确阐明每件事物是什么的本真说明"。[2]"'理性'支配着被大大推广和极端化的文字，它不再源于逻各斯——也许正因为如此，它应当被抛弃。它开始拆毁所有源于逻各斯的意义的意义，但不是毁坏，而是清淤和解构。"[3]

　　总之，后结构主义趋向于非中心化和反二元对立。西方的形而上学往往要假设某种形式的二元对立，对立双方中的一方处于决定性的中心地位，而另一方处于被决定的边缘地位，如善与恶、灵魂与肉体以及人与自然等。后结构主义就是试图要解构这种"中心论"加"二元论"的结构，提倡开放性、流动性、可变性和多元性，即使事物处在一个没有中心、没有边缘、没有对立的状态。"中心"的解除将善与恶、灵魂与肉体以及人与自然等二元对立模式瓦解；于是中心与边缘都具有相同的本质，二者之间不存在权威中心和从属的关系，它们从对立关系摇身一变，成了一种平等的互补关系。"肉体"是"灵魂"的承载形式，灵魂是肉体真正的活力补充形式，肉体与灵魂都是作为一个有意义的人的存在方式存在着，两者互为依存，缺一不可。

　　从上面的分析我们不难看出：无论是结构主义还是后结构主义，它们都具有一个共同点，那就是强调一切关系的中心不再是预先确定的，而是会发生变化的。不同的是，结构主义强调一切关系的中心会在系统内部不停地变化，而后结构主义则强调一切关系的中心在变化的同时，更凸显出变化的颠覆力量。德里达把这种变化的颠覆力量称作"分延"（differance），以唤起人们对这个词所包含的三层含义的注意：区分、延搁、撒播。从结构主义的基本观点来讨论教育，就会提出什么是教育的结构这一问题。可以肯定的是，教育本身就是一个有机运行的系统，是一个存在着各种复杂关系的整体性结构，它与政治、经济、文化等发生着广泛的相互作用和影响，并按照这个系统的各种二元对立关系所决定的需要进行转换、变化，以形成新的结构。很有趣的是，结构主义教育观在很大程度上可以帮助人们更加深刻地思考和认识当今关于"教育中心"的争论。教育，到底是以什么为中心？是教师还是学生？这是一个教育学家们长期争论不休的问题。从结构来看，教育应该是有中心的，或者说是二元对立的，也就是说，存在着教师与学生以及教与学等二元对立关系。

　　随着现代教育理念的发展，结构主义教育思想已经不能满足时代发展的需要，这时后结构主义应运而生，它强调"在传统的二元对立的哲学观念中，对立的平行并置是不存在的，在强暴的等级关系中，对立双方中的一方总是统治着另一方(价值论意义上的、逻辑意义上的,等等)。要解构这一对立面,首先就要在特定的情况下将这种等次关系加以颠覆"。[4]这种后结构主义思想为教育领域的革新注入了强心剂,它有力地消解了形而上学魔咒般的野蛮等级制度以及由此而形成的权力中心,直接促成了以保罗·弗莱雷(Paulo Freire)、吉鲁(Henry Giroux)和麦克拉伦(Peter McLaren)等人为代表的批判教育学的产生,因而具有不可磨灭的时代特征和意义。人们不禁要问:权力是什么? 它是统治阶级为了维护自己的终极利益而制定的对被统治者实行剥削和压迫、暴力和强制的工具和手段,具体表现在指挥、管理、约束、控制和镇压上,是强者对弱者的压迫和奴役。因此,权力给人们留下的印象历来都是负面的,是与否定性和压迫性联系在一起的。然而,权力具有正反两方面的特点,当它掌握在统治阶级和利益集团手里的时候,它可以成为暴力和强制的工具;但是当它从统治阶级的权力中心解放出来的时候,它的"如何实施与运作"与社会进步联系在一起,成为当下人们最为关心的问题。"假如权力只是压迫与否定的,你真认为人们会心甘情愿地服从它? 究竟是什么特质让权力能有效地运作又被接受,绝不是因为它负面的压迫力量。权力不仅能来回游弋,更能产生事物、获得满足、生成知识、建构话语。所以我们要用流通性的生产网络来了解权力,它无所不在地运作在社会群体中"。[5]这说明,权力、知识、认同和价值是相互交错的,它们是社会生活中不可或缺的一环,也是批判教育学研究的重要内容。权力关系本身就隐藏着碰撞、冲突和反抗,换句话说,权力关系本身就存在着解构的因素。因为权力不仅要通过碰撞、冲突和反抗来确定自身的存在,而且还要通过碰撞、冲突和反抗来进行权力的再生产,以达到新的权力平衡。

结构主义教育理论家布鲁纳(J. S. Bruner)认为,"不论选教什么学科,务必使学生理解该学科的基本结构",因为从这些基本结构可以发现和把握各事物之间的规律和联系,具有"普遍和有力的适用性"。[6]这种观点和看法与后结构主义教育思想,有着很大的相通之处,正如弗莱雷说的那样:"当我们愈能批判地面对所观察的对象,便愈能知觉到它不是静止的,而是生成变动的;然后我们注意到,我们观察到的对象并非独立存在,而是辩证地与其他事物相关联,并共同构成一个整体。"[7]可见,无论结构主义还是后结构主义,它们都讲究"整体"以及整体内部的逻辑关系;所不同的是,后结构主义教育观最终突破了整体的樊篱,走向多元、开放和对话,使教育进入一个更加丰富、广阔和卓越的世界,即把教育引向一个更加崇高而平凡的可能。

(二)

无论结构主义还是后结构主义,所关心和探讨的核心问题都不局限于文本的表层意义而是它的深层意义。反观二者对于教育理念的重大影响,我们发现,结构主义教育观注重二项对立原则,向深层意义的中心靠近,从某种深度层面把教育的意义揭示出来。同样,后结构主义教育观也是为了揭示教育的深层意义,但它所采取的方式和路径却截然不同。后结构主义以批判、解构的思维方式,思考教育理念的固步自封和产生的种种弊端,大胆质疑现存的教育模式,反对教育中的普遍性与统一性。

结构主义的目的是如何力求寻找一个能够解读文本终极意义的恒定模式。例如,德国著名美学家沃尔冈·伊瑟尔(Wolfgang Iser)在罗曼·英伽登(Roman Ingarden)的图式化结构理论的基础上,提出了"召唤结构理论",试图从文学文本结构中所包含的"不确定点"和"空白"去揭示文本的深层意义。"图式"(schema)一词源于古希腊文,原意是指形象和外观,后转义为对略图或轮廓或抽象图形的描述。早在康德那里,图式这个概念就已经出现,康德是从认识论视角提出来的。在康德眼里,人们之所以能够认识和把握世界,是因为他们本身就具有某种先验的图式。"图式论是康德回答如何的问题,但不是简单地从知性方面,而是从知性如何调和直观给予,致使客观判断得以可能的问题"[8]。康德的图式论对英伽登的图式化结构理论产生了很大的影响,在本质上具有某种相通之处,即图式作为一个连接知性同感性直观的桥梁,使认识得到展开的可能。正像英伽登所阐述的那样:"在作品本身,只存在着图式外观——某种先验图式在知觉的各种变化中保持着不变的结构。它们一旦被读者现实化,它们就在本身并且由于本身而变成具体的了。它们为具体材料所补充和完成,这种补充和完成的方式在很大程度上要取决于读者。"[9]作品一旦完成,它就变成了一个图式化的文本,像一座桥梁连接着知性和感性直观,之间充满了许多"未定点",读者要凭借自己的想象去联接和填充,从而使文本客体丰富化和具体化。

伊瑟尔的召唤结构理论在很大程度上继承了英伽登关于图式化中的"未定

点"思想,他认为,"由于空白悬置了文本模式的可联结性,这样在'良好的绵延'中产生的中断就增强了读者的'观念化活动'",因为"空白所悬置的东西转化成了推动读者想象力的力量,使他提供曾经受到文本抑制的东西"。[10]在伊瑟尔看来,文本自身如同一个可以联接的但不具备确定性的网络,它只能通过整体中的各部分之间的联系才能使各部分产生确定的意义。那么是什么要素操控着这个联结网络的运作呢?是读者的游移视点。当读者让自己的游移视点在文本的网络中穿行时,那些由先有、先在、先识所形成的前理解在文本的网络中使意义不断发生转换,这时空白作为网络各部分的空缺,调控着读者的解读视域,让他们随心所欲地填补"空白",直到寻找到深层意义为止。"在虚构性文本中,空白是一种典型的结构"。[11]结构不是某种静止的形式,而是转换的体系;每一种结构都在不断构造的过程之中。[12]

召唤结构理论对教育研究提供了极具价值的理论参考,并对教育学这门学科起到了很好的指导作用。我国全日制义务教育《语文课程标准》指出:"要利用阅读期待、阅读反思和批判等环节,拓展思维空间,提高阅读质量。"拓展思维空间的提法本身就与召唤结构理论紧密相关,这对阅读教学的改革和教学质量的提高都将起到积极作用。在课堂上阅读教学文本,尤其是文学文本,就要教导学生如何把作者隐藏在文本深处的社会原貌和对生活的反思,以艺术的形式折射到自己的生活经验中和心灵之上,使对文本的解读超越作者的影响,上升到一个新的高度。如果说,文本的问世宣告了作者的死亡,那么学生则是这一文本得以"再创作"的开始;如果说文本是作者对自己世界意义的解读,那么学生则是对作者塑造的世界进行解构,并在解构当中塑造符合他们期待视野的意义世界。例如,要让学生深刻地解读诺贝尔文学奖获得者 T·S·艾略特的《荒原》,就需要合理地运用召唤结构理论来帮助他们拓展思维空间。任何艺术作品都具有符号性特征,都存在着网络般的结构,而网络结构背后则都隐含着"空白"。《荒原》这个题目本身就存在一个"空白",需要读者去填补;它与一个典故密切相关:传说有一个地方的王,即渔王,因患病和衰老,使得原来肥沃的土地都变成了荒原,因此需要一位少年英雄带着一把利剑历经种种艰险去寻找圣杯,以医治渔王,使大地复苏。这个"空白"的填补又将引导出另一个空白供读者去填补,读者正是在不断填补空白过程中使文本的意义进一步深化。每个时代的读者对同一个文本的理解都不相同,因为"每个时代都必须以自己的方式理解被传递的文本,文本的真正意义,正如它对解释者诉说的那样,并不依靠作者和他的最初的读者的偶然联系。……文本的意义,不仅仅是偶然,而是经常超越作者。这就是为什么理解不仅仅是一个再现,而是一个生成的活动"。[14]这种生成活动正是学生的阅读期待视野得以超越和更新的过程。

　　同样,后结构主义教育观指向的也是为了揭示教育的深层意义,但它采取了不同于前者的方法和途径。后结构主义教育研究者反对二元对立,崇尚多元并存;反对总体化的描述和结论,关注差异,他们的首要任务和重要手段是对经典的、权威的、主流的教育话语进行解构并对形形色色的教育文本进行解构性阅读。后结构主义教育研究者把批判的矛头不仅指向外部世界和他人,也冷峻地指向自身的研究实践,产生出一种怀疑与自我怀疑的精神。他们将自身的研究领域、研究方法以及对问题的分析与界定等,置于一个更大、更广阔的权力和知识范围内进行反思,倾向于把社会"现实"看作是一系列复杂的、动态的和易变的文化实践。这种"现实"常常相互冲突,因此可以采用多种方法、从多个视角加以观察和解读。

　　后结构主义教育学强调人的存在是不断"成为"人的历程,而"成为"人是指可能扭曲的、片面的人性在历史发展进程中不断得到完善,使人性摆脱传统意识形态的束缚,去反思受到的束缚和压迫及其根源。这是批判教育学的显著特点之一。它用批判的眼光看待认知和知识,从来不把教育过程中的各种现实存在视为真理,而是对教育过程中的各种现实存在看作是审视的目标,以开创一种新的更加符合发展规律的教育过程,使学生从诸多复杂的传统限制中解放出来,并赋予他们解放能力。传统教育往往以固步自封的形式执行既定的学科内容,所以它成为教师和管理人员强加在学生身上冷冰冰的机械般的规训活动,于是学生变成被动的接受者,丧失了对知识的质疑权力。其结果是,没有冲突和对话,知识只能够被动地传承,得不到任何创新,这样一来,教育的意义荡然无存。"若将教育学视为在多形态的文化场域里有关知识、认同、价值、社会关系的生产,那么重要的问题是:究竟是谁的知识、谁的价值、谁的认同、谁的社会关系,亦即是谁在什么条件下来表达并支持谁? 假如教育学提供这种将知识、权力、认同作为扮演社会生活的一环,那就不可能将教育学当成是一种学科、方法论或是单纯的知识传递过程。教育学永远要强调冲突与对话的过程，……它是某种特定社会脉络中关于理论及政治来介入知识与权威的关系。某种程度上，它是关于学习、渴望、人性与权力的问题。所谓充满公平正义的世界可能会是什么意义，这清楚地表达了教育学乃是交错在文化、政治、权力、道德范畴下，它必定要被视为论辩与奋斗的场域。教育学不会止于传递知识而已，它永远指向持续地奋斗。"[15]然而，"永远指向持续地奋斗"意味着对传统教育学的中心性、整体性、体系性和二元对立等进行解构和颠覆，即消解认识的明晰性、知识的恒定性、价值的终极性和意义的确定性，使教育研究这个文本不断出现"空白"，好让研究者进行充分地填补，前赴后继地呈现出新的意义来。

后结构主义教育思想从表面上看是解构整体、消解中心，使传统的美学意味和深度消失，但实际上，情况并非如此，它如同结构主义一样是展现事物深层意义的有力工具。在教育问题上，后结构主义以批判、解构的思维方式，大胆质疑现存的教育模式，反对教育中的普遍性与统一性（如教师和教材等），要求在教育过程中始终贯穿批判性的思想，为教育理论的创新和发展提供了有利契机，也为批判教育学提供了深厚的理论基础。"批判"意味着解构和颠覆，意味着深层意义在解构和颠覆之后的"空白"中得以显现，这与结构主义教育思想恰恰是"殊途同归"。

（三）

辩证法告诉我们，事物都是一分为二的，即客观世界的一切事物本身都包含着矛盾，都是处于既对立又统一的状态。结构主义把世界万物都看成是结构，强调文本的绝对权威、永恒不变、有序化、二元对立等，因此形成了某种意义中心；而后结构主义则提倡文本的权威消解、恒变、无序、多元等，因此趋向于无限开放的意义边缘。表面上看，结构主义和后结构主义是对立的、不相容的，它们之间存在着不可调和的矛盾；但是，从深层上探究，它们在很多方面都存在着内在的姻联和互补关系，把看似对立的双方统一起来。对立就是矛盾，但"矛"与"盾"并不是截然对立、不可调和的双方；"矛"与"盾"在作为中介的人那里可以统一成或进攻或防御的有力武器。"一切差异都在中间阶段融合，一切对立都经过中间环节而互相过渡，……辩证法不知道什么绝对分明的和固定不变的界限,不知道什么无条件的普遍有效的'非此即彼',它使固定的形而上学的差异互相过渡,除了'非此即彼',又在适当的地方承认'亦此亦彼',并且通过中介联接对立双方"。[16]也就是说,结构主义和后结构主义这两个看似矛盾、对立的教育思想,在教育研究者那里同时成为了有用的方法和理论,以揭示教育发展的内在规律。

皮埃尔·布尔迪厄(Pierre Bourdieu)是法国著名的结构主义教育社会学家,他提出"文化再生产"理论以揭示统治权力的社会分配模式。作为一种动态过程,文化再生产既可以保持任何符号学系统的内在平衡,又可以为系统提供改进的可能。文化再生产从某种结构概念出发,认为"习惯"、"场域"和"资本"是贯穿性的核心概念,它们之间的关系都是理所当然的,它们揭示了掩藏在世界各个社会阶层最深处的结构以及这些结构得以再生产的转化机制。布尔迪厄的文化再生产理论是在现代教育制度背景下产生的。他认为,现代教育制度的功能就是使得统治阶级的文化再生产,它有助于保障统治阶级的支配地位,很难让人觉察到权力行使的永久化。他非常关心教育制度是如何构成和传递所谓合法知识的问题。他认为:"……文化领域是通过连续的重构而不是彻底的革命来转变的。在转变的过程中,某些主题被放置在显著的地位,其他的则被搁置一旁,但并非完全被消灭,这样各个知识代之间的沟通的连续性始终是可能的。然而,在任何情况下,各种贯穿于某一阶段的思想的模式只能参照教育制度才能被充分地理解,因为唯独教育制度能够通过实践把模式作为整个一代人共同的思想习惯而确立和发展下去。"[17]这充分说明,特定社会集团的权力不但是通过教育制度的形式呈现出来的,而且还通过教育获得再生,并持久地存在下去。

1970 年,布尔迪厄和帕斯隆出版了《再生产———一种教育系统理论的要点》。在这本书里,他们的基本观点是:通过教育系统的符号暴力,社会的阶级划分、与其紧密相关的意识形态以及物质的表面分配形式得以隐蔽地再生产。这说明,统治阶级对社会的控制是通过教育制度实现的,因为(1) 教育系统通过制度自身的手段,生产并再生产它完成内部灌输功能所必需的条件,这些条件同时亦可满足完成它外部功能的需要,即再生产合法文化并因此而促进权力关系的再生产;(2) 教育系统作为制度存在并继续存在下去,仅这一事实就使它包含了使人不了解它实施的符号暴力的制度性条件。也就是说,教育系统作为相对独立的垄断着符号暴力合法实施的制度而具备的制度性手段,事先就决定了要额外地、因而是在中立性的外衣之下,"服务于它为之而生产文化专断的那些集团或阶级(独立造成的依附)"。[18]于是,通过对文化再生产的讨论、分析,隐藏在"公平"、"公正"外衣之下的教育背后的"淘汰"、"专断"和"暴力"的邪恶权力中心被暴露在光天化日之下。

从布尔迪厄的结构主义"文化再生产"教育思想,我们不难看出,潜藏在里面的后结构主义倾向即对传统教育制度种种弊端的揭示和批判。顾名思义,后结构主义是从结构主义发展而来的,意味着对结构主义的继承和批判、扬弃和超越。当然,它们之间除了存在着明显的亲缘关系之外,还存在着突出的差异,那就是解构性。顾名思义,"解构"就是消除和分解结构。"解构"是后结构主义的重要手段和方法,也是德里达的核心思想,其目的就是要对所谓的"逻各斯中心论"进行颠覆。德里达认为,逻各斯中心论是以一种"在场"为中心的本体论,它把某种外在的绝对参照物作为基础、本源、中心或出发点,形成了高于一切的等级结构森严的思想体系,是一种"在场的形而上学",而这种"白色的神话反映并且重组了西方的文化:白种人把他自己的神话,印欧语系的神话,他自己的逻各斯,即他自己的方言'范式',当成了他必须依然希望称为'理性'的普遍形式"。[19]非常有意思的是,这种"理性的普遍形式"与布尔迪厄的"文化再生产"有很多相似之处。不同的是,按照德里达的观点,这种"理性的普遍形式"必须得以解构,唯有如此,那些暗藏在"理性的普遍形式"后面由诸如真理/谬误、理性/感性、实在/虚构、客观/主观等所构成的"专断"和"暴力"才能够被揭示出来,并得以消解。

后结构主义以解放思想的态势为人们提供了一种突破传统思维方式、消解权威、消解绝对的哲学观和世界观,使他们勇敢地直面权威、现存的社会制度以及所谓的普遍价值,把受压抑了许久、埋藏在心底的积蓄力量调动起来,为颠覆那个长期压在他们头上的"权威中心"而努力奋斗。因此,后结构主义思想对于后结构主义者来说,"最终只是一种政治实践,其目的是拆除一个特定的思想体系和这个体系后面一整套维持政治结构和社会制度权威的逻辑。它不是在荒诞地试图否定相对确定的真理、意义、同一性、意图、历史的持续性的存在,它是在试图把这些事看作语言的、无意识的,社会制度和实践的更深、更广的效果"。[20]在后结构主义思想的启迪下,出现了不少颇有影响的批判教育学理论家,如美国的亨利·吉鲁和车里霍尔姆斯(Cleo H. Cherryholmes)。吉鲁把福柯式权力观、差异观念以及文化或身份政治学引入了教育研究领域,致力于从政治学的视角对教育进行批判性研究,提出了著名的"抵制理论"和"边界教育学"。在《跨越边界:文化工作者和教育政治学》一书中,吉鲁对 20 世纪 80 年代以来在美国教育界流行的各种思潮进行了多视角的批判,对教育、学校和教育学等进行了重新思考。车里霍尔姆斯的后结构主义教育思想对教育和课程领域产生了非凡的影响。在《权力与批判:后结构主义教育研究》一书中,他运用后结构主义的观点和方法,对教育领域的几个经典或"主流"话语,如:泰勒(Ralph Tyler)的课程编制原理、施瓦布(Joseph J. schwab)的"实践 4"、布卢姆(B. S. Bloom)的教育目标分类学以及布鲁纳的学科结构理论等,进行了彻底的解构性批判。[21]

虽然吉鲁和车里霍尔姆斯的后结构主义批判教育思想具有很强的解构性,虽然对当时的教育制度和改革话语进行了深入的分析和批判,但他们更多的是从包容的角度来看待解构的,即"解构是更深刻地反思现代学术思维和学术思想的逻辑结果,它强调解构逻辑的普遍性;不是否定性的拆毁和破坏,而是以肯定性寻求'自由和解放'的逻辑,因为单纯的放弃某种思考是不符合解构逻辑的"。[22]自由和解放是教育的终极目标和价值,是人的灵性的最高体现。我们说,无论结构主义还是后结构主义教育思想,都如同一块硬币的正反两面,是达到同一目的的不同方法和手段;它们都旨在把人之灵性从"专断"和"暴力"的传统教育机制的束缚中解放出来。这样,人之生而蕴含的生命潜能和精神力量就会被激发出来,使他从心底里产生一种崇高感、使命感和幸福感,在不知不觉中感受和认识到生命的价值和意义。

结构主义抑或后结构主义的教育思想,其指向不都是如此吗?

参考文献:

[1][12]让·皮亚杰.结构主义[M].北京:商务印书馆,2006:4—10.

[2] 胡经之,王岳川.文艺学美学方法论[M].北京:北京大学出版社,1998:370.

[3] 雅克·德里达.论文字学[M].上海:上海译文出版社,1999:13.

[4] 雅克·德里达.立场[M].芝加哥:芝加哥大学出版社,1981:41.

[5] Aronowitz. S. & Giroux. H. A. Education Still under Siege [M]. Westport: Bergin & Garvey,1993:150.

[6] 转引自叶绪江.对布鲁纳结构主义课程论的再认识[J].教育探索,2002(3):58—59.

[7] Shor. I. & Freire. P. A Pedagogy for Liberation: Dialogues on Transforming Education [M]. South Hadley, MA: Bergin & Garvey, 1987:82.

[8] Sarah L. ,Gibbons. Kant's Theory of Imagination[M]. Oxford: Oxford University Press,1994:70.

[9] 罗曼·英伽登.对文学的艺术作品的认识[M].北京:中国文联出版公司,1988:57—58.

[10] 沃尔冈·伊瑟尔.审美过程研究—阅读活动:审美响应理论[M].北京:中国人民大学出版社,1988:266.

[11] 沃尔冈·伊瑟尔.审美过程研究—阅读活动:审美响应理论[M].北京:中国人民大学出版社,1988:278.

[13] 中华人民共和国教育部.全日制义务教育语文课程标准(实验稿)[S].北京:北京师范大学出版社,2001:18.

[14] Gadamer, Hans-Georg. Truth and Method[M]. Revised trans. JoelWeinsheimer and Donald GMarshall. New York: Crossroad Press, 1989:296.

[15] Giroux, H. A. Disturbing Pleasure: Learning Popular Politics of Education[M]. London & New York: Routledge,1994:155.

[16] 马克思,恩格斯.马克思恩格斯选集(第 3 卷)[M].北京:人民出版社,1972:535.

[17] Bourdier,Pierre. Outline of a Theory of Practice[M]. Cambridge:

Cambridge University Press，1977：21.

[18] P. 布尔迪厄，J. -C. 帕斯隆. 再生产———一种教育系统理论的要点 [M]. 北京：商务印书馆，2002：79.

[19] 雅克·德里达. 哲学的边缘[M]. 芝加哥：芝加哥大学出版社，1983：213.

[20] Eagleton，Terry. Literary Theory：An Introduction [M]. Minnesota：University of Minnesota press，1986：148.

[21] 李克建. 后结构主义教育研究：路向与谱系[J]. 全球教育展望，2010 (12)：38—43.

[22] 李振. 解构与解构的马克思[M]. 上海：上海人民出版社，2004：107.

（本文发表于《比较教育研究》2014 年第 3 期。作者曹山柯，时属单位为杭州师范大学外国语学院）

十四、全球化视域下多元文化教育的时代使命

随着现代科学技术的快速发展,交通和通讯变得十分便捷,信息和观念的交流与传播日益加快,生产、贸易、消费的国际化程度日益提高,进而把我们带入了一个全新的全球化时代。全球化进一步促进了社会交往的跨国流动,不同国家、不同民族,因其地理、历史、语言等方面的差异,在价值观念、宗教信仰、风俗习惯等方面形成了独特的文化认同,构成了丰富多样的文化。不同文化的特殊性及其差异性在全球化背景下更加凸现出来。各种文化相互碰撞、影响、冲突与融合变得更加激烈,充分展示了世界文化的多样性。如何保持世界文化的多样性发展方向,培养人们对多元文化世界的适应力,进而促进世界和平,无疑是多元文化教育在全球化时代的新使命。

(一) 全球化与多元文化

全球化是一个整体性的社会历史变迁过程,它是在经济一体化的基础上产生的世界范围的一种内在的、日益加强的相互联系;它是人类不断跨越民族、国家的地域界限,超越制度和文化的障碍,经过不断的冲突、融合,进而形成一个不可分割的有机整体的发展过程。但全球化又是一个充满矛盾的过程,它包含一体化的趋势,同时又含有分裂化的倾向;既有单一化,又有多样化;既有集中化,又有分散化;既是国际化,又是本土化。[1]全球化是统一性与多样性并存的过程,一方面,它伴随着资本主义生产方式的确立和扩张,形成金融资本在国家间快速自由流动的一体化经济世界;另一方面,它又是不同政治文化、民族传统

之间广泛、全面的接触以及这种接触所带来的文化间冲突,促进碰撞与交流基础上民族化的形成。

一方面,世界一体化进程日益加快,国际合作更为密切,国际竞争更加激烈,任何国家都无法游离世界,独自进行经济、政治、文化改革;另一方面,信息社会的到来使得每个国家、社会集团和个人都越来越处于一种开放的状态之下,各种文化不断渗透与融合。在这种竞争与比较的格局中,每个社会与个人都在寻求新的突破,于是各民族纷纷走出自己的模式,开始接触其他民族的文化模式,世界文化呈现既一体化又多元化的发展趋势。随着文化意识与交往手段的发展,人们对世界上各种文化的了解不断加深,随着文化交流的发展,生活在异文化中的人越来越多,各种文化的人混居,必然导致各种文化的相互渗透,任何一种文化都不可能不受他文化的影响,不可能不吸收他文化成分而构建自身。不同文化正是在频繁交往和相互影响的过程中不断冲突与融合。

多元文化的发展蕴含着对文化的几个基本假设:首先是文化的平等性,社会是由不同民族、不同群体所组成,社会成份的多元化决定了文化的多元化,各种文化都有其独特的价值,并无优劣贵贱之分,因而各种文化都有平等的生存权和发展权;其次是文化的交往性,多元文化是在一个区域联合体、社会共同体和集体群体等系统中共存的,并在系统结构中存在着一定相互联系的文化,交流和交往是多元文化形成的必要条件,也是它存在的基础;第三是文化的差异性,各民族或集团在长期的历史发展中,通过其独特的生产和生活过程而逐渐确立起来自己的文化,不同民族或集团的文化各具特色,表现出多元发展的特性。即使是在同一性质的群体、集团的社会内,由于区域发展的不平衡,社会各阶层在社会中的地位和作用的不同,文化的自我更新、创造、变革的内在机制不同,使同一性质的文化在同一社会的不同区域、不同社会阶层、不同历史时期,表现出一定的差异性,从而形成了文化的多样性发展;第四是文化的内聚性,不同的文化之所以能共存于一个共同体内,其重要原因就在于各种文化不仅承认了彼此的差异性,更重要的是它们也发现了彼此间的共性和各种文化间相互借鉴的可能。从这个意义上说,多元文化的实质就是提供处理两种以上文化间相互关系的态度、维护多元文化赖以存在的同一体的手段和方法。

（二）多元文化对教育的促进作用

教育具有选择、传递、保存、改造和创造文化的功能,并对矛盾冲突的多种文化具有整合作用。教育与文化间唇齿相依的关系,使教育中各个方面都深深打上文化的烙印。多元文化无孔不入地渗透到教育过程中,对教育产生深刻的影响,促进了民主的教育观念、多元的教育体系和多元文化教育的发展。

1. 民主的教育观念

多元文化作为一种全新的价值观念和方法,越来越出现在国际合作和我们的日常生活中,它预示着一种新的人类价值观念的出现和形成,它要求人们从传统的一元式思想方法转变到多元式思想方法。

多元文化的核心是承认文化的多元性,承认文化之间的平等和相互影响。因此,人对现实世界的认识应当是多样的,应该从多视角出发认识和理解世界。多元文化发展的实质是文化的交流、碰撞、冲突、适应、重构和融合,是价值观、思维方式和行为方式甚至是世界观的交流、冲突和碰撞。因为文化不是单纯的社会现象,它代表着不同群体、不同族群的生存内涵。在文化交流中,各种文化无非是在与外在世界的联系中重新调整、定位彼此的价值取向、生存方式和行为选择。认同一种文化,就是认同一个民族,认同一种价值观,从而导致文化融合。拒绝一种文化,就是拒绝一个民族,拒绝一种价值观,导致文化冲突和民族冲突。因此,多元文化为当今世界提供了一个在统一系统内的多观念共济、多向度思维、多方法实践、多途径选择、多方面发展和多价值评价的方法。[2]

多元文化的核心观念是文化差异与机会均等,它正视文化差异的现实,坚持世界不同的团体都拥有基本的权利,不同阶层、不同文化的人都应被接受、被理解;它尊重每一种文化的价值,更积极强调文化的主体性、相对性与互补性,主张学校教育应当依据正义与公平,促使不同种族、阶层、性别、宗教的学生能平等地接受教育,能发挥所长,相互欣赏、包容、学习并丰富彼此。多元文化正是通过正视和尊重文化差异,强调机会均等,以削弱优势族群的同化心理,提供弱势人群成功的发展道路,消除公平的民主理想与不公平的社会现实之间的落差。这与民主的教育观念是一致的,即教育要确保来自不同种族的受教育者均可获得平等的受教育机会,而且可以在已有的知识体系与课程建构中融入更加广泛的种族观与民族观。可见,多元文化是推进教育民主的重要力量。

2. 多元的教育选择

多元文化要求我们把多样性、差异性、复杂性、不确定性贯穿在教育过程中,给教育发展提供更多的选择性、多样性和创造性,给个体表现自己独特的个性和发挥创造性提供巨大的活动空间。它不仅表现为学制上的多元、学校类型上的多元化,还表现为培养目标、课程内容、教学模式等方面的多元化。

随着经济全球化进程的日益加快,各国之间科技、文化、教育的交流与合作日益频繁,而这种合作与交流的基础就是民族性、多样性和价值多元性。在这种背景下,追求多样性已成为社会发展的大趋势。多元文化主义坚持认为,在世界范围内,各国有着不同的文化因素,异国之间的文化应该保持着积极的交流和相互的充实,由于现代各国都不同程度地面临着多元化的现象,教育也随之被设计成能促进对文化多样性的尊重、相互理解与丰富的过程。进行这种教育的真正方式不应是局限于提供一些补充性内容,或局限于辅助性教学活动或某些学科,而应是推动学科教学和整个学校的结构的改革。这种教育要求教育工作者和所有有关的合作伙伴,包括家庭、文化机构与传媒共同负责,在教育环境中促进尊重文化的多样性及增强理解,其目的应是从理解自己人民的文化发展到鉴赏其他国家的文化,从而使学习者能够鉴赏世界性的文化。

具体而言,教育多元表现在以下几个方面:首先是教育目标的多元。从全面发展的教育观上看,德、智、体、美全面发展的教育目标适合于全体的受教育者,但就个体而言,每个人的先天禀赋,后天素养、家庭环境、文化知识和见识、能力、品德都是不同的,希望获得自身追求和特点的全面发展,即个性的全面发展就群众而言就是追求全面发展的个性。因此,我们落实教育的目标就必须带有多元性的趋向。因为人是依赖于多元化的社会而存在的,社会的急速发展使人的需求也在迅速的变化和发展,人必须适应社会的多元化的经济状态、政治状态、文化状态以及各种不同的发展方向;其次是课程内容的多元。教育目标的转换需要课程内容必须做相应的转换,除社会发展的多元化趋向外,课程内容还必须依据国家、民族、地域的特点来进行调整。特别是有关教材的多元化问题,它反映的是课程内容的变化,所以要更加注意其调整,无论从内容上、体例上都要向着多元化方向发展;第三是教育手段与方法的多元。在现代的教育手段上,人们已经不仅仅满足于单纯的老师讲授、学生被动接受的方式,而是借助于学生们喜闻乐见的方式,采用灵活多样的教学手段,辅以高新科技的各类媒介进行多姿多彩的教育形式。这种开放的状态使学生不仅喜学、乐学,而且还会用最快捷的方式找到自己所需要的信息,利用最快的方式进行掌握和处理;第四是办学形式的多元。由于经济的发展以及社会的需求,办学形式由过于单一的学校教育和义务教育发展到校外和非义务教育,特别是以民办教育的发展作为学校教育的补充,使社会教育出现了前所未有的多元状态。随着人们需求的加强,现在出现了终身教育、继续教育、职业技能教育、老年教育、娱乐教育等多种的教育形式,这些不同形式的教育可以满足不同阶层、群体的教育需求。

3. 多元文化教育

多元文化教育是 20 世纪 60、70 年代西方国家民族复兴运动的产物,经过几十年的发展,各国都有着各自的多元文化教育的信念、教育政策和实践。而全球化时代多元文化的不断显现,无疑有力地推进了多元文化教育的发展。多元文化教育的根本目的在于通过改变整个教育环境的教育改革运动,使来自不同人种、民族、社会集团和群体的学生都能享有平等的教育机会和教育条件。

早期的多元文化教育多是在一国之内进行,如美国、加拿大、澳大利亚等国的政策各不相同,但是到 20 世纪末期,全球国际化的趋势已日益凸现,归属不同文化体系的人们间的交往日益频繁,于是加强对不同文化体系的了解,促进交往的平等尊重成为迫切需要。因此,把对异国或不同文化体系的了解纳入多元文化教育已成为必然。为了应对这种新的形势需要,多元文化教育也逐渐跨越国界,出现了如国际理解教育、国际环境教育、地球市民教育等方面的理论和实践。多元文化教育是"基于对民主的珍视和信仰,在有文化差异的社会中和多种文化相互依存的世界中确认文化多元化的一种教学和学习取向",[3]是在多民族的多种文化共存的社会背景下,通过改革教育环境,使各民族的文化平等发展,各民族学生在其中享受教育平等和学术公平的教育。[4]

多元文化教育伴随现代世界多元文化的不断发展而发展,包含着内涵深刻、意义深远的全球性敏感问题,涉及全世界所有的国家和公民,涉及教育的所有方面及其整体改革。它的全球信念、国际理解和全民教育观念体现了当今世界先进的教育价值观,旨在通过全面改革教育,实现真正的民族平等,彻底消除歧视和偏见,使各民族的公民都能平等、充分地发挥自己的才能。正如美国多元文化教育家班克斯所言:"多元文化教育是一种思想,一种哲学观点,一种价值取向,一种教育的改造行动和一种改变教育的惯性结构为主要目标的课程。"[5]

(三)多元文化教育的时代使命

现代化加速了全球化进程,全球化更加凸现了多元文化。多元文化教育正是在这样的时代背景下顺势发展的。因而,多元文化教育理应坚持多元视野和个性指向,进行结构统整,以培养所有学生进入多元文化世界的适应力与发展力,促进世界文化的多样性发展、文化间的相互尊重和世界和平,承担起全球化时代的新使命。

1. 培养学生跨文化适应力与发展力

多元文化教育不是专门针对某些社会成员的特殊教育,而是全民共同参与的教育。它在体制上去除文化偏见与种族歧视,在课程内容中融入不同群体的历史和文化,在教学中反映不同群体的认识与沟通形式,有助于培养学生在多元文化社会中的社会批判能力、反省能力和实践能力。因此,多元文化教育是提高年轻一代跨文化适应力和发展力的教育。它不仅倡导对自己民族优秀文化传统的热爱、珍视与自豪感,同时倡导对其他民族优秀文化传统的尊重、理解与接纳;它传播世界各民族的文化,肯定各民族的文化特色,宣传一种开放的文化观和多元的文化价值体系,摒弃惟我独尊的单一文化观,引领人类努力超越狭隘的民族主义的羁绊共创丰富多彩、绚丽多姿的多元文化世界图景;它让人们学会反思自己的文化,理性地看待自己的文化,突破情感上与地域上的局限,弘扬自己民族的优秀文化传统,同时也充分吸取世界文明的成就,丰富、充实和促进世界文化图景的繁荣和发展。可见,多元文化教育通过对跨文化精神的传播、熏陶与培植,以开阔的文化视野,帮助学生学会审视自己的文化,并正确看待世界文化,平衡情感与理性的天平,是培养跨文化人才的重要途径。首先,多元文化教育通过对世界各民族文化的传播,开阔学生的文化视野,让他们了解、鉴赏本民族文化的历史渊源与文化精粹,同时也了解、鉴赏世界文化的起源、发展及精神实质;其次,多元文化教育在传递世界各民族文化知识的同时,还贯穿文化观的渗透,培养跨文化意识,让学生不仅具有对本民族文化的深刻理解以及由此而生的民族自豪感和认同意识,而且具有对所有文化的尊重、宽容与接纳的意识,培养开放的文化观;此外,多元文化教育的实施过程也是一个与本民族文化及世界文化的情感交流的过程,通过让学生掌握文化间的对话、交流和理解,培养积极的跨文化情感,养成参与民主决策的社会与政治的能力,提高在多元文化碰撞与冲突的局面下能够敏锐把握文化动向、调整自身观念与行为的跨文化适应力与发展力。

2. 促进世界文化多样化发展

随着经济全球化程度的提升,各民族的文化都将被带入全面的交往之中,形成一个多元文化的局面,而不同文化间的交往越频繁,人类与生俱来的家园意识和对自身文化的归属感与认同感就越强烈。事实上,在交往中不同文化的冲突不可避免,甚至随着全球化的不断深入,冲突还会加剧。但是,不同文化的融合和互补依然是世界文化发展的主流。各民族文化都将在与他民族文化的交往中吸收他民族文化的精华来优化自己民族的文化,进而又会出现不同文化的相互融合趋势。全球文化也就会在冲突和融合的交互中走向与经济全球化相适应的新阶段。这一发展过程离不开教育这一重要途径,离不开教育对文化的选择、传递与传播,并通过教育探索与引领世界文化新体系的建立。所以,多元文化教育应当在对各民族自身文化的传递过程中,渗透着对其他民族文化的传播、沟通、理解与尊重,建立起开放的、平等的文化观,使人类文化图景在统一性与多样性中达到平衡。多元文化教育通过对国际化与民族化关系的协调,有益于建立世界新的文化体系,从而丰富和促进文化的多元发展;通过国际间不同文化的传播与保护,有益于促进各民族文化的相互借鉴与共同发展;通过加强国际间不同文化的对话与交流,有益于促进各民族文化的相互理解、消除种族歧视、减少文化偏见。这无疑对文化多样性的发展起到重要的积极作用。

3. 促进文化间的相互尊重和世界和平

国家间交往程度的加深,文化的多元化趋势日益明显。多元文化教育的使命在于教会学生懂得人类的多样性,同时还要教他们认识地球人之间具有相似性并是相互依存的。多元文化教育在本质上是在教育领域实现国际性与民族性的内在统一。它教育公民尊重所属文化体系,使公民产生强烈的文化认同感和民族自豪感;教育公民面对其他文化能够欣赏自由的价值,能够尊重不同人、不同民族和文化的尊严和差异,能够将自己的价值观和自己所属的文化体系相对化,发展尊重自由的能力和面对挑战的技能;教育公民能够在相互理解、尊重差异的基础上,以完全平等的地位与他人、他民族、他文化展开持续而深入的交往,发展同他人进行交流、分享和合作的能力。多元文化教育使人们学会如何通过教育来预防冲突,遏制战争,创造和平,创造幸福,创造未来。多元文化教育通过增进各民族了解,有益于缓和民族矛盾、稳定社会秩序;通过对各民族文化的保护与传承,有益于民族文化应对世界范围内的文化冲击,促进民族文化的更新与进步;通过增强民族凝聚力,促进国家的强大与民族的昌盛;通过倡导对他民族文化的承认、理解与尊重,促进民族之间、国家之间、民众之间的宽容、沟通与尊重,促进人类和平。

参考文献:

[1]俞可平等.全球化与国家主权[M].北京:社会科学文献出版社,2004.1.

[2]牟岱.多元一体文化概论[J].中国社会科学院研究生院学报,2000(3):73.

[3] Christine I Bennett. Comprehensive multicultural education:theory and practice(4thed.)[M]. Boston:Allynand Bacon,1999:11—17.

[4]谢宁.全球社会的多元文化教育[J].国外社会科学,1995(5):23.

[5] BanksJ. A. & Banks,C. A. M.. Multicultural education-issues and perspectives (2nded.)[M]. Boston:Allyn and Bacon,1993:2—26.

(本文发表于《比较教育研究》2005年第12期。作者陈时见,时属单位为西南大学教育学院、西南民族教育与心理研究中心)

十五、20 世纪 80～90 年代
美国国际理解教育论争刍议

美国自 1946 年开始实施国际理解教育,围绕国际理解教育存在诸多名称,除 Education for International Understanding 外,还有 Global Education、International Education、Supranational Education、Transnational Education、Cross-national Education、World Education、Intercultural Education 等,也常作为美国国际理解教育的同义语。本文选用联合国教科文组织最初提出的"Education for International Understanding"的汉语译词"国际理解教育",并同意美国部分学者的看法,认为美国的国际理解教育从其外延上包括全球视野教育、人权教育、民主教育、多元文化教育等。从内涵上看,国际理解教育是一种综合性的教育,注重培养学生的多元视角和对多样化的世界观的认同;帮助学生认识到全球相互依存的关系,了解当代世界的重大课题,认同和理解其他国家和地区的文化;培养学生的全球视野和作为全球成员的自觉意识,并通过在认知、情感及社会技能方面的训练,使其获得在公共事务中自我决策、判断和行动的能力。[1]

(一)美国国际理解教育的勃兴与论争的缘起

美国国际理解教育的发端可追溯至 1948 年。1948 年,全美教育协会(NEA)提出《美国学校中的国际理解教育》报告,强调国际理解教育要培育对人类有义务意识和觉悟的"良好的美国市民"。[2]该时期的国际理解教育以民族国家为出发点,并未凸显全球意识与爱国主张之间的冲突。国际化趋势初见端倪的 20 世纪 70 年代,美国认识到使公民具备全球视野的重要性,因此更加积极地推行国际理解教育。联邦政府拨专项经费开发国际理解教育课程和教师培训项目,还成立了"美国课程发展与管理协会"(Association for Supervision and Curriculum Development,ASCD)、"美国国际理解教育论坛"(American Council on International Intercultural Education)、"美国国际跨文化教育理事会"(American Council on International Intercultural Education,ACIIE)及"美国教育理事会"(American Council on Education)等专门机构为国际理解教育提供咨询和指导。[3] 受其影响,国际理解教育迅速在美国各级各类学校得以普及。

随着国际理解教育的蓬勃发展,相关争议也随之而起。全球化对于美国的国际理解教育是一把双刃剑,为应对全球化的需要,美国才如此注重国际理解教育,然而国际理解教育的激烈冲突却也是因全球化引起的。1986 年,美国科罗拉多州丹佛市教育局第八地区办公室发表了题为《吹响国际理解教育的警哨》(Blowing the Whistle on Global Education)的报告,斥责国际理解教育用"理想国"似的和平主义世界观代替基督教伦理,导致学生政治上的左倾倾向。该批判引起整个科罗拉多州对国际理解教育的全面反省。此后数月间,相关论争蔓延至全国,不同学派的专家学者展开了旷日持久的博弈。在此过程中,以加州切普曼大学(Chapman University)"人类依存中心"主任肯尼思·泰(Kenneth A. Tye)为代表的国际理解教育改革派和以科罗拉多州教育区域代表托马斯·谭奎多(Thomas G. Tancredo)及其顾问格雷格·坎宁安(Greg L. Cunningham)为代表的保守派的激烈论争最为令人瞩目。双方论争的焦点集中在国际理解教育的目标、出发点、教育过程中应贯彻的基本价值等问题上,对美国此后国际理解教育的发展产生了深远影响。

(二)"全球公民"还是"合格国民"? ——围绕国际理解教育目标的对立

全球化时代的各国国际理解教育首先要回答其教育目标是以"全球公民"还是以"合格国民"为先的问题。虽然联合国教科文组织明确提出,国际理解教育要强调全球关怀,但是既然民族国家仍然是划分人类世界的主要依据,既然个人的利益与其所属的民族国家息息相关,各国就不能完全抛开培养国民的前提去谈全球公民的问题,而以谁为先的问题自然成为国际理解教育不同立场的首要论争点。

保守派希望通过教育培养赋有美国精神、在世界舞台上具有竞争力的爱国国民。而改革派则强调爱国国民基础上的全球公民的培养,主张国际理解教育的终极目标是培养学生具有全球视野,理解和尊重其他民族国家和文化,懂得与他人合作和分享,为他们在未来全球化社会中应对不同问题而做准备。

两者在教育目标上的对立与双方在国际关系问题上的不同立场不无关系。保守派大多推崇霍布斯关于国际关系的观点,对世界的和平与合作抱有悲观的态度,认为冲突是必然的,自救才是真理,这使他们对国际理解教育持怀疑态度。[4]如保守派的代表人物埃里克(Eric Buehrer)在《新时代的伪装》(In the New Age Masquerade)一文中指出,国际理解教育在用社会主义给学生洗脑,且用东方式的神秘宗教来误导人们。作为美国公民应该坚持爱国主义,维护国家利益,国际间的相互依赖虽然提供了追求共同利益的平台,但这不过是新时代实力竞争的竞技场而已。[5]

改革派则坚持用乐观肯定的态度看待世界和平及其教育效用。他们认为,全球社会的发展需要的恰恰是平等合作的精神,越是发生冲突的地方,越要强调和平、理解和尊重,国际理解教育应在培养学生全球意识上发挥积极作用。詹姆斯·贝克在《国际理解教育目标》一文中指出,应将全球视野教育纳入到国际理解教育中,因为这是21世纪全球公民的基本素养。[6]他认为,国际理解教育包含诸多全球公民相关要素——用多样化的视角去看待世界,认识全球相互依存的关系,了解世界的重大课题及认同和理解其他国家和地区的文化等。[7]改革派代表人物肯尼斯·泰认为,国际理解教育有助于培养学生对其他国家生态、经济、政治、文化等方面的了解,引导学生正确分析涉及价值立场的国际问题,最终成为解决这些问题的"行动者",还有助于帮助学生形成"换位思考"的能力,理解并尊重他人的立场、观点。[8]

迈克·亚当斯(J. Michael Adams)在《世界公民的根基》(A Foundation for World Citizenship)中分析双方有关"全球公民"的论争:保守派认为"全球公民"并无归属的政治实体,从情感上讲也无法超越作为民族国家公民的自豪感,现在来谈"全球公民"时机尚早。而改革派主张随着全球化社会的发展,超国家组织与力量正在萌生,"全球公民"未必要一定归属于某个政治群体,欧盟的成立就是一个明显的例子。况且,国际理解教育提倡的"全球公民"理念不是要以此替代"爱国公民",而是在"爱国公民"的基础上培养"全球公民"。[9]从亚当斯的分析看来,双方的论争矛头直指国际理解教育的培养目标。

（三）"民族国家"还是"全球"? ——针对国际理解教育出发点的分歧

在怎样看待民族国家之间关系、定位国家与全球的关系上,主张民族国家利益至上的保守派和全球普遍利益至上的改革派之间出现的根本分歧,是导致双方的另一冲突。

保守派认为国家是保护公民利益、为公民服务的实体。因此,爱国家、忠诚于国家是公民的责任与义务。而且对于美国公民来说,美国在全球化社会中所扮演的角色远比超国家机构或实体更为重要。保守派因而批评改革派推崇的国际理解教育宣扬全球一体化、强调合作共融,是在变相地否定美国在全球的地位,瓦解公民的爱国精神。1988 年,克斯顿(Katherine Kersten)在《明尼苏达州公立学校的激进化》(The Radicalization of Minnesota's Public Schools)中,指责明尼苏达州联合会所推行的国际理解教育具有左倾性质,是反民主和泛和平主义的、"试图瓦解美国"的教育。[10]

对此,改革派反驳道:改革者们从不否认民族国家的存在价值,民族国家的重要性亦毋庸置疑。但是,忠诚于国家与全球合作之间并不矛盾。在全球化的今天,各民族国家联合在一起超越边界的限制来解决全球问题更加有利于人类世界的发展。[11]国际间的联合中真正需要克服的是狭隘的爱国主义偏见。如果国家只管自己利益,至全球利益于不顾则会自尝苦果。在美国国际事务专业学院协会(Association of Professional Schools of International Affairs)的会议上,詹姆士·米特曼批判《吹响国际理解教育的警哨》,呼吁其他委员一同谴责政府对学校的干涉,并成立 3 人小组发表决议:"国际理解教育项目没有危害国家利益,相反在各个层面上增强国际理解教育可使美国在世界上发挥更大作用。"[12]国际理解教育学者肯尼思·泰认为,极端的国家主义是美国和全世界实施国际理解教育的极大障碍。[13]

全球化导致钱、物品、人口在全球范围内的流动愈加频繁,使得民族国家疆域不断受到冲击。相应地,在思想领域中出现了试图重新强调民族国家疆域、主张民族国家利益至上的观点,同样也出现了强调超民族国家维度、主张全球共同利益至上的观点,而这两种观点之间的冲突在美国国际理解教育上体现尤为明显。

(四)"美国传统价值"还是"人类普遍价值"? ——有关国际理解教育价值观的冲突

在教育过程中宣扬什么样的价值观直接决定国际理解教育的性质,因此也成为论争双方关注的焦点,他们各自围绕自己所捍卫的价值展开了针锋相对的论争。

作为保守派的一员,菲莉斯·斯科夫莱(Phyllis Schafly)批评道:"国际理解教育向学生灌输其他国家和政府、法律系统、文化及经济体制和美国的是平等的并值得受到同样的尊重,这样的观点是天真和极具误导性的。国际理解教育还鼓励'批判性思维'和'判断和明辨事实',其实这是试图将自己的政治倾向强加给学生,鼓励学生践踏美国的国家制度、拒绝美国传统理念的行径。"[14]而极端的保守派成员格雷格·坎宁安则(Gregg L. cunningham)认为,国际理解教育宣扬的是一种折中而神秘的道义,试图以此来替换基督教共有的传统道德观念,是十分危险的。[15]

1991年,爱荷华州教育局颁布法令,要求在公立学校的第12年级所有科目中渗透国际理解教育,并开发教育参考书和案例集分发给各学校。一些信奉正统基督教的教徒、家长和农业社区及机构的成员[16]纷纷攻击这些教材在立场、观点和用语上具有煽动性,要求取消相关教育。

面对这些攻击和批评,改革派始终如一地坚持文化多样性的观点,一方面继续强调文化的多样性和平等性;另一方面不断在国际理解教育课程中提出全球化时代所需的新的标准和理念,强调宽容、理解与合作。学者班尼特(William J. Bennett)认为:"极端保守派用一系列的'绝对真理'作为标尺来衡量和批判国际理解教育,但是真正的宽容是批判地审视其他文化。宽容并不代表对所有观点的认同,而是要遵守一条原则:没有任何人可以概括所有真相,不同观点的共存是可能的,差异并不归因于他人的无知,顽固或邪恶。"[17] 肯尼思·泰则认为:"其实国际理解教育确实具有一定的价值导向,在我国应如何与其他国家相处等问题上国际理解教育是有一些新观点的。必须看到在现代社会,由一个国家主导其他国家并将自己的价值理念强加给其他国家是很难行得通的。地区合作如欧共体,似乎成为未来政治和经济发展的新模式替代民族国家的霸权。国际理解教育正是致力于帮助人们理解这些新的价值观。"[18]

论争双方的分歧源自双方不同的世界观和历史观。受人性论影响,改革派在世界观和历史观问题上抱有乐观态度。他们认为,冲突和矛盾是不可避免的,但这并非来自人类的本性,而是源于国际国内体制的不完善,人们可以通过改变这种体制而避免战争,实现和平。在国际关系方面,改革派强调,建构全球共同的道德标准和理性原则来实现世界和平。同时,他们反对权力政治,认为权力的争斗是战争的根源。而保守派虽然对社会发展也持有乐观态度,但他们更倾向于现实主义的权力政治观,认为国家间权力争夺是不可避免的,和平来自均势或霸权的建立。保守派更强调美国应在全球秩序中抢占优势地位,同时占据道义和正义的至高点。[19]

这些分歧在国际理解教育的价值选择上体现得尤为鲜明。首先,改革派希望通过国际理解教育使学生具有全球视野,并增进其民主、人权、平等意识,为适应全球化社会做好准备的同时促进国家间的相互理解,从而达到世界和平的目标。保守派则重视美国传统价值的教育和爱国主义教育,力图使学生意识到美国价值的优势,培养具有国际竞争力的爱国公民。其次,保守派坚持美国传统道德与宗教伦理价值的优越性,批评国际理解教育的课程内容宣扬道德平等和无神论,必须予以反对。他们认为,美国理念是不允许践踏的,道德平等是空谈,反而应教育学生如何应付反对美国价值的敌人。最后,保守派中的诸多人是正统的基督徒,他们认为国际理解教育的开展威胁到了他们深层的宗教信仰,[20] 国际理解教育试图解释的现实世界充满了相互冲突的价值观和多样性,而这恰恰相悖于在美国被认为是绝对真理的宗教主义。而改革派认为,使学生认识到世界价值的多样性并不影响学生拥有自己特有的价值观,不同价值之间是可以沟通并共存的。

双方的立场似乎不可调和,论争经历的时间也并不短暂,美国的国际理解教育因此深受重创。作为论争的后果,出现了联邦和州政府的资金投入减少、实施国际理解教育的大学附设中心或专门机构财政吃紧、新保守主义更加强调美国历史教育、国际理解教育专家的老龄化等现象,从不同角度显示出国际理解教育面临的困境。但是必须指出,经过近20年的论争过程,美国的国际理解教育无论是在理论研究还是在课程实施上都更趋于成熟,有了长足的进步。21世纪以后,国际理解教育的必要性再次受到美国教育界的重视,2002年美国20个州联合成立了"学校国际理解教育州际协会"(States Institute on International Education in the Schools),共同商议制定支持国际理解教育的政策,并共享实践经验。他们一致认为,要想更好地开展国际理解教育,需要获得政府的支持和公众的参与,继续开发国际理解课程,与国外建立教育伙伴关系,加强教学的通讯技术应用,寻求资金并扩大国际理解教育的规模。[21]但是,美国国际理解教育的相关论争并未因此偃旗息鼓,有必要密切关注今后的发展动向。

参考文献:

[1][7] James M. Becker. Goals for Global Education[J]. Theory into Practice, Global Education. Summer,1982,21(3):230.

[2] 钟启泉,李雁冰.课程设计基础[M].济南:山东教育出版社,2000.3.

[3] 국제이해교육의 동향 - 미국,일본,호주,한국-유네스코아시아. 태평양국제이해교육원

[4] Kenneth A. Tye. (Ed). Global Education:From Thought to Action[M]. Alexandria,VA:The Association for Super vision and Curriculum Development, 1990:49—53.

[5] Hughes,Thomas L. The Twilight of Internationalism[J]. Foreign Policy,1985(61):43—53.

[6] Barbara Benham Tye & Kenneth A. Tye. Global Education:A Study of School Change[M]. Albany: State University of New York Press, 1992.7.

[8] 余新.访谈美国全球教育专家肯尼斯—泰博士[J].比较教育研究,

2004(7):88—90.

[9] Ron Schukar. Controversy in Global Education:Lessons For Teacher Educators[J]. Theory into Practice, Teacher Education in Global Perspectives. Winter,1993,32(1):53—55.

[10] Kersten,K. The Radicalization of Minnesota's Public School Curriculum:The Case of Central America[M]. Minneapolis,MN:Minnesota Association of Scholars,1988. In James A. Caparoso;James H. Mittelman,The Assaultion Global Education[J]. PS:Political Scienceand Politics, 1988,21 (1):38—39.

[11] Falk,Richard. Revisioning Cosmopolitanism. In for Love of Country:Debating the Limits of Patriotism[M]. Boston:Beacon Press, 1996:53— 60. J. Michael Adams & Angelo Carfagna. A Foundation for World Citizenship. Coming of Ageina Globalized World [M]. The Next Generation, 2006:111.

[12] James A. Caparoso;James H. Mittelman,The Assaulton Global Education[J]. PS:Political Scienceand Politics, 1988,21(1):38—39.

[13] 余新.访谈美国全球教育专家肯尼斯·泰博士[J]. 比较教育研究, 2004(7):88—90.

[14] Kenneth A. Tye. (Ed). Global Education:From Thought to Action [M]. Alexandria, VA: The Association for Supervision and Curriculum Development, 1990:49—53.

[15] Ron Schukar. Controversyin Global Education:Lessons For Teacher Educators[J]. Theory into Practice, Teacher Educationin Global Perspectives. Winter,1993,32(1):54.

[16] Ron Schukar. Controversy in Global Education:Lessons For Teacher Educators[J]. Theory into Practice, Teacher Educationin Global Perspectives. Winter,1993,32(1):54—55.

[17] William J. Bennett. December 5,1986. America,the World,and Our Schools. Address to Ethics and Public Policy Conference. Washington. DC.

From James A. Caparoso, James H. Mittelman, The Assaultion Global Education[J]. PS:Political Scienceand Politics, 1988,21(1):36—44.

[18] Barbara Benham Tyeand Kennneth A. Tye. Global Education: A Study of School Change[M]. State University of New York Press, 1992:64.

[19] 倪世雄等. 当代西方国际关系理论[M]. 上海:复旦大学出版社, 2001:41.

[20] Barbara Benham Tye & Kenneth A. Tye. Global Education: A Study of School Change[M]. Albany:State University of New York Press, 1992:61—62.

[21] Colin Powell. U. S. Secretary of State[M]. States Institute Report,2003. 5.

（本文发表于《比较教育研究》2010 年第 1 期。作者姜英敏，时属单位为教育部人文社会科学重点研究基地北京师范大学比较教育研究中心；作者王雪颖北京师范大学国际与比较教育研究院）

十六、"全球公民"教育思想的生成与流变

（一）"全球公民"教育思想生成的时代背景

21 世纪的人们所面对并生活于其中的当代社会,是一个业已处在全球化浪潮中的"世界公民社会"。[1]美国学者让尼·利普舒兹(Ronnie D. Lipschutz)明确指出"全球公民社会"是聚集于那些由当地行为者自觉进行的跨越边界空间的知识和行动网络建构,尽管他们(当地行为者)并不在那里(指跨越边界的空间)。[2]美国学者麦格鲁(Mc Grew)称"全球公民社会"是一个具有共同命运和一致性的大社区。我们生活在一个互相依赖的、四海一家的时代。[3]"全球公民社会"的生成意味着国家间、地区间、不同种族的社会个体间空间距离的缩小,沟通障碍及发展过程中异质性的弱化,同质性的加强。"全球公民社会"背景下,不同国家和地区的社会个体正在由某个国家或地区的"家庭人"、"单位人"、"社会人"变成具有"全球公民"身份的"国际人"。"世界的中国人"、"世界的欧洲人"等"世界公民"正在形成。

全球化带给人们机遇、效益的同时,也将由此而产生的全球性问题实现"全球共享"。全球化引起的包括生态环境、跨国犯罪、恐怖主义、科技性失业、资源不足以及贫困、疾病等问题已向人类的生存和发展提出了严峻挑战。实践证明,对于上述问题的解决,单一性地依靠一个国家或一个地区的力量是远远不够的。它们从客观上要求人类形成一种集体行动的逻辑,通过合作与对话协商,在价值理念和生存意识等层面达成有效的一致,从而通过全球性治理逐渐消除上述问题。

随着全球化场域的形成与影响的不断深入，人们自然开始对原有的公民教育从目标到实施内容进行反思，包括：全球化对于生活其中的各国公民有怎样的新要求、"全球公民社会"需要建构怎样的公民文化氛围以及公民教育如何做出改进以应对"全球公民社会"的挑战等。在反思原有公民教育经验的基础上，人们逐渐开始认识到现有公民教育理论的时代缺陷。世界新的发展态势迫切需要建构新文化形态与内涵的"新公民教育"。"新公民教育"内涵与目标的建构需要超越各国原有公民教育的知识灌输模式，并要跳出国家、民族、种族本位的意识形态樊篱。"新公民教育"应以培养"全球公民"的全球意识及相应的行为能力为己任。

（二）"全球公民"教育思想的生成与研究的当代状态

正是基于上述时代背景，"全球公民"教育思想应运而生。可以说，是全球化浪潮和"全球公民社会"场域的生成共同滋生了"全球公民"教育的思想。当代英国著名政治哲学家拉尔夫·达仁道夫（Ralf Dahrendorf）20世纪90年代初明确提出了建立"世界公民社会"的主张。这一思想的生成极大地促进了世界公民教育研究领域关于公民教育研究的反思，很多学者也以此作为"全球公民"教育思想的发端和研究起点。《教育——财富蕴藏其中》一书在此基础上，最早阐述了关于各国应对全球化挑战、进而改进现有公民教育的看法：教育系统应从不断丰富知识和行使适合于当代要求的公民权利和义务的角度，去回答信息社会的多种挑战。我们必须敢于从全世界的角度来思考问题，与传统模式决裂，并坚定不移地进行探索。作为关心人类生存和幸福的世界公民，我们应当利用注重创新和对话的教学方法这一最现代化的武器，制定一个世界教育计划……[4]随后，美国学者麦利菲尔德（Merryfield）明确提出了"全球公民"教育的目的在于：发展学习者参与文化多元、全球关联以及国际经济竞争的世界事物所需具备的知识、技能与态度。要成为有效能的公民，学习者一定要有了解世界事务的复杂性，具有跨文化互动的技能。[5]"全球公民"教育思想的实施与进一步发展得到大学的倡导与支持。近几年，在世界大学校长论坛上，国际著名大学的校长们都把培养学生的跨文化适应能力和"世界公民"意识作为大学的人才培养目标之一。美国许多大学都将"世界公民"教育列为艺术教育和通识教育的必修课程，并围绕"世界公民"教育课程实施的需要设置了一系列训练和评价标准。2006 年，在上海耀中国际学校举行的国际教育联盟 2006 年双年会上，与会的 300 多位国际教育专家达成了共识，应把"世界公民"的教育写入学生课本。至此"全球公民"教育思想已在世界范围内得到普遍重视，并已开始在很多国家的教育改革理念中得到彰显。

对于这样一个全新的公民教育概念或是教育理念，国内外学者已分别从不同的研究立场出发进行了较为丰富的研究。在关于"全球公民"教育本质和特征的认识层面，人们已达成了一些共识：

其一，人们普遍赋予"全球公民"教育以跨国性和共生性。所谓"跨国性"是指，人们对于"全球公民"教育内涵的理解都具有较为强烈的国际意识，有别于狭隘的、民族性质浓厚的已有公民教育。美国学者提出"世界公民"教育内容的两个基本维度为：培养公民的全人类意识和批判推理能力。前者是指"世界公民"教育要使公民树立全人类的整体意识，不仅仅把自己看成是某个地域或国家的人，而是全世界的"国民"。教会公民认知世界和关心在文化、肤色、语言等方面与自己存在差异的种族和公民。后者是指，"全球公民"教育要教会公民自我批判和理性推理，从而具有独立的价值判断能力，打破传统、惯例、信仰等对于公民的思想束缚以及对于公民"全球性思维"形成的不利影响。[6]现任美国课程发展与管理协会主席 S·拉姆勒(Schramm Lerner)指出："为培养 21 世纪的'世界公民'，我们必须不断设法帮助学生学会用他人的眼光、心理、心态来看待和处理事务，建立一种要求我们为地球上人们更好地生活负责的价值体系。"[7]我国有学者将"全球公民"教育理解为：培养公民具有面向世界的眼界、观念和相应的行为能力，使公民不仅能够履行作为世界一员的义务，还要在国家和全球的双重范畴下寻求和维护自己的权利。这种旨在培养公民具有国际视野、全球意识及相应行为能力的教育即是"全球公民"教育。这些关于"全球公民"教育内涵的理解，都突出了该种教育服务世界和服务全人类的特点。同时，人们对于该种教育的认识过程中也渗透着倾向于通过国际教育协作，共同建构多样性与同一性相结合的"全球公民"教育的理想。同时，国内外学者们的研究都强调"全球公民"教育的呈现是一个国际协作、共生共创、不断发展的过程。

其二，"全球公民"教育思想是对已有公民教育理论的补充和改造。人们对于"全球公民"教育的认识只是在各国已有公民教育基础之上的一种延伸和拓展。这是全球化给人类带来的前所未有的新问题,而这些新问题的解决又需要全球范围的合作,这一全球现象催生了"全球公民"教育。因而,"全球公民"教育具有鲜明的"全球治理"特征。这样其与以往公民教育的区别也只是披上了一层国际化的"外衣"。1986年美国就有学者主张以全球教育(世界公民)观念来改造现有的社会科课程模式,将人类价值、世界联系、全球问题等引入课程中。进入90年代后,社会各界对全球化问题在教育领域中的重要性基本达成共识,并在课程内容的选择上得到体现。1994年出版的《社会科课程标准:卓越的期望》(Curriculum Standards for Social Studies:Expectations of Excellence)正式将全球教育(Global Education)作为公民教育的主要内容。该课程标准写道:全球观念的培育"应当包括全球联系和全世界相互依存方面的学习。全球相互依存的现实,要求加强对其日益增强的重要性的认识,世界性的社会事务中,存在着多种多样的全球联系。分析国家与国家之间的利益关系以及争夺全球优先权而造成的紧张局势,在诸多领域中提出可能解决的方案,这些领域包括健康保障、经济发展、环境质量、人类普遍的人权等。分析世界文化中一些典型关系,如经济上的相互竞争与互相依存、旧时代的种族敌视、政治上和军事上的联盟等,可以帮助学生仔细审查有关国家和全球性的政策选择。"[8]

其三,"全球公民"教育是多元文化存在与社会民主发展的合理性提升的产物,即"全球公民"教育的呈现并非教育体系自身矛盾运动作用的结果,而是受制于强大的教育外部力量。国内外很多学者在探讨"全球公民"教育这一新话语和教育理念的时候都指出,"全球公民"教育思想生成的强大动力系统是全球社会。全球民主与多元文化的迅速发展是"全球公民"教育思想生成的前提条件。世界教育研究领域创新意识和反思能力的提升是"全球公民"教育思想发展的"催化剂"。

从对"全球公民"教育思想已有研究成果的分析过程中,我们可以认识到,"全球公民"教育自产生的那一刻起就带有强烈的工具价值理性成份。因而,人们对其进行的相关研究在很大程度上致力于工具理性目标的达成。"全球公民"教育是服务于全球政治、经济、文化发展的一种重要教育工具,并已经成为服务于各国共同治理国际问题的重要途径之一。"全球公民"教育的这一价值取向已成为很多学者探究该教育理念过程中的一个不可回避的主题。我国学者万明钢认为，"全球公民"教育的基本目标包括"培养青年人的国际视野，鼓励他们关心本地、祖国以至全球的贫穷及发展问题；愿意承担在全球社会的责任，致力于消除贫穷，缔造一个正义、和平和能够持续发展的世界"。还有学者从全球化视野出发，致力于共同治理国际问题，提出全球公民教育的价值追求在于：培养个人在公民社会中有效享有权利，承担责任所必需的知识、态度、技能，同时关注伦理道德与法制精神的养成，即公民教育是以公民社会要求为价值取向的教育，旨在培养民众的"公民意识"，推进公民的政治社会化。[9]全球化正在成为这个时代发展的主旋律。作为社会活动的主体——人，要想适应全球化的挑战，在全球化的社会大环境中获得生存和发展，就必须具备全球性的视野、知识和意识，取得"世界公民"的资格。在全球化的过程中，各国的经济和社会发展也需要具有"世界公民"资格的人来完成。因而，培养出具有"世界公民"资格的人是各国顺应全球化发展，获得经济和社会效益最大化的重要前提和手段。国外学者雷米诺兹（Ramirez）和罗伯逊（Rubinson）称教育是一个制造成员的系统。教育被作为社会化的主要手段，创造公民、民族性和国家的统一性。[10]

（三）"全球公民"教育思想的发展：理论自身逻辑演进与发展的应然趋势

1. "全球公民"教育由阶段性教育走向终身性教育

"全球公民"教育的最初提出是针对人类的可持续发展问题，致力于全球性问题的有效解决，教育必须赋予正在活动于世界各地的人们以全球性的视野及行为能力。因此，全球公民教育主要是针对有社会参与能力的成人的一种社会教育活动。但是，随着社会政治、经济、文化环境的不断发展与变迁，尤其是全球性发展问题的日益复杂化、多样化，原有的"全球公民"教育理论所能发挥的功能已开始弱化。理论自身的不成熟性和缺陷在新问题的不断生成与演化面前显得越发脆弱。人们开始认识到，全球性发展问题的产生与治理不仅仅是成年人的责任，而是包括了儿童和青年在内的所有人。"全球公民"教育的内容也不能仅仅囿于全球性问题的解决，随着全球化进程的加快，社会个体的生存和发展也需要接受"全球公民"教育。同时，"全球公民"的意识、观念、人格、行为能力等方面素养的养成更需要一个连续、持久的教育过程。因而,"全球公民"教育必须成为贯穿现代人一生的一种终身性"生存教育"。"全球公民"教育的实施也不应受时间和空间的限制,无论是正规的学历教育系统还是非正规的短期培训机构都有义务和责任向学习者提供"全球公民"教育的相关知识。

"全球公民"教育终身化、去边界化、全民化的趋势已在国外很多国家的教育过程中有所彰显。接受"全球公民"教育应成为当前及未来社会公民的一本"生存护照"。"全球公民"教育应与终身教育理念相融合,贯穿现代公民的一生。

2."全球公民"教育由注重教育的工具性价值转向关注公民价值理性的提升

从国内外关于"全球公民"教育的已有研究成果来看,"全球公民"教育的目标很显然是为国家和社会培养能够适应全球化发展趋势的"世界公民"。国际社会把赋予社会个体以"世界公民"的身份和资格以及塑造完美公民行为作为全球治理的有效手段。这些使"全球公民"教育的价值取向带有严重的工具价值理性色彩。同时,在强大的社会本位价值观引导下,"全球公民"教育的内容也片面突出知识的灌输,(如传授一些关于预防艾滋病、爱护自然、保护环境等方面的知识和常识;学习进行国际交流和合作的语言以及关于全球性的法律、规则、多元文化等知识)而缺乏对于公民幸福感、新文化精神和科学生存理念的价值引导。随着人们对于全球性发展问题认识的不断深入以及"全球公民"教育理论自身的不断发展,人们对于"全球公民"教育的认识以及期望也开始发生转变。关于"全球公民"教育的功能也不仅仅局限为培养具有适应全球环境生存技能的人,关注生命,培养社会个体的宽容、理解、正义、责任和参与奉献等公共精神正在成为"全球公民"教育应有的内在品质。培育公民的全球共同体意识,提升现代公民的公共精神和价值理性,从而成为"全球公民社会"中的幸福公民应成为"全球公民"教育的重要价值取向。

3."全球公民"教育由"生存型"向"发展型"过渡

"生存型"全球公民教育与"发展型"全球公民教育的本质区别在于,前者注重公民教育的适应功能,即公民教育是以全球社会政治、经济、文化变化发展以及需要为轴心的。公民教育注重对于全球化的适应和改造。在人的培养方面,也比较关注个体对于全球化的适应,从而获得生存。由此看出,"生存型""全球公民"教育具有被动适应性和机械灌输性,缺少对于全球性发展问题的预测和积极干预,主动适应意识缺乏。"发展型""全球公民"教育在注重培养公民对于全球性发展环境适应能力的同时,更加关注公民对于全球发展环境的主动干预能力的培养。在公民的培养内容方面更加突出了以下几点:第一,注重教会公民学会选择。未来的社会是一个越来越多元化、新事物不断涌现的社会。在这样一个充满机遇和挑战的时代里,公民最需要具备的素养之一便是具有较强的选择能力与分辨能力。只有学会理性选择,才能实现自身的充分发展,对于社会的贡献才能是正向的,否则无论是对自己还是对社会的可持续发展都将带来不利影响。第二,超越传统的知识灌输式的公民教育实施模式。"发展型"的"全球公民"教育更强调通过情境的创设对公民进行渗透教育,从而使公民逐渐生成良好的公民素养。第三,注重培养"发展型"的全球公民。对公民进行创新意识、挑战意识的培养,使公民不仅能够生存,而且能够在不断改造生存环境的过程中获得更好的发展。

此外,"全球公民"教育政治性、教育性和人文性相统一的特征也在日益凸显。"全球公民"教育最初生成的本质内涵实际上是一种政治教育,具有鲜明的意识形态性,其根本任务就是为了培育合格公民,从而维持世界现存的社会政治经济制度。随着"全球公民"教育思想的发展和人们对其认识的不断深化,人们开始关注"全球公民"教育在提升公民整体素质方面的功能,强调"世界公民"教育的人文性。

参考文献:

[1] 袁祖社."全球公民社会"的生成及文化意义[J]. 北京大学学报(哲学社会科学版),2004(4):12—15.

[2] Ronnie D. Lipschutz. Reconstructing World Politics: The Emergence of Global Civil Society. Millemium,1992(7):6~11.

[3] Chris Armstrong. Global Civil Society and the Question of Global Citizenship. Voluntas,2006(17):349~357.

［4］联合国教科文组织. 教育—财富蕴藏其中［M］. 北京:教育科学出版社,2004:54—220.

［5］万明钢. 多元文化背景中的全球教育与世界公民培养［J］. 西北师范大学学报(社会科学版),2005(6):99—100.

［6］Martha Nussbaum. Education for Citizenship in an Era of Global Connection. Philosophy and Education,2002(21):289—303.

［7］张鸿燕,杜红琴. 美国公民教育的特点及其发展趋势［EB/OL］. http://www. sdsyqq. blog. sohu. com/104257293. html. 35k-),2008—11—13/2008—12—05.

［8］National Council for the Social Studies. Curriculum Standards for Social Studies:Expectations of Excellence. Mary-land,Fourth Printing,2000. 29.

［9］孙峰. 全球化与本土化视野下公民教育的价值追求［J］. 西北大学学报(哲学社会科学版),2007(1):126—131.

［10］段素菊. 全球化、公民资格、教育改革—欧盟教育政策个案研究［J］. 职业技术教育,2003(30):58—62.

(本文发表于《比较教育研究》1998年第2期。作者卢丽华,时属单位为辽宁师范大学教育学院)

十七、和谐教育需要和谐哲学

——跨文化对话的角度

北京师范大学比较教育研究中心举办和谐教育研讨会,主动积极地探索和谐教育,是中国比较教育研究前沿性的鲜明反映,是中国比较教育学者建设精神的生动体现。本人拟对和谐教育讨论的背景及基点、和谐哲学思想对和谐教育建设的重要意义做一简要叙述,并就教于大家。

（一）和谐教育讨论的背景与基点

国外教育领域早已提出"和谐教育",我国亦然。尽管当今我国教育界提出的"和谐教育"思想的内涵与外延可能各有不同,但毋容置疑的是,这种思想是在我国改革开放进入 21 世纪后,我们党提出建设社会主义和谐社会的重大时刻提出的。此"和谐教育"非彼"和谐教育",其提出的背景是:

党的十六大报告提出:"我们要在本世纪头二十年,集中力量,全面建设惠及十几亿人口的更高水平的小康社会,使经济更加发展、民主更加健全、科教更加进步、文化更加繁荣、社会更加和谐、人民生活更加殷实。"2003 年十六届三中全会,中央提出"科学发展观"。2004 年十六届四中全会的决定进一步指出:"形成全体人民各尽其能、各得其所而又和谐相处的社会,是巩固党执政的社会基础、实现党执政的历史任务的必然要求。要适应我国社会的深刻变化,把和谐社会建设摆在重要位置,注重激发社会活力,促进社会公平和正义,增强全社会的法律意识和诚信意识,维护社会安定团结。"2005 年十六届五中全会提出切实加强"和谐社会"建设的六大重点。

2006年,党的十六届六中全会在《中央关于构建和谐社会若干重大问题的决定》中提出了构建"社会主义和谐社会"的新蓝图。该决定指出:"社会和谐是中国特色社会主义的本质属性,是国家富强、民族振兴、人民幸福的重要保证。建构社会主义和谐社会,是我们党以马克思列宁主义、毛泽东思想、邓小平理论和'三个代表'重要思想为指导,全面落实科学发展观,从中国特色社会主义事业总体布局和全面建设小康社会全局出发提出的重大战略任务,反映了建设富强民主文明和谐的社会主义现代化国家的内在要求,体现了全国各族人民的共同愿望。"[1]这是当代社会主义历史语境下具有总体性与现实性的深刻思想。2007年党的十七大再次强调要加强"和谐社会"的建设。

在这种背景下提出的"和谐教育"是我国教育界对建设"和谐社会"战略构想的回应,是教育工作者对实现崇高社会理想的主动参与,是民族振兴和建设民主强盛国家的教育旗帜。把"和谐教育"与"和谐社会"所需要的人联系起来思考,是"和谐教育"讨论的基点。

孔子所追求的"天下为公"的大同社会理想要靠理想人——君子去实现,他对培养君子的理想教育作了深刻的叙述。与孔子的思路相似,柏拉图也阐述了自己的社会理想、实现理想社会的哲学王及其培养。中西两位文化巨人都曾用自己的实践去努力实现"理想国——理想教育——理想人"三者相互承载的思想,这是具有根本特点的教育哲学思想。这里孔子和柏拉图的思想似乎同时形成了一个对"理想国——理想教育——理想人"三者相互承载关系的认识,即若有理想的国家,必先(非时间的先)有理想的人;若有理想的个人,必先(非时间的先)有公平的教育。反之,若有理想的教育,始可有理想的人;若有理想的人,始可有理想的国家。这也就告诉我们,教育离不开对理想国的政治追求,理想的教育必然是提出者对一种理想国的憧憬,理想国建设者和生活者应当是理想的人,理想的教育自然地衔接着这个关系的两端:理想国与理想人。这里的教育就已经不仅仅是学校内部的事了,它是政治,是理想国的一面旗帜,指引着教育发展的方向和理想人培养的实践。这是一个具有根本意义的重要发现,也是我们从事教育研究,探讨现代教育问题的一个基点。

在中国,孔子以降,中国封建社会的教育、近代教育、现代教育无不受"理想国——理想教育——理想人"相互承载这一规律的左右。运用这一规律观察我国古代社会和近现代社会教育,就洞若观火。在西方,柏拉图以降,洛克以其理想的绅士教育培养绅士,建设资产者的国家;卢梭以其理想的自然教育,培养爱弥儿们,建设一个契约社会;裴斯泰洛齐以其理想的爱的教育,去培养林哈德与葛杜德们,建造一个新型的国家;杜威以其理想的实用主义教育,培养具有民主生活方式的公民,参与民主主义理想国家的建设,这些都反映了这一规律的普适性。其实,从现代主流教育思想的变迁来看,不论是西方发达国家现代教育的启动,还是发展中国家的教育浪潮,不论是当代的教育改革,还是对未来教育的种种憧憬与规划,都深刻反映了孔子和柏拉图所提出的"理想国——理想教育——理想人"这一相互承载的教育哲学思想。

从这个基点上观察,"和谐教育"已经不再是某位学者提出的一种微观教育理论或实施的某种教育科学实验。这里的"和谐教育"是积极回应并参与"和谐社会"建设的教育思考,也可能发展成为一种影响深远的教育思潮,"和谐教育"可能成为我国教育的主流教育思想,代表我国教育发展与改革的旗帜。

"和谐社会"的提出代表了我国人民的迫切愿望和长远利益。从某种意义上说,"和谐社会"就是当代中国的理想国,其实现与"和谐教育"这一理想教育的支持不可分割。当然,这种理想教育思想不是乌托邦,而是现实的教育哲学与教育实践,它揭示出理想教育的本质特征。为此,"和谐教育"必须真正地植根于反映人民心声和历史规律的社会要求,这种旨在深化教育改革,培养和谐发展的新人的理想教育应当是建设"和谐社会"的一面旗帜。

"和谐教育"首先应当学习与研究当代全球化背景下中国和谐社会建设的基本内容,并从国家与民族生存与发展的全局视野,从未来中国人命运的严肃视角审视教育的现实,从"和谐社会"应有的核心思想中汲取自身的理论营养,从"和谐社会"建设的现实中反思教育的得与失。因此,实现"和谐教育"这种理想的教育,要以实现"和谐社会"建设中"和谐"的根本要义为己任:以人为本、民主法治、正义公平、尊重规律、协调关系、共建共享;要以消除教育发展中的不和谐问题,解决教育改革中突出的矛盾为己任;要以探讨教育和谐发展的途径与方法为己任;要以加强研究培养人的和谐发展的实践为己任。只有这样,和谐教育才会成为连接"和谐社会"和"和谐社会"建设者的理想教育,成为新时期我国的主流教育思想,成为引领教育改革的旗帜。

（二）和谐教育需要和谐哲学

如上所述，"和谐教育"代表我国教育发展的一种战略选择，这种战略选择的方向有利于落实科学发展观，有利于实现以人为本、民主法治、正义公平、尊重规律、关系协调、共建共享的社会理想，有利于个性的和谐发展。这是教育发展观的一种重大转变，也是我国改革开放近30年后一次新的深化。当前，建设"和谐教育"有很多事情要做，本文主要拟对我国教育发展，特别是基础教育改革中的几对关系进行反思，而这种反思的基础是历史唯物论、辩证法，中西和谐哲学文化的对话则是其虽非惟一但极其重要的思想资源。

可以说，"和谐"问题不仅是一个政治学、社会学意义上的问题，更是一个许多哲学家深入思考的重要哲学问题。和谐哲学是一个诞生于人类文明轴心时代并延续至今的思想智慧，如中国传统文化十分强调和推崇"和谐"思想一样，"和谐"理念也同样存在于西方哲学文化之中。"和谐教育"需要在对话中吸收中西和谐哲学的重要思想。

"和"是中国哲学的核心之一。"和"这一哲学范畴最早出现于西周末年，《国语·郑语》载：史伯认为："以他平他为和"，并提出了"和实生物，同则不继"[2]的观点，其中蕴涵着只有吸收与统一不同的因素，才能推动事物产生与发展的深刻哲理。"和"是事物达到和谐的过程，"和"是各种事物的各自特点得以适当发挥，构成整体的和谐，"和"又是一种超越，对原有事物、原有状态的一种超越。《易·乾卦·彖辞》说："大哉乾元！保合太和，乃利贞。""和"在这里被看成是弥漫整个宇宙的普遍规律，万物的发展变化是千姿百态的，依"和"而生，依"和"而长，依"和"而繁而荣。它是一个内容十分丰富的哲学体系，代表了中国传统哲学的特质，反映了中国传统文化开放的心态和宽阔的胸怀。

孔子在激烈变革时代继承并发展了西周末年"和"的思想，使之成为其哲学思想的一个重要范畴，[3]它表示不同事物之间的和谐、统一与平衡，充分体现出孔子思想的开放性。老子也十分重视"和"的思想，他认为："和曰常，知和曰明"（《老子》第五十五章），强调"和"是规律，掌握这一规律使人富于智慧。"和"在老子这里是一个具有纲领性的思想。

什么样的古代命题或范畴能进入现代教育，关键要看它能不能解决现代教育理论与实践发展遇到的难题，"和"的思想在解决当代中国乃至世界教育发展的理论和实践问题中显示出自身卓绝的智慧。我们今天可以看到，这种在轴心时代诞生的"和"的思想在实现当时文化思想的超越和突破后，并没有从当代中国社会退场，反而以更加强大的生命力参与当代的社会变革，特别是给中国现代教育的发展注入持续的活力。

与此相联，"中和"的思想、"执两用中"的思想给予我们今天的"和谐教育"以重要的方法论启示。"中和"最早见于《中庸》："喜怒哀乐之未发谓之中，发而皆中节谓之和。中也者，天下之本也；和也者，天下之达道也。致中和，天地位焉，万物育焉。"（《中庸》第一章）"中"在儒家那里，主要是"中正、正确、恰当、适度、无所偏倚、无过无不及"的意思。这样的"中"既是万物发展的基本条件和内在规律，也是合理地把握事物、协调矛盾关系的哲学方法。"执两用中"亦源于孔子后代门生子思所作的《中庸》，其中第六章曾记载了孔子的一段话："舜其大，知也与？舜好问而好察尔言，隐恶扬善，执其两端，用其中于民，其斯以为舜乎。""执两用中"就是这段话的简缩，它代表了孔子认识事物的基本方法，包括两层意思：第一是抓住两端，叩问其两个相反的方面，心知两个相反的极端；第二是扣除两个相反的极端，不以其中任何一个极端作为标准，而用其"中"。这里的"中"也就是中庸之道的"中"，其哲学内涵绝非是"调和折中"，而是恰到好处，是最优的概念。"用中"的方法是我国辩证思维的精华，它给人以完整的画面，是一种整体性思维，追求能在所规定的界限内制约矛盾的度，以求得平衡，求得自然，求得社会及人身之和谐。"执两用中"就是主张认识的完整性，克服片面性，既不能以偏概全，也不能视全为偏。"执两用中，过犹不及"，孔子以深刻的思想阐述了事物超过一定限度就会走向反面的道理。

我们认为："和"的哲学思想可以作为我们构建和谐教育的宝贵思想资源，而"中和"、"执两用中"则可以作为探索和谐教育在方法论上的一个基本态度。"中和"、"执两用中"不是平均概念，不是不偏不倚，不是无原则的调和。"中和"、"执两用中"作为方法论的基本态度，代表的是一种开放的胸襟、独立的学术意识、批判与超越的精神，这是实践"和谐教育"的必要条件。按照儒家"中和"与"执中"的思想，"和谐教育"研究者应当正确对待教育的各种理论的和现实的矛盾关系，我们既不能简单地肯定关系中的一极，也不应盲目排斥与此相对的另一极,而应该采取具体分析的态度。

长期以来,科学主义对教育研究产生了极大的影响。主客二分的思维方式和实证主义的方法范式在西方教育研究中十分广泛。但是,这种范式的哲学基础受到了来自现象学、解释学、存在主义等西方哲学持久而有力的批判,并由此开启了现代哲学的实践转向、主体间性转向、语言学转向等重大的变化,教育研究当然应该注意这一转向的意义。但是,我们应谨慎从事,不可用理解代替一切,用经验代替形而上学,这会使人们错误地认为,人的认识来自于主体的精神活动,而非社会存在,或以为现实的自我经验是主要的,教育理论已经被终结。这可能导致社会本身又无规律可言的极端相对主义的错误或陷入极端的经验论。

为实施"和谐教育",我们认为在以下一些关系上应当以"和"的思想、"中和"的思想、"执两用中"的思想为指导,加以观察与调整。

1. "和谐教育"首先要实现传统文化与现代文化关系的和谐

这就是对传统文化下一番继承、改造与转换的功夫,温故而知新,绝不是对传统的抛弃和践踏。我们构建"和谐教育"离不开和谐哲学思想的营养,我们应当抛弃那种传统与现代二元对立、非此即彼的思维方式,特别是要深入理解我们中华民族传统文化与教育现代化的关系,是不是我们一提中国传统文化的问题,就是要搞我族中心主义或大国沙文主义呢? 一百多年来我们长期被帝国主义列强所欺辱,我们的传统文化也被他们任意扭曲和践踏。解放以后,由于一些大家都知道的原因,中华民族传统文化的继承道路也是曲折的。改革开放以后,我国经济发展,社会民主,中外文化交流频繁,在这种情况下,我们重新发现我们民族文化的现代价值,将其转换为现代化建设的深厚思想资源,应当是历史发展的必然。在经济与社会民主不断发展的改革开放时代,我们尊重与弘扬传统的和谐哲学思想应当不再需要自我辩护。我们每个人都是后来者,都是在前人的基础上获得发展的。当今中国和谐教育建设理应从作为历史产物的母体文化上,从自己的传统和谐哲学里吸收丰厚的理论营养。当然,这种传统的和谐思想在延续与发展的过程中经历了不断的修正、转换。在人类社会发展的新时期,中国传统和谐哲学文化的意义正在被重新发现,我们党和国家领导人在创新政治理念上,十分重视和谐哲学的文化资源,将其转化为现实的中国哲学。

我国教育应当注重这样一个事实:古希腊、古罗马的高度文明虽曾淹没在中世纪的千年王国里,但也正是对这种古代文明的重新发现启动了震动世界的文艺复兴,促发了西方现代史的进程。现代西方教育的发展是西方学者在特定的历史条件下,从自己民族的文化传统出发,对其基本精神进行重新解读,其内容有了创新,是西方民族文化辩证发展的产物,并不是为异文化所取代的过程。我国教育只有深深植根于中华民族的文化传统,才能建立一个能与国际教育,特别是西方教育进行对话的基本立场,同时,在这一对话中实现各自的超越。

传统教育思想既不能归结为进入历史博物馆的过去时遗存,它超越历史的意义也不只是局限在文化心理结构上,它还具有更广泛的教育传统意义和教育思想价值。黑格尔说过:"思想的活动,最初表现为历史的事实,过去的东西,好像在我们的现实之外。但事实上,我们之所以是我们,乃是由于我们有历史,或者说得更正确些,正如思想史的领域里,过去的东西只是一方面,所以构成我们现在的、那个有共同性和永久性的成分,与我们的历史性也是不可分离地结合着的。"[4]

从历史上观察,美国的教育不是原来宗主国——英国教育的翻版。今天美国的教育思想与实践是植根于世界大环境下美国本土文化之上的;原苏联教育真正发展的一个重要发端就是20世纪30年代苏联把教育思考的目光从美国的杜威,转向俄国自身的教育传统,特别是对乌申斯基教育遗产进行整理与发扬。我们有理由相信,如果我们当今在全球化与本土化互动的复杂背景下,在和谐教育建设中浸透中华民族优秀传统文化,借鉴国际教育经验,一定会开启我国教育发展的新局面。

2. 在教育目的方面是儿童本位还是社会本位,我们好像在摒弃僵硬的社会本位的同时,又进入了一切为了儿童的儿童本位状态

似乎社会的需要、国家的需要、历史进步的需要忽然消失了,教育就是纯粹的、离开了社会存在的儿童童话。其实,不论是20世纪30年代的苏联,还是之后50、60年代的美国,不都是由于国家与社会的发展要求抛弃这种虚幻的儿童中心论而获得了新的发展吗!"中和"的思想启示我们一定要保持儿童本位和社会本位之间的张力,既要走出僵硬的、片面的社会本位,也要看到离开历史与

社会的儿童本位是虚幻的,要不断地探索不同时期两者之间的关联,保持和谐的态势。

3. 在素质教育与中考和高考的关系上,真正摈弃那种把中高考视为与素质教育对立的另一轨的观点,把中高考切实纳入素质教育的视野

重视素质的培养,是 20 世纪 80～90 年代面对国际上的挑战和国内政治、经济与社会的迫切要求,我国教育改革所做出的战略选择,这是一种高质量的选择。从战略上看,素质教育的素质不应寻求于教育学和心理学的教科书中,它存在于中华民族面向未来的伟大的历史实践中(这不仅仅是指教育实践,更包括政治、经济、社会、科技、文化的整体实践),存在于 21 世纪人类社会面临的尖锐挑战中。不论是美国的 2000 年教育目标,还是日本提出的生存能力培养目标,都着眼于培养适应本国利益的未来人。我国教育改革所讲的"素质",是指 21 世纪新的国际政治格局、经济形势和社会变化对作为中国历史主体的中国人在质量上的急迫要求。所以这里谈的素质绝不仅是教育学、心理学的问题,而且是国家发展战略的问题,是社会、经济、政治、文化整体视野里的大问题。它不仅着眼于学生个性的发展,而且关注整个民族文明的提升,关系到中国的前途与命运。素质教育应是对我国优秀教育传统的继承,对已有宝贵经验的发展,对存在问题与弊端的反思与检讨,更是主动回应新时代要求的、继往开来的教育创新。

同时,在我国并不存在一种与素质教育对立的所谓"应试教育",我国的宪法、教育法、教育部出台的教育政策从来不存在片面追求成绩与升学率的问题,作为教育决策的源头和其所体现出来的国家意志,从来都不是所谓"应试"。在我们这样一个体制的国家里,法律、政策之外,根本不存在与之对立的、对教育具有管束领导的另一股势力。说"应试教育",其实就是说在执行国家教育政策时出现的只要成绩不管其他的不良教育现象。我们本应抓住现象,层层问责,而不是将板子打在教师身上,也不能因此将高考视为洪水猛兽,幻想将考试驱逐出场。高考、中考更不是应试教育的代名词。改革开放近 30 年来,高考、中考为上一级学校输送了大批合格人才,支撑了国家的经济建设和社会发展,成就斐然。我们要反对的是违背教育规律、影响师生身心健康、有碍于个性和谐发展而一味追求高分的学校教育现象。考试是素质教育的重要部分,素质教育

抛弃考试只能导致教育者的人格分裂。为了误读的素质教育,教师在教学中以表演的过场代替教与学的深刻过程;为了上级的明令暗示,学校又不得不不惜一切代价万念归一,只为考试,学生的健康成长、教师的权益统统抛在脑后,这对任何一位有良知的教师而言都是痛苦的事情。"和谐教育"就要改变素质教育与考试这种非此即彼的思维方式,而选择中和的思维方式。

4. 在学校教学过程与结果的关系上,真正摒弃割裂过程与结果的片面的思维方式。在中小学教育中既要看重过程,也要看重结果

美国提出的《不让一个孩子掉队》的教育法案,出台的全国性和地方性考试,表明了美国从过去的重视过程到今天的看重结果这一巨大的思想变化。而我们中国从重结果转向重过程,也是一个深刻的变化,但是,不应走向极端——抛弃结果,或形式上有结果,实际上却淡化结果,那这种过程就将或已经成为过场。笔者通过在中小学听课、座谈了解到:在当前的基础教育改革中,一些地方好像非常重视教学过程,在课堂上搞了很多名目繁多的活动。但由于离开了目的,教育过程就有膨胀之嫌,挤掉了目标和对理想结果的追求,教学过程变成表演,变成平面的毫无深度的、声光电并用的现代教育技术展示。这样的过程失去了对理想结果——不同学生都有进步的追求,过程成为过场。当然,离开了深刻、多面、立体的教学,离开学生的个性发展,片面追求结果,追求高分,使教学过程变成单向度的线路,这也无法实现育人的目标。过程与结果的关系直接涉及到我国基础教育的质量问题,涉及到我国培养目标能否实现的大问题。用"执两用中"的思想妥善处理这对关系,是摆在中小学教育面前的重要课题。

5. 正确处理基础教育均衡发展与学校教育差异之间的关系

在西方和谐哲学思想中,一个具有特点的观念是:事物的比例关系是构成和谐的一个基础。没有差异,就无所谓和谐。西方哲学文化始终关注着这种差异,并强调只有很好地调控这种差异,在差异中,不同的社会阶层、不同的社会等级、不同的社会权利、不同的思想、观念、意见的沟通交流才能建构和谐的世界。当代美国新自由主义学者罗尔斯就将"差异平等"作为正义的一个原则。重视差异、强调差异,这一和谐思想对我们深入探讨和谐教育也具有很好的借鉴价值。

和谐教育是一种公平正义的教育,这是和谐教育的基石。公平正义是和谐

社会的本质特征之一,而教育公平是社会公平价值在教育领域的延伸和体现。教育公平是指每个社会成员在享受公共教育资源时受到公正和平等的对待。教育公平包括教育权利平等与教育机会均等两个基本方面,其核心是教育机会均等。教育公平与其他社会领域的公平一样,包括教育起点公平、教育过程公平和教育结果公平。由此,国家从政策、制度和法律层面保证教育公平,如加大投入,普遍改善办学条件;实施教育扶贫,建立和完善对弱势群体特别是贫困家庭子女就学的资助体系;充分发挥政府在教育资源配置中"无形的手"的作用,优化教育资源配置,提高资源使用效益等。在教育内部,教育行政部门和学校要在提高办学水平、缩小校际差距、促进学校均衡发展和平等对待所有学生等方面推进教育公平。

以上做法无疑是很重要的,反映了和谐教育的内在精神:正义和公平。但是,这不能理解为:和谐教育是平均主义教育,是整齐划一的教育,是要运用行政手段立刻消除城乡差别、地区差别、校际差别,无视基本国情以及各种实际存在的差异的教育,这种主观上追求平均一致的观点和做法,正是破坏了和谐。有的地区不了解教育的复杂性和发展的长期性,为了以行政的手段消除薄弱校,以行政命令的办法,将学校教师的管理权限收回,由行政部门统一调配、统一报酬标准,使各校的教师水平大致相当,而实际上欲速则不达。这不仅严重影响了教育应有的秩序,也极大地伤害了学校和教师的正当权益,不利于基础教育的均衡发展。

均衡发展是我国基础教育改革的方向。我们应认真体味差异公平之于建设和谐教育的意义,将扩大优质教育资源和鼓励不同水平的学校都有所发展紧密结合起来,将人民的理想与现实的可能性结合起来,以和谐哲学的思想和改革的实践逐步解决广大人民群众对优质教育的渴求和学校教育发展不平衡的矛盾。

在建构和谐教育的理论与实践过程中,从传统文化和西方文化中挖掘思想资源是十分必要和具有启发意义的。但我们要建构的和谐教育并不是植根于经典文本,而是植根于中国现代教育的实践过程,我们讲的和谐教育更应当是一个复杂、生动、伟大的改革实践。我国比较教育学者具有强烈的社会责任感,积极主动地参与历史变革,做出了很大的贡献,并在这方面积累了丰富的经验。

许多教育研究者深入我国教育改革的第一线,将研究与真实的教育情境结合,为促进教育的发展做出了卓有成效的努力,这些已成为我国教育研究队伍的基本学术品格。在和谐教育的建设中,我们在中外和谐哲学对话中寻求思想的营养,使教育变得和谐,变得有创造力,这是一个十分深刻的观念变革。中国当今的"和谐教育"将在这种观念的变革过程中推进教育的发展,推进和谐社会伟大目标的实现。

参考文献:

[1] 中共中央关于构建和谐社会若干重大问题的决定[N]. 人民日报. 2006—10—19(1).

[2]《国语·郑语》,载《国语》[M]. 太原:山西古籍出版社,2007.227.

[3] 十三经注疏[M]. 上海:世界书局,1936.14.

[4] 黑格尔. 哲学史讲演录第一卷[M]. 北京:商务印书馆,2004.7.

(本文发表于《比较教育研究》2008 年第 4 期。作者王长纯,时属单位为首都师范大学教育科学学院)

十八、华德福教育的理论与国内实践研究

近代以来,西方社会在科技革命推动下,逐渐累积起了高度的工业文明,物质主义空前膨胀。与此同时,吸毒、犯罪等社会问题泛滥起来,人们生活幸福感并没有得到相应提升。在这样的背景下,鲁道夫·斯坦纳(Rudolf Steiner,1861~1925)从自然主义的视角提出了新的教育理论,并通过兴办华德福学校践行之。斯坦纳是奥地利科学家、教育家,以提出人智学(Anthroposophy)理念和创始华德福教育(Waldorf Education)著称。1919年,他应德国华德福烟厂经理的邀请,为其工厂子弟创办世界第一所华德福学校,由此华德福教育(Waldorf Education)这一非宗教性质的独立教育运动在欧洲生根发芽。经过90多年的实践,当前华德福教育在欧洲已发展成熟,在美洲、南太平洋地区和亚洲也在蓬勃发展中,1994年联合国教科文组织高度评价并向全世界推荐了华德福教育。[1]在21世纪的中国,物质已较为丰富,但我们似乎在遭遇斯坦纳时代同样的处境。新世纪以来,国内诸多有识之士,通过艰苦努力,把华德福教育引入国内。华德福教育虽然在国内蓬勃发展,但是仍然存在理论的模糊与实践的困境。

(一) 华德福教育的哲学基础

斯坦纳通过《神智学》[2]一书深入探讨了华德福教育的哲学基础。根据斯坦纳的观点,当一个新生儿诞生时,就已经具备了三个元素:一个是他从父母那里获得的物质体(physical body),另外是他与生俱来的具有独特性的心灵体

(soul body)和灵性体(spirit body)。[3]简单地说,人是身、心、灵的三重存在,所以从教育的角度来看,人的成长需要物质体、心灵体和灵性体三个方面和谐发展。物质体是我们最容易观察到的,儿童的成长需要长身体,各器脏都要在物质上长大。心可以简单地理解为人的情感元素。灵性体是最难体认的,但是我们可以把灵性体之关涉抽象为精神,而不必去认可斯坦纳《神智学》中的灵魂轮回理论。简单地说,可以把灵性体学说抽象继承为个体具有一种精神性存在。而且,斯坦纳反对通过神秘感觉来把握灵界,他强调只有通过理念思维的本质直观才有可能把握灵性世界。[4]在身、心、灵三者关系上,身是人存在的物质基础,灵是人存在的永恒超越本质,两者借心之中介而得以沟通。[5]灵性是人本质的最高存在,人最为本质的最高需要其实就是提升灵性(精神性),这也是华德福教育的核心目标。这里给我们的启示是,理想的教育不应是单向度的,它需要从横向上丰富人的身、心、灵。而且,合理教育之基础,就是一些与人的身、心、灵和谐有序发展的规律。[6]

在身心灵三重元素理论基础上,斯坦纳进一步提出了人的四重本质学说。人的第一重本质是"物质体";灵性科学认为在物质体之上,人还有第二重本质,即"生命体"。生命体存在的依据是有机物与无机物的区别,有机体必然地拥有生命体,生命体是所有有生长能力生物的存在基础。斯坦纳认为:"在人的生命中,生命体负责提供生长和繁殖的力量以及记忆能力。"灵性科学认为人类第三重本质是"感受体"。感受体是人痛苦、快乐、同情、渴望和冲动等情感的载体,感受体把人类同植物区分开来;斯坦纳认为,人与动物的根本区别在于人具有第四重本质"自我体",自我体的特殊任务是净化与提升人的其他三重本质成分的素质,并且自我体体现出人的独特性。[7]

华德福教育具有一种回归自然主义的倾向,强调感性、形象与精神层面的元素,这也是对近代以来工业文明所带来的人类生活困顿的回应。人智学对人类灵性本质的把握,对近代以来泛滥的物质主义与经验主义具有明显的针对性,后两者忽略了人类的属灵本质与超越性,而且对人的肉体感官及欲望过度强调,这样就迷惑于纷繁芜杂的经验表象,也带来了虚无主义与现代性危机。[8]

人智学对人精神层面自由的强调,对当前我国教育实践具有极强的启发价值。当学生学习与成长的自由少有关注,学生创造意识与能力贫乏的事实摆在广大教育者面前时,斯坦纳的理论传入国内,给人以扑面的清新感。

(二) 华德福个体成长分期论

华德福教育认为,纵观个体从新生到成年的发展,整个历程可以分为三个主要不同时段:第一阶段为婴儿至幼儿阶段,这一时期的孩子完全生活在父母温暖的家庭氛围之中,尤其是处在妈妈爱心翅膀的呵护下;在第二阶段,儿童向世界迈出了第一步,家庭和学校生活成为了他们生活的重要部分;第三阶段为孩子初中后期接下来的那段时期,这时孩子将全部身心奉献出来,为自己未来的事业做准备。[9]斯坦纳粗略地把上面的三个阶段确定为七年一阶段,也就是第一阶段为出生到七岁,一般地是持续到儿童乳齿脱落为止;第二个阶段是由七到十四岁,即到第二个出牙期至青春期开始为止;第三个阶段是十四岁到二十一岁,也就是到真正的成年期开始的年龄。[10]

在成长的第一个阶段,小孩的特点是他们对外部世界的极大开放性,他们对周遭世界中的一切几乎是全盘吸收,同时他们无限地信任这个世界,相信这个世界是善的。他们所有感官都是打开着的,他们用模仿来表达自己的内在活动,回应周遭世界。通过模仿他们学到了一切正面或负面的东西,并以此奠定他们未来的道德基础。[11]从这里可以看到,对一个七岁以下的儿童成长而言,周围的环境是多么重要。孩子会吸收大人包括父母和教师的几乎所有言行,也会无声地吸收他们所处世界的物质环境,嘈杂无序与优雅井然的幼儿园环境,对孩子的成长影响会不同。在这一成长期,教育者包括父母给孩子以精致优雅的物质环境,呈现给孩子真诚善良的世界,这些都是至关重要的榜样,都会对孩子一生的成长奠定人生观、世界观和道德观基础。另外在这一时期个体横向发展上,斯坦纳认为,孩子的身体、心灵和灵性还没有分离,以整体状存在,孩子物质体被生命体和感受体封闭起来,但是生命体正发育并形成自己的力量,以便能够在换牙期独立出来;在生命体独立出来以前,不应该运用生命体的力量,教育者不能要求孩子过度发挥其记忆力和思考力。[12]从斯坦纳的这一观点中,我们可以找到反对幼儿教育"小学化"的理论依据。幼儿教育"小学化"是近视地把孩子成长"纵向加速",而对孩子发展的"横向丰富"重视不够,这种国内幼儿教育实践误区,最终必然会导致孩子发展的身心灵不协调,甚至错乱。斯坦纳就这一点还做了形象的类比说明,他认为在个体换牙之前,感受体所接受到的知性元素愈少愈好,这正如物质世界中的光与空气,没有办法停留在母体子宫内被物质体所直接吸收,[13]所以这一时期智性学习是低效的。

个体成长的第一阶段属于婴幼儿教育期,第二个阶段七至十四岁则是小学至初中中后期。斯坦纳认为,我们必须面对的是,从七岁到青春期的个体需要在权威的基础上学习他们必须要感受和知道的事物。所以面对这一年龄段的儿童,教育者需要牢记,他们拥有最为内在的、在内心深处的对权威的渴求,如果这个年龄的孩子不能够把握我们的权威,则教学效果会很差。[14]而且需要注意的是,第二个七年成长阶段主要是个体情感的发展时期。[15]整体来看,在个体成长的第二阶段,神奇的字眼是权威,孩子保持的是一种学徒的身份。他们直接从教育者身上看到的,必须转化为内在知觉中的对权威的尊重,不是威胁强制的权威,而是顺其自然地接受。通过权威,孩子会塑造起他们的良心、习惯与情感倾向,孩子的性情也会迈入健康的轨道,他们是通过权威的眼睛来关照世间万事万物的;相反地,如果在这一时期,个体不能以无限的虔诚来尊敬他人,则他们的整个未来生活都会蒙受伤害。[16]七到十四岁的个体是身体与心灵的存在,同时带有分开的心灵与灵性之本质,更应指出的是在这一阶段,个体的生命体承接第一阶段得到发展,以为身体服务。[17]

个体成长的第三个阶段是十四岁至二十一岁,也就是从青春期开始到真正的成年期。斯坦纳认为,只有到了青春期,个体的心中才可能出现经由自己的独立判断与事物之间建立联系的渴求。[18]从这里可以看出,个体到了青春期以后,能够也需要发展独立思考的能力,独立思考能力发展的好坏将会影响到他们成人后的生活状态;好的教育能够在这一阶段以正确的方式培养个体独立思考的能力,这种独立思考的能力恰恰是进行科学与生计相关教育的关键。个体的创造意识与创造能力其实就是整合在其独立思考的学习之中。所以,第三个七年发展期是孩子思想观念的形成阶段。[19]从青春期起,个体就表现出了整个的三重本质,即物质存在、心灵存在与灵性存在;也是在青春期来到后,感受体才得以诞生,感受体的释放,表现在孩子能够对世界做出自己的独立判断。[20]所以,可以认为,独立是个体成长第三个阶段的关键词。

(三)华德福的核心教育理念

华德福教育认为,一个好的教育应该对个体成长在纵向和横向均有充分关照,使孩子成长横向丰富,纵向有序。为了达成这一教育目标,华德福教育有丰富的理念,被广泛地贯彻在其教育实践中。

自然主义与丰裕有序。自然主义是华德福教育的核心主张。华德福教育把人看作是大自然的一个组成部分,主张人与自然和谐相处。人是自然的一部分,人的成长也应是一个自然过程,也需要遵循人成长的规律。虽然人具有社会性,但是人的自然属性也是不能被忽视和违背的。华德福教育反对人为地为了人的社会目的,违背个体自然成长规律,过早过多过难地对儿童开展智识教育。华德福学校往往是选择自然环境优美的地方建校,而且这种优美的自然环境是"原始的",而非人为的。我们可以看到,华德福学校校内可能有泥泞的小路,或者是错综的树枝,这些都是华德福教育所崇尚的。华德福学校的教具更多的是原始的,或者是简单地经过师生一起打磨的,而不是通过机械手段制造出来的,或者是通过人精心设计出来的。华德福学校里学生画画用的颜料,也都是由植物色素调制而成;在华德福学校里没有塑料玩具。华德福教育认为,自然是最伟大的老师,亲近大自然是一种最佳的早期教育方式,孩子们在玩泥巴、作物种植、过家家等原始游戏活动中,能够最好地使身、心、灵和谐发展。华德福教育不主张孩子过早过多地接触电子产品,电子产品所呈现的形象往往是具象的,而且跳跃太快,对孩子的想象力、专注力发展不利,孩子只有更多地接触大自然,更多地通过大自然的教育,才能有好的身体与意志。

华德福教育还认为,人的成长是自然的一部分,需要遵循自然规律。正如上文所展示的,人从横向看,具有身(意志)、心(情感)、灵(精神)三重元素,以及物质体、生命体、感受体和自我体四重本质。好的教育就应该是横向丰裕的,能够从三重元素、四重本质上滋养孩子。从纵向来看,个体成长可以分为三个七年的阶段,每一个阶段都有其主要发展任务,好的教育应该遵循"万物生长有其时"的规律,不可人为地加速。[21]华德福教育找出了个体横向元素和纵向发展时序节律,认为这是整个大自然规律的一部分,好的教育应横向丰裕、纵向有序,这是华德福自然主义的深层体现。

榜样模仿与节律重复。根据华德福个体成长分期论,个体在七岁前对周围环境只是一个"吸收器",没有区分能力,因此周围的物质环境与人文环境就需要给个体好的榜样。而且,七岁以下的儿童主要是以模仿的方式来进行学习,模仿就是他们的学习,个体从语言到行为,到看待事物的方式都是从周遭世界里吸收的。在个体发展的第二阶段,这一时期儿童成长的关键词是权威,孩子在能够独立思考之前迫切需要有权威来遵循,他们会学习权威的思维与处事方式。深入地看,其实对权威的遵循也是像榜样学习的过程,只是在这一阶段,孩子的学习不是像在第一阶段完全开放的,他们会挑选所谓的权威来进行遵循,然后也是一种模仿学习。所以,可以认为,在儿童早期的教育中,提供榜样给孩子模仿是非常重要的教育方式,在孩子的周遭世界里,物质环境优雅有序,父母和教师各自扮演好自己的角色,做个好老师,好父母,大人以自己的一言一行为孩子树立榜样,供其模仿与遵循,这是华德福教育所强调的。

华德福教育认为,身体与灵性的基础始于反复的节律。[22]节律担负了生命成长与身体健康的责任,其原因是,大自然中的日出日落、季节转换是节律重复,人类的呼吸与心跳,睡眠与苏醒也是生活中基本的节律重复,人类是自然的组成部分,节律重复的生活最轻松、最健康。[23]可以观察到,在华德福学校里,孩子们每天的活动都具有节律性,每天的流程都不轻易变动;每一周、每一月和每一年都是一种节律的重复。譬如,在华德福幼儿园一日流程总是较为固定,孩子到园后可能先是自由游戏,自由游戏完后就是整理,然后是晨圈活动;晨圈后是早点时间,接着是主题课,等等,直到下午离园。这些有节律的活动就是孩子在华德福幼儿园的生活,每天、每周、每月,甚至每年都是如此。华德福教育就是以节律重复的方式开展教育活动,让孩子们在重复中获得心理的安全,在重复中让身、心、灵和谐发展。

故事滋养与精致艺术。华德福教育主张用故事来滋养孩子的心灵和精神。故事有许多种类,包括西方经典《安徒生童话》、《格林童话》等,也包括各种本土故事。可以观察到,华德福教师能够严格遵照故事书来讲故事,也可以用自己的话来讲故事,但是不能像一般家长那样,照着故事书来给孩子念故事。在讲故事时,老师需要把自己的意识和感受带入到每一句话,以使孩子心中能够留下清晰的图景;并且老师要注视着孩子,这样师生可以直接交流。[24]在早期教育阶段,孩子习惯于以形象的方式来吸纳与理解世界,形象还必须具有内在强烈的感染力,要富于智慧并具有象征性。这样孩子在聆听故事时,会在内心塑造属于自己的形象,他们的想象力就会因此变得活跃,个体的创造性也因此得到培植。[25]需要强调的是,华德福教育对故事呈现的方式特别是故事的象征意义,有严格的选择。华德福教师会以口述,并且辅以故事桌的方式给孩子呈现故事,也会用精美的绘本让孩子自己来阅读,但是并不主张讲完故事后,给孩子解释故事背后的象征意义,因为华德福相信孩子对象征意义的把握是一个自然过程,过多的解释,反而让孩子失去了想象的机会,并失去对故事本身的兴趣。另外,华德福教育把艺术作为其最为重要的教育方式,通过艺术而教育是其重要宗旨。华德福教育认为艺术感觉的发展对孩子来说,是其人性化进程中的最基本特征,艺术活动丰富了儿童的感觉天性,促进其情感智力发展,所以华德福教育让所有课程领域都充满艺术元素,而且艺术活动并不是单独的,是作为一种素质进入学与教的所有过程。[26]在华德福学校里,优雅精致的艺术元素充满在整个教育环境中,华德福教师几乎是全能的,不只是人文、科学知识精通,而且琴棋书画,都多有擅长。因为艺术活动是华德福教育的主要途径,所以合格的华德福教师必须在艺术上受到了很好训练,有相当的艺术素养。进一步地,华德福教育对艺术形式有所选择,嘈杂无序的艺术不是其所喜,与大自然接近、纯粹、高雅的艺术是其所好。华德福学校经常使用的乐器有竖琴、银笛之类,最为常见的艺术形式是把动作、语言和音乐综合在一起的叫优律斯美（Eurythmy）的一种韵律舞。华德福教育让孩子参与艺术活动，并不是要培养艺术家，而只是通过艺术活动，为孩子身、心、灵和谐成长提供基础。

（四）华德福教育的国内实践

21 世纪以来，华德福教育以一种超常的速度在国内发展起来，受到众多教育者与家长的欢迎。根据国内华德福教育最先实践者之一黄晓星的统计，自2004 年秋，全国第一所华德福学校和幼儿园在成都成立，至 2012 年秋，全国各地共开办有 30 多所华德福小学、140 多所华德福幼儿园。[27] 以成都、北京和广州等地为中心的华德福教育培训机构的家长和师资培训活动日益频繁，全国专业性质的华德福教育协作组织也已成立。华德福教育其实是对国内基础教育应试倾向的一种抗争。国内基础教育，从根本上看，是一种外在的经济等因素蔑视孩子成长节律和教育规律的实践，它最为主要的问题，从过程看，是"横向贫乏，纵向加速"，孩子的成长横向上身（意志）、心（情感）、灵（精神）没有得到全面和谐的滋养，纵向上却要求学得过早、过多、过难，严重违背了孩子成长的时序节律；从结果看，我们难以培养出具有想象力、创造性，甚至是学习与探索真理兴趣的下一代。更为突出的是，孩子的自我体没有得到有效的成长，难以体验生命的幸福。对国内基础教育所存在的问题，许多教育者与家长其实都是了然的，更有有识之士，他们本身可能就是孩子的父母，以绵薄之力，自救起来，全国各地，以父母互助的形式成立的华德福教育机构雨后春笋般发展起来。

然而，作为一种非主流教育，华德福在国内的发展处境艰难。华德福教育是一种值得欣赏的理念，但是教育必须回到现实中来。华德福实践者被问得最多的一个问题是：从华德福系统出来的孩子参加高考成绩会怎样？华德福教育遵循个体成长节律，主张"横向丰裕，纵向有序"，不主张过早、过多和过难地对孩子进行智性教育，关注的是孩子更深层次的发展，不会为了高考进行专门的训练，所以可以肯定的是，华德福教育系统出来的孩子，在高考竞争中难占优势。如果高考出不了成绩，对许多家长来说，这是极大的问题。国内大学区隔分层严重,因为高考没有好的成绩也就意味着孩子不能上重点大学。尽管华德福教育系统培养了许多世界知名的政治家、艺术家等对人类文明做出重大贡献的人才,而且华德福系统出来的学生,在许多欧美大学是更受欢迎的;国内华德福学校的实践也证明,早期在华德福机构接受教育的学生,在高中转入主流学校后,不适应和成绩差往往也只是前期现象,后期反而成绩优异。但是,华德福教育所面临的现实是,如果学生直接参加高考,它的优势难以得到体现。这也解释了为什么华德福教育虽发展迅速,仍然生源不多,难以成为主流,甚至许多规模较小的华德福学校会因为生源问题难以为继。国内在华德福机构接受教育的孩子的家长,往往是知识分子,并且经济条件较好,准备让孩子上完国内华德福学校后,直接到境外上高中或大学。但这个群体毕竟是小众,所以与国内体制衔接是华德福教育所面临的最大挑战。除此之外,华德福教育在国内的发展还存在实践者理念吸收不到位、本土化艰难,以及资金匮乏、师资短缺等挑战。

参考文献:

[1] 华德福教育简介[J]. 教育家,2012(7):21.

[2] [奥]鲁道夫·施泰纳著,廖玉仪译. 神智学:超感官的世界认识与人的天职导论[M]. 财团法人人智学基金会,2011.

[3] Freya Jaffke著,邓丽君译. 幼儿的工作与游戏[M]. 台北:光佑文化事业股份有限公司,1998. 8.

[4][5][8] 范美忠.《神智学》:人的本质及其天命[J]. 教育家,2012(7):140—141.

[6][13][16] Rudolf Steiner 著,柯胜文译. 人智学启迪下的儿童教育[M]. 台北:光佑文化事业有限公司,2005:22—23,35.

[7][10][12][17][20] [英]吉尔伯特·蔡尔兹著,王荣亭译. 做适合人的教育:斯坦纳教育理论和实践[M]. 北京:新世界出版社,2012:27—28,34,36.

[9][11][15][19] [荷]伯纳德·李维胡德著,薛跃文,杨亚莉译. 孩子成

长历程:二个七年成就孩子的一生[M]. 西安:西安交通大学出版社,2011:1—2,6.

[14][18] Rudolf Steiner 著,颜维震译. 人学[M]. 台北:洪叶文化事业有限公司,2010:126.

[21] [英]琳·欧德菲尔德著,李泽武译. 自由地学习:华德福早期教育[M]. 北京:人民文学出版社,2006:1—10.

[22][23] [日]高桥弘子著,刘禧琴,吴旻芬译. 日本华德福幼稚园:实践健康的幼儿教育[M]. 台北:光佑文化事业股份有限公司,1997:53—54.

[24][25] [德]赫尔穆特·埃勒著,滴水译. 与孩子共处的八年[M]. 天津:天津教育出版社,2011:19—20.

[25] [德]赫尔穆特·埃勒著,滴水译. 与孩子共处的八年[M]. 天津:天津教育出版社,2011:19—20.

[26] [英]琳·欧德菲尔德著,李泽武译. 自由地学习:华德福早期教育[M]. 北京:人民文学出版社,2006:34.

[27] 黄晓星. 从华德福课程到华德福学校[OE/BL]. http://blog.sina.com.cn/waldorfcd. 2013—4—4.

(本文发表于《比较教育研究》2013 年第 7 期。作者蔡连玉、傅书红,时属单位为浙江师范大学)

课程、教学与学习科学

一、奥苏贝尔的教学法思想

从班级授课制产生以来,课堂教学中的言语讲授、练习、复习等就成为人们长期沿用的教学方法。由于过去的心理学对这些方法的认识脱离学校学习的特点和规律性,在实际中常常造成教师脱离学生实际的"填鸭式"的教和学生机械被动接受式的学的状况,因而成了"进步教育"派攻击的目标,认为这是"由上级的权威者把所必须接受的东西传授给下级的接受者"的方法,"这不是教育,而是灌输、宣传……"。奥苏贝尔不同意"进步教育"派的这种看法,坚决要求重新认识和估价有"悠久历史传统"的讲授法,并提出了意义学习的理论和方法。

(一) 意义学习与传统讲授法

奥苏贝尔1961年公开发表《为言语学习辩护》一文,认为"进步教育"派肆意攻击和摒弃课堂讲授教学和接受学习的教学方法是很不公正的。他指出,几十年来,言语接受学习之所以一直被说成是"鹦鹉学舌"地背诵和机械记忆孤立的事实,进步教育运动的活动课程、设计教学法和解决问题教学法之所以风行一时,其主要原因是由于当时人们对课堂传授知识的言语讲授法普遍感到了不满,而又不仔细分析这种方法是否有其真正的价值。这种不满主要来自于两方面的原因:一是人们确信有意义的命题知识不能呈现或教给学生,只能是解决问题活动的产物;学生如果没有当前的直接经验以便使言语知识同现实生活一致,那么一切试图掌握通过言语呈现的概念和命题都会流于空洞乏味的咬文嚼字。二是当前的学习理论存在着两大缺陷:① 教育心理学家习惯于用单一的学习原理来解释不同性质和类型的课堂学习过程,不明白解决问题的学习与意

义理解言语材料的学习有不同的目的和方法；② 缺少一种能够用来解释课堂
意义接受学习和保持大量学科知识的适当理论，结果许多机械学习或遗忘的原
理，如反应竞争、刺激类化和倒摄干扰等，就被教育心理学家不加批判地从实验
室研究中推导到课堂学习中来。毫不奇怪，在这样的学习理论气氛中长期受到
熏陶的教师，自然就趋向于将意义材料处理成机械的材料，或者以为采用机械
的练习是合理的。因此，奥苏贝尔认为，要为言语讲授和接受学习恢复名誉，必
须首先使人们相信这种教与学的方法不一定是机械被动的过程；要达到这一目
的，又必须事先说明接受学习可以是有意义的和积极主动的，这就需要建立一
种课堂意义言语接受学习的认知理论。奥苏贝尔为此而进行了 20 多年的
研究。

（二）意义学习的认知理论

奥苏贝尔认为，人们对讲授法和接受学习采取的不正确态度和作法根本上
混淆了接受学习与发现学习、机械学习与意义学习之间的界线，他们以为接受
学习一定是机械的，发现学习一定是有意义的。奥苏贝尔根据课堂学习中知识
的来源和学习过程的性质将学习划分为"接受—发现"、"机械—意义"两个维
度，并提出了与流行见解不同的观点，认为它们之可是相互独立，互不依存的，
发现学习不一定是有意义的，接受学习在适当的条件下完全可以产生有意义的
过程和结果。他认为作出这样的划分有特别重要的理论意义，因为学生的知识
主要来自接受性学习，而不是自动或独立发现得来的。由于这些知识主要是用
言语呈现的，儿童在没有非言语或解决问题活动的经验的情况下，只要呈现的
言语材料能够同学生的原有知识结构或认知结构建立实质性和非任意的联系，
并且学生具有内部的学习动机或意义学习的"心向"，努力致力于新旧知识间的
联系和转化，言语接受性学习完全能够产生有意义的过程和结果。在这里，重
要的是客体的学习材料必须具有"潜在的意义"，即新知识能够同学生认知结构
中的有关知识建立实质和非人为的联系；同时，学生在学习新材料时，必须积极
主动地从自己的原有知识结构中提取最有联系的旧知识来"固定"或"类属"新
知识。只有这样，新旧知识之间才会发生积极的相互联系和作用的"同化"过程
或"类属"过程，导致学生原有认知结构的不断分化，从而使有潜在意义的学习

材料转化为主体的知识结构,学生由此获得新知识明确而稳定的意义。所以,客体的教材知识有潜在意义,学生主体有积极的意义学习心向,就成为有意义学习必须满足的两个重要条件。在意义接受学习中,新知识被"内化"或纳入主体的认知结构中,并不是简单地被"登记"下来,而是一个积极的转化过程,是一个复杂的认知过程:学生需要对新旧知识间复杂的关系,如派生的关系、扩展的关系、概括性关系、修饰或支撑性关系等作出精确的判断和分析,需要调整新旧知识间的分歧和矛盾,还要将新知识转变成自己能够理解和记忆的形式,使之同自己的词汇、经验背景和知识的组织特征保持一致等等,这就是接受学习可以是积极和主动的原因。当然,接受学习也可能成为机械被动的过程,这就要看学生是否有主动分析知识间关系和意义的积极性,有无进行自我批判的能力,如果学生仅仅满足于简单记住教师呈现的言语信息,或者仅仅抓住知识的表面现象,缺乏必要的分析和理解能力,不善于灵活运用自己的语言词汇来转译新概念和命题,接受学习必定是机械的。因此,教师在讲解新知识时,必须严格遵循学生认知发展的阶段性特点,照顾到学生认知活动的个别差异,在讲授过程中善于培养和激发学生积极求知的动机和自我批判态度,并有目的、有计划地灵活运用各种教学技巧,确保学生有意义地获取和保持知识,并能灵活地运用知识去解决实际问题。奥苏贝尔认为,研究这个问题应当成为"教育学的一个中心任务"。

奥苏贝尔1965年在美国《普通心理学报》上发表了以《意义言语学习中的知觉与认知》为题的论文,研究了意义学习过程中知觉与认知的作用及其相互转化的关系和性质。他根据学习者在掌握新材料时认识活动的直接性和复杂性,将内部的认识分为知觉和认知两个主要阶段。知觉是在复杂的认知过程介入之前直接获得新材料的意识内容;认知则是将新材料与原有知识相互联系,分析和综合新知识与旧知识相互的意义的关系性质,调整其间时冲突或矛盾,用自己的语言重新组织和整合新材料的心理过程。这是一种复杂的思维过程。当新概念或命题在被纳入到认知结构中获得意义之前,学习者必须首先感知或知觉新材料,然后将知觉到的潜在意义同认知结构中的原有概念或命题相联系。知觉先于认知,知觉的并不是材料的整体意义,它仅是对学习材料的感觉输入进行初步的分析,获得个别词的孤立意义或词与词之何的句法关系的意识

内容。要理解材料的整体意义,必须通过进一步的认知活动,从词与词、概念与
概念以及句法结构中将整体的命题内容同原有的认知结构相互联系和作用,最
后才获得了对新材料的真正理解。

　　奥苏贝尔指出:"要区分意义言语学习中知觉和认知过程是很困难的,因为
这两个过程都包含言语刺激的输入和认知结构之间的相互作用。我们既知觉
言语材料,又从认识上学到它们的意义。"也就是说感知教材包含了理解的成
分,理解教材仍然要反复地感知,二者不存在明显的区分界线。在认识活动中
是否包括有知觉或认知,很大程度上取决于学习任务的复杂性,也取决于新材
料对学习者是否完全陌生或已经有了意义。如果材料对学习者既陌生又困难,
就必须经过知觉和认知的反复过程,反之,学习者直接通过知觉就能达到理解
水平。奥苏贝尔关于学习过程中的知觉与认知的心理学解释对于我们深入认
识教学过程的规律是有启发性的。学生学习教材固然要由感性认识到理性认
识,但这仅仅在哲学意义上表述了不同个体认识发展的一般阶段,但并没有告
诉我们这种认识飞跃过程中隐藏的心理活动的机制和规律性,也没有告诉我们
不同的个体在不同的知识经验基础上获取不同难度和不同性质的教材知识过
程中,认识活动有不同层次和阶段的特点。奥苏贝尔的理论至少表明了教师在
处理教材和讲授教材知识的过程中要充分研究学生的准备状况,要根据学生的
认识特点和学习材料的性质有区别地对待,有针对性地突出重点、简化或克服
不必要的重复,而不必机械地搬用或盲目遵循一个统一的教学过程演进的阶段
性模式。这一点无论在哲学上、教育学上还是心理学上毫无疑问都是正确的。

（三）讲授法与发现法

　　布鲁纳根据认知的心理学原理提倡广泛采用发现法,认为这种方法有利于
激发智慧潜力,有利于培养内部动机和学会发现的技巧,同时还有利于知识的
记忆和迁移。在这一点上,奥苏贝尔的主张与布鲁纳相反。奥苏贝尔提倡在教
学中广泛采用言语讲授和接受学习的方法,发现法只可作为言语讲授的有效辅
助手段。不过,在小学阶段,奥苏贝尔也认为应该根据儿童的认知具有直觉、具
体思维的特点,尽可能利用发现法,在年龄较大的学生面临新的困难学科时,发
现法也有着独到的优点。但是从教学的实际可能性方面看,将发现法作为首要

的方法是不正确的。因为发现学习太费时间,不但教师在设计这种方法时很费时间,而且学生在发现的活动中也很费时间。与此相反,接受学习如果真正满足了意义学习的条件和标准、则是一种更为有效和切实可行的方法。E·W·弗朗西斯1975年曾经用实验证明了这一点。他以小学一年级、三年级和六年级的48名儿童为试验对象,将他们分成四个实验组,其中三年级分为二个等组,让他们学习简单或复杂的算术规则,以检验讲授教学和发现教学两种方法的作用。教学结束后的保持和迁移测验结果表明:在达到教学目的方面发现法比讲授法花费了更多的时间,在保持和迁移测验得分上,言语讲授组也优于发现组;在要求学生用自己的语言重新表述学习和迁移任务时,讲授组更远远超过发现组。(见附表)

附表　能用言语正确表达学习和迁移任务的两组被试人数

年级水平	任务难度	学习任务		迁移任务	
		讲授组	发现组	讲授组	发现组
一年级	简单规则	6	5	5	2
三年级	简单规则	6	5	6	5
	复杂规则	5	0	5	0
六年级	复杂规则	6	1	5	1

弗朗西斯的研究结论是:"当小学儿童已经有比较丰富的言语接受学习的经验,特别是在学习比较复杂的材料时,发现法不是一种有效的方法。"当然这种结论的适用范围只有相对的意义,发现法和讲授法的各自作用取决于不同的年龄水平、任务性质和难度以及学习的目标和时间长短,奥苏贝尔实际上也是持这种观点,只不过他更主张采用言语讲授这种较为传统的方法而已。

(四) 意义学习中的练习和复习

"进步教育"派的"儿童中心论"反对学校安排人工的训练和练习的情境,认为这是权威主义,是不民主的,要求用儿童在实际的生活情境中的非正式学习来代替教师安排的训练。奥苏贝尔坚决反对这种意见,认为这是打着"民主"和"进步"的旗号将学校应当承担责任推卸给学生,他说,"许多教师从经验中发现,训练和练习不　定是机械的,相反,它对于学生获得许多技能和概念是必不可少的。这些技能和概念不可能经常和反复出现在自然的生活情境中",因此,教师必须安排必要的练习和训练。

关于练习的心理学原理,奥苏贝尔指出,由于桑代克对练习做了机械主义的解释,又由于"进步教育"运动抛弃练习,人们通常低估了练习的价值,许多人把练习或重复视为机械的过程,"实际上练习和训练是课堂有意义学习中不可忽略的重要组成部分"。奥苏贝尔认为,在课堂有意义学习中,练习和复习的主要作用是使学生巩固新获得的意义。他在 1962 年正式提出了"意义言语学习和保持的类属理论"(1967 年他将"类属理论"改名为"同化理论"),将学生的意义学习过程划分为三个阶段。首先是学习新知识的阶段。在这个阶段中新知识与认识结构中的原有知识相互联系和作用的同化过程,导致原有的认知结构分化,学习的直接结果是获得新知识分化的认识内容。这时,获得的新知识意义能够同认知结构中类属它的原有知识分离开来,具有较大的"分离强度"和可利用性。这是类属过程的第一阶段。其次是保持阶段。在这个阶段中,新旧知识间的联系和作用的同化过程在头脑中继续进行,但由于认知组织和记忆遵循"经济性原则",记住少量的概括性知识比记忆大量具体信息轻松和容易,因此获得的新知识逐渐向着类属它的原有知识意义"还原",许多细节知识逐渐地被遗忘,新旧知识间的"可分离强度"也逐渐减小。这时候如果不采取积极的巩固措施,如重复、练习等,新材料的项目将迅速降低可利用性,直至完全不能回忆出来,这就是有意义学习中的遗忘现象,是类属的第二阶段或"遗忘性同化",它导致新知识的丧失。练习、复习和重复的巩固作用就表现在当新知识在逐渐向原有知识还原,逐渐丧失分离强度的时候,再一次提高其清晰和稳定的程度,使之始终保持住较高的可利用性,以便用来进行新的意义学习。最后是学生提取和利用学得的知识解决问题或进行新的学习。在这个阶段中,如果需要利用的知识意义与学习阶段获得的意义保持不变,那么直接影响知识的提取和利用的则是学生当时的动机、态度以及情境等等因素。

1965 年,奥苏贝尔在美国《普通心理学报》上连续发表三篇关于意义学习中的练习和复习的意义和作用的论文与研究报告,指出意义学习中的练习与复习和机械学习中的练习与复习是不同的:在机械学习中,练习和重复可以增加孤立的和互不依存的各言语刺激间的联结强度,可以防正前后刺激的短时干扰影响,因而可以促进机械的学习和记忆;在意义言语学习中,同样的练习和重复不是加强了孤立项目间刺激与反应的联结,而是累积性地巩固了新知识在认知结构中的清晰和稳定性,有组织性地改变了原有的认知结构,早期练习引起的认知结构改变又影响后来练习中的学习和保持。重复性的练习对于意义学习的直接效果是增加了新知识同原有知识的分离强度,强化了新旧知识间的意义联系和作用,直接或间接地增加了学习材料在认知结构中的可利用性。

关于复习的方法,一般的教育心理学教科书根据遗忘的速度先快后慢的负加速曲线规律,强调在显著遗忘出现之前就开始复习。1966 年,奥苏贝尔进行了有关巩固在相互独立的意义材料学习中的作用的实验研究,他让被试在开始学的时间上有先有后,但在同一天进行复习,并在隔了一段相同的时间之后进行保持测验,结果证实了传统的结论:早复习比晚复习的巩固效果好。奥贝苏尔根据他的"记忆还原理论"对不同时间的复习的效果进行了新的解释:早复习的效果好,是因为当新获得的新知识还处于可以回忆的水平时,再一次将新材料同原有的认知结构联系起来,并使它们发生连续的相互作用,从而进一步巩固了先前的知识。早复习还可以尽快获得反馈信息,可以及时纠正学习新知识产生的混淆和错误的意义,此外,早复习还可以通过改变认知结构,间接地影响巩固过程。因为多次重复有可能使学生将注意力集中于文章的关键概念及其之间的联系,对记忆内容进行重新组织,将新旧知识纳入到一个整合的结构中。这样,重复就可以使学生获得更有概括和稳定性的认知内容。

总之,在奥苏贝尔的思想中,练习、训练、复习等传统的教学方法只要满足了课堂意义学习的条件,它们不仅不是机械性的,相反,与言语讲授一样,同样能够产生积极和有意的学习过程和结果。

(五) 意义学习结果的检查和评定

"进步教育"派的"儿童中心论"反对采用传统的考试和评分制度来检查学生的学习成绩,认为这是压制儿童兴趣和个性的"强制手段",是不民主的。奥苏贝尔则认为,学校如果不滥用分数,考试与评分制度也是一种有效的评定手段,它既可以用来评价学生是否获得了有价值的和正确的知识,而且也可作为学生求知上进的一种十分必要而且不可避免的外部诱因。奥苏贝尔根据课堂意义学习的目标，即知识和能力等方面的目标，要求必须了解学生的意义学习是否获得了新知识明确、稳定和精确分化的意义，能否有效地将新知识迁移到新的情境中解决练习、作业或者考试测验方面的问题。关于检查和评定的方法奥苏贝尔提出了以下建议：

1. 在知识水平的检查评定方面，要考查学生是否真正理解和掌握了新材料内容。这种考查不能要求学生按照新材料原来呈现的形式逐字逐句的回答问题，而应当尽可能用自己的语言和词汇表述材料内容。这种检查可以在教学过程中随时向学生提出启发性的问题，组织学生就某些问题展开民主的讨论，也可以在某一单元或部分教学材料学习完毕之后，通过作业、练习或考试测验来检查和评定学生意义理解和掌握的程度。奥苏贝尔认为，知识水平的检查是十分必要的，因为获取新知识是课堂教学的基本过程和结果，同时也是教学目标的要求，也是学生继续学习新知识的条件。

2. 在学习能力的检查和评定方面，唯一可靠的方法是让学生运用新知识解决问题，以了解学生的独立性和灵活性。也可给学生一些新的学习材料，让他们根据自己原有的知识对这些材料进行独立的分析、概括和组织，检查他们处理材料的能力。奥苏贝尔警告说，在检查和评定学习结果时，过分频繁的考试测验是不合适的，因为这不但会引起学生机械记忆重要的概念、命题、公式和定理，而且还会迫使学生机械记忆知识间的因果关系、具体事例、推导过程、说明性知识和问题类型。为了避免这种后果，教师可以通过设立新的问题情境，促使学生最大限度地实现知识的迁移过程。

（六）小结

总之，奥苏贝尔对讲授法、练习、复习等传统教学方法的意义和作用都进行了重新的认识和估计，并对它们的合理学基础进行了重新审查。认为这些经过长期历史检验的方法对于学生获取和长久保持有价值、有组织的"人类文化的遗产"都是必不可少的。此外，他根据学生意义学习的规律和特点在心理学理论和实验研究的结论的基础上便对这些方法从历史上简单的经验描述上升到了定性和定量分析的系统理论化水平。他还就这些方法进行了大量的心理学理论研究和实验研究,提出了意义学习的理论和方法,从而发展和深化了传统的教学合作教育学方法。在这个过程中,他既有力地批驳了"进步教育"派全盘否定传统的合理的教学形式和方法的极端片面的观点和作法;又吸取了"进步教育"派突出儿童兴趣和主动活动的积极思想,克服了传统教学法中机械性、强制性和脱离学生实际的弊病。我认为,奥苏贝尔关于传统教学方法及其心理学根据的理论和研究,对于我们正确认识和评价苏联凯洛夫《教育学》,正确利用传统的教学方法于实际教学活动,是具有启发意义和参考价值的。

(本文发表于《外国教育动态》1987 年第 4 期。作者陈昌岑)

二、Л·С·维果斯基在教学论基础中的探索和变革

自 20 世纪 50 年代后期,苏联教育理论与实践开始发生一系列变革,涌现出许多以发展学生智力为核心的教学改革实验和相应的现代教学理论,并逐步实现了从以传授知识为主的传统教学向以培养能力、发展智力为主的现代教学的转变。促成这种转变的原因是多方面的,但 20 世纪 50 年代后期苏联心理学、教育学界对 Л·С·维果斯基理论的重新认识和评价,无疑对教育实践和理论的变革起着不可忽视的作用。维果斯基的研究成果不仅对苏联当代教育的发展产生了重要影响,而且受到西方学术界的高度评价和重视,美国现代课程论的代表人物布鲁纳在其《认识心理学》一书的俄文版前言中写道:"在过去四分之一世纪中从事认识过程及其它发展研究的每一个心理学家,都应该承认 Л·С·维果斯基的著作对自己的巨大影响。"

Л·С·维果斯基是苏联早期心理学家,1934 年去世时年仅 38 岁。他的理论学说为什么会对当代教学理论与实践产生如此深远的影响呢? 主要原因在于维果斯基在教学论的理论基础中进行了一系列开创性的研究和变革。本文就此作些尝试性的探讨。

(一)把唯物史观运用到个体心理发展的研究中,创立了心理学中的"文化历史发展论"

苏联早期的心理学家致力于运用马克思列宁主义哲学指导心理学研究,彻

底改造了传统心理学体系,使之开始走上科学化轨道。在批判西方心理学的唯心主义倾向时,苏联学者较多地强调了人的心理是对客观世界的反映,是大脑的机能和属性,特别是对巴甫洛夫建立在神经生理学实验研究基础上的条件反射学说的高度重况,使心理学家们正确揭示了外界刺激在心理机能形成、发展中的重要地位和作用,这对于在心理学研究中坚持辩证唯物主义的反映论无疑具有十分重要的作用。在对条件反射的研究中,巴甫洛夫正确揭示了人与动物的本质区别,指出人对外界刺激的反映不仅能形成在第一信号系统基础上的条件反射,而且能借助言语、词为中介,建立起第二信号系统基础上的条件反射。但巴甫洛夫本人并没有对人类的语言结构及个体言语发生发展的心理机能做专门研究,其后继者虽然集中精力研究过两种信号系统的相互作用,但却收效甚微,原因在于对人所特有的言语、思维器官本身的结构及其在社会交往中的产生、发展缺乏了解和研究,甚至将西方心理学在这方面的研究一概斥之为唯心主义加以批判和否定。

维果斯基吸取了巴甫洛夫的研究成果,但在对个体心理发展的研究中却闯出了一条不同于巴甫洛夫的道路。他认为个体心理的发生发展问题绝不单纯是在外界刺激下形成条件反射的问题,更主要的是在社会文化背景中逐渐形成和发展出人类区别于动物的一系列高级心理机能结构。因此,对个体心理发展的研究不仅要以辩证唯物主义的反映论为指导,而且必须运用唯物史观,只有在这二者的统一之中才能科学地解释人类复杂的心理机能的产生、发展及其在条件反射中与动物的本质区别。正是沿着这样的研究方向,维果斯基运用唯物史观批判改造了格式塔学派,特别是皮亚杰认知学派所阐发的个体内在结构及其在认识中能动作用的观点,扬弃了其中的自然主义、纯生物学倾向和形而上学、机械论倾向,揭示了人类所特有的高级心理机能、结构在社会交往和教育中的现实生成和发展,创立了心理学研究中的"文化历史学派"。

维果斯基把人与动物的心理发展严格区分开来,指出动物的行为取决于生物本能(无条件反射)和有机体在适应外界环境过程中建立起来的条件反射,这些都与个体的直接经验分不开,因此用巴甫洛夫的条件反射学说可以圆满地加以解释。而人类心理的发展则不同,人类还具有另一类经验,这就是社会历史经验,这类经验不是在个别个体生活中形成的,而是人类世世代代发展和积累的产物,社会历史经验既不同于生物本能,不能通过生物遗传转移给后代,也不能将其等同于个体在发展过程中获得的各种直接经验,尽管社会历史经验也是在个体发展过程中获得的,但却与生物个体在对自然环境适应过程中获得的经验存在原则差别。社会历史经验超出了个体经验的狭隘范围,是个体在社会交往之中借助于语言和概念获得的人类世代积累下来的族类经验,并由此建构起人类特有的内在心理结构。人不是孤立的生物有机体,儿童初生之后就置身于社会之中,与周围人的交往一开始就是其生活的基本形式。儿童与周围物体、环境的关系从婴儿期起就是以同成人的交往为中介的,其心理活动的形成始终是在这种交往过程中进行的。因此,人类个体心理的形成、发展是在掌握人类世代积累的社会历史经验中完成的,并且是借助语言来实现的。这一复杂的心理机能形成过程用巴甫洛夫的条件反射学说显然不能给予完满的解释,单纯用唯物主义的反映论解释也是不够的,要想全面科学地揭示人类个体在发展过程中通过掌握人类历史发展的成就来促成心理结构的生成发展,就必须把唯物史观同辩证唯物主义的反映论紧密结合起来,共同贯彻到生理,心理学的研究之中。这正是以维果斯基为代表的"文化历史学派"对马克思主义哲学基本原理的全面深刻理解和在心理学研究中的创造性运用。

在马克思主义经典作家的哲学思想中,辩证唯物主义的反映论同唯物史观本来是有机结合在一起、不可分割的。在强调人的认识是对现实客体的反映时,经典作家反复强调了作为认识主体的人在反映中的能动作用,为了与各种唯心史观划清界限,马克思主义经典作家一再提醒人们,这种主体能动性不是抽象的,而是人类世世代代实践活动的产物,并积淀为人类区别于动物的主体性,其物质承担者则是人所特有的各种复杂的反映器官(包括感觉器官和思维器官等),这些反映器官在人类个体的形成、发展中不是单凭生物遗传所获得的,而主要是通过在特定的社会文化背景中(包括人化自然和人与人的交往活动,特别是系统化的教育)接受和掌握人类世代积累的历史成果,将其转化为各种内在心理结构,才能使人所特有的这些感觉,思维器官形成、发展和丰富起来。正如马克思所指出的:"社会的人的感觉不同于非社会人的感觉。只是由于人的本质的客观地展开的丰富性,主体的、人的感性的丰富性,如有音乐感的耳朵,能感受形式美的眼睛,总之,那些成为人的享受的感觉,即确证自已是人的本质力量的感觉,才一部分发展起来,一部分产生出来,因为,不仅五官感觉,而且所谓精神感觉、实践感觉(意志、爱等),一句话,人的感觉、感觉的人性,都只是由于它的对象的存在,由于人化的自然界,才产生出来的。"因此,"五官感觉的形成是以往全部世界历史的产物。"[1]

显然,以维果斯基为代表的"文化历史学派"运用唯物史观对人类高级心理机能的内在结构进行发生学的研究,在这一点上不仅是完全符合马克思主义的,而且在心理学研究中开辟了一系列具有重大理论和实践意义的研究领域。

但是,在苏联 20 世纪 30 年代中、后期,维果斯基的这些理论却受到了不公正的批判。由于马克思主义经典作家没有留下现成的哲学体系,苏联 20 世纪三十年代在构造马克思主义哲学体系时把辩正唯物主义认识论同唯物史观分成了两个不同部分。更为严重的是,由于特定的政治环境和理论背景,苏联对学术研究中的不同派别和观点进行了政治上的批判和讨伐,如在遗传学中只有米丘林的观点才是唯物的、革命的,而赞成摩尔根的学说,研究遗传因素的人则被看作是唯心的、反动的;与此类似,在心理学中将巴甫洛夫的条件反射学说看作是唯物的、革命的,而想要探讨人类所特有的内在心理结构则被看作是唯心的、反动的。这种错误的批判不仅窒息了科学的繁荣、发展,而且使马克思主义哲学的基本理论遭到肢解,最明显的就是辩证唯物土义反映论因脱离开唯物史观而失去其丰富性和深刻性。对于这种理论上的偏差,列昂节夫在 20 世纪 50 年代后期曾作过较客观的分析和回顾,指出:"在四十年代大多数其它心理学著作中,生理机制问题很少受到注意,例如,Л·С·比维果斯基初期的'文化历史的'论著中注意得更少。因此随后便强调了巴甫洛夫所创立的高级神经活动生理学对心理学的意义。这样一来就使人的心理的社会历史性问题的研究面临一些一时自然难以克服的极其严重的困难。"[2]由于在个体心理发展的研究中忽观和否认了对人类高级心理机能、结构作历史性的发生学研究,至使心理学研究中面临着两方面的困境:一方面在从最复杂的、人所特有的各种高级心理活动入手研究时,无法解释这些心理机能的内在结构及其及其在社会文化背景中的现实生成,因而看不到人的高级心理机能与动物初级心理机制的联系;另一方面,在运用条件反射理论研究人对外界信号反映的时候,又往往混淆了人与动物心理机能的本质区别,将人的条件反射生物学化。

苏联在 1956 年出版了维果斯基心理学义集(第一卷),此后又重新认识和评价维果斯基在个体心理研究中的"文化历史发展论",无疑对心理学研究方法论中的拨乱反正起了十分重要的作用,并由此导致了教学理论基础中的一系列重大转变。列昂节夫在 1959 年重新评价维果斯基时曾公正地指出,"Л·С·维果斯基在我们当中第一个提出关于历史观点应成为建立人类心理学的主要原则。他对生物学的、自然主义的人的概念提出了批判,以自己的文化历史发展论来对抗,这里最主要的是,他把关于人类心理本性的历史主义观点,关于心理过程的自然机制在社会历史和个体发育过程中改造的观点应用到具体的心理学研究上,""认为这种改造是其与周围人交际的过程中掌握人类文明成果的必然结果。""Л·С·维果斯基的著作开辟了苏联心理学中关于人的心理社会历史制约性问题研究的新阶段。"

(二) 注重交往活动和语言在儿童智力发展中作用的研究,为"活动理论"和"智力发展阶段论"奠定了基础

运用唯物史观对人类高级心理机能做发生学的研究,这是维果斯基在心理学研究方法论上取得重大进展,这一进展的具体成果表现在由他开创的对社会交往和语言在儿童智力发展中的作用的研究,并分别形成了列昂节夫的"活动理论"和加里培林"智力活动按阶段形成的理论",为现代教学实践和理论的变革提供了重要的心理学依据。

维果斯基在研究中提出了两个重要的假设,并始终以其作为全部研究的基础,达就是:关于人的心理机能间接性的假设和关于内在智力过程起源于活动,先是外部活动后是内心活动的假设。[3]

根据第一个假设,维果斯基正确揭示了人与动物在周围环境关系上的重要区别:动物直接与环境交互作用,并在对环境的适应中形成建立在第一信号系统基础上的条件反射,而人与周围物体、环境的关系却总是以人与人的社会关系为中介的。早在儿童发展的初期,他对周围物体的关系就必须通过成年人来实现:成年人把儿童所需要的东西送到他跟前,成年人用小匙喂孩子,教孩子使玩具发声等等,成年人的这一系列动作都伴随着相应的语言、概念,儿童某些动作的强化最初也不是由动作的具体效果来强化的,而是由成年人对这个效果的

反应来强化的。总之,儿童与外部世界的关系最初总是以成年人的动作为中介的,周围物体和环境对儿童来说不仅显示出物理属性、生物学属性,而且经过成年人的中介传递展示出其社会属性。因此人与动物心理活动方面的差异不仅在于量的复杂化,更主要的在于结构方面的质的区别。

根据第二个假设,维果斯基进一步揭示了人类心理过程的间接结构在个体发展中的起源和发展规律:个体必须通过在社会文化交往活动中掌握物质生活和生产资料(工具)以及语言、文字、数学、逻辑等符号系统,从而接受和掌握社会历史中长期形成、积累下来的各种活动,将这些外在活动内化为复杂的心理结构。

沿着这两个假设的方向,维果斯基运用唯物史观指导,在个体心理产生、发展规律的探索中进行了一系列开拓性的研究:他根据恩格斯有关人类在使用工具的劳动过程中起源的思想,探讨了人类行为的发展和高级心理活动的社会起源;他设计组织和领导了大量实验,揭示了社会交往活动在人类个体智力发展过程中的极端重要性和特殊意义;他对思维和语言在个体发展中的关系作了大量深入研究,用唯物史观对西方心理学所阐述的语言和思维关系作了一系列重要纠正和补充;他探讨了儿童在社会文化交往中形成的外部活动如何借助语言和概念内化的过程,明确提出社会生活的基本结构也应当决定人类心理的基本结构,并为在"内化"过程的具体研究中揭示人类心理结构形成发展的阶段奠定了基础……维果斯基及其同事在个体心理发展研究中提出的这一系列创造性见解填补了巴甫洛夫条件反射理论中的许多空白和不足之处,并理所当然地应该引起苏联心理学研究和教学论理论基础中的重大变革,但由于我们前边已经分析过的原因,这些不同于巴甫洛夫条件反射理论的心理学创见在苏联20世纪30~40年代不仅没受到应有的重视,而且许多观点遭到了批判。但是,具有科学性和生命力的学术探索是阻挡不住的。在维果斯基去世之后,其同事和后继者们从不同角度继续进行着顽强的探索,并促成了在20世纪50年代中、后期对维果斯基理论的重新评价和高度重视。列昂节夫将维果斯基的理论观点进一步系统化,提出了著名的"活动理论";鲁利亚将儿童语言、思维关系的研究进一步深化到人脑各种复杂机能及其在社会文化背景中形成发展的研究;加里培林在对外部动作如何逐步内化为内部思维并转化生成相应的心理结构的研究中提出了"智力活动按阶段形成"的重要理论……如今,维果斯基及其后继者在心理学中的研究成果不仅已被世界心理学界所公认,而且对当代教学改革潮流发生着不可忽视的影响,并在心理学研究成果对教学实践的影响必须经过教学理论研究的中介传递方面奠定了基础。

(三)深入开展了学龄期儿童教学与发展关系的研究,提出了"最近发展区"理论

将个体心理结构发展的研究同儿童在社会文化背景中所受的教育结合起来,这是维果斯基在心理学研究中始终坚持的方向。这方面的成果集中体现在他对学龄期儿童教学与发展关系的研究之中。

维果斯基总结了以往心理学家和教育家们对教学与发展关系的论述,并深入考察、比较了儿童教学与训练动物的区别,与成人技能教学的区别。他指出,训练动物能使动物完成某些较复杂的操作,但动物的操作始终没超出无意识、本能、机械地模仿,因此训练过程中并没有发展动物的智力;成人由于各种生理、心理结构已经成熟,因而在教学中仅增加了局部技能,却并不会导致像儿童那样在生理、心理包括智力水平上的显著发展。因此,他将研究的重点放在探讨学龄期儿童教学与智力发展的关系问题上。"最近发展区"理论的提出正是他在这一领域研究的重要成果。

以往的教学理论都反复强调教学必须与儿童智力发展的水平相适应。这种观点如果抽象地看当然不错,但在具体衡量儿童智力发展水平时,维果斯基却发现了一个普遍存在却又始终没被人注意的重大偏差:在智力测验中,总是以儿童独立解决问题的水平作为衡量儿童智龄的尺度,并要求教学不能超过学生智力发展成熟的水平。维果斯基指出,如果教学仅停留在儿童智力发展已经达到和成熟的水平上,则这种教学对儿童智力的发展不会有积极作用,只能充当智力发展的尾巴。经过反复试验研究,维果斯基提出,在测定儿童智力发展时,至少应确定儿童的两种发展水平,第一种是儿童能现有发展水平,表现为儿童能够独立解决在这一水平上的智力课题;第二种是指儿童智力发展中正在成熟而又尚未成熟的心理机能,表现为儿童还不能独立地解决某些任务,但在成人的帮助下,在集体活动中、通过摹仿而能够解决它。儿童今天在合作中会做

的事,明天就能独立地做出来。维果斯基将这第二种发展水平与儿童现有发展水平之间的区域称之为"最近发展区",指出教学只有同儿童智力发展中正在成熟的心理机能相适应,才能有效地促进智力发展。因此,教学对儿童智力发展的促进作用应具体表现为依靠教学创造最近发展区,并使最近发展区转化到现有发展水平的范围之中。[4]

维果斯基认为,以往的教学理论只能判定儿童发展的昨天,而"最近发展区"理论则能帮我们判明儿童的明天,判明儿童发展的动力状态。因此"最近发展区"理论的提出"具有决定性的原则意义,并且给关于教学与儿童发展过程之间的关系的整个学说带来了一场大的变革",它"改变了对于从发展的诊断学之中应该怎样做出教育学的结论问题的传统观点"。[5]在此基础上,维果斯基进一步提出了"教学最佳期"的概念,教学最佳期是由"最近发展区"决定的,经过大量的试验研究,维果斯基发现不仅一定水平的教学有相应的教学最佳期,而且每一门学科都有相应的教学最佳期,当相应的心理机能正在发展而又尚未成熟时,施行相应的教学能最大限度地促成其发展,而当发展过程一结束,同样的教学对发展就可能不再起作用,因此,早于或晚于最佳期的教学对儿童智力的发展都是不利的。教学过程建立在那些尚未成熟的心理机能上,势必与儿童的现有发展水平产生矛盾和对立,这种外部对立引起儿童心理结构和机能中的一系列内在矛盾,这种内在矛盾正是推动儿童智力发展的动力。

维果斯基"最近发展区"理论是其心理学研究成果向教学理论与实践转化的重要中间环节,它直接导致了教学观念的重大变革,为在教学过程中加速学生智力发展提供了重要的心理学依据。这一理论被赞可夫、艾里康宁、达维多夫等教育家继承和发展,形成了一系列"教学新体系","新教学原则","智力加速器计划",对苏联20世纪五十年代后期开始的教学改革潮流发生了极为深刻、强烈的影响。但由于苏联心理学和教育学界在研究中存在着一定程度的脱节现象,维果斯基及其后继者在心理学研究中的不少重要成果尚未在教学理论和实践中很好地被采纳。因此,从时代高度认真研究和挖掘苏联心理学研究中的成果,并与当代西方心理学的观点作较深入的比较研究,从中吸取各种有价值的观点并从中得到启示,这是在当前改革开放的新形势下加速我国教育理论和实践现代化的一条有效途径。

参考文献：

［1］《马克思全集》42 卷，第 116 页。

［2］《苏联心理科学》第一卷，科学出版社 1962 年版，第 7 页。

［3］同上，第 5 页。

［4］维果斯基：《学龄期的教学与智力发展问题》，《教育研究》1983 年第 6 期，第 71～76 页。

［5］同上，第 75 页。

（本文发表于《外国教育动态》1987 年第 6 期。作者桑新民）

三、信息加工理论与加涅的学习观

由于认识到学习对人类自身的存在和发展的重要性以及在这方面人类可以大有作为，自古以来人们都在某种程度上不断地试验关于学习过程的一般看法，自然学习问题成为了一个古老又常青的课题。17 世纪以来，曾经不时出现或多或少系统的学习理论[1]。进入 20 世纪后则出现了格式塔一派的认知理论与行为主义派的刺激—反应条件反射理论的争论[2]。到了 60 年代，随着认知心理学的兴起，人们对学习逐渐产生了一种新的看法，这便是信息加工的观点[3]。这种观点认为："学习就是学习者所面临的刺激通过一系列内部构造被转化、加工的过程。"[4]目前，在西方，采用信息加工的理论来探讨学习现象的代表人物是著名的教育心理学家罗伯特·加涅。本文拟从"学习的过程"、"学习的条件"和"学与教的关系"三个方面对他的学习观作些探讨。

（一）学习的过程

我们知道，即使一个最简单的学习动作，也是有始有终的。这就是说，学习必定要经过一段时间，尽管也许仅仅只有几秒钟。加涅认为："学习动作在进行中必定经过许多不同的过程，每一过程都履行一种不同的加工方式，"[5]他认为只有弄清了这些连续过程的关系，才能够真正理解"学习究竟是什么?"也才能解决与学习有关的问题，特别是教学的问题。根据学习的记忆和信息加工理论，加涅提出了学习结构的一个典型模式，用以阐明学习的一般过程（参见图1）。

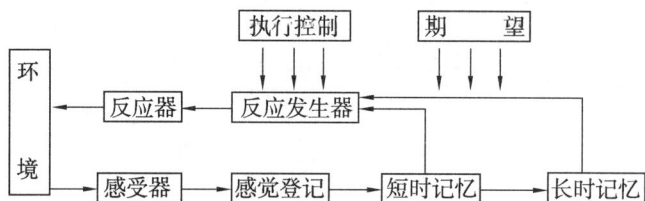

图 1

　　这个假设模式的下部描述的是信息流,即信息从一个假设结构进入另一个假设结构的经过。从学习者学习的环境中来的刺激作用于感受器,这样最初的外界信息就会转换成各种模式的神经冲动而到达感觉登记器——是对信息进行初步处理,也就是对学习者最初感知事物起作用的一个结构。信息在这里停留很短的时间,大约百分之几秒,信息的进一步保持是通过选择性知觉的加工而进入短时记忆这一结构而实现的。在这里,信息逗留的时间也只有几秒钟,然而无声地、心理地复习信息的这种复述的性质显然扩大了短时记忆的信息贮存时间,而且有助于信息的编码进入流程的下一个结构,即长时记忆。通过语义编码,在短时记忆中作为知觉的主要特征的有用信息转换成了概念的或有意义的样式。显然,这种方式贮存的不是声音或形状的信息,而是可理解的并能在环境中加以参照的概念。将所贮存的信息加以组织远胜于单纯的收集。这样,贮存在长时记忆中的观念已不是单个的词或刺激,而是一种陈述。研究表明,这种贮存是永久性的,不受时间的限制。然而,事实上由于许多原因而很难达到这一点。新旧记忆之间的干扰,遗忘现象以及恢复过程中搜寻时发生的障碍都导致了回忆的困难。短时记忆与长时记忆的结构相同,但机能互异。同时,经过短时记忆而到达长时记忆的信息可能恢复而回到短时记忆中,例如新的学习需要部分地回忆起先前习得的某些事物时,就需从长时记忆中检索出这些事物,重新回到短时记忆,而此时的短时记忆成为记忆的前哨阵地,故又称之为"工作记忆",这时常常发生学习的迁移和概括。信息经过"工作记忆"的加工后便进入反应发生器,在那里信息被组织成反应而激起反应器的活动,从前产生影响着学习者的环境的作业活动。信息经过这一番处理,在学习者方面表现为有所习得了。最后,反馈使学习的行为成为一个句号,也使信息的流动在环境和学习者之间形成了一个环路。加涅用信息处理模式中的各结构之间的输入和输出的学习和记忆过程的模式图将学习的典型模式中假设的内部结构与信息流动的过程之间的关系清晰地揭示出来(见图2)。

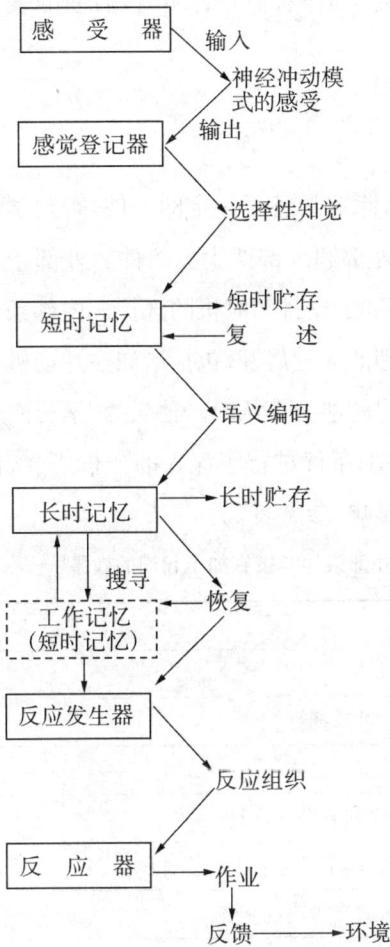

图2

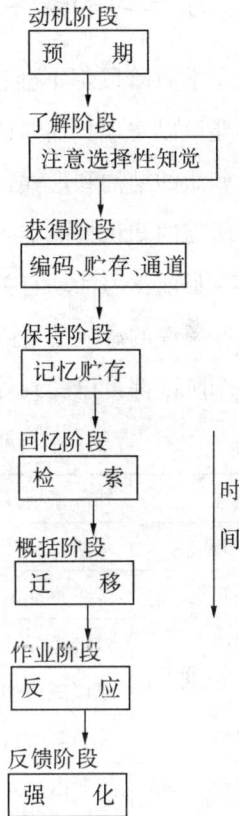

图3

图1的学习的典型模式的上部有一套重要结构,即"执行控制"和"期望",从这些结构发出的信号具有激化或改变信息流的功能。前者主要起调节和控制的作用,后者主要起定向作用。它们支配着学习的进程。当然,学习的进程和结果也会反过来影响着这套结构的活动。这便是加涅所主张的信息流程的概观。

按照信息加工的理论来讲,学习就是一种信息加工的过程。这样,学习的过程就与信息流的过程密不可分了。加涅用图3的模式将它们之间的关系作了明确的描述[6]。

1985 年,加涅将这八个阶段改为九个阶段,但宗旨不变,后面的表 3 将谈到这个问题。

(二) 学习的条件

每个学习阶段都不会自发地产生,除非具备了一定的条件,否则学习的过程不可能得以实现。加涅认为学习有外部和内部两大类条件。外部条件主要是输入刺激的结构和形式,包括刺激事物的安排和时机的选择。内部条件即主体学习所需的知识技能准备或有关心理的顺利展开,包括诸如注意动机以及复活同个人目前学习活动有关的以前学得的能力等状况。他认为,学习的进程是受到这些条件的影响的,他对学习的外部条件进行了深入的分析研究,认为学习的各个阶段都可以受到外部条件的影响(参见表 1)。

表 1　学习的内部过程和通过外部条件能被施加于它们的效果

内部过程	外部事情及其效果
注意(知觉)	刺激复从产生唤醒(注意)
选择性知觉	客观特征的提取和分化促进选择性知觉
语义编码	言语指导、图画、图表提供编码模式
恢复	建议或诸如图表,列表二序列有助于恢复
反应组织	关于学习目标:言语指导告诉了学习者期望操作的类型
控制过程	指导语建立了激活和选择适当策略的定势
期望	告诉学习者学习目标,就是建立一个明确的期望

表 1 告诉我们,在学习活动的早期,突然的刺激变化可引起学习者的注意,一旦这种刺激在感觉登记器被接受,客体特征的重点有助于进行选择性知觉,各种学习指导不仅提供了编码的模式,而且也为搜寻和恢复提供了线索,言语指导也常被用以为学习者明确说明反应模式,也就是期望的操作类型。控制过程,包括期望同样也为外部条件所影响,从而更具有广泛的意义,因为这套结构能够影响信息加工和学习过程的任何阶段。

加涅认为,在谈到学习条件这个问题时,我们还必须对学习的不同水平有所认识。因为不同的学习水平显然需要不同的具体条件,1965 年,加涅根据学习水平的高低和学习的复杂程度,将学习分为八类,见表 2。

表 2　加涅的八种类型的学习

类型	简单描述
1. 信号学习	巴甫洛夫经典条件反应,在这类学习中个体学习对一个信号作出弥散反应。
2. 刺激—反应学习	桑代克的联结,斯金纳的辨别操作,有时称为工具性反应。
3. 形成连锁	两个或两个以上的刺激—反应联结结合在一起。
4. 言语联想	一连串属于言语的锁链。
5. 多重辨别	对彼此相似以致有时发生一定干扰的刺激作出识别反应。
6. 概念学习	对一类刺激的共同性反应。
7. 规则学习	两个或两个以上的概念连锁,在规则中反映出来。
8. 解决问题	包括思维活动,按"较高级"的规则,将一些原理结合起来。

1971 年,加涅进一步把人类学习简化成六类,他将上述的前四类合并成一类,将第六类分成两类,于是成为:① 连锁的学习;② 辨别的学习;③ 具体概念的学习;④ 定义概念的学习;⑤ 规则的学习;⑥ 高级规则的学习(相当于问题解决)。将这类学习按顺序排列的话,可将学习过程组成一个层级系统。由此可见,学习过程是从低级的学习向高级的学习发展的,高级的学习是以低级的学习为基础、为条件的。如果基本的低级学习未掌握,则高级的学习势必陷入困境。这样建立在学习过程之上并与之密切相联的学习层级也就与学习的条件发生了关系,而成为学习条件的重要组成部分。1985 年,加涅虽然又将六类学习简化为五类,然而,这一思想却没有变化。

(三) 学与教的关系

加涅对学习过程的理解是与他的教学计划密不可分的。他认为学习和记忆的信息加工模式(即图 1)在教育方案指导的设计和计划上是有很大意义的。这个模式告诉我们无论多么简短或多么扩展的学习活动都是由几个阶段组成的,并且各阶段都可能受外部条件的影响,从而导致学习的内部过程的激化,维持或促进。如果将这些影响学习过程的外部条件加以精心设计的话,这样,它们的计划和执行就构成了教学。也就是说,教学是精心设计了的外部条件系统,用以影响学习者的学习过程。这种关系,在表 3 中得到了阐述。

表 3　内部过程及相应的教学事件行为举例

内部条件	教学事件	行为举例
接受	增加注意	利用突然的刺激变化
期望	告诉学习者目标	告诉学习者学习后他们将能做些什么
恢复工作记忆	激发必须具备的回忆	要求回顾以前学得的知识、技能
选择性知觉	呈现刺激	展示有显然不同特征的内容
语义编码	提供学习指导	假设一有意义的组织
反应	布置作业	要求学习者操作
强化	提供反馈	给反馈信息
恢复和强化	评估作业	要求另外的操作给反馈
恢复和组织	增加保持和记忆	提供变化的练习和检查

表 3 中的思想在图 3 中也得到了反映,加涅认为教学应该根据这些阶段的进程而进行设计。在各个阶段,教育应该明白自己所要做的教学事件,正如在表 3 中所指出的那样。只有这样,教学才能通过内部学习过程的影响而达到它所期望达到的学习结果。

显然,学习的结果,即教育目标的说明具有重要的指导意义。不同的学习结果或教学目标将导致不同的教学设计和实施。加涅认为有五种学习结果,每一学习结果便产生一种习得的能力和倾向,它们是① 言语信息;② 智慧技能;③ 动作技能;④ 态度;⑤ 认知策略。由此而导致了教学在操作水平上的差异,即教学技术的差异(见表 4)。

表 4 描述了表 3 中的一个教学事件——"告诉学习者目标"上的不同学习结果所需要的教学技术,由此可窥见全貌,学习结果和学习过程一样对教学设计都起着重要的作用。

表 4 五种学习结果的差别教学

学习结果	教学技术(通知学习者目标)
言语信息	说明学习者将所阐明什么
智慧技能	说明活动的概念规划或应用过程
动作技能	说明所期待的操作
态　度	学习者以后被告之
认识策略	描述或说明这策略

加涅认为教学就是按照学习条件而设计的符合学习过程的程序化系统,这一思想在表中也得到了反映。当然,不同的学习结果需要不同的程序化原则(见表5)。然而,循序渐进、一步一步累积前进的程序化思想却是共同而不变的。

表 5 同五类学习结果相联系的必要的程序特征

学习结果的类别	程序化的主要原则	有关的程序因素
动作技能	要集中练习最紧要的一部分技能和整个技能。	首先学习"行得通的常规部分"(规则)。
言语信息	对主要的分支主题来说,呈现的次序并不重要,应在有意义的背景上呈现个别事实,或者先行呈现个别事实。	通常,先学习包含在阅读、听、写等中的必要的智慧技能。
智慧技能	为每一种新技能提供学习情境必须放在掌握分支技能之后	应当先学习同每种新技能的学习有关的信息,或将这些信息在教的过程中呈现出来。
态度	第一步,树立尊重技能和信息源的态度,进行选择的情境应在掌握与这种选择有关的技能之后。	必须先学习同选择行为有关的信息或将这些信息在教的过程中呈现出来。
认识策略	问题的情境必须包括预先获得的智慧技能。	应当先学习同解决问题有关的信息,或将这些信息,在教的过程中呈现出来。

（四）几点分析

以上所述就是加涅学习观的基本轮廓，对此应作何评价呢？我以为可以从以下几个方面进行分析。

1. 学习理论与教学实践的关系

长期以来，研究学习的心理学家不大关心教学问题，而教育家所做的也仅限于学习理论的原始和表面应用。20世纪60年代，斯金纳的程序教学进入学校后才使情况有所改变，而随后认知心理学的异军突起也加速了心理学与教育的结合。我认为，加涅的学习理论之所以受到欢迎，就在于他的理论是学习过程和教学实践的结晶。他自觉地将自己的理论应用于教学实践，这不仅推动了教学，而且也为理论提供了证据。学习的程序化原则是加涅的学习观的该心，被看成是"使学习心理的一般原则向教学程序过渡的两个有用原则。"学生按照规定的程序一步步地前进，从而掌握各科的知识和技能，这不仅是加涅的希望，也是整个人类的愿望，今天，人们对教育不仅寄予更殷切的希望，也对之抱有更沉重的担忧。加涅在尝试解决这一矛盾上跨出了第一步。我以为他最重要的贡献便是将信息加工的学习和记忆理论与教学实践联系起来，且不论努力的成败，仅是这种努力就应该将他载入史册。在使心理学和教学经过长期的疏远后又重新结合的过程中，加涅的工作是难能可贵的。

2. 学与教的关系

在这一点上，加涅作出了第二个贡献，他首次系统地描述了学习过程和教学事件之间的关系，从而揭示出教学事件的本质。教学是精心设计用以支持和巩固内部的学习过程的外部条件的思想正在改变人们对学习的传统看法。加涅认为，教师的教学能否促进学生的学习，在一定程度上取决于教师对学习过程的认识水平。加涅告诫人们，要遵循学习诸阶段的特点来创造最佳的外部条件，以提高教学的质量。

在我国，教学应依据学习过程的规律的思想还未被普遍接受。这种思想要求教学必须以学生为出发点，必须把学生看成是学习的能动的主体。然而，我们的教师往往不问学生的学习情形而仅仅依照教学大纲和自己的经验进行教学。"教学不是以学生为中心，而是以教师为中心"的观念依然深藏于人们的潜意识之中。显然,加涅的学习观能够有助于我们打破这一观念的束缚。也许,他的研究的某些个别结论对我们失去了吸引力,然而,他对学习的根本看法却的确是值得借鉴的。

3. 教与学的程序化

加涅的学习观的具体主张便是教与学的程序化,这虽然是受了信息加工理论本身发展的影响,但是与他受过的言语学习传统训练也是分不开的。他的确可以说是行为主义和认知派的折衷者。实质上,他是用行为主义的方法,从信息加工的角度去研究学习的。加涅的教学程序化的主张基于他的这样一种认识:知识是累积而成的。这一命题在科学史上已经被证明是不正确的[7]。心理学也用实验将之证伪[8]。我们还可以找出反对的理由:并非仅有自下而上的学习,有些学习是从混沌整体逐渐分化而认识特殊客体的自上而下的过程。布鲁纳的著名主张——"任何学科都可以用智育上诚实的方式有效地教给任何发展阶段的任何儿童。"[9]——或许不太现实,却正体现了这一思想。

退而言之,即使是自下而上的程序化也同样面临这样一个问题:怎样看待教与学过程中的情感因素? 如果加涅的教学程序化的思想得以全面实现,那么,我们完全可以用机器人或计算机代替教师了。然而,班多拉的研究告诉我们,榜样的力量是无穷的。而机器人或计算机显然不能成为力量无穷的榜样。学习不仅仅是认识过程,同时也是情感过程。心理活动的各个方面都体现在学习过程之中,心理整体性的原则使我们对加涅的教学程序化的主张持不尽相同的态度。

总之,加涅的学习观反映了最新的心理学和教学研究的成果。并且在综合行为主义和认知心理学的基础上有所创新。他的观点对于我们改变对学习的一些错误看法,对于开展我国的学习理论的研究和教学实践的探讨、提高教育的速度和效率是会有一定的积极作用的。在理论探讨和具体研究成果上,我们都应该给以应有的重视。当然,在这样做的同时,我们不可忘了南橘北枳的故事。

参考文献:

[1] 莫里斯·L·比格:《学习的基本理论和教学实践》文化教育出版社

1983 年,p. 9～12。

　　[2] 莫里斯·L·比格:《学习的基本理论和教学实践》文化教育出版社 1983 年,p. 9～12。

　　[3]《加涅谈学习的心理发展》,《心理科学通讯》1983 年第 4 期。

　　[4] R. M. 加涅《学习条件与教育理论》1985 年,P. 13～14。

　　[5] R. M. 加涅《学习条件与教育理论》1985 年,P. 13～14。

　　[6] 见图 3. 转引自钟启泉《着眼于信息处理的教学模式》,《外国教育资料》 1984 年第 1 期。

　　[7] A·F·查尔默斯:《科学究竟是什么》商务印书馆 1982 年。

　　[8] K·M·利伯特:《发展心理学》人民教育出版社,1983 年。

　　[9] J·S·布鲁纳:《教育过程》文化教育出版社,1982 年 p. 49。

（本文发表于《外国教育动态》1988 年第 1 期。作者徐碧波）

四、评赞可夫"以高难度进行教学"的原则

自从苏联已故著名教育家列·符·赞可夫的"教学与发展"的教改实验成果被介绍到我国以来，我国教育理论界进行了长时间的广泛讨论。但是，本人认为，在这场讨论中，对于该实验的教学原则体系缺乏辩证的分析，尤其是对"以高难度进行教学"这一原则，并没有完全揭示出它的精神实质。下面试就本人对此原则的理解陈述一孔之见。

（一）"以高难度进行教学"原则的精神实质

赞可夫提出的"以高难度进行教学"原则的真正含义是什么呢？他说："难度"这个概念的涵义之一是指克服障碍。……这个概念的另一涵义，是指学生的努力。……在于展开儿童的精神力量，使这种力量有活动的余地，并给以引导。如果教材和教学方法使得学生面前没有出现应当克服的障碍，那么，儿童的发展就会萎靡无力。……以高难度进行教学，能引起学生在掌握教材时产生一些特殊的心理活动过程。"[1]

如何在教学过程中体现"以高难度进行教学"这一原则呢？赞可夫清楚地说并不是越难越好。他说："难度的分寸具体体现在教学大纲、教科书、教学法指示和教学方式里，它在日常教学工作中还取决于教师经常留意儿童掌握知识和技巧的过程和结果。检查掌握的结果，主要目的并不在于用分数对知识和技巧给以数量的评定，而是要有区别地、尽可能准确地判定该班学生掌握的质量和特点。了解学生掌握知识和技巧的进程的情况是难度分寸具体化所必需的补充资料，使难度分寸的具体化能针对全班学生的情况，以及针对个别学生的

情况,能按照掌握教材的个人特点。"[2]从赞可夫的这些论述里,可以看出,教学的高难度是有尺有寸的,有点有面的,是可以具体把握的,并不是抽象的、难以使人捉摸的臆造空洞理论。难度是有相对性的,传统教学论在量力性原则中,也涉及难度问题,但只不过是仅指一般难度而言。而赞可夫所指的这种难度是指一般难度之上的高难度。而且这种难度所要求的教学的质和量都与传统教学论中涉及的难度要求有质和量的差别,这种高难度体现了教学与发展的一切方面。它不象传统教学论那样狭窄地仅指传授和掌握知识一方面,而忽视学生的人格发展。它的最根本的精神实质就是要求教师使教学在最大程度上促进学生的观察力、思维(创造性思维)能力、实际操作能力以及情感、意志、性格的发展。赞可夫为什么要建立这样一个"以高难度进行教学"的原则体系呢? 这就得深入一步,在广阔的背景之中来回答这个问题。

(二)"以高难度进行教学"的原则建立的基础

1. 本原则的心理学重心定位是在维果斯基的"最近发展区"

我认为,"以高难度进行教学"的原则与传统的量力性和循序渐进性教学原则在心理学上的重心定位是不同的。大家知道,教学目的的确定,教学原则的提出,所依赖的条件之一,就是儿童的心理发展特点。由于人们儿童观的不同,心理观的分歧,因而教学目的和教学原则在心理发展阶段上的重心定位也就不同。下面通过对传统教学论和赞可夫实验教学体系所体现的教学论思想的不同及其二者在心理发展程序上重心定位不同的比较分析,就可以比较容易地看出"以高难度进行教学"这一原则所依赖的心理条件。

赞可夫抨击传统教学论陈旧落后的理由之一,是认为传统教学论赖以建立的基础已经陈腐和老化了。教育学的科学性程度如何以及它的繁荣兴盛跟心理学的进步状况紧密相关。那么,当时在苏联,为教育学提供理论依据的心理学研究究竟是怎样一种状况呢? 赞可夫做了这样的叙述:"当我们在 1957 年开始进行这一问题的教育实验研究时,在心理科学中可以吸取的,一方面是个别的科学原理,提供了理解学龄初期(作为儿童发展阶段之一)儿童的心理特点的实质线索;另一方面是一些反映某些心理过程(记忆、思维等等)的事实。但是,这些一般的理论性原理,并没有在系统地检验所提出的假说的过程中,用取得的科学事实加以切实的论证。同时,儿童心理学方面的研究都是按这样的年龄进行的:年龄期的划分,要么是以儿童出生后相当短的时期(婴儿期、童年期)为标志,要么是以儿童接受教学和教育的机构类型(学前期、学龄期)为标志。"同时,赞可夫还尖锐地指出"心理科学中原有的事实,都是在按照传统教学法对学生进行教学的条件下获得的。"[3]

就是在上述这样一种心理学研究状态的影响之下,苏联的传统教学"不合理地把教材编得太容易,无根据地把教学进度放得很慢,进行多次的单调的复习,这些显然都不能促使学生的迅速发展。……儿童的好奇心得不到满足,主要的负担放在记忆上而忽视了思考,儿童没有或者很少表现出对学习的内部诱因。教学活动过程的单一化不能使学生的个性得到表现和发展。"[4]也就是在缺乏科学心理学为依据的情况下,在陈旧保守的传统教学论的束缚下,导致了苏联的教学"无论是教学原则、教学方法、还是编写学校教学论原理或教学论的其他问题(还有教育的问题),都没有从学生发展的角度来进行探讨。教育学著作中包含的一些互不一致的见解也是泛泛其谈,而且仅仅涉及智力发展或认识能力这一个方面。教学与发展的关系并没有在教育学里作为一个学术问题作为实验性的研究。"[5]在这种不理想的心理学和教育学现状的局面下,赞可夫决心进行教学改革,他把自己"以尽量大的教学效果来促进学生的一般发展"的实验目的的心理学重点放在了维果斯基所讲的"最近发展区"。

维果斯基曾经引进过儿童发展两种水平的原理。赞可夫很赞同这种理论:"第一种水平是现有发展水平,由已经完成的发展程序的结果而形成,表现为儿童能够独立解决智力任务。维果斯基把第二种水平称为最近发展区。最近发展区说明那些尚处于形成状态、刚刚在成熟的过程正在进行。这一水平表现为:儿童还不能独立地解决任务,但在成人的帮助下,在集体活动中,通过摹仿,却能够解决这些任务。儿童今天在合作中会做的事,到明天就会独立地做出来"。[6]这就是现有发展区和最近发展区所显示的两种水平。

按照维果斯基两种发展区和两种发展水平的理论,如果说,传统教学论的心理学着眼点和重心定位完全是在现有发展区,那么,赞可夫实验的心理学着眼点和重心定位则是在最近发展区。两种教学论的心理学基础是两种不同的发展区。

传统教学论利用的是现有发展区已经成熟的机能,而赞可夫实验教学论则是依靠最近发展区中正在成熟的机能。最近发展区的形成,要靠教学促进推动,然后才能转化到现有发展水平的范围之中。

传统教学论是在等待心理机能自然成熟的慢慢到来后再以教学促进发展,这实质上是把教学和发展混为一谈的做法。它体现出传统教学论注重年龄特征,但忽视通过教学促进儿童心理发展的形而上学的思想。而赞可夫的实验教学论则是在心理机能正在成熟之中,就注重以教学促发展。它体现了教学在心理发展中的积极能动性,弥补和克服了传统教学论在教学与发展关系问题上的致命弱点。

从"以教学促发展"起步的先后之差可以明显地看出,传统教学论在"教学与发展"的关系上,是消极等待的自发论或者保守主义,而赞可夫的实验教学则是积极主动的自觉论。既然是自觉论,那么,提出"以高难度进行教学"的原则就是必然的了。显然,这与传统教学论的教学原则也就有了性质上的区别。

2. 本原则的教育学重心定位是教育发展的明天和未来

传统教育学总是竭尽全力总结昨天教育的经验和事实,以思辨演绎为中介方式来为今天的教育和社会服务,很少放眼教育和社会发展的未来,这暴露出它在指导教育工作上患有战略性近视眼病,由于视野狭窄,对教育的未来价值估计不足,因而关于教育和教学的许多原则要求的提出,起点都比较低,只是泛泛而谈一般问题的难度,而不敢涉及问题难度的高标准。而赞可夫的实验教学论,却是从教育的固有特点出发,从教育的"滞后性"和周期长等特点出发,不但面向教育和社会发展的昨天和今天,更重要的是面向教育和社会发展的明天和未来,并且将其实验的教育学的目的重心定置于教育和社会发展的未来。正如他所讲的:"教学论也同其他领域的科学知识一样,不仅应当为今天的实践服务,而且应当看到它发展的远景。"[7]

赞可夫本人曾明确地说:"在我们这个时代,学生的发展对他们将来的活动有着非常重大的意义!不管教学大纲编得多么好,男女青年在中学毕业后不可避免地要碰到他们不懂的科学发现和新技术。他们必须独立地并且迅速地弄懂不熟悉的东西并掌握它。只有具备一定的品质,有较高发展水平的人,才能更好地应付这种情况。"

赞可夫把自己教改实验的目的重心置于教育和社会发展的明天,这本身意味着他对教育发展的要求有了根本性提高,即强调教育要迎接新的技术革命和社会高速发展的挑战,强调教育在未来社会中的战略地位。在这种马克思主义教育观的指导之下,他提出和实行高难度教学原则也就理所当然的了。

(三) 高难度原则在实验原则体系中的地位

赞可夫指出:"教学原则是紧密联系在一起的教学体系,但任何一条原则都不是万能的,脱离总的体系来应用这样的原则,是不会收到应有的教学效果的。"他还说:"这些原则是彼此之间有机地联系着的,有相互制约性。……作为实验基础的,并不是随便孤立的、互不相关的原则,而是彼此之间有机联系着的统一的原则。"[8] 从这些原则的内在关系来看,它们之间确实是相互制约,有机联系的统一整体,但"以高难度进行教学"的原则是该实验的原则体系的基本原则和核心。其它四个原则则是这条基本原则的具体化。如果脱离其它四条原则来谈基本原则,那么,基本原则就会成为吓人的空洞外壳;如果脱离基本原则去谈其它四条原则,那么,每条原则就可能会丧失其内在的逻辑联系。

有人觉得"以高难度进行教学"这一原则不好理解,其实,只要把它放在整个体系中去把握,其精神实质便可一目了然。高难度究竟具体表现在哪些方面,也会一清二楚。与传统教学论的原则略作比较,更易看出该原则的精神全貌。

传统教学原则要求教学匀速前进,凡是编进教科书的知识内容,不管是基础知识,还是一般常识,都得让学生去反复咀嚼、一一牢记,教学速度极为缓慢。而赞可夫"以高速度进行教学"的原则,则要求把浪费在反复咀嚼或单调地重复已知材料上的教学时间用来讲清概念,学生懂了就接着往下进行,让学生在学习新课或使用中自然而然地记住该记的材料,或通过观察、思考与争论去加速扩大知识面。学生有了知识的广度,就有可能更好地去把握事物的联系,形成概念的体系,从而也就更深刻地理解与更加巩固地记住各种知识。这便是一种具体可见的高难度体现。

传统教学原则一味要求循序渐进,强调感性知识,忽视理论知识在学生认识活动中的地位。在教学中往往想方设法促使学生在感性知识上大费脑力,对培养学生的理论思维能力估计不足,缺乏信心。而赞可夫"理论知识起主导作用"的原则,认为尽管感性知识和经验是人类认识的出发点,但教材与教学不能使学生只停留在这一认识水平上,或去重复人类认识事物的漫长过程,而应当引导他们通过抽象思维迅速形成各种事物的概念与概念体系。学生一旦有了这种概括的结构,就能通过迁移或有意地运用它们去理解其它领域的现象,出现举一反三或科学论证的能力。从重视感性知识一跃而为强调理论知识起主导作用,这在教学上谁能不感到这是一种高难度的教学行为呢? 无疑,这又是一种具体可见的高难度体现。

传统的教学原则往往强调教师如何更好地传授知识而忽视教师对于学生学习过程的指导。但赞可夫的"使学生理解学习过程"的原则,则要求教师要重视调动学生学习的积极性与自觉性,不仅要使学生了解学习的目的和意义,而且应当使他们意识到各学科合理的学习过程,即教会学生怎样学习。这不又是一种具体可见的高难度教学行为吗? 因为要想教会学生怎样学习,教师就得花很大的气力去摸清学生的知识结构和认知结构,充分掌握学生的学习动机和一系列影响学习的因素。摸清情况后,还得精心设制一整套指导学习的科学方法,这对于教师来说,谁能认为这是一个一般性的难度要求呢?

传统的教学原则对于各类学生的进步常常表现出在估计上的片面性,通常注重尖子学生的进步,忽视差生的进步,对差等生的特点,缺乏正确分析,采取的教育和教学措施也往往流于消极保守。而赞可夫指出的"使所有学生(包括差生)都得到发展"的原则,则认为优等生中能力属于高水平的较多,而差等生的能力也并非都是低的,即使是低的,经过工作,特别是针对他们的心理特点(如观察力差,求知欲不强,由于别人看不起有沉重思想负担而远离集体等),在发展上下功夫,也同样可以促使其进步。赞可夫提出的这一原则,是一般难度问题还是高难度问题? 这在教学第一线的教育工作者,尤其是班主任是有亲身体验的。因为要使每一个学生都能在发展上尽其最大的可能性,取得最大的成果,教师必须要有精湛的教学艺术和行之有效的教学方法,不但要给尖子学生开好"小灶",而且要给大批中间学生开好"大灶",更要为差等生开好"特别灶"。差等生的"特别灶"如何才能开好,如何才能把差等生的一切积极因素充分调动起来。使针对性得到应有的发展,对此问题,大批的教育教学工作者不是常常在抓耳挠腮吗？美国著名教育家布卢姆认为，人世间没有教不会的学生，只有不会教的先生，百分之九十几以上的学生都能在适当的教育条件下，使其达到既定的教育目标。而且现代教育科学表明，当代青少年比老一代人的青少年时代的身心发展要远远优越得多。因此，问题的关键不在于学生方面，而是在教师本身方面。显而易见，"使所有学生（包括差生）都得到发展"的原则依然又是一种具体可见的高难度的要求。

从对本原则体系的分析中可以看出，"以高难度进行教学"这一基本原则的精神渗透于实验体系的一切方面，并不只是单单体现于知识教学方面，而是体现于教学和发展两个方面。同时，还可以看出赞可夫原则确实与传统教学论的教学原则有质之区别。

（四）"以高难度进行教学"的原则遭抨击的原因

人们在评价赞可夫实验教学时，抨击"以高难度进行教学"这一原则者较多。从抨击者的具体情况看，大致有如下几个原因：

第一，从认识方面看，有相当一部分人仍然笃信传统教学论，缺乏对教学与发展关系的正确理解，对教学作了片面的理解，对发展也作了狭隘的认识，没有充分认识到教学与发展的辩证关系。因而，对此原则持排斥的态度。

第二，有些人对此原则作了机械的理解和实施，没有找到从一般难度上升到高难度的一系列中间环节或过渡阶梯，把旨在对教师的高难度要求简单地转嫁到了学生方面，使学生方面困难因素剧增，面对这种局面，有些人对此原则产生怀疑态度。

第三，从教育学科发展的知识背景看，儿童心理学的研究，速度缓慢，科学水平低，致使一部人在理解赞可夫的"以高难度进行教学"这一原则时，因为缺乏新的科学心理学知识的支持而最后不得不以陈旧过时的某些心理学结论为依据去衡量这个原则。例如，对学生的经验思维和理论思维二者的实际变化测查不深刻，对智力因素与非智力因素的关系研究肤浅，所有这些学科发展上的不协调因素，不可避免地导致了一部分人对此原则的非难指责。

第四，从教师的素质来看，有些教师的业务水平不高，不适应高难度的教学与发展的要求，因而责难这个原则；还有一部人业务素质不错，但缺乏改革教学的勇气,感到正确把握教学与发展的关系很费气力,因而责难这个原则;还有一部分人由于形成了固定的教学程式和习惯,所以,对这一套原则感到极不适应而反感。

第五,从这一原则的理论表述本身来看,赞可夫在批评传统教学原则体系时,颇有"攻其一点,不及其余"之嫌,他硬是要否定传统教学论的"量力性"原则,包括否定了它的合理因素,从而使自己的合理因素也成为孤立的东西,遭到"论敌"的攻击。

尽管"以高难度进行教学"这一原则遭到一些人的非难,但它的基本精神具有很强的时代特点,符合现代教学论的发展方向。目前的许多教育实验和教育理论都直接或间接地吸收了它的营养成份。这充分说明这一原则对于改革教育和教学,仍然具有相当的启发和指导意义。

参考文献:

[1]《教学与发展》文化教育出版社出版第 43—44 页。

[2] 同上,第 45 页。

[3] 同上,第 16 页。

[4] 同上,第 20—21 页。

[5] 同上,第 16 页。

[6] 同上,第 14 页。

[7]《赞可夫新教学体系及其讨论》教育科学出版社出版,第 19 页。

[8] 同上,第 119—118 页。

(本文发表于《外国教育动态》1989 年第 1 期。作者于光远)

五、学习活动与小学低年级学生的心理发展

——试述达维多夫的学习活动理论

　　教学、教育与人的发展是当今教育领域首要解决的问题。前苏联现代心理学创始人维果斯基早在 20 世纪 30 年代就致力于研究教学、教育与人的心理发展之间的关系。他所提出的关于高级心理机能是社会文化历史发展的产物，后天的教学、教育是心理发展的根本动因这一论断，作为社会文化历史学说的核心内涵，为当代发展性教学的研究奠定了坚实的辩证唯物主义基础。苏俄现代心理学家达维多夫继承和发展了维氏学派的学说，以维氏有关心理发展的分期理论、内化规律、"最近发展区"的概念以及列昂节夫的活动理论为依据，经过长达 30 年之久的理论与实验研究。提出了一个以学习活动理论为核心的现代发展性教学体系。他从小学低年级学生的教学入手，强调教学内容的理论性、教学方式的活动性、思维形成的抽象概括性，从而以与传统教学论思想全然不同的观念在众多的发展性教学理论中独树一炽。达维多夫的发展性教学理论不但在苏俄现代教学论体系中占据重要地位，而且对许多国家的教学实践产生巨大影响。所以，我们研究和探索教学与发展问题不论从全面评介苏俄教学论发展现状的角度．还是准确分析发展演变的国际趋势。都有必要对达维多夫的发展性教学体系进行分析和研究。

（一）学习活动的概念

　　学习活动的问题是教育心理学的中心问题之一。实现低年级小学生的学习活动是其心理发展的基础，什么样的学习活动形式才使实现发展性教学成为

可能呢？

　　为了明确学习活动本身的意义，首先必须了解"活动"这一概念的一般内含。

　　"活动"的哲学界定为：它是具有社会历史特征的人类生存之一切手段的理论抽象。人的活动首先是对自己生活的自然、社会环境的改造。人类活动的基本形式是劳动，劳动在人本体与精神起源和发展中起着决定性作用。从遗传上讲，人类活动的其它形式亦与劳动紧密相联。人在影响和改变外部世界的同时也改变着自己。在历史发展的进程中，人通过活动的过程得以完善，从而一代接一代地进入自身活动的更高水平。同时，活动本身的完善，也使人在实现其自身活动的过程中得以更有效地发展。

　　苏联心理学家鲁宾斯坦和列昂节夫从普通心理学的角度对活动进行了多方面研究，提出了一套完整的活动理论。该理论强调，人的各种心理过程的发展与演变，实质上取决于活动的下列基本成分，即需要和动机、目的和任务（包括实现目的的条件）、行为和操作。人是在活动过程中通过掌握社会历史文化经验促进心理发展的。也就是说，人的心理是在其完成某种活动的过程中得以发展的。

　　达维多夫在确认普通心理学的活动理论是理解学习活动本质的基础上，对后者进行了专门的研究。他认为，学习活动本身具有一切活动的基本成分，但又有其特殊性。这种活动形式旨在使儿童充分掌握已被规定好的某种客体内容。学习活动具有两个基本职能：一是与客体内容的转换有关，二是与对客体内容的掌握（或认知）有关。同时，这种客体内容不只是经验性内容，而且有理论性的特征。儿童掌握理论性内容（或理论知识）只能在学校里通过有别于玩耍、运动、劳动等其他类型活动的学习活动方式实现。

　　这里还应当明确的是与学习活动概念密切相关的另一个概念：主导活动。这一概念最早由列昂节夫提出：所谓主导活动即决定儿童在某一发展阶段中其心理特质发生主要变化的活动。20 世纪 60 年代初期，达维多夫与他的早期合作者艾利康宁一起，在列昂节夫活动理论的基础上对儿童年龄分期进行了深入、具体的研究，提出了符合辩证唯物主义认识论的年龄分期理论，用六种类型的活动形式来概括不同年龄阶段人的心理过程特点。即 0～1 岁的与成人直接情感交往活动；1～3 岁的实物操作活动；3～6 岁的游戏活动；6～10 岁的学习活动；10～15 岁的社会公益活动（劳动、学习、社会组织、体育、艺术等活动）；15～17、18 岁的职业训练活动。这六种不同年龄阶段特有的主要活动类型即为主导活动。它是构成人个体心理发展分期的依据，它们都足以一定类型的社会能力范本为对象的再现——占有活动。每个年龄期的主导活动加上非主导活动（例如 6～10 岁儿童的主导活动是学习活动。非主导活动是游戏、社会组织活动、劳动活动等）构成为通常所说的教学、教育活动。

达维多夫恰是选择了儿童发展阶段中持续时间最长、内容最丰富、深刻的 6～10 岁段的主导活动类型——学习活动作为自己深入研究的对象客体的。他确认，这个阶段的主导活动即学习活动，对儿童的心理发展、智力发展具有关键性的意义。

（二）学习活动的实质

为什么说学习活动对儿童的心理发展具有决定性意义呢？这里我们有必要弄清楚"学习活动"（俄语），"掌握"（俄语）和"学习"（俄语）几个概念之间的关系。什么是"掌握"呢？人对知识的掌握不仅仅在学校里完成. 这种掌握也产生在游戏、劳动以及交往活动。也就是说，"掌握"可以由任何人、无论其年龄大小，用各种不同的活动形式来实现。而学习呢？它是一种人们去掌握现成知识的过程，学习动作可以不需要转换知识的步骤而随接实现。那么，学习活动的实质何在呢？这是一种特殊的掌握和学习的方式。它有别于其它的掌握和学习形式以及其它的活动形式。其本质特征在于它是对理论类型知识的改造和掌握活动。简言之，学习活动就是有步骤地掌握理论知识的过程。

达维多夫指出，掌握理论知识不能等同于研究。这种掌握更像是一个阐述知识的过程。而这个过程是根据以前所进行的研究结果来完成的。"如果说研究开始于审查客体行为各种不同的感性的具体形式并趋向于明确他们的共同的内在基础。那么，阐述相同客体内容的研究结果则是从这个已被找出的共同的基础开始朝着再现其个别现象的方向转化，并同时保留其内部的一致性（具体性）"[1]。

阐述理论知识一般通过从抽象到具体的思维升华方式运用内容抽象、内容概念和理性概念的途径来实现。而小学生的学习活动正应是根据阐述理论知识的途径,通过从理论上升到具体的方式而确立的。

达维多夫认为,小学生在学习活动过程中的思维与学者的思维有某些相似,但并不相同。小学生并不创造概念、形象、价值和社会道德标准.而只是在学习活动过程中掌握它们。也就是说.小学生是以自己的意识再现人类积累起来并用精神文化的最佳形式反映出来的那些理论财富。因此,学校的各科教学都应当以简洁、概括的形式并能恰到好处地再现知识的产生及发展的历史现实过程。这也是组织和实现发展性教学的重要条件。

(三) 学习活动的基本要素

学习活动是低年级小学生所完成的各种活动中最主要的主导活动。在形成学习活动的同时小学生也形成并发展了该年龄段的重要的新的心理生成物——即理性意识和理论思维以及与之相关的心理能力(内省、分析、计划),而这种新的心理生成物的形成从根本上取决于学习活动的基本要素。

学习活动的基本要素包括这样几个成分:学习——认知的需要和动机;学习任务;学习行为和构成其内容的学习操作。

儿童以学习活动的形式掌握理论知识,必须首先具备这种掌握的内在需要和动机。这是使儿童在有目的地消化(改造)所接受内容的过程中获得理论知识的前提条件。而消化,也就是改造学习内容,能够揭示教材内部的或者其本质性的关系,能使学生清楚地观察到所要掌握的资料的外部现象之本源。

达维多夫这样描述学习需要的出现:"在学校生活的最初阶段儿童还没有那种作为学习活动心理学基础的对理论知识的需要。他们的这种需要产生于其实际掌握基本的理论知识的过程中,是在与老师共同进行的旨在完成相应学习任务的最简单的学习行为中产生的。"[2]

毫无疑问,人的活动与一定的需要相适应,人的行为与一定的动机相适应。当学生有了掌握理论知识的需要时,需要本身同时变成要求学生完成学习行为的具体的、多样的动机。应当特别指出,在实现这种掌握的过程中包含了创造性特征,而在创造性的活动中永远体现着人的个性。因此,形成学生学习活动的需要以及培养他们具备实现这些活动的能力,对发展学生的个性具有直接的重要意义。

学习任务——这是一种区别于习题的特殊任务。完成这种任务能使儿童掌握该范围内相对广泛的习题群的解答方法。在学习活动中,这种任务是学习行为目的与达到该目的的条件相互统一的标志。完成学习任务可以使儿童从对象材料中找出某些普遍性的联系,不论该材料以其它何种形式出现,这种联系都以一定的规律性存在于其中。寻找这种规律性的过程能够使儿童建立一种对材料的内涵抽象和内涵概括,后者正是理论知识的特征体现。

学习任务从本质上区别于各式各样的个别习题。解答多少个别习题,儿童就需要掌握多少种解题方法。为了掌握某种共同的方法,他们则需要长时间地解答众多的个别习题。也就是说,掌握这种"共同"的方法需要按照思维运动从个别到一般的经验性思维原则进行。而解答学习任务时,学生首先是掌握共同的内容方法,然后运用这一方法以正确途径去解答每一个个别习题。显然,儿童完成学习任务的过程是一个其思维从一般向个别运动的过程。

达维多夫举出下面的例子来比喻学习任务与个别习题之间的区别:儿童可以不去辨别某种树是什么树,而先让他去观察树的共同基础——种子。只有在此之后,他才致力于把这种树与那种树联系起来。要正确地组织学习活动,就应当向学生提出这样类型的问题,即能让儿童解题时首先去分析"种子",而后通过对象性和思考性实验明确它是如何变成"树"的。

在分析学习任务的性质和意义的研究中,达维多夫强调,学习任务必须让所有低年级学生都来解答,让他们通过把某些个别场合变成另一些形式逐步地概括材料,而不只是专为那些有概括能力的天赋学生所用。在展开的学习活动中只要教师有步骤地予以指导,大多数低年级学生都能掌握这种概括的方法。

实施这种学习活动还要求教师特别注意使学生准确地完成动作和操作,只有这样才能确保他们顺利地完成学习任务。那么什么是"学习动作"呢? 达维多夫做了这样的描述:学习动作是一种特殊的客体改造活动,其目的在于明确客体内部一定的、本质的联系(这种联系中包含了所需掌握的概念的内容),并构成这些联系的其它形式。正确的学习活动由一套完整的学习动作组成,它分为六个步骤:① 改变算题的条件以便找出被研究客体的普遍性联系;② 把找出的联系用实物、图表或字母模型化;③ 改变联系模式以便在"纯粹"的状态下研究其本质;④ 构建出用一般方法能解答出的个别习题系统;⑤ 检查前面动作的完成情况;⑥ 对做为该学习任务完成结果的一般方法的掌握情况进行评价。

我们从数学教学中选一个例子来说明这六个步骤的实现过程。数学应使学生形成对实数的真正观念。数的基本概念首先是与量的概念紧密相连,数是表示量的多少的具体形式。所以,小学数学教学首先应从明确量的大小入手。组织学习活动,就是使学生通过直观—动作的形式,比较若干量,而后借助于字母明白大于、小于、等于等量的概念。然后再落实到具体的实数概念上面。

现在,教师提出的学习任务是比较盛在容器中的水量,以便理解量与数的关系。开始是两个相等量的容器 A、B 和另一个量的容器 C(见图 1)。

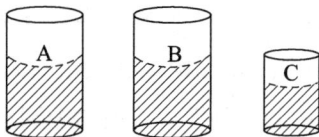

图 1

它可以有下列表示量的形式:A＝B;A＋C＝B＋C;A—C＝B—C;A＜B＋C;A＋C＞B,这时学生不需要提示就能明白。但是,当教师提出让学生比较不同形状的量杯中的水量时(见图 2)。

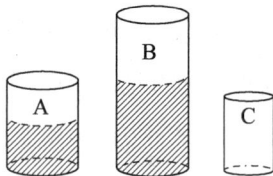

图 2

由于无法直接对比,学生会感到束手无策。这时,教师则提示学生用另一个小容器来衡量量杯 A 与 B,看看 A 杯、B 杯中分别能放入几个 C 杯的水,将测出的倍数关系记录下来,于是就得到了这样的形式 $\frac{A}{C}$ 和 $\frac{B}{C}$。这里,量 C 的引入那是对学习任务条件的改造。可见,上述这第一步的学习动作是学生对无法用自己原来已会的方法予以解答的学习任务加以变形改造。其目的在于能从众多的、特点各异的同类型题中寻找和发现共同的基础。显然。完成这个动作需要儿童进行思维分析。

第二个学习动作是把找出的联系用实物、图表或者字母的形式表示出来。测量的结果，A 杯中可放入 6 个 C 杯的水，B 杯中可放入 4 个 C 杯的水，于是得到了 $A/C=6$，$B/C=4$ 因为 $6>4$，所以 $A>B$ 的结论。如果把倍数关系分辨过程及其结果用字母模型表示，则其一般型态即为 $A/C=N$。借助此关系模型，学生则能辨别出任何局部量的倍数关系。学习的模型化是儿童掌握理论知识、掌握概括的动作方法的重要手段。模型中集合了在改造学习任务的条件时区分出的、不能直接被发现的一般关系。模型可以使儿童用直观—动作的形式确定被研究客体的本质。"可以说，做为思维分析产品的学习模型同时也是人进行思维活动的特殊手段。"[3]

第三个动作是为研究区别客体的一般关系而对模型进行改造的一种特别动作，它要求学生在"纯粹"的形式中研究该客体的一般关系之本质特点，找出其纯粹的特征，也正是通过这项工作，儿童形成了有关客体的最初"细胞"的概念，它体现着客体的纯粹属性。我们继续看例子。得出 $A/C=N$ 的一般模型后，教师继续启发学生改变测量单位，不用 C，而用 B 或与 C 不等量的其它容器去测量 A，则学生发现，能盛下六个 C 杯水的 A 杯，只能盛下一杯半 B 杯的水，即 $A/C=6$，$A/B=1.5$，$B>C$，$A/C=N$，$A/B<N$。经过这步动作，学生能够发现 A 杯所能盛水的杯数完全取决于量杯的盛水量，即在量 A 不变的情况下，改变测量单位 C。便会导致表示 A，C 关系的具体数字发生变化。而这正揭示了数的纯粹属性：数的大小直接取决于其所表示的量的多少。

之后，学生进入第四个学习动作——建立用一般方式解决个别任务的体系。学生们运用刚刚得到的有关纯粹属性的概念（细胞）将最初的学习任务具体化.并改变成多种多样的个别任务。甚至变成与该学习任务形式完全小同的具体任务。如已知 $A/C=N$，当 $A/E=5$，$A/D=8$ 时，学生很快就能明确 D 与 E 是 $D<E$ 的关系。即在客体相同的条件下，用不同的具体数字与客体相比。则表明测量单位的量的不同，而如果变换测量单位，则与客体有关的具体数字不同，这是儿童在理解数的概念过程中不断分析的结果。又如，比较不同图形 A、B、C 的大小。（见图 3）

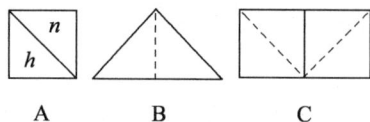

图 3

学生面对三种不同图形不会茫然,他们先找出 A 与 n、h 之间的关系(A＝n＋h,n＝A—h,h＝A—n),然后改造 B、C 图形的条件,在 B、C 图形上引出必要的虚线.选择 h,或 n,或 A 做为测量的单位.于是 A 与 B 的关系、A 与 C 的关系很快就明白了。可见,面对这些个别任务,学生们均可以用一般的,他们已经在前几个学习动作中掌握了的方法解答出来。

最后,学生还必须对前面的学习步骤进行检验,看看是否都是为完成学习任务的最终的服务的,这就是学习动作的第五步和第六步,即检查和评价。检查和评价在完成学习任务过程中具有重要意义。检查在于确定其他学习动作是否与学习任务的要求及条件相符。这个动作依靠展开的内部计划和反省活动进行。评价动作能够确定学生掌握完成学习任务一般方法的程度如何,以及这些学习动作的结果是否与它们的最终目的相吻合。评价可以明确学生是否掌握了学习,揭示失败的原因并使学生修正错误。总之,检查和评价动作促使学生注重动作本身的内容,以学习任务所要求的结果的角度去认识动作的基础。

从上面对具体实例的分析中我们可以看到,小学生一开始是不会独立完成学习动作的,还需要教师的帮助。学生最初的失败往往不是因为缺乏必要的知识,而是缺乏充分的分析。对任务条件的分析不是一下子就完事的,而是要贯穿于整个解题过程中,因为在分析的过程中还会出现一些新的条件,这些条件不是直观的,不包括在任务的最初形式中,但不找出它们就无法解出题来。教师的任务,就是在适当的、关键的时刻引导学生的分析活动,使儿童逐渐地具备相应的分析能力。调动其思维积极性,而独立的学习活动,或者说独立的学习能力正是在这种有计划地引导、有目标地分析的过程中形成的。

综上所述,正确组织的学习活动应当是由教师根据学生对掌握理论知识的需要和准备,向学生提出某一内容的学习任务,而学生则通过上述六个步骤的学习动作成功地完成这个学习任务。

（四）学习活动的特点

7岁到10岁年龄段的儿童最显著的特点是由学前儿童成为学龄儿童。儿童的这种过渡时期的特质体现在他的行为和以复杂、间或矛盾的混合形式出现的意识中。与任何一个过渡时期相同，这个年龄段蕴藏着发展的潜在可能性。这种可能性必须及时把握住并且挖掘出来。那么，如何挖掘？这是心理学家和教育学家注重的焦点。达维多夫以大量的研究阐明：小学低年级学生心理发展的本质变化首先取决于他们对学习活动的掌握，形成学习活动是小学低年级学生发展性教学的基础。于是，把握学习活动的特点，则成为有效组织活动的关键。

学习活动作为众多活动中的一种具有一般活动的共同规律，这些规律可以归纳为五个方面：① 任何具体的活动都有一个产生、形成和结束的过程（如学习活动）。② 活动的构成因素经常改变自身的职能（如需要具体化为动机，动作可以变成操作或者相反）。③ 人类生活的共同源泉是活动的个别形式之间相互联系的基础（如理解学习活动要求揭示其与劳动、游戏之间的相互联系、与社会公益活动间的相互联系）。④ 每一个活动形成的产生和形式最初都是以一种展开的人际关系网络做为自己的外在形式。所谓人际关系，是人们运用各种物质或物质化了的手段组织自己的交往和交换活动。这是每个人形成和发展自身内在活动的基础。⑤ 儿童时期的每一阶段都有与之适应的主导活动，这种活动决定着儿童该年龄段上个性品质的改变（如小学低年级年龄段的主导活动是学习活动，而少年时期的主导活动是社会公益活动）。

动机转变为目的，从而产生新动机、新行为的过程是儿童在相互间协同合作的情况下通过变换动作和活动而完成的，这是产生和形成新型活动的一般机制。根据活动形成的这个一般机制，我们来看看形成小学生学习活动的特点。学习活动如果不与其它类型和形式的活动相联系，则失去了其存在意义，这涉及到教学教育全过程的心理学内在统一问题。

达维多夫在深入研究发展性教学理论的过程中指出，学习活动符合活动的一般规律，而其基本的心理学规律则是学校教学教育工作方法的基础。因此，教学教育工作必须考虑学习活动以下方面的特点：① 其结构的特殊性，即它所固有的学习需要、任务、动作和操作的特殊性；② 其发展阶段的延续性，最初以主导活动的形式，而后在其它类型活动为主导的基础上继续发展，贯穿于儿童的整个在校期间；③ 其构成成分的动力性，如学习目的可以成为动机，学习动作可以变为智力操作，这些过程是保证教学具备发展作用的机制；④ 其实现形式的协同性，学习活动的个体形式产生于展开的、集体性学习协作工作中；⑤ 其形成过程的主体性，学习活动形成过程的目的就是使学生成为活动的主体。

产生学习需要、目的、动机和动作，要求学生在游戏和实际活动中掌握某种基本的理论知识和概念。因此，儿童学龄前阶段后期的角色——情节游戏是使其产生对理论知识的需要的前提条件。这种游戏能使儿童形成很强的想象、信号职能和十分广泛的认知兴趣。而游戏本身不能充分满足儿童的这种兴趣，所以学龄前儿童就力求通过与成人的交往、借助对周围世界的观察、从自己能够看懂的书籍中寻找各种各样的知识满足这种需要。只有当儿童进入学校后，丰富的材料才能够满足这些认知兴趣。而对理论知识本身的需要（这是学习活动的心理学基础），也就逐渐产生于他的学校生活中，产生于他所完成的旨在解决有关学习任务的、最简单的、实际掌握基本理论知识的活动过程之中。

完成一系列的学习任务使学生增强了通过动作去掌握概念的兴趣。而完成动作，正是促使学生形成学习动机（这是实现真正的学习活动的重要阶段）和渴望掌握理论知识本身的动力。需要强调的是，完成任务的目的不在于创造某种物质的或意识的产品，而在于完善作为学习活动主体的、创造这一产品的学生本身。艾利康宁就此强调指出，学习任务不是一道简单的、要求学生在课堂或家里完成的习题，它旨先不是一道习题，而是习题的一个完整体系。完成这个习题体系能使学生揭示和掌握解决该科学领域中更为广泛的问题之最一般的方法[4]。

学会完成学习任务——归根到底就是掌握学习活动。基于对学习任务的这种理解，许多学者卓有成效地研究了旨在完成学习任务的学习活动。达维多夫的长期合作者乌克兰心理学家列普金，多年来一直在哈尔科夫实验学校。艾利康宁《小学低年级学生的教学心理学》（1974 年. 俄文版. 第 46 页）中研究发展性教学理论与实践,他根据大量的实际材料,提出了形成学习活动的三个基本阶段。

第一阶段:儿童在掌握某种实际动作时(如读、算),把应用题变为应用——学习任务。这种变题活动只能在学生和教师共同展开的活动过程中实现。这个过程的基本步骤是:① 提出需用新的动作方法去掌握的任务;② 为确定新的动作方法共同进行条件分析;③ 共同区分出完成任务的中间目标(其特有的学习性目标)及方法;④ 用模型固定那些已找出的实现学习动作的条件和方法;⑤ 提出能够再现学习动作以及使之具体化的任务;⑥ 以模型为基础分析这项任务的条件并再现动作;⑦ 对所再现的动作进行共同的检查和评价。

第二阶段:将概念引入应用—学习任务中,从而根本改变任务的客观内容和心理学结构。为了完成个别的应用题,学生需要借助于已引入的概念去研究它的条件:从客体中分出有关成分,仔细分析它们的关系,等等。也就是将再造的客体样品和模型充分展开,而这里所包含的成分关系正是完成研究—学习任务的方法。

第三阶段:转入对作为发展性体系的概念的分析。这个过渡取决于合理地形成实际动作以及使实现动作所必要的方法具体化。在研究实际任务展开体系的条件时,学生必须区分出概念的体系,这是进入理论—学习任务的标志。随着对概念体系区分方法的掌握,学习活动的心理学条件、心理机制也逐步发生着变化并逐步完善。

达维多夫十分同意列普金关于学习活动形成过程的研究,认为很有独到之处。首先,列普金把具有学习特性的任务分为应用性学习任务、研究性学习任务和理论性学习任务很有合理性;其次,列普金用三个概念明确了形成学习活动几个基本阶段的本质特性;最后,列普金把学习活动与客观实践活动有机地联系起来,准确揭示了学习活动与实践动作的"脱勾"过程以及学生进入理论概念知识领域的升华过程。于是,以学习活动形式来实现的发展性教学的特点就清晰地在这个背景上表述了出来。

与此同时,达维多夫认为还有一点需要明确的是,学习活动的形成,存在着层次水平的差异。这是由参与活动的主体形式所决定的。层次水平的差异表明,面对业已形成的社会规范和准则,儿童可以从对其的掌握活动转入对其的改造和变革活动。儿童心理能力的不同决定了学习活动形成水平的差异,但这也还说明了儿童自身已经具备了以创造性态度对待客观现实的心理素质。

从以上对学习活动多方面的分析和论述,我们不难看出,学习活动的形成过程也正是导致低年级小学生整体的心理发展产生质的飞跃的过程。学习活动将儿童心理发展的可能性、特殊性、必要性和目的性有机地统一于自己的组织形成过程之中,成为真正实现小学低年级学生发展性教学的唯一行之有效的正确途径。这也正是达维多夫学习活动理论的精髓所在。

达维多夫及其合作者 30 多年的研究表明,学习活动理论的确为小学生的心理发展,尤其是理论思维的发展提供了依据。长期的、大量的实验结果阐明:以专门的实验教材为内容,以专门组织的学习活动为主要形式的教学给小学生心理发展带来质的飞跃,其抽象思维能力远远高于使用普通学校统编教材的同龄学童。有趣的是,在研究达维多夫发展性教学理论的青年学者中,及在达维多夫创办的实验学校任教的青年教师中,有不少是从小学一年级起就使用达式实验教材的受益者。正是达维多夫标新立异的教学论思想吸引他们在完成高等教育学业之后从事进一步研究、探讨、开拓达氏发展性教学的理论和实践。近年来,在俄罗斯教育界,人们已经习惯地把这一理论称为"艾利康宁—达维多夫体系"。

参考文献:

[1] В·В·达维多夫.发展性教学问题[M].1986:146.

[2] В·В· 达维多夫.发展性教学问题[M].1986:151.

[3] В·В·达维多夫.发展性教学问题[M].1986:158.

[4] 艾利康宁.小学低年级学生的教学心理学[M].1974:46。

(本文发表于《比较教育研究》1995 年第 2 期。作者肖甦,时属单位为北京师范大学外国教育研究所)

六、面向新世纪的课程理论
——美国 Patrick Slattery 的后现代课程思想评析

近二十几年来，西方国家致力于"后现代"理论的研究，涌现出许多"后现代"主义的理论思潮。具体到后现代课程理论研究所涉及到的一个主题是"课程概念的重建"。围绕如何"重建概念"而产生了许多后现代课程理论学派，他们把大量的理论范式引入课程，比如：解释学、批判理论、现象学、后结构主义、美学、自传、宗教、性别研究、种族理论及混沌理论，等等。但面对纷至沓来的后现代课程理论，人们往往难于理解这些晦涩难懂的术语和理论。基于这一情形，美国学者 Patrick Slattery 集各家思想于一体，于 1995 年出版了一部力作《后现代时期课程的发展》(《Curriculum development in the Postmodern Era》New York，Garland，1995. 以下称为①)，作者把许多抽象难懂的理论转变成为学生可接受的理论，并对本世纪占统治地位的泰勒原理(Tyler rationale)提出挑战。本文拟对 Slattery 的后现代课程理论作以介绍，并分析后现代课程理论与以"泰勒原理"为代表的现代课程理论的异同。

(一) Slattery 的后现代课程思想

后现代主义的理论基础是反对现代哲学的二元论和还原论；否定机械世界观，主张整体有机论；以生物学的最新成果为依据，对机械论的还原论进行质疑。后现代主义课程要求以后现代主义的理论来重新建构课程的概念。Slattery 用浅显易懂的术语建构了一个后现代课程理论与实践的大厦。为了阐明 Slattery 思想体系的构成，仅就其框架的以下几点进行分析：

1. 否定"元叙事"（Rejecting Meta-narratives）

"meta"之含义是"……之后""超越"，意味着更高级的逻辑形式。利奥塔指出，叙事推动人由原始思维到文明的认识能力的转化，由口头叙事到图画、文字表达的演进，促进了公认知识的汰变和传承。叙事是传统知识话语的典型。叙事知识的用法没有一成不变的模式，而只能通过"语言游戏"来设立各种话语的合法性地位。他认为，"元叙事"是以单一的标准去裁定所有差异进而统一所有的话语。他的"元叙事"的释义得到了现代主义者的共识。

Slattery 把否定"元叙述"看成是后现代主义和后现代主义课程的一项基本原则。他指出，"后现代课程理论的一部分是对原理、全部宇宙法则、元叙事的批判"（见①P. 36）。从利奥塔关于"元叙事"的讨论，Slattery 认为"元叙事"是"试图对家长式的、科学的、种族的、人类中心的、理性的、穷兵黩武的、欧洲中心的范式所反映的现代观念的组织，这种组织使历史更加井然有序"（见①P37）。依照 Slattery 的观点，泰勒原理（Tyler rationale）既是现代教育实践的基础、又是在课程中占统治地位的"元叙事"。Slattery 构造了现代课程两个互补的"元叙事"，一是把现代社会看成是一块缺乏人文学科的智力、道德、精神的贫瘠地；二是把现代课程看成是一种冷酷地、有计划地、过多地强加给教师和学生的信息传递的唯一表征。正是这些"元叙事"划清了现代课程与后现代课程的界限，而且现代课程的不足也正在于这些"元叙事"（见①P. 248）。

2. 否定二元论（Rejecting Bifurcation）

社会学家丹尼尔·贝尔指出，前工业社会的主要矛盾是人与自然的直接关系，而工业社会的主要矛盾是人通过机器与自然的关系，但实质上，这两种社会的主要矛盾都是人作为主体同自然作为客体的主客二元关系。进入 20 世纪中叶后，西方社会的主要矛盾则开始由人与自然的关系转化为人与人之间的关系，这样一来主客体二分对立的思维方式便失去了效用，以主体间关系为内容的新理论模式逐渐成为后现代社会的一元论或主体论形式[1]。

Slatteng 把后现代课程建立在消除二元论的基础上。他认为，"二元思维方式在后现代课程中面临着严峻的挑战。东方'阴''阳'对立的思维方式必须重新予以调整，从而产生一种对整体多方面的、互补的认识"（见①P263～264），强调"通过整体理解以消除二元论"（见①P197）。具体来讲，他认为消除二元论主要体现在沟通各课程理论之间的联系上,包括"消除所谓坚持'泰勒原理'的传统学派和提倡重建概念的后现代课程学派之间的沟壑"(见①P2)。Slattery 成功地建立起各学说之间的联系,他从不同角度探讨了后现代课程论的重建概念的观点。在其它方面,Slattery 仍坚持否定二元论,瓦解元叙事,主张使用各种学说和观点,如:现代社会与后现代社会、现代课程与"重建概念"的后现代课程、科学与宗教以及科学和人文等各种观点。

3. 学校团体采用各种学说(Validating"every Voice" in the School Community)

Slattery 在课程理论构建过程中综合各家之长处,吸收各派思想,主张后现代课程的"概念重建"须采用各种观点,在教学实践中就更应该如此。他说,对比关于现实的各种观点,包括学生自己提出的、学生之间讨论而得到的、教师指出的,以及课本中的即成解释,才能使学生面临各种不一致的观点,在迷津的思维中寻求对现实的一种新的解释。他把使用各种学说定义为两重含义:一是取众专家理论之长;二是在教学氛围中对个体观点的采纳。以下我们着重具体分析第一层含义。

Slattery 在主张使用各种学说方面,首推杜威和泰勒学说。他在构建后现代学校课程时,许多观点就来源丁杜威的思想。如在《后现代时期课程的发展》一书的"后现代学校、课程和宗教课本"一章中,他便设计了一个在公共学校课程中包括宗教的案例,把后现代宗教与前现代宗教(涉及狭隘的宗教教条课)及现代宗教(强调教堂和州合法化分开)区别开来,把后现代宗教定义为:"在当今所讨论的课程中,宗教教育是一种过程,它包括义务、尊敬和个人参与的一种作为探讨宇宙永恒奥妙的一种实践形式"(见①P75)。杜威把宗教、科学、民主之间看成是互补、相关的(揭示真理),他以教堂和州相分离的社会政治基础为依据,提出只有把科学和民主作为精神输入,这种相分性在公共学校才能体现。Slattery 在他的宗教定义中只是把具体内容与现代宗教界定进行了区分,但关于美国教堂与州的分离这方面仍沿用杜威的思想。同样,对美学教育的定义也是以杜威的思想为基础的(见①P209~210)。

Slattery 在探讨后现代课程的发展过程时,吸收了泰勒原理作为根基。他所刻画的后现代课程发展的三个方面(选择教科书,构建学习经验、评价学习任务)与泰勒原理中的四项目标(确定目标、选择学习经验、组织学习经验、评价学习成果)存有一定相似性。尽管 Slattery 本人把这三个方面看成是从泰勒原理向后现代教学论转变的标志,但实际上却有异工同曲之嫌,原因是泰勒原理中许多思想、观念是针对任何课程发展的尝试而得,不具有太强的时代性。

Slattery 的后现代课程思想虽名曰反泰勒原理、反进步主义,但许多地方却是以这两种理论为基础的,这反映出他的理论的自相矛盾。然而,有些后现代课程的观点却被束之高阁,或很少提及;有些则被列入"现代"、"传统"课程之列[2]。这也是他的理论纰漏。

4. 相互关联和意义层(Interconnectedness and lagered meaning)

Slattery 认为,整体理解是通过在广泛背景中个体经验的相互联系而达到的,这种理解的获得更多的是通过人文学科而不是自然学科。由于人类经验具有其混乱和不确定性,故揭示其意义层是必要的,为此他提出了一种有效的方法,即通过个人自我"反思",构建一个综合应用后现代理论来产生个人理解的随意、偶发事件的模型。这个模型有利于人们理解如何用后现代课程理论来获得相互联系的经验。

(二) Slattery 的后现代课程与以"泰勒原理"为代表的现代课程的比较

Slattery 所构建的后现代课程理论是与现代课程理论相对的,而现代课程则以泰勒原理为研究范式,其代表著为泰勒的《课程与教学的基本原理》。那么 Slattery 的后现代课程究竟与"泰勒原理"的现代课程有哪些不同呢?

首先是哲学观相异。泰勒主张一元论,主张理性主义、科学的实证主义。他的基本原理是围绕着四个问题运作的:(1) 学校应该达到哪些教育目标? (2) 提供哪些教育经验才能实现这些目标? (3) 怎样才能有效地组织这些教育经验? (4) 我们怎样才能确定这些目标正在得到实现? 通过考察这些问题的方法和程序,便构成了课程与教学的基本原理。我们可以看到,从问题的出发点到最终问题的解决,都是按一定程序、方法进行的,也就是说是一种主客分离、理性实证的方法。正如泰勒本人所言:"我们如果要系统地、理智地研究某一教育计划,首先必须确定所要达到的各种教育目标。"从中可以看出,他强调主体的作用,强调主体思维方式的程序性,而这种计划性、程序性、系统性、理性的思维方式是与 Slattery 所提倡的"混沌和不确定性"(chaos and uncertainty)、非理性、本体论的观点相异的。

其次是知识观不同。Slattery 的知识观是以利奥塔和多尔的知识观及课程观为基础的,他们主张知识是一种开放的、整合的、变革的、复杂的知识,与现代课程的那种封闭的、分离的、抗拒变革的知识观是相对的。比如,泰勒的课程编制模式体现出典型的封闭性,目的是事先规定好的,根据目的制定具体的目标、手段程序和步骤,然后贯彻既定的方案,最后再归结于预定的目的。而 Slattery 则认为课程知识没有固定框架,科学是一种"话语"、一种"不稳定性"而拒斥稳定系统和决定论。否定元叙事,承认一切叙事的局部合法性,承认知识局限、断裂矛盾和不稳定性,与泰勒原理中"元叙事"的普遍联系、相互统一、确定性形成了鲜明的对比。

哲学观与知识观的不同反映了后现代和现代理论观点的相异性,但两者又存在着一定的联系,纵观两者的思想体系,有如下几点相似性:

① Slattery 后现代课程的发展过程与泰勒原理的四项任务存在着相似性。泰勒的四项任务:确定目标、选择学习经验、组织学习经验、评价学习成果;Slattrey 后现代课程的发展过程:选择教科书、构建学习经验、评价学习任务。尽管两者在具体内容上存在差异,但都把课程看作是一种过程,在体例上,Slattery 的选择教科书(Select textbook)与泰勒的确定目标、选择学习经验相似;构建学习经验(Structuring the learning experience)与泰勒的组织学习经验类同;评价学习任务(evaluating assignments)与泰勒的评价学习成果相对应。

② 两者都重视对学习经验的研究。Slattery 把重述自己的经验看成是实施后现代课程方式之一,他的后现代课程实践是以 Pinar 的课程实践为基础——一种在广泛的社会背景中寻求适合个人经验的自传方法。他认为学习经验是在广泛背景中产生的个体内部经验的相互联结,Slatterg 认为全语教育(whole language education)是利于这种联系形成的有效方式。他的全语教育与泰勒关于选择学习经验有很大的相似性。

泰勒认为"学习经验"是指学习者与他对作出反应的环境中的外部条件之间的相互作用。学习是通过学生的主动行为而发生的;学生的学习取决于他自己做了些什么，而不是教师教了些什么。因此在选择学习经验时，要看它是否有助于学生获得和应用信息、有助于培养学生思维和技能，有助于形成社会态度和培养学习兴趣。可以说 slattery 与泰勒的课程理论相同之处都强调知识与个体经验的关系和相互作用。

③ Slattery 的后现代课程理论和现代课程理论都注重实践，且实践方式类似。Slattery 在他的后现代课程体系中，特别强调课程的实践性，他认为后现代课程实践是通过以下三种方式进行的：重述自己的经验；从后现代的理论化中产生实践；用后现代课程理论确定现有的实践。同时他还确定了后现代课程实践的三个基本特征：合作、全过程观点和跨学科及多层次课程。他把学术圈（seminar circle）看成是一种实施后现代课程理论的手段。他指出，"在学术圈中可以观察到面部、体态语言，倾心听取便可以意识到我们之间的内部经验的相互联结"（见①P177）。他用后现代课程观点确定一系列现行课程：比如跨学科课程、全语课程、学生写书等。泰勒在他的《课程与教学的基本原理》第二章"怎样才能有效地组织教育经验"中，强调了课程的实践性，并指出组织经验的准则：连续性、顺序性和整合性。在组织的结构中提出了多层次组织结构，比如，最高层次的广域课程、核心课程；中层次的学程；低层次的课等，这些都是为了更好地进行课程的实践。不同类型的课程方式，是后现代与现代课程实践所提倡的。此外在经验的获得形式上，Slattery 强调的是多种形式，如："参观博物馆、历史古迹，……与祖父母、年幼学生、多文化专家、社会活动家、政治家、宗教领袖等交流，……参加团体的有关环境计划的制订，健康和社会服务的提供等活动。"（见①P96）现代课程的实践意义，泰勒与杜威都非常重视。《民主主义与教育》一书中指出，学校是一种社会生活，是一个雏形的社会团体，在这个团体里，运动场、商店、工场、实验室，不但能指导学生的自然的能动倾向，并且包含交流、交往和合作——所有这一切都扩大对各种联系的认识……[3]。这种通过交流、交往而获得经验理解的思想，也是后现代课程及现代课程两者所倡导的。

（三）评述

经济发展使西方由工业社会进入后工业社会，现代的世界观、价值观都与社会的发展产生冲突,用威利斯·哈漫的话说就是:"我们时代严重的全球性问题——从核武器的威胁到有毒化学物质,到饥饿、贫困和环境恶化,到对地球赖以生存了的体系的破坏——凡此种种都是几个世纪以前才开始统治世界的西方工业思想体系所产生的直接后果……"[4]此改变已有的世界观、通过协调人际关系、通过各种信息媒介达成人际交往、沟通、共识的信息社会或交流社会,已成为当今西方国家的一种潮流。Slattery 在总结其他课程专家观点的基础上,提出了后现代课程发展的一种理论模式和实践方式,对西方社会来说,无疑具有深远的历史意义和现实意义。

但我们应该看到,尽管 Slattery 对后现代课程领域"重建概念"提出了许多观点,且提出了实践的可行性,但其理论仍存一些偏激观点,比如,他标榜"重建概念"的前提是对泰勒理性主义的摈弃。而事实上他的课程发展过程与泰勒四项任务相似,全语教育又以泰勒的选择经验为模式。Slattery 并没有完全脱离"泰勒原理"而在课程领域中进行"概念重建"。

再就是 Slattery 的三个核心观点:否定元叙事、否定二元论、使用各种学说,也存在严重不一致性。他首先把泰勒原理看成是"元叙事"、"二元论"的典范,加以否定;而后在使用各种学说中,又首推杜威和泰勒学说,加以采纳。在实践问题上,Slattrey 也没有回答后现代课程与现代课程究竟哪种课程的实践更为先进、更为有效? 这些都表明 Slattery 的后现代课程理论尚需时间的检验。

一种成熟的理论应有其自身的语言体系,自身的系统观点。后现代课程所定义的反现代、反泰勒原理、否定元叙事等一元表征形式是值得推敲的。现代社会与后现代社会有其历史的连续性,不能人为地割裂二者之间的联系。丹尼尔·贝尔从社会学的角度解说资本主义社会文化矛盾,尤其是在比较后工业社会和工业社会阶段文化特征时,常常把现代文化和后现代文化视为一体。换言之,后现代与现代的界限可以沟通,只有把后现代课程与现代课程进行有机结合,在批判的基础上吸收并不断创新,才能产生出具有跨世纪意义的课程理论和实践。世纪之交,作为课程理论发展的纽带,Slattery 课程理论正是起到一个承上启下的作用。

参考文献：

〔1〕丹尼尔. 贝尔著，彭强译. 后工业社会.〔M〕. 科学普及出版社，1985年 6 月。

〔2〕William. G. Wraga. Jaurnal of Cu rriculum Studies〔M〕. Toward a Curriculum Theory for th e New Century，28(4)：463—474.

〔3〕赵祥麟、王承绪译. 杜威教育论著选〔M〕. 上海：华东师范大学出版社，1981 年 1 月。

〔4〕Kliebard. Journal of Curriculum Studies〔M〕. The Tyler rationale re-risited，27(1)：81— 88.

（本文发表于《比较教育研究》1997 年第 6 期。作者綦春霞，时属单位为北京师范大学国际与比较教育研究所）

七、詹姆斯·A·班克斯的多元文化课程理论

美国著名文化学、教育学专家詹姆斯·A·班克斯是 20 世纪多元文化教育领域一位令人瞩目的人物,在多元文化教育理论,尤其是多元文化课程理论方面独有建树。他是美国华盛顿大学多元文化教育中心的主任教授,撰写和主编了 15 本相关的论著。主要有:《种族研究中的教学策略》、《多元文化教育——理论与实践》、《西方社会的多元文化教育》、《多元文化教育——问题与前瞻》等,他还是《多元文化教育研究手册》的主编。1986 年,鉴于班克斯在多元文化教育研究方面的成就,全美教育协会(AERA)授予他"有突出贡献的学者"。1994 年,班克斯获全美教育协会杰出研究奖。1997 年始任全美教育协会主席。本文简要介绍他的多元文化课程理论。

(一) 多元文化课程设计的系统与目标

班克斯教授认为,多元文化课程的注意点应集中到学校的潜在课程和多元的价值准则方面。学校的课程包括显性课程(Manifest Curriculum)和隐性课程(Hidden Curriculum)。显性课程由课程指导书教科书、课程计划、布告牌等材料内容组成,这些对学校的环境是十分重要的。改革显性课程以形成来自不同文化族群的学生积极的态度,帮助他们实现学业上的成功显然非常重要。但从某种意义上讲,改造学校的隐性课程显得更为重要——即改造那些隐涵在学

493

校教学、生活、环境等各个方面,涉及对各民族、性别、不同宗教信仰、不同文化的容忍与并存的理解等等的"不教之课"(Untaught Lessons)。

多元文化教育的课程内容不仅要反映到社科学科中(诸如语言文学、历史等),而且要贯穿于学校的学习中心、图书馆、资料中心等非正式课程中。例如,如果要反映民族文化的多样性,学校的教室、会议室、餐厅的装饰、咨询中心和课外活动计划的设计等都要考虑这方面的因素。因此多元文化课程理论的基础在于"学校是一个社会系统",课程的内容、设计与学校环境的改革息息相关.学校的整个环境被看作是由多种不同的因素组成的,主要包括校园的文化;学校行政与政策;显性课程及相关科目的学习;教学体系与教学策略;学校教师及其态度;理解能力信仰和行动;学校的学风;学校中的语言和学生方言;教材;社会投资与效益;评价与测试程序;咨询计划,等等。以前这些因素的作用只为显性课程服务,学校环境的改革应致力于使这些因素在多元文化课程中发挥作用。

多元文化课程的目标在于教学内容多元化理解、知识结构的差异、教育机会均等、消除偏见与歧视、加强校园文化建设以及教学方法与教学评价多元化。多元文化教育课程的最终目标在于形成学生容忍与接纳不同民族、保持与发展多元文化的态度、知识、技能等。

(二)多元文化课程设计的模式

在美国,班克斯教授不仅将多元民族教育的模式概念化,而且也把民族研究课程加以概念化。多民族研究课程(Multiethnic Sutdies Courses)以比较的观点来考察不同民族的文化,课程内容的政治色彩渐渐地减少,开始认真地探索一些学术问题,解释和理解各少数民族与主体民族在美国社会发展中的贡献和有益的经验。在这个过程中,教育家们达成共识:有关少数民族问题的课程是对所有民族的学生设计的,而并不是为某一特定的少数民族设计的。多民族研究课程有一个基本的假设,即各少数民族在美国社会中有相似和不同的经验,对这些少数民族文化的比较研究可以总结出非常有用的概念,它是美国社会的财富。

班克斯以这样的理念,在《多元民族教育》一书中以民族研究课作为课程改革的个案,探讨了多元文化教育的课程模式。从完全的盎格鲁裔美国人对历史文化观点,到将多元民族的观点附加于主要课程上,再到完全的多元民族课程时,己能从不同民族群体的角度看每一历史与社会事件。民族国家的课程模式最终目标在于研读历史与社会事件时,能以多民族多文化、多国家的观点与角度来看问题。所以班克斯教授设计了多元文化教育的四种主要模式:盎格鲁美国人为中心的模式、民族附加模式、多元民族模式、民族国家模式(如图所示)。

模式A:盎格鲁美国人为中心的模式

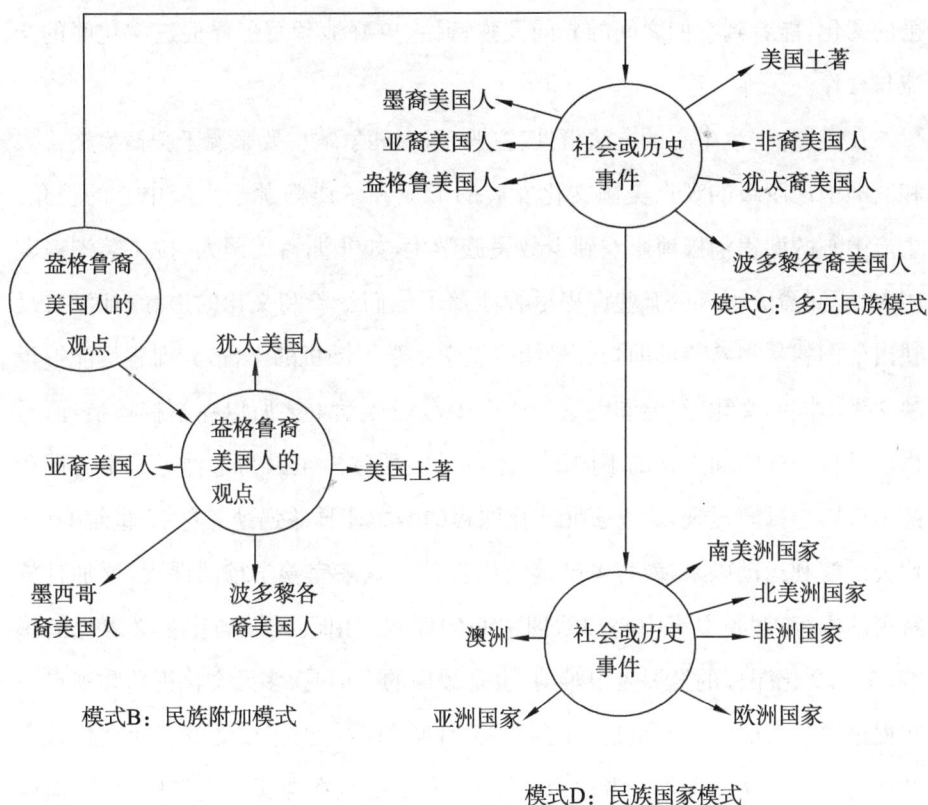

班克斯多元文化教育课程模式

（三）多元文化课程改革途径

班克斯的多元文化课程改革是针对主流中心课程(The Mainstream-Centric Curriculum)的消极影响而提出的。主流中心课程的内容主要取决于主流文化的经验而忽略其它种族、文化、宗教群落的经验及历史。当种族主义在社会和学校中逐渐被强调并长期存在时，主流中心课程便成了学校教育中的唯一课程。事实上，主流中心课程往往培植了主流学生一种错误的优越感，误导了他们与其他各族群体的关系，否定了他们从其它文化群体中获取经验、指导及得益的机会当人们能从其它文化的观点中透视自己的文化，就能更多地理解自己的文化，能看到它们之间的异同及独特性，更好地理解怎样促进文化间的交流与合作。

在美国，主流中心的方法事件、主题、概念和争端主要来源于美裔盎格鲁人和欧洲中产阶级的观点美国文化发展的形成和本质都源于主流中心的视角。主流中心的课程消极地影响到少数民族学生，如非洲裔美国人、拉丁美洲裔美国人、亚洲裔美国人。有些课程尽管涉及了他们经验和文化的边缘，却没有反映出他们的梦想希望和前景。最能引发学生学习动机的学校，其课程均能够反映学生不同的文化、经验和前景。许多少数民族学生之所以在学校被疏远，是由于学校和社团间文化的不同而产生的冲突所致。正因为这种主流中心课程的消极影响日渐显现，建立多元文化课程的努力才日益强劲。自 19 世纪 60 年代公民权利运动以来，教育者已试图用各种方式来完善学校的课程，增加种族特色的内容，摆脱主流中心和欧洲中心的课程。由于长期同化主义思想的影响，多元文化课程的发展是艰难的，也是缓慢的。但是，多元文化视角和观点正在促进着社会的转变与重建，社会学校、教师和学生正在接受着多元文化教育的理念。多元文化课程论者认为，虽然西方论观点在课程中应有所休现，但西方论观点也应重建他们的体系，能反映出少数民族的贡献。学生除了学习西方论的内容外，也应学习其它民族的文化，如在欧洲人到来之前的非洲、亚洲、中东和美国的文化。

为此,班克斯教授分析了在课程中整合种族和多元文化内容的四种途径。

贡献途径(一级水平):经常被运用于学校和地区,试图将种族和多元文化内容整合于主流中心课程中。其特色是在课程中插入种族英雄和分立文化的制造物,选择与主流论英雄和文化创造物相似的标准。贡献途径并未使主流中心课程改变它的基本原理框架、目标和突出特征,因此,它仅是种族复兴运动第一阶段经常运用的途径。

附加途径(二级水平):是通过改变课程基础结构而增加种族概念主题和观点。附加途径是在课本单元课程进程中附加种族、文化和群体的内容。例如在单元中附加"少数民族"内容。附加途径是转变课程设计的第一阶段,进而去完整课程的种族内容观点及参考框架。这一途径与贡献途径一样,有其不利之处。它的主要缺点是导致主流历史学家、作家、艺术家、科学家有种族观点,却不重建课程。

转变途径(三级水平):与前面二者大相径庭,它改变了课程的基本目标、结构与透视方法。学生通过转变途径课程从多种角度去理解概念、事件、主题及许多问题。研究美国历史、语言、音乐、艺术和文化时,重点不在不同的文化群体对美国主流文化所做出的贡献上,而应放在美国文化和社会是如何产生了这些不同的文化上。这一过程被称之为"多元文化的渗透"(Multiple Acculturation)。

社会活动途径(四级水平):包括所有转变方法的因素,同时也增加了能力方面的要求。比如要求学生在学习某一单元概念事件和问题时,要作出相关的决定,采取相关的行动。这一方法的主要目标在于培养一些对社会进行批评和改革的人才,训练他们作出公正、平等决定的能力。

参考文献:

[1] James,A. Banks,cherry A. Mc Gree Banks. Multicultural education:issues and perspeetlves (3rd ed)[M].

〔2〕Banks J. A. (Ed). Multicultural Education, Transformative Knowledge, and Action: Historical and Contemporary perspectives〔M〕. New York: Teaehers college Press, 1996.

〔3〕Banks J. A. and Banks, C. A. M. (Eds). Handbook of Research on Multicultual Education 〔M〕. NewYork Macmillan. 1995.

〔4〕Banks J. A. An Introduction to Multicultural Education Boston: Allyn and Bacon〔M〕. 1994.

〔5〕Banks J. A. Multiethnic Education. Theory and practice(3dr ed). Boston Allyn and Bacon. 1994.

〔6〕Banks J. A. and Lynch. J(Eds). Multicultural Education in Western Societies London〔M〕. Cassell. 1986.

〔7〕Schoifeld. J. W. I. Macmillan: Improving Intergroup Relations among students. M. J. Banks and C. A. M. Banks(Eds) Handbook of Research on Multiculutral Education 〔M〕 1995:635—646. New York. Macmillan.

〔8〕Sleeter, C. E. and Grant, C. A. Merrill/Macmillan. Making choices for Multicultural Education〔M〕. New York Merrill/Macmillan.

（本文发表于《比较教育研究》2000 年增刊。作者王鉴,时属单位为西北师范大学教科院;作者何喜刚,时属单位为西北师范大学数学系）

八、建构主义理论与我国基础科学

——教育改革的若干问题

(一) 建构主义:人类的一种认知方式

建构主义是 20 世纪 80 年代以来兴起的一种具有广泛国际影响、集大成的(科学)学习理论。建构主义首先根植于西方近现代哲学,如 18 世纪意大利著名哲学家维柯(1668～1744)和德国著名哲学家康德(1724～1804),英国的经验主义哲学,特别是 20 世纪的"新"科学哲学,都具有建构主义思想。其次,建构主义还来自科学知识社会学,特别是英国爱丁堡强纲领学派提出的社会性建构主义。第三,建构主义理论也来自认知科学和脑科学,尤其是认知心理学,如大家都很熟悉的皮亚杰关于个体认知发展的基本观点。第四,建构主义理论还来源于科学教育学或科学教育研究。早在上个世纪 80 年代初期,英国著名科学教育学家、里兹大学德瑞福(Driver,R.)出版了《学生是科学家吗?》一书,阐述了个人建构主义的基本观点;新西兰科学教育学者奥斯本(Osborne,R.)和弗雷博格(Feryberg,P.)在其合著的《学习科学:儿童科学的意蕴》一书中也明确提出了科学教学中的个人建构主义理论。[1]

建构主义作为一种新的系统的学习理论思潮虽然来自西方,但它作为人类的一种认知方式则具有普适性,因而建构主义思想并不只是当代西方国家才有。例如在教育实践上,新西兰学者诺拉(R. Nola)把苏格拉底和柏拉图看作西方教育史上最早的建构主义者。我们认为,孔夫子的启发式教学思想也具有明显的建构主义色彩。例如,他提出的"举一反三"的观点,不是要求教师把知识——讲给学生听,而是启发学生自己去思考,这不正是建构主义思想的精义吗?

美国学者菲利普斯(Philps,D.C.)在论述建构主义的一篇论文里一开头便引用了毛泽东的一段语录"人的正确思想是从哪里来的? 是从天上掉下来的吗? 不是。人的正确思想来源于社会实践,而且只能来自于社会实践。"[2]正如这位美国学者所指出的,毛泽东的这段话虽没有"建构主义"的标签,但它说明人的正确思想来自实践,换句话说,即来自实践中主体的建构。这难道不是建构主义的观点吗?

作为人类认识世界的一种认知方式(但不是惟一的),建构主义在教学领域里总是有意无意地存在着并发生着影响,特别是一些优秀教师或多或少都进行着建构主义的教学实践。例如,笔者在考察北京市已故著名特级教师孙维刚的数学教学理论与经验时,发现他提出的"走走停停"[3]、"把新问题归结到旧知识的基础上"、[4]"自己动手,丰衣足食"[5]等生动形象的教学理念,实际上都贯穿了建构主义教学理论的精髓。

所谓"走走停停",这一隐喻强调学生在学习时要经常反思。美国著名的建构主义思想家冯·格拉塞斯菲尔德用学术语言表达了同样的思想:"有意识的反省是使得学生理解的秘密。"[6]这里提到的"有意识的反省",也就是上文所说的"走走停停",在心理学上这叫做"元认知"或"反思"。而孙维刚老师不时地提醒学生"把新问题归结到旧知识的基础上",正是建构主义强调理解新知识要以学生原有的经验、知识为基础的另一种表达。这正如美国著名认知心理学家奥苏伯尔的一句名言所表达的那样,"影响学习最重要的因素是我们已经学到了什么。"[7]至于孙维刚老师提出的"自己动手,丰衣足食"的观点,是他借用毛泽东的这一思想表达他建构式教学思想的另一个生动的隐喻。孙老师说:"我把舞台让给学生,自己退居幕侧。有想法的同学,到讲台上来,到黑板上来讲,我则审时度势,从造就一个强大的头脑和眼前的实际出发,不时点语引句。但不是提示,不要提示! 因为,提示是把练习跳高的学生托过横竿去,学生此刻需要的是,纠正错误动作和发展弹跳力。这样上课,比我自己潇洒的一言堂下来,要难出许多,但学生的收获和长进,却要大得多,这个道理正可谓,自己动手,丰衣足食'。"[8]

对于孙维刚老师的这些教学思想,有人可能会问:"孙老师的教学真的是建构式教学吗?"在我们看来,回答是肯定的。孙老师虽然没有明确用建构主义来标识其教学思想,但实际上却实践着建构主义教学。这里,我们借用冯·格拉瑟斯费尔德说过的一段话来证实我们的观点,他说:"优秀教师都在实践着这里所倡导的许多观点(即建构主义观点—笔者注),只是他们没有受益于一种明确的认知理论而已。他们的方法是直觉的和成功的,这里所作的理论说明并不提供改变他们方法的任何东西。但是,提供一种似乎与过去的教学取得成功相一致的理论基础,建构主义或许可以向那些直觉能力较差的成千上万的教育者提供一个改善他们教学方法的可接受的途径。"[9]显然,格氏的这段话不仅是对美国教师说的,也同样适合于中国教师。

(二) 从建构主义观点看基础科学教育改革的若干问题

1. 科学观问题

首先是科学观问题。自哥白尼以来的现代科学是西方文化的产物。对于什么是科学和科学的本质这样一些关于科学观的问题,在西方经历了一个演变过程。20世纪中叶以前,特别是爱因斯坦提出狭义相对论以前,归纳主义、实证主义或逻辑实证主义曾是主导的科学观。这种科学观有以下两大特征:一是认为科学知识即是真理,是绝对正确、不可置疑的客观规律;二是认为科学知识的增长靠一种特殊的方法,即归纳法而实现的。[10]

当代科学观建立在20世纪以来当代科学发展的基础上,是当代科学史、科学哲学、科学社会学等学科综合研究的结晶,从20世纪50年代以后在国际上逐渐占主流地位。建构主义科学观是当代科学观的代表。作为一种集大成的科学知识理论,建构主义反对把科学知识看作是绝对客观真理,同时也批判了单一的、客观的、纯理性的科学方法论。建构主义认为科学知识只是一种假设和猜想(波普尔语);科学知识包含真理性,但不是绝对正确的最终答案,它会随着人类的进步和科学的发展而不断地更新,即使是经典知识,它的正确性(或真理性)也是有一定条件或范围的。建构主义还进一步认为,虽然外部世界是客观存在的,但人们无法直接接触它,科学知识与其说是科学家发现的,不如说是他们发挥创造力建构的结果。从认识论角度来看,人们无法证明自己的观念与客观世界完全相对应。而科学研究的任务在于建立理论去表征这个客观世界。科学实践由科学共同体提出自己的理性标准，据此来检验理论的好坏。既然任何科学理论只是人类经验抽象的结果，只是人们所认识的世界，而并不就是独立于人们经验的那个世界，人们难免可能出错。因此，在波普尔看来一切科学理论都是可错的，要以可错性（或证伪性）来划分科学与非科学的界限，所以科学知识只能是暂时的、需要修正的。科学理论也不是纯客观的，因为就像康德所说的，"还有人类心灵思维的贡献"。[11]爱因斯坦也持类似的观点，在谈到物理概念的形成时，他说："物理概念是人类心灵（human mind）自由创造的产物，然而，不管表面上看起来怎样，它们不是单一由外部世界决定的。"[12]这些观点在 1996 年出版的美国《全国科学教育标准》中得到明确承认。例如，该书在谈到科学的本质时指出："所有的科学观念都不是最终真理，而且原则上要接受变更和改进。"[13]

当代科学观也抛弃了过去那种将"科学方法"神秘化的观点，认为并不存在一种单一的万能的"科学方法"，科学方法是多样的、丰富的，既有实验的、理性的、逻辑的方法，也有非实验的、非理性的、历史的方法乃至系统思维方法。科学方法也与科学知识一样不是纯客观的。例如，汉森（Hanson, N. R.）用大量科学史的事例证明，一向被人们认为是客观的观察法实际上却浸透着理论，波普尔、库恩和菲耶阿本德等人的著作中也有大量的事例支持汉森的观点，即观察本身并不是客观和中立的，一个人的知觉必定依赖于他的信念、价值观和以往的知识和经验，因此，观察和观察陈述都是依赖于理论的。[14]

建构主义的科学观与传统的科学观有很大冲突。我们以往的科学教科书上、课堂上，特别在大众传媒上，都把科学知识看作是不容置疑的、绝对正确的真理。由此在学生的思想上产生了把科学神圣化的唯科学主义倾向。由这样的科学教育所形成的科学观对学生的危害至少有两点：第一，它使学生把学校里开设的理、化、生等学科当作了全部科学，而那种抽象的、平面化的、由教师灌输的书本上的科学知识加上我国"应试教育"的体制，使得许多学生经过十几年正规的学校教育，仍然感到自己是"科盲"，并且使他们感到科学离他们越来越远。[15]第二，它使学生不敢对科学教科书上的知识和理论产生理性的怀疑态度，而这就是抑制他们创造性才能发挥的主要认知障碍。无怪乎有学者将我国这种科学教育斥之为"科学主义观念教育"。[16]

2. 有效的科学学习问题

当代基础科学教育改革需要突破的一个难点就是提高科学教学质量,就学生学习科学而言,也就是怎样有效地进行科学学习的问题。在建构主义看来,科学虽然是前人研究的成果,但对于学生来说,要掌握科学知识、方法、过程和精神,则要靠他们主动建构,在这个意义上,建构主义者认为科学是不能"传递"给被动的接受者的。20 世纪 60 年代以来的两次国际科学教育改革先后提出了发现式教学和建构式教学等新的科学教学理论和方法。从建构主义的观点看,学生怎样才能有效地学习科学知识呢?

首先,学生获得科学知识是通过个人建构和社会建构两个途径而实现的。从个人建构主义观点看,知识不是被动吸收的,而是由学生主动建构的。个人建构主义的这一观点得到脑科学研究的支持,即人的感觉器官不是被动地接受信息;人的大脑创造的形象不是像照片或录像那样,大脑是依据先前的经验来选择和解释信息。从社会建构主义的观点看,学习科学又是在社会情境(如课堂)下进行的。社会情境和语言对学习科学起着重要作用。学生在学习科学时已有的观念与经验以及他人的观念进行互动,从而使他们原有的观念发生了变化、延伸或改变。

其次,掌握科学思想或概念涉及到观念的转变。从建构主义的观点来看,教师的讲授表面上好像是在传递科学知识,但实际上只是在促进学生自己建构它们而已。正如德瑞福所指出:"毕竟,学生自己所持的观念才是在学习中重要的。在编写科学教材时,迄今为止人们很少注意带到学习任务中来的观念。然而,这些观念很可能对儿童能够和确实在他们的科学课上学到什么具有重要的影响。""这种学习观表明,科学教学和课程开发中考虑和理解儿童自己的观念与清晰地呈现教科书上的科学理论是同样重要的。"[17]德瑞福举了一个例子,她说,如果一个来访的客人给你打电话,说到你家去的路上迷路了,你的第一个反应也许是问他,"你现在在哪里?"你在不知道客人从哪里出发的情况下,不可能很清楚地给他指路。与此相类似,在科学教学时,课程设计既要考虑科学教材上的知识和观点,同时也要考虑儿童自己的观点,并把两者结合起来考虑。

需要注意的是,建构主义原则上否定了教师在"传授"知识,但并不否定教师在促进学生学习科学方面所负的教学责任。它只是强调,知识在建构主义者看来不再是一种商品,可以不经过一个转变过程就从教师的头脑里传输到学生的头脑里。即使教师有意要以交流来传递知识,他所传递的概念、思想、技能等等,也必须经过接受者从他们自己的经验予以解释(在此意义上亦即转换),才可以变成他们自己的东西。

3. 教师与科学课程开发问题

如上所述,建构主义理论认为学生学习科学时,并不是从"零"开始的,学生学习一个科学课程以前,就已经在日常生活中对所涉及的自然现象形成了某种认识,这些认识在国际科学教育文献里有许多不同的叫法,如选择性框架(alternative framework)、错念(misconception)、先见(preconception)、儿童的科学(Childern's seience),等等。基于对科学学习的这种理解,德瑞福反对在科学教学中一味地强调"做中学"。20世纪60年代英美等国家科学教学中支持动手操作活动(practical work)时流行这样一句口号:"我动手做,就会理解。"(I do and I understand.)。可是,德瑞福多年的研究表明,许多学生的实际感受是,"我做了,却越发糊涂。"(I do and I am even more confused)[18]为什么呢? 因为科学的理解与人们对自然现象日常的理解是不同的,学生仅凭"动手做"并不能从日常的理解转变为科学的理解。这里,20世纪60年代人们忽视了学生从他们自己的选择性框架转变到科学的理解,没有通过科学教学实现从他们自己选择性框架到科学概念的理智飞跃,难怪就越做越糊涂了。

那么,到底怎样理解科学课程更加全面和准确呢? 建构主义理论认为,科学课程不仅仅是教材上的科学知识,也不仅仅是科学课上的活动(包括实验等),科学课程还应当包括学生头脑里已经形成的选择性框架、错念、先见、儿童的科学等等,包括学生从这些已有的观念向科学观念(即教材上的科学观念)转变的思维过程或科学观念的形成过程。这样,静态的知识融入了动态的过程中,形成了一个整体。在这种学生已有的观点与教科书上的科学知识互动过程中,学生习得科学知识的过程与其说是"发现"的结果,不如说自己建构的结果。

从上述观点来考察过程技能(或探究能力),比如观察,它就不是一项"客观的"、孤立的技能。如上所述,观察是不能离开理论的,观察是理论浸染的。国外许多经验性研究也表明,观察者倾向于注意那些自己熟悉的或期待的事物及其特征,从一个现场中选择特征的过程又受到观察者态度和假设的影响。此外,学生在观察时是有选择的,特定领域的知识起到指导观察过程的作用,因此,观察技能的学习与专门领域的知识的掌握是互为条件的。再比如,找出事物的特征(Identifying paterns)。这在概念形成过程中十分重要。过去人们一般认为,只要把观察的现象或事件呈现在学生面前让他们观察去发现好了,只要强调要认真、细致、系统、深入等等,学生就能发现特征了。事实上远不是这样简单。罗厄尔(Rowell)和道森(Dawson)(1983)两人做了一项研究,要求学生预测容器里物体浸入水中时水位上升的情况。许多学生认为:决定水位上升的因素是水中物体的重量而不是水的容量。当实验证明恰恰相反时,学生原有的观念并不容易改变。所以,作者在评论这一情况时说:"学生试图尽可能长时间地保留他们原有的观念,他们没有(或不能)直接用实验结果对他们原先的观念提出质疑。"[19]

很多其他类似的研究都表明,学生在探究时确实找出了资料中的特征,但这些特征反映的是他们原先的观念,而不是教师要求他们发现的特征。这就说明,找出特征的活动或技能也不是仅仅给学生提供一些动手操作的经验就够了,而是要让学生换一种"看事物的方式"去进行探究。有时,还需要开展辩论。

第三,从建构主义的观点来看实验。实验是更加复杂的过程技能。如同观察活动一样,实验的过程也依赖于学习者先前的知识。实验如何进行,被选择来进行探究的因素或变量,以及被控制的因素或变量等等,都不完全是客观的,而是来自实验者在实验情境时的心理表象。

根据上述的分析,我们认为,以建构主义为理论基础开发科学课程,至少要注意以下几个问题:(1) 过程(或方法)与内容(或结果)是不能分开来的。英、美等国家过去曾编写偏重过程技能的科学课程,实践证明效果并不如意。学生是否有效地采用了过程技能是与他们已有的知识、经验和观念有密切关系的。(2) 教师在进行建构式科学课程开发时不能想当然地认为,过程技能(或方法)是价值无涉的或纯客观的。大量研究证明,学生学习科学时像科学家进行科学研究一样,他们的观察和实验都与已有的知识和经验密切相关。(3) 过程技能(或方法)的学习是在解决问题的过程中培养的,它与想象力和创造性思维联系在一起时,才能发挥作用。

4. 建构式科学教学与发现式科学教学的联系和区别

建构式科学教学既不同于传统的接受式科学教学,也不同于 20 世纪 60 年代提倡的发现式科学教学。它与传统的接受式科学教学的区别是显而易见的,不用多说。它与发现式科学教学既有着许多联系,也存在重要的区别。就其联系而言,这两种科学教学方式都注重探究式学习,强调学生的主动性或在学习中所承担的责任;两者又都强调动手"做"科学,学生的主体地位得到尊重;两者都注重科学过程或方法,等等。发现式科学教学与建构式科学教学有四点区别。

首先,两种教学方式所蕴涵的科学观是不同的。发现式科学教学所奉行的是常识的科学观或逻辑实证主义的科学观。这种科学观隐含的预设是:科学知识是纯客观的,像埋在地下的古代文物一样,经过科学家或学生的"挖掘"而"发现"。建构式科学教学则充分肯定了科学既有客观性,也有主观性和创造性,因为科学如爱因斯坦所言,不仅仅是由外部世界决定的,还有人类心灵创造的成分,同时还有人类文化的作用。

其次,如前所述,建构式科学教学十分强调教师要通过多种手段了解学生对所学课程的原有认知框架、原有观念或错念,所以,在课程实施时,有一个重要的环节,即引出儿童的观念。只有引出儿童已有的观念,并且促使他们从这已有的观念出发,通过实验、小组讨论或辩论和在原有经验的基础上转变儿童的观念,才能理解和形成科学共同体接受的公认的科学知识和理论。发现式科学教学则没有这一过程。

再次,对过程与结果的处理不同。发现式教学让学生在教师设计的环境里自由地学习,试图像科学家那样去"发现"科学的规则、原理或理论。所以,学生在科学课上忙于科学学习的过程,而忽视了系统的基本知识掌握。建构式科学教学则注重把科学学习中的过程技能与科学知识(概念)结合起来,在过程与结果的关系上建立了平衡,使二者都不偏废。这可以说矫正了 60 年代发现式科学教育的弊端。

最后,教师的角色不同。在发现式教学中,教师起促进作用,但并不积极介入到学生学习活动中,而建构式科学教学则强调发挥教师的中介作用和在教学中所承担的责任。教师不是把科学知识直接教给学生,而是要在儿童的原有观念、经验和知识与教材上的科学理论和知识之间架起一个桥梁，起到中介作用。

（三）结语

长期以来，由于传统教育观念和"应试教育"体制的影响，我国基础教育实践中主导的科学教学模式是接受型的，中小学科学教育基本上没有实施过发现型科学教学。当 20 世纪 60 年代国际科学课程改革兴起时，我国正在进行"文化大革命"，直到 70 年代末西方科学课程改革的新思潮才被引进。但是，80 年代我国参照外国科学新课程所编写的科学教科书主要关注的是课程内容的现代化，也许在教材编写上多少吸收了一些学科结构课程思想，但在学校科学教育实践中，教学方法基本上还是传统的授受教学法。换句话说，发现式教学在我国基础科学教育中并没有多少实际影响。

发现式教学在西方国家科学教育中也没有普遍推广开来。事实上，发现教学法一开始就遇到挑战。第一，尝试运用发现教学的教师发现，教科书上的科学家长期研究而形成的科学理论并不是容易被学生在课堂上很快"发现"出来的，结果，一种修正的发现教学法在实践中被提了出来，即指导性发现（guided discovery）。这实际上要求教师在科学教学过程中要主动指导学生的学习，而不是提供了环境、条件和设备后，教师就可以旁观了。第二，20 世纪 60 年代以奥苏伯尔为首的认知心理学家并不赞同发现教学法，而是倡导有意义的接受学习法，即对传统的接受学习作了改革，强调教师"为理解而教"。这样，即使在西方发达国家，虽然经过了 20 世纪 60 年代的科学课程改革的洗礼，授受式教学方法也仍然比较普遍被使用。第三，20 世纪 80 年代以来兴起的跨世纪的科学教育改革，建构主义理论成为主导的理论基础，它实际上超越了发现式学习，同时也是对接受学习的扬弃，所以说，它走的是中间道路。实际上，建构式科学教学与发现式科学教学同样属于探究式科学教育，但两者有着重要区别。今天，我国中小学科学教育改革是在新一轮国际科学教育改革的背景下展开的，我们与当前国际上的科学教育改革接上了轨。但是，我们不仅需要接受探究式教学和科学素养理论，我们更需要研究和实施建构式科学教育。

参考文献：

[1] Driver, R. The Pupil as Scientist Milton keynes: Open University Press, 1983; Osborne, R. and Freyberg, P. Learning in Science [M]: the implications of Children's Science [M]. Auckland: Heinemann, 1985.

[2] Philips, D. C. How, Why, What, When and Where: Where: Perspectives on Construc tivism in Psychology and Education. Issues in Education[M]. 1997(3):151.

[3][4][5][8] 孙维刚. 孙维刚谈全班 55% 怎样考上北大清华[M]. 长春：北方妇女儿童出版社，1993：134，213，49，49.

[6] Von Glasersfeld E. Radical Constructivism and Teaching. http://www. umass. edu/srri/vonGlasersfeld/onlinePapers/html/geneva/, 2001—03—08/2005—01—6.

[7] Bennett, J. . Teaching and Learning Science: A Guide A Guide to Recent Research and Its Applications. London: Continuum. 2003:26.

[9] Von Glasersfeld, E. (1989). Cognition, Construction of Knowledge, and Teaching. http:// www. umass. edu/srri/vonGlasersfeld/onlinePapers/html/117. html, 2001—03—08/2005—01—06.

[10] [英]查尔默斯. 科学究竟是什么——对科学的性质和地位及其方法的评论[M]. 北京：商务印书馆，1982. 10.

[11] Magee, B. Talking Philosophy: Dialogues with Fifteen Leading Philosophers[M]. Oxford University Press, 1978:197.

[12] Einstein, A. & Infeld, L. Die Evolution der Physik. Wien: Paul Zsolnay. 转引自 Von Glasersfeld, E. Radical Constructivism and Teaching. http://www. ilmas $. ed u/srri/vonGlasersfeld/online Papers/html/geneva/, 2001—03—08/2005—01—6.

[13] [美]国家研究理事会. 戢守志、金庆和、梁静敏、张钟、程永来译. 国家科学教育标准[M]. 北京：科学技术文献出版社，1999：198.

[14] Chalmers, A. F. What is This Thing Called Science? An Assessment

of the Nature and Status of Science and Its Methods[M]. The Open University Press,p33—34.

[15] 华希颖.属于个人记忆的"科学".早期教育[M].2003(3).转引自张俊.幼儿园科学教育[M].北京:人民教育出版社,2004:42.

[16] 肖显静.我国的科学教育何以成为科学主义观念教育. http://www. CSC. pku. edu. cn/ari. php? sid=248. 2004—03—21/2005—01—06.

[17] Driver,R. The Pupil as Scientist? [M]. Open University Press, 1983:2,3,9.

[19]Millar,R,Driver,R. Studies in Science Education[M]. Beyond Pricesses,(14)48.

（本文发表于《比较教育研究》2005 年第 7 期。作者丁邦平,时属单位为首都师范大学教育科学学院;作者胡军,时属单位为中央教育科学研究所课程教学研究部）

九、切瑞霍尔姆斯课程思想及其启示

　　20 世纪 80 年代开始,一些后结构主义者、解构主义者纷纷致力于课程领域的研究。在课程领域最早致力于后结构主义课程研究的是美国学者陶布曼(Peter Maas Taubman),他在 1979 年完成了博士论文《性与课程:话语和性别政治学》(Gender and curriculum: discourse and the politics of sexuality)。研究中,陶布曼采用福柯的方法阐述了课程研究中的性和女性主义问题。与此同时,戴格瑞特(Jacques Daignault)和高塞尔(Clermont Gauthier)也进入了后结构主义课程研究这一行列。切瑞霍尔姆斯(Cleo Cherryholmes)是 20 世纪 80 年代后结构主义课程研究中最重要的一位人物。切瑞霍尔姆斯以批判实用主义和解构主义为其研究的哲学基础。切瑞霍尔姆斯受德里达(J. Jacques Derrida)的影响异常深刻。按照德里达的理解,所谓解构不是否定,而是按照传统内在的发生法则去阅读它,拆开或撑开它内部的张力,重新唤醒其活力,同时在它的内部以及在它所排斥的外部一道在文本的"边缘"来解读和再书写。[1]在德里达的理论当中,在场与不在场是一对相互依存的范畴,如果将其说得通俗一些,我们认为在场的未必就是永恒的在场,在场是解构、重建的基础,在解构、重建的同时,不在场则意味着在场的可能性,在场与不在场同时存在,共生共存。这样,在场的不在场与不在场的在场是不确定性、不稳定性的哲学表达。

(一) 倾听切瑞霍尔姆斯的声音:对传统课程理论的解构

　　根据切瑞霍尔姆斯发表的论文及其相关书籍,[2]我们可以看出其主要的课程思想就是对传统课程理论的大胆解构,用后结构主义和批判实用主义的视角来审视课程。在其代表作《权力与批判：教育的后结构研究》中，切瑞霍尔姆斯将解构的目标瞄准了泰勒、施瓦布、布卢姆以及布鲁纳，分别指出了泰勒原理、施瓦布的"实践4"、布卢姆的目标分类学和布鲁纳的学科结构理论的结构性特征。

切瑞霍尔姆斯认为："泰勒忽视了有关价值、结果预测和决策标准的问题，人们会马上面对问题：基本原理运作于什么情形之中？由于在对课程和指令作决策时基本原理不完整，故它必遭到在德里达意义上的解构，因为它的修辞学声称了它的逻辑学所不能陈述的东西。"[3] 瑞霍尔姆斯又批判了施瓦布试图对课程持续观察与纠正而成立的课程特殊委员会。他认为此课程特殊委员会缺失对自身话语与价值的反思，从而使这个委员会加强了现有论语与实践的力量。切瑞霍尔姆斯还认为布卢姆是自相矛盾的。布卢姆已承认知识和信息是相对的，"信息的合理性、准确性和意义在许多方式上都是相对的，且总是相对于一个特定的时代……真理和知识都只是相对的，没有固定不变能存在于任何时间、任何地点的真理。"[4] 既然知识和信息是不确定的、动态的、流动的，因此建立一个具有明确等级区分的目标分类显然是不可能的，但布卢姆却建立了一个等级森严的教育目标分类体系：知识——理解——应用——分析——综合——评价，这显然是自相矛盾的。最后，切瑞霍尔姆斯在综合考察、缜密思考了之后认为，布鲁纳的学科结构将分析性陈述和综合性陈述、事实与价值对立起来，并且赋予了科学预言价值中立、被动的特性，而实际上，即便是科学语言也不可能完全是价值中立的。

因此，切瑞霍尔姆斯指出："在改革和进步的名义下，它们被用于复制适当的教育实践。当话语——实践的起源遭到忽视，话语的物质基础被忽略，权力先于并入侵言语的方式被忽略，批判被忽略，言语的、伦理的、意识形态的纬度被忽略，其结果必然是话语——实践被规则、利益、信条和时空中的权力结构所决定，并常常被视而不见。"[5]

1. 线性勾勒：课程的流程图

切瑞霍尔姆斯解构泰勒原理，指出泰勒原理"课程的意义是由过程中各步骤之间的关系来决定的；单个步骤离开了它们所处的系统就失去了教育意义；课程设计的四个步骤界定并调节着课程——它们构成了其实在；这些步骤决定着课程是怎样变迁的。"[6]结构主义最明显的特征就是把世界及其万物看成是一种结构及其关系，并且在由事物各种各样关系而结成的结构当中，任何一项关系的变化都会牵动其他关系项，并使之也发生变化，从而使整个结构都发生变化。泰勒原理的四个步骤，即目标——学习经验——组织经验——评价，这四个方面相互制约，以特定方式结成关系，从而形成一种"结构"。按照泰勒的理解，课程的意义就是由这四方面之间的关系来决定的，无论是目标、学习经验，还是组织经验、评价，单个的步骤离开了它们所处的结构便失去了意义，并且这四方面任何一个步骤的变化都会引起系统内其他步骤的变化，从而改变了整个课程结构。切瑞霍尔姆斯也批判了布卢姆的目标分类的结构性特征，"每一教育目标的价值是由它与其他目标的关系及区别来确定的"。[7]由此可见，无论是泰勒还是布卢姆，对课程的理解都是基于"结构"的基础之上，把课程看成是一个线性勾勒的过程，课程就是由这样的几个要素（步骤）构成，各步骤结成关系，形成结构，从而互相制约。

2. 时间中断：此在而非历史

结构主义一个最大的缺陷就是只注重共时性的考察，而忽视在纵向的历史纬度上的研究，因此，结构主义者的眼里只有"此在"、"当下"而忽视了时间的纵向流动。针对此缺陷，切瑞霍尔姆斯批判泰勒和施瓦布理论当中的结构主义特征，泰勒原理"设计过程的非历史性就在于目标的来源，学习经验和评价是根据直接的情境而不是历史来探讨和分析的"。[8]施瓦布的"课程分析和修正处理的是在既定点上什么是合时宜的，而对事情是怎样变成那样的历史分析则不处理"。[9]由此可见，泰勒原理的课程设计和施瓦布的课程分析的着眼点只在于直接和具体的情境，此时此刻的时间标识才是最重要的，而至于纵向的时间纬度的演变过程则不给予考虑。这样，缺少了历史纬度的关照，课程设计则必然不够合理，没有课程设计的历史分析与考察，则无法借鉴前人之经验从而避免常犯的错误。对此福柯指出："话语不可避免地由特殊的社会、政治和经济格局特质性地生产出来,在真理名义下所说出来的东西并不简单的就是理性主义结构。推理性实践有物质基础,因为它们不能从它们的历史环境中脱离出来。"[10]

3. 主体离心化:师生偏离了课程中心

结构主义强调的是对事物之间关系的一种整体把握,而这个整体关系的结构是一个普适性的心智结构,具体的个体是不被关注的。因此,事物之间普适性的结构遮蔽了具体的主体,对于结构主义者而言,主体是被排斥在结构之外的。切瑞霍尔姆斯认为:"由于强调关系而非个体,结构主义最终使主体不再处于中心地位。"[11]受结构主义的影响,泰勒、施瓦布以及布卢姆的理论当中,师生作为课程的主体被他们各自所认为的结构遮蔽了,师生偏离了课程中心。切瑞霍尔姆斯认为,泰勒原理当中,"师生是偏离中心的,他们未处于意义和课程的中心,因为意义是由目标、学习经验及其组织和评价之间的关系来确定的。"[12]施瓦布的理论当中,"师生是偏离中心的,因为课程是以关系为中心的,如外在于师生个人的法定知识、合适的行为和共同决策;除了明显地成为向学生系统传授的课程体系的一部分之外,课程并不存在。"[13]布卢姆的理论也同样在类似的缺陷,即"师生是偏离中心的,因为教育价值和意义是权威性地存在于外在于个体的结构中的。"[14]

4. 客观中立:课程设计与评价的价值诉求

结构主义者所追求的结构是超越了具体事物以及动态历史的心智结构,客观性以及普适性是结构主义者的价值诉求。受此影响,具有结构主义思维方式的课程理论研究者在具体的课程设计以及课程评价的时候总是力求客观中立的立场,认为只有价值无涉、客观中立才是课程设计与评价的终极价值所在。据此,切瑞霍尔姆斯(Cleo Cherryholmes)指出了泰勒、施瓦布和布卢姆理论的客观中立性特点。他指出泰勒"设计过程在意识形态上显示出中立性"[15],而施瓦布的"课程及其评价和修正的过程在意识形态上是中立的,是一种基于专业知识和专业技能的专业训练"。[16]布卢姆在目标分类当中也在追求一种客观中立的特点,他设计成"纯描述性的方案,其中每种教育目标都可以用相对中立的形式表达出来"。[17]由此可见,无论是泰勒的课程设计,还是施瓦布的课程评价及修正以及布卢姆的教育目标分类都以"意识形态的中立"为终极的价值诉求,并且在课程设计、评价及教育目标分类过程当中进行了价值中立的实践探索。

5. 二元对立:课程分析和思考的认知框架

切瑞霍尔姆斯分析了泰勒、施瓦布和布卢姆的思维方式,三者的共性就是在思维方式上表现了二元对立的特点。无论是泰勒原理、布卢姆陈述目标过程当中所用的分析言语,还是施瓦布对课程概念的具体界定,都体现了其背后思维方式二元对立的特点。切瑞霍尔姆斯指出:"泰勒原理采用了一系列的二元区分:有目标/无目标、有组织/无组织、有评价/无评价、合法的教育目标/非法的教育目标、成绩责任制/非成绩责任制、连续性/非连续性、顺序性/非顺序性、整合性/非整合性。"[18]施瓦布的"课程概念是根据二元区分来界定的:什么得到了成功传授/什么没得到成功传授,负责任的教师/不负责任的教师。"[19]布卢姆也"采用了一些二元区分,如领会/知识,应用/领会,分析/应用,综合/分析,评价/综合,隐含的学科中心学习/学生中心学习。"[20]这种二元对立的思维方式是后结构主义者所极力反对的,后结构主义主张超越非此即彼的二元对立逻辑,他们并不认为存在着静态的两极对立,相反,他们主张的是两极之间的运动。

(二)启示:冲破规训与束缚展望课程愿景

1. 解构之后:切瑞霍尔姆斯对课程的建构

在解构了泰勒原理、施瓦布的理论、布卢姆的教育目标分类学以及布鲁纳的学科结构理论之后,切瑞霍尔姆斯大胆地建构了他对于课程的新理解,认为课程是学生有机会学习的文本,有机会学习的文本依赖于没有机会学习的文本,而是否有机会则取决于权力。课程作为一种文本,是教师和学生共同建构和解构的结果,故不存在霸权的中心和绝对本源的文本,这样意识形态化和呆板的刻板印象作为一种历史终结将不再出现在课程领域。把课程定义为"学生有机会学习的东西"有这样一些优点:其一,它承认将课程视为计划和评估的方针,包括计划好的学习结果;其二,它包括了学生从学校结构和组织中学习的东西,学校管理不仅仅是管理,也是教导体系的一部分;其三,它包括学生从他们同辈中学习的东西;其四,它包括了这样的事实,即学生既从被排除在课程内容之外的东西中学习,也从不属于话语的东西中学习;其五,它避免了在定义课程之前区别课程与教学的弊端;其六,它避免了使课程依靠于学校管理者和教师的组织需要。[21]

2. 冲破规训与束缚:课程的两个层面

在切瑞霍尔姆斯以及后结构主义课程研究者的启发之下,本文认为可以从两个层面来理解课程:

首先,课程并非是静态的、绝对的、一成不变的先在真理,课程也决非是独立自主的自在领域,课程不可避免地要随着社会文化的发展变化而变化。课程是经过了权力的运作机制之后而得以确证的合理化的、合法化的文本,也就是说课程是权力在教育领域里的渗透,权力决定着哪些内容可以进入到课程领域,哪些活动是能够采纳的。

其次,一旦有机会进入到课程当中的学习文本,读者"我"、学习文本、一起学习的他者之间就构成了多元的、动态的、复杂的对话过程。切瑞霍尔姆斯的理论当中"擦除式阅读"是异常重要的。擦除式课程当中的"我"是负有一定责任的阅读者,能够关注到被忽略的边缘化的存在,并且应该具有直面课程当中的不确定性、不稳定性以及恐惧感、责任感的勇气。由于"我"负责任的阅读所进行的对学习文本的解构以及在解构原课程基础上所进行的新的建构过程而构成了我与学习文本之间的对话与互动,本文认为这是一个"我"与历史的对话过程。同时,"我"与他者之间也在进行着对话,他者并非是地狱,而是和我们一道的美好生活的追求者。他者在与学习文本对话时建构的新学习文本又构成了"我"和他者一道建构、组织和设计信仰和实践的重要课程资源,本文认为这是一个"我"与当下的他者的对话过程。正是由于"我"、历史以及当下的他者之间的对话互动,才建构了多重的课程文本,这种多重课程文本的碰撞与对话打破了权威与控制,从而生成了多元的、动态的课程。

3. 展望课程愿景:自我独特性的标识

以此作为对课程的一种解读,相对于传统课程理解而言,本文认为具有以下特点:

首先,课程不是线性的逻辑,而是复杂的场域。在此课程概念观照之下,课程已不再是目标——内容——组织——评价的线性过程,而是阅读者"我"、历史以及他者的对话过程。这个对话过程是动态、复杂的,并且是在课程场当中的。在这个场当中,由于各个主体拥有不同的资本、惯习,进行着接连不断的形构,从而使权力发生着转移。这个场当中,既有在场的互动,同时也有不在场的观照。

其次,课程不仅仅是共时性的,同时也是历时性的。课程不仅仅是当下的学习者之间的互动,是教师与学生、学生与学生之间的交往与对话,课程同时也是学习者和历史的对话,因为"任何理解都是在历史之内进行的,任何作者和读者都以自己的一定生存方式处于历史中。"[22] "历史这一词汇毫无疑问总是与存在展现的线性方案相联系的,这里,线按照直线或圆的方式将最终的存在与最初的存在联系起来。"[23] 在此,本文认为课程的历史性是以学习者与历史对话的方式呈现的,而这个过程是动态和复杂的。

第三,师生作为主体不再是笛卡尔"我思故我在"意义上的处于绝对控制的地位,而是在具体的实践当中,在规则与文化之中不断地生成的主体。对于人的主体性,人们要么将其物化在客体之中从而主体性无从谈起,要么秉承笛卡尔"我思故我在"意义上的主体性的绝对张扬,这种非此即彼的二元对立的观点元益于对人的主体性的理解。当用考古学的方法来探析人的主体性的时候,我们会发现,师生主体性不是一个抽象的、不可捉摸的概念,它更多是在具体的实践当中、在实际的规则与文化之中不断生成的。福柯的分析表明,主体并不是一种统治性的、支配性的力量,相反,它或者是通过受支配的实践,或者是通过自由的实践而被构造出来的,它是规则、风格和文化环境的产物。[24] 福柯进而指出,人是通过三种对象化模式而被构造成主体的:成为科学的研究对象、成为分化实践的对象、成为伦理实践的对象,分别被构造成为知识主体、权力主体和伦理主体。[25]

第四,打破了传统的"课程是价值无涉"的梦想。其一,课程作为学生有机会学习的文本,而文本是否有机会进入到课程起决定作用的是权力,因此,课程作为权力在教育领域内的渗透,不能不承载着价值;其二,在动态的课程场当中,阅读者"我"、学习文本以及阅读的他者进行着多元对话,我与文本的对话过程是一个视阈融合的过程,在这个过程当中生成意义;我与他者的对话过程则是一个意义的分享过程,这样,课程永远都不可能是客观的、价值无涉的,而是一个不断地生成意义以及意义分享的过程。

最后,消解了二元对立的思维方式,"我"、历史与当下的他者之间对话互动过程使课程摆脱了二元对立的思维方式,课程充满着诸多的可能性与生成性,而可能性与生成性则意味着课程的不稳定性与不确定性,课程再也不是原先预设的机械化实施的过程。擦除状态下的课程是对传统的权威结构的挑战,因此打破既有的稳定结构则意味着失去平衡后的不稳定性与不确定性。这样看来,原先静态的、稳定的、平衡的课程观必须改变,取而代之的是打破原有的静态、线形、单一、稳定与平衡,从而以动态的、非线性的、多元的、不稳定与不确定性为终极的课程求索。"在课程中缺乏根据,比在学术科目中和其他专业教育领域中缺乏根据更为引人注意。那么课程的规范不是一致、稳定、和谐,而是冲突、不稳定、不和谐,因为这一过程是建构的过程,是伴随着建构的解构。"[26]

参考文献:

[1] [法]雅克·德里达,夏可君编校. 解构与思想的未来[M]. 长春:吉林人民出版社,2006.

[2] Cherryholmes C H. Power and Criticism: Poststructural Investigations in Education[M], New York: Teachers College Press, 1988. 小威廉姆 E,多尔,高夫主编,张文军,张华,余洁,王红宇译. 诺尔课程愿景[M]. 北京:教育科学出版社,2004;派纳等理解课程:历史与当代课程话语研究导论[M]. 张

华等译北京：教育科学出版社，2003；汪霞．课程研究：现代与后现代[M]．上海：上海科技教育出版社，2003．

[3][4][5][6][7][8][9][10][11][12][13][14][15][16][17][18][19][20][21] Cherryholmes C H．Power and Criticism：Poststructural Investigations in Education[M]．New York：Teachers College Press，1988：40，44，47，25，14，25，27，34，18，25，27，14，25，27，14，25，27，14，133．

[22] 章启群．意义的本体论——哲学诠释学[M]．上海：上海译文出版社，2002：89．

[23][26] 派纳等，张华等译．理解课程：历史与当代课程话语研究导论[M]．北京：教青科学出版社，2003：487，508—509．

[24] J M．Foucault，Politics．Philosophy，Culture [M]．London：Routledge Press，1990：50—51．

[25] Jrefus & Rahinow．Michel Foucault：Beyond Structuralism and Hermeneutics[M]．The University of Chicago Press，1983：208．

（本文发表于《比较教育研究》2008 年第 5 期。作者陈旭远、杨宏丽，时属单位为东北师范大学教育科学学院）

道德与公民教育

一、价值澄清学派的道德教育学说

价值澄清理论(Values Clarification)兴起于 20 世纪 60 年代的美国,它最初是在由 L·E·拉思斯、哈明和 S·B·西门合著的《价值与教学》(1966 年)一书中得到系统的表述的。除了具有其理论上的历史渊源之外,价值澄清理论之所以兴起的客观社会背景是现代美国社会的复杂多变给人们的思想意识带来的混乱及其对学校德育工作的冲击。近 20 年来,价值澄清理论同认知——发展理论、社会学习理论和新精神分析派的理论一起成了当代美国最主要的德育理论。价值澄清学派的近德教育主张在美国教育的实践中也有一定的影响。我们介绍这方面的材料,希望能较多地了解当前西方德育理论和实践领域的动向,同时也希望批判分析和有选择地借鉴其中有启发意义的意见。

(一) 价值澄清派对传统德育方法的批评

当代儿童研究领域的主要成果之一是,儿童的情感与其道德行为间的密切相关性得到了确认;同一领域的另一成果是,儿童的智能与其道德发展的关系也得到了证实。然而,这两种成果却导致许多人得出这样一个极端的看法:儿童表现在学校和家庭中的各种道德行为上的问题不是源自他们在情感上的混乱,就是因为他们的智能水平的低下。于是,学校德育的方法就分别重视情感教育和智能训练两个方面,并且这又不适当地强化了传统的说教和灌输的方法。然而在指出上述情况后,拉思斯又说,人们普遍地忽视、或者至少是没有足够地重视现代社会中迅速变化着的各种因素对儿童道德发展的影响,因而也没有认真地考虑过它与学校德育工作的关系问题。拉思斯指出:"我们发现,儿童在家庭和学校中经常出现的各种行为问题应被合适地看到是源自他们的价值观，或者更确切地说，是源自价值观上的某种缺陷。"接着，他具体分析了社会变化以及由此造成的价值观上的混乱和学校德育工作的关系。

有一种公认的普遍看法是：儿童最初的价值观是在其家庭成员的影响下形成的，而且这种影响对儿童日后的发展具有深刻而久远的作用。学校德育工作是在家庭教育的基础之上并继续不断地取得家庭教育的协调而进行的。然而，在现代西方，尤其在美国，家庭的变化使它原先具有的对儿童的教育作用逐渐减弱、消失以至走向起反作用的方向。家庭破裂和双亲就业的普遍化一方面排除了家长与儿童的交流机会；另一方面使儿童受到了这些变化带来的种种不良影响。

家庭的变化根源于社会的变化，并且也是整个社会变化的表现之一。然而，复杂多变的其他社会因素对儿童有着更为强大而有害的影响。电视、无线电、电影、报刊书籍出版事业的迅速发展及旅行的普及带来了足以使儿童无所适从的众多领域内的众多的不同意见和信息。尽管儿童能借此开阔眼界，增长见识，然而他们为此付出的代价是巨大的，他们"面临着比以往任何时候的儿童要多得多的选择"，而且这种种可供选择的机会使儿童的价值观趋于混乱，导致"要发展出清晰的价值已变为相当难的事。"

面对上述现实，学校德育工作做了些什么？拉思斯指出："在过去，当儿童遭遇到许多不同的混乱刺激时，我们曾告诉他们应相信这个或那个。我们所用的方法很多：利用我们的榜样，提出某些规则，采用说服方法等等。然而，当我们在这样做时，儿童也受着别的基于不同价值观的榜样和理由的影响。当儿童因缺乏目的或无视目的而显出混乱时，我们就坚持我们的主张、惩罚他、为我们的主张辩护，否则就为我们所坚信的儿童必须接受的许多价值中的一种作更顽强的努力。而这只能使许多儿童进一步陷入混乱，并使他们无法决定应相信什么。"这种做法的另一结果是使"许多儿童变成成人的样子，伪装成相信某些道德信条。"拉思斯还指出："毫无疑问，这些方法在过去曾经管理过学生的行为，甚至形成了信念和态度。然而我们肯定，这些方法并没有达到、也不可能达到我们所理解的价值。我们的价值是在有理智的人类和他们的复杂而多变的环境相互作用时代表一个经过思考的、由个人自由作出的选择。"

当儿童在复杂而多变的现代社会中陷入混乱而无法得到他们自己的清晰

的价值观和合适的生活方式时,当学校、家庭和社会都无法有效地解决这一问题时,价值澄清学派声称,价值澄清理论将会有助于我们得到一种有效的学校德育方法。

(二) 价值澄清理论的基本内容

价值澄清学派认为,价值来自于个人的经验。不同的经验产生出不同的价值,经验的变化也要导致价值的变化。拉思斯在《价值与教学》一书中明确地表达了这一观点。他说:"因此,我们把价值看作是不断地与形成并检验着它们的经验联在一起。对任何一个个人来说,因为价值是处于某种环境系统内的某种生活方式所产生的结果,因此它们不是确定不变和十分可靠的。某种评价方法和行为方式是通过与环境之间的足够的相互作用后发展起来的。某些事物被认为是对的、合乎意愿的和有价值的,于是就变成了价值。"

既然一切价值都是相对的、个人的,"每个人都有自己的价值观",并且"每个人都按他个人的价值观行事",那么,价值观是不能、也不应该被传授和灌输给某一个人的。拉思斯说:"从来没有人教会我们怎样把某种价值体系变成我们内心的信念。"如果某个人的价值观要被教给另一个人,那么这种价值观对后者说来就失去了价值的意义了。价值澄清学派直言不讳地承认,他们的这个观点是以相对价值论为基础的,并且又是符合美国宪法中的"民主"和"自由"的原则的。

尽管价值是相对的、个人的,因而是不能被教给某个人的。然而,价值澄清学派认为,基于一种"人性"的概念,我们可以相信,有理智的人类应该而且有能力学会运用"评价"过程和"价值澄清"方法去达到最合适的个人价值。"评价"过程是由下列步骤构成的:

(1) 自由地选择。选择必须是完全自由的,并无任何外力的控制或权威的胁迫。(2) 从尽可能多的可供选择的项目中作出选择。(3) 对各种可供选择的项目作审慎的、全面的思考,并考虑每一种可供选择的项目会有什么后果。(4) 估价和珍视个人的选择。我们所选择的事物必须是我们自己所喜爱和珍视的。(5) 把个人的选择向公众公开,并能求得公众的认可。(6) 根据所作的选择去行动。(7) 重复这种行动并使之成为个人的生活方式,然后再对我们的行动和选择之间的关系作出检查。

上述七个步骤中的第一步和第二步讲的是如何选择的问题；第三步和第四步是评价；第五步和第六步是行动。所以一个评价过程实质上是由选择、评估和行动三个分过程组成的。通过这一评价过程，我们所面临的有关价值的问题得到了评价和澄清，由这样一个评价过程所产生的结果就成了价值。因此，上述七个步骤实质上也同时是价值的七个标准。

很显然，并不是每一件事都是一种价值，也不需要这样。例如，我们的价值通常包含在我们的目的、抱负、兴趣爱好、情感、信念、态度、活动和疑虑等方面，但并不是在任何情况下它们都符合价值的七个标准的，它们也不是天然地就是价值。因此，价值澄清学派把它们称作"价值指针(Value Indicators)"，也就是说，它们包含着价值的可能性，但是只有在经过评价过程后，证明是符合份值的七个标准的，"价值指针"方可以变为个人的价值。

(三) 价值澄清学派的学校德育方法

价值澄清学派指出，儿童需要教师的指导和帮助来形成和发展他们自己的价值观，但这并不意味着教师可以把某种特定的阶值观传授给儿童。因此，要求教师运用经过特别设计的方法和练习，帮助儿童从事评价过程. 根据评价过程的基本要求，教师应做到：(1) 鼓励儿童多作选择，并且是自由的选择；(2) 帮助儿童在面临选择时尽可能多地发现各种可供选择的项目；(3) 帮助儿童审慎地思考和衡量每一种选择项目及其可能发生的后果；(4) 鼓励儿童考虑什么是他们所珍爱的事物；(5) 给儿童到别人面前去肯定他们自己的选择的机会；(6) 鼓励儿童按照他们所作的选择去行动、实践和生活；(7) 鼓励儿童有意识地重复这种行为，并逐渐形成他们的生活方式。

教师在帮助学生从事评价过程中，一般可注意以下几点要求：首先，教师要尽可能多地激起学生对他们的日常生活中有关价值的问题的注意。例如，教师可以问学生："这个周末你有什么打算?"学生对这类问题的思考和回答必然包含着有关价值的目的、兴趣、态度等内容。其次，教师必须对学生的言行表示出一种"认可"的态度，然而这并不是对学生言行的"赞成"。这样做的目的是使学生觉得教师是在注意他、了解他和尊重他。这就为教师与学生的进一步交流和引起学生的进一步思考建立了一种良好的道德教育气氛。例如,教师对学生的话可以这样回答:"我知道了你说的事,而我更欣赏你是如何考虑它的。"这一回答的前半句表示了对学生的尊重和理解,后半句有助于学生再次就他自己的事进行思考。第三,教师要进一步鼓励学生对他们已经作出的选择、对他们的爱好和对他们的行动进行重新思考和评价。这不仅能促进思维、情感和行为的发展,而且也是为了训练学生在日后的生活中独立从事评价过程的能力。

通过评价过程的运用,教师帮助学生澄清了他们各自的价值观中的混乱、评价了他们各自所面临的有关价值的问题,从而得到了他们自己的明晰的价值观,同时,学生从中学会了评价的过程、方法和技能。后者更是价值澄清学派所重视的目的。

价值澄清方法在教育中的具体应用方式是灵活多样的。拉思斯等人在《价值与教学》一书中列出了澄清应答法、书面评价法和班组讨论法以及其它十九种方式,而且每一种方式又分许多具体的步骤和措施。在由西门·豪艾和基尔申鲍姆合著的《价值澄清:师生用实用策略手册》等书则更详细地介绍了价值澄清理论运用于学校道德教育的各种方法和具体措施。现举澄清应答法略述其要点如下:

澄清应答法是学校德育中应用得最多的也是最灵活的形式。这种方法主要是教师与学生的一对一的交谈;当然,这种交谈可以在班组内进行。澄清应答法的要求是:教师要通过与学生的交谈引起学生就有关价值的问题进行思考和评价。举一个例子说,如果有一个学生对教师说:"琼斯女士,本周末我要同我全家人一起去华盛顿。"那么,教师应如何回答? 可以想象得到的可能的回答是:"那很好!"或者说:"祝你周末愉快!"可是,这两种回答都不会引起学生就此事是否有价值的思考。现在我们来考虑另一种回答。教师说:"去华盛顿吗?是你要去? 你是否喜欢去?"这样的回答就会促进学生去考虑:是否我自愿选择去华盛顿的? 除了这一计划外是否还有其他更好的计划可以选择呢? 是否这次旅行能给我带来好处? 等等。再如,有一个学生同他的教师说,他在中学毕业后将要上大学学习。教师的回答可能是:"哪一个大学?"或者说:"那很好!"或者说"那很好,预祝你成功!"诚然,这些回答对学生多少会有点作用,然而它们并没有起到帮助学生澄清价值的作用。如果教师回答说:"你考虑过其他选择吗?"这就有可能促使学生去思考未来生活的种种目标,并预计各种可供选择的目标的利弊得失。

价值澄清学派指出,澄清应答法的具体应用要注意以下三个方面:

第一,教师要注意学生在日常生活方面表现出来的问题并针对具体情景,及时引导学生从事价值思考。例如,当一个学生在课间休息时说了他爱好科学的话后,教师为了促使学生深入地思考他的语言、思想和行动之间的关系,就同这个学生展开了如下一段对话:

教师:在科学方面,你喜爱的究竟是什么?

学生:要明确指明吗? 让我想想! 天呀! 我无法肯定。我想我是在一般的意义上喜欢它。

教师:在课外你做过什么科学方面的娱乐吗?

学生:没有,真的没做过。

教师:好,利赛,现在我要回到课上啦。

在这一段对话中,教师虽然没有对学生的言行表示出褒贬的意味,然而,学生肯定是从中得到了启发而去考虑他的兴趣爱好以及思想与行动之间的关系等问题。

第二,澄清应答法是同评价过程的七个步骤紧密相关的。所有的澄清应答都旨在鼓励学生按价值澄清的七个要求去从事选择、估价和行动。拉思斯在《价值与教学》一书中列出了三十种供澄清应答用的问话供教师参考;同时,根据评价过程的七个步骤的不同要求,在每一步骤内列出许多可以采用的问话。例如,在"自由地选择"这个项目下,有如下问题可供参考:(1)你认为你第一次有了这个看法是在什么地方?(2)你认识到这种方式有多长时间了?(3)如果你以前没有做过你刚才说必须做的事,别人会怎么说你呢?(4)你得到过什么人的帮助吗? 你还需要进一步的帮助吗? 我可以帮助你吗?(5)在你的周围,只有你一个人觉察到这种方式吗?(6)你的父母要你做些什么?(7)在你的选择中有什么困难吗? ……

在评价过程的其余六个步骤内,每一步骤都有一系列带有具体目的的问话被列出供参考,此处从略。

第三,教师在课堂上应用澄清应答法时要做到:(1)教师的回答或提问要避免"道德化"和含有批评意味,避免作出评价或"给出"价值标准,避免肯定或否定的"是非式"回答。这些要求的目的是把充分的思考余地留给学生;(2) 教师运用澄清应答法的单程时间不能过长,只要启发了学生初步触及有关价值的思考后就可适可而止。要把更大的思考和评价的责任留给学生,以训练其评价能力。澄清应答法一般是在实际的教学过程中进行的,因此要处理好智育和德育的关系。

总之,包括澄清应答法在内的各种价值澄清的具体方法在课堂内外的运用都是以评价过程的七个要素为依据的。通过价值澄清法的运用,教师帮助学生澄清了他们个人价值观中的混乱,从而得到了比较清晰的个人价值观,同时,教师帮助学生掌握了可以应用于日后生活的价值澄清的基本原则和方法。

(四) 对价值澄清学派的理论错误与发展的分析

就价值澄清学派论述德育的著作的篇幅着重点和他们的德育主张对美国教育实践的影响看,他们在德育领域内所关心的主要问题是德育的具体方法。我们认为,价值澄清学派以相对价值论作为其整个理论和方法体系的前提,是错误的。它的道德主张及其所依据的哲学基础是不可取的。然而,要理解他们提出的方法的含义和实质,就应联系价值澄清学派的历史上的理论渊源进行分析,而且这对了解现代西方德育理论的发展线索以及处于其中的价值澄清理论的客观位置是有益的。

正如拉思斯指出的,价值澄清派的德育主张是从杜威的思想出发的。他们接受,并且从他们自己的观点出发进一步发挥了杜威的如下思想:"经验"是价值的来源和标准;"经验"的过程和方法是获得价值的过程和方法;"经验"的方法也是道德教育的方法。

杜威在他的《价值论》(1939)一书中指出:"与期望相联系的价值是同存在的情景相联接的,而且由于其存在背景的不同而不同。因为价值的存在是依赖于情景的,价值之是否适当也就要看它是否适合于这个情景所提出的需要和要求。"杜威的这段话集中地表述了他的相对价值论和多元价值论。价值澄清学派接受了杜威的这种观点作为其整个理论和方法体系的前提,这至少在如下几个方面是错误的:

　　首先,价值澄清学派强调价值来源于个人的经验,而个人的经验是各不相同的和多变的,因而价值是多元的,相对的和变化的。这种观点强调了价值的特殊性和变化的一面,否定了价值的客观性、共性和稳定的一面,割裂了价值的相对与绝对、特殊与一般的辩证统一关系。

　　第二,价值澄清学派把主体的活动和经验作为确定价值的标准,并进一步把价值的标准系于它对主体的目的、主体的物质和精神的愿望的满足性。这种价值的标准是相对主义的,又是主观主义的。列宁在他的《唯物主义和经验批判主义》中曾指出:"在唯物主义者看来,人类实践的'成功'证明我们的表象和我们所感知的事物的客观本质的符合。在唯我论者看来,'成功'是在我的实践中所需要的一切。"列宁这一段批判是既适用于知识论上的相对主义和主观主义,又适于价值论上的相对主义和主观主义的。

　　第三,价值澄清学派认为,西方社会,尤其在美国,是一个"自由"的和"多元"的社会。在这个社会内,每个人的价值观是不同的,因此它也要求每个人尊重别人的不同价值观。所以我们可以看到,价值澄清学派的主张在本质上乃是与以私有制和个人主义为基础的资本主义制度相适应并且是为之服务的。

　　在对德育过程和方法的看法上,价值澄清学派也是从杜威那里得到启发的。杜威在他的《教育中的道德原理》(1909)和《民本主义与教育》等书中指出,价值、道德是通过"经验"的过程和方法获得的,德育的过程和方法也就是"经验"过程和方法。具体地说,处于"实际情景"中的主体产生于一种道德上的目的或期望,然后根据主体与环境的客观关系进行思考、假设、推理,最后付诸行动以检验是否达到了预期的效果。这就是达到价值的具体过程。因此,杜威要求教师在从事德育工作时遵循"经验"过程和方法的要求。具体地说,教师首先要注意引起或重视学生的道德动机和内部道德冲突,然后引导学生就道德问题进行思考、判断、评价并从中培养学生的道德情感和道德信念,促使学生从事道德实践,从而达到预期的德育目的。价值澄清学派从杜威的这一思想出发,提出了"评价"过程的理论和方法。他们要求教师帮助学生就有关价值的问题从事选择、评价和珍视以及行动的过程。他们的主张在以下三方面是值得注意的:

　　第一,他们主张,道德教育要重视学生内部认识上的道德动机和"道德冲突"，这是对的。但是，他们只强调学生主体内部的道德动机及其对道德认识、道德信念、道德行为的作用，相对地忽视了根据具体情况从外部促进学生道德发展的诸方面，例如榜样示范、循循善诱（传授道德知识等）和有目的地培养学生的道德行为习惯等。

第二，价值澄清学派重视发展学生的道德意识、判断和选择的能力，反对死板的说教和灌输方法，这在批评学校德育中某些传统方法的弊病时是对的。然而，他们只重视德育的过程和方法，只重视澄清个人价值的过程和方法，忽视和否定了德育内容的重要性。他们一味否定说教和灌输方法，认为价值观是不能教的。这种观点是片面的。就是在美国，也有很多人对此提出了批评。有人举例批评说，在对待堕胎的态度问题上，按照价值澄清学派的做法，各人都有各人的看法，我们只要教学生如何为自己的态度找到理由并认识到与别人观点的异同就可以了。可是这样做的结果是，在帮助学生澄清自己的价值和观点的同时，又造成了学生内部的价值混淆，也造成了个人之间的价值混淆。

第三，价值澄清学派重视德育过程中认识、情感和行动的结合，并据此设计出一系列具体的实施方法和措施。但是，他们并没有深入准确地揭示出德育过程中知情意行的相互关系，也没有较深入地单独研究德育的知情意行诸要素。

最后，我们将把价值澄清理论与当代美国最有影响的道德教育学说——以柯尔柏格为代表的认知—发展的德育理论作以简要比较。柯尔柏格也接受了杜威关于德育过程和方法的思想，不过他更直接地从皮亚杰那里接受了儿童的认知发展与道德判断发展有一条并行不悖的路线的思想，因而他的德育理论更具有认知—发展心理学的结构主义的特点。柯尔柏格重视道德判断能力的发展，重视道德思维的结构的发展。他把学生与学生、学生与教师之间的交流和合作活动看作是提高道德思维水平的有效方法。价值澄清学派着重发挥了杜威关于德育过程的思维，情感与行动相结合的思想。他们的着重点在于发展学生澄清和实践个人价值观的能力，他们把学生与教师的相互作用看成是确立个人价值观的方法。柯尔柏格重视发展道德认识的能力，但相对忽视了道德情感、道德行为习惯诸问题；价值澄清学派重视价值分析，道德情感和道德行为等问题，但忽视了如何提高道德认识（包括形式和内容）水平的问题。关于前一派，柯尔柏格在最近几年曾多次指出，他早期的理论中有一种"心理学家的谬论"这指的是他忽视了如何根据德育实践来研究德育理论并反过来指导实践的问题(例如他设计的道德两难题如何同实际生活中的道德两难符合起来等问题)。柯尔柏格还认识到他早期的研究在道德情感、道德行为习惯诸方面的缺陷。关于后一派,拉思斯等人指出,价值澄清派与认知—发展派的主张已有了许多共同之处,例如:两派都强调"经验"过程中的主体和客体的相互作用,强调独立思维的作用,强调对"民主"、"自由"和"真理"的追求等等。然而,正如认知—发展派的德育理论一样,价值澄清学派也自认有着不少缺陷。他们相信,在未来的发展中,价值澄清理论与认识—发展派的德育理论将会相互接近、相互补充。

　　(本文发表于《外国教育动态》1984 年第 4 期。作者魏贤超)

二、道德的四要素理论

传统及现代道德研究一般都分成道德思想(道德认识)、道德情感和道德行为三大领域。这种分类法也许有益于区分出不同的道德研究范围,但它却妨碍了从理论上完整地阐述各种道德要素之间的关系及道德形成的过程。因而几乎没有一种著名的道德理论提供了综合的道德心理学观点。认知发展心理学、社会学习理论、心理分析理论、社会心理学的"社会规范"理论、移情——利他主义理论、后皮亚杰学派的信息处理理论、人类决策理论以及社会生物学理论等,都是如此。这些理论在研究道德各种要素时,往往顾此失彼,而缺乏一种综合性的眼光。为此,明尼苏达大学教授 J·R·里斯特卡①(James R·Rest)提出了道德四要素理论。这一理论回答了任何完整的道德理论所必须回答的问题并研究了道德领域中一些令人苦恼的难题,它为我们在道德领域里分析问题及展望某些研究前景提供了有价值的方法。

(一)

传统的道德研究分类形成了这样一种局面:行为心理学家研究道德行为,认知发展心理学家研究道德认知,心理分析学家研究道德情感。如果我们比较一下各自的研究内容,往往会发现道德三要素(行为、认知、情感)只有极低的相关,甚至还会得出这三种要素都是独立存在的结论。里斯特为了避免上述研究

---

①J·R·里斯特是明尼苏达大学的社会学,心理学和哲学教授,于 1969 年在芝加哥大学获临床心理学博士学位。曾出版过道德阶段评价及应用客观量表研究道德推理等方面的专著。

的种种不足,主张全面而完整地研究道德。他认为,研究道德的一个首要问题
是:在一定情景中表现出道德行为的人,其头脑里发生了什么? 研究道德就要
研究道德行为,但我们不该像行为心理学家那样只关心人们在各种情景中的道
德行为模式,我们还应该关心产生道德行为的内在过程,否则我们就不能称某
种行为是"道德的",也难以知道这种道德将如何泛化到其它情景中去。因而,
里斯特对上述问题的回答是:任何道德行为的内在过程(或道德行为者头脑里
所发生的一切)至少包括四个重要过程(或四种要素)。这四种内在过程如表 1
所示。

表 1　产生行为的内在过程

要素一	这一过程的主要功能:从一个人的行为如何影响他人幸福的角度解释情景。 认知—情感互动:推论他人如何受感动,及同情、憎恶他人等等。
要素二	这一过程的主要功能:思索行为的道德原因应该是什么;认识特定情景中的道德观念。 认知—情感互动:建构道德意义系统(包括抽象的逻辑和价值态度问题);认识道德观念(包括认知和情感要素)。
要素三	这一过程的主要功能;在矛盾的价值中选择要付之行动的道德观念;确定是否努力实践这种道德观念。 认知—情感互动:分析各种目的的相对效用;影响观点的心境;维持歪曲的知觉;促成决定的移情;对目标选择动机的社会理解。
要素四	这一过程的主要功能:履行和实现个人想做的一切。 认知—情感互动:行为的持续性受目的认知变化的影响。

在进一步解释和阐述这四要素前,里斯特首先阐明了这四个过程所形成的
模型性质。首先,里斯特否认了道德行为的产生是一个单一过程。道德的单变
量理论,就象人格的单变量理论一样,是难以令人信服的。同样顺利完成其中
一个过程(如解释情景)的两个人,并不一定能同样完成其它几个过程。而任何
过程(如选择道德观念)的不完善都妨碍着道德行为的产生。尽管这些过程互
有联系,但它们都各有独特的功能,都是产生道德行为所不可缺少的。

其次,这些要素是形成道德行为的过程,而不是人的一般道德特征。评价

一个人如何解释特定情景,并不意味着我们能得出这种看法:这个人一般都以这种方式解释情景。这四种要素并不是形成一个完人的四种美德,而是研究特定的情景联系如何导致特定道德行为过程的主要分析单位。

第三,这一要素模型为分类和描述现有道德研究提供了一种理论框架,并且不完全是纯哲学的思辨。可以认为,每一要素都提出了当代心理学研究和道德理论已作了一定回答的问题。与这四要素相应的四个问题是:(1)主体如何解释情景?(2)主体如何定义道德行为过程?(3)主体如何选择他(或她)所追求的、有价值的结果?(4)主体如何履行和实现他(或她)的目的?我们发现许多不同的理论可以用来回答同一个问题。比如,认知发展理论和社会心理学的"社会规范"理论对上述第(2)个问题提供了不同的解答,但是没有任何一种道德理论能同时回答上述四个问题。

第四,每一要素过程都包括不同的认知—情感互动。我们应该看到:认知和情感不过是同一实在的不同方面。没有无情感的纯认知,也没有无认知的纯情感。正因为每一要素过程包括不同的认知过程.因而每一要素过程也就包括不同的认知—情感互动(显然,认知和情感并不只有一种关系)。比如,哈夫曼(1977)从不同的"他人概念"如何影响移情这一角度,描述了认知和情感的互动。柯尔伯格(1969)在讨论与认知结构平行的情感和动机时,描述了另一种认知—情感互动。米切尔(1976)则描述了对奖赏物的认知重构如何影响一个人继续坚持乏味工作的意志。这一切表明道德研究有必要研究道德认知和道德情感互动的不同性质。

概而言之,里斯特对行为、认知和情感关系的看法是:道德行为是四种内在认知—情感过程的外显和结果。这四种内在过程包括不同的认知和情感。如果我们知道个体在特定情景中的所有四个内在过程,那我们就可准确地预言行为。里斯特竭力推崇同时对这四个过程进行研究,并风趣地预言,谁能对这项研究设计出完善的计划并付之研究行动,谁就能获得诺贝尔奖。

(二)

这一部分我们将分别详细讨论里斯特的四个要素。

要素一是解释情景的要素,包括想象情景中可能的行为过程以及从它们如何影响其它参与者的幸福这一角度思忖行为结果。

有四个心理学研究成果佐证了要素一。首先,许多人很难解释即使是比较简单的情景。研究旁观者对突然事件的反应就证明了这点。比如,有一个研究显示:助人行为与情景的清晰性有关——如果旁观者不清楚发生了什么事,他们就不会自觉地予以更多帮助。其次,人们对他人的需要和幸福的敏感性存在着明显差异。第三,判断他人需要、一个人的行为如何影响他人的能力是发展的。随着年龄增大,人能更好地判断他人。第四,社会情景即使在一般的认知加工之前也会引起强烈的情感。情感在一个人完理解情景之前就能被激活。比如.哈夫曼(1977)一直强调移情在道德中的作用,并把移情的发生看成是无需复杂的认知操作为中介的基本反应。哈夫曼的理论尤其对这一问题感兴趣:这一基本情感反应如何逐渐与认知发展互动,及为认知发展所修改,形成更为复杂的移情形式。不过,我们以为这种所引起的情感足情景中需要解释的一部分,因而也是要素过程的一部分。

要素二包括决定什么行为过程最能实现道德观念,在特定情景中应该做什么。

有两个重要的研究传统描述了包括在要素二中的过程。其一是从社会心理学角度出发,认为社会规范制约着如何定义道德行为过程。社会规范的形式是“在 X 情景中,个人必须作出 Y 行为”。各种社会规范都以社会责任、平等和互惠等为先决条件。比如,社会责任规范要求:如果你知觉到他人的需要及他对你的依赖,那你就必须设法帮助他人。我们可以把这一社会责任规范应用于著名的柯尔伯格的海因茨和药的情景:因为他的妻子需要这种药,而他又买不起,所以他应去偷这种药。根据这一社会规范解释,当一个人遇上一道德问题时,他或她应解释特定情景,并注意涉及到特定社会规范的具体条件结构(在上例中,有必要了解依靠海因茨的人的条件)。依据这种社会规范理论,道德发展就是获得一系列社会规范,并在具体情景中运用这些规范。

涉及要素二的第二个重要研究传统是认知一发展研究,这一研究深受皮亚杰和柯尔伯格的影响。与“社会规范”理论(主要关心获取一系列规范)相反,认知一发展理论集中于逐渐理解社会准备的目的、功能和性质。因而这一理论的焦点就在于让每个儿童作好合作的准备,尤其是每个合作者如何互惠互利。在合作中,参与者应认识到他们既有利益也有责任,公正是平衡处理二者关系的核心概念。发展就是主体对可能的各种合作意识的增长。依据上述观点,儿童最先意识到的合作系统往往十分简单:只涉及少数儿个在面对面交往中认识、并在具体的短期交往中互惠的他人。随着年龄的增大,儿童会逐渐意识到更为复杂的合作系统,诸如长期的社会网络、制度化的角色系统、及法律系统。不同的合作系统(或"公正的结构")都以不同的公正概念为特点,它们被称之为道德推理的"阶段"。处于某一"阶段"的儿童,往往以这一"阶段"的公正概念去判断在特定情景中应该做什么。

许多研究者都以为属于皮亚杰和柯尔伯格传统的认知发展理论提供了一种完整的道德发展理论,但里斯特认为认知发展理论只回答了要素二的问题:在特定情景中人们如何定义什么是道德? 考虑公正,与移情一样,决不是道德的全部。道德判断考试得分并不会告诉我们这个人面临道德问题时的敏感性,及其它什么价值观念有可能取代或使他抛弃自己的道德观念,它也不会告诉我们这个人是否能很好地实现自己的道德信念。因而,尽管道德判断和道德行为有着重要联系,但我们还必须研究道德判断之外的许多因素。

要素三包括在矛盾的价值观中作出选择,以决定个人实际上试图做什么。

在特定情景中,每个人一般都会意识到不同道德行为过程将会导致不同的结果,而每一道德行为都代表着不同的价值观,受不同的动机激活。我们常常可以看到这种情况,富有吸引力的非道德价值观往往会使一个人选择取代或抛弃道德观念的行为过程。比如,丹曼研究了儿童道德判断和道德行为的差异。他的问题是如何分配作为手工劳作奖励物的十支棒棒糖。在交谈中,这些儿童描述了各种奖励物公平分配的计划,并且解释为什么他们觉得应该这样分配。然而,当真让他们分配十支棒棒糖时,他们却偏离自己提出的公平分配计划,而给他们自己多分棒棒糖。因而,儿童所采纳的道德观念会由于其它动机(在此例中,是多吃香甜的棒棒糖的希望)而抛弃。

如果说一个人意识到在情景中各种可能的行为过程,及每个行为过程都导致不同的结果或目的,那么他为什么要作出道德选择? 尤其是如果这一选择要损害某些个人利益或忍受某些痛苦。或者说道德行为的动机是什么? 对此的解释也众说不一。我们至少可以列出八种主要理论。

（1）人的道德行为是因为进化产生了利他主义并成为我们的遗传基因（如威尔逊，1975）。

（2）"良心使我们成为懦夫"，即羞耻、内疚、有条件的消极情感、害怕上帝惩罚的道德动机（如伊塞恩克，1976）。

（3）没有特定的道德动机，人们仅仅反应强化物或模仿和"学习"社会行为（如班图拉，1977）。

（4）对如何进行合作的社会性理解和进行合作的个人理由产生了道德动机（如皮亚杰，1932，1965）。

（5）道德动机的起源从畏惧感和自我克制到超出自我的某些东西——与宗教战争、献身自己的祖国或集体、崇敬上帝保持一致（如涂尔干，1952，1961；艾里克森，1958）。

（6）移情是利他动机的基础（如哈夫曼，1977）。

（7）在充满公正和关心社群的生活经验能使人理解合作社群的可能性及形成人的道德责任（如罗尔斯．1971）。

（8）认为自我完善和作为道德媒介的个性是道德行为的动机。

上述八种道德动机理论说明了对这一问题的不同看法，其中没有任何一种观点得到比较完整的或强有力的研究证据的支持。显然这一道德要素还需要做大量的研究工作。

要素四指履行和实现道德的行动计划，包括推测具体行动的结果、估计各种障碍及意想不到的困难，克服疲乏和挫折、抵抗分心的事情及共它诱惑并始终指向最终目标。心理学家认为这些过程包括"自我强化"或"自我调节技巧"。克赖伯斯在研究中发现，处于柯尔伯格第四个阶段"法律与秩序"的被试，在"自我强化"测量中得分高的人要比得分低的人的欺骗行为更少，这些有高度自我强化的被试或许会"强化他们的信念"，而只有低度自我强化的被试也有这种信念，但却不付之行动。另一些类似的研究也表明，一定的内强化（促使人行动的一种能力）是产生道德行为的一个因素。

（三）

里斯特认为上述四要素模型并不是直线式的决策模型，亦即他并不以为每一道德行为都要以一定的顺序通过每一要素。虽然四要素有着逻辑的连续性，但每一要素均会通过反馈和强化循环影响其它要素。这一观点得到了大量研究的证实（见表2）。比如，迪恩斯特比尔及其同事（1975）控制对情景中情感的解释，发现了与这种控制相关的行为差异。他们指出，一个人思考道德观念的特定方式（要素二）将会影响对已小现的情感的解释（要素一）。再如，达雷和贝特逊（1973）控制被试完成任务的紧张度，结果发现处于很大时间压力下的被试更少注意他人的需要。换言之，全神贯注于完成一项任务的被试（基本上属于要素四）不太注意发现在另一情景中他人的需要（要素一）。过分注意一种要素会降低另一要素的效率。另外，随着个人道德行为代价的明显化，人们有时会重新对情景作辩护评价（要素三影响要素一）。

表 2　要素互动的经典研究

1→2：	塞尔曼（1971.1980）
1→3→B：	迪恩斯特比尔等（1975）
1→3→B：	贝里特和耶罗（1977）
2→1：	迪恩斯特比尔等（1976）
2+4→B：	克兰伯斯
3→1：	李纳（1971）；斯切瓦茨（1977）
4→1：	达雷和贝特逊（1973）
1+2+3+4→B：	（诺贝尔奖获得者）

注：数字代表各要素，箭头表示影响方向，加号表示一个以上的要素可预言对行为的影响，B代表行为。

人们一直对道德行为的一般性问题争论不休。大量研究指出，情景中即使是似乎很微小的变化也影响行为。比如实验者的性别、参与者的多少、他们之间的关系、个人先前的经验、另一个参与者的服饰及吸引力、对被试的指导细节等等。确实，影响行为的情景变化的数量大得娃以使人眼花缭乱，并且，同一个因素会以不同的方式影响不同的人。一种有可能澄清这种混乱的方法是依据情景因素对要素过程的影响而进行分类。比如，情景中的所有问题都会影响要素一（对情景的解释与理解）。

表 3　影响每一要素过程的情景因素

对要素一的影响	人的需要,目的和行为的模糊性; 与情景或情景中的人的熟悉程度; 允许解释的时间; 个人危险程度和压力的敏感度; 专心于其它要素过程; 情景因素的绝对量和记忆中的重要暗示; 解出因果链的复杂性; 妨碍一个人注意或思考某些问题的设想和期望。
对要素二的影响	影响具体的社会规范或道德观念的应用,或使它们"充满活力"的因素; 把责任推给他人; 影响角色责任、相互关系或赏罚的条件,承诺、契约或期望; 所包括的道德问题出自特定联系; 由于先前信奉的一些思想或规则而形成的,占与优势的公正感。
对要素三的影响	激活不同于道德动机的多种动机的因素; 影响决策的心境状态: 影响估计代价和利益的因素; 影响人们估计事情发生概率的因素; 影响个人自尊、冒险意志、及利用归咎于受骗、否认需要或赏罚而重新对情景作辩护评价的因素。
对要素四的影响	使人难以实现道德行动计划的身体因素; 使人分心、疲劳、硬令人憎恶的因素; 对目标的认知变化; 同时进行一个以上行动计划的时间困难。

　　如表 3 所示。其目的在于依据情景因素如似影响每一要素过程而把情景因素分类。里斯特认为,可以通过这种分类而把理论引进似乎无限的和变化多端的情景因素。只有在此基础上,我们才可以开始研究某些情景变量如何影响某些人(而不是其他人)的道德过程,并通过系统地研究影响道德过程的情景变

量,以更多地了解包括在道德形成中的要素过程的准确性质。

概而言之,道德的四要素理论认为:道德行为的产生包括所有四个要素过程,任何要素的不完善都会导致道德行为的失败。如果一个人对他人的需要不敏感、或如果情景过于模糊而难以解释,那么这个人就难以实现道德行为(要素一欠缺)。此外,一个人只会作简单的和不合适的道德推理(要素二欠缺),道德观念往往被其它价值观所抛弃或取代(要素三欠缺),或即使决定了道德行为过程,但由于迷失方向而难以完全实现这一行为(要素四欠缺),这一切都将影响一个人能否形成完整的道德行为过程。根据这种理论,我们不难得出这样的结论:道德发展就是熟练掌握这些道德要素的过程;道德教育的目的就在于促进道德四要素功能的发展。

(本文发表于《外国教育动态》1989 年第 2 期。作者张引)

三、诺丁斯关心理论及其与完善人格教育理论的差异

诺丁斯(Nel Noddings)美国哥伦比亚大学教授,是当今美国著名教育家之一。关心理论是其提出并热心倡导的教育学说,该学说有许多独特之处,值得我们认真研究。本文仅从该理论产生的背景、主要观点以及该理论与美国里考纳(T. Lickona)为代表的完善人格教育(Character Education)理论的差异的三个侧面对该理论进行初步探讨。

(一)关心理论的思想认识渊源

一是美国社会状况缺乏对人的关心。人们成天忙忙碌碌为了追逐金钱、财产、名利、地位以及满足自己的个人嗜好,按照诺丁斯的说法是"关心事物胜过关心人"。[1]这是一种很不正常的现象。她认为"作为人类成员才需要关心和被关心"。[2]尤其是成长中的青少年一代更应得到来自老师、家长和社会方方面面的关心。这是她关心理论的一个来源。

二是她对有些人在学校道德教育方面按照严密的数学方式进行提出了疑义。诺丁斯认为,"按照数学方式处理道德教育的话,就大错特错了"。[3]她指出按这种人的理论进行教育,必然出现两种弊端:一方面忽视了道德情感的冲突过程,仅仅集中于道德认知理性的教学上,使得道德教育有很大片面性,学生也无机会分享道德教育过程;另一方面,如果按照研究道德推理的方法,用设置课程的方法,规定一套课程规则和语言系统进行道德教育,我们就将道德教育视为一门学问了,这样做是一种简单化、庸俗化的做法。

第三是存在主义教育哲学"我—你"关系论。在存在主义教育哲学理论体系中,将人与人之间的"我—你"关系视为最基本的平等关系,我与你都是人称代词,没有任何高低贵贱、尊卑上下之别。诺丁斯赞同"我—你"关系论,但是她进一步发展了"我—你"关系,认为建立在"我—你"关系基础之上的关心者与被关心者的关系才是学校教育的使命。

第四是她对美国一定范围内流行的完善人格教育提出很多疑义。她认为虽然完善人格教育理论和实践有许多可以肯定的地方,但是,从总体而言,完善人格教育理论诸多方面是不能接受的,应该由关心理论来修正或替代。关于关心理论与完善人格教育理论的异同本文将详细讨论,下面我们先看看关心理论的主要内容。

(二)诺丁斯关心理论的主要内容

1. 关心释义

诺丁斯提出,关心是一种观点和态度,它由记忆、情感、能力等多种心理成分构成,并且使各种成分处于被激活的状态。而基于关心之上的道德是一个具体的过程。诺丁斯极力主张把道德教育具体化,不能坐在屋子里空谈理论,而应在广阔的社会背景下,在应该得到关心的人面前对他真情实意地关心,从而达到道德教育目的。她的著述中还将道德与伦理道德概念混用,说明关心在道德和伦理道德方面是通用的,都是十分必要的。

诺丁斯指出,教育者必须都是"关心者"(Carer)。教育者面对的学生一般可理解为"被关心者"(cared for)。关心者是一些人,他们的头脑中挂念着某人或某事,处于一种分担并力图设身处地地解决某人的问题的状态。而被关心者也是一些人,他们体验到自己在被关心的状态下。被关心与被帮助决不是一回事。被帮助不完全与道德问题相关,而被关心则是道德教育的重要组成部分。如果没有被关心者体会到自己被关心着,就等于没有形成关心者与被关心者的人际关系,道德教育也就无法进行。因此,关心理论相信被关心者是个特殊贡献者,被关心者是与关心者相辅相成的不同者。关心者与被关心者的关系是进行道德教育的基本人际关系。缺少任何一方都不能构成完整的道德教育过程。婴儿极大地贡献给母亲与子女关系,学生贡献给老师与学生关系,患者贡献给医生与患者关系等。这种强调以关系为中心而不是以人为中心的理论构成了诺丁斯道德教育理论的鲜明特色。

2. 关心与教育目的

诺丁斯将其关心理论上升到教育哲学的高度,她意识到关心理想的实现应该从认清教育本质、端正教育目的入手。她指出:"教育不只是为经济生活和为公民做准备。……也不仅仅是为了得到较高收入的工作做准备。理想的教育应该为关心家庭生活做准备,为抚养孩子成长做准备,为处好邻里关系做准备,为审美做准备,为道德敏感性做准备,为环境智慧做准备,为宗教或精神智力做准备,为全部的生活方方面面做准备。"[4]这种崭新的"教育准备说"反映了诺丁斯是从儿童成长发展的多纬度理解教育的。如果教育真的关心儿童,成为一个人成长的助力,那么教育目的就应该是多方面复合的,不应该是单一纬度的。

3. 正义与关心

1999 年,诺丁斯在《正义与关心——探讨教育的共同基础》导言中写道:"我宣称公正如果没有与关心融合,在试图克服过去的不平等问题时,将会导致新的不平等。"[5]

诺丁斯指出:"在当今美国,最广泛讨论的正义哲学理论是公平的正义(justice as fairness),罗尔斯(J. Raws)研究的正义论除了其理论的思辩性以外,在每天社会情境中也有深厚的实践基础。一个年纪非常小的儿童如果他们感到受忽视了,或被错待了,都会喊出'那不公平!'公平是个指示词。一个社会必须建立对所有人都公平的规范,然后依据这些规范活动,这一基本观念类似传统的社会契约理论。……罗尔斯强调,如果规则不能消除不平等,那么规则至少应该设计成对处境最不利的人有益的规则。"[6]诺丁斯基本赞同罗尔斯的观点,但是她进一步讨论了公平和正义的问题,她分析,作为公平的正义概念包括"分配正义"(distributive iustice)因为它强调平等分配社会的产品。另外也包括"报应的正义"(retributive iustice),目的是强调一种平衡。报应的正义具有长久的历史,今天仍然在刑事法案中起广泛作用。报应的正义必然与"罪有应得观念"(the notion of desert)相关。从这个角度看问题,遵照罗尔斯有利于处境不利的人的思想就出现了问题。显然,诺丁斯认为在考虑对处境不利的人们有利的前提下,还要考虑"罪有应得观念"。例如,对待学习差的学生只强调特殊关照他们不行,好学生会有意见,还可能鼓励了懒惰和漫不经心,重要的是,要分析导致处境不利的原因是什么,这才是对学生的关心。[8]

4. 女性与关心

诺丁斯认为："从本质特征和最基本的原理上讲,建筑于关心之上的伦理道德是女性的。"[9] 为什么这么认为呢? 她分析传统的以逻辑判断为特征的伦理道德观非常明显是出于男性的经验的产物,而以关心为取向的伦理道德观才是出自于女性的经验的。那么应该怎样看待道德教育问题,怎样实施道德教育呢? 诺丁斯认为,妇女面对道德教育问题的表现值得引起注意。妇女总是将自身置于具体的道德情境之下,表现出了自信的人的责任感。"她们常用'关心'一词说明她们的行为,并从关心者的角度处理道德问题。"[10] 所以她说,传统的道德思想体系不能使女性接受与信奉。但是,在强调把关心概念引入道德教育领域主要是女性的经验的同时,诺丁斯不认为关心者必然是女性,而被关心者必然是男性。在关心和被关心的角色上不分男女性别。以关心为特征的伦理道德观男性也可以分享。男性也可以成为优秀的关心教育实践者。她的这些见解是从女权主义的立场对道德教育问题提出的重大补充。这种见解应引起我们注意,它有助于丰富和发展道德教育思想。

5. 创造实践机会,实现道德教育目的

给儿童创造合适的机会,让儿童有"关心"的活动,诺丁斯称之为实践法。诺丁斯建议,在家里饲养宠物的目的应该是给儿童创造关照宠物的机会,以养成儿童责任感。这对培养儿童关心的态度有一定作用。

诺丁斯建议修改学校规则,给学生创造更多的实际工作的可能性。[11] 例如,可以让学生和学校管理人员一起工作,让学生学会修理门窗,维修破损的教学设备,保持学校体育场地清洁。还应让学生参加种植和饲养活动。让学生参加厨房、办公室工作,以及在教室里作教师的助手。学校还应与社区有关部门机构合作让学生在校外参与一些活动,例如到医院、幼儿之家、公园、植物园、饲养场等地,使学生在关心活动中学会关心。在给学生创造实践机会时,培养学生动手操作技能也是必要的,但技能应为关心服务。实践的目的不是培训职业技能,而是实现道德教育目的。

(三) 诺丁斯关心理论与完善人格理论的差别

20 世纪 30 年代以来,里考纳等人倡导的完善人格教育理论渐渐流行起来,该理论一方面在美国局部地区产生了一定影响;另一方面,由于美国主流社

会文化反对用一套统一的价值观进行灌输式的教育,使完善人格教育处境十分尴尬,进退两难。诺丁斯分析了完善人格理论的弊端之后,很有信心地喊出一个口号"用关心教育替代完善人格教育"。2001 年,诺丁斯在其新著《同情地替代完善人格教育》(A Sympathetic Alternative to Character Education)一书中,专题研究了在美国流行的完善人格理论,她将关心理论与完善人格理论进行了对比,肯定了完善人格理论的积极效应,同时也指出了完善人格理论的不足之处,她最终目的是希望人们用关心理论来指导教育实践。关心理论和完善人格理论的不同之处有以下几点。

1. 理论基础:美德条目第一,还是人际关系第一

里考纳等人倡导的完善人格教育理论基础是美德伦理学,又被称为"美德袋"理论,并认为古希腊哲人亚里斯多德是其鼻祖。完善人格教育理论和关心理论都广泛应用"关心"这一概念,完善人格教育理论中的关心是一个条目,而诺丁斯所谈的关心,不仅仅是一种美德条目,尽管它与传统美德有重要的相似特征。关心理论以关系为中心,关心在关系中应用是基本的。诺丁斯更关注建立关心的关系,而不是美德传授。

诺丁斯认为,用直接传授方式进行美德教育时,一个因素要考虑,不仅情境必须具体直接,解释性要求也应该很实用,而且,某些前提条件应该满足。儿童乐于听成人的话,并与成人形成了关心信任的关系。完善人格教育者承认这点。但是,他们对关心的关系的关注似乎是次要的,推崇美德条目是首要的。诺丁斯的关心理论把重点颠倒过来了,关心的关系是第一位的,并且认为,美德条目是从关心的关系中自然地发展起来的,关心者是"建立、保持和强化关心关系"的操作者,在适合的道德教育途径中人际关系不可忽略。

2. 道德条目的确定:是包罗万象,还是关注每个人

诺丁斯承认,关心理论倡导者和完善人格教育者都赞同:美好的世界更多依赖良好品行的人,而不是依赖好的规则。完善人格教育强调灌输美德,关心理论更强调建立能使人追求道德品行的环境条件,而不是直接传授美德。

完善人格教育面临的大的哲学社会问题是确定美德条目。1991 年,里考纳强调尊重和责任,[12]但是他也探讨诚实、怜悯、公平、勇敢、自律、帮助、容忍、合作、谨慎、民主等价值观。尽管完善人格教育倡导者期望提出包罗万象的、放之四海而皆准的、标准的道德美德条目,但是,从关心理论的角度看,完善人格

教育在条目问题上存在以下缺陷：

第一，条目不完善。条目一般是从伦理角度提出的，忽略了个人幸福，忽略对智力品德的尊重，甚至忽略健美的身体素质，忽视了个体的自我控制品质。

第二，条目之间存在相互矛盾现象。例如，几乎我们所有人都承认"诚实"是一种美德。可是，又有人认为当出现怜悯之心时诚实就是牺牲品；当美德条目被无条件联系的评估和排序时，更暴露了各条目之间的矛盾。

第三，条目内涵的解释说明很难令人信服，反而增加了人们的疑虑。例如，里考纳推崇的核心条目之一是责任，在讨论教师责任时，从不同角度提出问题，可能就不与责任相关联。

第四，条目与宗教福音倡导的善德完全一致，但是，公立学校不进行宗教教育。因此，某些公立学校就不能进行他们倡导的道德教育了。

第五，条目有很大年龄局限。诺丁斯认为，完善人格教育对较小儿童提供简洁要求比较好，对青少年就不合适了。因为，从小接受的条目，随着儿童长大，他们要在实施美德过程中重新分辨含糊的美德条目。

与完善人格理论不同，关心理论怀疑完善人格派不考虑相关背景、确定几个特定的美德条目用来绝对灌输的效果。关心理论特别强调"社会"美德条目。强调社会美德条目的原因是基于关心理论的关系理论的基础。一个人能否成为有道德的人，很主要的是看人们怎样对待他。因此，关心理论将协调一致、和睦、善意幽默、情绪敏感、良好风度等等条目视为重要的核心条目。

3. 道德如果能教：是按预先的计划教，还是随生活情景教

诺丁斯讲，她同情地、设身处地地思考过道德教育力图要实现的目标。但是，重要的问题没解决，完善人格教育者很少深入考虑这些问题。可能也是困扰我们几个世纪的最棘手的问题，即美德能教吗？在柏拉图的对话中，苏格拉底就提出了这个问题。如果美德是不可教的，怎么被人们接受了呢？在后来的对话中，苏格拉底宣布，美德一定是能够被习得的，教学一定有些作用。但是，他无论如何也不能彻底说清人是怎么形成美德的。

哈桑（Hartshorne）和梅（May）1928～1930年对早期完善人格教育效果的研究，结论是没有效果。儿童受到完善人格教育后在成人直接指导下行为很好，但是他们不能按照所教导的去表现。科尔伯格认为完善人格教育一般依赖灌输，而灌输是不可接受的教育方法。因此，起源于苏格拉底美德是否可以传

授的问题,反对的声音有两种:一是直接质疑美德可以像教算术那样直接教学的主张;另一是反对教美德的企图,这种企图是灌输,而不是教育。

诺丁斯赞同对完善人格教育的种种批评,即完善人格教育先有计划,然后传授与具体背景不相关的美德,这种方式应该批评为无效的教育。但是,她认为批评过于简单了。毕竟绝大多数作为父母的,至少总要直接教给孩子一些美德。实践中人们还是认可道德是可以教的。明智有效的教育方法应该依靠儿童的年龄和具体时空情境调整,使儿童既不感到羞耻难堪,又不会造成日后故伎重演。

4. 故事法:是编写故事,还是选择故事

完善人格教育理论和关心理论在日常教室活动中都特别强调运用故事法。完善人格教育家乐于讲英雄人物以及精神榜样的内容;关心理论家倾向于讲带有问题思考的故事,以提升儿童的同情心。在运用故事法方面,完善人格论主张编写具有两难冲突的故事,关心理论似乎更赞同用有教育力度的文学作品,而不是用编造的两难故事。诺丁斯讲,她愿意用范围广泛的、比较分散的对话——讨论方式,这有利于确定问题,而不是仅仅为了解决两难问题。选择的故事自身有价值,它是来源于生活实际的,不仅仅为了作为道德教学的材料。故事中的美德应该值得同情。通过故事增强道德理解力,增强同情心,增强自我理解,增强评价我们所处的群体的能力。

5. 社区:是完美的,还是有瑕疵的

完善人格教育强调依赖强大的社区。例如,要求学校制定并提出社区认同的核心价值观条目。对于建设得好的,有公认的历史传统的社区来说,这很容易。但是,对于那些只是因为孩子在相同学校上学而聚合在一起的社区来说,就不那么容易。诺丁斯认为,多数人是凭直觉看待完善人格教育和社区联合,问题的关键是,学校传授的是谁的价值观?

诺丁斯认为,要更多地强调遭遇和反应,而不是社区。人们承认社区的力量和魅力,但人们也应观察到社区的黑暗面。社区最本质的特征是吸纳"我们",排斥"他们"。关心理论强调遭遇,如果人们要关心的话,关心出现于他人的需要。某些积极反应的欲望体现在他人的脸上。关心不能不指向具有相同特征的群体,同时承认"那些人没有共同点的社区"。我们应该对陌生人的痛楚像对朋友的痛楚一样做出反应。

诺丁斯还剖析说,法西斯主义者对完善人格教育特别热衷。因为社区道德,很可能就是法西斯主义者居住集中的地方的道德。诺丁斯忠告完善人格教育者说,重要的不是完全继承社区的传统道德,而是要证明教育方式不是某特定传统的完全继承,进而找出方法克服传统的错误作法。

6. 教育方法:是注重外在动机,还是注重内部动机

完善人格教育理论家倡导运用一些激发学生动机的方法。例如,在小旗上面写着本月的价值观或美德条目,贴出座右铭、名言、格言、警句等,就某些美德或好的行为开展竞赛,等等。诺丁斯认为,这些方法是肤浅的甚至是反道德的方法。奖励道德行为榜样可能会破坏内部真正的人格美德行为动机。尽管表扬或夸赞真诚勇敢的品行是重要的,但是要注意,最有效的夸赞是很敏感的很直接的。关心儿童的成人注意并肯定儿童的所作所为时并没有事先预设的夸赞办法。建立一套对值得赞扬行为的奖励制度以刺激儿童竞争是必须的,但是,一定要防止奖励本身成为儿童追求的目的。

7. 道德行为:是靠理性原则,还是靠激情

诺丁斯较早提到完善人格教育者和关心理论家都缺乏对原则的信赖。但是,完善人格还是提出了许多教育原则。诺丁斯说,不是关心理论反对道德原则或认为原则不重要,而是认为只有当原则与动机结合起来时,原则才是适宜的。在此,欣赏"推理是激情的奴隶"的说法。因此,关心教育的任务是教育激情,特别是道德激情。面对邪恶我们必然感到情绪急转直下;面对别人痛苦我们必然感到要帮助排除,或者减轻痛苦;面对我们自己的有害的倾向我们必须立即感到震惊,并且要勇于面对现实。然后,还要邀请推理来为矫正激情服务。

诺丁斯还引证别人的实证研究来支持她的观点。例如,有人在研究非犹太人在大屠杀中救助犹太人时,发现许多救助者的行为无法用道德理性原则来解释。他们的反应是怜悯,或者是直觉的关心。只有10%的人说他们的行为是原则驱使的。

8. 教师:是职业化的教育工作者,还是要淡化职业意识

完善人格理论强调教师的作用,强调教师权威和学校纪律,认为教师应该有职业意识,承担道德教育的责任。而关心理论对教师则有另外的认识。教师在作为关心者时应完全沉浸在与被关心者的关系中,不必以教育者的姿态对待被关心者。教师一定要抛弃职业意识,而以共同的人类之爱参与关心的关

系中。

为什么要淡化职业意识呢？她指出，教育不能仅仅局限在教室的时空中进行，应和整个社会生活时空一致，如果有了强烈的职业意识，把自己工作范围局限于学校教室狭小的天地里就不会收到预期的效果。另外，教育的成败不是教师自己所能掌握的，是全社会的系统工程，教师只是社会多种教育力量中的一股力量。淡化教师职业意识才更利于与家长及社会各方面人士协调，不是从职业要求上，而是从人类共同的本性角度关心道德教育，建立关心与被关心的联系。淡化职业意识还可以防止社会把教师认作道德教育的职业"帮助者"，而把教师真正看作关心者或被关心者。

9. 与学生交流：是主导，还是真诚对话

完善人格理论很少讨论在学校教室里采用对话方法，教室中典型的语言交流形式可以描绘为"教师启发，学生回答，教师评价"，教师完全是教育过程的主导。诺丁斯指出：对话是学会如何创立和保持与他人的关心关系的基本方法，对话法在道德教育中至关重要。如果对话法不引入正式的课堂教学结构，那么也应在其它场合下补充这种方法。成人应有更多的机会与儿童交谈，了解儿童的心理。

诺丁斯还指出：教师为了参与同学的对话，首先必须与学生家长真诚对话。她的观点很明确，只有与学生家长沟通信息、交换意见后才能对学生进行协调一致的教育。在提倡对话法问题上，她主张对话题目广泛多样，例如：上帝、性、凶杀、爱情、恐惧、希望、信仰等等，什么题目都可以进行对话。教师应善于利用各种话题进行教育。诺丁斯还建议，教师应跟着学生的原来班级一直到毕业，以利于教师长时间了解和关心学生。学校内部也应改革，裁减行政编制，增多与学生接触的教学人员数量，保证有足够的与学生对话的关心者。

10. 道德教育期望值：是少数道德英雄，还是构建道德环境

完善人格教育者强调道德自由，让道德英雄主义和卑鄙的行径都表现出来，对此诺丁斯给予肯定，并且称之为英雄主义理论。但是，诺丁斯也指出完善人格教育者有局限性，过分强调每一个人都从自身角度为自己的缘故承担责任，而忽略了建设美好的道德世界。诺丁斯认为，关心理论不是要发展一种道德教育模式，这个模式不管外部周围世界情境如何恶劣，都可以使人们做出美德行为，达到成功。坚持一种道德教育模式做下去只会给生活增添烦恼。相

反,构建一种能最大限度支持道德生活的条件,使大多数人好的品行变为可能的、又吸引人的场所很必要。诺丁斯希望学校成为这样的场所。

但是,人们不希望在学校里形成的好习惯、好态度推广到并不完美的广褒的世界去吗? 当然希望。然而,诺丁斯承认,我们每个人都有滋生邪恶的潜力。如果某人被很坏地对待,他就可能背叛自己的道德信念,甚至背叛他所爱的对象。一定不要以为我们构建的条件可以保证必然出现道德行为。她相信,我们最多是部分地影响了别人的行为,我们从来不能全面控制别人的行为。尽管如此,努力构建一个使儿童能够战胜随时出现各种不良诱惑,使绝大多数人良好道德行为表现成为可能的世界,是诺丁斯关心理论永远的追求。

参考文献:

[1][2][3][10][11]〔美〕诺丁斯.关心[M].加利福尼亚:加利福尼亚大学出版社,1984. 21、7、8、8、9.

[4][5][6][7][8][9]诺丁斯等编.正义与关心一教育基础研究[M].哥伦比亚:哥伦比亚大学师范学院出版社,1999:14、15、1—2、9—10、10、15.

[12]袁桂林.当代西方道德教育理论[M].福州:福建教育出版社,1994:247—248

(本文发表于《比较教育研究》2004年第2期。作者袁桂林,时属单位为东北师范大学教育科学学院)

四、美国品格教育发展中的理论分歧及其整合

自 20 世纪 80 年代起,品格教育运动在美国得以复兴并不断推进,渐渐成为学校德育的主流声音,以至于"品格教育"一词成为当今美国道德与公民教育研究领域的主导术语,并影响到世界其他国家或地区。然而,品格教育并非某种德育流派或实践模式,更不是统一的思想体系或理论框架。在不断演进过程中,品格教育的各种理论或主张之间存在明显分歧,这种分歧既包括非广义品格教育(non-expansive character education)内部的分歧,也包括非广义品格教育与广义品格教育(expansive character education)的各种理论或主张之间的分歧,缩小诸种分歧之间的差距并力图在理论和实践层面上加以整合,以期解决民主、自由社会下的价值失落与道德重振问题,是品格教育的基本发展方向。

(一) 非广义品格教育内部的不同主张

对于广义品格教育与非广义品格教育的区分,不同学者从各自的标准出发,所作出的划分不尽相同。有的学者以道德价值的广泛性、道德理性的重要性为标准,将基于核心或基本价值、偏重传统德育模式的各种主张称为非广义品格教育,其他均归入广义品格教育之列。[1] 有的学者不同意这种过于狭窄的划分,认为应当基于道德上的普遍主义和方法上的实质主义来区分品格教育。为此,他们将一切以培养美德或品格为目的、不拘泥于传统德育模式的主张都归入非广义品格教育之列,而把基于公民教育、宗教教育、自由主义等立场的品格教育论称为广义品格教育。[2] 本文的阐述把后一种划分作为基本立场。

非广义品格教育的复兴,直接源于人们对美国社会发展现状尤其是青少年问题的担忧,同时也源于人们对学校道德(或价值)教育实践的反思,特别是对基于自由主义的价值相对论、道德认知主义倾向的批判。由此,一些社会人士从社群主义的基本立场出发,呼吁回归传统的品格教育,希冀通过培植个人品格或美德来解决社会问题。随着品格教育的发展及其影响不断扩大,其基本主张早已超越传统的品格教育范畴。综合各种品格教育思想和品格教育协会(Character Education Partnership)提出的有效品格教育的 11 条原则,[3]基于核心或基本价值培养品格或美德、注重诸种课程因素的德育价值、重视教师的指导和示范作用、全方位促进品格教育等,被视为非广义品格教育的基本主张。然而,在貌似一致性的背后,发展中的非广义品格教育存在着诸多理论分歧。

在目标定位上,多数品格教育论者,如温(E. A. Wynne)、贝内特(W. J. Bennett)、克伯屈(W. Kilpatrick)、利康纳(T. Lickona)等人认为,品格教育旨在通过培养良好品格来"诊治"当今时代的社会问题,努力消除社会的道德危机,尤其是转变青少年的不良品行,诸如暴力、偏执、不诚实、自我中心、社会责任感缺失、性早熟与性放纵等,以求弥补日趋严重的家庭"道德真空"(a moral vacuum),避免"道德盲"(moral illiteracy)的出现。一些品格教育论者,如卡尔(David Carr)等人则基于现代人本主义和德性伦理的立场,认为道德教育并非为了实行社会控制、解决社会问题,而是通过发展品格和改善人际关系,帮助人们思索和追求有价值、体面、圆满的"好生活",特别是要让年轻人懂得,基于人类的一些积极、正面的价值、原则或品质,诸如诚实、公平、友爱、宽容、自我克制等而生活,比基于不诚实、放纵、偏见、自私自利等而生活会更有意义、更有价值。[4]

在核心价值及其确定上,传统品格教育论者,如贝内特、温等人主张回归传统美德,认为品格教育必须从先贤们那里汲取道德智慧,必须珍视人类历史长河中公认的那些核心或基本价值,并基于这些价值培养品格。与此不同,利康纳等人则从解决社会问题出发,比较注重个体的一些社会性品质,如关心、诚实、公平、责任、尊重、自尊等。同时,他们也指出,基于人类社会的核心(或基本)价值所培养的个体品格或美德,应当内含认知、情感、行为和需要、动机、意愿诸要素,因此品格教育不能仅限于品行和习惯的养成方面。在实践中,确定这些核心或基本价值大致有两种做法:一是由专门的工作委员会来确定,这种工作委员会由教师、学校领导、学生、学校员工、家长和其他社会人士的代表组成;二是由专家委员会或专业组织基于公正原则、普遍性原则来加以确定。

与以上主张相异,对于品格教育是否应当基于某些核心或基本价值,卡尔等人却持谨慎态度。他们认为,鉴于"好生活"的丰富性、多样性、多层次性,品格教育就不应当只局限在基于核心或基本价值,而应当着眼于"好生活"的一切美德或品格,包括"硬性"(hard)品格,如自制、勇敢、忠诚等和"软性"(soft)品格,如关心、友爱、善良等。

在方法、策略上,由于道德讨论、价值澄清等策略的应用容易成为强化价值相对观念的工具。温、克伯屈等人就力主传统的美德教育方法,突出规则、纪律、团体训练和故事、榜样的作用,甚至完全排斥各种发展道德理性的方法,认为只有当学生的良好品格成为了"第二天性"(second nature),才可以涉及道德问题的讨论。这些主张因而被批评为"新保守主义"。与此不同,一些品格教育论者从女性主义的方法论立场出发,特别注重品格形成的社会性侧面,强调通过建立关心社区、密切情感联系、增进人际互动等来培养品格,并且十分注重叙事、对话、语言理解等的作用;[6]利康纳等人则从促进品格教育落到实处的角度,主张将故事、榜样、道德渗透和道德实践有机结合起来,注重通过多种方式、多种途径去指导儿童感受、体验、践行道德价值。

(二) 非广义与广义品格教育之间的理论分歧

在品格教育的巨大声浪之中,许多道德教育的立场主义者(perspectivism),如公民教育论者、宗教论者和基于美德的自由主义论者等,也都认为品格教育确有必要。他们在审视品格教育的一些思想或主张之后,纷纷从各自的立场来探讨品格教育问题。但是由于在道德和道德教育的基本问题,诸如价值(或道德价值)的存在方式、道德的社会作用机制、个体品格的形成与发展、学校的职能及其价值取向等方面的理解不同,非广义品格教育与广义品格教育之间的理论分歧就变得十分明显。

广义的品格教育论者虽然赞同学校应当在培养品格方面扮演更加积极的角色,但他们又对基于核心或基本价值、着眼于个人习惯和品行培养的非广义品格教育提出了严厉批评,这些批评包括:目标上的个人心理主义取向,内容上狭隘的社群主义、权威主义取向,手段上过分倚重内外约束的取向,方法上的灌输或说教倾向等等。此外,忽视道德动机,较少关注个体道德发展的年龄特征与个性差异,也被视为非广义品格教育之不足。

在批评非广义品格教育的同时,广义品格教育论者又汲取道德教育旨在培养良好品格的基本思想,并基于各自的立场提出了有关品格教育的看法或主张。这些看法或主张与非广义品格教育之间的分歧焦点集中在这样几方面:

第一,私德与公德。非广义品格教育论者从培养健全个体、解决社会问题的角度出发,主张品格教育应当侧重培养体现个人精神面貌的美德或品质,即私德(private morality),这些美德或品质源自社群、文化和历史,又超越具体的社群、文化和历史,体现这些美德或品质的核心或基本价值具有超时空的普遍性、实质性意义。与此不同,基于公民教育立场的品格教育论者从自由主义立场出发,认为品格教育必须考虑社会背景、文化因素和具体的道德情境。“我们”碰巧生活在民主社会里,公民教育就既要教授有关民主社会的基本精神、原则和运作方式,又要培育适宜于民主生活的诸种公共习惯和共同美德,即公德(public morality),诸如合作、多数原则、批评性思考、公正、爱国以及自制、同情、宽容、忠诚等。[7]而那些私德纯属个人私事,是家庭或宗教的责任。基于宗教立场的品格教育论者则指出,宗教信仰在一个公正社会里是最基本的,因而应该在品格教育中得到反映,并且,那些基于宗教信仰的道德价值观(如新教徒的道德价值观)应当为全人类所采择。[8]

第二,习惯与理性。非广义品格教育论者认为,品格教育主要通过各种方式和途径,包括阅读故事、榜样示范、人际互动、道德实践等来培养品行、形成习惯。尽管有的学者也指出,对品行或习惯的这种强调不应该被视为是对道德行为要以道德认知为支撑的忽视。但多数人还是比较忽视理性在品格教育中的地位、作用。一些品格教育的反对者对此提出了尖锐批评,认为美德缺乏普遍而适当的内在本质和结构特征,缺乏具有内在联系的实践理性成分,“品格教育”就只能是处在传授“美德袋”的危险边缘。[9]因此,与非广义品格教育论者不同,广义品格教育论者更加突出品格教育中的理性因素,包括理论理性(theoretical reason)与实践理性(practical reason)的重要性,认为民主、自由社会里的公民必须具有理性尤其是公共理性,必须通过理性来对价值进行认识、理解、判断和选择。品格教育的基本责任就是要帮助学生把个人信仰与公民责任区分开,使他们认识和理解到何谓真正具有理性、体面和人道精神的人,并引导他们依据公德或共善而行动。

第三,直接的道德教学与间接的道德教育。非广义品格教育论者指出,学校如果认为品格教育有必要,就应当从核心或基本价值出发,通过各种行之有效的方式来实施直接的道德教学和间接的道德教育,而不必忌讳被冠以"灌输"之名,况且灌输的首要含义不在"强制的说教",而在对基本知识或学习原则的引导。[10] 传统品格教育论者更是强调直接的道德教学之必要. 甚至由此而否认道德实践的教育意义,认为让学生参加各种社会实践活动,不仅浪费学生的宝贵时间,而且使他们因面对复杂的社会现实而导致思想混乱。[11] 广义品格教育论者则强调道德与公民教育中的理性因素,突出社会、历史、公民(或政府)等课程和其他各类活动中的全面渗透,尤其是注重各种合作、参与式活动的教育价值,并始终关注教育过程中学生的自主性作为教育手段和目标的意义。

正是基于不同的立场、观点,各种类型的品格教育实践模式得以产生,如关心社区模式(community of care)、社会—道德发展的建构模式(constructivist approach to sociomoral development)、儿童发展模式(child development perspective)、折中模式(eclectic approach)、传统模式(traditional perspective)等。

(三) 调和与超越:品格教育的整合

1. 基于实践理性的整合

努奇(Larry Nucci)、赫斯特(Paul H. Hirst)等人吸取德性伦理的基本思想,认为品格教育应当从"好生活"出发,应当指向人们的需要和愿望,包括生理的、心理的和社会的几个层面,内含知、情、意、行多种成分,其核心则是人的自我完善,道德教育就是要发展那些对于自我完善至关重要的品格。[12] 但是,基于自由主义和道德发展理论的立场。这些学者往往把"品格"更多地理解为人在特定情境中的行为反应,而不是个人的心理特质。因此,他们明确提出,应当在实践理性层面上来整合品格教育。

在他们看来,追求"好生活"的行为并不能简单地归结为行为习惯的反映。

而是直接受到理性的指导：理性不仅是人走向自我完善的手段，而且也是人的自我完善的组成部分。所以，品格教育就不能只是停留在品行或习惯的养成上，而应当着眼于道德理性的培养和个体作为道德存在的自我建构。这种理性并不只是理论理性，更是与情感、与行为相关联的实践理性，它既包括对自我、对自然、对社会环境的认识和理解，对满足人类需要和愿望的活动的认识和理解，对不同生活方式的认识和理解，也包括将理性判断与生活满意度相联系的技能和在具体的社会情境中作出判断、评价和选择的能力。这种理性的形成与发展，不是在理论的思考中，而是在个体或群体的"做"中获得，亦即在社会实践（social practice）中获得，这种社会实践包括：一是在既定环境中满足基本欲望和需要的日常生活实践；二是根据不断发展着的需要、愿望和能力而建构的理性生活实践；三是基于对理性、创造性、卓越性的追求而建构的自由生活实践。[13] 所以，品格教育就是要使学生能够注意到社会实践中具体行为的道德意蕴，能够依据内心的道德准则去行动，从而在社会实践中不断发现"好生活"。

品格教育要达到以上目的，首先必须对道德与习俗两个领域作出区分，并根据学生的发展水平来展开教育活动。其次，要运用多种教育策略，尤其注意从学生的生活实际出发来灵活运用道德讨论、问题解决等；同时，道德讨论离不开榜样，但榜样的作用不只是要让学生感受道德形象，更主要是为他们提供思索、讨论的机会，让他们在自己和榜样之间建立起某种联系。[14] 此外，在课程中广泛渗透道德价值，提供多种多样的道德实践机会，注意训练学生的道德敏感度等等，也是十分重要的。

2. 基于教育实效的整合

为了避免重复多年来有关道德教育的争论，一些学者力图在德性论与道德认知论之间持折中立场，主张在实践层面上对品格教育的不同理论或主张进行综合把握。利康纳就基于非广义品格教育的立场，对品格教育与道德发展理论进行了整合。除此之外，伯科威茨（Marvin W. Berkowitz）、普卡（Bill Puka）等人在尝试对德性论与道德认知论、品格教育与公民教育等进行整合的同时，还试图对道德讨论、价值澄清、关心社区等诸种方法、策略进行改造和借鉴，以期有助于学校品格教育的全面落实、取得实效。

持折中立场的学者比较注重品格教育的多学科视角，尤其注意吸收哲学、心理学的研究成果。他们对品格教育问题的具体探讨,往往从分析道德的人或者道德的人的品格结构入手。与利康纳对"好品格"进行的知、情、行诸要素的分析相近,伯科威茨就认为,完整的道德的人是由道德行为、道德价值、道德品格、道德理性、道德情感、道德认同、准道德特性等多种成分构成的。[15]鉴于道德的人和人的品格构成的这种复杂性,他们指出,品格教育既要促进学生养成良好的品行、习惯,又要发展道德理性,培植道德情感,增进道德敏感度;既要培养硬性美德,又要培养软性美德。同时,由于人的道德发展主要是通过社会或人际互动而非概念推理得以实现的,因此,品格教育就既考虑作为品格形成基础的价值的普遍性、实质性,也要考虑 这些价值得以体现的社会、文化环境乃至具体的生活情境。最有效的品格教育模式,就是在充分认识到人作为道德存在的复杂性的基础上,尝试从不同的方法论层面、借助不同的方法和策略来加以落实,以求培养出真正道德的公民。

对于如何在实际中真正落实品格教育,这些学者也提出了具体建议。他们认为,一方面,品格教育要十分重视各种课程因素、课程形式对品格形成、习惯养成的重要意义,重视故事、榜样、道德实践等方法、策略的有效运用,尤其是注意各种榜样的生活性、人格化的特征,注意实践活动切合儿童的道德经验和生活实际;另一方面,为了避免灌输与说教,又必须借助道德讨论、价值澄清等策略,努力使所要传递的价值或道德观点保持自身的权威性而不是教师作为教育者的权威性。同时,为了使道德讨论、价值澄清不至于陷入价值相对主义的误区,又必须对它们进行改造,譬如:在道德讨论中,加强道德理性与道德情感的联系:在价值澄清中,注意需要、愿望、兴趣、喜好和社会习俗、道德价值之间的区分,注意对不同范畴价值的重要性进行比较并指导学生自主选择等等。[16]

(四) 结语

毫无疑问,只要自由主义与社群主义之间、规范伦理与德性伦理之间、道德理性论与美德论之间的争论持续,品格教育的各种理论或主张之间的分歧便会继续存在并不断得以演进。不过,基于对"好生活"的追求,注意品格培养中知、情、行和需要、动机、意愿诸要素的统一,将培养习惯、品行与培植道德理性结合起来,注重各种课程要素的道德价值和品格教育的全方位性,注意多种教育方式、策略的有效运用,正在逐渐成为品格教育旗帜下的共识。如何对品格教育问题进行多学科整合,进一步把握道德教育与公民教育、道德教育与社会性教育、私德与公德、习惯与理性之间的有机联系,以体现道德价值的普遍性、实质性和文化性、社会历史性的统一,体现品格教育的个体性与社会性的统一。如何确立适宜于不同学习阶段的品格教育目标、内容,如何建构有效地促进品格教育的课程体系,如何选择适宜于不同层面价值、不同道德发展水平乃至不同学习个体的教育策略、方法并加以有效运用,如何对不同教育内容、方法、策略进行模式整合等等,则依然需要在品格教育的理论和实践中进行不懈探索。

参考文献:

[1][5][7][9] McLaughlin, T. H. and Halstead J. M. Education in character and virtue[A]. in:J. M. Halstead and T. H. McLaughlin, Education in Morality(London, Routledge)1996,137,138, 51—153,145.

[2][8] KRISTJáN KRISTJáNSSON. In defence of. On expansive character education[M]. Journal of Philosophy of Education,2002,56(2):138—145,144.

[3] Thomas Lickona, Eric Schaps, Catherine Lewis. Eleven principles of effective character education[J]. Scholastic Early Childhood Today 1998,13(3):53—55.

[4] Carr, D. Cross questions and crooked answers[A]. in:J. M. Halstead and T. H. McLaughlin. Education in Morality (London, Routledge):24—43.

[6][11] Barbara J. Duncan. Character education:reclaiming the social [J]. Eucational Theory 1997,47(1):119— 133,122.

[10] Thomas Lickona. A more complex analysis is needed[J]. Phi Delta Kappan, 1998:79(6):452.

[12][13] Paul H. Hirst. The demands of moral education:reason, virtues and practices[A]. in:J. M. Halstead and T. H. McLaughlin, Education

in Morality（London，Routledge）：1997，109，110—117.

［14］Larry Nucci. Moral development and character formation. http：// rigger. uic. edu/～lnucci/MoralEd/ar- ticles/nuccimoraldev. Htm. 26—Mar—2004.

［15］Marvin W. Berkowitz. The education of the complete moral person，http：//rigger. uic. edu/～lnucci/ MoralEd/articles/berkowitzed. Html. 26—Mar—2004.

［16］Puka，B. Inclusive moral education，a critique and integration of competing approaches［A］. in：M. Leicester，C. Modgil and S. Modgil（eds） Education，Culture and Values，Ⅳ：Moral Education and Pluralism（New York，Falmer Press）：137—145.

（本文发表于《比较教育研究》2005 年第 6 期。作者郑航，时属单位为华南师范大学教科院）

五、伊藤启一统合性道德教育论解析

20世纪80年代末90年代初,面对日益走向信息化、国际化和价值多样化的日本社会,日本政府提出了"新学力观",以期培养具有自我学习意愿、能够自主应对时代变化的人。在这一背景下,日本教育界掀起了研究道德教学的热潮,涌现出许多比较有代表性的道德教学理论。统合性道德教育论就是其中之一。

统合性道德教育论是日本高知大学伊藤启一教授于20世纪90年代初开始倡导的道德教学理论。伊藤在其《统合性道德教育的创生:学习现代美国道德教育》(1991)、《培养"生存能力"的道德教学——初中统合性方案的实践》(1996)、《培养"同情"心的道德教学——初中统合性方案的展开》(1998)等论著中对统合性道德教育论进行了较系统的阐释。有鉴于此,本文主要依据这些论著尝试对该理论的基本主张和观点作一概要性的考察和分析。

(一)何谓统合性道德教育

何谓统合性道德教育?伊藤在《培养"生存能力"的道德教学——初中统合性方案的实践》一书中将其表述为:"以统合'向儿童传授道德价值'和'培养儿童的道德批判能力与创造能力'为目标。以此为标准,将道德教学分为'以传授目标价值(价值内化)为第一要义'的A型教学和'以接纳儿童具有个性的、主体性的价值表现与价值判断为第一要义'的B型教学,统一、综合这两类道德教学形成统合性方案,以期实现道德价值的传授与创造的统合。"[1]可见,统合性道德教育应该包含以下三个方面的内涵:

1. 目标层面的统合:道德价值的传授与创造的统合

伊藤一再强调,统合性道德教育的目标是统合道德价值的传授与创造。因为在他看来,传授与创造道德价值是道德教育的两个基轴,缺一不可。伊藤指出,道德教育的主要目的是培养儿童的道德判断能力、道德价值、道德实践能力。但在价值多元化时代,道德教育首先要着眼于道德价值的创造,即"培养儿童的道德批判能力与创造能力"。这就意味着必须建构一种尊重儿童主体性的道德教育。"我们必须培养能够自主判断、具有批判性道德观点的儿童。因此,必须依据儿童的成长意愿,建构以儿童为主体的道德教育。"[2]而要构建这种尊重儿童主体性的道德教育,就要求教师必须改变以往的教师权威观念,从儿童的立场组织道德教学。"今后的道德教学,尤为重要的是让儿童积极参与,由儿童作为主体创造道德学习,培养其积极向上的生活态度。"[3]

此外,道德教学必须传授道德价值。这一方面源于作为人,在任何时代都必须"有所为"与"有所不为"。这既是人类生存及日常生活必不可少的基本价值,也是人之所以为人的基本规约。道德教学必须将这些价值传授给儿童,特别是在价值多元化时代,更要重视这些价值的传授。因为在没有形成一致的基础性价值的社会里,价值多样化只能造成价值的混乱。另一方面是因为传授道德价值是道德教育的基础。[4]伊藤认为,在道德教育中只发展儿童赖以创造价值的道德形式(道德认知结构)是不够的,道德内容的指导同样必不可少。因为,儿童首先是从日常生活经验中获得各种美德,并通过成人教化与自身学习,逐渐形成道德的基本法则与思考形式。正因如此,伊藤才强调不能忽视道德教育中的他律意义,道德教学就是要让儿童理解道德规则的被动性。儿童一旦理解了这种被动性,就会变被动为主动,积极地遵从道德规则,进而在道德上保持不可欠缺的"自律性"。[5]

2. 过程层面的统合:教与学的统合

统合性道德教育将"啐啄同时"的道德教学视为理想状态。"啐啄同时"是日本江户时代儒学家伊藤仁斋的观点。[6]所谓"啐"即是指鸡蛋即将孵化时,壳内小鸡的鸣叫声,所谓"啄"是指母鸡从外面啄蛋壳,两者抓住时机同时进行即为"啐啄同时"。"啐啄同时"的教学即是教师与儿童均获得相宜时机的教学,即儿童的成长愿望和教师的适当指导正相适宜,教师的教与学生的学在教学过程中形成了完美的统一。因此,统合性方案的实施就应该是教与学的统合过程,即平衡教师的有效支援与儿童的主体性活动,充分激发师生的智慧,以更加灵活的态度共同造就简单易行、充满活力的道德教学。"教学,基本上是教师与儿童共同创造的,他们任何一方都必须是主体。"[7]"儿童的自主性与教师的指导性如同车之两轮,二者和谐地结合在一起正是我所提倡的教学。"[8]

3. 方式层面的统合:A 型教学与 B 型教学的统合

为了方便教师构建、开展统合性方案,伊藤将道德教学分为两种类型:"以传授目标价值为第一要义"的 A 型(传授·理解型)教学和"以接纳儿童具有个性的、主体性的价值表现与价值判断为第一要义"的 B 型(接纳·创造型)教学(二者的特征参见下表)。在 A 型教学中,虽然也要尽量地尊重儿童的主体性,但这只是第二位的,居于第一位的是传授"目标"价值;而 B 型教学则与此相反,虽然也期待深化所规定的价值内容,但处于优先地位的却是儿童自主的价值表现和探究活动。这就明确了单元教学的方向,使教师明白在何时可以由教师发挥主导作用,在什么情况下可以由儿童自主活动。

表 1　A 型教学与 B 型教学的特征

A 型	B 型
目标:向儿童传授(内化)的价值内容	目标:儿童作为主体的活动内容和学习过程
重视传授被历史、社会所认可的道德价值	重视价值表现能力、判断能力和批判能力等
强调所有儿童学习共同内容	强调儿童的个性差异
重视结果(评价基准是 目标价值的内化)	重视过程(评价基准是儿童能够自主地活动)
封闭式(教学结束时倾向于封闭)	开放式(教学结束时是开放的)

伊藤强调,将道德教学分成 A 与 B 两种类型,说到底是为了教师更容易分析、把握道德教学。因此,教师始终要持有"教学是教师与儿童共同创造的"灵活态度,超越"型"的限制,不拘形式地采用多种方法组织道德教学。

(二)缘何提倡统合性道德教育

统合性道德教育论的提出与倡导有着深刻的背景。正如伊藤自己所指出的那样,他所提倡的统合性道德教育,"在考虑到'永恒与流变'的同时,还关注了当前个人与社会的和谐,因此才将统合道德价值的传授与创造作为目标。"[9]

1. 统合性道德教育的提出是社会发展的要求

首先,随着日本社会日益步入信息化、国际化和价值多元化的时代,培养具有自主思考、自主判断、自主行动的能力,并于国际社会有贡献的、值得信赖的日本人成为教育的重大课题。这也为道德教育的根本性变革提供了契机。其次,科学的发展、经济的腾飞,以及新生成的环境、伦理等问题,从根本上拷问了现代人应有的生活方式与生存态度,从而促使道德教育突破传统框架,转变教学方式,以更广阔的视野、立体地审视人的问题。再次,教育病理的出现且日趋严重,直接证实了往昔的道德教育已经不能应对时代的变化、承担起相应的责任。因此,从根本上变革以传授价值为中心的道德教学,积极引入、倡导着眼于接纳儿童的多元价值观、尊重儿童主体性与创造性的新型道德教育成为当时的主旋律。

然而,新型道德教育的引入,并不意味着完全否定以往的道德、教育。因为在价值多元化的时代,仅仅强调儿童的主体活动是远远不够的,还必须传授人类生活中必要的基本价值。无灌输的传授道德价值是时代对道德教育提出的要求。有鉴于此,伊藤提出了推行以统合道德价值的传授与创造为目标的统合性道德教育。

2. 统合性道德教育的倡导是社会现实的需要

统合性道德教育论最初是"从美国道德教育研究的结果中推导出来的"。[10]伊藤指出,"最近半个世纪,美国的道德教育在两类道德教育之间摇摆"[11]类是传统的道德教育或品格教育、以成人传授给儿童一定的价值观为主,重视经过历史检验的道德文化遗产,关注道德价值的传授结果,教学结束时基本上是封闭式的。另一类是始于 20 世纪 70 年代的进步主义道德教育,强调以价值澄清学派与柯尔伯格理论为基础的道德对话。批判注入式的传统道德教育,重视儿童主体性的价值表达与判断能力,道德教育不关心价值的传递,取而代之的是关注价值获得的过程,教学结束时通常是开放型的。然而,后者这种新型道德教育广泛地应用于实践之后,并没有取得期望的效果,而与之相呼应的却是青少年的问题行为(如吸毒、暴力、自杀等)不断增加,并日益成为严重的社会问题。到了 20 世纪 80 年代,品格教育再次成为热点。新品格教育吸收了进步主义道德教育的观点,在重视道德价值传授的同时,也强调儿童的自主活动、尊重儿童的自主选择与价值判断,这与统合性道德教育论的论调基本是一致的。

事实上,日本在批判传统道德教育、引入新道德教育的过程中也同样出现了如上所述的种种不良反映。伊藤认为,这些问题是由多种因素造成的,但最根本的原因则是由于儿童应战具备的道德性没培养出来,从而导致了儿童不能充分应对社会的巨大变化及与之相伴而来的价值多元化现象,造成诸如代际间、亲子间、师生间在基本价值观上存在着巨大分歧,彼此无法充分交流,儿童间也没有形成接纳多元价值观的基本生活态度。[12] 由此,伊藤认为,倡导统合性道德教育,在当前日本是非常必要的。

(三) 如何实施统合性道德教育

伊藤十分推崇价值澄清学派与柯尔伯格理论赋予儿童在道德教育中的主体地位,认为实施统合性道德教育的首要条件是:教师尊重儿童,归还儿童在道德学习中的主体话语权。而后以此为基础,精选重要的价值项目,以对话活动为支柱,实行多课时大主题的道德教学。

1. 尊重儿童在道德学习中的主体性

尊重儿童的主体性,并不意味着教师对儿童放任自流,而是体现于教师在道德教学中充分地认识、了解儿童,真诚地接纳、尊重儿童。

在以往的道德教学中,许多教师也很重视认识、了解儿童,并据此指导教学,但却收效甚微。究其原因,伊藤认为,上述情况并非真正意义上的认识儿童。[13] 因为"每个儿童都是具有独特思想、情感、价值观的个性存在"[14] 教师无论怎么努力也很难百分之百地预测到儿童的心思;而能清楚认识儿童真实心理并将其表现出来的只有"儿童自身"。因此,教师只能通过道德教学尽可能地认识、了解儿童。即,教师在组织道德教学时,遵循"儿童价值观优先"原则,"设定能让儿童自由表达自己的思想、判断、感情等的场所","谦虚地倾听儿童的意见,真正地接纳、尊重他们的价值表现"。[15] 到这样就能让儿童在道德学习中畅所欲言,讲真话、说实话,真实地表现自我,诚实地表达内心意愿,自主地发表自己的意见、观点，并将道德学习作为自己的课题进行思考，自愿培养积极向上的人生态度。这类似于以来访者为中心的咨询服务。"咨询服务，无条件地接纳来访者的所有体验。无论喜欢与否，都必须将来访者的所有体验——喜怒、哀乐、失败与成功、甚至是充满敌意的防备情绪——作为来访者情感的一部分予以接纳。咨询服务的这种积极关照，使来访者从一月始就能真正地做自己想做的事，感受自己想感受的情感，从而极富创建性的促进来访者按照自身步伐成长发展。"[16]

　　2. 精选重要的价值项目

　　与罗列所有道德价值进行传授的传统道德教学不同，统合性道德教学要求精选重要的价值项目，组成单元，通过多课时教学逐步深化这比价值内容，最终形成儿童对价值的内在自觉。对价值的内在自觉表现为"深化对人类的理解. 形成丰富的人生观与积极向上的人生态度"。[17]故而，统合性道德教学不仅是关于某些价值的学习，还更应是加深入类理解的窗口，使儿童能够多方面认识人的复杂心理，正视人性中既有高尚的一面。也有极端自私的一面，进而形成宽厚而丰富的人生观（参见下图）。

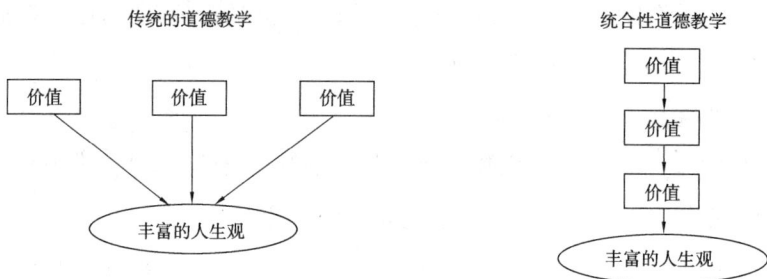

传统的道德教学　　　　　　　　　　　　统合性道德教学

价值　　价值　　价值　　　　　　　　　价值

↓

价值

↓

价值

丰富的人生观　　　　　　　　　　　　　丰富的人生观

在单元教学中罗列多种价值进行学习，教学结束时常常是流于浅层理解，很难形成丰富的人生观。　　在多课时教学中多方面研究一个道德主题，教学结束时加深了对价值的理解，易于形成丰富的人生观。

传统道德教学与统合性道德教学的对比图

资料来源:伊藤啓一.「生きゐ力」をつけゐ道徳授業－中学校統合のプロブテムの実践. 東京:明治図書 1996,39.

　　在精选的重要价值项目中，伊藤特别强调"尊敬"与"同情"。他认为，"尊敬"即为珍视自我，尊重他者，尊重维持人类生命与生活方式的环境；它体现了黄金律的精神，是在世界任何一种宗教与文化中都能发现的道德原理。故而，尊敬即便不是道德的全部,也是道德的核心。[18]而"同情"则是诸种道德价值中的基础价值,即与其他德性相比,"同情"是支配诸德的基本的、基础的德性,它关系到其他价值内容的深化。[19]

3. 以对话活动作为道德教学的支柱

伊藤所提倡的"对话活动",不仅仅是师生间的对话,更重要的是儿童间的同伴对话。他指出,以往道德教学虽然也重视"对话活动",但是这种对话基本是以师生间的一问一答为中心,很容易导致儿童遵从教师的权威,不利于儿童道德性的发展。而儿童间的同伴对话则不同,他们能从中感受到彼此间的平等;面对异己的意见、观点,更容易激起讨论的欲望,积极踊跃地参与价值对话,这就为儿童做出主体性价值判断提供了绝好的机会。

4. 采用多课时大主题的教学

相对于时下惯常采用1课时主题的道德教学,统合性方案选择了多课时主题。课时主题教学是指1课时内只选择并完成1个道德主题;多课题主题则是指将1个道德主题在多个课时进行指导,或者将选择的大主题分成几个小的道德主题,在多个课时内完成。伊藤认为,二者相比,后者的优点在于:第一,多课时主题教学因时间充足而颇具灵活性,既可以运用多种教学方法,从不同视角思考、深化同一道德价值,也能够充分考虑适合学生实际状态的内容,多方引发儿童的兴趣,尽情发挥师生的创造性。第二,随着学年的升高,与之相适应的学习资料在质与量上都会变得厚重。篇幅比较长的资料即使只是阅读也需要时间,如果再进行难懂语句的解说,加深价值理解,那么就很难在1课时内要完成预期目标了,而多课时主题教学则可解决这一难题。

(四)总结与评价

通过考察可以看出,就理论建构而言,统合性道德教育论的核心关键词是"统合性"。就理论内容来看,统合性道德教育论很重视"培养儿童的道德判断能力与创造能力",颇有理性主义的意味。但是,这种重视又旨在尊重儿童的主体性、激发儿童的主体活力,而不是以发展儿童的道德形式为主要目的,也不认为道德形式在培养儿童的道德性中起着决定性的作用。并且,伊藤在设计统合性方案时,将重点放在培养"尊敬"、"同情"等价值项目上,认为"尊敬"是道德性的核心，"同情"是支配诸德的基础德性。这与日本主流道德教学理论颇为相似，表现出内化论、情感主义的倾向。

统合性道德教育论在当代日本是颇具影响的道德教学理论之一。我国学者曹能秀对其给出了很高的评价：认为统合性方案是伊藤综合各家各派、融合古今日本及国外理论而提出的，是最能体现"综合"、体现日本善于学习的一种教学理论。统合性道德教育论在以下两方面对我国的道德教育研究与实践具有一定的启发意义。

第一，"统合性道德教育，基本上不执着于任何一种理论，而是积极地吸收各种理论的优点来谋求价值的传授与创造的统合"[21]，这种态度同样也适合我们研究、吸纳与借鉴外来的道德教育理论。伊藤批判地吸收了以价值澄清学派、道德认知发展理论等为代表的新道德教育的观点，将尊重儿童主体性纳入到他的道德教学理论中；同时又遵循涂尔干的道德教育理论框架，[22]强调在儿童形成自律道德之前，成人与教师的适切指导及忠告是非常必要的。

第二，在如何对待传统道德教育方面，伊藤与杜威如出一辙，反对"非此即彼（Either—ors）"的哲学。伊藤也强调，在新学力观背景下，要积极地倡导尊重儿童主体性的 B 型教学，但不能因此就完全否定以往在日本居于主流地位的以价值内化为目标的 A 型教学。[23]新兴的 B 型教学也是具有局限性的，需要 A 型去补充、完善。这样的观点对于我国当前的道德教育实践，特别是在新课程背景下如何改变传统道德教学，确立适应时代变化的新型道德教学，是很有启发意义的。

然而，不可否认的是，统合性道德教育理论也存在着一定的问题。首先，统合性道德教育的目标是统合道德价值的传授与创造。然而，传授价值是教师活动的重点，而创造价值则必须以尊重儿童的主体性活动为核心，如何将如此矛盾的两个概念在道德教学中同时满足既是关键点，也是难点。尽管为了解决这一问题，伊藤启一将道德教学分为以价值传授为核心的 A 型教学和以尊重儿童主体性为核心的 B 型教学，通过组合这两类教学来实现统合的目标。但是，这种划分并没有在实际上解决"统合"的难题，让人依然很难弄清究竟怎样才能实现真正的"统合"。而且，这种划分在教学现场如若掌握不好，难免会形成各自为政的局面，致使所谓的"统合"也失去了存在的意义。其次，统合性道德教学采用多课时主题教学,这就需要确保儿童对同一道德主题具有持续的学习意识与问题意识,而要做到这一点却是不容易的。"道德时间"一周只有一次,若要儿童对"道德时间"提出的同一道德主题一直处于学习与思考状态,就必须将各个学科的学习以及家庭教育都与这一道德主题联系起来。可是各科教学与家庭也有自己的本职任务。如此一来,如何协调它们之间的关系及怎样相互配合就成了至关紧要的问题。然而伊藤启一对这一问题却没有做出明确的阐述。

参考文献:

[1][3][5][7][10][12][13][14][15][16][17][21][22] 伊藤啓一.「生きる力」をつける道徳授業—中学校統合的プロブテムの実践[M]. 東京:明治図書,1996.7,11,19,28.7,9,11,11,12—13,38,18,200.

[2][4][18] 伊藤啓一.統合的道徳教育の制造:現代アメリカの道徳教育に学ぶ[M]. 東京:明治図書,1991,160,165,169.

[6][20] 曹能秀.当代日本中小学道德教育研究[M].北京:商务出版社,2007,237,238.

[8][9][19][23] 伊藤啓一.「思いやり」の心をはぐくむ道徳授業—中学校統合的プロブテムの展開[M]. 東京:明治図書,1998,7,7,10,9.

[11] 伊藤啓一.統合的ショプロブテムの展開—小学校をつける統合的道徳授業[EB/OL]. http://www.meijitosho.co.jp/shoseki/tachiyomi.html?bango=4—18—805018—7.2010—04—10.

(本文发表于《比较教育研究》2011年第2期。作者高亚杰,时属单位为东北师范大学国际与比较教育研究所;作者饶从满、魏薇,时属单位为东北师范大学教育科学学院)

六、艾丽斯·杨的多元文化主义公民
资格观与公民教育观探析

公民教育倡导民主与平等,而民主与平等的实现途径则是众多公民教育思潮与流派争论的焦点。共和主义与自由主义者倾向于通过建立一个同质社会来实现民主与公平的政治理想,然而这似乎却导致了更多不公平的发生。作为对传统公民教育理论的补充,多元文化主义者提出了建立多元异质社会与实施差异公民教育的主张。

艾丽斯·杨(Iris Marion Young)是一位激进的多元文化主义者,其公民教育思想在该流派中最具代表性。艾丽斯·杨多年来一直从事当代政治理论及女性主义社会理论的研究,其公民教育思想的形成是从对社会上"部分族群遭受压迫与排斥"这不平等的现实的探究开始的。在此,我们通过杨对共和主义与自由主义公民资格观的批判来探寻其公民教育的思想。

（一）"同一"与"平等"——艾丽斯·杨对共和主义与自由主义公民资格观的批判

公民资格是公民教育的核心概念,影响着公民教育的目标、方法与途径等诸多问题。因此,把握公民教育要以理解公民资格为前提。习惯上,学者对公民资格从纵横两个维度进行阐释。纵向上,公民资格强调个人与民族国家或政治社群的关系,突出认同(identity)的地位;横向上强调民族国家或政治社群内部的各成员之间的关系,突出平等(equality)的理想。认同又可以分为两个部分,即认同（identity）与归属（belonging）平等也由两个部分构成. 即权利(rights)与参与(participation)。这四个部分相互作用,共同构成了公民资格的概念框架。不同的政治派别往往从不同的视角来阐释公民资格。例如,自由主义传统热衷于权利的诉求,而公民共和主义者则更强调公民认同与归属。与之相对,多元文化主义者则更注重公民资格理解中的横向维度平等,即权利与参与。代表人物艾丽斯·杨更是把研究视角锁定在社会中那些受到压迫与歧视的族群,通过对共和主义与自由主义主张的"同一"与"平等"的公民资格的批判,揭示了它们共同的同质化社会的政治目的。

1. 族群与压迫

族群(group)与压迫(oppression)是艾丽斯·杨的两个核心词汇。对这两个概念进行大体了解是理解艾丽斯·杨的思想的前提。艾丽斯·杨认为,特殊的历史经验、社会关系、价值观等会令族群成员形成某种亲密性的联系。在族群内部,它体现为成员的彼此认同,是族群形成或认定族群最关键的因素。二体与多元的矛盾使得大多数人拥有多种认同。因此,作为社会关系的产物,族群是流动的,本身界线并非十分清晰,相互交叉在所难免。

艾丽斯·杨认为,族群压迫有五种表现,分别为剥削(exploitation)、边缘化(marginalization)、无权(powerlessness)、文化帝国主义(cultural imperialism)、暴力以及骚扰(violence and harassment)。以上现象的发生表明特定族群正受到压迫。艾丽斯·杨认为,在美国,女性、黑人、墨西哥裔美国人等族群正遭受压迫。

描述现象是为研究本质服务的。艾丽斯·杨认为,造成压迫的深层原因不在于族群之间的差异,而是自由主义与共和主义的普遍公民资格观与同质化社会的政治理想使然。

2. 部分族群受到压迫的深层根源

(1)"同一"与同质化的社会理想——对共和主义的批判

艾丽斯·杨认为,共和主义坚持对社会进行公私领域的二分。私领域可以保留个人的特殊性,而公领域追求排斥一切特殊性。在民主进程中,公民被要求超越于自身私利,接受在公共善(common good)之上的普遍的观点(general view)。这种公共善、普遍观念共同构成了同质化社会的基石。公民资格被理解成超越特殊的普遍、超越差异的同一,这本身就是对某些族群成员公民资格的剥夺。

此外,共和主义还倾向于用二分对立(dichotomy)原则来区分事物。理性的才是惟一正确的。只有白人、男性、中产阶级才是理性的,能够从自身的利益中超脱,去思考社会的公共善。因此,也只有他们的观点才被认为是社会的普遍观点。而有色人种、女性、工人等族群则被认为是感性的、不理智的,仅追求自身利益的满足。包容后者将导致对同质化社会的破坏,部分族群就这样被排斥于公民资格之外。艾丽斯·杨认为,这种社会不正义的现象,在很大程度上加重了弱势族群的不利地位,也是部分族群受到排斥与压迫的根本原因。

(2)"平等"与普遍的公民资格——对自由主义的批判

与共和主义相反,自由主义者认为只有普遍的公民资格才能促进民主参与。因此,他主张给予所有族群成员普遍的公民资格(universal citizenship),以保证在公领域中人人拥有相同的地位。自由主义从制度上把公民资格扩展到全社会。这是民主与公正的阶段性胜利。然而仍然有些族群在社会上受到排斥与歧视。为什么普遍的公民资格并没有带来真正的公正与平等? 艾丽斯·杨认为,这种现象的发生有其本质原因。

首先,艾丽斯·杨对自由主义所诠释的平等(equality)的概念进行深入的批判。艾丽斯·杨认为,自由主义把平等仅仅解释为同一(sameness)。这使得平等就如法律一般,意味着对每个人都有同样的规定及同样的对待方式,但这并不一定就意味着公正。这种对于平等的理解本身就是对个人与族群差异的漠视。

其次,在艾丽斯·杨看来,自由主义的普遍公民资格存在着两个矛盾:第一,普遍被理解成一般(generality)。这种认为公民资格就是表达一种一般意愿的观点所强调的往往是同质化社会的理想,不可避免地导致部分族群受到压迫。艾丽斯·杨主张,为了解决这一问题,必须给予不利族群一定的发言机会。第二,总有一些族群拥有特权,处于优势地位。过于僵化地坚持平等对待的原则往往导致压迫与不利得不到解决,并有可能永远存在下去。因此,我们需要在考虑族群差异的基础上给予不利族群一定的特殊权力,以缓解其所受到的压迫与歧视。建立一个多元异质的社会才能实现真正意义上的平等与公正。

（二）艾丽斯·杨的差异公民资格观

自由主义与共和主义者都认为：在实践公民资格的过程中，所有公民应抛弃特殊性，遵从普遍的观点。但实际的民主政治进程中，完全中立的普遍观点是不存在的。这种同化论的思想只能把某些声音排斥在公领域之外。艾丽斯·杨认为，构建异质化的社会，实施差异的公民资格是解决这问题的最好的方法。

1. 差异的公民资格——不利族群代表

（1）不利族群代表制（group representation）

艾丽斯·杨认为，既然族群差异无法避免，我们就不能在假设的普遍、同一的公民观的基础上建立我们的参与式民主。我们应该承认族群差异，并且建立使受压迫族群获得承认的制度化的方法——族群代表制。这种选派不利族群代表参与政治民主进程的制度设想应与现有的地区与政党的代表制并存，其主要目的就是缓解压迫。它不仅可以给予不利族群表达意见的机会，还有利于族群成员的认同，保障族群的生存与发展。族群代表制并不鼓励狭隘的自我利益的追求。民主过程是一个所有声音共同进行商讨的过程。所以，族群代表制还是一个很好的标尺，用以检验族群是否只追求自身利益的满足，还是真正为了社会正义的实现。

（2）不利族群的特殊权利（special rights）

随着一体化进程的加深，族群在语言、生活方式、价值观等方面的差异表现得更为明显。存在绝对中立的原则与制度的理想的幻灭使自由主义所标榜的平等权利成了摆设。艾丽斯·杨认为，为了实现民主参与中的平等，就要注意到不同族群的特殊需要，特别是那些过去被压迫，或因为过去所受的歧视和排斥导致现在处于不利地位的族群，要给其特殊的权利。这并非仅是源于对于弱势的补偿，还体现了对于不同生活状态的特殊性的积极的维护。对那些处于优势地位且对差异文化抱有偏见的人来讲，特殊权利反而正是对他们的正义精神的一种补偿。这种思想也是与艾丽斯·杨的建立异质多元化社会的理想一脉相承的。

2. 差异的公民认同与实践社会正义的公民德行

共和主义与自由主义者主张建立同质的社会,并且公民应具有单一的认同。然而,艾丽斯·杨认为,族群的需求是不同且多元的,主流文化所主导的单一认同,不能满足族群的多元需求。结果会造成族群间彼此矛盾、紧张、冲突的产生。

为了克服单一公民认同的上述弊端,矫正和缓和族群间的冲突,艾丽斯·杨提出"差异的认同"(differentiated identity)。受过去同化论的影响"差异"含有某种贬义,受到歧视或排除。而艾丽斯·杨认为"差异"并不代表全然的差异,它是一种相同与不相同之间的关联性,其正向意义是指特殊与多元,不能简单化约为一致相同的认同。惟有对"差异"进行正确的理解,才可以免除身为不利族群成员的"错误"(源于优势族群的偏见)且具有伤害性的认同,并且能够避免族群之间的冲突。

一个健全和稳定的民主社会,不仅需要罗尔斯在《正义论》中强调的符合正义的基本结构,同时也依赖公民的素养与态度传统的以权利为主的公民资格被称为"消极的公民权",遭到强烈的批判。因为从实际的政治生活实践中,人们发现,这种对权利拥有的强调,无助于促使公民参与公共生活,反而造成公民对公共事务的冷漠,因此使权利无法得到真正的实践。因而,艾丽斯·杨强调以积极的公民责任与德行的实践,取代消极意义上的权利的接受。

艾丽斯·杨认为处于多元异质社会中的公民应当包含两个层面,也就是应当集合了"实践家"(doers)与"行动者"(actors)两项的特质,只有这样才能使差异得到保护。其行为必须要符合下列特性:公民应表现积极的责任心与义务感;公民权利的获得要通过社会的互动关系,即对于权利的理解不能仅停留在理论层面,而是要从社会的互动关系中去理解个人拥有的权利;透过公民的行为实践,保障族群与个人的差异,且通过行动来展现对于差异的相互尊敬。

(三) 艾丽斯·杨的公民教育观

1. 公民教育的目的

多元文化主义者认为,文化对于族群的生存和发展至关重要,而教育是一种重要的文化传递和重构的过程。自由主义一贯秉承教育中立的原则,认为在教育过程中,不应当偏爱某种文化价值,影响孩子的选择。而艾丽斯·杨认为,消除教育中的价值是不可能的。当我们在传达给孩子惯例、规则或权威时,背后一定都有潜在的价值在发挥着作用。既然教育中立无法实现,自由主义政治理想下的教育体系就隐含着差异文化被主流文化同化的危险,而这种同化的教育将无法实现真正意义上的机会均等,这只是一种形式上的机会均等。作为对传统自由主义所提倡的教育中立的一种反思,艾丽斯·杨主张教育应开放学习族群独特文化的空间,使少数族群独特的文化价值得以展现与延续,以增进族群成员对自身和他人的了解,帮助族群与个人认同的形成,缓和族群之间的矛盾,从而最终形成一个和平、互助的多元社会。

艾丽斯·杨认为,公民教育要侧重以下两点:其一,相互尊重的公民教育。相互尊重对于多元文化主义公民教育来讲意义重大,它应被视为多元文化社会中公民德行的表现。相互尊重可以为不同族群文化间的互惠合作提供重要的基础,从而促进多元社会的发展和稳定。因此,艾丽斯·杨强调除了在学校的公民课程外,在整个教育过程中,公民教育要培养学生对于不同文化的相互尊重。

其二,有能力积极地面对与解决文化冲突的公民教育。由于文化的差异性,冲突是在所难免的。因此,公民教育不仅培养学生对于文化的相互尊重,使学生通过学习了解差异文化,还要发展学生面对与处理问题和冲突的能力。这正体现了上文中提到的艾丽斯·杨的主要观点,即公民应集合"实践家"和"行动者"这两项特质。

2. 公民教育的实施策略 学校是一个完整的系统,实施多元文化公民

教育必须改革包括师资、课程、教学等在内的整个学校的内外环境,以营造多元文化的教育氛围。课程与教学是学校实施公民教育最为关键的两方面。因此,艾丽斯·杨主张在公民教育的实施过程中采用双文化、双语言的教育模式。

在课程方面,将含有族群偏见或歧视的内容剔除,代之以含有不同族群文化特色的内容或加入对族群问题的反思,以不同文化、不同族群的角度来建构课程体系。这就是双文化的教育模式。学校教育应该使学生关注不同族群的文化。主流文化的一统天下使得差异族群文化受到忽视,甚至有些族群成员还

因自己所属差异文化而自惭形秽。双文化的公民教育使学生有机会学习差异的文化并端正对其的认识。

多元文化主义者认为,语言是形成文化的重要因素之一,它是连接人与人、以及人与族群的桥梁,是族群间重要的沟通工具。语言的丧失将直接导致族群文化的萎缩。因此,在教学中实施双语言的教育模式不仅给差异族群展现文化的机会,还将有助于维持差异族群的生存和发展。

艾丽斯·杨认为,主流文化与非主流文化、国语与族群母语应受到同等对待。主流文化与国语是形成国家认同的基本要素,非主流文化与族群母语则构成族群的认同。通过在学校公民教育中实施双文化与双语言的策略,可以增进族群间的了解、缓和族群间的冲突、促进国家社会的稳定。

(四) 艾丽斯·杨的多元文化主义公民资格观与公民教育观引发的争议

艾丽斯·杨的多元文化主义公民资格与公民教育的观点自产生之日起即引发了众多争论。问题主要集中于以下两个方面:

1. 关于族群与特殊权利

首先,族群的划分并非制度化的存在。正如艾丽斯·杨自己也承认的那样,很多人同时属于多个族群,族群随时也在扩大、缩小、合并甚至消亡。因此,族群的界限非常模糊,为一个界线不明的对象赋予权力又谈何容易;其次,什么样的族群应该被赋予代表资格? 艾丽斯·杨认为,只有受到压迫、处于不利地位的族群才应享有族群代表权。她认为,在美国,女性、黑人、老人等族群符合条件。划分的依据似乎是上文中已经提及的五种表现。这五种表现又依何种标准进行划分? 是否全面? 如何评判? 是否所有处于不利地位的族群都应被赋予代表权? 甚至有些人举出了一个颇为极端的例子:新纳粹似乎也可以基于族群存活的观点,要求赋予族群的特殊权利。对这些问题,艾丽斯·杨并没有做出解释;再次,艾丽斯·杨也指出,不利族群代表制并非是鼓励狭隘的自我利益的追求,但在民主进程中如何避免这种现象的出现? 对这一问题,艾丽斯·杨也没有解答;最后,艾丽斯·杨对于特殊权利到底应该赋予谁,怎样赋予,赋予多少权利的论述也并不是很充分。如果不对上述问题进行清晰透彻的阐释,那么在此基础上建构不利族群代表制与特殊权利的就未免有过于理想化之嫌。

2. 差异与统一的矛盾

有些学者认为,以艾丽斯·杨为代表的多元文化主义的公民教育过于注重族群的认同,倡导的是一种分裂的公民资格,这直接导致族群间冲突的加剧,甚至妨碍了社会的统与稳定。对此,艾丽斯·杨的回答是:多元文化的教育是一种包容的教育,而非排他的教育。国家认同与族群认同并非是对立的、排斥的,而是两者兼容的。国家的认同在学校教育中应该以一种变化、多元种族的方式教导,追求一个共同的国家认同并不意味着倡导一种排他的或静态的霸权文化。虽然答案已经给出,但在很大程度上,这只是一种理想。如果当国家认同与族群认同发生冲突和矛盾,如何协调二者,既保留差异族群的声音,又维护国家的统一和稳定?对这一关键问题,艾丽斯·扬在理念与实践的双重角度都没有做出令人信服的回答。因此,差异与统一的矛盾使其成为众矢之的。

总之,公民教育提倡成员对于该政治社群的认同与接受,这种对于社群内部凝聚力与统一化的强调不可避免地会使少部分族群的观点受到忽视。而多元文化主义者认为,社会应是多元化的,他们反对社会中的一切压迫与歧视。表面看来,二者似乎存在一定的不可调和之处,但对于民主的诉求这一点上,它们却是殊途同归的。艾丽斯·杨从多元文化主义与公民教育两者的本质和核心出发,将二者有机地结合起来,通过差异的公民资格观和公民教育理想,来实现其差异政治的理想。然而,正如约瑟夫·拉兹(Joseph Raz)所言,政治哲学不可能为社会建构一个永远正确有效的理论,理论有其时效性因素。另外,由于在建构理论时无法完全考虑所有相关因素,所以理论同时也有其一定限度。艾丽斯·杨的多元文化主义公民教育思想也是如此,其对于共和主义与自由主义公民教育思想的批判以及对于普遍与差异、同质与异质等问题的独特的研究视角为公民教育理论研究开辟了一个新的思考角度,这是该理论最值得称道之处。不管这一设想能否在实践中完全适用,其理论贡献是不可忽视的。

参考文献:

[1] France Gagnon Ethnic Studio Center University of Montreal et. Con-

ceptual Framework for an A nalysis of Citizcnship in the Liberal Democracies. http://www. culturescope. cveven. php. 2004. 7. 8.

[2][3][4][13] Young, Iris Marion. Polity and Difference: A Critique of the Ideal of Universal Citizenship, CITIZENSHIP Critical Concepts[M]. London and New York press, 1994, 386—408.

[5][8] 张秀雄. 建构适合台湾社会的公民资格观公民[J]. 训育学报. 1999. (6):18.

[6] Young, lris Marion. Impartiality and the Civic Public[M]. Some In plications of Feminist Critiques of Moral and Political Theory Polity Press, 1987:57—76.

[7][9][11] Young, Iris Marion. Justice and the Politics of Dilference [M]. New Jersey:Princeton University Press,1990:171,206.

[10][12] 章玉琴. 多元文化论公民观及其公民教育观之探究[J]. 公民训育学报,1999:(6)8.

[14] 章王琴,多元文化论公民观及其公民教育观之探究 [J]. 公民训育学, 1999:(6)8.

（本文发表于《比较教育研究》2005 年第 2 期。作者何晓芳,时属单位为东北师范大学国际与比较教育研究所）

七、美国批判教育学的道德教育思想述评

——批判教育学有道德教育思想吗？

　　批判教育学是当代西方重要的教育思潮。该思潮产生于 20 世纪 70 年代，发展至今形成了具有创新风格的美国流派和具有保守性的德国流派。本文所述的批判教育学只限于美国流派。对于美国批判教育学，国内已有了不少介绍，也运用了它的一些方法与理论来分析我国的教育问题。但是，对于批判教育学与道德教育的关系却根本没有谈及，这大概是因为批判教育学很少谈论或直接讨论道德与道德教育问题。那么，批判教育学有没有道德教育思想呢？我们首先要回答这个问题，因为如果答案是否定的，我们也就没有必要继续讨论了。

　　有人认为，批判教育学没有道德教育思想，因为批判教育学者实际上从未讨论过道德或伦理问题，他们的主要目标都是政治性的，他们的语言都是具有强烈的政治色彩。对于人们通常谈论的道德和道德教育，批判教育学者也持一种批判态度，认为人们日常重视的美德是"支配性的"，都是服从既有的社会秩序和政治权威的表现。这种态度使人们产生一种印象：批判教育学并不主张让学生成为有美德的人。的确如此，如果教师不断地告诉学生，一切事情都可以归为政治问题或经济问题，人们总是置身于权力关系之中，那么学生自然就不想成为有道德的人。

　　但是，我们认为，批判教育学有道德教育思想，而且他们的道德教育思想别具一格，能够让我们重新看待道德教育的研究与实践问题。这可以从两个方面加以证明。

第一，批判教育学者对西方文化与社会特别是对美国资本主义的批评是一种道德批判。批判教育学者本身就是基于社会批判的立场来探讨教育问题。站在这一立场，批判教育学者揭示了美国社会中压迫性和剥削性实践产生的原因，即资本主义社会的结构性不正义和不平等。他们认为，主导西方社会的自由主义政治理论实际上忽视了市场经济的极限约束以及随之而来的权力和财富方面的集权。市场逻辑制造了拥有者与未拥有者之间的差距，并且这种差距将继续加大，而政府控制这种加大趋势的努力收效甚微。特权阶层存在和政府约束乏力共同强化了一个不公正的社会秩序。他们认为，学校教育是维系这种不公正社会秩序的重要社会制度。这一点已经有许多论述，不再赘言。批判教育学者的这种批判立场就是一种道德的立场。他们依据社会正义、平等、民主、人道等价值标准来揭露社会秩序的不公正和社会结构的压迫性。因此，他们对社会的批判就是一种道德批判。

第二，批判教育学的分析和语言是出于一种道德义愤（moral indignation），一种对社会结构的不道德和非正义的愤怒情绪。这种道德义愤是其它道德教育理论所缺乏的。[1]批判教育学正是基于这种道德义愤来揭露社会结构的不公正，为社会弱势群体仗义直言。这本身就是一种道德实践。近年来，批判教育学吸纳了政治后现代主义者，如福柯、利奥塔、萨义德等人的思想。他们的学术语言通常具有技术性、分析性、批判性、政治性和乌托邦的特点，具有早期社会政治批判论（如马克思主义、法兰克福学派的批判理论、教育中的社会改造理论流派、解放神学等）的色彩。这种强烈的批判色彩正是对不道德社会愤愤不平的表现。

（一）对现行学校道德教育的批评

批判教育学者批评了当前美国学校道德教育及其理论，认为现行学校道德教育是一种培养服从、维系现状的道德教育。这种批评具体表现在以下几个方面：

第一，批判教育学者批评了美国新保守主义者所持的道德危机论。新保守主义者认为，美国在 20 世纪末遇到了严重的道德危机，青少年的道德状况非常糟糕，如少女早孕、学校暴力、吸毒、纪律混乱等问题，因而他们大力支持恢复传统品格教育。批判教育学者认为，新保守主义者提出的道德危机论只不过是一种支持腐化政治秩序的政治托词。批判教育者质问新保守主义者:这种道德标准服务于谁的利益? 谁被排除在外? 他们认为,这种道德衰退的争论实际上反映了狭隘的阶级利益,即反映美国上层阶级对于大众的不满和失控的不安心理。也就是说,这些所谓的道德危机并非真正的道德衰退。批判教育学者认为,真正的道德衰退或危机是资本家在权力、财富与威望方面制造越来越大的社会差异从而产生了大量的贫困和非正义,使年轻人、妇女、少数群体在文化抗拒的、反霸权的尝试中沉默。[2]

第二,批判教育学者批评了现在学校道德教育的目的。他们认为,以往的道德教育只是一种"顺从的训练"(training for docility),而不是培养公民的勇敢,即帮助儿童成为民主社会里的积极参与者,或把社会改造成为一个真正的民主社会的行动者。这种道德教育只是让年轻人顺从地接受市场逻辑,比如强调个人利益的私有化,强调竞争和成就——而这种竞争和成就只不过是在一个不公正的社会秩序里努力去争取他们常常难以获得的"美好的生活"。戴维·珀普尔(David E. Purple)认为,当前美国中小学校支持的品格教育运动代表了美国的一种悠久传统,即把公共学校作为一种社会稳定、政治稳定和文化保存的机构,因此,当前对品格教育的兴趣仅仅是这种传统的恢复。品格教育受到保守主义的深刻激励,因为它不仅要维持或恢复社会秩序,还要把品格发展成为适合经济制度的精神支柱。[3]

第三,批判教育学者批评人们通常所持的道德观(清教徒的工作伦理)。他们质疑学校提出的美德德目,如真诚、诚实、节俭、勤奋、服从、礼貌、有志向、积极进取和创新等,认为这些德目都是些支配性的道德,其目的是维系和支持当前白人主导的社会等级秩序。也就是说,这些清教徒工作伦理都是出于维持对妇女、非西方人以及美国城市、种族、族群下层阶级的控制。正因为此,批判教育学把人们通常所说的理性道德(moral virtues)视为自私或衰落。[4]对于批判教育者来说,在少数个人和群体垄断美国权力和财富的条件下,美国学校教育培养的清教徒工作伦理只不过是一个已经破灭的承诺,因为资本主义的内在逻辑实际上需要存在一个人数众多的未拥有者群体。这些未拥有者构成了由少数拥有财富和权力的人控制的经济体系的基础。一个切实的例子就是财富越来越集中,中产阶级逐渐消失。在这样一个不公正与非正义的社会里,美国社会的中下阶层不可能通过勤奋工作来改变自己的社会地位。不管他们如何努力工作,他们也不能改变社会对他们的偏见。因为他们拥有的"文化资本"使其处于不利的地位,社会和学校都贬低他们的生活方式。这样,清教徒工作伦理实际就是一种奖赏那些支持和服从现有社会等级秩序的人,同时惩罚那些不赞同和抵制现有社会等级秩序的人的方式。这实际就是对道德的扭曲,即鼓励人们服从现有社会秩序和社会机构,不管它是否民主、人道、平等。

(二) 批判教育学的转化美德观

正是在批评不道德社会及其道德价值的基础上,批判教育学者提出了自己的美德观,即转化美德观(transformative virtues)。他们把道德视为一种对受苦者、对处于不利地位和遭受社会压迫的反抗者的优先关注。[5]因此,批判教育学者认为,道德教育应该强调形成学生具有反抗性的道德品格,如为社会正义和平等而奉献,拥有"公民勇敢",有能力参与到解放抗争之中。这是一种转化美德,包括冒险精神、公民勇敢、社会正义、批判话语、解放意识。这都是一些正义行为和改造社会所要求具备的品质。批判教育者本身就是这种转化美德观的实践者。纳什(Robert Nash)认为,保罗·弗莱雷就是转化美德观的典范。保罗·弗莱雷对农民抱有同情心、希望和信任,对其作为一个有思想和情感的人的完全尊重,以及对话的真诚等品格,他是一个先知者、人道主义者、现实主义者、激进主义者,有着乌托邦情怀,目光远大,对政治感兴趣,等等。[6]由于转化美德的行动性或抗争性,即强调抗争、冲突、抵制、反对支配,所以又被人认为是好斗的美德(martial virtues)和论争的美德(a morality of contestation)。从这些描述中,我们也能认识到转化美德观的行动与幻想、浪漫与现实、人道与激进的矛盾结合。正是这种矛盾,使得具有转化美德观的人有着批判、抗争与解放的动力。

转化美德观反映了批判教育学者的道德教育目的,即让学生具备一种勇敢的公民美德,为改造社会做准备。批判教育学者认为社会弱势群体"处于困境之中"(under siege),即父权制度、殖民主义、种族主义、性别歧视和资本主义的压迫之中,因此他们希望通过这种转化美德使社会弱势群体从这些困境之中解放出来。批判教育学者通过公众共识、公共的善或共享价值标准等概念来表达他们对教育、民主、道德与公民资格的关心。他们主张建立一种民主的抵制共同体(community of resistance),从而创造一个如亨利·吉鲁(Henry Giroux)所说的新的公共领域。这是指"一套实践、制度和价值标准,提供一个国家与私人之间的协商性空间,它通过集体反思和话语论证来促进解放过程"。[7]在这种"新的公共领域"里,一种真正的社会与经济民主得以实现:平等分配资源,消除财富与权力的不平等。这种公共空间为公民提供了一个通过批判性讨论来挑战和转化统治精英权力的平台。因此,批判教育学者认为,学校道德教育应该重视培养这种理性地挑战和转化统治精英权力的道德勇敢。

只有当教育者把学校、民主视为扩展经济和政治权力的机会以使所有群体(包括经济地位上被剥夺公民权,历史上没有话语权的群体)能够不断追寻民主的真正意义,学生们才能获得转化美德观。对于批判教育者来说,关于民主是什么,谁控制民主,谁从民主中受益,如何更激进、公正、人道地实施民主,必须成为学校和公众对话的核心,这样能够创造表达这些重要政治问题的联合。[8]因此,他们对教师作为转化性知识分子的能力给予了很大信任,相信教师们能够使学生抗拒支配性文化的压力。这样,教学就成为了一种道德工作。作为道德工作的教学必须把那些有着最贫穷的经济和政治背景的学生联合起来,一起抵制现有社会等级秩序。

(三)作为一种道德教育方法的学校隐蔽课程批判

批判教育学关于道德教育的方法并没有明确论述。关于具体的课程教学问题,一直是批判教育学的缺陷,虽然有保罗·弗莱雷的对话教学法,但也是针对成人教育而言的。在道德教育的课程与教学方面,批判教育学者的论述更少。不过,批判教育学者关于隐蔽课程(hidden curriculum)的论述却值得注意。

在传统课程论中,隐蔽课程处于一种边缘地位。但是在批判教育学里,隐蔽课程被视为学校课程的核心,成为批判学校与社会的压迫性和不道德的理论利器。众所周知,批判教育学批判的是社会结构性压迫。批判教育学自然也非常关注隐蔽在正式课程与学校制度后面的价值观念或意识形态。在批判教育学者看来,隐蔽课程实际上就是学校里广泛存在的社会控制。隐蔽课程批判就是分析隐蔽课程如何发挥它的社会控制功能。也许正因为他们重视隐蔽课程,所以才让人产生他们没有明确谈论道德教育的印象。

批判教育学者批评了现有课程与教学论在心理学主导下的去政治化和去伦理化。迈克尔·阿普尔指出,以往的课程建立在所谓的中立的和严密科学的形象基础上,比如用行为术语来界定操作性目标和陈述学生结果,它追求目标陈述和测量工作,所以就不会注意到教育者活动的关键性政治和道德意蕴。这种语言在处理矛盾对秩序的不断侵犯,在处理被称为合法性知识的问题,在处理个人意义和人与人之间的制度的创立和再创立,在处理学校教育和其它机构的再生产本质,在处理知道别人的诸如责任和公平的概念时,都是相当无力的工具,而且它使人的关系和个人行为去伦理化和去政治化,有意地模糊了并常常否定了教育者面对的深刻伦理和经济问题。这样手段成了目的,儿童成为可以操纵的、匿名的、抽象的学习者。[9]因此,阿普尔认为,隐蔽课程的教育过程和教育环境具有丰富的道德意涵。"课程的设计,适合于学生的教育性环境的创造,天生就是一个政治和道德的过程。它涉及有价值教育活动的竞争性意识形态、政治和强烈的个人概念。而且,它的主要部分之一就是影响别人——即学生的事实。"[10]

正是基于隐蔽课程的重要性和课程教学论的道德性的认识,批判教育学者把学校隐蔽课程批判作为学校道德教育的重要途径。隐蔽课程作为道德教育的重要手段并不是新颖的观点。理论界一般认为间接德育就是运用隐蔽课程来实施道德教育,比如在学校教育与生活过程中,学校让学生从学校的制度、组织、社会过程、师生交互作用等方面接受潜移默化的道德价值标准与规范上的陶冶。与一般的理解不同,批判教育学强调隐蔽课程的道德教育作用,着眼于对隐蔽课程作为负面价值载体进行批判。阿普尔认为:"课程作为一个领域,它的重要任务必须是致力于成为一门'批判性科学'。它的主要功能是解放性的,因为它批判性地反思了课程领域的主流利益,此利益把人们在教育制度中的大部分行为(如果不是所有行为的话)控制在想当然的、中立的技术控制之下。这样一种责任扎根于关系的分析,扎根于寻求和阐明课程思想的意识形态和认识论的前提预设,它设法使课程工作者有更多的自我意识。"[11]

因此,批判教育学者强调通过批判学校隐蔽课程来培养学生的转化美德观。首先,学校道德教育的任务就是认识学校环境的控制本质的伦理问题和意识形态问题,勇敢、理性地反思和批判学校里传授的、教育目的或教学目标陈述中并不经常谈到的、暗含的但有效的规范和价值观。在批判教育学者看来,学校道德教育应该关注学校教育与管理中的伦理问题。具体所指就是学校制度的压迫性和非道德性。其次,学校隐蔽课程的批评就是一种转化美德的实践,或者说一种转化行动,即在批判基础上把学校建设为一种吉鲁所言的"新的公共领域"。吉鲁把学校想象为教师和学生把一切事物建立在构建一个更加真正民主的社会的工作中,因此学校变成这样一个场所:培养公民基本素质、公民参与和道德勇敢。[12]这已经是转化美德的实践或实现了。

(四) 道德教育的批判性

对于批判教育学的道德教育思想的评价,一种观点认为,这是一种具有破坏性的道德教育思想。比如,纳什(Robert Rash)认为,这种道德"与生俱来就是危险的,因为美德与邪恶很容易转变。作为一种美德,论争的道德让人们能够和敢于质疑和分析权威的道德声称、政治声称、教育声称与经济声称。作为一种邪恶,论争的道德作为一种终极目的(terminus ad quem),在意识形态上是有争议的。这就创造了一种僵化的、政治的争议风气,以及民主中的好战品性,容易导致人与人之间持续的分裂与怨恨"。[13]

虽然在西方自由主义者看来,批判教育学的道德教育思想具有危险性和破坏性,甚至是反道德的表现,但是这些思想对于我国学校道德教育却具有重要的价值,即在一个大儒主义盛行的时代,在倡导和谐社会的今日,学校道德教育的研究与实践应关注道德教育的批判性。

批判教育学的道德教育思想使得我们要反思学校道德教育的目的和功能:是应该教导学生听话与服从(即遵循既有社会的道德规范),还是培养学生的道德批判精神? 或者说,是维系社会还是改善社会? 这个问题涉及道德教育的守成功能还是变革或创造功能。

这一问题可以从时下人们所关心的道德教育实效问题入手进行分析。当前学校道德教育低效已是人们普遍认可的现状。对于何谓"道德低效"的理解大都是认为,在学生的言行中没能体现出学校道德教育的内容或要求。这种理解持"忠实取向",即学生的言行要严格体现学校道德教育教导的内容才算有效果。这样的道德教育正是批判教育学所批判的,即培养服从和听话的学生。它只关注把学生作为价值接受者,而不是价值的创造者和再创造者。如果学生凡事亦步亦趋,循规蹈矩,将来在社会上也难以自立。这其实是教育的失败。如果学生是一个道德主体,有自己的判断能力,能够独立思考和行动,独立寻找自己的生活价值和人生观,从而促进社会的进步和改善,那么即使他经常挑战学校教导的道德规范,挑战教师的权威,我想这也是一种具有实效性的道德教育。因此,我们对于道德教育实效的理解应该超越简单的"忠实取向",持一种创造取向。强调道德教育的创造取向或功能自然要求我们重视学校道德教育的批判性。

也许有人质疑,我们今日倡导构建和谐社会,强调社会冲突的批判教育学是否会不合时宜? 就和谐社会与道德教育的关系而言,道德教育的确具有社会整合功能。所以不少人都不假思索地接受了这一前提假设来谈论道德教育如何有助于社会和谐。但是批判教育学的道德教育思想又让我们不得不思考新的问题:我们追求的是何种社会和谐? 遵循的是谁的道德规范? 是基于服从的社会和谐,还是基于自由或权利的社会和谐? 个人的道德与社会的不道德应该如何选择和评价? 在不正义与不道德的社会里,我们还有必要追求个人道德吗? 这些问题都需要教育者认真反思,并力求做出符合时代与基于传统的判断。

因此,当前我们的学校道德教育研究与实践应关注道德教育的批判性。当前人们也逐渐认识到学校的正式道德教育途径和方法本身的不道德,也开始批判学校教育与管理中反道德的制度和行为。这实质也是一种道德教育的批判性的表现。

强调学校道德教育的批判性,意味着我们要培养学生对现实社会的假、恶、丑现象进行道德批判的道德情感(如道德义愤)和理性批判能力(如批判教育学者的社会分析模式),使他们成为具有转化美德的勇敢公民。关注学校道德教育的批判性,意味着我们要追问:我们为谁而道德? 为什么要道德? 这也许会消解学校道德教育的效果。但是一个人只有经过这种反思与批判后接受已有道德规范或建构新的道德规范,才能成为真正意义上有道德的人,否则不是盲从就是虚伪。批判教育学对社会结构限制和压迫个体生存与发展的批判,自然会激发学生对社会现实潜藏的压迫性和非道德性的批判性醒悟和道德义愤。这种批判必然包括对权力意志塑造的体系的抵制,加深了学生对于自身生存(包括社会价值准则)的局限性的认识,逐步认清自己与社会、他人的关系,调整自己的人生方向,最大限度地逐步获得自己的价值实现和人格完善。

参考文献:

[1][2][4][6][8][13] Nash,R. J. Answering the"Virtuecrats":a Conversation with Character Education. Corwin Press. Inc[J]. 1997. 133—134,107,126—130,133—134,108,125.

[3] David Purple, The Politics of Character Education,In:Alex Molnar and Kenneth J. Rehage, The Construction of Children's Character[M]. Chicago:The University of Chicago Press,1997:149.

[5][12] Henry Giroux. Schooling and the Struggle for Public Life:Critical Pedagogy in the Modern age[M]. Minneapolis:University of Minnesota Press,1988:75,32.

[7] Henry Giroux. Theory and Resistance:A Pedagogy for the Opposition (revised and expanded edition) [M]. South Hadley,2001:236.

[9][10][11] 迈克尔·阿普尔,黄忠敬译. 意识形态与课程[M]. 上海:华东师范大学出版社,2001:171、112、150.

(本文发表于《比较教育研究》2007 年第 10 期。作者郑富兴,时属单位为四川师范大学教育科学学院)

八、池田大作和谐德育观初探

对于池田大作的教育思想，国内已有一些学者做过相关的深入研究，在其博大而深厚的教育思想宝库里，蕴藏着灿烂而光辉的道德教育思想。他把培养拥有健全人格、和谐发展的人作为教育的最终目的，极其重视对青少年的道德教育。池田大作认为，教育中最重要的是"道德操行"的教育，"教育的终极目的是造就人。对于人类来说，磨练知性、丰富知识固然重要，但我坚信更不可欠缺的是伦理和道德方面的修养。"[1]关于池田大作的道德教育思想，笔者曾进行过一些初步探讨，[2]这些都是进一步深化研究池田大作道德教育（为了表述方便，以下使用国内通用的"德育"）思想的基础。

当今时代，科学技术的迅猛发展使得社会变化速度加快，不同文化价值观念之间激烈碰撞。随之而来的是，人们内心的烦恼和困惑也在不断增加，原有的心灵和谐受到了严重的冲击。时代的变化和社会的发展对德育理论和实践提出了新的要求，和谐德育已经成为现代德育发展的新理念。所谓和谐德育，是指"教育者和受教育者根据社会和自身发展需要，优化德育结构中的诸要素，促进受教育者主体自我建构、自我改建，实现受教育者与自然、社会及其自身的和谐发展，从而造就其和谐个性的系统活动过程。"[3]通过仔细研读池田大作的对话录和著作，我们可以发现，在其教育思想和道德教育思想里蕴涵着极其丰富的和谐德育观。这无疑对我国的德育理论和实践起到重要的借鉴和启示作用。由于池田大作的和谐德育观范围宽广，这里仅选取和谐德育本质论、目标论和方法论三个最有代表性的层面进行探究。

（一）主张超越性和本真性是池田大作和谐德育的本质论

培养什么人，怎样培养人，是德育的根本问题和中心任务。在谈到现代教育的弊病时，池田大作认为："在现代技术文明的社会中，不能不令人感到教育已成了实利的下贱侍女，成了追逐欲望的工具。现代教育陷入了功利主义，这是可悲的事情。这种风气带来了两个弊病，一个是学问成了政治和经济的工具，失掉了本来应有的主动性，因而也失去了尊严性。另一个是认为唯有实利的知识和技术才有价值，所以做这种学问的人都成了知识和技术的奴隶"。[4]的确，德育不应该只培养把实利作为动机和目的的人，必须回到其根本课题，即"说明和回答人类应当怎样存在，人生应该怎样度过这些人类最重要的问题"，[5]使人理解人生的意义和目的，找到正确的生活方式。这表明和谐德育必须超越现有的功利性，复归其本真性，关注人的存在和发展，关心人的生命价值和尊严。这样培养出来的人，才能既保持其鲜明而独特的个性，又能为社会共同体创造自身价值，实现人与社会的和谐相处。

为此，池田大作极力主张实现德育理念的转换，从"为社会的教育"转向"为教育的社会"。他呼吁："在思考 21 世纪教育之际，把'为社会的教育体系'转换成'为教育的社会体系'，才是当务之急。"[6]两者从字面上看虽然只是将"社会"和"教育"的位置对换，但却反映出两种不同的德育理念，"为社会的教育"侧重于为社会政治和经济发展输送专门人才，所培养的是具有某种专业化技能的"政治人"和"经济人"，这实质上是一种社会本位的德育目的。虽然社会本位的德育目的有其一定的合理性，有利于促进个体的道德社会化，为社会制造和输送有"用"的人才，但其缺陷是十分明显的，容易导致在德育过程中对个体的强制和对个性的压抑。关于日本以社会本位为主导的传统德育目的以及它对人才培养所带来的危害，我们在《当代中日道德教育比较》里已做过专门探讨，这里就不再赘叙。[7]"为社会的教育"也是一种外在的德育目的理论，外在的德育目的往往强调国家对公民的统一道德要求，忽视了公民的个性差异和生命价值，最终造就的是只会服从统一命令的"奴性"人。如果德育只有外在的目的，不但在实施过程中会遭到学生内心的排斥和抵制，丧失其实效性，而且有可能导致道德功利主义，为此这种外在的德育不可能是和谐的德育。

正是看到了社会本位的、外在的不和谐德育目的导致了这些令人担忧的教育状况，如青少年犯罪现象激增，校园暴力事件频发，学生自杀悲剧层出不穷，滥用毒品等，池田大作认同由哥伦比亚大学宗教系主任罗伯·撒曼博士首次提出的"为教育的社会"的思考模式。"为教育的社会"反映了池田大作人本主义的德育理念，[8]即认为德育应当从受教育者的道德本性和需要出发，注重发挥个人价值的重要性，强调德育的目的在于提升学生个体的生存价值和生命质量，使之成为自主、自由的道德主体。他亲手创立的"创价大学"就深深地包含了这层寓意，"创价"二字是"创造价值"的缩写，寓意"通过教育，帮助每个人过上幸福的生活，创造有价值的人生"。我们以为，池田大作的这种人本教育观，最充分地体现了其和谐的德育理念。

对现代教育造成的学生个体尊严感丧失和人性受到挤压的不和谐教育状况，池田大作基于人道的生命尊严观，对其进行了深刻批判。他认为："在科学急速进步和信息流通手段呈现多样化状态下，教育偏重于知识的倾向会越来越明显。特别是日本教育，据说与其他国家相比，各学年必修的知识量相当大。确切些说，多数教师拼命让学生掌握标准量，而对于跟不上的学生也就只得弃之不顾。"[9]他看到了德育相对于智育而言所具有的超越本性，认为"让学生掌握任何时代都不会变的、超越民族或国度差异的、做人的伦理观或蒙泰涅所说的'德操'，是比什么都重要的。"[10]

池田大作这种拒斥教育功利主义，高扬德育的超越性和本真性的德育观，对我国德育理念的发展具有重要的启示意义。随着我国改革开放的不断深化和现代化进程的逐步推进，科学技术正在迅猛发展，这一方面促进了我国物质文明水平的提高和居民物质生活的改善；另一方面也带来工具理性的张扬和价值理性的迷失。工具理性逐渐渗透到我国的教育领域，并对德育带来极大的负面影响，使德育呈现功利化的趋势。在工具理性的支配下，教育决策者在制定德育目的和方针时，优先考虑德育的经济、政治功能。德育服务和服从于社会政治需要和国家经济发展，而德育的文化、育人功能以及德育对人自身的个性发展、精神需求的作用则被有意无意地忽略了。这种德育目的和方针又深刻影响了学校德育的培养目标、课程设置及德育教学的方式：在培养目标上，片面强调按照社会、市场标准化、规范化和职业化的要求来培养国家所需的人才，使得受教育者的独立个性和创新意识受到极大的压抑；在课程设置上，偏重专业知识的传授，德育课程设置不足，而且泛政治化趋向严重，忽视了对学生人文精神的培养；在德育教学的方式上，较注重道德规范、训条的灌输，一味追求量化指标和现代化的教学手段，而贬低教师对学生进行人生观、价值观的引导。德育要走出功利化的困境，必须由外向内，重新关注人的内心世界，关怀人的精神生活，真正发挥和实现其超越性和本真性。

（二）培育"内外调和"的人是池田大作和谐德育的目标论

现代科学技术的不断进步，带来了生产的扩张和经济的繁荣，使人们的生活变得更为富足、便利和舒适。但是，由于人们片面地认为依靠科技力量能够从自然界索取他们所需要的一切，改变了以往对自然的依赖感和敬畏之心，开始大肆地掠夺和蹂躏自然。这导致并加剧了人口爆炸、资源枯竭、环境污染等生态危机，打破了人与自然之间原有的平衡与和谐。片面追求技术文明进步所带来的危害，还进入了人们精神生活和道德生活的领域，引起了精神危机和道德危机，威胁着人与人、人与自身之间的和谐关系。关于现代社会这种物质文明和精神文明二律背反的发展结果，正如尤伊古在与池田大作的对话中所谈到的，"现在有威胁我们肉体健康的物质危机，其次有威胁心理健全的精神危机，而最后决定性表现出来的将是道德的危机，它将窒息我们的精神生活。"[11]

池田大作深切地观察到现代技术文明的扩张并没有真正带来自由的扩大和内在心灵的和谐。因为科学技术的发展虽然增强了人们对自在外部世界的控制力量，扩大了外在的自由，但是另一方面，人却正在日益失去对自己内在力量的控制，被迫屈服于自身各种本能的欲望，逐渐成为欲望的奴隶。他认为："现代文明最大的缺陷和歪曲，归根结底是在于使人们丧失了凝视自己的内面并加以正确引导的态度。"[12]这也就是说，现代人正在被消费文明所同化，逐渐丧失了对现实社会的反省和批判意识，变成了马尔库塞所说的"单向度的人"。正是在此基础上，池田大作认为："人类确实把心只朝向外部，现在应当把心更多地朝向内部，实现两者的均衡。"[13]他把"调和"（中文意"和谐"）作为生命的法则和心灵世界的法则，充分意识到人与自然、社会以及人自身保持和谐关系的重要性。他非常赞成尤伊古关于"调和"的观点，"对于人来说，在其精神内部以及在其与外界关系方面，调和同样都是根本。人在其精神内部必须保持调和，使其所具有的各种可能性和能力不致受到丝毫窒息；在其与外部世界的关系方面，也必须同环境——即本质上称之为自然的我们所处的世界——之间建立调和"。[14]

池田大作认为，要实现人的"内外调和"，最根本的出路在于发动生命内在的革命，即"人性革命"。而在他看来，要实现人性革命，主要是通过两条途径——宗教和教育。池田大作在与意大利罗马俱乐部创始人奥里利欧·裴彻的对话中指出："除了宗教之外，第二个带来人类革命的因素就是教育了。"[15]后面又说："我认为人类的革命主要有两部分。第一部分是运用宗教（在我来说是佛教）来发展和改善最深层次的意识。第二部分就是实际社会内的接触和活动（和宗教有关，如教育等）。当越来越多人做到内在和外在的人类革命时，人与人之间以及人与自然之间的关系会变得和谐。"[16]由此，可见池田大作注重培养"内外调和"健全人格的和谐德育理念。

我国作为后发现代化国家，在赶超西方先进发达国家的进程中，也受到西方唯经济主义和唯科学主义思潮的一定影响和冲击。在社会发展过程中，有一些地方片面追求经济增长速度，以经济发展为主导，无视经济社会的可持续发展，忽视了人们精神文化生活的改善和提高。经济过快、单一的增长不但会引发资源耗竭、环境恶化等生态危机，而且也使得一些人在激烈的竞争中变得无所适从，内心原有的平衡被打破，出现了一些严重的心理问题，甚至是心理疾病。近年来，我国的人均国民总收入已步入中等收入国家行列，坚持科学发展观，构建和谐社会也已经成为社会各界的共识。充分发挥德育的育人功能，培养"内外调和"的人，实现人与自然、社会以及自身之间的和谐，应该成为德育发展的当务之急。

（三）强调情感教育、自我教育是池田大作和谐德育的方法论

池田大作一直主张用对话、爱和慈悲来解决人类面临的各种社会问题，以实现世界的永久和平。这一思想在其教育理念中的表现是，他认为教育不应该只是成为造就社会人和职业人的知性教育，更应该成为注重使学生拥有丰富心灵的情感教育。在谈到日本的教育状况时，池田大作指出："现在的大学教育

'大量生产'化,已经丧失了这种人的相互接触,说是毫无感情的教育也不算过分。在知性教育方面,也是单纯灌输知识的教育,可以说根本没有进行人格方面的知性磨练。"[17]德育是教学生做人的学问,毫无疑问更应该注重情感教育。科技文明的快速发展增强了,现代人的理性意识和思维能力,情感方面却受到漠视。人与人之间的通讯手段越来越丰富,通讯范围变广,通讯量也增多,真正意义上的人际沟通和交流却很少,受其影响,有些地方和学校以往融洽的师生关系也变得有些冷漠。因此,在德育过程中,教育者对受教育者投入更多的关爱,与学生进行心与心的交流,对增进学生内心和谐,促进学生内在精神建构具有重要的意义。

在学校,实施情感教育的关键是教师。池田大作认为,教师是德育的首要条件,是最重要的德育环境,对学生的人格健全起着至关重要的作用。在师生关系上,他一直主张"师弟不二",也就是说,师生之间应该"异体同心",通过相互接触和交流,走进各自的心灵世界,达成"视界融合"。为此,教师必须首先认识到自身职责的重要性,具有作为教师的神圣感和自豪感。"教师从事着培育肩负未来的青少年人格的重要工作,如果没有'圣职'的自豪和热情,就不要指望有成效的教育活动。我认为,教师'不是被硬加给',而是作为自身的觉悟,恢复'圣职'这一职业的荣耀,才是再建教育的一个出发点。"[18]只有热爱教育事业,能舍弃对金钱和名誉欲望的人,才能从事并献身于教育事业,成为一个受人尊敬的教师。在德育过程中,教师要与学生进行双向对话,平等沟通,以增进彼此的相互理解和信任。教师要意识到师生之间不是对立的关系,德育效果也不是来自于教师的威权,可以在"师生的遇合"中通过爱和良知来建立师生间的牢固情谊。正如池田大作所说:"因权威结成的师生,在现实中已坠入来自儒教思想单纯的礼节,变成徒具形式的过去的遗物。也就是说,当意识到彼此既是老师又是学生这种深刻的人与人的关系而相互接触时,友好也会结出极为丰硕的果实。没有人在一切方面都是老师,也没有人在一切方面都必须作为学生来学习。在这里会无意识地出现彼此既是老师又是学生的人与人的关系。"[19]在与路奈·尤伊古的对话中,池田大作还谈到,佛教的不轻精神应当是真正意义上的教育精神,所谓"不轻"是指一切人身上皆有佛性,对一切人的生命、人格都表示敬意,对任何人都从不轻视。教师应以不轻精神对待学生,也就是说,教师要把学生当作与自己平等的人,对学生加以关爱,同时平等地对待学生,关注到每个学生的生命尊严和独特个性,不以成绩好坏作为评判和对待学生的标准。"不论是任何时代,优秀的教师都会以这种不轻的精神来对待学生。我觉得在东方和西方这一点都是同样的。我要强调的是,在教育制度的体系、教育机构和教育的基本理念上都应当贯彻这样的精神。教育如果能进行这样根本的变革,我认为整个社会的思想和人们的生活态度也会发生变化的。"[20]

在人性观上,池田大作坚持佛教的"善恶不二"论,认为人性可善可恶,包涵着善恶两方面的可能性。"佛教则主张'善恶不二',认为人的生命本来就不能片面地规定是善还是恶,而是既具有善的可能性,同时也具有恶的可能性。"[21]正是基于"善恶不二"的人性观,池田大作认为,人必须弘扬人性善的一面,并努力抑制人性恶的一面。"最重要的是:每个人都应该自觉认识到人的内心深处都存在着善恶两方面,并竭力抑制残暴的破坏性冲动。"[22]实现扬善抑恶,不是依靠社会的强制性力量,而是依靠道德教育,充分发扬生命的自主性和能动性。池田大作认为,仅仅依靠法律制度来约束和恐吓人,必将导致人的尊严的丧失,"因为仅依靠来自外部的社会的和权力的力量来消除人的野蛮性,必然会忽视个人的内在的抑制力。"[23]发动生命内在的革命,实现自我教育,必须处理好"小我"和"大我"的关系。池田大作认为,小我是与欲望相连的,完全消除欲望是不可能的,必须"通过对'大我'(宇宙的普遍的自我)的觉悟,去克服跟欲望相通的'小我'(个人的自我)"。[24]在教育过程中,首先要靠个体自我("小我")进行自我教育,其次要把个体自我("小我")和类自我("大我")结合起来,互相联结、互相渗透、互相促进,形成比较完整的意义和初步发挥作用的自我教育。池田大作也非常重视家庭教育在培养孩子自我教育能力方面的重要性。"教育的'育'就是培育的意思,并不只是在父母的庇护下单纯的保护。如何培育孩子自己去开辟人生的能力、坚定生活的能力——即'自主的精神',可以说是家庭教育中的一个重点。"[25]

池田大作推崇的情感教育和自我教育等德育方法,对我国现阶段的德育实践也有很大的启发作用。德育,本质上就是在教育者的正确引导下受教育者的自我精神建构活动。德育虽然存在从外部施加影响的过程,但是其主题却应是促进、改善受教育者的主体自我建构和自我改建。在当前德育片面强调正面理论灌输的情况下,调动学生的自主性、能动性、积极性,引导他们进行自我教育,已经成为德育界以及全社会的共识。由于人不仅是理性的人,而且还是理性、情感和意志和谐统一的人,德育就不能片面发展成知性教育,而应该是认知、情感、意志和行为等诸多德育心理要素相结合的全面教育。针对当前我国德育大多偏重知识教育的病理,德育应重点加强对学生的情感教育,提升他们自我教育的能力,实现教育者与受教育者之间的心灵沟通,促进受教育者的精神建构,帮助他们实现内在世界与外在世界的和谐发展。

参考文献:

[1][9][10][18][22][日]池田大作.[德]狄尔鲍拉夫,宋成有等译.走向21世纪的人与哲学[M].北京:北京大学出版社,1992:226,233—234,234,264,100.

[2]王丽荣.池田大作道德教育思想初探[J].外国教育研究.2005(6):37—41.

[3]陈志兴.和谐德育:现代德育发展的新思路[J].江西教育科研.2007(3):25.

[4][5][24][英]汤因比,[日]池田大作,荀春生等译.展望二十一世纪[M].北京:国际文化出版公司,1985:60,60,395.

[6][日]池田大作.21世纪:建设"为教育的社会"[J].学术研究,2001,(7):80.

[7]王丽荣.当代中日道德教育比较研究[M].广州:广东人民出版社,2007:192—204.

[8]王丽荣,李萍,钟明华.池田大作教育思想特征及其思考.中外学者展望二十一世纪[C].武汉:华中师范大学出版社,2006.134—147.

[11][12][13][14][20][日]池田大作,[法]路奈·尤伊古,卞立强译.黑夜寻求黎明[M].北京:中国国际广播出版社,2003:8,229,229,195,142.

[15][16][意]奥里利欧·裴彻,[日]池田大作,杨僖译.为时未晚[M].伦敦:牛津大学出版社,1992:86,87.

[17][19]［日］池田大作. 人生箴言[M]. 卞立强译. 北京：中国文联出版公司,1995:136,141.

[21]［日］池田大作.［意］奥锐里欧·贝恰. 21 世纪的警钟[M]. 北京：中国国际广播出版社,1988:94.

[23]［日］池田大作.［苏］罗古诺夫,卞立强译.第三条虹桥[M].北京：中国国际广播出版社,1990:42.

[25]［日］池田大作,卞立强译.人生的坐标[M].上海：上海外语教育出版社,2002:100.

（本文发表于《比较教育研究》2008 年第 5 期。作者王丽荣、陈志兴,时属单位为中山大学教育学院池田大作与亚洲教育研究中心）

九、"富的教育"及其实现

——小原国芳的富育思想及其现实意义

小原国芳(1887～1977)是当代日本享誉世界的著名教育家。其全人教育论、自由教育论等教育主张以及在这一理论基础上确立的道德教育思想不仅对当时的日本及世界教育产生了重要影响,而且对今天中国教育有十分重要的启迪。特别是由于小原国芳"富的教育"(富育)思想产生的历史背景与当前中国社会的发展状况十分相似,其"富的教育"(富育)思想对于正在逐步走向现代化、实现全面小康社会的中国大陆极具现实意义。

小原国芳在《教育的根木问题——宗教》(1918)、《母亲教育学》(1923)、《全人教育论》(1972)等著作中较为集中阐释了自己的富育思想,在《思想问题与教育》(1918)、《教育立国论》(1946)等著作的有关论述中也涉及了富育问题。本文以人民教育出版社 1993 年出版的(由其民、刘剑乔、吴光威译)《小原国芳教育论著选》(上下卷)为文本,将小原国芳集中和分散论述的富育思想予以整理、分析,希望更多的教育工作者能够从中汲取珍贵的精神营养。

小原国芳的富育思想主要包括以下三个组成部分:

(一) 为什么要有"富的教育"

为什么要开展富育? 从小原国芳的有关论述看,主要理由有两个方面。

1. 人教育与"富的教育"

"富的教育"是小原国芳"全人教育"思想的重要组成部分之一,或者说,富育理论的思想基础是小原国芳的"全人"价值论。

小原国芳认为:"人类文化有六个方面,即学问、道德、艺术、宗教、身体、生活等。学问的理想是真,道德的理想是善,艺术的理想是美,宗教的理想是圣,身体的理想是健,生活的理想是富。教育的理想就是创造真、善、美、圣、健、富这六种价值。"而"真、善、美、圣四种价值称为绝对价值,健、富的价值称为手段价值"。[1]教育的内容必须包含人类的全部文化,因此教育必须是绝对的'全人教育'。所说的全人教育,是指完全人格亦即和谐人格而言。人在文化上欠缺了多少,作为人就残缺了多少。"[2]很显然,绝对价值是手段价值的指引;但没有手段价值,绝对价值也无法实现。在小原国芳的价值论系统中,富的教育一方面是全人人格教育的组成部分;另一方面富育又是实现绝对价值、完成统一人格的重要途径之一。因此,小原国芳明确指出:"为了生活而需要面包。为了使精神有效地增强,就需要许多手段。""轻视富的价值,则精神文明不能成立;没有精神文明的发展,也就不能指望物质文明的进步"。[3]

2. 人格培育与"富的教育"

在小原国芳看来,人应该有高贵的人格,而人格的培育离不开"富的教育"。因为"对富的本身来说,富是没有意义的。但被人掌握了的富,就会产生出价值来。我们应该做主宰富的主人,而不能为富所役使"。[4]

由于"生活的理想是富",因此"富的教育"有时又被小原国芳称之为"生活教育"。在小原国芳看来,生活教育或者富的教育包括的范围非常广,除了产业、经济、交通等方面的教育,甚至还包括政治、军事、外交等教育内容。但是富育的核心乃是:"不是为富而富之富,而是为了支撑尊贵的四个绝对价值并使之发挥和弘扬之富。"[5]小原国芳还在《教育的根本问题——宗教》、《母亲教育学》等著作中多次引述《伦理学的根本问题》一书作者李普斯(Zipps)教授的名言"所谓富,要尽可能在使用上合乎人格和道德才行",并认为是一个"彻底的说法"。[6]因此可以认为,小原国芳对于富的教育重要性肯定的一个重要维度是强调富育是完成高贵人格的重要途径之一。

3. 社会乱象与"富的教育"

富育思想产生的一个重要基础是日本的社会实际,以及小原国芳对于日本社会病态的敏锐观察和分析。

小原国芳曾经痛心疾首地描述过早年日本经济发展过程中曾经出现过的

许多"耻辱"现象——"在关门海峡停泊的从外国回来的货轮,所载货物的三分之二据说是日本货。这是从上海、香港、新加坡、孟买、马赛等港,经海关检验与样品不符而被退回的不合格产品。'日本制造'这个标签,在世界市场上成了劣等商品的标签。第一次欧洲战争时期,各国还来了许多订单。然而罐头里头掺石子;铅笔中心是空的,两端灌入少量的铅芯;鞋子的鞋底里夹纸板;以次充好牟取暴利的财阀也有。真正是日本的耻辱,国贼的行为。"[7]在对照富裕的英国人将最好的威士忌卖给傲慢的美利坚之后,小原国芳批评道:"贫穷的日本人,过分崇拜舶来品。或者外出推销人员为了抢先立功,不惜破坏价格协定,争先出手自己的货物,在世界上信用扫地,无义至极。"[8]在日本经济实现腾飞之后,小原国芳则指出:"现在尽管日本也被称为世界第二位的经济大国,但精神方面却没有相应地成长起来,被人嘲笑为'经济动物'!"[9]而"日本教育上的可怕缺点,就是为富而富,为赚钱而办教育,以及陷入物欲奴隶的惨状。被世界侮为'经济动物'。"[10]

因此,富的教育思想一方面缘于小原国芳的价值论体系、全人格教育的理论逻辑,另外一方面则基于他对当时日本社会病态的敏锐观察——或者说,小原国芳认为正是诸多社会与教育的乱象确证了"富的教育"的迫切与重要。

(二)"富的教育"应该包括哪些主要内容

在小原国芳看来,狭义的"富育"概念是指谋生的教育,又称"经济教育"、"职业教育",[11]而广义的"富育",则包括产业、经济、交通、政治、军事、外交等方面的实务教育,又被称之为"生活教育"。但无论广义还是狭义,富育概念的本质是通过教育让富的生活"合乎人格和道德","支撑尊贵的四个绝对价值并使之发挥和弘扬",即确立正确的财富观和相应的人生观。具体说来,富育的主要内涵包括教育学生正确看待、使用、创造财富三个方面。

1. 如何看待财富的教育

健康财富观的确立首先必须有对于财富的正确认识。虽然"为了生活而需要面包","为了使精神有效地增强,就需要许多手段",但是"富的价值归根结底还是手段价值"。[12]因此小原国芳十分欣赏"明治维新三杰"之一西乡南洲的家训"不为儿孙置良田",又多次引述基督的教导:"不要为自己积攒财宝在地上……只要积攒财宝在天上。""施比受更为有福",并且认为"如果人类普遍有这样的心怀,世界会变成多么美好的天国"。[13]正确的财富观是一个人持有财富的主观条件。反之,"不能持有富的败类们,如果持有超额金钱,将会污染国家和社会"。[14]

总而言之,"富是人不能超越道德和人格拥有和使用的东西"。[15]基于这一财富观,小原国芳希望父母留给孩子的"是教育而不是财产,是本领而不是金钱"。因为"留下了财产,同时也会留下依赖心、懒惰习惯和薄弱意志。以为对孩子好,其实有害,反而使他们依赖父母遗产,变成软弱无能之辈"。[16]而"在日本的学校中,只教给赚钱、攒钱,而不授予富的消费方法、富的真正含义"[17]是令人遗憾的。

2. 如何使用财富的教育

小原国芳郑重申明:"我比任何人都承认富的力量,不,我要求有尽可能大的富以使人进行旺盛的精神活动。"[18]因为"对富的本身来说,富是没有意义的。但被人掌握了的富,就会产生出价值来"。但"正因为很多人拥有超越自己力量的财富,所以社会及其本人都受其害。使用不当便会破坏社会公德,积蓄起来不用又会导致经济停滞。两者都不可取。"[19]

因此富的教育最重要的任务之一就是教育学生正确地使用财富。"应该教育孩子正确地使用财富。这比创造财富还重要。……为了吃饭,为了生存,就要想办法创造财富……但如何正确地、不违背道德地使用遗产,教育起来却是个难事。但愿有产阶级的孩子能正当地使用其遗产,有钱的人能正当使用其一切财富。"[20]我们每一个人都是银行经理。如何使用财富固然是个人自由,但我希望大家做这样的总经理:遵照自己良知的最高命令,把财富献给社会,为了世界,为了图书馆、公民馆的发展,为了充实学校的力量,为了前程似锦、寄托于未来的孩子们的教育,为了家贫的优秀生,为了学术研究,为了条件恶劣的医院,为了建设真正的学校……"[21]

3. 如何创造财富的教育

小原国芳是一位既强调教育的神圣性,又重视教育实践性的教育家。因此在"富的教育"思想中,一个重要维度是强调"创造财富的教育"。

小原国芳十分赞赏瑞士人的美德,号召国人"向瑞士学习":"瑞士山连山,可就不出铁、金、石油。平原地少,所产做面包原料用的小麦只够三个月吃的。然而,瑞士人民在长期生活中培养了勤劳、努力、节俭、钻研、创造的美德。他们花钱从国外购进少量原料,用智慧和技术能够获得百倍、千倍、万倍的收入。那就是世界首屈一指的精密仪器、钟表、纺织品、药品和交通工具。"[22] 这与他对日本社会存在的为富不仁、唯利是图的赚钱之道的批判,形成鲜明对比。小原国芳发自内心的期望是:"愿神来支配产业,愿算盘打得干干净净,砸烂奸商的劣根性,祝算盘与圣经并存,经济与宗教并存。"[23] 如果撇开浓厚的宗教情结,其强调财富的创造或者财富的取得也必须"合乎人格和道德"的原则是完全正确的。

正确地创造财富,就需要培育正确的职业观。小原国芳主张严肃对待职业与劳作:"'不劳动者不得食',这是人生的第一真谛。"[24] 所谓职业,就是为社会发挥出自己的本领,就是自我价值的实现之道。"人生的目的必须同时是其职业的目的。……想真正地生活下去,想真正地对文明做出贡献,把人生目的作为自己的职业,是一种幸福,而国家应该期望出现大批这样的人。"[25] 富的教育重要内容之一就是要使受教育者明了"职业的意义":"人生观的极致如果和职业一致,无论如何会使当事者本人、社会、国家乃至世界都为之净化,为之铭感,为之明朗。"从事职业教育的教师应该特别注意"把实业的神化、产业的净化作为职业学科教育的眼珠看待",而非"几乎大部光是训练技巧、牟利、取巧、贪婪"。[26]

(三) 如何开展"富的教育"

小原国芳不仅是一个教育思想家,更是一个伟大的教育实践者。因此关于"富的教育"如何开展,他也有审慎的思考和较为具体的建议。可以将其有关富育如何开展的意见概括为以下三个方面:

1. 富育的精神建构

之所以要从精神建构的高度理解富育的开展,首先是因为儿童成长的实际使然。小原国芳指出:"生在富人家的孩子性格上有胸怀博大的特点。这是让人羡慕的优点,是穷人家孩子所不及的。相反,生在穷人家的孩子往往具有小气的性格,但这也给他们带来了不畏困难的强大的奋斗力量。矫正穷人不幸的性格如乖僻、小肚鸡肠、忧郁、小气等需要下很大功夫。同时,锻炼富人孩子的奋斗努力精神亦非朝夕之易事。"[27]虽然小原国芳的上述论断主要基于经验观察,结论也略显武断,但是家庭条件不同对儿童性格的诸多影响也的确可以证明只有从精神建构上开展富育才可能行之有效的道理。

此外,对富育实践来说,精神建构之所以重要,还在于小原国芳的价值论体系。在小原国芳的价值论体系中,"圣"的价值是最高的,它不仅是一个重要和独立的价值维度,而且是其他绝对价值(真、善、美)及手段价值(健、富)的指引和最高境界。为了造就"无保留地服从全人格的命令"的"全人人格",小原国芳特别强调,"富的根本是哲学",日本经济将来不是掌握在商业学校、东京大学经济系,而是应该掌握在哲学家手中。[28]因此,他对东京商业专科学校、东北大学等工科学校邀请哲学家为学生授课的做法大加赞赏。[29]可以这样说,从宗教、哲学的高度去看待富育实践,是小原国芳富育思想的重要特色之一。

2. 富育的美学思路

在阐述自己的富育思想时,小原国芳常常讲述美德故事,号召人们学习先进。因此可以认为小原国芳的富育思路具有美学的气质。小原国芳曾经在《教育的根本问题——宗教》、《母亲教育学》等著作中多次详细、生动地叙述洛克菲勒捐款的故事——东京大地震后美国富豪兼慈善家洛克菲勒决定捐款给东京大学图书馆 400 万美元。洛克菲勒不仅为了避开繁文缛节的耽搁和政府机关的层层克扣而直接将捐款以个人名义汇给了东京大学校长,而且考虑到日本人有新年接受礼物的习俗,特意算好时间将汇款赶在 1 月 1 日寄达东京大学。可惜的是,漫不经心的办事员一直将汇款单耽搁到 1 月 7 日才送达校长。东京大学后来派专人赴纽约感谢,却没有见到洛克菲勒。好不容易送去了礼品,得到的回答却是慈善家的一句感叹:我的好意白费了[30]!小原国芳反复讲述这一故事,就是希望日本人能够感受、学习洛克菲勒的"美好心灵",并且"希望世界上的富翁都有这样一颗美好的心"。[31]

之所以将美育与富育建立联系,除了全人教育理念之外,是因为小原国芳对美育与德育关系有着十分深刻的认识:"羡慕美的心,就是厌恶丑的心;喜欢善的心,就是讨厌恶的心……拒绝恶的心,就是对善的渴望。行动美好、语言文明、服装整洁、情趣高雅、思想纯洁、举止端正,如果对这一切道德美的感受很敏锐的话,那将对下流的动作、丑恶的语言、俗气的服装、不纯的思想、放纵的举止、低劣的趣味会厌恶到无法忍受的地步。"因此真正的美育或艺术教育"就是进行真正人的教育"。[32]"郊游、旅行,这决不是单单为了体育锻炼和增长地理知识。我们计划山林教学、滨海教学以及海洋生活也都是为了塑造儿童性格这一目的"。[33]

3. 富育的劳作策略

小原国芳认为:"教育的根本在于劳作教育。'劳'是额头流汗动手实干,是万人所喜所夸、视之为义务;'作'不是'作业'的作,而是'创作'的作。两者相合名之曰劳作。"真正的德育更是离不开劳作活动,"应该活动的要活动。除了冒酷暑流热汗全力以赴地劳作体验外,没有其他成功的道路。"[34]而"自己种植、操作、下功夫、缝纫、洗染、张挂、修缮、清洗、扫除……只有如此,才能达成真正的美育。"同理,"多种多样的劳作教育必然涵蕴着生动的经济教育(即富的教育),也能成为职业教育"。[35]

小原国芳十分重视劳作对于富育的意义。"百见不如一干"。在《母亲教育学》第八章专章论述"富的教育"时,小原国芳特别强调了"劳作教育与体验教育的必要性"。为此小原国芳还特别讲述了这样一个故事——"我有一次与日本造林大王、奈良县的苍龙次郎同车从京都到东京。从御殿场能看到箱根那边的秃山。我说:'真浪费啊!'他说:'先生您这可就外行了,植树光工钱可就大发了。'我说:'不过可以委托给附近的学校,让孩子们干。这样可以进行难得的劳作教育,一举两得呀。'对方大吃一惊,非常感激地说:'您这个外行可教给我一个伟大的道理。'"[36]由此可见,在小原国芳看来,劳作不仅能够培育全人格,而且是开展富的教育的最好途径之一。

综上所述,小原国芳对富育的必要性、主要内容、实现之道有十分系统、完整的论述。小原国芳在其全人教育思想体系之下建构的富育概念,在很大程度上丰富了世界教育思想。其有关"富的教育"思想十分明确、完整,许多教育建议都不乏睿智的光芒,对所有正在发展市场经济的社会均有重要的启发作用。对于当代中国来说,富育思想的借鉴意义尤为突出。因为不难看出,小原国芳所指出的20世纪初日本社会存在的某些为富不仁的"国耻"行为,以及"经济动物"的可恶表现正在当下中国的土地上大行其道。毒奶粉、地沟油、二奶、小三、富二代等丑恶现象层出不穷,"宁愿在宝马车后面哭,也不愿在自行车后面笑"已经成为一些年轻人公开宣示的病态人生哲学。因此教育年轻一代确立正确的财富观,正确看待、使用和创造财富是今日中国社会与教育的当务之急。正如日本经济整体上快于中国几十年一样,小原国芳的富育思想也明显领先于中国教育界的探索数十年甚至一个世纪。突出的表征就是,虽然财富观引发的问题已经十分严重,但目前中国大陆专门、系统研究"富的教育"的成果几近阙如。毫无疑问,借鉴小原国芳富育思想是我们解决同类社会和教育问题的捷径之一。

当然,小原国芳的富育思想也有其明显的局限性。具体表现在:其有关富育的诸多论述过多地与宗教论述联系在一起,虽然有赋予富育概念以灵魂及神圣性的积极意义,但很显然,在日益世俗化的当代世界,一些论述已经显得不合时宜。此外,虽然小原国芳对富育概念做出了较为全面、系统的阐释,但是对富育思想内涵的深入挖掘、富育实践途径与方式的具体讨论均明显不够。这些局限都有待于小原国芳的学习者在吸收其合理成分的基础上予以克服。

参考文献:

[1][2][3][4][5][9][10][12][14][15][16][17][18][19][20][21][22][24][25][27][28][29][32][33][34][35][36] 小原国芳,其民,刘剑乔,吴光威译.小原国芳教育论著选(下卷)[M].北京:人民教育出版社,1993:2,1,11,11,34,4,34,11,35,311,310,35,11,311,311,312,312,314,310,126,311,312,312—313,167,169,44,45,314.

[6][7][8][11][13][23][26][30][31] 小原国芳,其民,刘剑乔,吴光威译.小原国芳教育论著选(上卷)[M].北京:人民教育出版社,1993:197,197—198,198,196,196,198,199—206,197,197.

(本文发表于《比较教育研究》2014 年第 3 期。作者檀传宝,时属单位为北京师范大学教育学部公民与道德教育研究中心)

教育行政、管理与领导

一、教育的功能、功用到功效
——20 世纪西方公共教育政策价值取向的演进逻辑

    功能、功用和功效在英语中分别对应的是"function"、"use"、"efficiency"，三者所代表的含义显然不同。功能带有责任内涵或者说价值成份，它不是事物的本质也未必是对事物本质的反映，而是人所施加于事物的种种外赋规定；而功用也并非等同于本质，本质是事物内部所固有的、决定着该事物存在的相对稳定、甚至在本质主义看来是永恒的根本属性，既然是事物本身所固有的，因此，本质就必定是不依人的意志为转移的内在特质或者内在的逻辑。然而，功用却不同，它或许也在某种程度上反映了事物的本质，但它是人的自我意志力的体现，或者说是人通过有意识、有目的地利用事物的属性来促其产生的一种能满足自身需要的外在效应；功效则一般指称实现功能和功用的程度。对这三者间关系的理解，打个或许不太恰当的比方，就有如一粒核弹，它是用放射性金属铀制成的，作为原子弹材料的铀具有经裂变而产生巨大能量的根本属性，这就是核弹的本质，但人利用铀来制造原子弹是出自某种目的，譬如是攻击敌方或者自我防御，那么由人所赋予它的这一外在规定，就是它的功能。而原子弹本身具有杀伤力，这一杀伤力则是它的一种功用的体现。至于它的杀伤力程度如何，也就是说在多大程度上满足了攻击敌方和自我防御的需要，这才是功效。在此，我们论及现代教育的功能、功用和功效自然就不是论教育的本质，这种处理也是一种策略之举，意在避开聚讼已久、至今尚未平息的教育本质之争，从教育已彰显出来的应然状态的功能、实然状态的功用角度，来探讨现代教育的教育价值变迁，并从中理出 20 世纪以来西方公共教育政策演变的一条基本线索。

（一）传统教育的功能观及其悖论

早在 19 世纪下半叶，作为社会学功能主义理论的奠基人和缔造者，法国学者埃米尔·迪尔凯姆就对教育问题有过专门的著述。他认为："教育是年长的几代人对社会生活方面尚未成熟的几代人所施加的影响。其目的在于，使儿童的身体、智力和道德状况都得到某些激励与发展，以适应整个社会在总体上对儿童的要求，并适应儿童将来所处的特定环境要求。"由此，他进一步得出的结论是，教育的根本属性就是"教育在于使年轻一代系统地社会化"，即教育的社会性，教育的功能就在于我们"怎样才能以及在多大程度上能够达到这一目的"，使教育者成为适应社会生活的"社会我"。而这一功能应该由国家和社会赋予其权威的代言人——教师来帮助实现。[1] 在此，显然，迪尔凯姆所强调的是典型的教育社会或者国家功能观，他的这一观点可作为 19 世纪后期刚刚出炉的国家主义教育理念甫才浮出水面和义务教育政策出台的一个注脚。

20 世纪 30 年代以后，续接了功能主义薪火并将其思想火花散播各个领域的是帕森斯的结构功能主义理论。结构功能主义一度垄断了西方社会科学领域的主流话语，在教育领域也不例外。帕森斯认为，社会是一个整合的系统，为保持这一系统的均衡和持续存在，它就必须履行某些功能。这些功能就是他所谓的任何系统都有的四个必备项：适应、目标达成、整合和潜在的模式维持，其中承担潜在模式维持功能的就是指宗教、文化、教育一类组织。教育的功能就是将社会的价值准则和标准内化于社会成员，服务于社会系统及其内部结构的稳定与均衡。帕森斯的结构功能主义理论在教育领域产生了广泛的影响，在战后很长一段时期内，不少学者开始运用结构功能主义理论分析框架来研究教育的功能属性。譬如，在美国二战前后一度兴起的永恒主义和要素主义教育思潮，虽然在具体的教育主张有所不同，但他们的共同之处都在于，设想通过教育途径来维护西方的文化传统和美国共享的文化和价值核心，以服务于社会秩序的稳定。巴格莱在《教育与新人》中所说："社会环境以某种与混乱有内在联系的东西为其特征的时候，正是学校想要避免混乱之时。社会环境充满怀疑和规范被破坏的时候，正是学校强调那些与确定和稳定有关的价值之时。教育跟随着，而不是领导着。如果要使教育成为一种稳定的力量，这就意味着学校必须发挥那种实际上的作用。"[2]显然，永恒主义和要素主义所关注的，正是教育的社会化功能，他们希望通过教育把美国社会的传统核心价值内化为个体社会成员行为的基本价值准则，从而缓解甚至消除社会的价值冲突，维护社会的稳定。

而英国学者霍珀、特纳等，则从社会阶层、结构分化、社会流动等角度，对教育功能展开了富有意义的研究，他们认为，教育系统一方面在维护社会核心价值、保持社会稳定的同时；另一方面它还具有筛选功能，通过依据教育途径和教育程度上的差异而建立起来的社会筛选机制，来促成社会流动，流动促成了分化和分工，它将不同的人们分配在分工不同、等级分布的社会结构之中，同时，流动也引起社会结构的变化，促成系统的进化。显然，教育的这种筛选功能所引起的变化是正向的，它也有助于社会系统的均衡和进化。[3]

同单一的社会化功能论相比，霍珀等的研究视角更为独特也更为多样化，他们为教育的功能赋予了开放性特征。他们在理论上的突出贡献是，为所谓的教育的公正创造了一个前提假定，即一个民主、公正、合理、稳定、健康的社会需要建立一个竞争性社会流动机制，而这一流动机制的形成依赖于教育，并取决于教育机会的均等。

对教育这一有益的社会功能的理论性评价，反映了 20 世纪 50～60 年代人们对教育在促成社会民主和平等中的作用的信念，配合了当时教育领域的民主化潮流下的西方各国的公立教育扩张运动，各国政府对教育的介入也达到前所未有的程度。然而，这种乐观的局面并未持续多久，随后而来的西方社会经济发展迟滞、各种反主流文化运动频繁、社会动荡不安的局面，却引发了人们对结构功能主义理论过于关注社会系统稳定和均衡，回避冲突，因而理论解释力不足的反思乃至反动，也打破了所谓通过教育机会均等来推进社会民主、公正和稳定的理想。在教育领域，对结构功能主义教育功用观持最激烈批判立场的是一些激进的左派人物，作为新马克思主义的重要代表人物鲍尔斯和金蒂斯。他们指出，所谓通过公立教育扩张来实现教育机会均等，进而体现社会公正，事实证明不过是一个已经破灭的幻想。由于不平等社会结构的存在，不同阶层子弟的教育机会实际是不均等的。所以，发达资本主义国家的公立教育系统无非是充当不平等社会结构再生产的工具。[4]而法国"文化再生产"论学者布迪厄则认为，资本主义国家的教育是文化再生产的工具，学校教育的主要内容是反映了统治阶层的文化和意识形态,而精英阶层在这一文化资本的占有上居于主导的优势地位,因此,他们将始终是各种包括地位、物质财产、文化等社会资本的垄断者,而所谓正统的教育则不过反映了他们的旨趣,并为其优势地位的继续存在提供合法性。正如阿普尔所言:"学校既是经济机构,又是文化机构。学校通过把某些群体的知识确定为用以生产或分配的合法知识,而把其它群体的知识和传统视为不适合于学校的知识,不仅有助于生产有用的技术和行政知识,而且有利于再生产处于支配地位群体的文化和意识形态的形式。"[5]由此,国家所举办的公共教育的功能不是在促成社会民主与平等,而是维护甚至拉大社会不平等和制造各阶级和阶层之间的紧张。

自 20 世纪 60 年代以来,与新马克思主义同执批判立场的还有冲突论、批判理论、反种族主义、女性主义等各个流派。他们尽管各自观点分歧很大,却都把矛头指向共同的对手和领域,即作为当时西方社会主流的结构功能主义教育功能观,及其以此为理论依据的公立教育制度。当然,许多观点未免有偏执之嫌,虽有创见,但重破轻立,缺乏实践意义。但它多多少少在本质上揭示了教育的传统教育功能观所无法摆脱的一系列悖论,如教育力求使学生适应社会生活,但现实社会生活现状却并不理想;如果说现代教育的主要功能是模式维持,但同时它也发挥着消极的维持社会不平等的负功能;传统教育试图通过国家力量来推动教育机会均等,建立一个民主公正的社会,事实上却是贫富差距拉大,社会更趋于不公正。甚至极端的传统自由主义也对之颇有微词,认为它苛求于平等,以致于忽视了人在天赋上的差异,因而有违社会的公正和公平原则,结果影响了杰出人才的脱颖而出,造成整个学校学术水平下降。

尽管受到来自偏左或偏右的各种教育流派的激烈抨击,但一个不容忽视的存在事实是:直到 20 世纪 70 年代以前,结构功能主义的教育社会功能观的强大社会基础并未发生动摇。因为就现实背景而言,它反映了当时西方国家国际和国内的政治需要,包括国家或者民族文化价值整合的需要、意识形态相对统一的需要和社会秩序化的需要等。因此,功能论本身带有强烈的政治和文化意义上的国家主义色彩,而这一时期各国公立教育的扩张趋势便是佐证。

（二）现代教育的功用观兴起

20 世纪 60 年代以后，一个新的经济学理论——人力资本学说崛起在教育领域曾一度引起强烈震动，至今余波未平。著名经济学家舒尔茨鉴于传统经济理论很难令人信服地揭示各国经济增长内在原因的困惑，首次尝试从人的素质角度来系统地、并且定量化地分析用于改善人的素质的投资，包括用于教育、培训和健康营养等方面的投入，对整个经济产出的贡献。

人力资本学说是经济学理论，而用经济学理论来解释教育，这对于传统的结构功能主义者而言，显然是不能接受的。因为教育作为社会化的途径，其意义在于塑造合格的社会公民，并维护既存的社会结构和社会秩序。因此，教育的文化性质和政治意义决定了它就应该是国家的事业，是一项公共性的支出和福利性消费。然而，舒尔茨之后的大批学者却通过大量的实证研究结果证实：(1) 教育不仅对经济增长有直接贡献，而且有间接贡献。如萨卡罗普洛斯断言，这两者间是"鸡与蛋"的因果关系；(2) 教育既可能通过认知水平的提高，也可能通过非认知效果如态度、动机和价值观等因素来提高个人的生产率；(3)教育是决定个人收入的最重要因素，它不仅是一项对社会有益的投资，也是对个人的有形收入和无形收入(如生活质量)有较高回报的投资。[6]人力资本理论用经济学分析框架和数学模型来理解教育的功用，其意义在于，不仅通过建立实证主义的分析路径，避免了结构功能主义理论分析模型的抽象性和唯意志论色彩，从而以价值中立和科学的规范来标榜自身的客观性，更重要的是，它以量化的方式直观地显现出教育与个体收益间的相关联系，进而，把教育的功用由社会推及到个体，不难想象，这一指向对象的转换与过渡，对长期以来国家的公共教育政策会带来什么样的冲击力。

当然，人力资本理论绝不是无懈可击的，事实上在 20 世纪 70 年代以后，它不仅依旧为传统的结构功能主义教育流派所极力排斥，而且，更难以为其它非主流流派如新马克思主义、批判理论、存在主义等所容纳，甚至招致他们更为激烈的抨击。比较有针对性的理论流派，如此后在西方兴起的筛选假设理论、社会化理论和劳动力市场划分理论等，均从不同的角度对人力资本理论关于教育的经济价值提出了质疑。甚至也不乏一些学者对后期人力资本说的泛化和庸俗化倾向、缺乏严谨实证依据的现象深为不满。但是,人力资本理论关于教育的经济功用价值的基本论点多少还是得到了人们的认可,尤其是在国家的教育政策层面,它甚至成为 20 世纪 70 年代以后世界各国教育制度变革的基本理论资源,在整个世界范围内,70 年代高等教育的大扩展趋势、80 年代以后部分国家教育福利性政策的变更和收费、贷款制度的确立,都与之不无关联。

进入 20 世纪 90 年代后,冷战的结束终结了世界两大阵营长期对峙的政治紧张局面,也多少在一定程度上化解了各大国间始终驱之不去的政治仇视情结。在相对松懈了的社会氛围中,与国家政治和意识形态相关的话语突然间失却了以往凝重和严肃的意蕴。而此时,正值信息技术独步天下的时代,在全球主义的浪漫构想和全球经济竞争加剧的不和谐变奏中,除了市场力量之外,似乎一切都显得无足轻重了。用詹姆逊的话讲,这标志着西方进入一个晚期资本主义文化逻辑的时代,它正经历着并在发生着由启蒙时代以理性主义构建的确定的世界图景向技术应用、消费主义和文化产业短暂的、无中心化的世界图景的转换。而市场力量主宰的世界意味着什么呢？ 正如伊格尔顿所言:“现代资本主义社会中最可怕的反精英主义力量就是称为市场的东西,它消除一切差别,混淆一切等级,把一切使用价值的差别统统埋葬在交换价值的抽象平等性之下。”[7] 在市场主宰力量之下,原来所有的一切,如中心与边缘、崇高与平庸、真理与荒谬、确定性与模糊性、主观与客观等等二元对峙,都顿然消解,完全让渡为个体的自主选择。由此,所谓国家、社会的统一价值也就不复存在了,甚至知识的合法性也不再由统一的理性规范和确定性的标准来评判,如利奥塔尔所说的,它惟一关注的是对个体的有用性,“知识的供应者和使用者与知识的这种关系,越来越具有商品的生产者和消费者与商品的关系所具有的形式”,在这一具有商品性质的信息流通与交换过程中,“知识从属于社会的‘头脑’或‘精神’,即从属于国家,这种思想将随着与此相反的另一种原则(市场竞争与商品交换的原则——笔者注)的巩固而过时。”[8]

可以想见,当一切都被纳入市场选择,传统的精神、思想、价值和知识便再也没有了他们以往的神圣和崇高,失去了它们无可置疑的合法性地位。在这种后现代状态和语境中的教育又是一种什么样的存在,甚至是否能作为一种本体的存在,便都成了疑问。台湾欧用生先生曾说道,如此,学校与其说是一个培养人的机构,还不如说更象一个大卖场。在这里,"知识不是根据自身的'构成'价值或政治(行政、外交、军事)重要性得到传播,而是被投入与货币相通的流通网络",象"点菜"一样被提供给学生;[9]国家和作为传统知识精英角色的教师,也不再是教育话语霸权的垄断者和控制者,而是如一些英国学者所指出的,国家更象是学校的消费者,它以市场中主体的身份来购买自己的服务。教师则更象是受雇者和职业性的谋生者,以提供自己的知识产品来获得回报。

后现代主义对教育的理解很显然是一种偏激的、极端化的功用观,虽然未必能为人所接受,但它的呼出语境却多少映衬出 20 世纪 90 年代以后西方社会的特定时代背景。它表明:由此开始,传统功能论的政治和文化色彩更加趋于淡漠了,而教育的经济功用价值,无论对国家还是个体,却迅速攀升以至于大有将传统功能论取而代之而成为主流的价值取向之势。

对教育功用的青睐,必然会导致两种教育制度变革倾向:一是对政府而言,它对教育投资的收益给予更为深切的关注,这也是 90 年代以后各国教育中"质量"、"责任"与"效益"等主题极为突出的主要原因;二是对受教育者及其家庭而言,教育需求强化和多样化了,包括教育的品质、类型和形式,教育的投入成本与所接受教育有关的职业未来前景等等,都成为他们在考虑能否获得预期回报时不可忽视的因素。如此一来,在政府对质量和效益的关注,社会需求多样化、需求品质不断提升的压力下,与教育功用不可分离的教育功效也逐渐成为教育机构所必须面对的一个核心问题。

(三)对教育功效的要求及其在教育制度变革中的影响

早在 20 世纪 70 年代,美国新自由主义代表人物、著名经济学家米尔顿·弗里德曼针对美国当时公立教育现状就极其刻薄地评论说:"在我们的社会中,几乎再没有比学校更令人不满意的机构了,几乎没有比它更能引起不满情绪。学生考试成绩普遍下降,城市学校中犯罪行为、暴力行动和秩序混乱等问题越来越严重,所有这一切都是对教育事业中权力日益集中、官僚主义日益严重和社会化日益增强等趋势的严厉批判。"很显然,在弗里德曼眼里,美国公立教育系统的官僚主义是国家主义教育的衍生物,是被自由市场的汪洋大海包围的一个"美国式社会主义"的孤岛,同私立教育相比,它的输入明显上升了,而输出则下降了,然而,学生的学习成绩却低了两个等级。为此,他提出了这样一些建设性意见:"在初等和中等教育中采用凭单制度,该制度将给予不同收入的家长以选择子女所上学校的自由;在高等教育中采用贷款自主制度,偿还条件根据学生毕业后的收入情况来确定;或者,在高等教育中也采用凭单制度,该计划将提高高等教育机构的教学质量,同时促进补贴高等教育的税款的分配更加公平。"[10]

不难看出,弗里德曼开列出的一剂偏方,所针对的"症状"是美国公立教育系统令人无法容忍的浪费、低效和质量低下,而他的诊治方案的要旨则是欲从放开政府的管制入手,通过提高选择性,在公立系统中引进市场竞争机制,来改造整个系统的运行状态,从而最终实现整体功效的提高。他甚至建议许多新学校不妨由非营利组织或营利组织来办,由顾客的需要和竞争来决定各校(无论是公立还是私立的)的存亡,因为"只有那些能够满足顾客需要的学校才会生存下去,正如只有满足顾客需要的餐馆和酒吧间才能够生存下去一样。竞争将确保他们满足顾客的需要。"[11]而凭单制度则无疑为家长和学生本人的角色转换——顾客提供了保障,同时,也会有助于改善目前公立学校运作不畅的状态,因为"由市场来运作和价格来调节,公立学校肿胀的日常经费开支就会大大削减,教师的工资也会提高,而家长们也会心甘情愿地支付公共经费以外的短缺。"总之,正如经济学者阿诺德·凯林所言:只要把教育纳入市场,"所有的学校都便转换为私立学校"。[12]在剧烈的竞争压力下,成本和效率会成为学校首先必须考虑的因素。在顾客苛刻和挑剔的视角下,现有教育的诸多问题也便迎刃而解。

弗里德曼的主张实际上代表了一种崇尚放任市场理念的传统古典自由主义在教育领域的复兴。尽管他的这种新自由主义观点,遭到一些人特别是来自教育界人士的反驳,但是,在里根的新自由主义政策出笼后,连同其它领域变化一起,美国的教育制度也逐步进入了一个新的发展与变革时期。英国在保守党上台后,也走上与之相似的变革之路。1988 年英国的《教育改革法》出台,可作为英国教育从此由福利制度向市场化方向过渡的转折点,其中心意旨在于推行所谓的"消费者利益至上主义",把学校推向市场,提高教育机构的效率。作为美英两国市场化改革的成果,后期美国公立学校私营化、英国的凭单制度等等,就集中体现了新自由主义的主张和教育功效观。此外，20世纪80年代以后，西方各国的私立教育大有卷土重来之势，这也与当时的社会政策环境改善不无联系。

当然，客观而言，英美的新自由主义教育主张与传统的教育社会功能观也未必相冲突，甚至在某种意义上，两者有共谋的倾向。譬如，近年来美、英各国政府普遍加强了对基础教育课程的控制，英国在《1988年教育改革法》明确规定要实施"国家课程"，而课程的基本内容则明显带有保守主义的传统价值色彩。因此，出于共同需要，新自由主义与新保守主义在教育领域又呈现一种合流的趋势。[13]

然而，究其实质而言，我们认为，新自由主义所关注的还是制度层面，着力于用市场化的逻辑来转换办学机制以提高教育的功效，而且，就90年代西方教育政策转向的社会背景成因来分析，迫使政府对以往政策进行彻底反思的主要力量还是来自普通大众，他们实在无法容忍自己作为纳税人的权利和利益被忽视甚至受到损害，尤其是受教育者本人及其家庭对公共教育的失望、抱怨，是促成政府把功效作为制度变革的直接原因。有意思的是，20世纪90年代西方教育制度变革所取用的理论资源也并非是教育理论界的贡献，而与70年代后的情形一样又是来自经济学界。这种情形的出现不是偶然的，正如本杰明·列文在对美国20世纪40年代以来所有有关教育的批判话语分析时指出，90年代后人们对公立教育批评的主题似乎并没有太大的差异，如学校的教育专家与专业化的官僚控制、学校内部的竞争意识淡漠、学术成绩下降、对杰出学生培养的忽视、学生科学和数学素养低下、精神和道德素养滑坡等等，表明这些已经成为教育永恒的批判主题。但惟有一点不同，90年代以来，人们更关注于教育中的经济成份，无论是教育投资效益还是学校对社会经济发展的作用，在今天已经成为各方批判的焦点。与传统注重人的科学和语言素养相比，今天的学校教育更倾向于满足经济竞争力的需要。[14]正是出自对教育中经济成份的关注，人们也就自然而然地把经济学概念引入教育场域，教育的功效观也就由此日益凸现出来。它一方面表明，在现代社会，教育已不再是一个单纯由国家意志或文化精英集团所能左右和控制的领域，因为教育功用观的凸显表明普通民众的介入已不可避免，从而，这标志着一个完全由价值的抽象主体——国家和知识精英垄断和宰制教育话语时代的结束;另一方面也表明,教育功效观的产生是教育功用观顺乎逻辑的结果,从此,因为代表国家和个人现实功用性需求的市场力量介入,教育内部运作的产业逻辑逐渐显现出来,它虽然还可能为保守的传统人士所嫌恶,甚至被视为庸俗的功利主义而遭到排斥,但它又确实是教育自身所无法拒斥和摆脱的外部力量。

由教育的功能、教育的功用到教育功效,反映了现代西方公共教育政策价值取向的一种演变逻辑。这种价值演变逻辑或许不是教育内在逻辑的外现,但它是整个 20 世纪西方社会变迁过程中的必然结果,是现代教育制度伴随特定社会时代背景转换而不得不作出的一系列变革、调整的反应。当然,我们作如上说,并非表明由功能、功用到功效的制度变迁轨迹就意味着现代教育功能论的寿终正寝,由功用和功效的取而代之。事实上,在当代社会,国家主义教育理念依旧存在,教育的意识形态统整功能并未完全隐退到主流的教育话语之后。在全球化语境中,跨越国界经济交流、资本流动似乎畅通无阻了,大规模的政治、军事上的对垒少了,但不同地区、民族间的文化争端却更加频繁了,对强势文化的抗拒也更为激烈了,甚至因为政治、经济利益而引发的国际摩擦和争端也屡屡出现。因此,只要还有地缘政治、国家和民族利益、世界强弱分化格局的继续存在,真正意义的全球化就永远是一个乌托邦。由此,教育的功能观还会在不同时期、不同国家因事态和形势变化的跌宕起伏而成为话语的主流或非主流、中心或边缘。因此,我们认为,教育功用与功效的凸现,只表明当代世界教育制度变革重心所发生的一次偏移,它反映了目前国家和社会中的个体对教育需求的一种更为现实性的、多样化和高品质化的趋势,至于在新的 21 世纪之中,它还会有何变化,是改弦更张,还是轮流倒转,我们还将拭目以待。

参考文献:

　　[1][3][6] 张人杰主编. 国外教育社会学基本文选[M]. 华东师范大学出版社,1991:9—23, 66、91,364—386.

　　[2] 陆有铨. 现代西方教育哲学[M]. 河南教育出版社,1993:115—116.

　　[4] S·鲍尔斯,H·金蒂斯,王佩雄译. 美国:经济生活与教育改革[M].

上海教育出版社,1990.

[5] M·W·阿普尔. 国家权力和法定知识的政治学[J]. 华东师范大学学报(教育科学版).1992:2.

[7] 伊格尔顿,周宪等译.后现代主义的幻象[M]. 北京:商务印书馆,2000:110.

[8][9] 利奥塔尔,车槿山译.后现代状态:关于知识的报告[M]. 北京:生活·读书·新知三联书店,1997:3,4,5,105.

[10][11] 米尔顿·弗里德曼,罗斯·弗里德曼,胡骑等译.自由选择:个人声明[M].北京:商务印书馆,1998:153—195.

[12] Arnold Kling. Efficiency, Entrepreneurship, And Education. http://arnoldkling.com/~ arnoldsk/aimst3/ aimst322. html.

[13] 张华,石伟平等. 课程流派研究[M]. 山东:山东教育出版社,2001:530—534.

[14] Benjamin Levin. Criticizing the Schools: Then and Now. Education Policy Analysis Archives[J]. 1998. 6(16).

(本文发表于《比较教育研究》2002年第3期。作者阎光才,时属单位为北京师范大学国际与比较教育研究所)

二、从政府控制到市场运作

——哈耶克自由主义教育政策观的思路与困境

　　20 世纪 80 年代以来,世界范围内掀起了以市场为导向的教育改革运动。在基础教育领域,它表现为英美等国的"择校"、"教育权力下移"、"教育券"等学校重建运动;在高等教育领域,则表现为"大学法人化"等改革浪潮。这场教育改革运动以哈耶克等人的新自由主义教育政策理论为其依据,影响广泛而深远。准确地把握哈耶克自由主义教育政策观的基本思路及其困境,将有助于我们从整体上更深刻地把握这场教育改革运动的实质,为我国当前的教育改革提供一些启迪。

(一) 哈耶克自由主义教育政策观的基本思路

　　哈耶克非常重视教育对于社会发展及民主制度的作用。这种作用可以概括为三个方面的内容:其一,如果社会共同体中的每一个成员与我们共享一定的基础知识和信念,那么我们大家将面临较少的风险。其二,在实行民主制度的国家中,如果有一部分人为文盲,那么民主就不可能有效地运行。其三,教育,特别是普通教育,能够传播社会运作所必须的知识和共同的价值标准。知识是现代社会运作的依靠,也是个人实现其目标的诸多条件之一,也是他人实现其目标的重要资源。而共同的价值标准则是人们和平共处的前提。因为教育在社会生活及个人生活中的价值和意义,所以所有的教育都必须且应当根据某些明确的价值观念而加以指导。

　　因为教育对于社会生活和个人生活的意义和作用,所以有效地运作基础教育和高等教育,就成为教育管理的一个核心问题,也成为一国教育政策之基本诉求。近代社会以来,公共教育制度的确立或国家教育制度的建立,意味着教育主要是由国家来提供,也意味着教育应当由国家或政府来直接管理和指导。然而对此问题,在国家教育制度建立的早期,思想家们是有过争论的。穆勒在《论自由》一文中认为国家控制教育的制度存在着两个方面的危害:其一,国家教育会违背其制度设计者的初衷,而演变为特定利益群体实现其利益的工具;其二,国家教育会导致对人们心智的控制从而导致对人身的专制。为此,穆勒对国家控制教育表示强烈的反对。"如果政府决心确使每个儿童都受到良好教育,那么它就不必自己操心去备办教育,可以让父母自行决定其子女在哪里得到怎样的教育,国家只须帮助家境比较困难的儿童付学费,而对完全无人负担的儿童代付全部费用,这样就够了。要知道,由国家实施教育是一回事,而由国家亲自指导教育则是完全不同的另一回事:人们所举出的反对国家的一切理由,对于前者并不适用,对于后者则是适用的。"[1]早年的洪堡亦持相同的观点。在洪堡看来,公立教育是有危害的和不必要的:公立教育之所以是有危害的,乃是因为它阻碍了成就的多样性,而它这所以是不必要的,乃是因为自由的国度不可能没有教育机构。"教育在我看来完全超出了政治机构应当受到限制的范围"。[2]

哈耶克有关教育管理的思想以及国家、政府在教育领域中的职责和作用,与古典自由主义思想家们是一脉相承的。哈耶克指出:"将整个教育制度置于国家管理或指导之下,切切实实地隐含着种种危险","政府通过直接管理大多数民众就读的学校所拥有的控制权力,固然可以促使一个国家的经济迅速崛起,可以为所有的公民提供一种共同的文化背景,但也付出极高的代价,如美国的种族或学校冲突以及其他多民族国家的民族冲突。因为,当公共教育为国家所控制时,那么在这个国家内,应当由谁来控制学校制度,便会成为一个容易引起动乱的政治问题。事实上,在国家教育制度下,所有基础教育都可能被某一个特定的群体所持有的理论观点所支配。"[3]

那么政府在公共教育管理中应当承担什么样的角色、起着什么样的作用呢? 如果说在基础教育领域哈耶克还比较赞成或支持政府的管理作用的话,那么在高等教育领域则明确无误地提出,政府应当从高等教育领域退出。"在我们看来,教育领域中的重大问题.或许很快就会转变成一个如何防止人们滥用其己确实拥有的能力的问题……事实上,我们很快就能发现,真正能够解决这个问题的方案在于:政府不再充当教育的主管者和提供者,而应当成为个人的公正保护者以防阻一切滥用新近发现的能力的作法。"[4]

概言之,为了实现教育领域中的自由价值与效率价值,政府应当从教育领域中退出来,将教育交由私人组织去经营。然而这并不意味着政府对教育将完全撒手不管。政府对于教育仍然要承担自由主义者所要求它承担的职责。在基础教育领域,"对于大多数人的教育而言,毋庸置疑,完全由私人致力教育组织和教育管理,而政府仅提供基本的资助并为所有学校确立担保之费用的最低标准。"这样做的好处是,孩子的父母就不需要面临这样的抉择,要么接受政府所提供的公立教育,要么接受完全付费的昂贵的私立教育:同时如果孩子的父母选择一所公私共管的特殊学校,那么他们也只需支付基本费用以外的费用便足够了。正是哈耶克的这种有关政府在教育领域应当承担何种作用的思想,奠定了美国 20 世纪 80 年代以来"教育券"政策的制定与实施之理论基础。其实际做法是:通过向双亲提供保证负担每个孩子教育费用的凭证——他们可以将这种凭证交给他们为孩子所选择的学校。而对于少数偏僻的社区则仍由政府提供学校教育。而在高等教育领域,由于高等教育能为整个社会带来种种益处,即"一个社会从它所培养的科学家和学者那儿获得的收益,是不能根据这些人出售其服务所标明的价格来衡量的.这是因为他们的大多数贡献对于该社会所有的人来说,均是免费可得的和可资利用的"。[5]但是谁应当获得这样的资助,并不能由政府来决定。政府的职责依然是提供基本的教育资助以及成为高等教育进场的"守夜人"。

(二) 哈耶克自由主义教育政策的立论前提

哈耶克自由主义教育政策,与其自由的理念密切相关。所谓自由是指"存在着一个人按其自己的决定和计划行事的可能性:此一状态与一个人必须屈从于另一个人的意志的状态适成对照。"[6]在自由的状态下,"一些人对另一些人所施以的强制,在社会中被减至最小可能之限度"。[7]然而政府所拥有的强制性的排他性权力,则有可能通过施加损害的威胁而迫使他人去实现其意志,从而造成对个人自由的剥夺。为避免此种情况的出现,政府就应当从一些传统的垄断性服务领域退出。尽管哈耶克承认,"的确存在一些只有通过集体行动才能满足的公共需求,而且通过这样的方式来满足公共需求,也不会限制个人自由……没有任何理由说政府不应当在诸如社会保障和教育之类的领域中发挥某种作用甚或进行引导……需要强调指出的是,我们在这里所关注的问题,与其说是政府行动的目标,不如说是政府行动的手段。"[8] 因此,如果将国家看作是强制性机器.那么国家就不能涉入与维持法律和秩序无关的问题。政府诸多新的福利活动,从表面上看是纯粹的服务性活动,但它们事实上却构成了对政府强制性权力的实施,而这种强制性权力的实施恰恰构成对自由的威胁。尽管在许多领域,人们可以基于经济和效率的种种考虑而提出极具说服力的论点,以支持国家统管教育。但是一旦国家真的统管教育、某种服务业的时候,通常导致的结果不仅是那些被认为的裨益很快会变成泡影,而且这种服务性质也会变得完全不同于由彼此竞争的机构所提供的服务性质。

国家之存在,并不仅仅在于其所要实现的目标的可欲性,更在于其实现目标之手段的可欲性。在哈耶克看来,衡量实现目标之手段的可欲性的基本原则便是个人自由或人身自由,亦即国家的所作所为不能对个人实施它本不应该施加的强制。在讨论国家的权力限度或政府的权力限度时,哈耶克将服务业作为一个典型的个案而予以分析,而教育则是这个典型个案中的一个重要的构成部分。因为从现代政治哲学的视角看,政府之存在的条件之一在于它能够为全体人民提供市场所不能提供的服务。通常政府为全体人民提供服务可以通过两种方式:一种方式是运用它所控制的有限资源以提供某种特定的服务;另一种是运用它的强制力以确使人们得到他们所需求的东西。从服务的获得者来看,同样有两种可获得服务的方式,即就生活中的重要问题进行自由选择的方式,以及必须接受某个被任命的机关根据对他们需求的评估而为他们所做出决定的方式。在服务成为国家排他性、控制性的领域,那么人们就会发现,真正决定人们将得到什么东西的,将不再是自由的竞争性试验,而是权力机关所做的决策。其结果则是社会发展的低效率。因此,对于那些传统的垄断性的服务领域的改革,政府的目标并没有发生改变,即依据某一规则向所有的人提供某些特定的服务以改善他们的机会;然而关于如何提供这些服务的方式则须作出调整,即必须根据市场竞争性的商业运用来实现这个目标,而不应该是通过政府的强制性的专断权力所作的安排。这意味着政府应当从以前它所能充分发挥其专断权力的服务领域退出,交由市场运作。

　　然而哈耶克也看到,社会生活中很多的服务并不能完全交由市场提供,而仍需要政府权力的存在。在此情况下,关注个人自由的自由主义论者提出政府权力分散的主张,而反对政府权力的最大限度的集中。"在无从依赖私人企业提供某些服务的场合,从而亦即在需要采取某种集体行动的场合,人们有极充分的理由认为,地方政府的行动一般可以提供次优的解决方案,因为地方政府的行动具有私有企业的许多优点,却较少中央政府强制性行动的危险。地方政府之间的竞争或一个允许迁徙自由的地区内部较大单位间的竞争,在很大程度上能够提供各种替代方法进行试验的机会,而这能确保自由发展所具有的大多数优点。"[9]

　　哈耶克有关政府应当从传统的垄断性服务业中退出的思想,也是建立在他对"理性"这一范畴的哲学思想基础之上的。在理性主义者看来,理性具有至高无上的地位。凭借个人的理性,个人足以知道并能根据社会成员的偏好而考虑型构社会制度所必需的境况的所有细节。然而对于哈耶克来说,如此相信理性的作用,乃是一种"自命的自负"。"……理性并非万能.而且那种认为理性能够成为其自身的主宰并能控制其自身的发展的信念,却有可能摧毁理性。"因为在我们的生活实践中,总存在着一个"不受控制的、理性不及的领域……正是这个领域,才是理性据以发展和据以有效发挥作用的惟一环境"。[10]因此,理性实质上是有限度的。理性的有限性不仅表现为它理解自身运作的逻辑局限性,而且还表现为它在认识社会生活的作用方面的有限性。因为它受制于特定的社会生活进程,并植根于由行为规则构成的社会结构之中。由于个人理性的有限性,所以社会秩序是不可能通过谨慎思考而型构,而须经由不断试误的经验累积。概言之,文明于偶然之中获致的种种成就,实乃是人的行动的非意图的结果,而非一般人所想像的条理井然的智识或设计之产物。

(三) 哈耶克自由主义教育政策观的困境及其出路

　　哈耶克的教育交由市场运作的政策理念,是以教育的效率、质量、绩效与自由为旨归,在教育价值体系中则表现为效率优先于平等。它所突出强调的是教育对社会经济发展的作用维度。然而教育作为一种服务,以及教育市场的阶梯性特征,使得教育具有不同于市场的独特逻辑。同时需要指出的是,社会设立教育制度的目的并不仅仅在于其自身的效率追求以及它对社会经济发展的促进作用;教育对于社会之所以重要乃在于它能够提升人的价值与地位,着眼于受教育者人格的独立与完善。就后者而言,它恰恰是要求教育要摆脱各种功利性的目的与工具理性,在一种价值理性的引导下,去追求教育之内在目的。然而当市场作为调控教育资源的手段而被运用于教育领域时,学校作为利益体,就可能会因其追求外在的功利性目的而丧失它的内在价值追求。教育有教育的运行规律,而市场则有市场的经营法则。教育不仅要培养公民,而且还要培养人,使人获得人之成为人的内在的品质和素质。而在教育市场运作的条件下,教育很有可能沦为特殊利益群体和个体实现其世俗利益的工具。教育不仅要传播有利于个体未来生存与发展的知识,而且还要传播社会共同的价值观念。然而这种社会共同的价值观念却未必是学校的利益之所在。当教育机构面对竞争性的教育市场而求得生存与发展时,这些教育机构完全有可能置社会共同的价值观念于不顾。

政府从教育领域中的退出以及教育通过市场运作而实现其追求效率的目标时,不可避免地还会带来教育的平等问题。教育的市场化所引发的教育的不平等问题,在英美等国已经显现出来。在一些批评者看来,通过选择性的市场机制来重建学校教育,造成对部分社会阶层或群体有利,而对另一部分社会阶层或群体不利。因为任何选择都需要确立一定的标准。由于原本期望将择校权交还于家长的选择性机制导致学校对学生的选择,促使学校建立起一套相应的选择学生的标准。而这套标准却不是价值中立的。"它只认可特定的技能、素质和物质上的可能性,而这些技能素质和可能性在人群中的分布是不均的。由此导致教育市场出现"糟糕的选择者",结果是"市场的观念通过许多相关的方式成为阶级再生产的机制。"[11]针对市场化过程中存在的以上问题,有研究者认为,"通过市场选择的方式来满足单个家庭和国家的需要,这充其量只是信念的表演。我们需要更多地注意个体需要和国家利益的关系、公平与效率的关系、教育的经济目的和社会目的之间的关系。"[12]

在有关教育政策论述中,哈耶克也不是不关注教育的平等问题。然而他的教育平等更多体现的是一种自由的或自主的平等,因而所表达的乃是一种否定性的教育平等观。"否定性平等"观念的实质,乃在于它只关注人的教育行为的平等问题或调整人之教育行为的规则的平等问题,而不关注这种教育行为对不同个人或不同群体的地位所造成的特定结果或某种事态问题。由此而造成的实质上的不平等,以及由不平等而引发的社会各阶层之间的冲突与对立,则是整个人类社会所不欲的。

自由、平等及效率等价值观念,乃是我们这个社会的核心价值观。然而,在这些理想与理念之间存在着复杂的相互关系,进而在社会政策及教育政策的制定方面引发出一系列的复杂问题。"可能的情况是,实现其中的一种,也许会有损于另一种;经典的自由主义立场对待自由与平等两者之间关系的态度一直就是这样。"[13]很显然,哈耶克的"自由的平等"观或者是"否定性平等"观,是不能达致这一社会目标的。这使得哈耶克的自由主义教育政策只能是以牺牲教育的平等来换取教育的效率。

那么我们能否在实现教育效率的同时来保证教育的平等呢?在回答这个问题之前,我们既需要正视政府对教育所拥有的专断性及排他性权力所带来的缺陷与不足,对于这些缺陷与不足则需要通过制度性的变革而予以清除;也需要正确对待政府对教育所拥有的专断性权力所带来的正当之利。尽管政府所拥有的专断性的权力可能会给个人带来一定程度的强制,从而使个人失去一定的自由,但是应该看到,在任何一个社会中,个人的自由也总是有限度的。这种限度以私域与公域为界。同时我们还应当既需要认真地分析自由市场竞争给教育的种种不足,也需要仔细分析市场逻辑所能给教育带来的各种便利。通过对这两条道路的详尽分析,从而在自由竞争与政府决断之间,寻找第三条道路。

第三条道路应当坚持教育平等的观念,且政府应当以坚定不移地追求这一目标的实现为其宗旨。坚持平等的教育观念,乃是将平等指向受教育者。在教育政策的制定中,它应当包括对受教育者哪些方面的平等呢?就教育资源不足的现状以人们对教育需求的程度来看,它应当包括三个方面的含义:其一是,政府有关教育政策的制定必须禁止一切形式上的歧视,不仅包括性别、家庭背景、宗教信仰等方面的歧视,而且也包括居住地域、身份特征等方面的歧视。其二是,尽管个人的知识、技能与灭生的才智有差异,但较高程度教育的机会或教育机遇应当为所有成员公开竞争,至少在公共的教育领域应当如此。其三,不管哈耶克是如何地反对由政府来确定统一的接受较高程度教育的标准,但为保证必要的平等,政府仍需在公众一致同意和认可的前提下,确定接受更高程度教育的能力标准。对于有能力接受更高程度教育的贫困子弟,给予接受更高程度教育的经费资助。由于接受更高程度教育的个体将比不接受此类教育的个体能够有更多的获益,所以可以要求其在今后的较高工作收入中予以扣除。这种教育平等更多的是一种形式上的教育平等,却也包含着实质上的教育平等。

第三条道路倡导教育平等观念,绝非意味着对教育效率的否定。效率是我们这个社会基本的价值观之一。教育效率的实现需要借助市场的力量。然而这并非意指教育的市场化。即使是在实现自由市场经济的发达国家,教育亦非完全的市场化。教育效率问题乃是指向学校及其他教育机构的教育产出及其教育质量问题。适当程度的教育竞争无疑有利于学校及其办学者努力提高其教育质量、提高其办学效益。然而这绝不应成为政府推卸其应尽的教育职责之借口。

就我们这个教育不平等较为严重的社会中,在日益注重教育效率的背景下,第三条道路所要表明的是,在一个有效率的教育体中努力增进教育平等。消除教育机会中的歧视、消除获得教育资本方面的歧视、努力增加接受较高程度教育的总体机会、资助低收入阶层获得较高程度的教育,乃是社会及政府的应尽之责。为此,政府绝不能从教育领域中退出。即使立足于教育效率的提高,政府的退出也应当是有限的。

参考文献:

[1] 约翰·密尔,程崇华译. 论自由[M]. 北京:商务印书馆. 1982:115.

[2][3][4][5][8][9] 哈耶克,邓正来译. 自由秩序原理(下)[M]. 北京:三联书店,1997:162,164,165,168,1,16.

[6][7][10] 哈耶克,邓正来译. 自由秩序原理(上)[M]. 北京:三联书店,1997:2,1,81.

[11][12] 斯蒂芬·J·鲍尔.教育改革——批判和后结构主义的视角[M].侯定凯译.上海:华东师范大学出版社,2002:156.161.

[13] 亚历克斯·卡利尼克斯.徐朝友译.平等[M].南京:江苏人民出版社.2003:45.

（本文发表于《比较教育研究》2005 年第 9 期。作者周兴国,时属单位为安徽师范大学教育科学学院,南京师范大学教育科学学院）

三、当代西方教育管理研究新思潮论析

（一）西方教育管理新思潮兴起的背景

西方教育管理研究新思潮的出现，可追溯到 20 世纪 60 年代，可以说是与西方社会经济结构的变化、教育改革的浪潮以及对现代主义基本原则的挑战紧密相连的。

首先，西方教育管理新思潮的兴起是与西方社会"后工业"资本主义发展的不确定性相连的。西方后工业社会的发展需要对应的文化理论来解释"后资本主义"社会的状况，并提出改革资本主义社会的不同主张，以使个人能够在变化着的社会中表达和建构自己的生活。

随着西方社会从"工业经济"到"服务型经济"的重构，其社会阶层的结构也被重构。随着工作性质的变化，控制和协调工作过程的社会关系也发生了变化，人们再也不能依赖"机械的纪律"和科层的规章来维持。要有效地执行"知识性"的工作，每一个人都要思考驱动工作过程的目的，并使之概念化。过去，人们把维持控制的策略作为管理中的脑力劳动，是与任务的执行相分离的，而在后工业社会的工作环境中，这种管理方法就不再有效。同样，科层控制的策略也只适合于那些稳定的、例行化的、指令性的组织决策情境，其理论前提是人们会"根据规则而工作"。

后工业社会的政治、经济特征是不稳定性，从事知识工作的组织通常也不进行程序化决策。所以，组织和管理的策略开始强调"共同远景"（shared vision）、参与决策、现场管理（sitebased management）和质量集团（quality circles)等概念,它们都把劳动者参与工作过程的观念放在重要的位置上,希望其成员具有"高级认知技能"。

其次,西方社会教育制度中存在的问题在 20 世纪末也日益尖锐,要改革教育就需要理论的指导,因此新思想开始日益活跃,各种新思潮分别提出了改革教育的不同主张。西方"民主"社会的公共教育一直是根据泰勒的科学管理理论、专家系统分析和技术理性来管理的,但在 20 世纪末,这种科学主义的教育管理受到挑战。从 20 世纪 80 年代起,西方社会教育改革的呼声、建议、讨论、争鸣、对话此起彼伏。以美国教育改革为例,形成了三大相互联系的、持续的教育改革浪潮,促动了教育管理新思潮的产生和发展。

其三,西方教育管理思潮的兴起还与对现代主义观念批判的大背景紧密相连。现代主义作为一种文化现象,是与 19 世纪末西方社会的发展紧密相连的,"现代化"成了世俗的救世主。现代主义信念的基本组成部分包括对自然的掌握、进步与变革、理性、效率和非个人沟通。现代主义组织的基本形式是科层组织,理性管理是社会和组织发展的首要机制。20 世纪末,西方现代主义的原则和信仰开始衰退,教育管理的批判潮流也伴随着西方社会的文化批判运动而风起云涌。

现代主义是对科学主义、实证主义和经验主义的观念表达,与技术——理性的对话是一致的,它使对传统权力结构进行连续的社会变革合法化;但现代主义也强调个人在行使技术——理性过程中的核心作用。这就造成了一种社会悖论:一方面,理性的个体会为自己的利益而竞争;另一方面,现存机构作为技术——理性的集体表达也会为自己的利益而竞争。因此,个体就被置于占统治地位的理性对话的传统形式中,以及由此派生的机构的结构中。

人们认为,现代主义的理性形式在西方社会一直占据主导地位,并把社会关系具体化,阻碍了工具理性和价值理性的统合,加强了科学教条主义,强化了不平等的社会关系,压制了人类主体性的规范性要素和情感性要素,理性的个体就成了接受主流对话和由此派生的体制关系的人。

(二)西方教育管理研究的几种主要新思潮

西方教育管理研究在上述背景中也激起了思想的火花,提出了许多具有时代气息的新观点,诸如主观主义、人文主义、批判理论、组织文化理论、女性主义理论、后结构主义、建构主义、后现代主义以及新实用主义(neopragmatism)等,它们虽然称谓不同,所拥有的观点也有交叉、重叠和冲突,但共同的特征都是反实证主义的,它们都可归于后实证主义的方法论范畴。以下所分析的几种思潮就是其中的重要代表,通过它们可以对当代西方教育管理研究新思潮有一个初步的认识。

1. 教育管理的批判理论思潮

西方教育管理的批判理论思潮是正在形成中的后实证主义研究"范式"的主要理论之一,它产生于 20 世纪 70 年代,20 世纪 80 年代中期达到高潮。教育管理的批判理论来源于黑格尔和马克思的辩证思想,直接与法兰克福学派的"社会批判理论"相连,主要代表人物有霍克海默(Horkheimer Max)、马尔库塞(Marcuse,H.)、阿多诺(Adorno,Theor W.)、哈贝马斯(Habermas,J.)等。

批判理论对科学主义无视个体人性的现代理性提出了批判,把社会的民主化和人性的解放看作是社会科学的重要目的,试图重新塑造学校教育管理的主流观点。批判理论所关注的问题是:当前的权力结构、课程结构和教学结构是为谁的利益服务的? 教育内容和教育方式与社会中占支配地位的经济和政治联盟的关系是什么? 批判理论的方法论主要是辩证法,希望通过逻辑分析和争鸣来提高人们关于其生活和工作状况的觉醒程度。在争鸣的过程中,批判理论依赖于对意识形态的分析和生成,希望指出现存社会状况的矛盾和冲突。

教育管理的批判理论家,特别是那些受到哈贝马斯早期作品(1972)影响的批判理论家,诸如佛斯特(Foster,William)、贝茨(Bates,R. J.)等,把科学与实证主义划等号,认为实证主义的教育管理理论只重视教育管理的技术方面,无视多元性、种族和民族问题、社会阶层问题等。他们呼吁管理理论应该拥有更广泛的知识来源,应该承认"交往的知识"(communicative knowledge)和"解放的知识"(emancipator knowledge)在人类事务中的现实意义,提出教育管理的知识基础要更多地强调对教育现实的批判、道德与价值观、授权和教育变革,让那些无权的人参与到教育问题的讨论和争鸣中,让教育管理的实践人员具有批判的眼光,以分析教育管理实践中存在的重大问题。

2. 教育管理的组织文化理论思潮

组织文化理论不是一个哲学认识论派别，根据恩利希（English，Fenwick W.）教授的分类，它隶属于结构主义的"范式"。[1]它虽然不像批判理论那样对教育管理研究的实证主义方法论提出尖锐的批判，但它所追求的研究目标明显具有后实证主义的倾向，最有影响的代表作是彼得斯（Peters Tom）和沃特曼（Waterman Robert）在 1982 年出版的《追求卓越》及迪尔（Deal T. E.）和肯尼迪（Kennedv A. A.）在 1982 年出版的《公司文化》。

组织文化理论家已经不受科学知识的思想限制，他们对研究方法更加宽容，关心意识形态和组织符号体系之间的关系，认为组织成员的行为活动是意识的意义形成的具体表示，组织的话语系统表达重构着组织中占统治地位的意识形态结构。组织文化理论也对逻辑经验主义的基本假设提出了反论，但组织文化理论家通常回避对实证主义方法论的批判，采取了社会科学的、不同通约的主观记事方法，并极力维护其与自然科学明显不同的研究特征，他们对组织仪式、象征性的组织符号、世俗精神、隐喻、口号、神话、故事、标识语等组织管理的微观方面给予了较多关注。

组织文化理论家迪尔已经把《公司文化》的理论观点系统运用于教育管理，发表了一些关于学校组织文化的论著。迪尔与格林菲尔德的观点具有一致性，他们把社会现实主要看作是人们对现实表象的建构、其他人对这些表象的解释以及人们如何解释其他人的解释（双向的诠释）。正如格林菲尔德所明确预示的：在这种"人类虚构"的观点中，行为科学的工具就没有任何地位。[2]主观记事的研究方法可以说是教育组织文化研究的基本方法。

3. 教育管理的后现代主义思潮

后现代主义是后实证主义方法论的一个新兴观点，具有强劲的发展势头，现在还很难界定它的实际涵义及其所包容的理论分支，在一定意义上，后结构主义、建构主义也可算作后现代主义的分支。后现代主义理论拒绝接受客观现实可以通过科学来认识的观点，而喜欢采用广泛接受的故事或"宏大叙述"（grand narratives）来建构现实。后现代主义认为，叙述可以让群体分享他们的经历，并且强化现存的权力结构。叙述是系统表达现实的概念媒介，可以对竞争性现实提供不同的解释，并有助于对现实产生影响。

托马斯·格林菲尔德教授是当代西方教育管理理论的旗手之一,自 1974 年他在英国召开的"国际互访方案"[3](IIP)会议的致词以来,一直对实证主义的理论假设提出置疑,率先把后现代主义的观念运用到教育管理理论中。通过阅读库恩和费耶阿本德的著作,格林菲尔德认识到实证主义假设的错误在于:它所提倡的观察是内置于一定理论之中的,同样的观察可以用来证明许多不同的理论,所以要准确的判定观察证实了什么就成了问题。理论的先入为主还会影响到反证,因为理论本身是否存在问题以及是否存在反证的经验证据,都不再明确;因为理论推理关系的复杂性,要根据任何假设建立一种直接的经验性案例,都具有不确定性。格林菲尔德认为,理论和观察的模糊性会阻碍人们建立一种像自然科学一样具有客观性的、可操作的观念。

格林菲尔德还接受了马克斯·韦伯关于主观性在社会科学中的地位的观点,认为社会现实是由意义、解释、意图和理解构成的,不存在任何没有理论的测量程序,价值观是人类主观性的重要组成部分,它与理论框架一样重要,它们都有助于有意义的行动和关系。[3]格林菲尔德关于多元现实、人们世界观的差别以及教育管理"范式"的观点,导致西方教育管理界在 20 世纪 70 年代后对实证主义方法论问题的争论,成为西方教育管理研究方法论的热点问题。

格林菲尔德在开创西方教育管理领域"理论多元主义"的过程中起到了重要的作用,他不仅直接指出了教育管理理论运动中的博士研究生培养方案的错误,而且对西方实证主义教育管理的基本假设提出了批评。格林菲尔德批评道:教育管理的"理论运动"首先在解释个体和组织变量的研究结果方面主要是无效的;其次是不能准确地预测组织的反应,并把具体分散的行为与控制变量联系起来;三是缺乏人文科学的课程,它对管理实践的影响是非人性化的。

霍金森(Hodgkinson,Christopher)也持有类似的后现代主义观点,他主要对实证主义的"教育管理的科学理论拒绝实体的伦理性断言"的假设提出了争议。霍金森首先承认事实与价值之间存在着不可逾越的鸿沟,认为科学是关于事实的,而不是关于价值的。但与通常的推断相反,霍金森提出管理与价值判断存在着不可分割的联系,不能把管理变成科学,管理不是科学,它是道德艺术、是一种人文主义。霍金森认为管理是关于行动的哲学,这种哲学不是永恒的,而是一种对话、一种解释,它是对组织现实进行解释的艺术。[4]

4. 教育管理的女性主义思潮

女性主义(feminism)是与批判理论、组织文化理论、后现代主义同时兴起的反实证主义方法论的一个派别,它几乎完全赞同批判理论的所有观点,但它所关心的核心问题是针对实证主义研究方法论的研究主体问题的,对授权、解放等主题给予较多关注,试图消除女性所受到的不公正待遇和受压迫的地位,实现女性的自由与解放。

20世纪60、70年代起,社会性别(social gender)已成为西方女性学研究的核心概念,80年代初,一些女性主义者将"社会性别分析"作为研究的重点,建立了女性主义理论。女性主义理论的代表人物哈丁(Harding,Susan)教授在《女性主义中的科学问题》一书中,提出了"谁的科学、谁的知识?"等哲学认识论问题,发现西方科学一直是资产阶级男性白人的事业,男性一直主宰着科学研究的内容和方法,他们可以决定要研究的重点和问题以及采取什么样的研究方法,而女性则被排除在科学研究之外。哈丁教授指出:科学不是价值中立的,它在本质上是道德的与政治的,呼吁给女性以平等的从事科学研究的地位。[5]

女性主义理论也对教育管理理论与实践中男性起支配地位的本质发起了攻击,认为当代教育管理的理论知识具有严重的男性认知方式的偏见。女性主义指出:教育管理的正统理论使家长式的管理制度具体化和稳固化,在实践中,起支配作用的管理形式再生产了男性白人起支配作用的教育管理制度,教育管理的理论和实践压制了女性,并且低估了女性的作用,造成了对女性的科层性对立。

5. 教育管理的新实用主义思潮

新实用主义源于美国的实用主义传统,但更直接地受到批判理论、后现代主义、解释学的影响,它在一定意义上也属于后实证主义思潮中的一个潮流。新实用主义既排斥传统的理论,也拒绝批判理论。新实用主义提出:社会现实是由个体的规范和价值观建构的,不存在终极真理或理想的理性,只存在与世界互动的不同方式。新实用主义的方法论就是要发现特定情境下最有道理的理论或模式,如果某种模式能够解决某种问题,它就是正确的选择。

弗吉尼亚大学理查德·罗蒂(Rortv.R.)教授是当代西方新实用主义的风云人物。罗蒂认为神学、哲学、科学、政治等都是一种平等的、平权的文化,相互之间不存在谁比谁优越、谁服从谁的问题,根本不存在"文化之王",不存在文化的"法官"。同时,他认为科学并不具有客观性,而只有"亲和性"。真理"不过是一个表示满意的形容词的名词化",真理只是"自己觉得最好加以相信的信念",或者"只是对一个选定的个体或团体的现时的看法"。[6]

霍伊(Hov,Wayne K.)教授是西方教育管理研究中提倡新实用主义观点的主要代表,认为科学是一个动态的过程,其基本目的就是要发展理论;理论是抽象的、普遍的解释,不存在严格的正确或错误,但却很有用。教育管理的理论就是要帮助实践人员解决实践中遇到的问题。管理人员的知识是建立在问题解决的经验之上的,但经验具有情境性,所得出的结论也具有不确定性,或存在一定的问题。管理理论和研究则要为管理人员提供一套概念准则,帮助他们解决复杂的实践问题。好理论是有效的,教育管理的理论观点要具有开放性、灵活性、多元性,才有助于教育管理实践。[7]

格里菲斯(Grimths,Daniel E.)教授在讨论教育管理的知识基础时,也持有新实用主义的观点,提出了选择理论问题进行研究的六个标准:(1) 可行性,即理论概念是否适用于解决该问题;(2) 振奋性(excitement),即理论是否能够促进新见解,还是仅仅强化了旧的观点;(3) 情境性,即理论是否适合当前的问题;(4) 成本,即研究者能否承担相应的资金、时间和精力;(5) 对用户的友好性,即理论所用的语言是否可以理解、具有启发性;(6)成效性,即理论是否产生解决问题的答案。……显然,格里菲斯关于教育管理研究的六个标准是以实用为原则的,他所主张的理论多元主义表明他已经站在了后实证主义的立场上。作为 20 世纪后半叶西方教育管理理论的代言人之一,格里菲斯虽然与格林菲尔德进行过长期的教育管理理论的论战,但在理论多元主义这一点上他们的观点是一致的。

6. 教育管理的建构主义思潮

建构主义思潮近年在教育管理中日益流行,它与结构主义、后结构主义、解构主义等哲学认识论观点存在一定的关联。建构主义是一种知识观、学习理论和管理思想,是在认知心理学的基础上发展起来的,吸取了认知心理学家皮亚杰、维果茨基、加德纳(H. Gardner)、格拉泽菲尔德(von Glaserfeld)的观点,认为知识是不断变动的,知识存在于学习者内部,人们必须自己去发现有意义的图式、主题和关系,个体通过自己的价值观、信仰、经历等建构意义,个体是自我知识的建构者,管理就是"制造意义"。

在教育管理领域,莱姆巴特(Linda Lambert)和沃克(Deborah Walker)就是建构主义思想的代表人物,他们于 1995 年出版了《建构主义领导者》一书,系统阐述了教育管理的建构主义理论观点。莱姆巴特等人认为,建构主义领导是一种交互的过程,使教育组织的参与者能够自我建构意义,以实现教育管理的共同目的。在教育组织中,教师、管理人员、家长和学生都可以行使领导行为,领导的基本建构过程主要有以下四个步骤:(1) 在一个值得信赖的环境中激发人们的潜能;(2) 打破并重构旧的假设;(3) 关注意义的建构;(4) 形成反映新行为和新意图的行动。

莱姆巴特等人提出,那些行使领导行为的人要注意以下一些方面:(1) 具有目的感和道德感,因为诚实和信任是建立领导关系的基础;(2) 具有促进技能,因为框定、深化和变更管理对话的主题是建构管理意义的基础;(3) 能够理解人类建构主义学习的特征,善于提出问题,促成自我建构的行为;(4) 对变革和变迁具有深刻的理解,因为变革产生于意义建构的过程,并不像人们所想象的那样简单,变革是不可预料的;(5) 理解管理的背景因素,丰富和重新解释自己的记忆,拟订自己的价值观、假设和允诺,开创对话的论坛,并留有采取行动的余地;(6) 具有个人的身份感,通过与他人的反思性互动,解释自我并形成自我的身份。[9]

（三）对西方教育管理新思潮的批判与反思

在过去的 20 多年里,人们对教育管理科学的反思已经改变了人们对教育管理科学的看法,批判理论、组织文化理论、后现代主义、女性主义理论、新实用主义、建构主义等都是时代的产物,它们都是在后实证主义的元叙述中兴起和发展的,它们的观点极大地依赖于相对主义和意识形态。在某种意义上,它们都把情感置于推理之上,把辩护、对话、叙述置于问题解决之上,它们一般都贬低科学的价值,拒绝实证主义的立场。

实证主义是西方资本主义文化的传统,也是资本主义精神的反映。在整个工业化时代里,实证主义的方法论一直很好地服务于西方社会的经济发展,甚

至它所追求的政治民主、社会平等也是建立在实证主义方法论之上的。但 20
世纪中期以来,人们对科学的看法发生了变化,对实证主义不满的声音越来越
强烈,人们纷纷对技术——理性的实证主义霸权地位提出了批判,走向所谓的
"后实证主义"的研究范式。正像实证主义强调对客体的形成及其与固定结构
的关系的调查一样;批判、拒绝常规意义、对话等则成为后实证主义意识的主要
特征。

后实证主义是对实证主义的核心假设的全面抛弃。后实证主义认识到,科
学家的思维方式和工作方式与人们的日常生活方式没有本质的区别,科学家的
推理与常识性的推理实际上是同样的过程,它们不存在类型的区别,只是程度
的区别。后实证主义最常见的表现形式是批判现实主义哲学。批判现实主义
者对人们准确认识现实的能力提出了批判,采取了不同观点具有"不可通约性"
(incommensurability)的相对主义观点,他们相信存在一种独立于人们思维的、
科学不能研究的现实,认为所有的观察都难免不犯错误,所有的理论都是可修
改的,科学的目的是坚持逼近现实的目标,但永远也不能实现这一目标,因为所
有的测量和观察都是有错误的。

后实证主义强调多元测量和多元观察的重要性,相信采用多元的、含有错
误的材料是可以尽可能地接近现实的。后实证主义还认为所有的观察都是以
一定理论为前提的,科学家在本质上具有文化和世界观等方面的偏见。然而,
人们并不能因为如此而放弃科学研究,人们虽然根据自己的经验建立了不同的
世界观,但这并不意味着人们不能"翻译"并理解彼此的经验。

多数后实证主义者也都是建构主义者。他们相信人们可根据自己对世界
的感性认识而建构自己的世界观,并指出因为感性认识和观察会犯错误,人们
的建构肯定是不完善的。在后实证主义看来,任何个体都不能完全看见真实的
世界,人们的所有观察都会受到偏见的影响。所谓的"客观性"并不是个体的特
征,而本质上是一种社会现象,它是人们互相批判各自的著作时所要达到的目
的,人们永远也不能达到完美的客观性,但人们可以更接近它。要提高研究的
客观性,最好的办法是把研究放在真理追求者的广泛争论的背景中,相互批判
各自的著作,那些能够经得住严厉批判的理论就具有更强的适应性,也更接近
客观性、更接近理解现实。这种建构主义的观点,根据进化论的原理,有时也被

称为"知识理论的自然选择"。

　　总之,当代西方多数教育管理理论家都对逻辑实证主义认识论的基本要素持反对的观点,并对其理论的客观性提出置疑。但他们在用"后实证主义"的观点解释自己的理论时,虽然淡化了"反基础主义者"(anfifoundationalist)反对科学的论点,但仍然保持着对理论的表象性解释,并没有完全脱离实证主义的元叙述方式。[10]实证主义作为西方主流思想的方法论近年受到诸多批评,但实证主义的元叙述方式在西方教育管理的理论和实践中还很有市场,各种"新理论"只不过是"旧理论"的重新命名,无论是组织文化理论,还是"学习型组织"理论,它们都没有超越实证主义的研究方法论范畴;无论是批判理论,还是后现代主义,它们只指出了实证主义研究的缺陷,在无休止的"批判"和"叙述"中说三道四,但缺乏建设性,无助于教育管理实践的开展。行为主义、经验主义和结构主义等实证主义的思维方式和研究传统仍深刻地影响并支配着西方教育管理的理论和实践。

参考文献:

　　[1] English,Fenwick W. Theory in Educational Administratio[M]. New York:HarperCollins College Publishers.

　　[2] Thomas J. Sergiovanni,John E. Corbally(ed.). Leadership and Organizational Culture:New Perspectives on Administrative Theory and Practice[M]. University of Illinois Press,1984:PP. 142—169.

　　[3] Thomas Greenfield,The Decline and Fall of Science in Educational Administration,in Thomas Greenfield, Peter Ribbins. Greenfield on Educational Administration:toward a Humane Science[M]. New York:Routledge,1993: pp. 134—161.

　　[4] Hodgkinson,Christopher,Educational Leadership:The Moral Art,Albany[M]. SUNY Press,1991.

　　[5] Harding,S. The Science Question in Feminism[M]. Cornell University Press,1986:PP. 1—25.

［6］Rorty，R．Philosophy and the Mirror of Nature［M］．Princeton Princeton University Press.

［7］Hoy，Wayne K．Science and Theory in the Practice of Educational Administration A Pragmatic Perspective［M］．Educational Administration Quarterly，VO．32，No．3．1996：PP．366—378.

［8］Griffiths，Daniel E．Theoretical Pluralism in Educational Administration，In Robert Donmoyer，Michael Imber，James Joseph Scheurich，The Knowledge Base in Educational Administration Multiple Perspectives，NY ［M］．State University of New York Press，1995：PP．300—309.

［9］Lambert，Linda&Walker，Deborah．The Constructivist Leader［M］．Teachers College Press，1995：PP．47—50.

［10］Willower，Donald J．Inquiry in Educational Administration and the Spirit of the Times［M］．Educational Ad pirit ot the limes educational Administration Quarterly，1996：PP．344—365.

（本文发表于《比较教育研究》2004 年第 1 期。作者程晋宽，时属单位为苏州大学教育学院）

四、教育领导乃是一种"道德艺术"
——霍金森教育管理价值论评析

霍金森(Christopher Hodgkinson)是当代享有国际盛誉的加拿大教育管理学者。从 1978 年至 1996 年间,他陆续发表了《走向管理哲学》(Towards a Philosophy of Administration,1978)、《领导哲学》(The Philosophy of Leadership,1983)、《教育领导:道德艺术》(Educational Leadership:The Moral Art,1991)和《管理哲学:管理生活中的价值与动机》(Administrative Philosophy:Values and Motivations in Administration Life,1996)四本著作,系统阐发了自己的教育管理价值理论,并据此确立了他在当代国际教育管理学界的重要地位。本文即以上述几部著作为依据,对霍金森的教育管理价值论加以梳理和评析,以期引起人们更深入的探索兴趣。

（一）霍金森教育管理价值论的理论基础

霍金森认为,实证主义教育管理学者倾向于把"实在"(reality)看作一种客观存在物,并要求以客观的观察和调查探求其结构和规律,以达成预测组织中人的行为目的。相反,主观主义的代言人格林菲尔德(T. B. Greenfield)则认为,所谓"实在",纯粹是根据人们主观上如何看待它而确定的。[1]针对上述两种"实在观",霍金森指出:人类面对的"实在",其实同时包含着"实在Ⅰ"(RⅠ)、"实在Ⅱ"(RⅡ)和"实在Ⅲ"(RⅢ)三种类型。其中,实在Ⅲ即是实证主义者所强调的实在,它主要由客观事物所组成,并构成自然科学研究的经验性领域。实在Ⅱ是由人类及其活动所组成的实在,它虽不像实在Ⅲ那样遵循严格确定的因果律，但人们仍可借助统计和归纳等社会科学方法加以说明和预测。实在Ⅰ则是主观主义者所强调的个体意识之领域，它包含着主观意向和意志等内容。人们对实在Ⅰ的理解，主要是依靠个体的兴趣、道德、情感和价值观加以解释的，因此，根本不可能存在任何的"绝对真理"。[2]

从上述"实在观"出发，霍金森进而指出：作为管理"细胞"的组织，同样也可区分为三类不同的实在，并分别与管理与经营两种活动及其六个环节相对应。具体而言，实在Ⅲ是组织赖以生存的外在物质世界，实在Ⅱ是理念与物质、内部与外部相统一的人类世界，实在Ⅰ则为人的内在理念世界。一切管理活动都可区分为"管理"（administration）与"经营"（management）两大领域和六个阶段。其中，管理活动中的"哲学"、"计划"和"政治"，属于政策制定领域；而通过"动员"、"实施"和"监督"所展开的经营活动，则主要发挥政策落实功能。

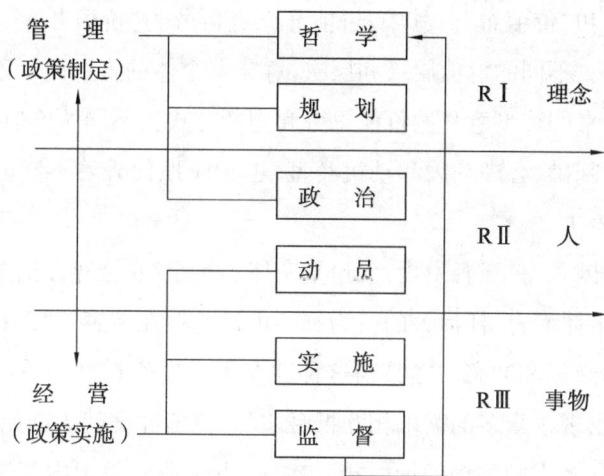

实在类型与管理活动的关系图

资料来源：Hodgkinson，C.（1983）. The Philosophy of Leadership，New York：St. Martin's，p. 78.

霍金森认为，管理与经营密不可分，上述六个阶段相继而交叠，无论管理与经营，都离不开价值判断。特别是管理活动，尤需从哲学上加以把握和引导。这就使管理与对人类本质的理解息息相关，从而也就与人性和价值问题紧密关联。据此，霍金森坚信，管理应与哲学、文学、艺术和道德相结合，而属于道德和艺术活动之领域。正因为如此，他反对把管理视为一门科学，而主张管理应走向人文主义的"道德艺术"。[3]概而言之，在霍金森眼中，所谓教育管理，就是要把哲学层面的管理理念通过组织中的人事安排及物质配备，从而达成组织目标的实践（praxis）活动。

（二）霍金森教育管理价值论的基本观点

霍金森的教育管理价值论，是以他对事实与价值的相对区分为基础的。在他看来，事实不同于价值之处在于："事实的世界乃既定的，而价值的世界是人为的。"[4]在事实世界中，人们主要关心"真"或"假"的问题，从而形成一种可验证的普适性真理；而价值则完全不同，它是一种"具有动机力量的欲望"概念，是主体强加于事实世界的一种人造秩序。因此，价值总是涉及到主体意识的，它终究是人类的创造物。进而，霍金森又把价值划分为三个不同层级，即"价值Ⅰ"、"价值Ⅱ"和"价值Ⅲ"。其中，价值Ⅱ又可再分为"价值ⅡA"和"价值ⅡB"两个不同层次。不同的价值层级和层次，意味着个体的人在面对不同类型的实在时所体现出来的典型意义的价值思考和判断方式。不同的价值判断，分别拥有各自的价值基础、心理动因和动机类型，也相应地代表着不同的哲学精神或思维方式（见表1）。

综观各种因素，霍金森发现：无论是个体还是组织，皆存在诸多价值冲突现象。首先，就个体而言，任何人的行为都不可避免存在情感、理性和意志三种不同心理动因的激荡和冲突。尤其当这种冲突不仅发生在某一单纯的欲望与欲望之间，而且出现于众多的需求相互抵触之际，价值冲突就成难免之势。其次，在组织层面，众多不同类型的价值相互碰撞，也会造成组织内部激烈的价值冲突局面。因为，任何一项组织行为之动因，皆可能由多个不同层级的价值范畴所引发。最后，组织系由个体所组成，并存在于一个特定的社会文化环境和时代精神潮流之中。因此，组织价值不仅受组织内部个体和同辈团体之影响，而且受制于组织外部的地方及亚文化之约束。同时，组织内部的生存（maintenance）、发展（growth）、效率（efficiency）和效能（effectiveness）等"元价值"（meta-values），也会对人产生潜移默化的影响。[5]凡此种种，均加剧了组织中价值冲突的可能性和复杂程度。

表1　价值序列及其相关特征

价值层级	价值类型	价值特征	价值基础	相关心理能力	相关动机层次	相关哲学思潮
Ⅰ	Ⅰ	对 好	原则	意向意志	高级需求 低层需求	宗教 存在主义 直觉
Ⅱ	ⅡA		结果	认知理性		人文主义 民主主义 自由主义 功利主义 实用主义
	ⅡB		共识	思考		
Ⅲ	Ⅲ		喜好	情绪情感		后现代主义 行为主义 实证主义 快乐主义

资料来源：Hodgkinson,C.，(1996). Administrative Philos-ophy：Values and Motivations in Administration Life,Oxford：Pergamon,p. 115.

霍金森反复申明，领导的根本困境即源自组织中永远存在的价值冲突情境。这是因为：第一，组织中普遍性的价值要求，与组织成员个体的特殊性价值相抵触；第二，组织的价值观与组织环境之间，也存在着很大的不同和差异；第三，领导者既是自身价值的代表，又须超越自身的私人欲求，以组织的公共利益和"元价值"处理组织的种种事务。特别是当组织规模日益扩张时，其中的价值冲突就越复杂和越激烈。[6]

为探求破解组织价值冲突之路，霍金森十分强调一种平衡组织与个体关系的价值立场。在他看来，一方面，组织乃由个体所构成，本身并不具备意识、意志和价值判断力，故组织价值只能是个体思考、选择和感觉经验的产物；另一方面，组织以服务于集体为目的，从而涉及到众多个体，故任何单一的价值思考皆不应脱离组织架构而形成。因此，组织价值的建构必须在组织这个思考框架之下来进行。[7]在他看来，只有通过领导者的不懈努力，组织才可能形成一种稳定有效的道德秩序，并建立一种不同于个体或个体总和的组织价值。这一组织的价值建构，将会具有"命令般的力量"，它将使领导者能够优先考虑组织需求，消极地化解组织成员间或组织与成员间的诸多价值冲突，并积极确立组织的各种"游戏规则"。霍金森把这种组织架构命名为"道德原式"（moral primitives）。

正是这种已形成的组织价值架构,才使领导者能够暂不顾及个体价值的需求,而以组织的生存和发展为依归。据此,霍金森指出:领导本质上是一种处理价值冲突的道德艺术,组织领导则是一种协调价值冲突的道德领导。任何领导者都无法规避价值冲突,并需随时进行价值判断,作出价值协调和选择,从而建立一种特定的"生活方式"(modus vivendi),以缓解组织的价值冲突局面。在此过程中,领导者既需满足组织成员之私利,又要能确保组织目标之达成;不惟须限制组织成员欲望之膨胀,更要激发其动机,从而创造一种新的合作领域和境界。[8]

那么,领导者应如何开展价值协调活动呢?霍金森认为,这主要靠领导者扮演"道德监护人"(moral tutor)的角色来实现。在他看来,尽管所有的领导者,都无法达到柏拉图所谓"哲学王"的境界,但他还是深深寄望于领导者的道德意识,认为其道德意识终究还是"向善"的。这样,领导者就能以价值Ⅰ为准绳,引导整个组织之发展。为此,一位真正的道德领导者,必须具备以下基本素养:一是反省自我价值的知识,包括详查自我元价值及其局限性的能力;二是详查组织元价值的意识和能力;三是分析组织价值与国家社会之关系,并考察其与自我价值相关性的能力。惟有如此,当组织发生价值冲突时,领导者才能根据价值序列之层级,并结合各种具体价值的"真实性"(authenticity),灵活运用"道德艺术"开展价值协调活动,从而扮演好娴熟的"道德监护人"角色。[9]

为使领导者有效协调组织价值冲突,霍金森提出了一套具体原则与方法。首先,他把组织价值冲突分为两种类型:一是不同层级间的价值冲突;二是同一层级间的价值冲突。对不同层级间的组织价值冲突,他提倡的协调原则是:一般应以高层级的价值凌驾于低层级的价值之上。此外,他又提出"少数原则"和"多数原则",以补上述原则之不足。前者指当领导者能够有效解决下属间的价值冲突时,即可以自身价值作为组织价值,而无需遵循上述基本原则;后者指组织有时会以多数人的共识,开展不合乎上述基本原则的行动。[10]对同一层级间的组织价值冲突,则需根据不同价值序列之情形加以区别对待。具体而言,对价值Ⅲ内部的价值冲突,可通过对组织成员自身的喜好加以"适当反省"定其取舍。对价值ⅡB内部的价值冲突,需通过对不同观点和喜好加以讨论,然后站在群体的立场上经过辩论达成共识来解决。对价值ⅡA内部的价值冲突,应主要通过逻辑和理性分析,如成本—效益分析来解决。至于价值Ⅰ内部的价值冲突,往往是最为激烈而又难以解决的。在人类艺术创作和历史发展过程中,曾出现过一些解决类似争执的策略。然而,由于艺术创作的虚幻性,以及历史发展往往只造就出一种结局,所以,这两种解决冲突的方案皆未能真正化解价值Ⅰ内部之争执,更未能告诉人们真正"好"的价值究竟何在。面对此难题,霍金森指出,也许惟有经过足够的历史过程,尤其是通过"神之裁示"(divineintervention),方可显现真正"好"的价值究竟是什么。[11](见表2)

表2 价值冲突类型及处理原则

类型 层级		不同层级间的价值冲突	同层级内的价值冲突
价值冲突层级	Ⅰ	所有低层价值置于次要位置	历史过程(神之裁示)
	ⅡA	所有低层价值置于次要位置	逻辑力量(分析判断)
	ⅡB	所有低层价值置于次要位置	说服力量(对话辩论)
	Ⅲ	附属于所有较高层级价值	喜好力量(情绪情感)
注:1. 层级间价值冲突有两种例外情况,分别遵循少数原则和多数原则;			
2. 价值Ⅰ内部价值冲突的处理方式,可被理解为"神之裁示"。			

资料来源:Hodgkinson, C. , (1991). Educational Leadership:The Moral Art, New York: State University of New York,p. 151.

为帮助教育领导者有效地扮演"道德监护人"角色,霍金森还提出如下建议:首先,教育组织应从科层制向家庭式或宗亲式组织转变。因为,在宗亲式组织中,不仅可以容纳多样性的价值存在,而且领导者也较熟悉自己的下属,从而有助于他采取一种公平、公正和值得信赖的做法来协调价值冲突。其次,教育领导者尤需时常自我反省:教育组织的真正目的究竟何在? 而且,这种目的又是如何被证明能够成立的? 由于教育关乎人类生活的所有领域,故其应植根于人类全部的价值之中。加之教育组织的对象是学生,这就使教育领导本质上必须成为一种人性化的活动,故其更应与哲学、文学和历史密切相结合。总之,霍金森坚信,只有当哲学与教育领导保持密切关系时,才可能对教育组织实现有效的道德领导。由于教育是特殊的,因而教育领导也只能是一种特殊的道德艺术。[12]

（三）霍金森教育管理价值论的理论贡献

霍金森的教育管理价值论，是在其追随格林菲尔德发起的对实证主义教育管理理论的批判过程中逐渐成型和不断完善起来的。也正因此，他的理论才能在吸纳格林菲尔德合理性的基础上尽可能弥补其不足，从而把教育管理学对价值问题的探索向前推进了一大步。具体而言，可对霍金森教育管理价值论作如下评判：

首先，霍金森拓展和深化了人们对教育管理价值问题的认识和理解。格林菲尔德虽然竭力强调人的主观意识和价值问题的重要性，然而，非常遗憾的是，他对教育管理价值问题却未进行深入的展开。霍金森首次系统深入地论述了教育组织中的价值类型、价值序列、价值冲突及其协调与整合等命题，并阐发了组织价值结构、道德秩序、道德原式、生活方式、道德领导及领导培养等问题。尤其是他对价值类型的划分、对价值冲突及其协调原则的见解、对组织领导中"道德艺术"和哲学之重要性的剖析，无不给人以深刻的印象和启迪。可以说，只有经过霍金森的精辟阐发，教育管理学才形成了较为成熟的价值论体系。

其次，霍金森矫正和弥补了格林菲尔德相对主义的重大理论缺陷。格林菲尔德从其极端的主观主义立场出发，过分强调个体价值和非理性因素的重要性，这就使其陷于价值相对主义或价值"无政府主义"的泥淖之中。为补正格林菲尔德的观点，一方面，霍金森承认价值具有个体主观性；另一方面，他又通过对组织价值结构、"道德原式"、价值冲突及其协调之探析，为其价值论奠定了客观性基础。按照霍金森的"夫子自道"，他在教育管理理论建构上的最大成就即在于为后人提供了如下启示：一是这种价值理论可应用至所有管理价值的处理上；二是可防止人们在处理组织中的价值冲突时，落入"同质性谬误"之中；三是可提供一种相当中立的概念框架，以表达最具理想性的伦理思想。[13]这就表明，相对于格林菲尔德而言，教育管理价值论具有更多的客观性和理性主义精神。

最后，霍金森理论的局限性开启了后人对教育管理价值问题的进一步探究。教育管理价值论的不足主要表现在两个方面：一是在方法论上，教育管理价值论个别命题的证明尚欠充分。例如，霍金森把价值 I 放在整个价值序列最为优先的位置上,因缺乏有力的辨析和说明而被批评为"意志的精英主义"。[14]又如,他对领导者究竟应如何实现从个体主观性的道德判断向具有客观性的"道德原式"之转化,也没有给出令人信服的证明;二是在思想倾向上,霍金森明显带有浓厚的理想主义和一定的神秘主义色彩。然而,正是在霍金森理论的引领下,并在对其理论缺陷的检讨中,后人才把教育管理价值论提升至一个更高的境界。

参考文献:

[1][4][7][8][9][10] Hodgkinson, C. Administrative Philosophy: Values and Motivations in Administration Life [M]. Oxford: Pergamon, 1996: 144, 123, 169—170, 179, 161—163, 133.

[2] Hodgkinson C. The Philosophy of Leadership[M]. New York: St. Martin's, 1983:75—78.

[3][5][6][11][12][13] Hodgkinson, C. Educational Leadership: The Moral Art[M]. New York: State University of New York, 1991:144—146, 97—98, 63—68, 148—151, 144, 152.

[14] Pitte M. Hodgkinson on Leadership and Philosophy[M]. Educational Management and Administration, 1993(4):249—254.

(本文发表于《比较教育研究》2007年第12期。作者葛新斌,时属单位为华南师范大学教育科学学院)

五、美国教育公共治理改革的话语选择困境

　　20 世纪 80 年代中期以来的美国教育公共治理改革(主要是教育市场化改革)遭遇了很多困境,笔者在《教育理论与实践》(2006 年第 7 期)中把它概括为几种冲突。但事实上,这只是从一个侧面(即制度结构)进行的概括,这些冲突实际上是教育的官僚制与后官僚制的选择问题。如果从价值上看,美国教育公共治理改革的困境表现为价值选择上的冲突,即教育治理的公共善与个人权利、公平与效率之间的冲突;如果从改革所寻求的空间力量上看或者说是从治理模式上看,它还表现为政府、市场与市民社会三者间的选择困惑。

　　下面,将从三个方面在理论上分析美国教育公共治理改革的话语来源及选择上的困惑。这里需要说明的是,笔者对美国教育公共治理改革话语的把握,是基于对《公共行政评论》(Public Administration Review)、《治理》(Governance)、《教育行政季刊》(Educational Administration Quarterly)、《美国教育杂志》(American Journal of Education)、《公共资金与管理》(Public Money &Management)、《教育哲学期刊》(Journal of Philosophy of Education)、《比较教育》(Comparative Education)等学术期刊以及相关著作与报纸自 1990 年~2006 年间有关教育公共治理改革论文的分析,这些话语中的很多部分在笔者的学位论文中有相关归纳,这里不再重述。

(一) 现代性政治哲学话语与教育公共治理改革的价值选择

　　柏拉图在《理想国》中要处理的问题是哲学与政治(或哲人与大众)之间的

冲突,即哲人如何在民主政体中获得生存,亦即是哲学生活或称美好生活如何在政治生活中获得实现。古典政治哲学追问的是何为美好生活,以及美好生活的实现问题。在它看来,德性就是美好生活。哲人之所以与大众有冲突,就在于哲人始终关切什么是"好"。

马基雅维里等现代性思想家则彻底颠覆了古典德性社会。马基雅维里认为,我们不应关注"应当如何"的问题,而是要关注人们事实如何的问题。在马基雅维里那里,道德律或自然法则被理解成一种自我保存的权利;根本的道德事实乃是一种权利,而不是一种义务。马基雅维里提出了一个人是否需要有道德的问题。在他看来,人不必多么高尚,人为了目的可以不择手段。如果有道德的话,那么它也只能是一种出于自我保存需要的权利。这种新精神变成了近代的精神,被后来者继承美国教育公共治理改革的话语选择困境下来。霍布斯以人的本能恐惧为思考政治问题的出发点,把道德奠定在人的激情之上,由于人的激情在于对死亡的恐惧,因而出于恐惧的动机而采取的自我保存就是自然正确的。因此,霍布斯将道德问题还原为技术问题,用人的权利取代了自然正当,把应当拉回到世俗的存在。卢梭虽然对现代性的方案一向不满,但由于他把人性问题建立在近代的自然状态学说之上,从而把道德起点奠基在人的激情之上,最终是推进了现代性。[1]卢梭的《新爱洛伊丝》、《爱弥尔》、《社会契约论》实际上表达了同一个意愿,即建立一个美好秩序的社会。但他的解决方案的关键点,即普遍意志之说,事实上是用普遍的承认替代了德性。康德进一步完善了卢梭的普遍意志之说,他提出,用形式上的合理性、也即是普遍立法之原则来检验行为准则之善性,而不必要诉诸任何实质内容的考虑。普遍承认的就是正义,就是善性。"上帝死了"之后,价值虚无。

对于马基雅维里以来的现代性思想家的最根本的意图,施特劳斯有过一段相当经典的概括:"古代经典认为,由于人性的软弱或依赖性,普遍的幸福是不可能的,因此他们不曾梦想历史的一个完成。他们用他们的心灵之眼看到这样一个幸福的社会,一个人性在其中有最高可能的社会,这个社会就是最好的政体。但由于他们也看到人的力量的有限性,他们认为这一最好政体的实现要靠运气。而现代人则不满足并轻视这一乌托邦,他们试图确保实现最好的社会秩序。为了成功,或为了使自己相信成功,现代人必须降低人的目标,致力于以普遍的承认来替代道德德性,或者以从普遍的承认获得的满足来替代幸福。"[2] 人的目标——自我保存——成了最高的道德,所谓普遍的承认也就是一种"价值中立",即用"技术"取代了传统的道德决断,彻底放弃了何为对错与善恶的标准。

总之,现代性的思想家为建构现代性社会,彻底颠覆了自然等级秩序的古典德性社会,主张一个人人权利平等的现代性社会;彻底颠覆了传统美德,强调权利优先于善,放弃了对美好生活的追问与提升,用个人权利替代了任何实质内容的德性;用权利、自由、平等、公平等现代性的概念替代了古典德性概念。这种现代性的政治哲学话语决定了西方教育政策的哲学基础,效率、公平、自由择校等成为教育治理改革的话语资源。美国教育公共治理改革所寻求的哲学依据就是在这些概念中进行选择,而这些概念建构着改革的基本方向。但由于这些概念实际上体现了现代性的危机,即只是追求形式上的合理性而放弃了何为对错与好坏的追问,从而走向价值虚无。因此,它们之间必然是相互冲突的。美国教育公共治理改革总是在这些相互冲突的概念与话语中进行选择,所以难免会陷入困境。比如,特许学校倡导者把特许学校描绘成一个理想的结构模式,认为它把与市场密切相关的效率、回应性与创新同与政府和市民社会密切关联的、宽泛的集体利益、社会正义和民主问责糅合在一起了。[3] 显然,特许学校倡导者的话语具有鲜明的现代性政治哲学语言:一方面强调效率,另一方面又强调公平;一方面强调教育服务提供的灵活性及个体的教育选择,另一方面又强调公共利益。

(二) 公共服务管理的空间结构模式与教育治理模式选择

在现代思想家那里,如何建构现代性社会存在两种路径:一种是马基雅维里式的,一种是斯密式的。两者都是从人性出发来建构现代性社会,但思路截然不同:前者是从国家的角度来建构社会的,后者是从市场的角度来建构社会的。这两种路径的涵义也明显不同:前者意味着政治社会模式有利于解决自然状态下的不便和人类社会的冲突;后者意味着一种市场社会模式比政治社会模式更有利于解决人类的冲突。因为在后者看来,市场社会模式具有抽象的非人格化特征,也更利于实现利益最大化和个人自由。按照政治社会模式,社会需要依照政治的逻辑来运作,国家/政府或者如霍布斯主张的成为专制统治以便结束人类纷争,或者如洛克所说承担一切公共事务,解决人们在自然状态下的种种不便。按照市场社会模式,社会需要依照市场的逻辑来运作,国家与市场的职能分界相当明显。比如,在斯密看来,国家只应承担基本的读、写、计算教育活动,并且费用由个人与国家共同承担。

今天,政府成为公共的代名词,市场的观念深入人心。政府/市场/社会被建构起来,并被赋予了特定的角色与职能;同时,诸如公/私的二分也被建构起来。然而,公共并不等于政府,正如弗雷德里克森所说:"公共生活独立于政府而存在,政府只是它的一种表现。"[4]果真如此的话,公共服务由谁来治理就不存在很大的分歧。政府/市场/社会的划分和公/私的区分作为社会建构起来的语言,与实践是有出入的:市场不可能是完全的市场,市场与政府之间一直就存在密切的关联。美国20世纪早些时候就有一些公共服务是交给市场或社会来完成的。话语的建构总是对事物的一个方面的描述,而不可能对"物自体"进行终极意义上的把握。正因如此,诸如政府/市场/社会、公/私这样相互对立的概念就被建构起来了,于是思想家们就拿起这样的概念进行某种辩护。

比如,就自由市场理论而言,就不是所有的思想家都像斯密那么乐观,像凯恩斯、麦金太尔、查尔斯·泰勒、罗尔斯、吉登斯等就并不完全信赖自由市场的绝对化权力。他们对市场的缺陷存有不同的认识,但都在不同程度上强调国家的干预以弥补市场的缺陷。吉登斯的第三条道路哲学既不完全信赖自由市场,也不完全信赖政府或官僚制;他既想要改变传统福利制度的话语结构,但又不想在市场上走得太远。所以他希望在市民社会间寻找到一个可以发挥科层制与市场各自优势的中间地带。如果从纯理论上看,第三条道路理论显然是一种乌托邦,因为它是一种理论上的调和——想要综合传统福利国家哲学与新自由主义哲学各自的优势,并克服各自的弊端,所以难怪有人说它缺乏一种政治哲学。[5]但实际上,其政策实质还是偏左的,它不过是从市场化的前沿上稍许后撤一点,朝官僚制靠近了一步。[6]不管是英国的"第三条道路"工程还是美国的"第三条道路"工程,就公共服务管理而言,它们都是想要在政府、市场与市民社会三者间寻求一种相对有效的混合。比如,英国的"专家学校"就是在政府供给公共教育的框架内建立一些多样性的学校满足人们多样化的教育需求,而它的治理模式则是混合的：公立学校吸收私人投资，形成政府、营利性组织或非营利性组织共同治理的局面，政府加强管制。美国的特许学校则主要是委托管理的模式。这些实践表明，教育治理只能是吸收政府、市场与市民社会三者各自的某些优势而克服各自的某些弊病，不可能是达到完美的混合。所以，如何在三者力量间寻求治理上的混合也是难题。

　　教育自作为政府特别是地方政府的一项主要公共事务以来，一直是被认为应是由政府生产并提供的。但是教育的官僚制生产在基本的教育服务得到供给之后，尤其是在所谓的后现代社会中，存在诸多问题，主要表现为教育服务缺少回应性和灵活性。在 20 世纪 70 年代晚期以来的整个大背景下，教育市场化或民营化走上日程，教育领域的"准市场"制度应运而生。但是教育准市场制度也是问题丛生。于是，一些学者寄希望于市民社会成为教育治理的适当领域，但显然市民社会作为教育供给与生产的领域也不是没有问题。比如，市民社会中的组织在教育提供上存在资金不足现象，而资金不充分会导致商业利益占控制地位，从而政府、市场和市民社会三者之间的伙伴关系出现失衡；资金不足还可以引起非营利部门的市场化倾向，从而损害公共精神与公共价值；等等。[7]于是，教育公共治理模式在政府、市场与市民社会三者间经过利益博弈，呈现这样一种趋势：政府管制进一步加强；市场和市民社会的力量也会进一步增强；模式会更为多样化。因此，公共服务的管理总是在政府、市场、市民社会三种空间与力量之间做出某种混合性的选择。

（三）现代性的理性化/官僚化与教育官僚制/后官僚制选择

　　韦伯认为，现代性的过程就是一个不断"祛魅"、不断理性化的过程，也就是宗教式微，理性宰制了万物的过程。在古典理性那里，理性、启示与信仰，或者说雅典与耶路撒冷之间还保持适当的张力，而启蒙理性则完全破坏了这种张力：古典理性还自知自身的局限性，启蒙理性则把人和理性抬高到极致。韦伯所讲的理性化的进程，若用制度性术语来表达，则表现为经济生活的理性化，尤其是科层化过程。但理性化的过程并不像韦伯描述的那样仅仅局限在经济生活领域，理性作为现代性的主流意识形态之一，通过一系列的制度安排建构起现代社会的政治、经济结构。正如约翰·基恩所理解的，官僚主义化的过程在国家和社会的各个领域里,在晚期资本主义生活的公私领域里进行,从交往和卫生到生产、教育、法律和公共政策的制定莫不受到官僚主义的支配。

福柯对古典疯癫史的追溯,揭示了启蒙理性的规训性质,即通过建立起一种社会秩序和官僚制结构对现代社会实施规训。理性化的过程也就是官僚化的过程,其结果一如马尔库塞所指出的,整个社会的制度化似乎依据它们自己那不可抗拒的、非人格化的逻辑进行运作。然而我们不应忘记,现代官僚制在20世纪初代替民主制确实显示出它蓬勃的活力和价值。

但是,公共服务的官僚制结构确实在20世纪70年代末以来遇到了很多问题,呈现出了很多弊病。这首先与韦伯的官僚制理论自身的缺陷有关系。韦伯对理想官僚制的设计只具有形式上的合理性,而缺乏实质上的合理性,或者说只注重程序/效率,而忽视了目的/价值。韦伯对形式合理性与实质合理性的区分,表明韦伯非常清楚地看到了官僚制在设计上的缺陷,即它只注重效率/程序,而忽略了目的价值的合理性。这表明韦伯对理想官僚制的建构在语言上存在矛盾。对此,韦伯做出的选择是牺牲目的价值而选择了效率。因为在韦伯看来,实质合理性是传统社会秩序的特征,而现代社会必然追求效率。但糟糕的是,公共服务的官僚制结构在提供公共服务上恰恰缺乏效率,表现为它缺乏灵活性和回应性,无法满足个体多样性的服务需求。所谓公共服务的市场化和民营化从某种角度上看就是对官僚制的解构,或者说是寻求一种后官僚制结构。法默尔在《公共行政的语言——官僚制、现代性和后现代性》一书中,将现代性和后现代性视作人类心灵的两种模式。依现代性的心灵模式来观照,公共行政被建构为一种科学、技术、企业或者阐释;而依后现代性的心灵模式来观照,现代性的公共行政模式开始塌陷:强调想象、解构、非地域化和他在性,旨在变革公共官僚制。可以说,当代的一切公共治理改革的语言都是基于现代性与后现代性两种视角,在制度结构上或者为公共官僚制的优势辩护,或者积极寻求新的公共治理模式以代替或纠正官僚制。其中,尤以新公共管理的语言——公共选择理论与委托代理理论为主导话语,引导着公共服务的改革。以公共选择理论为基础的新公共管理改革的重点在于改善与重新塑造政府与社会的关系。公共选择理论认为,政府并不是提供与生产公共服务的最佳主体,官僚机构对公共服务的垄断性供给与经营只能导致公共服务生产的低效率,为此需要引进市场机制,形成公/私竞争的局面。委托代理理论强调,公共服务可以由政府与营利性和非营利性组织签订合同,将公共服务外包。但是,公共服务的后官僚制结构似乎也是强调效率。因此,不管是现代性还是后现代性的心灵模式,不管是官僚制还是后官僚制,都是人类语言的一种建构,而任何一种语言建构自身在理论上都不是完美的,完善的就不称其为理论。官僚制与后官僚制在语言上的相互冲突,使得实践的选择陷入两难。

20 世纪以来,美国公共教育也带上了鲜明的官僚制形态。20 世纪 80 年代以来的美国教育公共治理改革,主要是教育市场化改革,从制度层面上看,就是想突破教育官僚制。教育公共治理改革的话语也鲜明地染上了现代性和后现代性两种思维模式及其语言特色,或者是为政府供给与生产教育提供辩护,或者是寻求教育服务的供给和生产在政府、市场与市民社会三个空间中的合理布局:政府供给公共教育,但由市场来生产;市民社会成为公共教育供给与生产的适当领域;政府提供教育服务,但将教育服务的管理外包给营利性和非营利性组织,政府加强管制。这归根结底表现为官僚制与后官僚制两种语言。

(四) 结语

美国 20 世纪 80 年代以来的教育公共治理改革,主要是教育市场化改革,从制度上看是要突破教育官僚制,旨在提高公共教育效率,挽救公立学校中失败的学生,满足人们对教育的多样化的需求。改革者和研究者从现代性的政治哲学话语中寻求话语资源,以支撑自身的主张和建议。但由于现代性的政治哲学话语已经放弃了对美好生活的追问,日益陷入虚无主义的现代性危机,正如尼采所批判的,西方人越来越不知道何为好坏何为对错,因而现代性的政治哲学话语自身充满了冲突;如韦伯所说的,只能是"诸神共舞",并相互争吵。因此,教育公共治理改革中的政策主张与学术建议在价值目标上也必然表现为相互矛盾,各说各有理。相应地,作为公共服务改革一部分的教育公共治理改革,从政府、市场与市民社会三个空间与三种力量中寻求适当的教育公共治理模式。从美国教育公共治理改革的当前及未来看,政府在新的教育治理模式中的管制会进一步增强。同时,市场与市民社会的作用也会得以增强。可以确定的是,教育公共治理模式会更加多样化。但教育官僚制还不会从根本上得以突破,因为它代表了某种公共价值和政治哲学,而且它作为基础教育供给与生产的一种重要力量还不会因为市场和市民社会的参与而得到根本性的改变,因为完全的教育市场化或私营化只是一种假定,除非改变教育的性质。

现代性的政治哲学话语、公共服务管理的空间模式、官僚制/后官僚制,都是现代性思想家的一种话语建构,它们决定了美国教育公共治理改革的话语选择、视野及内容架构,决定了美国教育公共治理改革的政策走向,推动着美国教育公共治理改革的进程。由于现代性思想家建构起来的语言相互冲突,由于教育公共治理改革的话语自身充满冲突:公共善/个体权利、公平/效率、政府/市场/市民社会、官僚制/后官僚制,这些语言都是一种两难的选择,因此,美国教育公共治理改革的实践也必将是一种两难的抉择。可以相信的是,美国教育公共治理改革的实践必将是在这些话语冲突中获得发展。从美国实践看,公共投资凭单制和择校制并没有获得很大成功——虽然最初在密尔瓦基市推行的瞄准低收入家庭的教育券为黑人所赞同,其后在密歇根的解决辍学率的教育券计划也为黑人所欢迎,但美国黑人反对普遍的自由择校计划,所以择校制与教育券的实施范围极其有限,它主要是瞄准大城市低收入的少数群体阶层,倒是特许学校获得较大范围的成功。很显然,特许学校是在教育公共治理改革相互冲突的话语中的一种综合式的选择:多种价值共存;多种治理力量的共存;官僚制与后官僚制的共存(政府提供教育,营利性和非营利性组织经营管理)。可见,美国教育公共治理改革正是在冲突话语中获得发展的。

参考文献:

[1]施特劳斯.现代性的三次浪潮[A].贺照田.西方现代性的曲折与展开[C].长春:吉林人民出版社,2002.86~97.

[2]施特劳斯.重述色诺芬《希耶罗》[A].古热维奇,罗兹.论僭政——色诺芬《希耶罗》义疏[C].北京:华夏出版社,2006.211.

[3]Henig, Jeffrey R., et al. The Influence of Founder Type on Charter School Structures and Operations [M]. American Journal of Education, 2005, Vol. 111(4):487.

[4]弗雷德里克森. 公共行政的精神[M]. 北京:中国人民大学出版社,2003:43—46.

[5]Finlayson, Alan. Third Way Theory [M]. The Political Quarterly, 1999,Vol. 70(3):271—278.

[6]Boyne,G. A. Public Services under New Labour: Back to Bureaucracy Public Money & Management[J]. 1998,Vol. 18(3): 43—50.

[7]Boyd,William Lowe. Balancing the State, Markets, and Civil Society in Education Reform: Trends and Issues in England and the United States, in Meyer, Heinz-Dieter, etal. Education Between State, Markets, and Civil Society: Comparative Perspectives, NewJersey: Lawrence Erlbaum Associates, Inc[J]. 2001:217. Weisbrod, Burton A. To Profit or Not to Profit: The Commercial Transformation of the Nonprofit Sector [M]. Combridge: Combridge University Press, 1998.

（本文发表于《比较教育研究》2008 年第 12 期。作者潘希武,时属单位为深圳市教育科学研究院）

六、新自由主义视域中教育与国家的关系
——韦斯特的"国家公共教育神话论"评析

"教育与国家的关系是教育政策和教育发展的本质问题",[1]只有在此基础上思考教育实践中的各种问题,问题本身才真正有意义,也才能回答实践何以可能的问题。当前,由于教育结构改革中市场机制带来的种种弊端引起了一些学者对国家机制的反思。同时,基于全球化背景下,国家与市民社会之间的冲突成为整个社会科学的热点,教育与国家关系在当代西方已成为较为凸显的研究主题。西方学者对教育与国家关系的探讨涉及教育、国家、市场和市民社会之间错综复杂的关系理论。新自由主义作为当代西方最具影响力的思潮之一,亦成为学者们探讨教育与国家关系的重要知识资源和理论视域。在教育与国家关系问题的认识上,英国当代著名新自由主义经济学家埃德温·韦斯特(Edwin. G. West)卓有建树。他曾致力于立足政治经济学的视角对教育与国家关系问题开展深入研究,并形成了较为系统的思想理论,对当代西方教育理论界以及教育改革实践产生了重大影响。

(一) 揭穿国家公共教育的神话

西方政治经济学界主张国家干预教育通常基于两个原则:国家保护儿童原则和"邻近效应"原则。韦斯特正是从批判这两个基本原则入手,作为揭穿他所谓的"国家公共教育神话论"的起点。

1. 国家保护儿童原则的谬论

国家的责任是什么?古典自由主义经济学家西尼尔(Nassau Senior)认

为,"国家的主要责任是保护所有公民,儿童比其他人更显得无助,因此,国家具有保护儿童的特殊义务"。[2]韦斯特对此提出质疑,认为需要对其进行更加深入的考量与分析。由此,他提出以下诘问:

(1)由谁来保护?

如果国家应该保护儿童,问题是在实践中应该由谁来承担这种责任? 韦斯特指出,探讨该问题的前提在于明确公民对于家庭角色重要性的认可度,如果他们将家庭置于中心地位,那么就应该将保护儿童的责任委托给家长。"尽管儿童不能进行自我判断,但是家长能为他们做出合适选择。这不再是政府是否应该干预个体的行为和兴趣的问题,而涉及是否应该完全给予个体行为和兴趣的权力"。[3]通过援引密尔(Mill)的观点,韦斯特强调公众及学界对该问题存在一定程度的曲解甚至误解,即认为家长能够为儿童进行判断选择的共同主张是呼吁绝对权力。很显然,监管儿童是个棘手问题,而家长无疑是最合适的人选。

(2)保护儿童以避免何种危险?

需要指出的是,教育中的"保护"侧重强调消除愚昧无知。何为愚昧无知? 韦斯特指出,一个人可能在某些方面很无知,但在其他方面很精通。因此,过于草率地规定学习优先权会造成不良后果,不但会对自发行为和个体造成危险,而且将触及社会基本矛盾。一般认为,无知必然是针对学校教育而言的。而在韦斯特看来,学校教育只是一种摆脱愚昧无知的工具,如果利用其他工具,这种保护就是多余的。因此,保护儿童避免无知的最好手段是不断地进行比较评价。当学校教育与其他教育手段相比更为低效时,家长让孩子退学就并不为过,因为他们是出于自我保护而做出的明智选择。

(3)保护的范围和形式是什么?

在韦斯特看来,通过保护原则论证国家学校制度的正当性存在诸多悖论。首先,保护原则认为广大家长是疏忽无知的。然而,19世纪教育发展的史实表明国家未举办教育之前的家长比我们通常认为的更加负责。[4]其次,事实表明,其他形式的国家干预能以更低的成本但却更加有效地取得预期结果。同时,针对密尔主张的国家不仅要关注学校教育的年数,而且应该检查教育成效,如果学生没有达到既定标准,额外的教育就必须由家长付费的观点,韦斯特指出,如果密尔的理念得以实施,部分学生就会更加依赖电视和图书馆等来达到标准。

正如国家规定个人开车之前必须获得最基本的驾驶技能,但并不需要规定每个人获得驾驶知识和技能的特定途径或使驾校国家化。

2. 对公共教育"邻近效应"原则的质疑

教育"邻近效应"主张教育的社会效益不仅局限于受教育者,而将延伸到整个社会,这种"邻近效应"成为国家干预教育更强有力的支撑。韦斯特对其进行了颠覆性的质疑,认为"邻近效应"只是干预的必要但非充分条件。

(1) 公共教育能减少犯罪?

教育和犯罪之间特殊的"邻近效应"关系有多远?早期的经济学家对该问题的回答倾向于使用原始数据而认为无知是犯罪的主要原因。然而,"随着教育发展和贫困的减少,青少年犯罪率却稳步增长"。[5]研究表明,义务教育的最后一年是青少年犯罪最严重的时期,并且在学期间犯罪的趋势与工作以后的犯罪趋势正好相反。韦斯特由此推断:公立教育能减少犯罪的观点并不能得到事实的支撑和理论的证明。事实表明,与私立学校相比,公立学校并没有减少犯罪,随着公立学校规模的扩大,青少年犯罪实际上有所增加。

(2) 公共教育致力于实现民主?

国家民主的发展很大程度上取决于公民的政治素养,通常认为,公立教育有助于学生政治素养的养成。这种政治素养主要涉及熟悉普选规则、宪法精神以及提供政治领导的途径。在韦斯特看来,政府干预应该致力于政治素养的"正确"运用,而不是政治素养本身。

首先,政治素养并非只有在公立学校才能得到最好的培养。相反,公立学校往往注重数学、科学等科目,忽略与政治素养更密切相关的宪法、经济、政治等内容,唯恐教育成为政府的宣传机构。其次,针对教育可以培养政治领导的观点,韦斯特指出,"不容忽视的事实是在私立教育机构中接受教育的人更容易成为政治领导者"。[6]政府干预普遍存在于西方国家,并且似乎是政治民主发展的必然结果。然而,事实情况是民主被特殊利益群体、选票最大化的政治家和寻求自我利益的官僚主义者所操纵。当前,"公立学校的最终目标不是促进儿童的最大幸福或学校教育效益最大化,公共教育是发生寻租最为显著的领域"。[7]

(3) 公共教育实现公共价值的诉求?

　　"公共价值是为每个社会成员所承认的价值,只有这样,公共价值的观点才有意义。如果教育是代表人民大众的普遍愿望,就可以成为传递这些价值的有用工具。"[8]在韦斯特看来,这个问题必须由所有社会成员决定,因为他们是教育所要传达的公共价值的最终创造者。在自由、民主和多元的社会中,对民主制度的最终评定是看它是否提供了促使个体基本的生活目标得以实现的良好环境。许多表面上民主的政府通过建立国家教育制度强加自身的价值,从而阻碍了少数群体的公共价值。韦斯特强调,是教育而不一定是公立教育在交流公共价值方面发挥重要作用。经验表明,"试图通过政治过程来促使价值交流具有很大的困难,这些困难存在于过程本身。因为共同的人文价值能够得以维持主要取决于各种各样的表达,包括所有个体和少数民族。"[9]

　　(4) 公共教育促进机会均等?

　　"将机会均等的社会目标作为一种'邻近效应'并认为这种效应必然通过国家公共教育得以形成是没有根据和无法证明的,因为它忽视了这种对策会使情况更加糟糕的可能性。"[10]通过与市场的对比分析,韦斯特认为:"教育中的自由市场可以比当前的公共教育制度提供更多的流动途径。富裕的家长比贫困的家长更愿意为他们孩子的教育付费,正像他们在汽车、房子和着装方面花费得更多一样。"[11]公共学校制度获得政治支持的重点是确保儿童获得更好的向上流动的前景,但是限制儿童就近入学的公共教育制度实际上减少了流动机会。简言之,在韦斯特看来,国家为了消除不平等和特权而采取的整合行为很大程度上成为一种堂吉诃德式的美好狂想,因为最终出现的是更加复杂的不平等模式。

(二) 国家放任教育的合法性论证

　　"我们致力于客观公正地探究国家教育发展的理由和事实。当部分理由不充分或者事实与理论不相符,我们会欣然地指向当前国家干预的调整和局限"。[12]韦斯特批判了时下流行的观点,认为消除国家对教育的干预将促使教育更加有效。由此,他从以下两条路径对国家放任教育的合法性展开论证:

1. 国家放任教育的历史合法性

　　从历史发展来看,英美等西方国家满足个人(包括穷人)的教育需求,都是不需要国家参与就能完成的。在对英国创建公立学校的历史分析中,韦斯特指出,在 1800 年～1840 年期间,国家没有干预教育之前,英国已经建立了广泛的私立教育体系,所有学校教育几乎全部是私人资助的。在这期间,教育收入最大的贡献者是工人阶级的家长,其次是教会。随着工人家长收入的增加,他们对教育的投入也日渐增加。实证研究发现,"1833 年国家对学校教育的支出占国家净收入的 1％左右,而到 1920 年,当学校教育变为免费和强制的,该比例下降到 0.7％。"[13]同时,"在英格兰和威尔士 1870 年国家干预教育之前,学校的入学率和识字率已经达到 90％以上,甚至在 1833 年国家开始资助学校之前,已经有 2/3～3/4 的工人具备基本的读写能力。"[14]可见,"在 19 世纪上半叶大部分的英国人主要依靠自身努力而变得有文化。在 1870 年左右,大部分家庭已经习惯于为教育付费。"[15]

　　1870 年国会为何要执行建立公立学校的教育立法呢? 韦斯特明确指出,误导政府的报告以及诸多学者夹杂自我利益的研究在决策中扮演着关键角色。"强加国家教育需求是由重要的舆论导向者错误地论证和伪造事实。他们自认为能利用国家机器来加强自身的教育思想,但是国家干预并不是他们所设想的那样。"[16]以《1870 年教育法案》为例,韦斯特指出,福斯特在颁布该法案时曾强调,建立公立学校的目的并不是为了取缔私立学校,而是为了"填补空白"。然而,由于对这种"空白"过分夸大以至于在公立学校建立之后发现很多剩余。为了消除大半学校空余的尴尬而采用了减少学费并利用税收来填补这个缺口。很显然,这是以牺牲私立学校为代价的,许多私立学校在这种不公平的竞争中自然无法生存。韦斯特进而指出,公立教育的质量是相当糟糕的,"如 1880 年当国家义务教育刚开始实施时,95％以上的 15 岁学生都具备了基本的读写能力,而经过一个世纪之后,英国有 40％以上的 21 岁学生却认为写作和拼写存在困难。"[17]同时,韦斯特通过对美国公立教育发展的历史进行考察也得出了类似结论。以纽约州为例,在政府尚未干预之前,19 世纪早期学校教育已经基本普及。"1650～1795 年期间,美国男性的识字率从 60％上升到 90％;在 1800～1840 年间,北方的识字率从 75％发展到 97％,南方的识字率从 55％发展到 81％。更有甚者,马萨诸塞州在国家控制教育之前识字率为 98％,而现在却降至 91％。"[18]由此表明,事实上,在国家干预之前,教育已经基本普及,国家对教育的强制和免费是伴随着成本的增加,包括日益膨胀的官僚机构的费用以及教育垄断服务于寻租供给者的利益。

　　2.　国家放任教育的理论合法性

　　教育与国家关系的理论具有悠久的历史传统,除了马克思和恩格斯,18～19 世纪中期的政治经济学家都主张在自由市场中提供教育,认为这是有效教育体系的基本特征。韦斯特具体回顾了从史斯密(Smith)到密尔、西尼尔和罗伯特·洛(RobertLowe)倾向于教育供给中的市场力量运行的主张。他特别援引了西尼尔关于教育与国家关系的理论观点。一些家长是因为太穷付不起学费? 还是他们能承担学费而对此并不重视? 这是西尼尔论证 19 世纪国家干预路径的起点。西尼尔指出,即使当时国家没有对教育进行强制,95％的家长也会为孩子接受教育付费,并且这种需求很活跃。在他看来,穷人对国家补助做出了最大的贡献,因为当时实行累退制税收,日常消费的商品都课以重税。"但是假设这些间接的税收急剧下降,国家会决定逐渐从教育中抽离出来? 为何我们不设想普通公民将会为孩子接受教育付费呢?"[19] 1870～1880 年,斯特主张实行教育完全私有化。教育私有化具体实施的模式可以归为市场模式和准市场模式。在具体的制度建构方面,韦斯特青睐于"教育券制度是可以选择的有效路径,它能促进竞争和高质量的学校,特别有益于贫困人群"。教育券制度的目标是在一个分权的、竞争的学校体系中为家庭提供最大的选择,具体包括 4 项基本原则:其一,消费者选择原则。教育中的消费者选择即家长选择:家庭根据自身情况为他们的孩子选择学校。在教育券计划中,政府服务于教育消费者即家长,而不是服务于教育供给者即学校;其二,个人发展原则。韦斯特指出,家长往往通过投资子女的教育而改变其命运,但在公立教育体系下这种愿望难以实现,尤其是低收入家庭;其三,促进竞争原则。教育券能促进公立学校之间及其与私立学校之间的竞争,有利于减少成本、提高质量和引进创新;其四,机会均等原则。该原则是其他 3 项原则合乎逻辑的结果,倡导给予低收入家庭更多上私立学校的机会。

　　韦斯特主张教育券制度是实现教育私有化、改革公立教育体系最为有效的路径之一,该主张年期间,英国、美国、新西兰和澳大利亚等相继取消了学费,代表学校管理者和教师的政治利益集团迫切要求取消学费。相反,家长似乎都反对所谓的免费教育"。[20]韦斯特指出,国家教育中的权力结构和自我利益导致政府官员及教师反对把权力转移给教育消费者。国家直接或间接地拒绝向家长返还税金,以便家长在自由市场上为教育付费,这反映了官僚阶级试图保护公立教育,避免与私立教育产生竞争。

(三) 构建国家教育责任的新模式

通过揭穿公共教育的神话和对国家放任教育的合法性论证,韦斯特提出应该消除教育中的国家垄断。在他看来,国家垄断代替私人垄断会使情况更加糟糕,因为国家垄断的公立学校能利用公共收入出价高于对手的优势避开所有挑战者。在现实生活中,大部分人包括那些在原则上反对私立教育的人也将他们的孩子送到私立学校,私立教育比公立教育能提供更多社会流动的机会,公共教育制度私有化的社会成本是最小的。由此,韦赢得了许多支持。然而,也有学者指出:"韦斯特的观点是错误的,可以有足够的空间对其进行质疑,通过更加具体地分析公平、社会正义、民主和公共产品等概念,可以表明需要国家干预教育。"[21]反对者认为,教育券的推行如同打开了"潘多拉之盒"。首先,教育券的推行可能导致社会分裂和"教育种族隔离"现象的出现;其次,教育券制度违背了宪法中规定的教育与宗教分离的原则;最后,将严重破坏公立教育系统,加速教育私有化。面对带有浓重火药味的驳斥,韦斯特义无反顾地捍卫自身的立场。在他看来,关于教育券的诸多论争"主要集中于教育券对于公共利益与教育之间的联系的潜在影响:一方面,损害公立学校质量的可能性;另一方面,对私立学校的身份与自治、对贫困人群的影响以及涉及中产阶级的受益问题和政府管理成本的问题"。[22]这些论争的根本在于对国家利益以及教育中的公共利益与私人利益存在诸多歧见。在他看来,国家应该为所有社会成员谋求公共利益,然而,国家机器实际上大部分是由利益集团操纵的。正如史斯密主张有两只"看不见的手"在起作用。第一只手是传统意义上的,"个人试图通过政府干预来服务公共利益,但是通常被另一只看不见的手促进私人利益的实现"。[23]在韦斯特看来,公共利益与私人利益是显著不同的。稳定有序的社会对公民的教育带来的是公共利益。相反,教育所带来的生活收入的增加是纯粹的私人利益。针对克拉欣斯凯(Krashinsky)和莱文(Levin)等提出的公立学校在生产公共利益方面具有绝对优势的观点,韦斯特指出,私立学校也能间接地产生公共利益,如普及文化知识。私立学校这种对生产公共利益间接的帮助与直接生产公共利益同样重要。

(四)韦斯特"国家公共教育神话论"的影响及意义

"我们致力于对当前复杂的教育争论提供主题式的框架,并对核心问题进行全景式的扫描"。[24]国家为何应该干预教育?其他部门是否值得信赖?即使确立国家应该干预的话语,当前干预的方式是最可行的吗?如何解释 20 世纪后半期国家发展教育迅速增长的势头?以上是韦斯特在论述教育与国家关系命题时涉及的基本问题。实际上,韦斯特提出了教育是否是国家的合法职能这一根本问题。韦斯特论证了需要国家保护儿童的谬论,彻底驳斥了公共教育"邻近效应"的主张。他坚持考虑公共教育的所有后果,认为国家对教育的供给严重削弱了民间自愿组织的教育活动。虽然国家办学校的意图是为了增加低收入家庭儿童的入学机会,但并没有强调人类行为的长远结果。韦斯特研究发现,在公立教育实施之前,私立教育已经相当普及,公立教育的发展是夹杂着专家权威与国家政策的考量,而非出自家长自由意志的展现,公立教育的发展是导致教育质量低下与社会阶层分化的根源。"所有这些仅仅是论证当前所谓的免费的公共教育应该被一种制度所取代,这种制度主张所有的教育直接由家长付费,即完全的私立教育制度。"[25]

可以认为,韦斯特对于教育与国家关系的开创性研究在很大程度上成为现代教育学术研究的经典。"他的观点超越了特定的时代和环境,是现代教育的里程碑。"[26]无论在当前还是在 20 世纪 50、60 年代,它都是思考公立学校、义务教育和教育改革问题正当性的恰当起点。韦斯特提出"国家公共教育神话论"的主张正值西方择校运动在理论上处于贫竭无力之时,因此,他的成就是及时的、预见的和显著的。这种主张与当前的教育发展更为密切相关。自从韦斯特的教育与国家关系理论在 20 世纪 60 年代正式提出之后,许多西方国家的公共教育质量日渐下降,在这一点上韦斯特基于新自由主义立场的教育与国家关系理论对于理解西方教育发展的问题具有重要价值。韦斯特对公共教育的全面控告,更精确地说,是对主张教育应该是一项由税收资助的公共服务的观点的强有力驳斥。很显然,韦斯特的理论主张对当代西方国家始于里根和撒切尔时代的教育市场化和私有化运动以及教育中的公共—私有关系产生了重要影响。"从国际角度来看,韦斯特探讨了发达国家和发展中国家教育中的国家角色和市场,并且论证了他的理论观点所具有的世界性的意义。"[27]这也是韦斯特的基本贡献和成就。韦斯特"致力于提供一种能改善儿童营养、家庭生活和所有学校传递知识的途径的'万能药'。不幸的是,他倡导的公共教育神话论试图关注教育问题的全面的复杂性,而不是提供一种真实的解决办法。""他提出的观点有些过于抽象,支持观点的论据相互混淆且部分具有消极意义。"[28]当然,韦斯特自身也认识到,教育与国家关系命题是一项雄心勃勃的艰巨任务且其中诸多问题都是宏大命题,有些问题也没有最终答案。可以看出,韦斯特作为新自由主义经济学家继承了古典自由主义国家有限干预的基本原则,其思想的现实基础来自于对资本主义福利国家教育政策和凯恩斯主义的回应,具有其特定的历史性和境遇性。需要指出的是,这种新自由主义教育与国家关系的理论主张在很大程度上是西方发达国家在充分实现普及义务教育、高等教育大众化基础上追求教育优异价值观的意识形态的体现。对此我们作为一个尚处于多元社会结构和形态的社会主义发展中国家需要保持清醒的头脑来判断其背后隐藏的意识形态的实质。教育是一项庞大的系统工程,对于发展中国家而言,国家政治和权力是教育发展的重要资源,只有强有力的国家权力参与才能更好地集中各种社会资源,从而推动教育现代化的进程。

参考文献:

[1] Morrow, A. R. , Torres A. C. Social Theory and Education: A Critique of Theories of Social and Cultural Reproduction[M]. Albany State University of New York Press, 1995: 437.

[2][6][8][9][11][26][24] West, E. G. Education and the State: A Study in Political Economy(3thed.)Indianapolis: Liberty Fund, Inc[M]. 1994: 3, 56, 85, 92, 74, xx, 289.

[3] West, E. G. Liberty and Education: John Stuart Mill's Dilemma [M].

Philosophy,1965:40,129—142.

[4] West,E. G. The Role of Education in Nineteenth Century Doctrines of Political Economy [M]. British Journal of Educational Studies,1964:2, 161—172.

[5] West,E. G. Education and Crim:A Political Economy of Interdependence [M]. Character,1980:4:1—10.

[7] West,E. G. Education without the State [M]. Economic Affairs, 1994:1—8.

[10][16][21][22][23][27] Tooley,J. ,Stanfield,J. Government Failure: E. G. West on Educa [M]. London:The Institute of Economic Affairs, 2003: 151,26,20,166,29,21.

[12] West,E. G. Parents'Choice in Education[EB/OL]. http:// www. ncl. ac. uk /egwest/ pdfs/ REBIRTH. pdf,1994:1—14.

[13] West,E. G. Literacy and the Industrial Revolution[M]. The Economic History Review,1978:369—383.

[14][25] West,E. G,Blaug,M. Education:A Framework of Choice [M]. London:Institute of Economic Affairs, 1967:1—50.

[15] West,E. G. Nineteenth-Century Educational History:The Kiesling Critique [M]. The Economic History Review, 1983:426—434.

[17] West,E. G. Literacy and the Industrial Revolution Literacy and the Industrial Revolution [M]. The Economic History Review, 1978:369—383.

[18] Sheldon,R. Separating School and State [J]. Future of Freedom Foundation,Fairfax,VA. 1994.

[19] West,E. G. . Private Versus Public Education:A Classical Economic Dispute [M]. The Journal of Political Economy, 1995:465—475.

[20] West,E. G. . The Rise of the State in Education:The Abolition of Parental Fees[EB/OL]. http://www. ncl. ac. uk/egwest/pdfs/independent [M]. 1991:1—13.

[28] Carnoy,M. Is Privatization Through Education Vouchers Really the

Answer? A Comment on West[M]. The World Bank Research Observer，1997：105—116.

（本文发表于《比较教育研究》2010 年第 8 期。作者乐先莲，时属单位为教育部人文社会科学重点研究基地南京师范大学道德教育研究所）

七、西方学校文化研究进展及其启示

（一）研究背景

　　西方学校文化研究的兴起与发展主要有两个原因：一是组织文化研究的兴起。20 世纪 80 年代初，日本经济发展对美国经济产生剧烈冲击，研究人员开始寻找组织在竞争激烈的市场环境中得以生存的法宝。此时，源自于人类学中的"文化"概念开始引入到管理之中，组织文化研究开始兴起，并很快引入到教育研究领域。二是西方学者对学校效能影响因素研究的深入，学校效能即学校实现管理目标的程度。西方特别是美国研究者很早就努力研究导致不同学校管理绩效、办学质量和师生发展的因素。科尔曼（Coleman J. S）对美国教育机会公平的研究被公认为学校效能研究的开始，其研究是为了寻求造成不同种族学生成绩差异的原因。该研究一个重要的发现是：在决定学生成绩差异的因素中，校际差别远小于校内差别，教师特征（教育背景、对学生期望以及语言技能成绩）、教师收入水平、图书馆藏书量等是主要因素。[1]随后，吉克（Jenck C. M）开展了类似研究，发现学生的家庭背景是决定学生成绩差异的主要因素。[2]但随着研究的深入，一些学者发现，把影响学校效能的因素仅仅聚焦在诸如家庭背景、教师技能、教学设施等静态的"物质特征"或"形态学特征"上是片面的和肤浅的，而教师行为模式、人际互动、组织结构及其学校运行过程等理应在研究中受到关注。由此，学校效能研究开始走出传统的、属于经济学性质的"投入——产出"模式。学者们不再仅着眼于寻找决定办学水平和办学质量的输入因素，而是对学校围墙以内发生的事情产生了浓厚兴趣，力图打开学校内部运作机制的"黑箱"。这突出地表现在研究者积极寻找学校的特征因素,例如师生互动、领导风格、组织结构等与学生发展、学校管理绩效等学校产出的内在关联。[3]

在这种情况下,西方学校的效能研究逐步转向学校作为一个社会组织所体现出的本质特征上来。在这种研究预判下,研究者越来越多地从学校结构和学校人际互动模式等社会因素探讨它们与学生学业成就之间的关系。这一转向与当时文化在社会组织,尤其是在企业管理研究中受到的重视相契合。伴随着对于学校"软"环境的日益关注,20世纪80年代末,流行的"组织文化"概念开始引入到教育研究,并很快成为最能够洞察学校特征的概念之一。到90年代,"文化"在西方国家变成了形容学校特征最经常使用和最突出的一个词汇。

有人认为,是风行一时的组织文化研究带动了学校文化研究。但究其根源,学校文化研究最大的动因是:教育者在研究和实践中急待寻求如何解释不同学校特征的差异,并且要搞清楚这种差异对于学生发展和管理绩效的影响。[4]在较短时间里,学校文化研究在以下三个方面取得了较大成绩:一是编制了数量繁多的学校文化测量问卷,用以测量学校文化特征,区分不同学校之间的文化差异;二是揭示了学校文化与学校管理效能、学生发展和教师职业发展之间的关系;三是确定了优秀学校文化的特征,为塑造学校文化提供了可操作的建议。

(二)西方学校文化研究成果概述

1. 界定了"学校文化"概念

"文化"概念是从人类学研究中借用而来,虽然学者对于"文化"概念的理念莫衷一是,但他们普遍认为文化是位于组织深层次的精神因素。例如,特伦斯(Terrence E. D)认为,文化是在学校历史发展过程中形成的位于深层次的价值观、信仰和传统。[5]斯墨西奇(Linda Smircich)把文化定义为群体共享的意义系统,或是稳定的、习以为常的假设、共享信念、意义和价值观,它们共同构成了个体行为的背景。[6]施奈德(Schneider B. G)、卢梭(Rousseau D. E)、墨菲(Murphy M. E)、保拉(Pawlas G. E)、哈里森(Harrison M. J)、菲利普斯(Gary Phillips)等人也有类似论述。很明显,这些定义确实受到了传统人类学中"文化"概念的启发。例如,著名人类学家克鲁伯和塔尔科特·帕森斯(Alfred Kroeber & Talcott Parsons)认为,文化是价值观、观念和其他意义符号模式,它们塑造人类的行为,人的行为则制造出人工制品。[7]

　　组织文化之父的沙因(Schein E. H)是必须要提到的人物。实际上,很多学者从沙因的组织文化理论和模型中获得启发。沙因把文化定义为由特定群体在处理外部适应与内部整合问题的过程中发明的或发现出来基本的假设模型。[8]他把文化划分为三个层次:第一个层次,由可见物组成的"人工制品"(Artifacts),可以使用符号主义的方法来研究人工品制背后所蕴含的意义;第二个层次是"价值观",(Espoused Values)价值观无非是组织行为的合理化,它代表了组织成员的希望和理想;第三层次,也是最为抽象的层次,即组织基本的、隐性的假设(Basic Assumptions)。组织文化的核心或精华是早已在人们头脑中生根的不被意识到的假设,由于它们大部分出于一种无意识的层次,所以很难被观察到。这些基本隐性假设存在于人们的自然属性、人际关系与活动、现实与事实之中。[9]基于沙因的组织文化模型,赫德利(Hedley Beare)等提出以下几个涉及到学校师生基本假设的问题,对于这些问题的不同回答决定着学校文化类型。[10]这些问题包括:教育的目的是什么? 学校在实现教育目的的过程中起到什么作用? 什么样的知识、技能和态度是值得学生掌握和学校重视的? 学校与社区、政府和其他学校之间应该建立什么样的关系? 学校应该在多大程度上满足学生的需要? 学生应该以什么方式获取知识? 学校成员之间应该保持怎样的关系? 类似地,芬南(C Finnan)提出了一些决定着学校改革成败关键的假设。[11]这些假设包括:(1) 成人如何看待学生;(2) 领导和决策过程;(3) 成人的角色和责任;(4) 什么是最好的教育实践和教育结构;(5) 关于变革的价值观。自觉地意识到文化基本假设,是开展教育教学改革的前提条件。由上可以看出,文化之实质内涵在于为群体所共享的深层次假设或价值观。

　　2. 厘清了"学校文化"与"学校气氛"这两个概念的差异

　　教育者常用"学校文化"、"学校气氛"等概念来描述学校环境,它们经常被替换使用。两个概念最明显的区别是,"气氛"(Climate)的内涵在于群体的共享知觉,属于社会心理学范畴;而"文化"的内涵在于群体的共享价值观,属于人类学或哲学范畴。[12]所以,文化的关注点在于价值观等理念体系,而气氛关注的则是对于这些理念体系的知觉。这种差异可以用一个简单的例子来说明。例如,在一个学校气氛测量问卷中,调查者会向调查对象呈现这样一个题项:"分数在班级里非常受到重视。"这测量的是学生对于分数地位的感知或理解,其实反映的是这位学生对教师和其他同学是否重视分数的知觉。如果换成是学校文化测量问题,同样问题应该以这样形式呈现:"对于我来讲,获得高分十分重要。"问法虽然发生了细微差别,但测量内容却发生了重大变化。这实际上是在通过了解学生对待分数的态度来洞察他的价值取向、信念或假设等理念系统,并非是询问他对教学环境的知觉。区分这一点对于学校文化和学校气氛研究十分重要。

3. 开发了多种学校文化测量工具

为了能够从种类繁多的学校文化测量工具中挑选出较为权威和具有代表性的来介绍,笔者设定了以下几个标准。第一,测量工具必须是旨在测量为学校成员所共享的基本假设或价值观。据此,一些用于测量教师幸福感、学校气氛、学校组织健康度的问卷被排除;第二,问卷必须是测量学校文化的不同层次和不同方面。那些仅测量学校文化一个方面的问卷或量表将被排除。例如,成(Y C Cheng)的组织意识形态问卷(Organizational Ideology Questionnaire)、绍尔和雷耶斯(JimShawa & PedroReyes)根据竞争价值观模型而编制的组织价值观取向问卷(Organizational Value Orientation Questionnaire)等。第三,测量工具必须是针对学校开发的。一些共性的,既可用于测量企业又可用于学校的问卷将会被排除。第四,测量工具必须通过了效度和信度验证。经过上述筛选,笔者选取了6种较具代表性的学校文化问卷:学校文化调查(The School Culture Survey,Edwardsetal)、小学职业文化问卷(The Professional Culture Questionnaire For Primary School,Staessens)、学校价值观问卷(The School Value Survey,Pang)、学校文化要素问卷(School Cultural Elements Questionnaire,Cavanagh & Dellar)、学校工作文化量表(School Work Culture Profile,Snyder)、小学组织文化测量问卷(A Questionair For Measuring Organizational Culture in Primary School)。

从下页表可以看出,6种学校文化评价工具能够测量学校文化特征的某些方面,提供了观察不同学校之间文化差异的视野。一方面,这些文化测量工具主要集中于中小学管理领域。出现这种现象的可能原因之一是大学功能的复杂性、构成多样性和异质性程度要远远甚于中小学。此外,这些工具都以教师为施测对象,反映的是学校组织管理文化,尚未能揭示教学文化、学习文化或生活文化的问卷或量表;另一方面,量表都是通过行为指标来衡量学校文化价值观的。不容质疑,文化价值观是通过个体行为而体现出来。但是,个体的行为是否和价值观完全等同? 个体的行为是否在任何情况下都忠实地履行了他的基本假设? 一些学者对此产生了质疑。例如,摩索落(Maslowski R)曾指出人的行为是个体人格特质与环境特征的综合产物,带有较大的情境性,教师的言行未必就是他所在学校所共享信念和规范的反映。[13]另需要注意的是,上述问卷所反映的只是学校文化的一个侧面。在编制问卷时,研究者都会根据研究目的选定特定的文化范围和施测对象,以认识学校文化某一方面的特征,并不存在一种既适用于学生,又适用于教师和管理人员的,既用于评估教学文化,又可评估管理风格的文化工具。

4. 证实了学校文化对学校效能的影响

(1)学校文化影响学校变革

无数研究已经证实学校文化是决定学校变革成败的关键因素。[14]坎宁安(Cunningham,W.C)认为,学校文化根本性改变是二阶变革,成功的文化变革将极大地支持学校的革新。原有的旧文化在学校变革后可能死灰复燃,甚至会威胁到变革的深入进行。[15]萨拉松(Sarason S.B)认为,学校变革基本的理论是学校的改革与学校的基本假设必须相匹配。[16]为了探索学校改革与教师文化的关系,马拉(Schweiker Marra)确认了 12 条有利于学校变革的文化特征。前6 条涉及到教师的知识和特点。它们是:共治、敢于实验、高期望、信任和信心、有形支持和相关知识基础。此外,管理者支持并提供教师职业发展的机会。另外 6 条规范显示了教师与管理人员有效的人际互动,分别是:相互欣赏和承认、关怀和幽默、参与决策、保护重要性、传统、诚实和开诚布公地交流。他发现这些价值规范不仅可以促进变革,而且还可以加速变革进程。[17]布利奇(Bulach C.R)指出,学校领导在改革学校管理之前必须要明确现存的文化类型。[18]

西方学校文化测量工具一览表

问卷名称	维度	题项	分析层次	格式	信度	构建效度	效标效度	样本
学校文化调查	① 教育职业发展与目标设定 ② 管理人员对待教师方式 ③ 教师合作水平	24	个体层面和学校层面	李克特式五点量表	Cronbach'salpha：0.81~0.92	中等	量表与教师效能和教育授权有低度相关	美国中小学425位教师
学校工作文化量表	① 学校计划 ② 职业发展 ③ 项目开发 ④ 学校评估	60	学校层面	李克特式五点量表	Cronbach's alpha：0.88~0.93	高	量表与学校总体绩效相关	美国佛罗里达州100所小学的416位教师
小学职业文化问卷	① 校长作为文化的建设者和承载者 ② 目标一致度 ③ 人际关系 ④ 内部职业发展支持网络	28	学校层面	李克特式七点量表	Cronbach's al-pha：0.89~0.95	部分维度存在交互作用	第一和第四个纬度与学校领导风格显著相关	美国90所小学的1 202位教师
小学组织文化测量问卷	① 学校组织和谐程度 ② 欣赏教师的质量和能力 ③ 重视教师职业发展 ④ 灵活性 ⑤ 创新能力 ⑥ 信息共享 ⑦ 学校目标 ⑧ 过程或目标取向	123	学校层面	李克特式六点量表	Cronbach's al-pha：0.70~0.89	部分维度存在交互作用	问卷能很好地区分不同学校	挪威65所小学的882位教师
学校价值观问卷	① 格式化 ② 官僚控制 ③ 合理性 ④ 结果取向 ⑤ 合作和参与 ⑥ 目标取向 ⑦ 教师自主 ⑧ 共治 ⑨ 沟通一致	64	个体层面和学校层面	李克特式七点量表	Cronbach's al-pha：0.73~0.92	高	与教师承诺工作满意度等显著相关	荷兰60所小学的839位教师
学校文化要素问卷	① 教师自我效能 ② 关注学习程度 ③ 共治 ④ 合作 ⑤ 分享计划制定过程 ⑥ 变革型领导	42	个体层面和学校层面	李克特式五点量表	Cronbach's al-pha：0.70~0.81	中等	与 PISQ 问卷相应维度显著相关	香港8所初中的422位教师

（2）学校文化影响教师发展

汉密尔顿（Hamilton M. L）研究了学校文化与教师发展之间的关系。[19]他们用定性方法观察教师在团队中的互动差异，研究发现：学校文化和对参与职业发展项目教师的期望研究影响到团队协作以及教师授权。研究结论说明，传统区域性统一的教师发展计划未必能起到较好的指导作用，因为每个学校都有自己独特的文化特征。富兰（Fullan M. G）讨论了个人主义与集体主义两种学校文化氛围中教师的行为差异。[20]在个人主义文化中，教师在职业生涯中与其他人相互隔离，他们对创新持有一种保守观点。相反，在集体主义文化中，教师之间保持良好的沟通与合作关系，对教学过程中面临的问题能及时交换意见。罗斯特（Rosenholtz S. J）通过研究田纳西州 78 所中学，确定了两种学校文化类型："呆滞型"学校文化（学习贫困型）和"灵动型"学校文化（学习丰富型）。[21]她发现"呆滞型"学校文化不支持变化和改进，并且嵌入了不确定性和隔离，教师之间交流较少。相反，在"灵动型"学校文化中，教师在一起工作，并相信教师要终身学习，特别是教师之间要互通有无。艾德曼（EM Anderman）则从组织行为学角度，揭示了学校文化与教师组织承诺与工作满意度之间存在着显著相关。[22]类似的研究都发现了学校文化对于教师自我效能感、终身学习意愿、职业倦怠、工作满意度等态度和行为指标存在着影响。

（3）学校文化影响学生发展

研究学校对于学生发展的影响一直是教育研究的主题之一。布鲁克福（Brookover W）和他的同事集中研究学校中社会互动系统与教学质量的关系。[23]研究发现，学校的社会互动模式可以说明 1/4 的教学质量变异。卢特（Rutter M）和他的同事通过研究伦敦 30 所初中，得出了学校气氛，包括价值观、行为模式和规范等是影响学生行为和成绩差异的主要因素的结论。[24]随后，莫提摩（P Mortimore）指出，小学生成绩差异是由不同学校各自教育领导风格，如监督学生学习过程、营造积极学风、教师和家长参与学校管理、良好教学秩序等的差异所致。[25]布莱恩（Brian D. M）的研究表明，学校文化与学校问题解决能力、学习动机和自我效能具有显著相关。[26]沃尔夫（Wolf S. J）等人研究了课堂文化要素，指出课堂团结程度与学生满意程度高度相关。[27]从以上研究中可以看出，学校文化不仅对学生的认知、能力会产生影响，而且在一定程度上左右着学生情感、态度,甚至是人格的发展。

此外,研究表明,学校文化与学生创造性倾向也具有较大影响。例如,阿马比尔(Amabile T. M)指出频繁评估、竞争、限定选择、屈从压力和死记硬背等学校环境会破坏创新。[28]弗雷斯(Fleith D. T)研究发现,有利于学生创造力发展的课堂环境因素可以从如下几个方面考察:第一,从教师的态度看,给学生选择的自由、促进学生自信心的建立、尊重学生都有利于学生创造力的发展;第二,从教师策略看,应该体现以学生为中心的思想,同时要为学生提供参与各种社会活动的机会;第三,从活动形式看,开放式的活动、做中学、创造性的写作、绘画等有利于学生创造力的发展。相反,操练式、程式化的活动则不利于学生创造力的发展;第四,从课堂氛围看,鼓励学生合理地冒险,允许学生失误,对思维过程进行思考有利于学生创造力的发展;第五,从教育系统看,对学生创造性思维和产品进行奖励以及非结构化的时间安排有利于学生创造力的发展,但频繁的考试、过多的课程、缺乏自由时间则会影响学生创造力的发展。[29]

5. 提出了塑造优秀学校文化的建议

(1) 塑造优秀学校文化,首先要明确优秀学校的文化特征

莱斯利·戈德林(Leslie Goldring)认为,良好学校文化的六点特征:[30]A. 共同愿景。愿景基于学校价值观,它表述了对于学校,哪些是重要的工作;B. 传统。传统使学校的基本假设和价值观通过寓言、神话、典礼和符号等可视化;C. 合作。当成员一起工作为实现学校目标时,这就显示出合作文化;D. 参与决策。参与决策被视为文化的道德品质,这可以为学校成员创造一种社区感;E. 创新。创新品质包括如何应对变化,这种变化会威胁到学校既有的文化假设,制造出不安全感和不确定性;F. 交流。文化通过交流和人际互动而显现。肯特(KentD. P)认为优秀的学校文化具有以下特点:[31]A. 共同愿景,教师用心教学;B. 强调共治、改善和努力工作等规范;C. 具有纪念学生成就、教师创新和家长投入学校的礼仪和传统;D. 有一个正式的传播组织故事、历史、英雄传说的社交网络。他们进一步指出,积极的学校文化让所有成员共享什么是重要的感受,共同感受到关注和支持;共同感受到帮助学生学习的重要意义。相反,消极的学校文化是教师不愿意变化,学校里充满着陈词滥调。悲观、消沉主导着谈话、互动和规划,故事、传闻里充满了失败。夏桂思(Andy Hargreaves)

集中于成功学校文化的特征研究。[32]他认为成功学校文化中的成员具有以下特征:开放性、不拘束、关心和充满活力的对话、愿意一起面对不确定性、横向的工作关系、互惠合作等。布朗(R Brown)也提出优秀学校文化的十要素。[33]

(2) 塑造优秀学校文化,还要明确学校文化的起源

哈特(MVanHoutte)认为学校文化有三种起源,每一种来源都可以作为改变学校文化的起点。[34]第一种是学校所处的社会环境。它是最难以操控的,改变它意味着整个社会心智模式的改变。第二种来源是学校内部结构,它也不容易被改变。因为学校要在林立的社会组织中保持存在的合理性,就要保持结构的独立性、自治性和一定程度上的封闭性。第三种来源则是较为容易的,即是学校领导行为。领导风格极大地影响学校的文化特征,这也是西方研究者一致的观点。雷维斯(Reavis C. A)曾说过,所有组织的兴衰浮沉都与领导力有关,学校领导有责任建立一个积极的学校文化。[35]例如,学校领导是学校愿景的提出者,是校成员基本假设的培养者;另外,管理者也可以通过培训、礼仪、奖惩等方式加速组织新成员的社会化进程。此外,领导风格影响着学校员工的社会互动——它本身就是文化最主要的来源之一。无论如何,为了塑造特定文化,领导的新观点、新理念必须与组织成员沟通,让他们消化和认同这些理念。总之,文化建设是一个系统工程,需要所有学校成员,甚至家长和学校上级领导也要加入并提供支持。

(三) 西方学校文化研究的启示

长期以来,在我国教育研究中,学校文化虽然是教育研究领域中的热点话题,但研究成果却呈现出经验性研究和思辨性研究居多的状况,导致我们一直无法洞察学校文化这个黑洞的详情。这不仅没有为教育研究者和实践者提供一把有效揭示学校特征的钥匙,反倒使学校看起来愈加神秘,学校环境愈加不可捉摸。西方开展学校文化研究已经 30 多年,在文化概念、学校文化研究工具、学校文化作用以及如何塑造学校文化等方面取得了有价值的成果。虽然在研究方法和研究统计模型还存有争议,但无疑给我们提供了认识学校文化特征以及提高学校管理有效性的思路和启示。

1. 根据国情校情，开发学校文化特征研究工具

西方学校文化研究中最大的成就之一就是开发了数量众多、效度优良的文化测量工具。[36]纵观国内研究，呈现在笔者面前的几乎是清一色的经验研究，鲜见建立在概念辨析基础上的实证研究或深入个案的质性研究。每一位管理者都认识到了文化的重要性，达成了"文化育人"、"以文化人"等重要共识。但是，不同学校之间的文化差异是什么、这种差别对于学校效能和学生发展会产生怎样的影响等，却鲜有学者深入地开展类似研究。因此，我们有必要在汲取西方学校文化研究工具和研究方法基础上，根据研究目的，结合本民族文化特征以及学校情况，开发出相应的学校文化研究工具。

2. 理清"文化"概念，抓住学校文化研究和实践的重点

西方学者认为，学校文化的精华和核心是学校成员共享的价值观和基本假设。学校文化研究和建设必须要围绕价值观这个重点，才能抓住文化的灵魂。我国的学校文化研究显然偏离了这一主题。例如，我们习以为常地认为学校文化具有三个层面：精神文化、制度文化和物质文化。这种文化层次的划分方法已经由来已久，其优点是层次分明，易于理解，但是，它对于学校文化研究却产生着不可忽视的消极影响。这表现在，认为学校文化等同于三者的简单相加，学校之间文化特征差别可以从硬件设施水平、师资学历和校风校训表述等来表现。这显然是一种"见物不见人"的文化观，是对于学校文化内涵极其肤浅的理解。实际上，作为一种生存方式，文化不是静止的、死寂的，它隐含于高校人的生存实践之中，存在于学校管理制度、人际互动之中，渗透于学校仪式、会议、典礼等重要活动之中，构成了师生共享的、独特的"心理软件"。美国百年来关于学校环境和学校效能的研究历程也能说明这一点。在早期研究中，学者们把主要精力集中于有形的"形态学"因素。但是，随着研究的深入，研究者发现一些无形的环境因素，如教师、管理者和学生之间的互动模式、领导风格、组织结构等因素，才是决定学校环境差异和教育质量的主要因素。由于对于文化概念的认识存在偏差，导致在研究成果中存在着结论雷同，千篇一律、学校文化建设存在着重硬轻软、重口号轻落实等现象。

3. 提高文化自觉意识，区分学校气氛与学校文化

反观我国目前的研究，不难发现，我国学校文化研究和建设其实很多是为

了学校气氛建设和改善学校气氛,特别是学校表面的气氛。整洁的校园环境、绿树成荫、宏大的建筑的确会给人以爽心悦目的感觉,但塑造特定文化,形成学校共同的愿景、价值观和假设,就决不是一朝一夕的事情。由此观之,我国学校文化实践由于多是一些"面子工程",它的确可以在一定程度上改变学校气氛,但对于文化的影响,就不得而知了。例如,每个学校领导都在讲"以人为本,以生为本",但实际管理过程中,领导作风专制、决策不透明,利益分配倾向于管理人员,学生被认为是"管理客体"。这就不可能营造出"以人为本"的文化,即使是师生从领导口号中感受到了一点"以人为本"的气氛,但它也是不持久的。学校气氛和学校文化具有不同的产生机制和深化路径,明确二者的区别与联系,对于我们揭开学校环境的神秘面纱、探索学校环境与创新人才培养的关系,从而构建有效学校环境,都具有重要意义。

参考文献:

[1] Coleman,J. S. Campbell,E. ,Hobson,C. ,McPartland,J. , Mood,A. , Weinfeld,F. , York,R. Equality of Educational Opportunity [M]. Washington,DC:US Government Printing Office,1996.

[2] Jencks,C. J,Smith,M. ,Acland,H. Inequality:A Reassessment of the Effect of Family and Schooling in America [M]. New York:Basic Books,1972.

[3] Rutter,M. ,Maughan,B. ,Mortimore,P. ,Ouston,J. Fifteen Thousand Hours,Secondary Schools And Their Effects on Children. Somerset, [M]. UK:Open Books,1979:124.

[4] Maehr M. Midgley C. Transforming School Cultures [M]. Boulder, CO:West View Press,1996.

[5] Terrence E Deal. The Principal's Role in Shaping School Culture [M]. Washington,D. C. Office of Educational Research and Improvement, 1990:122.

[6] Smircich. L. Concepts of Culture And Organizational Analysis[M].

Administrative Science Quarterly, 1983(28):339—358.

[7] A. L. Kroeber,Talcott Parsons. The Concepts of Culture And of Social System[M]. American Sociological Review,1958(23)582—83.

[8] Schein E. H. Organizational Culture And Leadership[M]. San Francisco CA:Jossey-Bass,1985:13—56.

[9] Saphier,J. King,M. Good Seeds Grow in Strong Cultures[M]. Educational Leadership,1985(6):67—74.

[10] Hedley Beare, Brian Caldwell. Creating an Excellent School[M]. London:Routledge,1989:34—45.

[11] C. Finnan. Implementing School Reform Models:Why Is It So Hard For Some Schools And Easy For Others? Paper Presented at the Meeting of the American Educational Research Association[M]. New Orleans.

[12] Cohen. School Climate:Research,Policy,Practice,and Teacher Education[M]. Teachers College Record,2009(1):180—213.

[13] Maslowski R. Dietvorst C. School Culture:The Heart of The Organization[M]. Jossey-Bass Publishers,1999:136.

[14] Johnson,W. L. ,Snyder,K. J. ,Anderson,R. H. ,Johnson,A. M. School Work Culture And Productivity[M]. The Journal of Experimental Education,1996(64):139—156.

[15] Cunningham,W. C,Gresso,D. W. Cultural Leadership: The Culture of Excellence in Education[M]. Boston:Allyn & Bacon,1993:37.

[16] Sarason,S. B. Revisiting The Culture of The School And The Problem of Change[M]. New York:Teachers College Press,1996:249.

[17] Schweiker Marra. Examining The Relationship Between School Culture And Teacher Change. Paper Presented at the Meeting of the Eastern Educational Research Association[M]. Hilton Head SC.

[18] Bulach C. R. A 4-step Process For Identifying And Re-shaping School Culture. Principal Leadership[M]. 2001(8): 48—51.

[19] Hamilton M. L, Richardson V. Effects of The Culture in Two

Schools on The Process And Outcomes of Staff Development [M]. The Elementary School Journal，1995(95)：367—382.

[20] Fullan M. G. Hargreaves A. What's Worth Fighting For in Our School? [M]. New York：Teachers College Press，1996：34—54.

[21] Rosenholtz S. J. Teachers'Workplace：The Social Organization of Schools [M]. New York：Longman，1999：125—139.

[22] Teacher Commitment and Job Satisfaction：The Role of School Culture and Principal Leadership[M]. Paper Presented at the Annual Meeting of the American Educational Research Association. Chicago，1997：April 3—7.

[23] Brookover W. Wisenbaker J. School Social Systems And Student Achievement：Schools Can Make a Difference[M]. New York：Praeger，1979：56—110.

[24] Rutter M. Maughan B. ，Mortimore P. Ouston J. Fifteen Thousand Hours：Secondary Schools And Their Effects on Children [M]. MA：Harvard University Press，1979：43—56.

[25] Mortimore. P，Sammons P，Stoll L，Lewis D，Ecob R[M]. School Matters：The Junior Years. Wells：Open Books，1988：13—47.

[26] Barian D. M. A Quantitative Study on Positive School Cul ture And Student Achievement on a Criterion-Referenced Competency[M]. Tes. University of Phoenix，2008.

[27] Wolf S. J. Fraser B. J. Learning Environment，Attitudes and Achievement Among Middle school Science Students Using Inquirybased Laboratory Activities[M]. Research in Science Education，2007(1)：69—75.

[28] Amabile T. M，Tighe E. Questions of Creativity. J. Brock- man. Creativity[M]. New York：Touchstone，1993：7—27.

[29] Fleith D. T，Teacher and Student Perceptions of Creativity in The Classroom Environment[M]. Roeper Review，2000：22，(3)：148—153.

[30] Leslie Goldring. The Power of School Culture：Research Show Which Traits of a School's Culture Most Affect Student Achievement，And

How Schools Can Work Toward Positive Change [M]. Leadership,2002(11): 22.

[31] Kent D. Peterson. How Leaders Influence The Culture of Schools [M]. Educational Leadership,1998(1):28—30.

[32] Andy Hargreaves. Rethinking Educational Change With Heart And Mind:1997 ASCD Yearbook[M]. Virginia. Association for Supervision and Curriculum Development[M].

[33] R Brown. School Culture And Organization:Lessons From Research And Experience [EB/OL]. http://www. dpsk12. org/pdf/culture-organiza-tion. pdf. 2012—03—26.

[34] Houtte. Climate or Culture? A Plead For Conceptual Clarity in Schoo[M]. School Effectiveness and School Improvement,2005(16):71—89.

[35] Reavis C. A. Importing a Culture of Success Via a Strong Principal [M]. Clearing House,1999(72):199—202.

[36] Fraser B. Twenty Years of Classroom Climate Work:Progress and Prospect[M]. Journal of Curriculum Studies, 1989(21):307—327.

（本文发表于《比较教育研究》2014 年第 1 期。作者胡文龙，时属单位为汕头大学高等教育研究所）

八、教育中文化多样性治理：三种北美理论模式的比较

（一）引言

　　文化多样性是人类社会的基本特征，也是人类文明进步的重要动力，它是人类的共同遗产，是交流、革新和创造的源泉，对人类来讲就像生物多样性对维持生物平衡那样必不可少。在当今时代，文化多样性正日益成为国际教育治理的重要课题。正如联合国教科文组织的文件指出的，21 世纪的四大优质教育原则——"学会做人"、"学会求知"、"学会做事"和"学会共处"，只有在将文化多样性置于核心位置的前提下方能成功实现。[1] 2013 年在我国杭州召开的"文化：可持续发展的关键"国际会议的文件中也强调，应将文化置于公共政策的核心地位。[2]

　　北美种族多样，且长期为种族和民族问题困惑。因此，我们试图评述北美生成的有关理论成果。根据加拿大卡尔加里大学多元文化教育专家郭世宝等（Guo & Jamal）教授的研究，[3] 在北美教育领域，针对培养文化多样性教育理论模式较具影响的模式主要有文化互动教育模式（intercultural education model）、多元文化教育模式（multicultural education model）和反种族主义教育模式（antiracist education model）。每一种模式的影响范围与水平各不相同，分别侧重的是自我、课堂、制度与社区。[4] 下面借鉴这一思路，在分别论述的基础上，进行综合比较，以期对新时期我国教育，尤其是以文化多样性为显著特色

的民族教育的决策和实践有所参考。

（二）文化互动教育模式

1. 文化互动教育的理念

文化互动教育日益为当今国际社会倡导。[5]其实,北美在 20 世纪 20 年代到 30 年代间就发起过文化互动教育运动。该运动的目标是促进不同文化与族群间的包容和理解。[6]这一运动是基于如下的假设,即不同群体间的相似性比他们之间的差异更加重要,掌握充足的关于文化群体的知识将会避免偏见的产生,同时也能促进彼此间的尊重和相互接纳。为此,政府努力实施了一些计划,这些计划致力于增加学生关于其他文化的知识,培养学生对待"差异"的积极态度,向学生们传授在不同文化间互动和交流的技巧。而这些目标可以通过获得文化互动能力来实现。所谓的文化互动能力是指,"个体在知识、态度、技能上长期的变化,这种变化使个体能够与其他文化中的成员进行积极和有效的互动"。[7]

2. 文化互动教育模式的要素

文化互动教育模式的要素可以用 Chávez, A. F. 等人提出的一个"个体体现的多样性发展框架"来分析,这是因为对教育场景而言,它为学生个体多样性发展提供了一个整体论的方法,并且可以为全体教员反思他们自己的发展,为鼓励、帮助学生的发展提供一个参考方法。个体为了处理身份认同的复杂性,会经常使用一种本质主义者的方法来理解不同群体中的成员,即通过他们与这一群体的交往经验,或者他们根本就缺乏与他者交流的经验,将这一群体的文化归纳成一组特征。然后,这些特征被扩大(有时是不适当的),扩大到被用来描述这一群体中的个体。然而,个体拥有复杂的、有时甚至是矛盾的身份,并且个体可以是许多不同群体中的成员,这使得我们很难仅仅通过一组特征真正了解他们。个体多样性发展框架,展示了个体是如何加深对身份复杂性的理解,个体是如何渐渐改变,最终重视和确认某些特征的。个体的变化通常体现在三种水平上,即认知的水平、情感的水平和行为的水平。这种变化可能不是线性的,并且会通过实践、练习逐渐产生。这一多样性的框架有五个维度:(1)对他者文化的描述;(2) 对他者文化的认知;(3) 对他者文化的意识;(4) 对他者文化的情感;(5) 有关他者文化的行为。[8]学习重视某种文化的过程可能经历其中某些维度,也可能会经历所有的维度。这种学习的完整过程包括:(1) 未察觉;(2) 他我文化的二元性认识;(3) 质疑和探索自己的文化;(4) 承担对他者的探索风险;(5) 整合两种。[9]

可见,该模式受交际语言学的影响明显,着眼个体层面,倡导不同文化的个体相互欣赏和交流,从而促进彼此的适应和社会整合。该模式也日益为国际教育界所重视。

(三) 多元文化教育模式

1. 多元文化教育的理念

在北美,多元文化教育出现在 20 世纪 60 年代,它是为了回应教育系统中的社会正义和公平问题而产生的,并以文化多元主义原则和消除偏见与歧视的原则为基础。文化多元主义原则坚持,不同族群和文化群体在尊重不同群体的传统和价值观的氛围中拥有保持自身语言和传统的权利。在教育系统中,实现这些原则的途径是:肯定文化在教学与学习过程中的重要性,并为所有不同种族和文化背景学生提供公平的机会。[10]要实现以上"公平"的目标,不能采取对所有学生"平等"或"相同"的手段,而应该认识到学习环境中的学生有着多种多样的背景和需要,因此课程和教学实践应该针对这种多样性采取相应的措施。

多元文化教育的目标在于个体和课堂层面上的变化。实现其目标的途径是:转变教学法的实践,改进课程和鼓励多元文化能力。[11]教学法的实践包括教学策略、教师期望、课堂气氛和实践,以便所有的学生都能实现其学业成就。课程改革主要是改变以欧洲为中心的课程内容,倡导对多元文化和多族群知识与视角更加包容的课程。多元文化的能力为学生在多元社会中的生存提供了准备,并为学生提供了与他者交往的技巧。

2. 多元文化教育模式的要素

多元文化教育是三种理论模式中影响最大的。本文主要以该领域最知名的学者詹姆斯·班克斯(James Banks)的理论模式为例加以评述。这种模式包含五个维度:(1) 内容整合;(2) 知识建构;(3) 减少偏见;(4) 公平教育学;(5) 赋权的学习文化。[12]

(1) 内容整合

内容整合主要针对以欧洲为中心的课程,是为满足多种文化的知识和视角进入每个学科而产生的。以下四种方法可以帮助实现内容整合,即贡献的方法、附加的方法、变革的方法以及社会行动的方法。[13]在贡献的方法中,课程内容将被修改,特定文化群体的知识将被包括进去。至于课程内容会突出文化群体的哪些方面,则是根据教师更容易获得哪些知识和资源而定的,而不是经过深入了解才能得到的该文化群体所认可的"必要的知识"。[14]附加的方法包括那些没有在课程中表现出来的附加内容。这种方法可以通过提供附加的课程材料或增加课程内容的方式,融入到教育场景中去。变革的方法是一种更加激进的方法,它假设知识建构不是中立的,而是负载价值的,为了包含来自多种视角的知识,有必要改变课程的结构,使所有的学科都提供附加的和可选择的视角。最后,社会行动的方法试图为学生提供工具来参与决策的制定,这种方法可以导致社会的变革。

(2) 知识建构过程

知识建构的过程是基于参照、视角和假设的框架,这些框架为学生在建构和确认每个学科中产生的知识时所使用。教职员会关注这些知识产生的过程,揭示影响某种知识产生的视角并加以清楚地阐述,以帮助学生发觉他们在课堂内和课堂外"遇到"的潜在视角。知识的建构过程鼓励学生采取一种更加批判的方法,鼓励他们对遇到的内容询问复杂的问题,鼓励学生提高和改善他们批判性思维的技巧和能力。

(3) 减少偏见

减少偏见的目标在于改变基于种族主义、性别歧视以及基于其他形式偏见的态度和信仰,同时鼓励学生尊重和重视"差异"。减少偏见的过程可以通过创造积极的教室环境,为不同背景的学生提供共同协作、尊重多种文化群体多种视角的机会来完成。

(4) 公平教育学

公平教育学的概念基于如下的假设,即学生受自身背景、独特视角及世界观的影响,拥有多种学习方式。为了应对这种多样性,教职员可以为学生提供不同的学习方式,但学习内容必须是与学生相关的,并对学生是有意义的,同时鼓励学生批判性地思考课程内容和材料背后的那些视角。公平教育学主要依赖于教职员理解学生背景、学习风格以及那些形塑学生经历的社会和文化影响的能力。

(5) 赋权的学习文化

如果来自不同种族和族群的学生将要经历一种真正多元的、公平的和赋权的学习环境,那么一种赋权的学习文化就是必要的。要想引起管理层面上的变化,就需要在教育制度的各个层面上齐心协力。待阐述的问题包括:公平的进入和保持、积极校园氛围的创造、对学生学习的充分支持以及全纳的学习环境。

应注意的是,尽管长期以来多元文化主义是治理文化多样性教育政策的最有影响的理论,但在美国"911"事件之后,多元文化主义日益遭到怀疑和非议,尤其是在欧洲遭到多国领导人的公开反对。[15]这值得我们进一步研究。

(四) 反种族主义教育模式

1. 反种族主义教育的理念

1979 年,加拿大 CTVW5 广播了一个称为"校园赠送"的节目。这期节目指责来自中国的外国学生(节目将来自中国的加拿大公民视为"外国的"学生)以加拿大纳税人的代价正在从加拿大白人手中夺走校园空间。这期节目基于完全歪曲的统计和种族主义者的描述。该事件发生后,激起了强烈的抗议,抗议最初开始于多伦多的学生团体,然后蔓延到加拿大的 16 座城市。这一事件引出了许多关于在加拿大读书的少数民族学生的归属感问题和根深蒂固的种族主义在学习环境中的复制问题。不幸的是,这些问题不能像多元文化教育所提倡的那样,通过培养全纳性质的教育学实践来得到充分的解决。

作为对以上事件及对多元文化教育批评的回应,多元文化教育的概念开始向一种更具批判性的全纳教育的概念发展,这种概念探讨了更广泛的结构问题,直面种族主义对学生生活与教育经验的影响。与多元文化教育模式形成对照,反种族主义教育模式强调"差异"、"权力"与"特权"的问题。该模式基于如下假设,即改良的跨文化理解、合作和对差异的尊重并没有阐述产生不公平的结构上的原因,只有在全纳教育遇到障碍,而这些障碍又在各个层面上被关注阐述时,有意义的变化才会产生。

2. 反种族主义教育模式的要素

该模式最有影响的倡导者之一,是加拿大多伦多大学教授乔治·戴(Gorge Dei)。他为全纳教育提供了一种批判的整合的方法,即一种基于反种族主义方法的模式。这种模式"将教育视为一种在种族上、文化上以及政治上起调节作用的经验"。[16]该模式包含为教职员和学生提供的四种学习目标:(1) 整合知识的多个中心;(2) 识别与尊重"差异";(3) 影响社会和教育变化:公平、进入和社会正义;(4) 为社区授权而教。

(1) 整合知识的多个中心

该目标针对当前以欧洲知识来源为中心的现实,主张增加不同的知识来源,这样传统上被边缘化的知识才能被肯定和确认。这些知识不是一种追加的东西,而是被整合到各个级别的课程中,为学生提供可选择的知识,丰富所有学生的学习经验。该模式特别强调了三种一直以来被边缘化的知识来源,即土著知识、精神知识和社区知识。土著知识是指人们在日常生活中获得和使用的知识,这种知识是以对其环境的社会与文化解释为基础的。精神知识是指通过直觉、启示或启迪获得的知识,可能与制度化的宗教有关,也可能没有什么关系。社区知识与土著知识相类似,指选择性的、以社区为基础的特殊内容,如为特定群体准备的文化与语言计划。

(2) 承认、尊重"差异"

这一目标认识到,考虑、重视学生复杂的身份和确保教学实践承认、确认这些身份的需要。该目标可以通过设计有效的学习策略来实现,这些学习策略应兼顾学习环境中群体内差异和群体间差异。教职员需要识别与理解自己对学生采取的立场,并努力发现他们用来应对文化多样性的那些信仰、价值观和假设。

(3) 影响社会与教育的变化:公平、进入与社会正义这一目标要求教职员承认在教育结构与环境中存在不公平，了解他们在这些结构中的作用，并且积极支持改变现状。变革可以在一种制度的各个层面上发生，并且能通过改变忽视少数群体需要的现有体制结构来推进，通过努力创造更加综合的制度气氛来实现。为应对教育中的不公平，需要思考怎样才能明确地表达、实施关于公平问题的政策与计划。带着这个目标，教职员的角色从教室的范围扩大到了社区，并且需要参与社会与政治的问题。因此，要实现课程的真正变革，需要体制本身系统的根本变化。

（4）为社区授权而教

该模式的上一个维度集中探讨了与教育过程有关的决策能力的建立，它是通过所有相关群体的积极涉入，努力增加个体与群体的自尊来实现的。它需要教师、学生与管理者以及社区团结协作，以在更广泛的水平上谋求变化。

可见，该模式属于批判性的全纳教育综合框架。这种理论主张，全纳教育环境的创造需要教师意识到教室中的"不公平"是更广阔的社会中的不公平的一种反映，需要教师去思考这些不公平的本质以及他们内在的权利的不均衡，并且利用那些在各个层面上挑战不公平的方法和策略来满足边缘人群的需要。

（五）三种模式的比较分析

前面呈现的三种模式，每一种都谈及了多元文化课堂中教与学的某些方面，这些模式都可以视为在不同的影响水平上和不同的环境中，创造全纳教学环境的一个开端。文化互动教育模式、多元文化教育模式与反种族主义教育模式之间的区别是值得注意的。文化互动教育模式可帮助教职员理解：个体对多样性的态度是如何发生转变的，这种转变最终使个体加深对身份复杂性的理解，并鼓励和促进学习环境中的多元文化能力。教职员既可以使用这一模式去反思学生的成长，也可以用来反思他们自身在珍视多样性上的成长。虽然这些策略可能对鼓励教职员多样性的发展上是有益的，但这一模式只叙述了在个体层面上的变化，没有将这种变化与制度、社会的变化相联系。此外，文化互动教育通常是基于一种非政治化的、静止的文化定义。如果忽略如下的事实，即"文化特征并不是固定的，而是流动的和动态的，并且总被群体内的差异（如性别、阶层、语言、宗教,不同的历史和经验)所调解",那么对多元文化群体特征理解的强调,会导致具体化的和本质主义者的文化概念的产生。[17]多样性发展的个体模式并没有直接阐述课程变革的问题、教学策略问题以及制度上的不公平问题。

相比之下,多元文化教育为理解全纳教育以及在课堂上的变革提供了一种更综合的方法。班克斯的多元文化教育模式可以提供一些多元文化课堂需要的策略和活动。该模式包括五个维度,并且每个维度都能用来获得创造多元文化学习环境的特定策略。它包括调整课程或变革课程,重视知识建构和生效的过程,使用文化上适宜的教学方法(这种教学方法叙述了所有学生的学习需要和不同的背景,而不是以主体民族的需要为中心)。一种授权的学习文化的维度可以起提醒的作用,即当受到一种尊重的文化和重视多样性的环境的支持时,课堂上的变化可以变得更有效。

像文化互动教育一样,它的影响范围倾向于关注个体与课堂的变化。具体说,它的课程整合,通常采用一种附加的方法,侧重鼓励对不同文化群体的知识的关注,与这些群体建立和谐的社会关系以及课程和教学的变化等。这些都根植于一种"一致的范式"中,这种范式忽略现存的不公平和权利的不对称,但其实正是这种权利的不对称影响了社会关系。在多元文化教育的框架内,"差异"被奇特化和平凡化了。较小的差异可能以非政治化和非情景化的形式被稍稍肯定,如食物、舞蹈、节日等;而那些挑战霸权,拒绝成为增补对象的实质性的差异,则通常被视为有缺陷的、不正常的、病态的或者是导致分裂的。简而言之,多元文化教育模式的一个致命弱点就在于没能处理体系的和结构上的不公平,而这种不公平存在于更广阔的社会背景中,并在教育体系内得到再生产。[18]

对文化互动教育模式与多元文化教育模式的批评,导致了对这些模式缺陷的反思。反种族主义教育模式就是对其采取的回应,它在前两种模式的基础上增加了几种新的维度。这一模式基于如下的假设,即制度的变化不是孤立发生的——必须根据社会上存在的不公平来研究教育中的不公平现象,因为教育制度中的不公平是社会不公平在教育中的再生产。群体可以通过积极参加和拥护变革来拒绝或挑战这种不公平。

与基于一致的文化互动和多元文化的教育模式形成对照,反种族主义教育模式超越了狭隘的个体偏见和歧视行为,而向着挑战社会文化群体间的权利差异而努力。它明确地将种族和社会文化差异视为权利与公平的问题,而不是文化与民族多样性的问题。多元文化教育模式集中研究对文化的颂扬和理解,反种族主义教育模式则质疑社会文化差异是怎样被用来确立不公平的。它质问白人的特权与权利是怎样一起建构和维持社会不公平的。此外,反种族主义教育模式还将性别、阶层等融合到它对种族的分析中。有学者认为,反种族主义教育模式优于多元文化教育模式的地方在于:它包括历史的分析,分别讨论了"不同群体怎样体验种族主义"和"不同种类的压迫(如性别和种族的抑制)的关系"这两个问题。[19]此外,这一模式强调将传统上被边缘化的知识从边缘转移到中心的需要,并且集中研究全纳的决策制定,这种决策制定阐述了公平、进入和社会正义的问题。通过对知识社会建构的分析,它质疑那些所谓的有效知识以及这些知识一直以来是如何被用来否定、贬低次级群体经验的价值的。

(六)讨论与结语

综上所述,上述三种模式都关注文化多样性,但侧重了影响教与学的不同方面,故可以视作创设文化多样性视角全纳教育环境的研究起点。全纳教育环境的创造过程需要通过不同水平上的变革来实现,即从个体的变化,到学习环境的变化,最后实现社区与社会结构的变化。

我们应特别注意的是,进入 21 世纪后,联合国教科文组织日益倡导文化互动教育理念。在 1999 年,联合国教科文组织将各国政府或组织已经出台、且为成员国采纳的文件中符合文化互动教育理念的条款进行汇编和解释,旨在为各国实践该理念提供合法性。具有里程碑意义的是,2006 年联合国教科文组织发布的《联合国教科文组织关于文化互动教育之指南》明确指出,多元文化教育政策往往主张,通过对其他文化的学习而增进对这些文化的接受和宽容度;文化互动教育认为,必须超越可能会导致各种文化消极共存的这种多元文化教育模式,这是因为在多元文化社会中,不同世界观之间本来会相互竞争,在调和这些不同世界观时就会遇到种种内在的张力;若让这些文化群体机械地并存,这种张力是难以运用"要么你们……要么我们……"的方案去解决。[20]这标志着联合国教科文组织关于治理文化多样性的教育理念发生了实质变化,即从多元文化教育发展为文化互动教育。2013年,联合国教科文组织资助研究出版了《文化互动胜任力:概念与操作框架》。从理论上看,文化互动教育体现了一种动力性的文化概念。[21]该模式与我国历史积淀所形成的对待文化多样性的传统智慧,有相通之处。的确,中华文明不仅善于接纳不同文化,而且倡导和而不同,多元一体,相互交流,彼此共生,生生不息。

至于反种族主义教育模式,则是对北美殖民主义、种族压迫和民族歧视历史的反抗,因此显得有些激进。从历史和现状看,我国的文化多样性和民族关系,与北美有很大的差异。我们借鉴时,必须注意其生成脉络的局限。虽然北美与我国有着诸多不同,但二者也有相同的教育理想,即培养具有宽容和开放态度、能尊重差异的价值、适应不同的文化、具备跨文化适应能力的公民,而多样性的文化活动对于培养这种公民的心理素质是极为重要的。[22]

多元文化教育模式尽管长期以来是影响有关教育政策的最著名理论框架之一,但新近日益遭遇争议和非议。应指出的是,一方面,该模式也在不断发展,出现了批判性多元文化教育(critical multicultural education)等改良性框架;但另一方面,在"多元文化教育"这一术语下,其不同时空中的涵义是有所不同的。欧洲作者的主张与北美有差异;就是在北美,美国与加拿大也有所不同,分别被喻为"熔炉模式"和"马赛克模式"。加拿大的多元文化政策兼有欧美特色,既珍视文化多样性,也倡导文化间的交流和族际间的社会整合,因此遭遇的非议较小。这是值得我们进一步研究的。

总而言之,治理和培育文化多样性是极为复杂的课题,在全球化和市场化背景下的当今,有关的实践和理论探索尤为艰巨。因此,我们应综合上述三种模式的得失,继续不懈地探索和创新。

参考文献:

[1] 伊琳娜·博科娃. 文化多样性促进对话和发展日致辞[M]. 上海:解放周末. 2010—05—28.

[2] Unesco. 杭州宣言宣示人类发展的新时代[ED/OL]. http://www. unesco. org/new/zh/unesco/resources/the-hangzhou-declaration-heralding- the-next-era-of-human-develop-ment/. 2013—05—17.

[3] Shibao Guo & Zenobia Jamal. A Critical Review of Selected Methods [J]. Nurturing Cultural Diversity in Higher Education [M]. The Canadian Journal of Higher Education, 2007(37/3):29.

[4] Kitano. M. K. A Rationale and Framework for Course Change. In A. I. Morey & M. K. Kitano(Eds.), Multicultural Course Transformation in Higher Education. A Broader Truth[M]. USA:Boston:Allyn and Bacon, 1997:1—17.

[5] 常永才,韩雪军. 全球化、文化多样性与教育政策的国际新近理念——联合国教科文组织文化互动教育观评述[J]. 民族教育研究. 2013(5): 5—12.

[6] Banks,C. A.. M. Improving Multicultural Education:Lessons from the Intergroup Education Movement [M]. New York: Teachers College Press,2005:235—247.

[7] Otten,M. Intercultural Learning and Diversity in Higher Education [J]. Journal of Studies in International Education. 2003:7(1):12—26.

[8] Chávez,A. F,Guido-DiBrito,F& Mallory. S. L. Learning to Value the "Other":A Framework of Individual Diversity Development[J]. Journal of College Student Development. 2003,44(4):453—469.

[9] Chávez,A. F. ,Guido—DiBrito,F& Mallory,S. L. Learning to Val- ue the "Other":A Framework of Individual Diversity Development[J]. Jour- nal of College Student Development. 2003,44(4):457—472.

[10] Bennet,C. Genres of Research in Multicultural Education [M]. Re- view of Educational Research, 2001(2):171—217.

[11] Bennet, C. Comprehensive Multicultural Education: Theory and Practice(5th ed.)[M]. Boston:Pearson Education,2003:345—359.

[12] 改编自 Banks,J. A. Multicultural Education:Characteristics and Goals. In J. A. Banks & C. A. M. Banks(Eds.). Multicultural Education: Ssues and Perspectives[M]. Boston:Allyn and Bacon,1997:3—31.

[13] Banks,J. A. Approaches to Multicultural Curricular Reform. In J. A. Banks & C. A. M. Banks(Eds.),Multicultural Education:Issues and Perspectives[M]. Boston:Allyn and Bacon,1997:229—250.

[14] Tisdell,E. J. Creating Inclusive Adult Learning Environ ments:Insights from Multicultural Education and Feminist Pedagogy (Information Series No. 361). Columbus,OH:ERIC Clearinghouse on Adult,Career,and Vocational Education,Center on Education and Training for Employment [M]. The Ohio State University, 1995:613—648.

[15] 常永才,呼和塔拉. 西方多元文化教育政策的理论局限及其超越[J]. 当代教育与文化. 2011,3(6):59—63.

[16] Dei,G. J. S. ,James,I. M. ,Karumanchery,L. L. ,James-Wilson, S. ,& Zine,J. Removing the Margins:The Challenges and Possibilities of Inclusive Schooling[M]. Toronto:Canadian Scholars'Press,2000:321—334.

[17] Fleras,A. ,& Elliot,J. L. Unequal Relations?:Race and Ethnic Dynamics in Canada(4th ed.)[M]. Toronto:Pren-tice Hall,2003:196—203.

[18] Marshall, P. Cultural Diversity in Our Schools [M]. Belmont: Thomson Learning,2002. 361—373.

[19] Moodley. K. A. Multicultural Education in Canada:Histor-ical Development and Current Status. In J. Banks(ed.), Handbook of Research on Multicultural Education[M]. New York:Macmillan,1995:801—820.

[20] UNESCO. UNESCO Guidelines on Intercultural Education. [ED/OL]. Paris:UNESCO. http://www. unesdoc. unesco. org/images/0014/001478/147878e. pdf,2006—06—10.

[21] 侯玉波,张梦. 文化"动态建构"的理论和证据[J]. 西南大学学报(社会科学版),2012(4):83—89.

［22］张大均,李晓辉,龚玲. 关于心理素质及其形成机制的理论思考(一)基于文化历史活动理论的探讨[J]. 西南大学学报(哲学社会科学版). 2013(2).

(本文发表于《比较教育研究》2014 年第 10 期。作者雷莉,时属单位为四川大学海外教育学院;作者郭世宝,时属单位为加拿大卡尔加里大学(University of Calgary)教育学院;作者常永才,时属单位为中央民族大学教育学院)

九、教学领导的再度兴盛？
——兼论西方教育领导研究的转向

（一）引言

教学领导（instructional leadership）是教育领导研究关注的重要问题之一，西方学者对这一问题的研究已经持续了 30 余年。近年来，我国学者对教学领导也逐渐重视。有学者在回顾了西方国家的教学领导研究之后，认为在政策驱动、实践需求和研究突破三个因素的合力影响下，教学领导研究在今天出现了"再度兴盛"的局面，且研究逻辑呈现出"先有真问题，再有问题导向的研究"的转变。[1]

实际上，西方学者今天所谈论的"教学领导"和传统意义上的"教学领导"有重大区别。传统的教学领导，指校长作为"英雄式"的领导者对学校课程与教学事务的关注，进而考虑这种行为与特征对学校发展产生的影响。然而，近些年来，校长教学领导在政策上和实践中都遭遇到了诸多困境。因此，在"谁是领导者"和"如何领导"两个方面，教学领导概念的内涵发生了显著的改变。教学领导内涵的变化体现出当前西方教育领导研究的两大转向：一是实证性转向，即看重领导的实证效果，关注领导能否促进学生学习或组织发展；二是实践性转向，即关注领导者在具体情境中如何发挥功能，如何领导。在这种转向中，分布式领导成为当前西方教育领导领域的一种重要理论。从分布式领导理论来看，领导研究的逻辑并非执着于先有"理论"还是先有"实际问题"的顺序争论，而是强调在具体学校情境中，领导者与追随者间的互动形成的领导实践。

（二）此"教学领导"非彼"教学领导"

1. 传统的"教学领导"面临的困境

在过去 30 年，教学领导与转变型领导（transformational leadership）这两个术语几乎统治了教育领导研究。[2]20 世纪 70 年代末，埃蒙斯（R. Edmonds）对美国薄弱学校改进的研究表明：高效能学校中通常有非常关注教学的领导者。[3]随之，"教学领导"（instructional leadership）便开始风靡于西方教育管理领域。教学领导的核心假设是：作为学校领导核心的校长，当他们更加关注教学时，学校的效能会提高。[4]

20 世纪 80 年代盛行的"教学领导"主要是指，作为学校领导者的校长关注学校课程与教学事务时，其个人特征或行为对学校改进的影响。校长作为学校中的核心领导者，其行为对学校发展有重要的影响。作为教学领导研究的代表人物，海林杰（P. Hallinger）开发了校长教学管理测评量表（Principal Instructional Management Rating Scale，PIMRS），从建立远景、管理教学和发展学校学习氛围三个维度来测量校长的教学领导行为。这一量表是过去 30 年学校领导研究中使用最广泛的工具。[5]但该量表也受到一些质疑，一方面它虽然提供了一系列关于管理者应该做什么的测量指标，但它无法告诉管理者们应该如何做；另一方面，这一量表只关注校长作为领导者的行为对学校发展的影响，而忽视了其他组织因素，如教师的作用。到了 20 世纪 90 年代，伴随着学校重构中的教师赋权运动，教师越来越多地参与到学校决策中，转变型领导研究兴起。转变型领导强调以组织发展为目的的合作，更加关注学校成员（主要指教师）的能量提升（capacity building），重视教师在学校决策中的重要作用。[6]

校长个人作为教学领导者，在进入 21 世纪以后，在政策上与实践中都面临着诸多困境。哈利（D. Hartley）分析了当前英国的教育政策，一方面，政府通过问责制实现政策上的自上而下的管束，同时通过标准化测试来提高学校的效能，以回应市场化的需求；另一方面，政府又期望能够提升学校能量，因此在政策上强调学校内部的网络协作（network）以及校外不同机构间的伙伴协作（partnership）。[7]问责制的推行给美国、加拿大和英格兰的学校领导者都带来了很大的压力。持续的标准化测试以及不断变化的教育政策，让许多学校领导者压力倍增,尤其是学校系统中具有正式职务的领导者们。实践中,列维(A. Levin)分析了美国学校面临的两个领导危机:首先,学校难以招收并保持高质量的领导者;其次,校长或校长候选人通常都没有为领导的角色做好充足的准备。[8]哈里斯(A. Harris)也提到,英格兰的校长也面临着很多困境,合格的校长供不应求。在全球化、信息化的时代背景下,学校领导的复杂程度远大于从前,校长的领导职责与任务加剧,中小学校长面临着越来越多的要求,也承受着越来越大的压力。数据显示,在英国中小学中,70％的中层领导者不愿意担任校长。[9]斯皮兰(J. Spillane)总结了"英雄式领导"四方面的问题。第一,"英雄式"领导把学校领导等同于校长及其行为的影响,对学校中其他领导者的角色与功能缺乏关注。第二,"英雄式"领导研究很少关注领导的实践问题,这些研究经常关注人员、结构、功能和角色,他们更关注"什么"而不是"如何"的问题。第三,对校长个人行动(action)的关注往往忽视了领导行为的互动(interaction)特征。第四,传统的"英雄式"领导主要关注领导的结果。当前情境下,校长正面临着角色巨变,从作为组织的顶端人物、决策者,到把发展他人的领导能力作为其核心任务。[10]

2. "新"教学领导

"新"教学领导虽然仍然强调领导者对学校课程与教学事务的关注,但至少在"谁是领导者"与"如何领导"两个方面上,其内涵已经发生重要变化。在"谁是领导者"方面,今天的教学领导已不再把校长视为唯一的教学领导者,而主张由多维领导者形成的领导网络。纽摩尔斯基(M. Neumerski)对教学领导的反思中提到:有必要把教学领导和教学领导者区分开,教学领导的关注点应该转向不同的领导者如何实践领导以发挥功效并达到提升教学的目的,而不管他们处于什么位置、拥有什么头衔。近10年的教学领导,已不再是校长个人的教学领导。他还进一步区分了三类教学领导:校长教学领导、教师教学领导、"导师(coach)"教学领导。[11]路易斯(S. Louis)等人认为,当前美国等地区的教育政策讨论体现出一种趋势,即教师参与领导和决策制定得到的支持越来越大。不少研究表明,当教师参与到学校决策或其他领导活动中时,能够积极影响学校改进。[12]

在"如何领导"方面,今天的教学领导不再只是关注校长的个人特征、个人的行动(action)或行为(behavior)对学校改进的影响,而是强调在具体情境(context)中,教学领导者通过如分布式领导(distributed leadership)、分享型领导(shared leadership)等方式与其他学校人员的互动中,选择适当的领导策略。

　　海林杰与哈克(Hallinger & Heck)在早期对校长教学领导效果的研究中总结道:未来的教学领导研究不应再把校长作为唯一的自变量来研究领导对学校发展的影响,而应该把校长同时作为自变量和相关变量。把校长作为自变量,即关注校长的行为对教师、学校组织、学校氛围的影响;把校长作为相关变量,则强调学校情境中的教师、氛围对校长领导的反作用,重视校长与这些变量的交互作用。[13]海林杰提到:"校长是重要的,但是只有当他/她与他人合作的时候,校长才有可能成功。"[14]尤里克和鲍尔斯(Urick & Bowers)分析了 7 650 名美国公立学校的校长,并归纳了三种类型的校长领导风格:综合型领导,即校长运用多种方式与教师建立一种协同关系,以实现组织目标;集中控制型领导,校长比较频繁地实施领导行为;割据型领导(Balkanizing leadership),即校长赋予教师较大领导权力,而且教师有着较大的领导空间。其中,综合性领导所占比例达 53.93%,控制型领导者比例是 24.07%,割据型领导占 22.0%。综合型领导的主要特点是校长能够在领导实践中与教师分享领导。[15]这一研究说明,在美国,把权力完全集中于校长个人的现象越来越少,取而代之的主要是一种综合型的领导方式。

(三) 教育领导研究的两大转向

　　教学领导这一概念内涵的变化,体现出当前西方教育领导研究的两大转向。纽摩尔斯基认为,对于教学领导"是什么",我们已经有一个全面和成熟的理解。未来的教学领导研究面临的更重要的问题在于"怎么做"。[16]从"是什么"转向"怎么做",是当前教育领导研究正在发生的重心转移。

　　"怎么做"的领导研究主要探讨两方面的问题:一是领导如何能够影响实践,二是领导者如何在实际中进行领导的问题。前者从实证(empirical)的视角审视领导的"效果如何",主要表现为对学生学习或组织发展的影响;后者从实践的(practical)的视角出发,关注领导者在学校情境中"如何"进行领导的问题。

1. 领导研究的实证转向

领导对组织发展或学生学习的影响,是当前西方领导研究的焦点问题。海林杰与哈克早在 20 世纪 90 年代末就意识到,校长领导的核心问题之一就是校长领导的效能问题,因为校长领导行为、特征都要落实到学校实效中。他们分析了当时校长领导对学校效能的影响,主要结论是:校长以一种可测量但间接的作用来影响学校效能和学生学习,这种影响在统计上是显著的。同时,他们也指出,20 世纪 90 年代末关于领导实证研究还比较缺乏,而这类研究实际上体现了教育领导领域的一种范式转移。[17]在随后的 10 年间里,西方领导领域的实证研究取得长足进展。海林杰近来把这种实证取向研究称为“为了学习的领导(leadership for learning)”。这一术语融合了教学领导、转变型领导,以及分享型领导的特征,是一个综合的概念。[18]这表明,海林杰的研究重心已经从校长做“什么”转向校长“怎么”做才能更具实效的问题。他更关心的是不同类型的领导如何联系并作用于学生学习或组织发展。

学者们在领导的实证研究上做出了许多的努力。作为领导领域两个最有影响的领导类型,教学领导与转变型领导的实证效果相比较如何?罗宾逊(V. Robinson)等人分析了 27 篇已发表的领导与学生成绩之间的研究,比较了教学领导、转变型领导以及其他领导三类领导对学生成绩的影响。研究发现,教学领导对学生成绩的影响最大,大约是转变型领导的 3～4 倍之多。[19]

雷斯伍德(K. Leithwood)等人的研究也有类似的结论。他们认为,领导是学校中仅次于课堂教学的、影响学生学习的第二大重要因素;领导者主要通过间接的方式影响学校教学,进一步影响学生学习。当领导能够广泛地分布在学生和教师中间时,领导的效果更加显著,而且,这种领导的分布是有类型的,不同类型的领导效果并不一样。[20]在探索领导如何影响学生学习方面,雷斯伍德等人在一项为期 5 年的纵向研究中,前后调查来自加拿大某省的 1 200 名校长、199 所学校的 1445 位教师的有效数据。他们归纳了领导影响学生学习的四种途径:(1) 理性路径(rational path),即通过作用于学校教育的“技术核心”——教师的课程、教学、学习的知识与技能,以及他们的问题解决能力——来影响学生学习,包括教室和学校两个层面。(2) 情绪路径,主要指领导者通过影响教师的情感、情绪状态等来影响学生学习,包括个人的和集体的情绪,其中后者包含两个维度：教师的集体效能感（collective teacher efficacy），以及同事、学生及家长之间的信任。（3）组织路径，主要是指通过作用于学校结构、文化、政策及标准的操作程序这些组织特征来影响学生学习，包括教学时间，以及专业学习社群两个变量。（4）家庭路径，指家庭中与学生学习有关的影响，包括学生在家中使用电脑情况和家长帮助两个变量。结果表明，四种路径与学生学习的相关性不同，其中组织路径与学生成绩之间无关，理性路径与情绪路径具有非常显著的相关性，并且略高于家庭路径的相关性。[21]

2. 领导的实践转向

当前西方领导研究的实践转向，主要关注如何在具体的学校背景（context）或情景（situation）中进行领导的问题。雷斯伍德与孙（Leithwood & Sun）对转变型领导理论的反思中提到，未来的研究应该更多地关注具体的领导实践，并尽可能少地"迷信"某种领导模型。[22]他们所谓的领导实践，主要指根据学校的实际情境，选择领导策略。

海林杰与哈克对校长领导效能的反思中提到，校长本身的行为特征建构已经较为成熟，学者们真正面临的挑战是如何去揭开校长领导与诸多因素，如学校效能、学校氛围、组织发展，甚至是学生学习之间的关联（linkage），而在具体的学校情境中研究校长对学校效能的影响，则是未来教学领导研究的最主要的议题之一。[23]海林杰非常强调学校领导者在选取领导策略时，首先要理解学校的背景，然后选择适当的领导方式以配合学校的发展需求。[24]

学校情境的重要性不言而喻，而每所学校的情境也存在较大差别，这无疑是领导研究中的一个难点。雷斯伍德与詹士（Leithwood & Jantzi）也指出，学校情景与领导风格之间的相关研究还比较缺乏。[25]尤里克与鲍尔斯（Urick & Bowers）的研究在这方面做出了努力。他们研究的情境变量包括：区域的问责制程度、城乡背景、学校规模、生源质量、教师结构、师生比等。研究发现，采用综合型领导的主要是女性校长，而且与区域性的问责制显著相关。集权型的校长往往是男性，而且所在学校较难达成区域或国家的问责标准。[26]

上述的量化研究能给我们带来一些启示，但具体到实践中，学校情境因素的影响仍是千差万别的。斯皮兰（J. Spillane）等人基于对芝加哥地区 15 所中小学的研究，建议用一种分布式领导的视角来审视学校发展。他们认为，学校领导者不应该迷信任何"万能"的领导模型,而是应该根据学校的情境来选择领导策略。学校情境主要包括:(1)人员与学科:如某些人适合做教学领导者,而有些人则适合做学校的管理工作;在不同的学科中,分布式领导策略也不同。(2)学校的类型:城市或农村的学校,领导的分布方式会有所不同。(3)学校规模:主要是指学校的师生规模或物质条件,等等。(4)学校发展阶段:适当的时机对分布领导来说非常关键,领导者应该审时度势,清楚把握学校当前的状况来进行领导力的分布。[27]

(四)教学领导研究逻辑:理论与实际的先后次序

有学者认为,当前西方的领导研究逻辑转向了"先有真实而清晰的问题,再有问题解决为指向的研究"。[28]从分布式领导的视角来看,教学领导的研究逻辑,并非"实际问题"与"理论研究"的先后,而是强调具体情境中各要素之间的互动,因为正是这种互动形成了领导实践。

斯皮兰等人的分布式理论框架,如今被广泛应用于教学领导的理论和实践中。他们认为,领导者、追随者与情境是分布式领导的三个基本要素,而互动则是分布式领导实践的核心概念。分布式领导的内涵包括以下几个方面:第一,不同于传统领导对行为的关注,分布式领导强调的"互动"是核心概念。领导实践是情境中的领导者与追随者的一种系统的互动,而不是领导者个人的行为或行动。斯皮兰借鉴了"深切关注"(heedfulness)的概念,认为只有组织成员对其他成员的行动有着仔细的、明智的、目的的、聚精会神的关注的时候,组织才可以形成一种深切关注的氛围,而这种氛围能更好地促进组织目标的达成。第二,领导实践是领导者之间的相互延伸(stretch over),通过成员间的复杂互动而形成。第三,领导实践的形成与产生都发生于特定情境中。情境形成领导力,同时实践也促成领导力的发生。[29]

按照分布式领导理论的观点,领导研究逻辑并不关注"理论研究"与"实际问题"的先后顺序,而是强调领导者与追随者互动,根据学校的情境特征,选择适当的领导策略。领导的理论研究能够为领导者们提供一些思路,但同时领导者又不能迷恋于"万能"的领导模型,而应该结合学校的具体情境,在与学校其他成员互动中,不断完善领导策略。这是当前西方教学领导研究在理论上与实践中的研究逻辑的关键所在。

（五）结语

综上所述，笔者认为，用"再度兴盛"一词形容西方教学领导的研究趋势并不完全妥当。今天的教学领导，无论在理论研究上，还是在实践话语上，都发生了重要的转变。当前的教学领导是一种"新"的教学领导，是多维教学领导者以多样的方式结合学校的具体情境，选择适当的领导策略，围绕学校的技术核心——"教学"而展开领导活动，以期促进组织发展或学生学习。教学领导概念内涵的变化，体现出教育领导研究对领导之实证效果与实践过程的关注。在复杂的学校情境中，领导者如何与组织成员互动，以促进组织发展进而改善学生学习，既是教育领导实践中的难点，也是未来研究亟需取得突破的问题。

参考文献：

[1][28] 冯大鸣. 西方教学领导研究的再度兴盛及逻辑转向[J]. 教育研究. 2012,(3):135—139.

[2][4][19] Robinson V. M. J, Lloyd C. A, Rowe K. J. The Impact of Leadership on Student Outcomes: An Analysis of the Differential Effects of Leadership Types[J]. Educational Administration Quarterly. 2008,44(5): 635—674.

[3] Edmonds R. Effective Schools for the Urban Poor[J]. Educational Leadership. 1979,37(1):15—24.

[5] Hallinger P. A review of PIMRS Studies of Principal Instructional Leadership: Assessment of Progress over 25 Years [C]//Annual meeting of the American Educational Research Association(AERA), New York,2008.

[6] Leithwood K. Leadership for School Restructuring[J]. Educational Administration Quarterly. 1994,30(4):498—518.

[7] Hartley D. The Emergence of Distributed Leadership in Education: Why now? [J]. British Journal of Educational Studies. 2007, 55 (2):

202—214.

[8] Levine A. Educating School Leaders [M]. New York: Education Schools Project,2005:18.

[9] Harris A. Distributed School Leadership: Developing Tomorrow's Leaders[M]. London:Routledge,2008:18—19.

[10][27][29] Spillane J. P. Distributed Leadership[M]. San Francisco: Jossey-Bass,2006:16,34—38,59.

[11][16] Neumerski C M. Rethinking Instructional Leadership, a Review: What Do we Know about Principal, Teacher, and Coach Instructional Leadership,and Where should we Go from here? [J]. Educational AdMinistration Quarterly. 2013,49(2):310—347.

[12] Seashore Louis K,Dretzke B,Wahlstrom K. How does Leadership Affect Student Achievement? Results from a national US survey[J]. School Effectiveness and School Improvement. 2010,21(3):315—336.

[13][17][23] Hallinger P,Heck R H. Reassessing the Princi-pal's Role in School Effectiveness:A Review of Empirical Research,1980~1995[J]. Educational Administration Quarterly. 1996,32(1):5—44.

[14][18][24] Hallinger P. Leadership for Learning: Lessons from 40 Years of Empirical Research [J]. Journal of Educational Administration. 2011,49(2):137.

[15][26] Urick A,Bowers A J. What are the Different Types of Principals across the United States? A Latent Class Analysis of Principal Perception of Leadership [J]. Educational Administration Quarterly. 2013,49(5):1—39.

[20] Leithwood K,Harris A,Hopkins D. Seven Strong Claims about Successful School Leadership[J]. School Leadership and Management. 2008,28(1):27—42.

[21] Leithwood K,Patten S,Jantzi D. Testing a Conception of how School Leadership Influences Student Learning[M]. Educational Administra-

tion Quarterly，2010,46(5):671—706.

［22］Leithwood K,Sun J. The Nature and Effects of Transfor mational School Leadership:A Meta-analytic Review of Unpublished Research[J]. Educational Administration Quarterly. 2012,48(3):387—423.

［25］Leithwood K,Jantzi D. Linking Leadership to Student Learning:The Contributions of Leader Efficacy[M]. Educational Administration Quarterly,2008,44(4):496—528.

（本文发表于《比较教育研究》2014 年第 9 期。作者郑鑫、尹弘飚,时属单位为香港中文大学教育学院课程与教学系）

教育学科发展与学术前沿

一、教育经济学发展概要

战后,以美国为中心开始的教育经济学研究,在 20 世纪 60 年代成为一门正式学科——教育经济学,并且在 70 年代后持续蓬勃发展。本文拟概要地介绍 60 年代以后教育经济学的发展,目的是为从客观上、制度上研究教育提供一点方法论方面的知识。

(一) 教育经济学的出现——"人力资本理论的变革"

在近代经济学史上对教育的论述,或者说对人的能力的关心起步并不太晚,早在亚当·斯密的著作中,我们便可以找到各种关于教育的论述。但是,试图从经济学角度分析教育还是战后在美国正式开始的。特别是 1960 年前后,人们对教育的关心骤然上升,用各种方式进行的研究陆续公诸于世。出现这种情况的背景是,第二次世界大战后美国经济的持续繁荣遇到了技术劳动工人不足的问题。到 60 年代欧洲、日本也开始了持续不断的经济增长,发展中国家的现代化也成为世界性的课题。因此,1960 年前后也可以说是一个历史分期。

但是,做为一门学科——教育经济学必须具备一个理论核心。那么,人力资本理论正是这样一种理论核心,对经济学来说,它简直可以称为人力资本革命。

60 年代在日本广为传播的人力资本理论是以 T·W·舒尔茨 1961 年发表的论文为中心的。其论点主要是,美国的经济增长光用物质资本秘累不足以说明问题,可以说,以教育为中心,改善人的能力起了很大作用。换句话说,教育投资与经济增长的关系可以同物的投资相提并论,它也是一种投资。

但是,一个理论的形成,不仅要有概念,而且应该具备完整的形式,能够运用,经得起实证检验,能说明现实,并能预测未来。G·S·贝克尔等的人力资本理论认为:人靠教育提高能力,因而在生产中提高劳动生产率,获得较高的收入。教育所需的费用与日后收入增加的部分根据内部收益率来定。这样就从微观上补全了舒尔茨的宏观理论。舒尔茨没有涉及到的不同种类学校毕业生在经济收益上的差别,也可以用内部收益率进行比较了,从而明确了政策的理论依据。此后 J·明瑟把人力资本的蓄积扩大到企业内训练,说明了个人工资变化的模式(即初期急骤上升,不久就提高得较慢了)。至此,人力资本理论赢得了经济理论的资格,教育经济学也自成一个体系了。

教育经济学一方面是围绕教育与经济增长的理论进行阐述,特别是预测教育投资对经济增长的贡献具有重要的实践意义,它可以标明经济发展所要求的资源分配;另一方面,它基本上是阐明个人所受教育与收入的关系的理论,因而成为经济上研究收入分配的重要工具。但是,到了 60 年代后半期,这两部分理论逐渐开始分化,甚至受到种种批判。从此以后,关于教育引起的收入分配的研究继续深入。下面我们将给予细致的讨论。

(二) 教育与收入分配

在 60 年代中期美国社会经济持续发展的情况下,人们对实现社会公正很关心,并且希望个人收入随着社会经济的增长而相应增加,希望在政策上促进个人的能力开发以解决社会不平等问题。在这个意义上说,教育不仅与经济增长有关,而且还是解决社会不平等的重要手段。在此,教育经济学面临着对教育与收入的关系进行实证性研究的课题。贝克尔和明瑟等以人力资本理论为基础的研究成果相继发表,回答了上述课题。他们强调:从统计上看来,教育对收入的变动影响极大。明瑟把受教育与否所带来的收入差定在 35% 左右。为了通过教育这个杠杆实现社会平等,学校教育如何高效率地运行便成了需要研究的问题。因此,教育与生产之间的相关关系学说应运而生,它把学校视为培养人才的工厂,研究如何提高学生在校学习的成绩,教师与行政人员应如何配备,教材应如何编写安排。S·鲍尔斯和 H·M·莱文就是这门学问的专家,他们后来成为批判经济学派的创始人。

但在 60 年代末 70 年代初,上述乐观主义的实证分析被悲观论代替了。其社会背景是美国缓慢的经济增长与侵越战争的激化。教育经济学又重新从统计学角度验证过去的研究,1972 年发表的鲍尔斯的论文便具有一定的代表性。这篇论文中,鲍尔斯反省了过去的统计手法,修正了某些数据,重新提出,排除家庭环境间接影响后教育才是左右个人收入多少的因素。所以在考虑教育与收入的关系时,不能忽略出身阶层的不平等带来的收入不平等。对以人力资本理论为基础的分配理论及实证方法的反思过程,实际上正是批判经济学派的形成过程。

到 70 年代,人们试图从理论上批判人力资本理论在分配收入上的适用性。第一种思潮是以筛选理论为代表的。它强调雇主以高薪雇佣受过较高教育的人,并不是因为这个人通过受教育获得了能力,而是因为学历表现了他本来具有的能力。学历其实是能力的一种象征,教育的主要机能在于筛选。Ｄ・Ｊ・陶布曼与 Ｔ・Ｊ・韦尔斯于 1973 年发表的论文对这一假说进行了实证测定。测定表明,在社会地位较高的职业中,教育的筛选作用对个人收入的影响达到 50%。此后,还通过了各种统计方法对这一假说进行了验证。筛选理论认为学历容易使得教育超过适应目标,使人人追求高学历,但是还得承认学历,因为它是一种标志。筛选理论本身监不与人力资本理论相矛盾,相反,倒起了一种完善的作用。因为无论从实证效果看,还是从理论上看,筛选理论不只主张教育仅有筛选机能,它还承认教育有其它机能。

第二,批判经济学家对人力资本的批判逐步深入还可以从下边例子看出。1971 年金太斯经过调查研究发现,教育与收入的关系不能光用智商来分析。不同家庭背景的儿童通过教育成为不同社会集团的接班人,他们的社会态度在不断分化,一旦形成了自己较稳定的社会态度,在人格形成上也养成了日后走向社会的顺从人格以适应上下级关系协调。这个研究表明,社会上并不太重视智力因素;学校里不光是注意学生的学习成绩好坏,也注重一般品质,企业更为重视的是人事方面个人对组织的顺从。实际上社会业不允许所有的人都全面发展并给予平等的待遇。经济方面的生产关系决定了人们在企业中的地位与收入,教育只不过是劳动力分配的准备过程。他认为工资是与劳动的边际生产效益分开的,所以他的理论不仅与人力资本理论没有任何相同之处,与新古典经济学派也没有任何相同之处。金太斯认为他的理论变革是通过借鉴马克思主义进行的。然而,激进派理论家们的分析方法与论证的构成仍是沿用新古典经济学派那一套,其理论结构往往暧昧不明,缺乏系统性,理论上也有缺陷。但是,正因为激进派提出了新问题,并沿用新古典学派的方法论展开了他们的理论,使得劳动市场的结构分析成为可能。

　　1971 年 P·多林格和 M·匹奥尔发表了《内部劳动市场论》,主张区别外部劳动市场与内部劳动市场。外部劳动市场是指企业雇主与被雇佣者之间通过工资达成交易的竞争性劳动市场;而内部劳动市场则是指企业内各种非竞争因素引起的工资差别,以此来说明工资与边际生产率之间的关系。在这种历史背景下,1976 年 L·萨洛发表了工作竞争模式论。他认为工资不是由竞争性劳动市场决定的,而是由工作(其中包含着一定的技能训练过程)本身决定。工人为了得到一定的工作,争夺找工作的机会,教育程度在工作排列顺序上起着作用。他的观点是依据对现实的观察,未必有明确的理论性,它本身是批判新古典派经济学的工资决定论的。竞争性劳动市场这一假设是个抽象的一般概念,在具体劳动市场分析上,加上一点制约,并不意味着否定新古典派。实际上,最近新古典经济学派也在试图利用企业行动理论说明这一现象。此外,就工作(包括训练过程)来说人力资本理论也预测到一定时间的工资未必与边际生产效益一致。如果说他的议论核心是工作分布的固定性,那么正巧与激进派提出的企业人事金字塔式组织结构的固定性相吻合,是后者概念的具体化,并决定了将来理论发展的方向。

　　上述对人力资本理论在收入分配方面的批判是结合具体的雇佣制度进行的,这促使人力资本理论本身日益完善。上面我们已经谈到,明瑟把人力资本理论扩大应用到企业内训练,并把个人在厂内的训练、工资、调换工作全包括在研究范围内。贝克尔还把人力资本理论应用到劳动市场上妇女劳动力的供给和人口、保健、犯罪、婚姻等多方面。在这一过程中,理论模型益发复杂、精细,人力资本理论本身成为指导人们行动和分析其结果的一般理论。关于收入的分配可以理解成个人对升学就业做出选择的结果,与不同阶层的意识形态也有关;在收入分配的统计研究中,使用了收入形成函数;为了明确地分离出父母收入、遗传、环境等各种因素的影响,还对一部分人及时地进行追踪调查,并对同一家庭子女进行逐个分析。

（三）教育与经济增长

　　教育经济学这门学科主要着眼于教育与经济增长的关系。人力资本理论从理论上完成了内部收益率的计测，有了一定的理论核心。上面已经谈到这一点。对个人收益率来说需要受教育的机会，社会收益率则从经济增长的观点告诉我们应对教育给予最恰当的资源分配。60 年代后半期至 70 年代前半期，在国际上掀起了测定收益率的热潮。G·普萨查罗波洛斯在 1973 年整理出 32 个国家的 53 个案例，对这一时期的教育计划、劳动力计划与内部收益率的相互关系做了很好的说明，几乎很少有不存在相关关系的例子。

　　这一时期关于教育与经济增长的研究基本上有两大学派。一个是以 F·哈比森和 C·迈尔斯的古典学说为先驱的所谓人力研究学派。他们用国际比较的方法把经济发展阶段与技术工人的结构进行分析，他们主张不论是哪一类型的经济，产出与具有一定质的劳动力要素之间是有一定比率的。另一个派别以丹尼逊为先驱，他们对经济增长的因祟进行分解，以此计测改善劳动素质对经济增长的贡献。他采用的方法是经济增长会计分析的方法。此外，H·古利利丌斯以宏观生产函数论为基础的方式及德维吉亚指数的方法进行了更加洗炼和严格的分解。不过这种研究基本上是事后的趋势分析，不能代替人力资本理论本身。

　　到了 70 年代后半期，人们对人力资本理论本身的正确性也产生了怀疑。因为：随着经济增长的缓慢，成为政策课题的不是熟练劳动力不足，而是解决失业增加问题。在理论上，前面谈到的在分配方面与微观上对人力资本理论的批判仍同时进行。首先，把内部收益牢做为决定工资的基础，而工资是否正确地反映边际生产率却令人怀疑。如果不是，至少，社会收益率则不能做到最佳的资源分配。其次，即使承认上述前提，内部收益率只不过是测定了某一时点上教育与收入的关系，不一定适合未来。实际上即使在一个国家内，不同时期的内部收益率也是变幻不定的，是受中长期劳动力需求结构决定的。因为一个工人的劳动时期相当长，所以必须指出，在决策上使用内部收益率是极危险的。

　　可是，似乎人们到今天仍未找到与经济增长有关的理论。如果围绕上述内部收益率的批判,在新古典派理论中找答案的话,就能找到对技术熟练程度不同的劳动力的一般均衡分析。比如 R·B·弗里曼 1971 年的论文就是这方面的先驱。但是,他的分析仅限于特殊的劳动市场,从理论上很难广泛应用。另一方面,激进经济学派的注意力再次转向经济整体结构中的教育,这一点很是耐人寻味。他们并不是一般地研究经济发展,而是在把握资本主义的发展中来研究劳动与教育的结构特性及其变化,近于历史分析手法。这也可以视为他们研究人们的收入与受教育程度关系的一个成果,只是理论的性质与将来的发展方向还不十分清楚。

结束语

教育经济学是在教育与经济增长引起人们的普遍关心的背景下成长起来的。它的核心理论是人力资本理论,从它的理论性质来看,也有分析收入的方面,而且 70 年代前后的教育经济学在这方面(分配问题的研究上)有了一大飞跃。其过程是首先批判了最初的人力资本理论对教育与收入分配的分析,又吸收了许多具体劳动市场的结构的方式,比如筛选理论、激进主义经济理论和工作竞争模式等。另一方面,人力资本理论又做为人们行动选择的一般理论而普遍化、系统化。并且在分析收入分配方面,使统计方法朝更加严谨、更加准确的方向发展。在分析与经济增长的关系中,以人力资本理论中的内部收益率概念为中心,进行了人力资本研究(或培养人才的研究)、增长会计分析等。在理论上、政策上,内部收益率概念的影响很大。尽管人力资本理论的合理性受到了怀疑,可是又没有能够代替它的新理论。

这样,收入分配、经济增长两方面都有对人力资本理论的批判,但是并不意味着以人力资本理论为核心的教育经济学面临危机。在这 20 年来,人力资本理论虽然受到这样那样的批判,但是,教育经济学的体系却更加巩固。虽然现在还难以断定该学科今后的理论动向,但是,大体上看,它将不再表现为改变人力资本理论这一理论基础,而是进一步改善以前的表述方法。依我之见,以下三点值得注意。

1. 关于教育与收入的分析。通观在两代人之间以及同代人之间的社会移动,问题最终将归结为现代职业、社会地位和工资是由什么样的结构(社会经济结构)决定的。

2. 关于经济增长与教育的分析,不仅以经济增长为目的,而且有必要把握在长期经济发展过程中,具体的经济结构变化如何使劳动力结构(产业、职业,学历、年龄)发生变化。重要的是不可忽视教育方面的不平等现象。

3. 教育经济学也应开展对差生的研究,并把终身教育和教育财政的课题承担下来。

(本文发表于《外国教育动态》1989 年第 5 期。作者金子元久,陈晖译)

二、国外教育社会学的新发展

教育社会学的奠基者可追溯到马克思、韦伯、涂尔干。从诞生开始，它就是教育学科群中最具思想活力、提供批判反思并指引路标的"母学科"之一。1971年以来，这一领域涌现出诸如艾坡（Apple）、伯恩斯坦（Bernstein）、吉鲁（Giroux）、瑞威（Renway）、赖塞尔（Lather）、麦克赖恩（Maclaren）、威克斯勒（Wexler）、威蒂（Whitty）、布迪厄（Pierre Bourdieu）等杰出社会科学家，[1] 他们对教育问题与实践的关注与探究，并使"教育研究"不再划地为牢地限制在贴着教育学家标签的狭小圈子中。

（一）"建构"取代"接受"

一个研究者进入问题时，"问题"之于他（她），究竟是"Take"还是"Make"？这并不是一个语言游戏，而研究问题的转折——借用鲍尔的话，研究取向中解释主义取代了自然主义。[2]

"Take"（接受）的对象一定是外在的——与"你"（准确地说，是研究者，研究者的面具罩在你的头上，你之为你的一切，成长背景、生活世界都不重要）无关的事实，客观的事实——任何眼睛看起来都一样。这个"Take"所针对的是自然事实，准确地说是物理事实，像桌子、凳子一样没有生命的东西。其实，自然事实也不等同于物理事实，向日葵可谓是自然事实了吧？在梵高的眼里与画中，向日葵充满着生命、激情，我们从梵高的眼中甚至能看到向日葵周遭的阳光、风影、干湿，看到透明的、流动的空气，看到画家的性情与生命。梵高是在"建构"向日葵而非照相式的呈现（Take）——"正是这有生命的、流动的、充实的空气对画面中的物体起了作用"。[3]而建构所强调的就是"你"——"研究者","研究者"开始向生活中的"你"回归,虽然研究可以重塑"你"的生活世界,但你的生活、你生活中的问题关怀凌驾在学科戒律之上,主导着"你"的探究之眼。

对同样一个问题,接受与建构的研究策略与问题意识均有诸多差异。接受及其后的自然主义研究传统所关心的是各种变量、变量之间的关系。自然主义的传统企图将社会世界等同于自然世界,并将自然科学的研究方法与视角——相关性分析、现场实验、机率大小等等,移植于社会科学的研究之中;用量的方法致力于"寻找"人的行为与社会变量之间的关系"事实"——客观的、外在的事实,寻找超越情境而存在的规律性认识。自然主义取向的研究在教育学中的应用,在美国被称为"教育的社会学"(Educational Sociology),譬如科尔曼(Coleman)与布劳(Blau)的研究;在英国则是政治算术("Political Arithmetic")的传统,区别于"教育社会学"(the Sociology of Education)。[4]我们以"教育机会均等"这个重要的教育社会学问题来分析两者的路数有何不同。

"教育的社会学"(Educational Sociology)所关注的是工业化民主社会中教育机会与社会流动之间的关系——艾坡(Apple,1996)将其表述为社会分层与所达成的地位之间的关系,即社会出身——先赋地位(社会阶层、经济地位、性别、种族等)与后致地位   尤以教育成就为代表之间的关系。他们将教育视为一种补救,教育对既有的不公平的社会秩序进行重新洗牌,学校教育能够为弱势群体提供补偿性援助,使他们能在一个更为公平的起点上开始其职业、文化与社会历程,因而学校被视为一个生产民主与公平的社会建制。其中最新的研究成果主要有穆勒(W. Muller)与卡尔(W. Karle)的《欧洲教育体系的社会选择》,多尔·伯拉特(M. Duru-Bellat)的《法国中等学校中的社会不平等:从数字到理论》等。[5]

一币两面,"补救"的社会学又有一种美誉——"黑箱"的社会学,只关心教育的投入与产出,忽视——严格地说是其研究方法上不能涉入学校内部的教育教学过程。

建构及其后的解释主义教育社会学从自然主义视为当然、准确地说视为禁区处起步。对教育社会学中自然主义传统的批判始于 20 世纪 70 年代早期,主要有三个不同的来源——新马克思主义、互动理论和知识社会学,依照"敌人的敌人即为朋友"的简单分界，它们常被笼统地视为一类，并被冠以"新教育社会学"(the New Sociology of Education，NSOE)。[6]而新教育社会学(NSOE)的核心就在于坚持不断地建构(Making)问题，而非简单地从政策制定者与实践者那里接受(Taking)任务。"教育的机会均等"这样一个在结构功能主义传统下被表述为事关教育的投入与产出的经济学命题，被解释主义者转换为这样一个问题域：在时间滴滴哒哒的流逝中，学校这个黑匣子究竟发生了什么？

"教育机会均等问题"在扬(M·Young)那里就成了"知识与控制"的问题。[7]教育机会均等后面是教育公平与教育民主这样一些核心价值，其后又是所建构出的"贫困"概念。在英国 20 世纪 50～60 年代，"贫困"的内涵逐步由经济意义转变为文化意义，贫困者逐渐由物质上的赤贫者被建构为文化上的匮乏者——布迪厄所贡献出的文化资本成为一个重要的解释视角，而优良合理的教育应该成为"补救"文化匮乏者的利器，教育机会均等成为建设民主社会的重要途径。随着对教育机会均等的关注，学业失败者、学业能力欠佳者开始吸引教育研究者乃至公众的眼球，并被建构为一个教育问题——对这个问题的研究，最初是从功效观出发，认定其为"教育浪费"；随着探究的深入，这个问题逐步被转换为不同的表达、不同的关注兴趣乃至不同的研究域。学业失败者的特征首先被描述成心理特征，诸如智力商数、学业能力等等；其后学业失败者的特征又与一组社会变量相关连，诸如家庭、阶级、族裔乃至性别，学业失败者与社会中弱势人群相关连。此类研究后面隐蔽着歧视、排斥甚至压迫——社会的等级秩序再制于学校对学生的分类过程中。

我们的疑问是"学业失败者"过去怎么不成为"问题"？是过去没有学业失败者吗？非也。学校是现代社会的人才编码场，学校最重要的工作就是对各色人力进行分类、塑造，在强筛选、强分类的教育观下，教育的一个职能就是分层与淘汰，学业失败者自然在教育决策者、实践者与研究者的视线之外，或隐匿不现或视而不见。由此看来，"学业失败者"的产生与建构应了福柯(Foucault)的一句话：从隐匿到可见，从命名到定义，从描述到治疗，都是社会建构(Making)的过程。

直到扬等知识社会学家开始追问：学校中的分类标准由谁制定？学校中的知识代表谁的利益？在何种利益角逐中，谁被界定为"学业失败者"——社会中的弱势人群？课程——Take 取向下的"法定文化"才从超越种种利益之上的Given(被赋予的、给定的)知识被还原为一种社会组织中的知识,课程这只旧时王孙燕不得不落入寻常百姓家,课程是"做"出来的"社会建构"或"社会建制"。扬与艾坡[8]用不同的语句指出,课程是经由意识形态(既包括政治的意识形态,也包括科技的意识形态)所界定的知识、所选择的知识、所分配的知识,所实施的知识。无论是正式的官方课程还是非正式的潜在课程,这些课程无论假借圣谕的权威,理直气壮地"替天言道",还是假借科学的魅力,将自己转换为客观、中立、远离是非利益的"真理",都被挑破了面纱,被迫承认其情境性。知识也罢、课程也罢,都是置身于具体的社会、历史、文化情境中的一种建构,甚至是复数利益群体之间相互角逐、相互妥协的社会建构。课程在此早已不是一种天赋的(Take)的客观事实,而是一个人为的(Make)社会建构。当利益、权力这类社会控制凸现出来时,"更有成效地传授知识"被转换为"更公正、更合理地传授知识"这一事关社会公正的价值问题。

我们略为回溯一下 20 余年间建构派新教育社会学的发展轨迹。其核心兴趣是教育的传递过程:新马克思主义讨论着学校经验与劳动力市场之间的关系,即学校与教室再生产着资本主义社会的阶级结构,其中最重要的贡献当为鲍尔斯(Bowlcs)与金蒂斯(Gintis)1976 年提出的"符应原则"与莫尔(Moore)的《符应原则与马克思主义的教育社会学》;互动理论与学校人种志研究则揭示着教师与学生的社会身份的建立过程,揭示着教室中的社会控制与社会选择;知识社会学则将学校中的知识与学科从教室中置换到社会文化背景之中,课程与教学都是社会的建构。知识社会学进而责难自由主义的知识观与教学观,认为知识内部有着明确的等级差异——精确知识的地位、尤其是可概括为数字的知识地位最高;可以用文字表达出来的知识的地位高于口述的、民间流传的知识;远离生活的知识即与个人生活距离较远的知识地位高于日常生活中的知识;教学中倡导个人化的学习,而合作学习得来的知识地位就较低,这就是知识的层级化(Knowledge Stratification)。[9]课程、课堂教学——看似中立的学校知识场已成为不同利益群体的角逐场,文化实践中包含着权力斗争,教育中充满着不平等与压迫。吉鲁(Henry A. Giroux)等提出将文化学转换为政治学,弗莱雷(P. Freire)等学者提出学校教育学应该是"可能性的"学校社会学,教师应该勇敢地成为"解放者"与"转化型的知识分子"——这是一种新型的文化政治或吉鲁所说的"跨越边界"。[10]

同时,新教育社会学是一种根本性的革命而非修正性的改良,其间有一些里程碑式的研究值得再提。70 年代后,教育中批判性的研究谴责教育再制着社会的不平等,在资本主义体系下充任着压迫的社会体系。美国鲍尔斯的《资本主义美国的学校教育》,欧洲伯恩斯坦的《阶级、符号与控制》,布迪厄与帕森斯(Passeron)的《社会的再制:教育与文化》皆在讨论着教育,通过其空间与时间的组织,对课程知识的选择,对居统治地位的文化与语言的传递,有效地维持着阶级的边界,学校被视为传递社会控制的"隐性课程"。用阿图塞的术语,这是"意识形态的国家机器"——其功能在于再制等级秩序。70 年代晚期,另外一些研究凸现,开始关注资本主义学校中学生的抵抗力量,抵制论中最为突出的当属威尔斯(Willis)对英国劳工阶层子弟的研究:《学习成为劳动者》。[11] 新教育社会学在美国的研究者主要是艾坡、吉鲁和威克勒斯(Wexler),他们用不同的方式将马克思主义、互动理论与知识社会学熔合并铸就了一套新的、多元的批判性工具。教育社会学中纯粹的理论急速减少,出现了史无前例的学科跨界、观念变化。到了 90 年代后,批判的传统与后现代的发展集中在教育政策分析和教育改革领域。

相应地,接受与建构取向之后也预示着教育社会学在方法论与研究技术上发生了根本性的变革,接受后多为量的研究与实证主义的传统,建构后多为质的研究与解释主义传统。塞拉(Searle)1999 年说:社会研究中实证主义取向是乐观的,所强调的观念实体具有理论普遍性,研究所根植的世界独立于人类的关怀之外——尽管这个世界由人的劳动所创造。相反,质的研究承担着双重责任——真实性(发现与再现行动者的意义)与建构性(社会行动者的观念是社会世界的解释)。研究社会生活最重要的是理解人们赋予其行为的意义,理解与共享社会世界之于他人的意义。最好的理解建立在对所研究的生活情境的熟悉与持续参与上。再具有独创性的理论,再科学化的观察者,无论进行多么细致的研究都无法代替对研究之下正在进行的生活本身的熟悉。[12]

Make 后的努力正如曼罕(Mehan)所说的是一种"社会行动、文化传递与建设性的活动",它与人亲密互动,密切地观其言察其行,以描述日常生活中细微的矛盾与细微的差异。它同样为 20 余年间所活跃的不同理论与认识论所共铸：符号互动理论、人种志研究与现象学等，为获得更多的普适性与大众性，还将实证主义的逻辑性接纳其中——以回应对其"太软"或"太随意"的批评，同时也在接受与包容女性主义与后现代的冲击。如同一场学术接力赛跑，到目前为止，新教育社会学在其活跃期所呈现出的最后一个角色是反省性角色——新教育社会学将工作的基础更多地放在自我批评上，而下一棒——女性主义研究的活跃将承继着批判的传统并开启新的方向。[13]

（二）研究者是谁？

如果说在新马克思主义与新教育社会学盛行的 20 世纪 70 年代、80 年代（早期），教育社会学中充满着阶级、阶级再制与阶级抵抗这类术语，随着有性的（女性主义）与有色的（种族的）研究者的活跃，批判话语从宏大的经济、阶级这类"大词"（Big Words）转换为研究者的身份、研究者的立场等充满着微观政治学色彩的"小概念"。"研究者是谁"——立场理论（Standpoint Theories）开始活跃，并主导着 80 年代后的发展。

在以往的社会学与教育社会学生产中，充满着学科的微观政治学，有人称之为"社会学系研究生的隐型课程"。隐型课程有两种，其一为弱形式，它界定与控制着"像一个社会学家"，即在具体的方法、主题、关怀与旨趣上对学生进行社会学专业化，也即布迪厄的"惯习"；其二为强形式，在社会学的研究过程中再制既存的权力层级化与不平等的社会关系，其中白人男性学者居重要地位；而女性、少数民族这些社会边缘群体，被排斥于知识生产领域之外。[14]许多人甚至认为女性研究仅是针对父权制的狂躁的报复而非合法的学术探讨。在此类学科戒律下，研究者所身居的社会位置、他（她）的生活世界所赋予其独特的问题意识是不重要的。教育社会学也不例外：对于一个具体的研究者来说，不管身处于多么边缘的情境，有多么真切的现实关怀，但一走入学科体系，就需要采用主流的、官方的语言、问题与思维——准确地说，将自己处理成一个抽象的"人"，一个虚假的、被异化的"人"来进行学术操作，热的问题关怀常被冷的学术技术所肢解。艾德兰·莫兰就说，社会学者尤其是科学的社会学者常是一群精神分裂的人。[15]

然而，教育是人的实践，教育学是人的科学，人有其生活与立场，有其生命痛痒亲切的所在。科学化的努力只会使研究者远离行动与实践，并建构出一种居高临下的审视——教育学这样有关人的实践的学科可以高居（远居）于人之上（之外），并保持所谓中立的立场吗？——这种理性主义的进步论调不仅是危险的，也是一种蓄意的欺骗。不独研究者的身份被架空，教育的实践者亦被架空了。

鲍尔指出近些年来如日中天的管理学就是一种道德技术，[16] 由于管理学的介入，办学如同办工厂，在市场竞争的逻辑牵引下，教师基本上失去了对教学环境的控制，矮化为技工。不独教师被架空，更为严重的是教育中的人也被架空了。

福柯指出，管理学是一种道德技术或权力技术，管理学使学校更像边沁的"全景敞视主义"的现代版本。它引入一对"天眼"，个人的一切都纤毫毕见；它引入效率与规训，个人的每一个行动都成为最节省、最经济的塑造。校长和教师都仅关注技术与能力，学校复杂、纵深的背景被简约为客观的效率——教育非人化了，教育也反社会化了。集中体现为两点：其一，学校中的知识即课程与教学日渐远离教师与学生的具体生活，自称其为客观知识，是与具体人不关联的、不容怀疑的外在知识，学生只需学习与掌握它们就可以了；其二，学生的日常生活世界被忽视了，家庭与学校两个世界被认为是同质的。学生如同孙悟空，从石头缝中蹦出来——学生文化、学生的家庭文化、家庭文化背后的阶级文化都被忽视了。教育中的人被架空了。

如此之多的"被架空"的必然结果是，教育研究被架空了。女性主义就批判教育研究被雄性化（Maleable），即被权力化与庸俗的权威化了。刻板的技术简约主义使教育远离无家可归者、失业者、贫困者，教育可以为社会中的高地位人群锦上添花，却不肯为弱势人群雪中送炭；教育研究远离种族主义、制度混乱、社会隔离与社会融合这类真切的现实议题，或只顾大而空泛的"应然"理念，或一味钻入琐屑的细节之中。

立场理论从一种批判的理论更多地转换为一种批判的工具。它首先是一种被压迫者的声音，被压迫者、被歧视者开始尝试用自己喜欢的方式表达自己的声音——在以往的主流教育社会学中被消匿的声音。有色人种、女人、同性恋、有障碍者开始重新划定其疆域，挑战教育社会学的理论基础、分析工具甚至研究传统。

首先，立场理论挑战着本质主义。[17] 立场理论强调研究者的立场，知识是如何被生产出来的？知识的生产者与知识之间的关系如何？传统的认识论认为知识与认识者自身的位置无关，知识是外在的、等待着被发现的事实。晚近尤其是在女性主义、后现代的研究域中，知识是建构出来的。立场理论质疑认识上的特权主义，男性白人在所生产的理论中凝冻着其自身的特权，他们凭借认识上的霸权、出版上的霸权，将建基于其立场上的特殊主义的认识转换为普遍主义的叙述，并采用去立场化、去价值化、去情境化的策略，驱逐来自不同立场的其他声音。

立场理论宣称其理论的发展来源于研究者所身处立场的差异性，女人的天地不同于男人，女人的社会位置不同于既往生产知识特权者的位置，因而，女人的研究视野能够引导知识的生产与对社会实体的新解释。哈丁（Harding）从女性的生活引发出这样的疑问："谁的科学？谁的知识？"，知识根植于不同的主观情境与社会情境，研究本身体现出社会的价值诉求与政治诉求。[18] 知识总是落座在具体的社会历史情境，甚至是个人境遇的某种表达，任何表述都有其局限性，也都有其背景性。唯此，表述才是真实的，也才是真诚的，水一般清澈的日常生活中才有那么多常人难以觉察、难以置信的诡秘。在黑泽明执导的《罗生门》中，每个人的解释在其个人情境中都是真实的表述，本质主义的犯罪观被重新解释了——谁是谁非，一个客观的事实不再存在，而是借助权力，某些特殊的话语能否转换为公众的意识；或许是特殊的话语之间彼此协商、沟通，并达成共同接受的一种解释。

女性主义研究者进而开始质疑本体论，并将新的本体主义感觉论带入教育社会学和社会生活、社会活动的新领域——将特殊的性别与情感带入研究领域之中，女性主义开始了其身份政治。女性主义赋予学校性别的视角与框架，认为学校的场域极大地忽视着女性独特的经验，在教育目标上、学校评价上以及课程与知识上，教育都再制着男性与女性的区隔与对立，将女性定义为"非男性"——男人的指标成为人的常态指标，女性在此指标体系下永居劣等。女性主义批判的锋芒甚至直指马克思主义与新马克思主义，认为仍然是观念上的

"父权制"。[19]女性主义正是从询问性别本质为何这样一些基本问题开始,扩展到询问社会身份本质,开始消解本质主义。

其次,立场理论还挑战着研究的过程与方法。女性主义活跃在文学、法律、大众文化、自然和社会科学话语中,女性主义挑战着这些学科的"科学集体无意识",既包括研究过程本身——生产学术的模式,也包括研究的主题——研究者的悖论——寻找研究者的主观性。[20]哈丁 1986 年指出,社会学研究如同"手工劳作",而非现代科学研究中盛行的工业化与科层化的模式。女性主义从最根本上挑战着男性研究中的"上帝之眼"。[21]

在对研究者与被研究者的关系反省上,莫蕾(L. Morley)1996 年发表了《与父权制协商:女性研究的挑战》,指出许多研究都是所谓"强奸研究"(Rape Research)。女性在参与父权化的研究中被视为可以被任意剥削、任意闯入的客观对象,研究者为了自己的专业声誉与职业发展可以任意闯入女性的生活之中,却从不反省这样的研究过程对参与者有什么伤害。[22]女性主义在对父权化的研究批判中,呈现出多元的认识论,她们还试图用协作的、参与的、合作的新型研究风格来替代男性化的研究风格——个体主义、竞争主义与主客对立的研究风格。赖塞尔称其为"女性主义人种志研究",她们致力于让沉默的、受压迫的人发出声音来。相应,也有声音用苏格拉底的对话法或精神助产士(催生婆)来寄托对女性主义人种志研究的期许,每一次询问既是话语,更是新的实践。[23]

值得重视的是,立场理论并非一个整合的理论,在强调研究者立场这一策略下,各种立场的研究者之间也充满分歧与冲突。譬如,主流的女性主义与同性恋、有色人种主义之间的错综复杂的矛盾关系。然而,女性主义的普遍性的政治诉求,女性所共享的诸多经验超越了种族与阶级性、年龄与文化背景,因而,迥异的女性经验被笼统地归类于"女性经验"的框架之中,将女性研究者视为一个共同的"阶级"或享有一个"背景"。

再次,立场理论的实践还有效地挑战着教育社会学中的传统并重塑着教育社会学的未来。教育社会学中盛行着西方中心主义,欧洲尤其是来自昂格鲁·萨克逊森的哲学传统、内容与目的,确定着教育社会学的发展;教育社会学主流声音多来自法国、德国、美国这样的西方国家,经济上的优势帮助它们攫取智识上的霸权。艾恩奇(Lynch)以爱尔兰为个案探讨高等教育中的平等问题时,发出这样的感慨:小国家要开启自己的理论传统、要发出自己的声音是多么艰难![24]

从全球化的视角来看,文化市场的开放并非无条件的,政治与经济的殖民者常常也成为文化上的殖民者。社会学是一种具体社会历史情境中的话语,各个国家与民族之间的历史文化与经济发展又多么不同! 近20年来,全球民主化日益高涨,官方的社会学对本土——具体情境中的社会思想的符号暴力受到一系列的挑战,尤其是女性主义理论与研究——她们(他们)之后的立场理论的挑战,让研究者——具体的、真实的、丰富的人回到研究中。研究过程也罢,理论假设也罢,都要体现人的情感、人的思想。多元化、本土化、个人化体现在社会学的学科建设之中,教育社会学呈现出戴维斯(Davies)所谓的"做社会学"(Doing sociology)的迥异风格。[25]结构化的、外现的 sociology——其中的学科界限、学科戒律逐渐淡化,重要的是 doing 之发出者——人的意志、doing 之过程——个人化的风格、doing 之结果——融入本土生活,"这一个"教育社会学而非"那一个"——美国的或英国的教育社会学。不同地域的教育社会学纷纷出现风格迥异、思路同构的"本土化"倾向——即鲍尔所言:教育社会学的流变是一系列能动的、本土化的建设。[26]

立场理论中所凸现出的个体性、多样性与差异性,既是大理论、大叙事的终结,又是新的开始,后现代理论在教育研究中蔚然兴起。或许我们可以这样总结:20年前,教育社会学用新马克思主义所酷爱的再制、权力等概念与结构功能主义做周旋;20年后,立场、身份与差异——教育社会学中日渐盛行的后现代话语,用不争之争的策略走出了后实证主义的阴影。教育社会学从"新"走到"后",人——具体生活中的人终于回到了学科之中。

参考文献:

[1][2][4][5][6] J. Ball. Sociology of Education:Major Themes[M]. New York:Routledge Falmer,2000.

[3] 欧文·斯通. 梵高传[M]. 北京:北京出版社,1991.

[7] M. Young. Knowledge and Control[M]. London：CollierMacMillan，1971；The Curriculum of the Future[A]. Institute of Education. 1999.

[8] Michael M. Apple. Cultural Politics and Education[M]. New York：Teachers college Press，1996；Education and Power[M]. New York：Routledge，2nd edition，1995；Ideology and Curriculum[M]. New York：Routledge，2nd edition，1990.

[9] M. Young. The Curriculum of the Future[A]. Institute of Education. 1999.

[10] Paulo Freire. Pedagogy of the Oppressed[M]. New York：Continuum，1970；Pedagogy of Hope[M]. New York：Continuum，1994；Pedagogue of Liberation[M]. Malabar，FL：Kreiger Press，1994；被压迫者教育学 [M]. 顾建新等译. 上海：华东师大出版社，2001.

Giroux，Henry A.. Teachers as intellectuals：toward a critical pedagogy of learning[M]. Critical studies in education series. Granby，Mass：Bergin & Garvey，1988.

Giroux，Henry A.，and Peter McLaren. Between borders：pedagogy and the politics of cultural studies[M]. New York，London：Routledge，1994.

[11] Bowles，S. and H. Gintis. Schooling in Capitalist America[M]. London：Routledge and Kegan Paul，1976.

[12] Blumer，H. Symbolic Interactionism：Perspective and Method[M]. Englewood Cliffs，NJ：Prentice-Hall，1969.

[13][17][21][23][25][26] J. Ball：Sociology of Education：Major Themes[M]. New York：Routledge Falmer，2000.

[14] E. Margolis and M. Romero. 'The Department is Very Male，Very White，Very Old，and Very Conservative'：The Function of the Hidden Curriculum in Graduate Sociology Departments[M]. J. Ball：Sociology of Education：Major Themes. IV.

[15][法]艾德加·莫兰. 社会学思考[M]. 上海：上海人民出版社，2001：4.

［16］S. J. Ball. Management as Moral Techology：A Luddite Analysis［M］. 中译参见刘健芝. 学科•知识•权力［M］. 北京：三联书店,1999.

［18］Harding,S. Whose Science? Whose Knoweledge? ［M］. Open University Press，1991.

［19］［22］L. Morley. Interrogating Patriarchy：The Challenges of Feminist Research［M］. J. Ball. Sociology of Education，236—258.

［20］Peshkin,A. In search of Subjectivity one's own［J］. Education Researcher. 1988，17(7)：17—22.

［24］K. Lynch. Equality and Resistance in Higher Education［M］. J. Ball：Sociology of Education：Major Themes,1995：1009—1030.

（本文发表于《比较教育研究》2002 年第 12 期。作者刘云杉,时属单位为北京大学教育学院教育与人类发展系）

三、当代远程教育理论发展述评

　　自 20 世纪 90 年代以来,信息和通讯技术(简称为 ICT)发展迅速。全球远程教育市场正以每年 45％的速度增长,市场竞争正逐步白热化。[1]远程教育进入了发展的黄金时代,同时人们开始怀疑理论研究是否跟上了实践的快速发展。

　　著名远程教育专家基更(Keegan)在《远程教育的基础》一书中把本世纪产生过重大影响的远程教育理论分成三类加以评述:(1) 独立和自主学习理论(theories of autonomy and independence),介绍魏德迈、穆尔等人的理论;(2) 工业化教学理论(theory of industrialization),介绍彼得斯的理论;(3) 交互作用与通信理论(theories of interaction and communication),介绍霍姆伯格等人的理论。[2]笔者在此评述几种主要理论:20 世纪 60、70 年代创立的魏德迈独立学习理论、彼得斯的工业化教学理论、霍姆伯格的有指导的教学会谈理论;穆尔自 70 年代以来不断完善的相互作用理论;凯斯利于 90 年代提出的投入理论。

(一) 魏德迈:独立学习理论(theory of independent study)

　　魏德迈自 20 世纪 60 年代起一直是美国威斯康星大学教育学教授,于 1998 年去世。他接受当时流行的平等和民主的教育思想特别是罗杰斯的教育理念,并在此基础上提出独立学习概念(当时相应的概念是函授学习或继续教育)。独立学习是"这样一种学习,学习者的环境与学校完全不同,学习者可以接受教师指导但决不依赖他们,学习者自己承担学习责任并完成相应学习任务。"[3]

魏德迈批评当时的函授教学计划的安排,即学习者在目标决定和活动选择上很少有自由决定权,即实践上的非个人化,而是仅仅根据教学计划来确定学生学习目标和活动。他承认独立学习因"时空障碍(space-time barriers)"而受到限制。为了克服这一障碍,魏德迈认为需要把"教"与"学"明确地分离开来,分别进行计划。他的见解后来被英国开放大学的实践所证实,即远程教育系统可分为课程开发和学生学习服务支持两个子系统。

相应地,魏德迈提出了独立学习系统(即远程教育系统)的"六大特征",如学生与教师分离;教和学的过程是以文字或通过其他媒体进行的;教学是个别化的。80年代,基更在这"六大特征"的基础上提出了被普遍接受的远程教育定义。魏德迈还认为距离概念不只是物理意义上的,还有社会距离和文化距离。他的学生穆尔在此基础上提出了相互作用距离概念。

魏德迈的工作令人惊奇地与90年代以来的理论和实践发展有关。独立学习概念从函授学习概念中脱离出来,这不只是一种术语上的变化。它的意义在于"函授学习"只关注组织管理层面的问题,而"独立学习"强调要关注教学层面的问题。不过很显然,独立学习理论提倡学习者的自由和选择,即独立学习者应自我指导和自我管理。这是一种注重个人独立学习而不是强调合作学习的远程教育理论。

魏德迈的另一项成就是与英国开放大学的建立有关。1964年魏德迈实施了有机组合教学媒体(articulated media program, AMI)教学计划,建议"要发展一个单一的系统,作为一种新的院校类型。通过有机地组合多种媒体和技术进行课程设计并在各地建立咨询、资源和学习中心来支持学生的学习。"他的实践和在英国的一系列演讲影响了1969年英国开放大学的建立。[4]他对当时处于教育系统边缘的远程教育的开创性见解是后人理论发展的基础。远程教育专家彼得斯把他的《远程教育的学与教》一书献给这位"最伟大的远见者"。[5]

(二)彼得斯:工业化教学理论(theory of industrialization)

魏德迈作为远程教育理论研究的先锋,只是分析了远程教育中的概念并没有发展起一个理论体系。而彼得斯60年代提出的工业化理论可能是最有影响、最受批评、结构最为严谨的远程教育理论。

彼得斯曾在位于蒂宾根的远程教育研究所工作,1975 年至 1986 年出任位于哈根的德国惟一一所远程教育大学校长。60 年代他对世界各地的远程教育机构进行了比较分析。他认为,远程教育系统的结构与传统的面对面教育截然不同,不能用传统的教育研究范式来分析远程教育,必须另寻范式——即把远程教学过程与工业化生产过程相类比。通过与工业化生产相对照,彼得斯认为远程教学有以下工业化特征:理性化、劳动分工、机械化、流水线、批量生产、预先规划、标准化、垄断等等。他进一步探讨了如何采用工业生产管理技术组织教育过程,从而减少单位成本,实现规模效益。工业化教育理论是关于远程教育组织管理的模型,教与学的问题则很少涉及。

有趣的是,在各种理论批评来临之前,彼得斯本人就已对工业化的远程教育提出质疑。这种教育形式打破了师生、生生之间的交互通讯,而通过媒体手段复制面对面的交流相当困难,只能复制其中的一部分,而且是衰减形式。如果你想要用这种最工业化的教育方式从事教学,你就必须准备面对教育工业化所带来的问题,如合作学习机会减少、学习者远离人际交流和批判性讨论、师生关系疏远。彼得斯本人显然并不提倡将这一模型作为远程教育的普遍模型。

彼得斯也认为他的"理论"并不是一种理论,而只是对当时远程教育实践的描述性总结。考虑到当时猛增的教育需求以及距离的限制和对学习包的依赖,彼得斯认为在这种背景下远程教育应当采纳工业化方式。这种方式的远程教育是工业化社会的产物。事实上,如巴纳斯指出,现代的学校教育也是教学工厂。[6]

彼得斯的工业化理论对英国开放大学的建立也产生了相当大的影响并导致了一场颇有意义的讨论,即如何协调独立学习和交互作用之间的关系。现为英国开放大学副校长的丹尼尔指出,远程教育系统存在着两种经济结构:一种是独立活动,其规模经济是可能的;一种是交互作用活动,规模经济则难以实现。他提出要在两者的系统结构之间寻求一种平衡,并深入分析了这将如何影响学生学习进度和成本投资结构。加拿大著名远程教育专家伽利森认为,计算机网络的普及使人类通讯成本大大降低,极大地增加了交互机会,有可能使独立学习和交互作用两者之间的矛盾不再突出。[7]但是,这一争论显得仍有现实意义。当前某些远程教育机构只顾产业化运作，只是播放教师授课的录像，根本没有充分发挥因特网所具有的交互性，如建立学习者虚拟社区，促进教师和学生之间的交互。[8]笔者认为，批评某些远程教育机构为"文凭工厂"并不过分。

（三）霍姆伯格：有指导的教学会谈理论（theory of guided didactic conversation）

霍姆伯格同魏德迈一样，都认为教育中最重要的事情是由学生自己进行学习。他认为，远程教育系统的特点在于自学，但这不是个人孤立无助地阅读学习材料（学习包）。学生可以通过与专门设计制作的学习材料、指导教师之间的双向交流，以及在各地学习中心与同学之间的交流活动中得到指导。霍姆伯格把这些交流活动称为"有指导的教学会谈"。这种教学会谈有两种对话：真实的会谈和模拟的会谈。从经济角度来看，真实会谈（也就是师生、生生之间的人际交互）是由学生与预先制作的学习材料之间的内化式会谈（模拟会谈）来补充的。

霍姆伯格认为，师生之间的个人感情关系有利于促进学生轻松愉快的学习和激发学生的学习热情；在远程教育中，这种感情是通过设计良好的自学材料和适当的双向交流而建立起来。所以远程教育机构有责任开发好学习材料，以创造这种模拟的对话。作为代替真实会谈的学习材料应具有会谈风格，例如学习内容用口语方式呈现；能明确而有说服力地建议学生去做什么，应避免什么，特别注意什么和思考什么，最好用第一人称口语化的语气来表达。霍姆伯格认为，如果遵循这些原则去设计学习材料，将会吸引学生并激发学习热情，促进学习。可是，他所进行的实验并没有获得明显的成功。

虽然霍姆伯格的理论把会谈（教学问题）放在核心地位，但他同时又是信奉尊重学生独立性的人道主义哲学者。于是，他的理论假设及学习材料功能显然把这种教学限制于学生与教材的书面交流。学习材料在很大程度上扮演了教师的角色，虽然霍姆伯格承认不管这预先制作好的学习材料的对话性如何，"师生间的交流是一种基本性任务"。[9]但他同时认为，书面交流与口头交流在指导学生时并没有质的差别。作为探讨学习包预先制作问题的理论，显然与工业化模式紧密相联。

霍姆伯格关于学习材料设计的理论让人想起 80 年代教育界曾把计算机作为教师(computer as teacher)的企图。可是,人工智能计划步履维艰,现有的计算机技术不可能研制出有"智慧"的教学软件,不可能设计出比师生、生生间的交互作用更有意义的教材或多媒体课件。这也就是说,我们不能仅仅根据文本型学习材料(或多媒体课件)的质量来判断远程教育的质量优劣。

(四) 穆尔:相互作用距离理论(theory of transactional distance)

穆尔是魏德迈的学生,曾在英国开放大学工作过。他最早于 1972 年提出相互作用距离理论的基本框架并一直不断地加以完善。他在英语世界第一次使用"远程教育"一词来代替"独立学习"。前几位理论家都强调了学习者的独立自主学习,而穆尔认识到独立学习包的局限性,于是加进了对话(dialogue)这一变量。相互作用距离理论具有划时代意义,使远程教育理论研究的重心转移到教学问题。

相互作用距离(transactional distance)概念来源于魏德迈的思想。相互作用距离指的是"相互理解和感受的距离,这可能导致教师和学生的交流障碍或心理距离。"[10]穆尔认为,无论教学以何种方式进行,甚至面对面的课堂教学,都存在着相互作用距离。相互作用距离取决于对话、结构、学习者自主性三个变量。[11]

对话和交互作用(interaction)概念(以及前面霍姆伯格的"会谈")十分相似,穆尔的"对话"主要是指教师和学生之间的积极交互的程度。对话取决于教师、学习者个性、学科内容,也取决于环境因素。其中,通信媒体是最重要的环境因素。结构(structure)描述了教学计划对学习者需要做出反应的程度。在穆尔的理论中,最远距离的教学计划是对话少而结构化程序低的,如自主型独立学习计划,而距离最近的是对话多、结构化程度低的,如罗杰斯倡导的辅导型教学计划。

学习者自主性(learner autonomy):指学习者在多大程度上决定学习目标、学习经历、学习评价,以及根据他们自己的经验建构自己的知识。自主是与学习者个人的特征——也就是个人的责任与自我指导相联系。相互作用距离越远,学习者的个人责任越重,即自主性高。

穆尔的理论强调了相互作用,但保留了工业化模型的结构特征。他认为"远程教育是所有教育中的一个子集,这一子集的特征是高度结构化,而对话少。""远程教育中最为基础的交互形式是学习者与课程内容之间的交互。"[12]这种观点事实上与霍姆伯格的看法相一致。另外,对话、结构和自主性三者的内在关系并不是很清楚。它们是正交关系还是有重叠? 如吉尔福特的智力三维结构图一样清晰吗? 1999 年,穆尔的学生研究了采用视频会议系统的远程学习环境中的情况,通过统计分析发现对话与结构、对话与自主存在高相关。要理解相互作用距离理论,我们只能两两地加以考虑,如结构和对话、结构和自主,或从一个变量的连续体角度来考虑。而且,当我们把自主的概念与相互作用距离概念放在一起比较时发现这两者有着太多的相同之处。"相互作用距离越大,学习者体验到的自主性就越大。"[13]相互作用距离理论是目前美国最为流行的远程教育理论。但它要成为一种完善的理论,还要走很长的路。

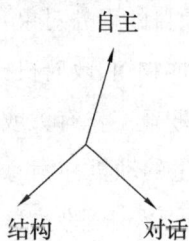

图一　相互作用距离理论示意图　　　图二　三维智力结构简图

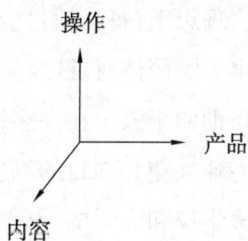

(五) 凯斯利:投入理论(engagement theory)

凯斯利是穆尔编著的《远程教育:系统的观点》一书的合作者。投入理论的基本观点是,学生必须有意义地投入到学习活动中去,这些学习活动的开展依赖于学生与他人的交互和完成有价值的任务。投入理论认为学习应具有三个特征:合作、基于问题、真实性。[14]或者表述为,学习应包括三个成分,概括为"相处——创造——贡献"(Relate—Create—Donate),这表示学习活动:(1)发生在合作的团体背景中;(2)基于项目;(3)有外在的(真实)关注。[15]

第一个原则("相处"成分)强调团队努力,这需要具备交流、规划、管理和社会技能。现代社会的各项工作也需要人们具备这些技能,而在过去总是教导学生要根据自己的想法进行工作和学习(独立学习)。在合作过程中,学生被强迫澄清和说明他们的问题,从而促进问题的解决。合作也增加了学生的学习动机,在高流失率的背景下特别明显(例如,成人、远程学习者)。而且当学生在团队背景中学习时,他们经常有机会与来自不同背景中的人们进行交流,从而增进对多样化和多种观点的理解。

第二个原则("创造"成分)把学习作为创造性的、有目的的活动。学生自己确定项目(问题领域),并不得不为在特定背景下应用观点而付出努力。对学生来说,管理自己的项目比解答枯燥的书本中的问题要有趣得多。而且因为他们规定了项目的本质(即使他们没有选择主题),他们有了自己控制学习的感觉,而这在传统课堂教学中是没有的。"项目取向"是问题解决学习(problem base-dlearning)方法的本质,医学和其它职业教育经常应用基于问题学习的教学方法。

第三个原则("贡献"成分)强调了在学习过程中要做出对外部真实世界有用的贡献。理想上,每个项目应有外部的"消费者"(项目的服务对象)。消费者可能是一个大学团体、社区组织、学校、教堂、图书馆、博物馆、政府机构、当地企业或需要帮助的个人。在许多情况中,项目与学生的职业工作有关或适合于学生团队的专业兴趣。项目的真实学习环境增加了学生的动机和满意感。这条原则与许多学校和大学的"从学校到工作"(School to Work)的教学计划是一致的,也与当前企业培训的"服务"理念相一致。投入理论与许多过去的计算机辅助学习理论是不同的,后者强调个别化教学。投入理论所强调的交互是指在团体活动中的人际交互,而不是指个人与教学计划(教学内容)间的交互。两者的差别说明,目前远程教育界已倾向于把计算机作为人际交流的工具而不仅仅是知识传播媒体。而且投入理论更强调真实的、有意义的学习情境,这一点在以前不怎么强调。虽然投入理论不是直接从其它学习理论的框架中推导出来,但它与许多这样的框架有很多共同之处。例如,它强调有意义的学习,这与建构主义十分一致;在强调与同伴合作这一点上它与情境学习理论相一致;它关注经验和自我指导学习,这与成人学习理论在本质上有所类似。

投入理论是凯斯利等人远程教育实践的理论总结。理论上,这种所谓的学习投入在没有应用技术的情况下也会发生,但技术促进了学生的学习投入。投入理论的目标是"成为基于技术的教学活动的一个理论框架",但从目前的文献来看只能说是一个概念性框架或实践操作框架。有趣的是,这个代表了信息时代的学与教范式的框架对距离限制保持沉默,显然与工业化理论相去甚远。

(六) 结论

总之,网络技术的发展使得远程教育从工业化时代进入后工业化时代。远程教育(distance education)一词也将被网络教育(e-learning)所代替。在过去,远程教育是处在高等教育系统的边缘,而现在网络教育已位于高等教育系统的中心。

通过对 40 年来远程教育理论的回顾,我们发现理论研究重点从关注因距离带来的结构性限制,转向关注教学过程的相互作用(人际交流)。虽然早期的理论也探讨了教学问题,但总是要与"一人做事,千人受益"(一对多的关系)的工业化模型相联系。信息和通讯技术的发展使师生、生生之间的交互通讯变得方便及时。教师不再被仅仅视为是制作学习包的课程开发团队的成员,而且要及时和灵活地促进远程学习者的学习。远程教育(网络教育)理论要为新技术条件下的远程教学提供理论解释,但目前缺乏这样的理论。

参考文献:

〔1〕刘凡丰,徐辉.远程高等教育的现状与趋势〔M〕.比较教育研究,2000 (7).

〔2〕〔3〕〔9〕〔10〕〔13〕Keegan,D. Foundations of Distance Education. London〔J〕. Routledge. 1996.

〔4〕Michael G. Moore,Charles Wedemeyer. In Memoriam 1911—1999 〔J〕. American Journal of Distance Education. 1999. 13(3).

〔5〕Otto Peters. Learning and Teaching in Distance Education〔J〕. Hagen,Germany. 1998.

〔6〕盛群力,李志强.现代教学设计论〔M〕. 浙江:浙江教育出版社,1998. 460.

〔7〕Garrison,D. R. Quality and Access in Distance Education〔M〕.

Keegan　Theoretical　Principles　of　Distance　Education，London：Routledge，1993.

[8] 刘凡丰，徐辉. 远程高等教育产业化运作[J]. 中国电化教育. 2001(1).

[11] Moore，M. Theory of Transactional Distance. D. Keegan(Ed.). Theoretical Principles of Distance Education[M]. London：Routledge，1993：22—38.

[12] Moore，M. & Keasly，G. Distance Education：a Systems View[M]. Wadssworth，1996.

[14] Keasly，G. Online Education[M]. Thomson Learning，2000.

[15] Keasly，G. & Shneidern，B. Engagement Theory. Educational[J]. Technology. 1999：Sep/Oct.

（本文发表于《比较教育研究》2002 年第 3 期。作者刘凡丰，时属单位为上海复旦大学高等教育研究所；作者徐辉，时属单位为浙江师范大学教育学院）

四、西方学前教育理论与实践的新进展

20 世纪的 60 年代和 90 年代是学前教育发展的两个高峰期,但是发展的背景和关注的问题却有所不同。60 年代学前教育之所以受到重视,从理论上来说是因为打破了智力固定不变的传统看法,确立了早期经验在人的智力发展中起着重要作用的观点;从社会背景来看,学前教育作为"早期干预"和"补偿教育",被当作社会改革的手段用以减轻社会文化和经济上的不利因素对婴幼儿发展的不利影响。90 年代以来,脑科学研究的新进展又使学前教育再次成为世人瞩目的焦点。

(一) 托幼机构教育:对"高质量"的呼唤与研究

20 世纪下半叶以来,随着工作父母和单亲家长的数量增多以及一些国家新实施的福利法要求福利救济的接受者寻找工作,使得婴幼儿在园率和托幼机构的数量迅速提高和增长。以美国为例,据美国教育统计中心 1998 年的统计,1965 年入托的 3—4 岁幼儿不到 20%;到 1997 年已有 65% 的 4 岁幼儿、40% 的 3 岁幼儿入托。[1] 为了适应家长的不同需要,出现了各种不同类型的托幼机构,包括全日制的托幼机构(full-day programs)。婴幼儿在园率的迅速增长和托幼机构类型的增多使得人们开始关注托幼机构这种家庭以外的保育方式,尤其是全日制托幼机构这种托幼服务类型对婴幼儿身心发展的影响。由于在婴幼儿教养的问题上注重亲子关系、注重母亲对婴幼儿早期发展的影响,长期以来一直是在西方社会中占主导地位的传统观点。因此从 60 年代中期到 70 年代后期,研究的主要倾向是试图发现托幼机构对婴幼儿发展的不利影响,亲子依恋与认知发展被视为评价托幼机构教育对婴幼儿发展影响的主要指标。对全日制托幼机构这种托幼服务形式的否定看法更是占据上风。一些研究者认为，长时间地与母亲分离会引起幼儿的不安全依恋感的发生，而且对婴幼儿的语言、认知和社会性等方面的发展也可能带来不利的影响。

70 年代末、80 年代初开始，学前教育研究的倾向和方法发生变化，开始注意到不同的托幼机构自身的性质和内部因素问题，而不是不分化地把所有的"托幼机构"当作一个"整体"来看待。这种研究倾向的出现使人们得以把研究的触角伸展到托幼机构的内部去考查哪些因素影响托幼机构的教育质量。近十余年来，关于托幼机构教育质量问题的研究表明：[2][3][4]

（1）托幼机构并不必然会对婴幼儿的身心发展造成不利的影响。托幼机构对婴幼儿身心发展的影响是好是坏，主要取决于托幼机构保育与教育本身的质量。高质量的托幼机构教育可以促进婴幼儿的学习与发展，质量差的托幼机构确实可以使婴幼儿的发展面临危险。

（2）成人与幼儿的比率、班级规模和师资特征等，可以被看作是影响托幼机构教育质量的静态因素或结构变量。结构变量可以通过"过程"对托幼机构的教育质量发生影响。较高的师幼比率与更多的师幼交往、更为个别化的教育和教师对幼儿较少的行为限制和控制有关。班级规模越小，幼儿主动发起的活动越多，教师也有更多的机会来扩展幼儿的语言，支持和帮助幼儿的社会性交往，鼓励和引导幼儿探索和解决问题。因此要保证托幼机构教育的高质量，成人与幼儿的比率不能过低，班级规模不能过大，教师必须经过专业培训，教师队伍相对稳定，教师的流失率或变动率较低。

（3）托幼机构内部的人际关系（包括师幼关系、成人之间的关系等）、物质环境的应答性、教师和婴幼儿交往的数量和质量、课程内容、生活制度和安排以及和家庭之间的关系等，都属于影响托幼机构教育质量的过程变量。教师对于幼儿需要的敏感和适宜的积极反应，有利于幼儿学习兴趣和能力的形成。师幼关系的质量以及教师对于幼儿学习方式的关注，影响着幼儿的社会性能力的形成和今后的学业成就。

总之，高质量的托幼机构教育应当注意婴幼儿在各个方面（包括社会性、情感和智力等）的整体的、和谐的发展，因为各个方面的发展是互相影响的。托幼机构应当为幼儿提供高质量的早期生活经验,满足幼儿各方面发展的需要:不仅应当满足幼儿营养和休息的需要,也应当努力满足幼儿在情感、社会性和认知发展等方面的需要,必须把对幼儿的照看、照料与教育结合起来。为了普遍提高托幼机构保育和教育的质量,一些国家的政府或专业团体纷纷发表指导托幼机构教育工作的文件,发表自己对于托幼机构教育质量标准的看法。例如,2000 年 3 月,英国教育和就业部颁布了英国历史上第一个关于基础阶段教育(3—5 岁)的国家课程指南,并于同年 9 月起在全国实施。新西兰、日本等国政府也在 90 年代制定了旨在提高托幼机构教育质量的托幼机构课程指南。在美国,虽然迄今为止尚没有建立关于托幼机构教育质量的国家标准,但是在 1984年,美国最大的幼儿教育学术团体——美国幼儿教育协会(NAEYC)颁布了关于高质量的托幼机构的认证标准,指出高质量的托幼机构教育应当是发展适宜性的教育(Developmentally Appropriate Practice),即应当是适宜于婴幼儿身心发展的年龄特点和个体发展水平的教育,而不应当是小学教育的下放或提前开始。该认证标准以及解释该标准的指南已经在美国国内外产生了较大的影响。自 1986 年第一个托幼机构通过认证以来,到 1996 年已大约有 5 000 所托幼机构通过了认证。[5]

维持适宜的师幼比率、较小的班级规模和稳定的、专业化的教师队伍等都需要资金的投入。因此,高质量的托幼机构教育决不是"廉价的"。尽管目前已有相当数量、各种不同类型的托幼机构可以满足父母的不同需要,但是还不能满足家长对高质量托幼机构教育的普遍需求。例如,美国幼儿教育协会认为当前在美国高质量的托幼机构还相当少,大约只占 15%,大约有 12~20%的幼儿在可能对他们的健康与安全以及社会和认知发展有害的托幼机构中生活,约有 35~40%的婴儿和学步儿在不安全的环境中生活。许多幼儿园注重记忆式学习和全班集体性质的教学以牺牲范围更广泛的幼儿对教育的需要和能力的发展为代价,对幼儿进行内容狭窄的学业知识技能训练。[6]

由于各方面条件的制约,托幼机构教育质量的大面积提高仍然需要一个漫长的过程。从目前来看,幼儿教师的薪酬和专业化发展是制约托幼机构教育质量提高的"瓶颈"。包括美国、英国、新加坡等在内的一些国家都非常重视托幼机构教师的培训和专业化发展问题,并为此注入了大量的资金。

（二）教学法研究：课程模式研究的深化

20 世纪 60 年代以后，在注重早期教育，尤其是注重对处境不利的幼儿实施补偿教育的社会氛围中，一些研究者开始把儿童发展的理论运用到学前教育领域中来，探索什么样的托幼机构课程是最有效的、最能促进幼儿（尤其是处境不利幼儿）的学习与发展的方案，由此形成了众多的课程模式。在美国，比较著名的有主要以皮亚杰的认知发展理论为基础形成的凯米－狄佛瑞斯模式和海伊斯科普模式；以行为主义理论为基础形成的白瑞特－英格曼－贝克模式；作为开放教育的典型代表的银行街模式（又译河滨街模式）以及在 60 年代以后再度在美国及其他国家复兴的蒙泰梭利课程模式等。在欧洲一些国家比较流行的有华德福模式等。

这些课程模式，可以说是一种关于课程目标、内容与方法的理想化的结构，是理论与实践的融合。课程模式也是一种"范例"。任何一种课程模式的倡导者都希冀通过这种模式化的实践，向世人，尤其是教师和家长展示一种教育理想和信念，说明托幼机构教育应当"做什么"、"怎么做"以及"为什么这么做"。众多的课程模式的出现使得学前教育理论与实践的发展呈现出一派欣欣向荣的景象。

但是自 90 年代以来，人们的研究兴趣开始从课程模式转向了教学法（Pedagogy）的研究。这种情况的发生大致可归结为以下几个方面的原因：

（1）70 年代末到 80 年代末关于课程模式的比较研究的结果导致了人们对课程模式研究兴趣的降低。60 年代以后众多课程模式的出现引发了关于课程模式本身优劣的比较研究。但是这些研究并没有发现某种课程模式在对幼儿的学习与发展的影响上比其他模式更优越；没有一种课程模式可以被认为是"最好的"。研究者认为，单个教师对幼儿的影响可能超过课程模式对幼儿的影响。同一种课程模式对不同的教师和不同的托幼机构可能会产生不同的效果。由于许多因素同时对幼儿的学习和发展发生影响，"课程模式"只是其中的一种因素。因此，一种课程模式很难说就一定比其他模式更好或更有效。[7]

（2）社会建构主义、多元智力理论的影响以及多元文化和反偏见教育运动的兴起，使得人们开始注意研究社会文化背景对儿童发展的影响，关注家庭环境和托幼机构教育的互动与影响,关注每一个幼儿学习与发展的特殊性。这种研究趋向的出现否定了试图追求一种可以运用于任何环境之中、适宜于任何幼儿的"最好的"或"最理想"的"超文化背景"的课程模式的倾向。

(3) 对幼儿学习问题的重视导致研究兴趣从"课程"向"教学法"领域的扩展。90 年代以来脑科学的新进展和持续半个世纪以来的关于婴幼儿的认知发展和学习能力的研究,既使人们看到了婴幼儿所具有的巨大的学习能力,也使人们看到了经验和学习以及一个"支持性的环境"对于婴幼儿发展的重要性。在有"支持性的环境"中,关键的因素是是否有一个能够敏感地觉察到婴幼儿的需要并能够给予适宜的反应的成人。对于幼儿学习问题的关注和巨大的热情,必然使人们重视对"教"的问题的研究。在这种背景下,研究者不再像过去那样致力于寻找哪一种课程模式更好、更有用,实践工作者也不想把自己的实践固着于某一种课程模式上。正如英国伦敦大学教育学院教授塞若洁-贝拉屈福特(Iram Siraj-Blatchford)所指出的那样,当前英国学前教育的研究已经从课程(Curriculum)转向教学法(Pedagogy)的研究。在学前期,如何为幼儿"提供高质量的学与教的经验从而提高学与教的质量,为幼儿未来的学习建立坚实的基础"[8]成为当前人们普遍关注的问题。

美国国家研究委员会(the National Research Council)在 1997 年选择 17 位教育和心理学方面的专家成立了幼儿教学法委员会(Committee on Early Childhood Pedagogy)。该委员会经过长达 3 年的研究撰写了题为《渴望学习》(Eager to Learn)的研究报告(2001 年出版),该报告非常清楚地体现这种新的研究兴趣和动向。该报告以布鲁纳对教学法的定义"文化的扩展方式"为依据,把教学法概括为"在一种特定的文化和社会中有目的地促进发展的过程"。它包括三个基本的要素:(1) 课程(Curriculum):主要涉及的是"教什么"的问题或"教"的内容。对课程可加以设计以促进儿童的学习。(2) 方法学(Methodology):主要涉及的是教的方式方法。教的方式方法或策略用以实施课程,其核心内容是由教师安排的、儿童与人或材料的相互作用,它包括教师的角色、教的风格和教的技术等。(3) 教学的结果:教师和照料者通过自己的期望、教学策略、课程的重点等,所要促进的、儿童在从家庭走向社会的过程中所需要的全部认知和情感方面的特征和技能。简言之,任何专门设计的、有目的地扩展儿童的学习的活动都可以被归入教学法的范畴。[9]可见,教学法的研究既包含了课程研究但又超越了课程研究的范畴,可以说是持续了 30 多年的课程研究的深化与扩展。

在学前期,该委员会认为好的教学法应当能够"满足幼儿的基本需要,为幼儿提供情感方面的引导和支持,同样也包括激发他们的学习动机、提供教导和支持"。应答性(responsiveness)是幼儿园教学法的关键性原理。[10]在学前期应当教什么? 以关于认知科学的大量研究和国家研究委员会(National Research Council)所提出的关于学习的三个原则为依据,该委员会向学前教育工作者提出三个方面的建议:(1) 教与学如果以幼儿现有的理解水平为基础,教与学才能获得最好的效果。(2) 各个领域的学习必须包括该领域的关键概念(如早期读写中的表征系统、数学中的数量概念、物理中的因果关系等),必须与知识和技能(例如识别数字和字母,获得关于自然界的知识等)的学习相联系。幼儿能力的形成离不开知识的掌握和运用。如果期望所有幼儿在进入学校大门之时对读写(表征)、数学和科学等领域的学习已有适当准备的话,那么在学前期就必须帮助幼儿形成这些学习领域的关键概念。(3) 元认知技能的发展使幼儿学会更有效地解决问题,可以提高读写、数学和科学这三个重要的学习领域的学习成绩。这种能力的培养同样应当被纳入学前教学的内容之中。鼓励幼儿反思、预测、提问和提出假设,可以导致幼儿更为积极主动、有效地学习。虽然该委员会再三强调幼儿"整体发展"(the Whole Child)的概念以及音乐、美术、体育等课程领域学习的重要性,但是该报告对近年来在语言、数学和科学等方面所进行的幼儿的学习和认知发展的大量研究的总结令人印象非常深刻。这种总结使我们看到,语言、数学和科学等学习领域事实上已成为在教学内容上"优先考虑的领域"。

"怎么教"是教学法领域的核心问题。在"怎样教"的问题上历来存在着"儿童中心"和"教师中心"、"传授论"和"建构论"之争。近年来出现了把皮亚杰、布鲁纳和维果斯基等人的观点整合起来,用社会建构主义的观点修正极端的儿童中心主义和行为主义观点的趋向。人们已经认识到,既不是纯粹的教师支配也不是纯粹的儿童支配的教学,才是有效的发展适宜性教学。例如,重视游戏历来是西方学前教育的传统。但是近年来的趋向是反对自由放任式的游戏,主张教师参与和指导幼儿的游戏,使幼儿在游戏中获得有益的学习经验。从幼儿教学法委员会对于教学法问题的看法中,我们也可以看到这种辩证和整合的趋向。

在西方学前教育领域,对"学"和"教"问题的重视已经成为一种非常明显的研究和实践趋向。在"如何教"的问题上,人们的思维方式也正趋向于辩证而非极端、全面而非片面。可以预料这种更为全面和辩证的思维方式将主导新世纪西方学前教育理论与实践的发展。

(三) 文化适宜性:"发展适宜性"概念的补充

在学前教育的实践中,是否存在着一种具有"普适性"的"科学的标准",或者被人们普遍接受的"共同的"教育价值观? 1987 年,美国幼儿教育协会(NAEYC)发表了关于"0 到 8 岁儿童的发展适宜性教育"的指导性文件[11],从而引发了关于这个问题的讨论。其基本观点是:强调为婴幼儿设计的课程或教育方案应考虑婴幼儿身心发展的年龄特点和个体特点,并且以此为基础确定了关于高质量的托幼机构教育的基本因素。这个文件在各年龄组都以"适宜的"(DAP)和"不适宜"(DIP)的方式来说明幼教工作者应当做什么和不应当做什么。倡导"发展适宜性教育"概念的人认为,该文件描述了具有多年幼儿教育经验的专业人员所承认的最好的教育,代表了"对早期教育方案中的发展适宜性概念的一致性的意见"。[12]

该文件自发表以来虽然已产生了广泛的影响,但也引发了为数不少的批评与质疑。批评者认为,该文件主要是以忽视社会文化背景的影响、更多强调发展的一般规律(例如发展的阶段性)的"普遍性"和"普适性"的儿童发展理论作为"发展适宜性教育"概念的基础。批评者还认为,我们已经处在一个充满变化、注重差异与多样性,并包容多种观点的时代,但是关于"发展适宜性教育"的指导性文件却强调"一致性",推崇共同的"深深植根于幼儿教育领域中的基本价值观",试图用一种"普适性"的标准来规范幼儿教育的实践,用一种"惟一的"标准限制了幼儿教育实践发展的多样性,轻视社会文化因素对托幼机构教育或课程的影响。一些人要求以社会文化、历史和政治理论为基础来重新定义"发展适宜性教育"。[13][14]

　　面对这种诘难，美国幼儿教育协会在 1997 年的修订版文件中作出了反应。[15]在 1987 年的文件中，儿童的家庭和社会文化背景只是作为影响儿童个体发展的一个因素，在讨论个体差异性的时候被提及。在 1997 年的修订版中，"对年龄、个体和文化等诸方面的适宜性给予了同等的关注"。同时，修订版也认为"发展适宜性教育"的具体做法可以是多种多样的，而不仅仅只是一种做法。修订版超越了"不是－就是"(Either-or)这种把问题简单化的思维模式，主张采用"既要－又要"(Both/and Thinking)的这种更具有辩证思维性质的方式以避免或减少冲突。它承认在人类发展与学习中存在的复杂性和多样性，并且把"适宜的"和"不适宜的"教育实践看作一个连续体，中间可以有不同的变式，以更好地反映幼儿教育实践的复杂性。修订版虽然仍然保留了"适宜的"和"不适宜的"的写法和例子，但作者解释说这只是为了引起教师的反思、争论和讨论，而不希望教师把它们作为惟一的"处方"。修订版以维果斯基的社会建构主义为理论基础，强调了与文化、家庭和环境相关的课程的重要性，强调了对话与合作的重要性，并赋予教师扩展幼儿学习的角色，提出了"学习者共同体"的概念，期望教师能够同时重视群体和个体的价值以使个体与群体共同成长。这场由"发展适宜性教育"问题引发的关于"文化适宜性"的讨论实际上是一场关于教育价值观和实践标准的普遍性与特殊性、一致性与差异性、惟一性与多样性的讨论。

　　近年来，随着全球化移民、少数民族与新移民争取自己的权利的斗争以及经济全球化的发展趋势，在一些国家，一个尊重、包容和接纳族群、文化、语言与价值观等的"多样性"的多元文化社会正在形成。增进不同文化与族群之间、人与人之间的尊重、谅解、宽容、友好的精神，提高社会和谐共处的能力，已成为当今人们追求的社会理想。这种新的价值追求反映在教育领域中，就是多元文化与反偏见教育的兴起。多元文化与反偏见教育建立在追求人类社会民主、平等发展的价值基础之上。它面向所有儿童，不管其种族、文化背景、社会地位、性别、能力、身体状况，以发展一切儿童挑战歧视与偏见的能力为最终目标，并通过反偏见、反歧视的教育过程使每一个儿童的发展潜力得到尽可能的实现。多元文化社会的形成和多元文化与反偏见教育的兴起，使得人们用一种新的观点和尺度来重新审视过去被视之当然的、以"普遍性"和"一致性"为前提的儿童发展理论、教育的价值观以及相关的教育实践。

长期以来,强调儿童发展和教育实践标准与价值观的"普遍性"、"一致性"的观点在学前教育领域中占据主导地位。这种观点认为,在学前教育领域中存在着一种被大多数专业工作者都认同的教育价值观和关于"最好的教育"的实践标准,这种教育价值观和实践标准是可以超越社会文化背景的,因为它们反映了儿童发展的客观规律。这种观点的倡导者认为,不管在任何社会文化背景中,儿童的发展总是呈现出一定的、可以用"科学的方法"加以证实的客观规律,例如儿童的发展总是按明确划分的阶段和可预见的方向进行的。儿童发展的这种客观规律是超越社会文化背景的("Context-Free")。因此,可以据此总结出关于儿童发展的"标准化常模"和教育实践标准。用这种"标准化常模"去评价儿童,儿童就可以被分为"能力强的"和"能力差的",对能力不同的儿童应当进行不同的教育。在这种观点指导下进行的儿童发展研究往往忽视了社会文化因素对儿童发展的影响,而且往往导致用白人/西方人的标准去衡量其他社会文化背景下儿童的发展,很多在经济和文化上处于"处境不利的"、"非主流文化的"的儿童因此被贴上了"能力不足"的标签。这正是60年代以后针对"处境不利"儿童进行的"补偿教育"中出现的问题。在"补偿教育"的实践中,一些专业人员往往把反映主流文化背景的教育价值观和实践标准强加给那些来自于不同种族和文化背景的父母,尤其是那些低社会经济阶层的父母,使他们以为只存在着一种"最理想的"或"最好的"教育儿童的模式,这种教育模式要好于他们自己传统的、从故乡带来的育儿模式。由于这种误导,使得这些父母往往在面对自己孩子的教育问题时产生"无能感",使"补偿教育"最后可能演变为一种变相的"文化压制"。

多元文化社会的形成和多元文化与反偏见教育的兴起以及社会建构主义的影响,使人们认识到任何学习都不是在白板上进行的,而是在社会文化的背景下通过个体的建构而发生的。只有在家庭、文化和社会背景中才能更好地理解儿童,语言和文化是儿童发展的关键因素。无视文化与语言的多样性的教育实践,只强调"发展适宜性"而不重视"文化适宜性"的教育,不可能是真正的"发展适宜性的"教育。"发展适宜性"的教育既要重视对"儿童发展"的"应答性",同样也要注重对"社会文化"的"应答性"。任何教育都必须尊重和反映儿童的家庭、族群、语言和文化的尊严、价值和独特性。

"文化适宜性"观点的提出，是对"发展适宜性"概念的补充、深化与超越。可以说，注重社会文化因素对于儿童发展和教育的影响（"Context-Sensitive"）、强调"特殊性"、"差异性"和"多样性"的观点，正在取代那种超越社会文化背景（"Context-Free"）、强调"普遍性"和"普适性"的教育理念而成为影响今后西方学前教育理论与实践发展的一种主要的价值取向。

参考文献：

［1］［3］［7］［9］［10］Barbara T. bowman，M. Suzanne Donovan，and M. Susan Burns.（edit）. Eager to Learn：Eductating Our Preschoolers［M］. National Academy Press，2001.

［2］［13］B. Spodek（edited）. Handbook of Research on the Education of Young Children［M］. Macmillan Publishing Company，1993.

［4］［5］［6］S. Bredekamp and B. A. Willer. NAEYC Accreditation：A Decade of Learning and the Years Ahead［M］. NAEYC，1996.

［8］英国教育和就业部. 基础阶段教育（3—5 岁）的课程指南［Z］. 2000.

［11］S. Bredekamp（edited）. Developmentally Appropriate Practice in Early Childhood Programs Serving Children from Birth through Age 8［J］. NAEYC. 1987.

［12］R. Charlesworth. DAP is for Everyone［M］. Childhood Education，Summer. 1998.

［14］Sally Lubeck. DAP is for Everyone［M］. Childhood Education，Summer，1998.

［15］Bredekamp. S&Copple. C. Developmentally Appropriate Practice in Early Childhood Programs［M］. Washington. DC：NAEYC，1997.

（本文发表于《比较教育研究》2002 年第 7 期。作者刘焱，时属单位为北京师范大学教育学院学前教育系）

五、战后美国教育史学流派的发展

20 世纪中叶前后,国际史学发生了一次新的转向,其总的趋势是从传统史学走向新史学。随着西方历史学的转向和教育理念的更新,美国教育史学研究模式也发生了嬗变。20 世纪 50 年代末期以前,美国教育史学界较少关注教育史学本身的发展,随着新教育史学的兴起以及后来激进派教育史学的出现,人们对于教育史学自身发展的历史逐渐给予越来越多的关注。本文重点研究战后美国教育史学流派发展演变的历程,以便为从事美国教育史研究的学者提供相关的基础性研究。

(一) 研究战后美国教育史学流派的基本线索

1. 科恩的《美国教育史的历史》[1]

为我们提供美国教育史学史重要线索的美国学者是 S·科恩(S. Cohen)和 C·凯斯特(C. F. Kaestle)。S·科恩是美国当代著名教育文献史学家,主编有 5 卷本的《美国教育文献史》。1973 年,他在美国《教育史季刊》上发表一篇评述美国新教育史学的论文《美国教育史的新视角,1960~1970》。但较有影响的是他的《美国教育史的历史,1900~1976:历史的种种用法》。科恩回顾了自 1889 年由布恩(R. G. Boone)编写的美国第一本美国教育史教科书《美国教育》问世起至 1976 年止美国教育史学发展的历史后认为:其一,贝林的《美国社会形成中的教育》是"新"教育史学的宣言书。史密斯(W. Smith)的论文《美国新教育史学家》补充了贝林的批判。而克雷明的《埃尔伍德·帕滕森·卡伯莱的奇妙世界》则给了美国"老"教育史学以致命的一击。其二,由于人们过高地估计了

博学与慎思　　当代教育思想与理论

卡伯莱的影响,而将界于卡伯莱和贝林之间的历史学家如布恩、德克斯特(E. G. Dexter)、孟禄(P. Monroe)及其学生的贡献给忘记了。其三,对于卡伯莱应有正确的评价。卡伯莱的著作在今灭看来虽已过时,但其影响不应被低估。其四,进步主义时期的教育改革对于教育史学科的发展有重要影响。其五,对于20 世纪 70 年代兴起的激进派教育史学产生的历史背景及其特点的分析。与许多人一样,科恩对于这种试图要从根本上否定美国公立学校教育的思潮表示了不安。科恩的这篇论文后来被收入罗伯特·舍曼(R. B. Sherman)主编的《理解教育史》[2]之中。

　　2. 凯斯特的《教育研究的历史方法》[3]

　　凯斯特在美国教育史家中以注重理论著称。1997 年,他在由 J·基夫斯(J. P. Keeves)主编的《教育研究、方法论和评估》中,撰写了《教育研究的历史方法》一文,对 20 世纪中期以来美国教育史学的嬗变进行了总结,认为直到 20 世纪中叶以前大多数教育史学者的研究都依据两个基本假设。第一,教育史主要是学校制度史;第二,公立的、常设的、免费的和税收支持的公立学校是一件好事。这些假设很少被怀疑过。在凯斯特看来,造成这种局面的主要原因,一是因为许多教育史家扮演着双重身份,作为教育管理者和教育学教授的他们自然对于公立学校教育有着浓厚兴趣。二是存在着一种广泛而流行的观点,认为免费的、普及的学校教育无疑是一种积极的制度。凯斯特认为,20 世纪 60 年代以来美国学者对于传统教育史学的修正是循着两条路线进行的:一条以拓宽研究范围为特色. 这一条路线的最佳代表作就是贝林和克雷明关于殖民地时期教育史的著作,另一条路线则是引起教育界躁动不安的激进主义路线,因为这一派试图从根本上否定公立学校教育制度。最后,凯斯特指出了教育史研究的最近趋势:把教育视为比学校教育更为广泛的概念,并在社会和经济发展背景中来研究学校教育制度:不仅研究精英教育,也研究普通人的态度和行为。历史学家己涉及家庭史、儿童史、教育体制改革史;他们也关注社会学、人类学、心理学和统计学的新方法,将其作为自己的新理念和新技术。

（二）战后美国教育史学流派发展的主要阶段

1. 新教育史学的兴起

20 世纪 50 年代末至 60 年代末是美国教育史学嬗变的起始阶段,发难者是美国历史学家,以后引起了美国教育史家的关注。这一时期的特点是教育史研究范围的拓展。历史学家们首先关注"教育"的定义,关注"学校教育"(schooling)与"教育"(education)的区别和联系,以及"教育"与"文化"传递的区别与联系。其次关注"新"教育史学的特征问题。

在美国,率先向"老"的教育史学发难的是福特基金会资助的"美国历史中教育的角色委员会"。1954年和1956年,美国福特基金会曾召开过两次会议,以鼓励美国最优秀的历史学家从事"美国社会发展中教育的角色"的问题研究。历史学家斯托尔(R. J. Storr)曾受委托为会议写了备忘录,提出了研究假设,其主张后来被吸纳到委员会的报告《美国历史上教育的角色》中,该备忘录直到1976年才在《哈佛教育评论》上第一次发表。

伯纳德·贝林是美国率先以新教育史学的观点评价以往教育史学著作的历史学家。1958年,他为《斯坦福的卡伯莱及其对教育的贡献》一书写的书评对以卡伯莱为代表的"老"的教育史学进行发难。贝林认为,卡伯莱的教育史教科书在那个时代是具有启发意义的,但同时也把美国教育的历史研究引入一种僵局。贝林最有影响的著作是他的《美国社会形成中的教育》,它揭开了20世纪后半期美国教育史学变革的序幕,并对欧美其他国家产生了重要影响。

1961年,W·史密斯(W. Smith)在题为《美国新教育史学家》[1]的论文里描绘了美国新教育史学家的肖像,认为他们的特点是利用了比以往教育史家更为广泛的资料,并有着更宽广、更人文化和更专业的承诺,因而他们就能从以往的教育史作(如卡伯莱和孟禄的作品)的狭小教育制度史中解放出来。史密斯的论文以揭示"新"教育史学家的特征的方式指明了美国教育史学发展的新方向。

贝林的影响主要限于专业历史学家圈内。1965年哥伦比亚大学教育学院的L·A·克雷明的《埃尔伍德·帕滕森·卡伯莱的奇妙世界》问世,对已形成的对于"老"的美国教育史学的控告助了最后一臂之力。该书实为简明美国教育史学史。克雷明认为,卡伯莱的《美国公立教育》是一本伟大的著作,因为它不仅将先前的大量学问综合成现在人们所熟悉的美国公立学校成功的故事,并确立了美国教育史学的传统模式——美国公立学校教育的颂歌模式,其影响长达半个世纪之久。

　　许多资料表明，当今美国教育史学的繁荣局面的出现，正是美国历史学家和教育史学家共同努力的结果。经受了变革洗礼的美国教育史学由于其范式的更新，更加富有生气和活力，因而也吸引了更多有才华、有实力的历史学家加盟教育史学研究，从而进一步提高了美国教育史研究的学术水准。

　　2. 激进派活跃的时期

　　20 世纪 70 年代是美国激进派教育史学十分活跃的时期。美国教育史家一般认为，自 20 世纪 60 年代以来存在着修正传统教育史学的两条不同路线。除 C·凯斯特以外，克雷明、戴安娜·拉维齐（D. Ravitch）和 J·赫布斯特（J. Herbst）都持此看法。拉维齐试图将由贝林发起的新史学和所谓激进修正主义史学区分开来。她将那些致力于重新阐释美国教育史的学者们分为两组：一组是由贝林和克雷明为首的"温和"修正主义者，主要从社会、经济和政治史的视角重写美国教育史。另一组以 M·凯茨（M. Katz）、C·卡里尔（C. Karier）、P·维奥拉斯（P. Violas）、H·金蒂斯（H. Gintis）、S·鲍尔斯（Samuel Bowles）和 J·斯普林（J. Spring）等学者为代表的"激进"修正主义者。拉维齐的上述观点得到了美国教育史学界的较为一致的认同 n 但也有学者持不同看法。他们只将激进派教育史学视为美国教育史中的修正主义，例如 F·哈马克（F. M. Hammack）的《再论修正主义》[5]一文中的"修正主义"就是指激进派教育史学。又如 M·拉泽逊（M. Lazerson）在《修正主义和美国教育史》[6]一文中所说的"修正主义"也是指激进派。此外，R·马克思（R. Marks）的《修正主义世界观》[7]一文中的"修正主义"也指激进派。

　　"激进派"最早的代表人物是迈克尔·凯茨（M. Katz）。1968 年，他出版的《早期学校改革的嘲弄》为激进派定下了基调，是该流派出现的一个重要标志。20 世纪 70 年代是激进派最为活跃的时期。围绕激进派教育史学家出版的教育史作，人们站在不同的立场，依据不同的理论，展开了激烈的争论。"意识形态"问题成为教育史学家关注的新视点。这种争论在一系列文献中表现出来。

　　1973 年，M·拉泽逊在《哈佛教育评论》上发表了题为《修正主义和美国教育史》的书评，对凯茨的《阶级、官僚政治与学校》、格里尔的《伟大学校的传说：美国公立教育的修正主义解释》和斯普林的《教育与公司国家的的兴起》的内容及其特点分别进行了述评。拉泽逊认为，修正主义教育史学是修正主义历史学

和学校批判思潮共同影响的产物,而这其中又分为两个派别:克雷明的思想与
C·西尔伯曼(C. Silberman)教育批判相类似,而较为激进的教育史家则从批
评家 E·弗里登伯格(E. Friedenberg)和 I·伊里奇(I. Illich)那里得到暗示。
这些人认为美国学校起着维持阶级结构的作用,学校被设计来压迫黑人和其他
少数民族。

1976 年,凯斯特撰文《再论一致论和冲突论:重新阐释美国教育史》[8]对美
国教育史上的"一致论"和"冲突论"发表了自己的看法,认为两者都存在片面
性,并呼吁寻求折中途径,即不应把阶级冲突理论为焦点,而是考虑在不同群
体、不同个体生活内部存在的冲突。

3. 比较教育史学的发展

在殖民地时期和建国初期,美国人为了发展本国的教育,曾出国留学、考
察,大量介绍欧洲先进教育经验,两方教育史学正是在这种背景下被引进美国
的。早期美国教育史学多半是介绍和研究两方教育史。随着教育本土化进程
的发展,美国人将教育史的研究对象转向美国本土教育史。此后很长一段时
期,大多数美国教育史家的主要兴趣是美国教育史。在美国《教育史季刊》创立
的早期,所刊登的大部分文章也都是关于美国教育史方面的研究成果。

20 世纪 70 年代后期以后,有关其他国家教育史的研究日益增多,出现了
一些介绍欧洲、拉丁美洲、亚洲和非洲、加拿大和澳大利亚新教育史学的论文,
欧美其他国家教育史学发展状况再次成为美国教育史研究的重要内容,如 J·
威尔逊(J. Wilson)和 D·琼斯(D. Jones)合写的《"新"加拿大教育史》[9]、P·哈
里根(P. Harrigan)的《比较视角中的加拿大教育史学的最近趋势》[10]、R·沃尔
夫(R. Wolff)的《教育史的欧洲视角:4 份杂志的评论》[11]、K·贾劳斯奇(K.
Jarausch)的《老的"新"教育史:一个德国人的再思考》[12]、J·赫布斯特(J.
Herbst)的《欧洲新教育史学》[13]和 P·坎宁安(P. C unningham)的《教育史和
教育变化:过去十年的英国教育史学》[14]等。

(三) 当代美国教育史学发展的多元化趋势

1988 年,美国新马克思主义者 M·阿普尔(M. Apple)发表了题为《站在鲍
尔斯和金蒂斯的肩上:阶级的形成与资本主义学校》[15]的论文,以对 S·鲍尔斯

(S. Bowles)和金蒂斯(H•Gintis)合著的《资本主义美国的学校教育》的评价
为核心,介绍并评论了近年来美国新马克思主义教育史学内部不同流派的各种
观点。

    1989 年,美国《教育史季刊》组织了一次笔谈,围绕着克雷明美国教育史三
部曲之一《美国教育:都市时期的经验》进行讨论,并对近 30 年的美国教育史研
究进行了反思。[16]著名教育史学者 R•L•丘奇(R. L Church)、M•凯茨、H•
两尔弗(H-Silver)和克雷明本人都参加了这次讨论。克雷明欣慰地看到,自 20
世纪 70 年代以来,美国教育史研究领域的不断拓宽成为最令人兴奋的事情,而
美国教育史学发展的未来趋势是多元化。一些人会一如既往地关注学校教育,
而另一些人则研究其他教育形式。在研究方法和范式方面也会呈现这种多元
化趋势。但他认为在个案研究的基础上还应实现新的综合。克雷明的这次笔
谈几乎成了他的临终遗言,不久他就离开了人世。克雷明的逝世被认为是美国
教育史学界无法挽回的损失。

    当代美国公立学校教育史学也是流派纷呈,从传统的公立学校颂歌模式中
摆脱出来,从一元阐释走向多元阐释。斯普林在他的著作《美国学校:1642～
1990》中研究了公立学校教育史学中不同观点的分歧。在该书的修订本《美国
学校:1642～2000》中更明确宣称:"在历史阐释方面无所谓正确的或公正的。"
"在历史阐释中没有公正的答案,而只有对于哪些历史阐释是正确的这个问题
的不同观点。你必须根据你自己的社会和政治价值观作出决定。"[17]这种说法
是当今美国教育史学的发展深受相对主义影响的一种真实写照。

    当代美国的教育史学界一直注意反思战后的美国教育史研究。1990 年,
美国教育史学会主席 N•海纳(N. Hiner)撰文回顾了 1940 年代以来美国教育
史学发展的历史,尤其是 20 世纪 60 年代以来美国教育史学所经受的洗礼,充
分肯定了克雷明在开创美国教育史研究国际化(向国外学者开放)和开放化(同
时向专业的和非专业研究者开放)新格局方面所做的贡献。海纳认为,美国教
育史学界应与历史学界携手,共同促进美国教育史研究。[18]1991 年,J•鲁里
(J. Rurv)发表题为《视角的变革:克雷明的学校的变革》。[19]这是作者为纪念克
雷明的《学校的变革》发表 30 周年而作的。该文全面评价了该书的历史意义,
并指出了其存在的问题。1991 年,美国教育史学会主席 M•塞勒(M. Seller)

发表论文《分界线、桥梁与教育史》，[20]主张开放教育史学。她指出，在给教育史下定义的时候，应使其具有渗透性，不应只把它作为反对外来者的屏障，也应作为与外界联系的桥梁。她指出，无论是教育史圈内还是圈外的评论者都承认，教育史研究恢复了生机，教育史已成为教育专业的一个强壮的分支学科。在塞勒看来，自从20世纪50年代末、60年代初克雷明重新确定教育史研究领域以来，美国教育史学重新界定了自己的研究范围，在教育史与其他学科之间已架起了桥梁。这些学科在教育史学会里非常活跃，而教育史研究者也在其他学科的学术杂志上发表研究成果。塞勒主张教育史研究应冲破国别史研究范围。她以妇女教育研究为例来阐述这个思想。

多元文化教育史成为20世纪90年代美国教育史学界关注的一个热点。1991年，美国《教育史季刊》组织了一个题为《理解20世纪的美国教育》[21]的笔谈，主要是围绕P·法斯(P. Fass)的新作《少数民族和美国教育的转变》进行了专题讨论。参加该论坛的有V·富兰克林(V. Franklin)、L·戈登(L-Gordon)、M·塞勒和P·法斯本人。富兰克林认为，P·法斯的失败在于她没有全面理解美国文化。当克雷明等人强调用共和主义、资本主义和新教等美国信念来解释美国公立学校的起源时，法斯却强调自由主义在"进步"教育改革中的作用，而这是不足以解释19世纪末、20世纪初的美国教育史的。戈登探讨了美国高等妇女教育中的多元文化问题。塞勒论述了移民问题与灭主教问题与美国多元文化的关系。最后，法斯探讨了美国学校在调节多元文化问题上的多种途径。

当今，美国教育史学发展的多元化已成定局。一方面，对学校教育感兴趣的人们继续从事制度化教育发展的历史研究，而这一派中既有保守传统流派也有激进的各种派别；另一方面，研究"大教育"史学的流派、多元文化主义教育史学流派、少数民族教育(尤其是研究黑人教育)史学流派、女性主义教育史学流派和多元主义教育史学流派等等，都站在各自不同的立场，选取不同的史料并运用不同的研究方法对美国教育史学提出自己的解读或阐释。这一方面反映了以往美国传统教育史学试图说"一样的故事"的局面一去不复返了，一元阐释难以继续占据主导地位；另一方面，也表明美国教育史学研究主体的地位呈不断提升的趋势。那种"如实直书"的兰克式的雄心遭到质疑。随着后现代主义对美国教育史学研究的冲击,人们对以往美国教育史学的宏大叙事——科学主义、现代性和民族国家——不断进行反思和给予挑战,近代启蒙理性在当代美国已经成为后现代主义的批判对象。

历史常新。不同时代、不同阶级的历史学家都希望从自己的时代出发,按照本阶级、本利益集团的意志来重新阐释美国教育史,教育历史知识在一代代人不断进行的历史再认识中向前发展。以往代表美国 WASP(White Anglo-Saxon Protestant Culture)主流文化传统的卡伯莱模式早已陷入众口难调的窘境,一元阐释难以满足来自各种利益集团的不同口味。克雷明在三卷本的《美国教育》中所显示出的折中基调正是为应对这种挑战而做的艰辛尝试。当代美国教育史学研究的"碎化"趋势积重难返,这种状况使美国主流社会深感不安,希望能出现新的综合。正如美国当代著名历史学家海登·怀特(Hayden White,1928～)所言:"在西方,历史话语受到从过去发现形式的欲望的驱使",但现在呈现的只是遗迹、碎片和混乱,"为了从中抽取一些可理解的信息,我们必须先给这些遗存强加某些秩序,提供某些形式,赋予某种模型,确立它们的连贯性,以作为现今已分裂的整体各部分的标示"。[22]

参考文献:

[1] Sol Cohen. The History of the History of American Education,1900～1976 : The Uses of the Past[M]. Harvard Educational Review,August 1976:PP. 298—329.

[2] Robert B. Sherman,Understanding History of Education[M]. Cambridge,Mass. : Schenkmen,1984.

[3] John. P. Keeves ed. Educational Research,Methodology. and Measurement : An International Handbook [M]. Pergmon. Elsevier Science Ltd. 1997.

[4] Wilson Smith. "The New Historian of American Education"[M]. Harvard Educational Review, 1961:V01. 31,No. 2,Spring. PP. 136—143.

[5] Floyd Morgan Hammack. "Rethinking Revisionism"[M]. History of Education Quarterly,1976:PP. 53—61.

［6］Marvin Lazerson. "Revisionism and American Educational History"［M］. Harvard Educational Review，1973：PP. 269—283.

［7］Russell Marks. "The Revisionist World View"［M］. History of Education Quarterly，1989：PP. 447—450.

［8］Carl F. Kaestle. "Conflict and Consensus Revisited ：Notes toward a Reinterpretation Education History"［M］. Harvard Educational Review，V01. 46，No. 3. 1976：PP. 390—396.

［9］Donald Wilson and David Charles Jones. "The 'New' History of Canadian Education"［M］. History of Education Quarterly，1976：P. 87—94.

［10］Patrick J. Harrigan. "A Comparative Perspective on Recent Trends in the History of Education in Canada"［M］. History of Education Quarterly，1986：PP. 367—376.

［11］Richard J. Wolff. "European Perspectives on the History of Education ：A Review of Four Journals"［M］. History of Education Quarterly，1986：PP. 87—94.

［12］Konrad H. Jarausch. "The Old 'New History of Education'：History of Education Quarterly［M］. 1986：PP. 225—242.

［13］Urgen Herbst. "The New History of Education in Europe"［M］. History of Education Quarterly，1987：PP. 55—61.

［14］Peter Cuningham. "Educational History and Educational Chang：The Past Decade of English Historiography"［M］. History of Education Quarterly，Spring(1989)，PP. 77—94.

［15］Michael W. Apple. "Standing on the Shoulders of Bowles and Gintis：Class Formation and Capitalist Schools"［M］. History of Education Quarterly，1988：PP. 231—241.

［16］Robert L. Church，Michael Katz，Harold Silver，and Lawrence A. Cremin. Forum：The Metropolitan in American Education［M］. History of Education Quarterly，1989：PP. 419—446.

［17］Joel Spring. American School ：1642—2000，Fifth Edition ［M］. Boston：MCGraw-Hill，2000：P. 2.

[18] N. Ray Hiner. "History of Education for the 1990s and Beyond：The Case for Academic Imperialism"[M]. History of Education Quarterly，1990：PP. 137—160.

[19] John L. Rury. "Transformation in Perspective：Lawrence Cremin'S Transformation of the School"[M]. History of Education Quarterly，1991：PP. 67—76.

[20] Maxine Schwartz Seller. "Boundaries，Bridges，and History of Education"[M]. History of Education Quarterly，1991：PP. 195—206.

[21] V. P. Franklin. Forum："Understanding American Education in the Twentieth Century"[M]. M. S. Seller and P. S. Fass. History of Education Quarterly[M]. 1991：pp. 47—66.

[22] 西方历史编纂的形而上学——海登·怀特教授在复旦大学的讲演[N]. 文汇报，2004—4—18(6). 参见中国人民大学复印资料《历史学》2004 年第 7 期，第 54 页。

（本文发表于《比较教育研究》2005 年第 5 期。作者周采，时属单位为南京师范大学教育科学学院）

六、欧美教育政治学的进展与反思

（一）教育政治学发展的两个阶段

教育政治学的主要任务是研究政府如何"合法地借助权力在社会上分配教育价值（或资源）"。[1]或者说,它主要研究教育中有政治意义的问题。欧美教育政治学的发展经历了两个阶段。

1. 欧美教育政治学的初始阶段(1936年~1968年)

在西方政治学中,有政治哲学与政治科学的区分。政治哲学研究通常是围绕诸如自由、民主、平等、权利、正义等概念展开,其方法主要是历史法和思辨法;而政治科学是在20世纪后才出现的,它侧重研究具体的政治过程,在研究过程中大量使用数学方法。其目标是将政治学改造成像自然科学一样的学科。[2]

教育政治学产生于其母体政治科学,早期的研究反映了这种影响。关于教育政治学的起源,美国学者布拉格认为教育政治学的起源可以追溯到美国教育学者拉斯韦尔(H. D. Lasswell)在1936年出版的《政治:谁在何时、怎样、得到了什么》一书,因为该书提出了教育政治的核心问题——利益分配问题。[3]该书的出版标志着教育政治学的诞生。1957年美国著名的政治学家戴维·伊斯顿(D. Easton)在《学校评论》发表了题为《正规教育在政治制度中的功能》一文,严厉批评政治科学家对教育问题的忽视,从多个角度证明教育机构在政治制度,尤其是在政治社会化中的重要作用。1959年,埃利亚特发表《理解公立学校政治之路》,他呼吁对制度、意识形态、利益、决策以及选举行为等进行研究,并指出:"如果所有意义重大的政治因素都得以揭示,人们将更理性、更有效地控制政府进程。"[4]由此,斯克里布纳(J. D. Scribner)等人认为埃利亚特是教育政治学的先驱。随后,全美发起了对教育政治与经济的一系列研究。

在这一时期,美国教育政治学可分为两个截然不同的派别,一些学者追随埃利亚特,主要研究联邦、州和地方政府的管理,另一部分学者继承了伊斯顿的研究路线,侧重研究政治社会化问题。[5]在20世纪60年代早期,希拉库斯大学的马可斯韦尔学院出版了一组题为《公立教育的政治与经济》的专题研究报告。时至60年代中期,关于学校教育政治化之属性的研究已在大洋两岸的教育管理项目中出现。斯坦福大学的托马斯·詹姆斯(H. Thomas James)领导下的研究小组完成了关于教育决策中的政治与经济决定因素的研究,这些因素包括财政支出、资源分配、校董事会的行为等方面。与此同时,纽约大学的教育应用研究所发动了一组关于审查学区区长、联邦和州以及地方政策的相互作用、权力、学区决策等方面的研究。20世纪60年代以后,越来越多的学者将注意力转向教育的政治领域,包括社区权力结构、决策、冲突、州及政策和联邦资助。政治科学对教育政治的影响具有重要的意义,这种影响一直持续到80年代。[6]

2. 教育政治学的理论构建阶段(1969年至今)

教育政治学作为一个研究领域,始于1969年的洛杉矶美国教育研究协会的年会。此次年会上提交了一些教育政治学方面的论文,几个为特别利益团体(Special Interest Group)地位进行文档归类的敬业学者注意到了这一动向,出于责任心,他们突出了教育政治学作为一个研究领域的地位。1977年,该领域的学者在哥伦比亚大学召开了一次特别会议,这次会议被看作是建立教育政治学协会的基础。1978年,当美国教育研究协会在加拿大的多伦多市召开年会的时候,教育政治学学者们在安大略教育研究所成立了教育政治学协会。它的成立标志着教育政治学作为一个研究领域在教育管理学界得到认可。

此期,教育政治学的发展出现了两种张力:整合的张力和多元的张力。前者试图将教育政治学科学化,用科学的规范来调整教育政治学。后者则主张学科的多元化、实用化。这两种张力是出于理论建构的需要,可以认为是理论发展阶段的重要特征。

(1)整合的张力

自 1969 年至 1978 年,教育政治学作为教育管理学的一门分支学科,存在很多不确定性。在最初的几年里,教育政治学学者在美国教育研究协会开会期间,召开合作会议,同时发行学术论文和专著,在教育管理学研究领域内建构了本学科的学科框架和概念体系,但是他们在外面的学术活动,对自己所在的研究机构却影响甚微,起不到凝聚作用。[7]

教育政治学领域的很多学者,受政治学领域权威学者,如阿尔蒙德(Almond)和伊斯顿的影响,采用了政治学的理论分析路线试图将教育政治学体系化。将教育政治学与政治学联合的取向,在整个 70 年代保持了相对旺盛的势头,而且,这种结盟在最初的 20 年中有力地影响了该领域的理论发展。尽管除了教育政治学与政治学的密切关系外,教育政治学也与教育管理学有着千丝万缕的联系。

作为一门交叉学科,教育政治学在建立学科方面有一定的难度。杨纳科内(L. Iannaccone)在 1975 年指出,该领域作为教育管理学下面的一个专门研究领域,学者们有选择性地将政治科学的方法和知识,运用和分析他们"教"和研究的核心对象——学区督学、校长、教师和所在的社区。像政治科学家们一样,教育管理领域内的学者借用了社会学、行为科学的方法和知识,希望创制一门以理论为根基的管理学学科——教育政治学。克特伯森和威尔斯指出,在 20 世纪 50 年代,教育管理科学理论运动开始兴盛,其核心是把教育管理理论建设成为一门科学理论,要求把教育管理理论作为一门科学来对待。[8]

(2) 多元的张力

令人感到失望的是,尽管行为主义学派付出了辛勤的劳动,努力把教育政治学学科化,而且,该领域也打下了较好的研究基础,但在 20 世纪 60 和 70 年代它并没有按人们所预言的轨道行进。1974 年,杨纳科内、斯通(P. J. Cistone)和彼得森(P. E. Peterson)发现,许多人渴望已久的理论聚合(theoretical convergence)并没有实现。70 年代,教育政治学的出版物很多,维特和克斯特在 1982 年指出,该领域"像一个从外面攫取的部分理论和对比的方法包裹","没有支撑性的普遍的理论"。[9]与此同时,当研究者根据教育政治学发展的需要,开始把它界定为一个研究领域时,发现它严重缺乏综合的框架。主要原因是该领域在 20 世纪 60 年代中后期被社会思潮和社会运动所推动。这些不同的主题使教育政治学的研究领域呈现多元化的趋势,研究对象的多元化致使行为主义学派在试图寻找统一的学科框架时,面临一系列的社会问题和危机。

在学校管理的实践领域,存在着不确定的、复杂的,还有经常不可控制的价值冲突。当这个领域出现的时候,它作为一个应用研究的身份,被来自社会科学领域学者的不同要求以及实践人员对理论与实践的相关性要求所左右。这种妥协对两者都不利,正如杨纳科内所指出的,"教育政治学领域的发展,不是由理论家所制造出来的,而是由实践者的噩梦所导致的"。[10]

在 1978~1988 年的 10 年间,为拓宽该领域的基础,学者们做了两方面的工作:一是继续扩大该组织的影响;二是强调教育政策改革的实践敏感性分析。相应地,教育政治学协会增加召开论文研讨会、小组讨论的次数,大力参与研究项目和扩大出版物的数量。当时,《教育政治论坛》一年出版三期。1987 年,波伊德(W. L. Boyd)和克切纳(C. T. Kerchner)编辑出版了教育政治学年会的第一期"年刊"《政治卓越与教育选择》。"年刊"成了一个明确的分水岭,它表明教育政治学从对理论结构和解释框架追求的政治科学取向转向一个更加实用的取向。此后,"年刊"每年定期出版,每期均有明确主题,包含着大量政治性的、政策导向的研究争议以及该领域的政治发展。"年刊"自 1987~1996 年由帕尔默出版社(the Palmer Press)出版,自 1996 年至今,"年刊"由科温出版社(Corwin Press)出版,并在它主办的刊物《教育政策》上发表。

尽管教育政治学依赖于来自政治科学的理论结构和框架,总体来说,它还是从教育管理学内部产生的。[11]这种关系在 20 世纪 90 年代被进一步加强。当时,在全国教育管理政策理事会的推荐下,由 1993 年教育管理大学会议实施操作,教育政治与政策研究成为教育管理知识基础的七大范围之一。同时,教育管理的大学政务会倡导,相关院系应把教育政策与政治作为知识基础的重要组成部分。教育政治学协会于 1994 年在新奥尔良的美国教育研究协会会议上庆祝了它的 25 岁生日,1994 年的《教育政治学协会备忘录》由帕尔默出版社出版。

两年以后,美国教育研究协会理事会发动了将教育政策与政治分离的行动。这些事件的结局是双方面的。一方面,该领域内的学者承认,他们活动的范围包含了教育政治学协会的成员和政策研究所的成员,例如教育政策研究协会、美国教育财政协会的成员;另一方面,该领域在圈外也获得了学者们的认可,赞同将政策与政治分离的美国教育研究协会理事会的成员,同意教育政治学与教育政策领域作为两个领域可以长期分离。

(二)教育政治学的宏观微观领域

如果说教育政治是对权力、影响和权威等稀缺和珍贵资源在不同教育部门的不同层级进行分配的研究,那么教育政治宏观微观的划分,象征着学者们对研究议题进一步关注的需要。政治科学与其所辖领域教育政治学反映了一个既相似,但又不同的取向。与政治科学的传统相一致,它关注的焦点在于对"好的"社会和政府的标准化追求,代表了宏观层面的关注。尽管 20 世纪 50 年代的社会科学革命标志着从传统的政治科学的规范(标准)取向走向描述取向,但基本没有改变人们对宏观层面的关注取向。直到 20 世纪 50 年代末期,人们才开始对微观政治予以关注。

关于宏观微观教育政治学的区别。一种观点认为,微观教育政治学是关于学校组织的活动,持这种观点的代表人物是杨纳科内。他在 1975 年第一次编撰出"micro politics of education"这个词,与(宏观教育)政治学区别开来,认为后者指的是联邦、州和学区的政治行为,而微观教育政治指的是在学校建筑物周围以及内部的政治活动。[12]另外一种关于宏观微观教育政治区分的观点是由后来的巴切拉特和曼德尔在 1993 年提出的。他们的观点明显不同于杨纳科内。以韦伯的权利概念和行动逻辑为基础,他们认为微观教育政治涉及到一个政体或政体的附属机构对他们所追求的目标以及达到目标所运用的手段,这里所指的政体可以是任何组织起来的集体,或一个更大的"超系统"的任何层级。在一个政体内对目标选择和为实现目标所采用的手段的竞争,构成了微观政治的活动。微观政治指的是内部政治竞争,宏观指的是在政体环境中所发生的竞争以保证行动逻辑的实施、渗透和偏移。以一个州的立法常务教育委员会为例,该委员会代表了一个政体或一个分支机构,是一个更大的超系统的一部分,如果按照上述宏微观教育政治的区别来看,微观指的是在这个委员会内部,探索确立它的目标和达到这些目标的手段时所发生的竞争;宏观指的是来自委员会所属系统的其他团体和分支机构的政治压力和影响。这些围绕该委员会展开的政治竞争,施加了政治压力,提出了要求,推动了委员会内部的微观政治斗争。[13]总之,微观指的是内部,宏观指的是外部。

教育政治学的宏观微观之分,是近年来教育政治学领域争议的一个热点,不论怎么说,将微观教育政治局限于学校场所,会限制甚至窒息我们对政治行为的分析,巴切拉特和曼德尔的观点对我们重新理解教育政治的行为提供了一个更新、更宽广的视角。

(三) 教育政治学的理论反思

尽管教育政治学领域的学者对该领域的发展付出了辛勤的劳动,但他们对该领域的一些基本概念、框架和理论基础远未达成共识。斯克里布纳等人从概念框架着手,将理性主义、文化主义和结构主义与新制度理论归为教育政治学研究的元理论基础。[14]

维克指出,固守过去的理论框架会带来一定的紧张关系,他认为学科的发展源于对过去理论框架的质疑和批评。通过研究,他发现先例的重要性以及过去的进步,同时,他认为一个人应避免成为这些理论框架的奴隶,他鼓励研究者对新的、可供选择的理论构建方法保持开放的心态。[15]

系统理论在教育政治学中占有一个举足轻重的地位,自从它被引入到教育政治学领域之后,实践证明,在检验政治分支系统的各个不同方面时,它是一种有用的分析工具,其使用价值和效果是惊人的。与此同时,它对该领域的控制造成了障碍。因而,对系统理论的应用,我们应该用发展的眼光来看待,要合理利用,但不能拘泥于其中,要进行合理的扬弃。

冲突理论强调社会系统中冲突的显露与持久。尽管冲突理论在社会学研究中已有了较长的历史,成果也颇多,在教育领域应用的历史则相对较短。最近 20 年,教育政治学运用冲突理论视角的研究成果骤增。这些研究和关注的问题范围很广。尽管在影响上日渐扩大,但这些成果被人们认可的程度却被打了一些折扣,主要原因在于方法论缺乏严谨性,理论上缺乏支持。

在概念化层面,一种富于洞察力、有前途的多元化权力的概念化出现在政治科学的文献中,以此作为基础,有学者使用这种概念来做州际和微观教育政治的研究。

尽管系统理论、行为理论、多元权力观对教育政治学研究做出了重要的贡献,但仍然需要拓宽该领域的传统特色,包容可供选择的框架和概念。冲突理论和多元权力概念代表了对传统思维的合法选择。过多地将注意力集中在传统的框架,不仅使该领域内的盲点永存,而且会导致人们不愿欣赏或认可可供选择的理论视野的有效性。

与其它领域相比,教育政治学领域内的学者需要抵制潜在的理论僵化和苛刻的纠缠,接受理论的探索和创新,新的概念体系可以使业已存在的理论框架变得明白易懂,新的框架经常清楚地揭示原来被忽视的现象。进一步说,它们不仅挑战我们的思维方式,而且挑战那些窒息我们创新的陈旧思想。

目前,人们对该领域范围内的理论框架和范式的不可通约性没有达成统一意见,这个问题应该引起我们的重视,这应通过建设性的对话和争论来化解。学者们献身于学术领域的可贵精神将为发展和创新教育政治学理论和概念提供源源不断的动力。

参考文献:

[1] [美]范斯科德著. 美国教育基础——社会展望[M]. 北京师范大学外国教育研究所译. 北京:教育科学出版社,1984.71.

[2] 马凤岐. 教育政治学[M]. 北京:人民教育出版社,2002.14.

[3] Gerardo R. López. the Politics of Education: A Critical Race Theory Perspective[M]. Educational Administration Quarterly, 2003, 39(1):72.

[4] Eliot, T. H.. Towards an Understanding of Public School Politics[M]. American Political Science Review,1959,53(4):1036.

[5] 成有信,张斌贤,劳凯声等. 教育政治学[M]. 南京:江苏教育出版社,1993:16.

[6] Bob L. Johnson Jr. Those Nagging Headaches:Perennial Issues and Tensions in the Politics of Education Field[M]. Educational Administration Quarterly,2003, 39(1):43.

[7][11] Layton, D. H. The Politics of Education In the Curriculum of

Educational Administration. In D. H. Layton J. D. Scribner (Eds). Teaching Educational Politics and Policy Tempe[M]. AZ: University Council of Educational Administration,1989:13,9, 26.

[8] Culbertson,J. A. A Century's Quest for a Knowledge Base. In N. J. Boyan(Ed). Handbook of Research on Educational Administration:A Project of the American Educational Research Association. New York: Longman[J]. 1988. 3—24.

[9] Wirt F. M& Kirst M. W. Schools in Conflicts:The Politics of Education. Berkeley[M]. CA: McCutchan,1982:27.

[10][12] Iannaccone, L. Education Policy Systems: A Study Guide for Educational Administrators[M]. Nova University,1975. 24,20—50.

[13] Bacharach, S. B. & Mundell, B. L. Organizational Politics in Schools: Micro. Macro and Logics of Action [M]. Educational Ad-ministration Quarterly, 1993,29(4):423—452.

[14] Jay D. Scribner. Emergence of the Politics of Education Field: Making Sense of the Messy Center [M]. Educational Ad-ministration Quarterly, 2003, 30(1):21—34.

[15]Weich. K. Making Sense of the Organization. Malden[M]. MA: Blackwell,2001:25—99.

（本文发表于《比较教育研究》2007 年第 6 期。作者彭虹斌,时属单位为华南师范大学公共管理学院）

七、西方教育哲学研究新进展

本文以《教育哲学杂志》(Journal of Philosophy of Education)、《哲学与教育研究》(Studies in Philosophy and Education)、《教育哲学与理论》(Educational Philosophy and Theory)和《教育理论》(Educational Theory)这四种著名的教育哲学英文期刊为分析对象,结合西方本土学者的已有分析结论,对近年来西方教育哲学研究中的关键词、重要思想家、主要流派、基本领域和作者分布等进行整体梳理,并深度剖析一些研究热点和重点,以期为我国教育哲学研究提供一定的借鉴和参考。

(一) 西方教育哲学研究中的关键词

西方教育哲学正在研究什么? 研究的发展趋势是什么? 这些问题都引人思考。在这样的背景下,美国哥伦比亚大学教育学院(Teachers College, Columbia University)的海登(Hayden, M. J.)博士运用文献计量法,分析了《教育哲学杂志》、《哲学与教育研究》、《教育哲学与理论》和《教育理论》2000~2010年间发表的论文中出现最多的关键概念。排在前五位的是:理论、教学(teaching)、学习(learning)、学校教育和实践,分别占所有论文总量的 21.5%、21.2%、18.3%、17.8%和 17.3%。其后依次为:教育学(pedagogy)、政治、知识、文化、研究、理性、伦理、思维、道德、话语(discourse)、政策、自由主义、经验(experience)、教育哲学、科学、意义(meaning)、实践(practical)、民主、共同体(community)和杜威(Dewey, J.)。[1]这一系列关键词聚焦出西方教育哲学研究的热点和重点。同时,以"教学"和"学习"为关键词的论文比例基本呈上升趋势,如 2000 年论述"学习"的论文仅占所有论文的 7％,2008 年就攀升至 29％。
这些都反映出西方教育哲学正在逐渐关注实践,正在努力走近学校课堂中的教
学和学习活动。

　　为了深入把握以上趋势,笔者对专门研究"教学"和"学习"的论文进行了内
容分析。分析发现,教学研究集中在如下方面:(1) 教学性质研究。着重探讨
教学究竟是什么?《教育哲学杂志》2003 年曾专门讨论"教学是否是实践?"就
此发表了近 10 篇论文,如《教学是实践吗?》、《主张教学作为实践》、《教学作为
实践与实践共同体:共同性的局限与多元化的诉求》等,其他三种期刊也有类似
讨论,但相对较零散。还有学者提出"教学是一种生活方式"。[2](2) 教学方法
研究。主要分析某一思想家提出的教学方法,也探讨某一学科及其具体内容的
教学方法。其中,梭罗(Thoreau, H. D.)《瓦尔登湖》(Walden)的教学备受关
注,也有学者研究"杜威教学法"的具体运用,另有学者探讨在数学教学中帮助
学生克服应用题学习困难的方法。(3) 教学价值观研究。倡导教育者必须不
断反思自己的价值观,特别是关于教与学的信仰,鼓励教育者重新思考自己的
角色。许多学者认为,民主、友爱、正义等应成为教学的主导价值。在此基础
上,有学者进一步讨论了教学是培养民主公民、民主社会的一种重要途径。[3]另
有学者提出了"教学幸福"(teaching happiness)这一概念,探讨了什么是教学幸
福及如何走向教学幸福。[4](4) 教学影响因素研究。剖析对教学过程有明显影
响作用的情感、心理、环境等因素。四种期刊都曾探讨这类问题,尤以《教育理
论》杂志居多。有学者专门以《惊奇》为题,阐述"惊奇"对教学具有非常重要的
影响。[5]还有学者分别讨论了爱、绝望、痛苦、想象力和校园环境对教学的作用。
(5) 教学内容研究。分析应教给学生什么内容,尤以探讨应教给学生什么样的
道德的研究居多。有学者提出应教给学生公认的原则和行为标准。[6]还有学者
提出,民主公民教育(democratic citizenship education)不能仅仅理解为教学生
协商争论和识别差异,可能富有同情心和想象力的教学行动是一种更好的、更
深入的民主公民教育。[7]另有学者从心理、道德和教育三个维度,讨论了能否教
给孩子正当的愤怒。[8]此外,一些研究关注特定群体的教学,包括大学教学、
残疾人教学、女性教学等,其中探讨大学教学的最多。还有一些研究关注教学
与知识关系,有学者集中论述了促进教师专业发展的有效途径是让教师拥有独

特的专业知识。[9]

学习研究则集中在以下方面:(1)学习理论研究。主要研究某一种学习理论思潮或形态。建构主义学习、终身学习、基于脑的学习、后现代主义学习、学习的符号学理论(semiotictheory of learning)、自由学习(liberal learning)、有意义学习、转化学习(transformative learning)、具身学习(embodiment of learning)等研究备受青睐。也有学者着重介绍某一位思想家的学习理论,主要有巴蒂欧(Badiou,A.)、皮尔斯(Peirce,C.S.)、杜威、福柯(Foucault,M.)、维特根斯坦(Wittgenstein,L.)、德里达(Derrida,J.)等的学习理论。(2)学习方式方法研究。首先,在全球化、信息化和科技化的时代,数字化学习、在线学习、网络学习等研究层出不穷,人们从哲学层面分析了各种网络化学习方式的优点、缺点、前景和风险等。其次,有学者阐释了一些独特的学习方法。有人提出"沉思"(contemplation)式的学习方法,倡导学习不仅是解决问题,更应该是体验精神之美(spirit of beauty);[10]也有人提出"休闲"(leisure)式的学习方法将是一种真正自由的、至关重要的学习方法;[11]在此基础上,有人论述了充分尊重学习方法多样性的重要性。[12](3)学习影响因素研究。人们探讨了直觉、想象力、好奇心等对学习的重要作用,提出恐惧、[13]失败、[14]痛苦[15]等负面情绪也能在一定程度上促进学习。有学者还提出,沉默是学习的基础,教学实践中需要找到使用沉默的方法,这样我们的话语才不会沦为纯粹的空话,而成为一种自我认识的手段。[16]有学者分析了独处(solitude)在学习中的重要价值,认为独处有助于唤醒美感,能够引导学生为实现自己的生命价值而尽可能地关注美的事物。[17]当下我国正在倡导合作学习,这些研究无疑具有一定的启发意义。(4)学习价值观研究。与教学价值观相对应,有学者认为学习是为了培育民主公民和民主社会,但也有人不赞同。有学者认为,政治民主和公民权不应是大学生学习的首要目标,学术民主或共同学习的精神应成为总体目标。[18]同时,关于学习价值还存在两种对立的看法。其一,学习是为了追求真理;[19]其二,学习是为了获得实用的知识,即真理不是最终的学习目标,学习是为生活做准备的。[20]此外,有一些论文主要分析学习过程中教师、家长、学习者之间的关系,探讨学习者和教师之间关系的居多。有学者阐释了学习的门徒制(discipleship),即优秀的个体及他们的学生或追随者的关系,比如苏格拉底(Socrates)和亚里士多德(Aristotle),耶稣和他的门徒之间的关系,提出门徒制的特点为导师不是纯粹的知识传授者,师徒间面对面的交流不仅仅是导师说学生听,师徒间的感情非常浓厚等,进而分析了门徒制对现代教育的意义和启示。[21]还有一些论文论述了特定主体的学习,如学龄前儿童的学习、女性学习和老年人学习等。另有一些论文关注学习障碍者(disabled learners)的学习,并明确提出"低自尊"是一个潜在的学习障碍,教育者应该认真对待。[22]也有一些论文描绘了人类未来的学习景象,如《教育的希望》(Educating Hopes)、《超越学习:人类未来的民主教育》(Beyond Learning:Democratic Education for a Human Future)和《未来的教育及其哲学》(The Future of Education and its Philosophy)等。

(二) 西方教育哲学研究中的重要思想家

在四种期刊中,共有 422 篇论文主要研究思想家。其中,研究者关注最多的思想家是杜威,占研究思想家论文总量的 21.8%,比下一个受关注的思想家——福柯(占 15.9%)多了近 1/3。位于其后的思想家依次是:德里达、维特根斯坦、亚里士多德、海德格尔(Heidegger,M.)、柏拉图/苏格拉底(Plato/Socrates)、皮尔斯(Peirce,C. S.)、康德(Kant,I.)、勒维纳斯(Levinas,E.)、尼采(Nietzsche,F. W.)、卡维尔(Cavell,S.)、弗莱雷(Freire,P.)、哈贝马斯(Habermas,J.)、阿伦特(Arendt,H.)、伽达默尔(Gadamer,H. G.)、卢梭(Rousseau,J. J.),所占比例分别为:9%、7.8%、7.1%、7.1%、6.9%、6.9%、6.6%、5.7%、5.7%、4.7%、4.3%、4.3%、4.0%、3.3%、2.8%。[23]

在此基础上,笔者对集中研究杜威、福柯、德里达教育哲学的论文进行了内容分析。其中,对杜威的研究集中在以下方面:(1)剖析杜威的思想。这些论文主要聚焦于杜威的民主教育或种族视角、实用主义教育哲学、美育、教学和学习理论以及关于建构和解构的教育理论等。(2)梳理杜威思想的传播和发展。涉及杜威思想在法国、英国、德国、意大利、西班牙等国的发展及其对教育的影响,这类文章主要发表在《哲学与教育研究》。(3)厘清杜威思想的理论渊源。有学者梳理了杜威对黑格尔(Hegel,G. W. F.)和赫尔巴特(Herbart,J. F.)新人文主义思想的继承和创新,讨论了杜威的"新教育哲学"是否真的试图解构所有新人文主义传统。[24]还有论文研究了斯宾塞（Spencer,H.）、本杰明（Benjamin,W.）等人对杜威的影响。另有一些论文阐释了美国哲学家卡维尔对杜威哲学富有建设性的批评和继承。[25]

关于福柯的研究主要有：(1) 福柯的治理术（governmentality）思想。福柯对权力的认识和"治理的艺术"是分不开的，因此他提出了一个重要概念——"治理术"。治理术为人们提供了对权力的具体理解，促使人们以不同的方式来分析话语和参与技术。[26]治理术的作用和应用是很多论文讨论的重点，有学者基于福柯的治理术，分析学习何以成为一种管理和自治的关键。[27](2) 福柯的自我伦理学理论（其主旨是我们必须把自己创造成一种艺术品）。许多论文介绍了福柯自我伦理学的基本观点及其发展，[28]也有一些研究者批判福柯的观点，认为福柯似乎更强调不同于社会自我之外的独立的伦理自我。[29](3) 福柯寻求真理和批判的精神。不少研究者关注福柯对真理、权力、教育学之间复杂关系的论述。[30]此外，还有一些学者关注福柯的儿童早期教育思想、复杂性理论、对自由主义和精神分析的批判，福柯与后结构主义关系，以及尼采及虚无主义等对福柯的影响。

关于德里达的研究主要包括：(1) 德里达的解构主义思想。集中于对其解构主义思想的介绍、评论和发展，[31]并分析其在伦理教育和课堂教学中的积极作用和影响。[32](2) 德里达对学术责任和教学责任的理解。有学者认为，现在的大学并没有超越技术哲学背景下的思想自由和学术责任，德里达的解构思想有利于新的学术责任的建立。[33]还有学者论述了在全球化和社会政治冲突的形式下，哲学的权利和哲学教学的定位面临新的挑战，而对德里达的解读有助于人们理解当前哲学家的责任，就是超越旧的、无益的、令人厌烦的欧洲中心主义和反欧洲中心主义之间的对立。[34](3) 德里达的民主文化思想。有学者专门研究了德里达关于民主的看法，指出德里达认为民主文化政治（democratic cultural politics）必须交织三种话语——哲学和宗教原则的普遍话语，墨守成规的法律话语，日常生活背景下的话语和实践，并认识到了每种话语的局限性以及民主的文化政治必须牢牢地植根于民族精神的实践。[35]还有学者基于德里达的观点来讨论民主和未来大学及教育发展的关系。[36]

（三）西方教育哲学研究中的主要流派

四种期刊中共有 407 篇论文专门探讨、分析或批判特定教育哲学流派。自由主义是最常见的流派，共有 119 篇论文加以讨论，占研究教育哲学流派论文总量的 29.2％。其后依次为后现代主义（19.2％）、实用主义（16.5％）、多元主义（10.8％）、建构主义（6.6％）、世界主义（cosmopolitanism）（5.9％）、现实主义（5.9％）、多元文化主义（5.4％）、怀疑主义（5.2％）、批判理论（4.9％）、后结构主义（4.2％）、二元主义（3.7％）、资本主义（2.9％）、社群主义（communitarianism）（2.9％）、人文主义（2.7％）、实证主义（2.5％）、经验主义（2.2％）、唯心主义（2.2％）、唯物主义（1.5％）、社会主义（1.5％）、存在主义（0.7％）、全球主义（globalism）（0.2％）。[37]笔者分别对研究"自由主义"、"后现代主义"和"实用主义"的论文进行了内容分析。关于自由主义的研究主要有：（1）自由主义的多种派别。四种期刊中对新自由主义和政治自由主义的研究最多，也有学者关注良知自由主义（liberalism of conscience）[38]、福利自由主义（welfare liberalism）[39]和程序自由主义（procedural liberalism）。[40]（2）自由主义的批判。有学者指出"英国的教育哲学对自由主义的兴趣和支持度有所下降"，进而阐述了批判自由主义的几种立场：内在自由、反自由、超自由。[41]还有学者从政治自由主义和自由教育两个方面，集中探讨了人们对自由主义本质及其核心功能的争论。[42]同时，自由主义的方法是否合理也是大家争论的话题。[43]（3）自由主义的辩护。尽管自由主义遭受了多重批判，但许多学者也对其进行了辩护，倡导"自由主义作为学校实践和教育政策制定的指导原则"[44]。此外，还有一些学者探讨了自由主义和多元文化主义在美国教育中如何融通的问题。

关于实用主义的研究主要有：（1）多维视角下的实用主义。有学者总结出认识实用主义的三种视角：一是将实用主义作为科学方法，特别是在社会科学中，强调用科学知识解决实际问题；二是作为一种民主的生活方式；三是在学校教育中，作为实验主义的同义词。[45]（2）实用主义的应用和影响。一些学者谈到实用主义作为一种民主的生活方式，对深化民主、解决种族不平等、促进学校教育发展具有重要作用。也有学者分析实用主义作为一种科学的方法对教育实证研究的重要影响。另有一些论文介绍了实用主义在西班牙、巴西、德国、法国、英国的传播和影响。此外，还有一些研究关注实用主义的发展历史，[46]揭示杜威实用主义的悲剧意蕴，[47]探讨实用主义如何发展成为网络时代的新型媒体哲学，[48]强调实用主义与女性主义、解构主义、经验主义、建构主义等的融合。[49]

关于后现代主义的研究，主要包括：(1) 分析后现代主义之后的教育(education-after-post-modernism)。有不少论文讨论《再思考：后现代主义之后的教育》(Thinking-Again:Education After Post-modernism)一书，认为该书"为教育哲学寻找到了一个新的范式，以此审查后现代主义的影响"。[50]也有学者直接提出"后现代主义之后无教育"(no-education after postmodernism)的观点，认为聚集在后现代主义大伞下的哲学家的努力，并没有为教育实践开出处方或解决问题。[51](2) 后现代主义对教育的影响。有学者提出，后现代主义以一种怀疑的态度挑战教育理论，其怀疑的兴趣不在于寻求更多的确定性，而在于方法上超越基础主义(foundationalism)。[52]此外，还有一些论文关注后现代主义对历史教育、科学教育及教育研究的影响，如有人立足于后现代视角讨论教师如何在教学计划及评估中深化和扩展学生学习历史的经验。[53]

(四) 西方教育哲学研究中的基本领域和作者分布

分析发现，四种期刊中共 308 篇论文关注了某一教育领域的具体问题。其中，探讨公民教育、道德教育和社会正义(social justice)教育的论文最多，分别占全部 308 篇论文的 14.9%、13.6%和 10.7%。其后的研究领域依次为：博雅(liberal arts)教育、科学教育、历史教育、社会教育、伦理(ethics)教育、多元文化教育、艺术教育、人文教育、世俗(secular)教育、宗教教育、音乐教育、数学教育、社会变迁(social change)、技术(technology)教育、职业(vocational)教育、体育、进步(progressive)教育、网络教育、特殊教育、实业(industrial)教育、素养(literacy)教育和英语教育，所占比例分别为：8.8%、7.8%、7.1%、6.5%、4.9%、4.5%、4.5%、4.2%、3.6%、3.2%、2.9%、2.6%、2.3%、2.3%、2.3%、1.6%、1.6%、1.3%、1.0%、0.6%、0.6%、0.3%。[54]

从四种期刊中论文作者所属的国家来看，美国和英国名列第一和第二，所发表的论文占所有论文的一半以上。31.6%的论文作者来自美国，20.8%的论文作者来自英国。其后陆续为：澳大利亚、加拿大、比利时、新西兰、德国、瑞典、荷兰、以色列、中国、挪威、南非、塞浦路斯、芬兰，所占比例分别为：7.8％、6.4％、4.8％、3.4％、3.2％、2.5％、2.4％、1.8％、1.7％、1.5％、1.5％、1.5％、1.3％。中国排在第 11 位，且 77％的论文发表在《教育哲学与理论》杂志上。[55]

　　总体而言，虽然以四份期刊为对象分析西方教育哲学研究进展存在一定的局限性，但也明确揭示出一些发展趋势，这些趋势对定位我国教育哲学的发展走向、加强我国教育哲学的理论基础、凝练我国教育哲学的研究主题等都具有一定的启示意义。同时，西方教育哲学领域产生的一些新观点，也具有一定的参考价值，值得深入思考和适当借鉴。

参考文献：

　　[1][23][37][54][55] Hayden. M. J. What Do Philosophers of Education Do? An Empirical Study of Philosophy of Education Journals[J]. Studies in Philosophy and Education. 2012,31(1):1—27.

　　[2] Hogan. P. Teaching and Learning as a Way of Life[J]. Journal of Philosophy of Education. 2003,37(2):207—223.

　　[3] Abowitz. K. K. On the Public and Civic Purposes of Education[M]. Educational Theory,2008,58(3):357—376.

　　[4] Smith,R. The Long Slide to Happiness[J]. Journal of Philosophy of Education. 2008,42(3/4):559—573.

　　[5] Adler. J. E. Surprise [J]. Educational Theory. 2008, 58 (2): 149—173.

　　[6] Sliwinski, S. Thinking Without Banisters: Toward a Compassionate Inquiry into Human Rights Education[J]. Educational Theory. 2005,55(2): 218—230.

　　[7] Waghid. Y. Action As an Educational Virtue: Toward A Different Understanding of Democratic Citizenship Education[M]. Educational Theory, 2005,55(3):322—342.

[8] Kristjánsson. K. Can We Teach Justified Anger? [J]. Journal of Philosophy of Education. 2005,39(4):671—689.

[9] Geerinck,I.,et al. Teaching and Knowledge:A Necessary Combination? An Elaboration of Forms of Teachers'Re-flexivity [M]. Studies in Philosophy and Education,2010,29(4):379—393.

[10] Caranfa, A. Contemplative Instruction and the Gifts of Beauty, Love,and Silence[M]. Educational Theory,2010: 60(5):561—585.

[11] Gary,K. Leisure,Freedom,and Liberal Education[M]. Educational Theory,2006,56(2):121—136.

[12] Golmohamad,M. Education for World Citizenship:Beyond National Allegiance [M]. Educational Philosophy and Theory, 2009,41(4):466—486.

[13] English, A., Stengel, B. Exploring Fear: Rousseau, Dewey, and Freire on Fear and Learning [J]. Educational Theory. 2010,60(5):521—542.

[14] Cigman,R. Self-Esteem and the Confidence to Fail[J]. Journal of Philosophy of Education. 2001,35(4):560—576.

[15] Jonas,M. E. When Teachers Must Let Education Hurt: Rousseau and Nietzsche on Compassion and the Educational Value of Suffering [M]. Journal of Philosophy of Education,2010,44(1):45—60.

[16] Caranfa,A. Silence as the Foundation of Learning [M]. Educational Theory,2004,54(2):211—230.

[17] Caranfa,A. Lessons of Solitude:The Awakening of Aes-thetic Sensibility [M]. Journal of Philosophy of Education, 2007,41(1):113—127.

[18][20] Molander,B. Politics for Learning or Learning for Politics? [M]. Studies in Philosophy and Education,2002,21(4/5):361—376.

[19] Hogan, P. The Integrity of Learning and the Search for Truth [M]. Educational Theory,2005,55(2):184—200.

[21] Wringe,C. Teaching Learning and Discipleship:Education Beyond Knowledge Transfer [M]. Journal of Philosophy of Education,2009,43(2): 239—251.

[22] Man, R. Enhancing Children[J]. Journal of Philosophy of Education. 2008, 42(3/4):539—557.

[24] Bellmann, J. Re-Interpretation in Historiography: John Dewey and the Neo-Humanist Tradition[J]. Studies in Philosophy and Education. 2004, 23(5/6):467—488.

[25] Saito, N. Philosophy as Education and Education as Philosophy: Democracy and Education from Dewey to Cavell[J]. Journal of Philosophy of Education. 2006, 40(3): 345—356.

[26] Masschelein, J. Participation for Better or for Worse? [M]. Journal of Philosophy of Education, 2005, 39(1):51—65.

[27] Simons, M. , Masschelein, J. The Governmentalization of Learning and the Assemblage of a Learning Apparatus[M]. Educational Theory, 2008, 8(4):391—415.

[28] Drummond, J. Care of the Self in a Knowledge Economy: Higher Education, Vocation and the Ethics of Michel Foucaul[M]. Educational Philosophy and Theory, 2003, 35(1):57—69.

[29] Smeyers, P. , Waghid, Y. Cosmopolitanism in Relation to the Self and the Other: From Michel Foucault to Stanley Cavel[M]. Educational Theory, 2010, 60(4):449—467.

[30] Deacon, R. Truth, Power and Pedagogy: Michel Foucault on the rise of the disciplines[J]. Educational Philosophy and Theory. 2002, 34 (4): 435—458.

[31] Trifonas, P. Jacques Derrida as a Philosopher of Education[J]. Educational Philosophy and Theory[M]. 2000, 32(3): 271—281.

[32] Bingham, C. Derrida on Teaching: The Economy of Erasure [J]. Educational Philosophy and Theory. 2008, 27(1):15—31.

[33] Trifonas, P. Prolegomena to a New Academic Responsibility: What it Means to Know and the University[J]. Educational Theory. 2009, 59(3): 313—326.

[34] Egéa-Kuehne,D. The Teaching of Philosophy:Renewed Rights and Responsibilities[M]. Educational Philosophy and Theory,2003, 35 (3): 271—284.

[35] Carlson,D. The Border Crossed Us:Education,Hospitality Politics,and the Social Construction of the "Illegal Immigrant"[J]. Educational Theory. 2009,59(3):259—277.

[36] Hellemans,M. Discussion:On the Future of Our Past[J]. Studies in Philosophy and Education. 2007,26(5):499—504.

[38] Swain,L. Heteronomous Citizenship:Civic Virtue and the Chains of Autonomy[J]. Educational Philosophy and Theory. 2010,42(1):73—93.

[39] Moses,M. S. Social Welfare,the Neo-conservative Turn and Educational Opportunity [J]. Journal of Philosophy of Education. 2004,38(2): 275—286.

[40] Johnston,J. S. Right and Goods:Procedural Liberalism and Educational Policy[J]. Educational Theory. 2007,57(4):469—488.

[41] White,J. Five Critical Stances Towards Liberal Philosophy of Education in Britain[J]. Journal of Philosophy of Education. 2003, 37 (1): 147—184.

[42] Halliday,J. Reason,Education and Liberalism:Family Resemblance within an Overlapping Consensus[J]. Studies in Philosophy and Education. 2001,20(3):225—234.

[43] Johnston,J. S. Rawls's Kantian Educational Theory[J]. Educational Theory. 2005,55(2):200—218.

[44] Rhoads,R. A.. Calderone,S. M. Reconstituting the Democratic Subject:Sexuality Schooling,and Citizenship[J]. Educational Theory. 2007, 57(1):105—121.

[45] Mendon. Pragmatism and Developmentalism in Brazilian Educational Thought in the 1950/1960[J]. Studies in Philosophy and Education. 2005, 24 (6):471—498.

［46］Glassman，M. Running in Circles：Chasing Dewey［M］. Educational Theory，2004，54(3)：315—341.

［47］Saito，N. Pragmatism and the Tragic Sense：Deweyan Growth in an Age of Nihilism［M］. Journal of Philosophy of Education，2002，36(2)：247—263.

［48］Sandbothe，M. ，Inkpin，A. Media Philosophy and Media Education in the Age of the Internet［M］. Journal of Philosophy of Education，2000，34 (1)：53—69.

［49］Thayer-Bacon，B. Pragmatism and Feminism as Qualified Relativism［M］. Studies in Philosophy and Education，2003，22(6)：417—438.

［50］Barnett，R. Thinking the University，Again［M］. Educational Philosophy and Theory，2000，32(3)：319—326.

［51］Levering，B. There is No Education After Postmodernism［J］. Studies in Philosophy and Education. 2001，20(5)：423—432.

［52］Ramaekers S. Postmodernism：A Sceptical Challenge in Educational Theory［M］. Journal of Philosophy of Education，2002，36(4)：629—651.

［53］Yilmaz K. Postmodernism and its Challenge to the Discipline of History：Implications for History Education［M］. Educational Philosophy and Theory，2010，42(7)：779—795.

（本文发表于《比较教育研究》2014 年第 1 期。作者曾文婕、毕燕平，时属单位为华南师范大学教育科学学院）

八、西方教育人种志发展的四个阶段

（一）什么是教育人种志

人种志（ethnography，又译民族志、俗民志）一词源于人类学，狄阿斯（D. Dias）认为该词最初由坎普尔（Campl）于1807年提出，其基本含义是对民族的记录或描述（description），即人类学家将自己作为研究工具，深入某一原始民族或异域文化，经过长期的资料收集过程，最后完成对该民族或文化的详尽描述。西方人类学家们虽然对人种志的"描述"属性几无异议，但关于人种志到底是什么，在人类学中处于何种位置等问题，却是颇有争议。其中，有部分人类学家将人种志视为人类学下面的一个分支。另有一部分人类学家则认为人种志通常具有双重含义：一是指人类学家进行田野工作（fieldwork）、做田野笔记的过程，以及在这一过程中所使用的方法；二是指人类学家通过田野工作而得出的研究结果，常以文章或书籍的形式体现。在这部分人类学家的笔下，ethnography一词常常在"方法论（methodology）"的意义上使用；有时，ethnography成为"做（do）"的宾语，从而拥有了"人种志研究"的含义；另外，ethnography也会转换成形容词ethnographic，与"method"、"approach"、"tech-nique"连用，形成"人种志方法"或"人种志策略"等词组。将人种志视为人类学的一个分支，有人类学学科自身的合理性，但教育学对人种志的关注，则是出于人种志作为研究方法的独特性和可借鉴性，这也正是本文的出发点之一。所以，本文拟采用第二种含义，主要将人种志视为一种研究方法来探讨。

一种完整的研究方法不只是某一项具体的资料收集策略，也不是一套研究程序那么简单,而应涉及三个层面:一是方法论层面,即指导整项研究的思想体系,包括理论基础、研究逻辑和思路等;二是研究方式层面,即贯穿于整个研究过程的程序和操作方式;三是具体技术和策略层面,即在某一研究程序中所使用的工具、手段等。这三个层面相互联系,构成一研究方法的整体,同时,也不可将三者简单地混为一谈。[1]综观西方人类学的相关文献,多数研究者认为,人种志属于质的研究方法,其研究逻辑主要是一种自然主义的探究,即事先没有严格的理论假设,追求自下而上的归纳,理论基础主要是人类学的跨文化视角和文化相对主义;主要的研究方式是田野工作,即研究者进入研究现场进行长期的资料收集和整理工作,最后归纳出一定层次的理论或做出相应的解释,这是人种志的第二个层面;具体收集资料的方法主要是参与性观察和深度访谈,这是人种志的第三个层面。

在英文语境中,教育人种志最常见的表达是"educationale thnography"和"ethnography in education"。这两种表述看似只存在语序上的差别,实则体现了不同的价值倾向:"ethnography in education"中"education"是"ethnography"的后置定语,可见是人种志作为一种独立的研究方法向教育研究领域的渗透,体现了研究方法本身的强大生命力,所以很多时候仍是从人类学的研究角度出发。而"educationale thnography"中"education"乃前置定语,暗含着教育研究的主动性,至少在一定程度上体现了教育学和人类学的交叉。另外,在一些教育人种志的研究报告中,还可见"ethnographic method(approachor technique)ineducation"的说法,这种表述虽然树立了"教育人种志方法"的旗帜,却同时存在这么一种危险,即将完整的教育人种志与某一教育人种志的策略混为一谈。所以,有些严格的教育人种志权威人士称之为"号称'人种志'的方法",[2]认为不可与真正的教育人种志相提并论。

由此,我们基本上可以对教育人种志进行如下界定:第一,教育人种志是教育研究对人种志的一种借用,它具有人种志的根本特征和研究规范,又体现了教育研究的学科特色;第二,教育人种志拥有完整的研究设计和方法规范,不是对人种志某一具体程序或策略断章取义式的借用,它具有研究方法三个层次的整体性。所以,笔者倾向于将"educationale thnography"和"ethnography in education"两种表达视为真正的教育人种志,而对"ethnographic method(approachor technique)ineducation"之说持谨慎态度,认为应视具体情况来判定是否为一种完整的教育人种志。

(二)第一阶段——人类学中的田野工作传统(20 世纪初)

在 20 世纪之前,早期的人类学家对某一原始民族的了解和勾勒多数通过二手资料(资料往往来自传教士、探险家、异域旅行者的书面记载、口头叙述或是殖民当局的档案材料),使用的研究方法尚无明显的学科特色,这使得他们被戏称为"摇椅上的人类学家"。到了 20 世纪初,欧美社会人文学科的分化越来越细,并极为关注研究方法的规范性,于是,被责怪为仅仅是"一种对于与世隔绝的'原始'奇风异俗的描述"[3]的人类学日益步履维艰。而正是此时人种志的运用与逐步规范,使人类学完成了学科发展史上的一个飞跃,从而发展成为一门现代社会人文学科。

人类学领域中人种志的成型大概是在 19 世纪末 20 世纪初,其间美国的历史学派(又称批评学派或历史批评学派)和英国的结构功能学派起了关键作用。虽然早期人类学家也有过一些田野工作的实践,但人种志的鼻祖当属美国现代人类学之父博厄斯(F. Boas)。作为美国历史学派的创始人和主要代表,博厄斯坚持文化相对论的观点,反对进化论者对人类社会发展进程所作的抽象概括,认为人类学研究的关键是进行具体而深入的田野工作。英国结构功能学派人类学家马林诺夫斯基(B. Malinowsk)首先对人种志进行了系统的论述和分析,他曾在 1914~1918 年间三次赴新几内亚考察,考察结果是构成其在 1922~1935 年发表的 7 部专著的基础,也是他确立现代人类学田野工作规范的依据。在《西太平洋的航海者》(1922)一书的导论中,马林诺夫斯基对田野工作的本质、原则等进行了详尽介绍。[4]马林诺夫斯基总结出人种志者应该遵循的四个原则:一是用当地的语言进行学习和工作;二是与当地人一起生活,并尽可能地参与他们的活动;三是通过真实的个人观察收集很多案例;四是做好对付长时间的田野工作以及解决现实问题的准备。[5]由此,他的人种志理论成为后继人类学家进行田野工作的典范。

（三）第二阶段——教育人种志的萌芽阶段（20 世纪 30 年代～50 年代后期）

20 世纪 30 年代，人种志开始借助人类学这个学科母体，逐步向教育学、社会学以及心理学等各个领域进军，开启了教育人种志的萌芽阶段。该阶段对教育问题感兴趣的人类学家，英国以功能学派为代表，美国以历史学派为代表，对教育的影响尤以后者的研究为重，具体可分为以下几个方面：一是文化与人格（culture-and-personality）研究，如本尼迪克特（R. Bendict）、卡迪特（A. Kardiner）和林顿（R. Linton）等人所倡导的"文化与人格"理论，其实质就是强调文化的教育功能和教育涵义；最实质性地将人类学的理论和人种志运用于教育研究的要推米德（M. Mead），她运用自己在工业落后社会的田野工作经历，生动描述了快速变化的美国教育情景，并倡导教师运用观察和一手资料进行研究。[6]二是反对种族中心主义的研究，以博厄斯和赫斯科维茨（M. J. Herskovits）等人为代表，具体内容涉及移民教育、儿童的心理发展调查、民族特性的比较研究与教育等。[7]三是教育功能研究，如本尼迪克特研究了美国文化中教育的三种传统作用：传播（transmissive）作用、转变（transitional）作用和改造（transformative）作用。[8]

在 20 世纪 60 年代之前，虽有诸多人类学家对现代社会的教育问题表示了关注，部分研究还运用了人种志，但现代意义上的教育人种志尚未正式成型，原因在于：一是运用该方法的研究人员多数是人类学家和社会学家，而非教育工作者；二是研究内容与视角多出于人类学需要，与教育研究的视角少有交叉之处；三是倾向于运用人类学的理论对教育问题进行探讨和分析，极少借鉴或运用人种志方法与程序。

（四）第三阶段——教育人种志的成型阶段（20 世纪 60 年代～70 年代中期）

教育人种志的成型与广泛应用与当时的社会背景密切相关，主要得益于以下两个因素：一是社会运动和思潮的影响；二是教育研究方法的多样化。20 世纪 60 年代，"二战"浩劫所引起的各种社会危机、第三世界国家的兴起以及殖民政策的失败，给西方人以极大的心理震撼，以追求平等、关注弱势为总特征的社会运动和思潮风起云涌,而这一切与人种志者文化相对主义的主张不谋而合。在此大背景下,教育研究方法出现了多样化发展的局面:具有实证主义传统的量的研究方法缺陷日趋明显,难以应付复杂的教育问题,而质的研究方法则因其人文性、民主化的追求顺应了当时的社会需求。不少社会学家、人类学家和心理学家开始出于各自的立场关注教育现象,尤其是贫民和少数民族子弟的教育问题,使得质的研究方法在各学科领域得到广泛运用。在这种欣欣向荣的大环境中,人种志作为质的研究方法的主要源头和骨干成员,开始顺势向教育研究领域大规模进军,并相应地衍生出教育人种志。

另一方面,教育人类学①的兴起也为教育人种志的成型提供了直接的学科背景。关于教育人类学这门学科的起源以及历史分期问题,国内外研究界至今尚无定论,但有不少研究者认为 1954 年的"斯坦福研讨会(Stanford Conference)"具有标志性的意义。如:李复新老师将斯坦福研讨会视为教育人类学"范例性研究时期"开始的标志,[9]冯增俊老师认为该研讨会乃教育人类学应用性学科的开端,[10]而美国学者埃迪(E. M. Eddy)则坚持此次会议已经标志着教育人类学的制度化与专业化时期。[11]无论后人对这次会议的历史地位如何定位,有一点是可以肯定的,即斯坦福研讨会使得教育人种志这种方法逐渐有了用武之地。因此,教育人类学与教育人种志的兴盛期大致相同,也是相当自然的现象。

在这一时期,教育人类学家对教育人种志进行了广泛的运用,其运用领域涵盖宏观和中微观各方面的研究。其中,宏观研究的运用仍集中于教育人类学的核心主题——教育与文化过程,尤其是现代学校教育与传统文化之间的冲突与融合方面。典型代表为斯平德勒(G. Spindller)的经典教育人类学编著《教育与文化过程:教育人类学探索(Educationand Cultural Process:Towardan Anthropology of Education)》(1974),在该书的第三部分"传统社会和迈向现代化的社会中的教育和文化过程(Education and Cultural Processin Traditional and Modernizing Societies)",作者用 5 篇文章探讨传统社会中现代学校教育

---

① 普遍认为,教育人类学可以分成欧美教育人类学和德国教育人类学两派,由于德国的教育人类学受哲学人类学影响颇深,更注重哲学思辨,较少运用教育人种志这种研究方法,因此,本文此处的教育人类学主要指欧美的教育人类学,尤以美国为主。

的尴尬处境。教育人种志中微观研究的运用，主题主要有学业失败（尤以少数民族子弟为主）、教育公平、社会分层以及师生关系、教师概念、校长职能等。在具体的人种志研究中，学业失败、教育公平和社会分层等主题往往是交织在一起的，有时也与师生关系紧密相连。如麦克德莫特（R. P. Mcdermott）《学业失败：关于文盲和社会分层的一种人类学方法（Achieving School Failure: An Anthropological Approachto Illiteracy and Social Stratification)》一文的研究结论指出，少数民族子弟或下层社会出身的儿童出现阅读障碍，其原因在于文化差异造成了师生之间的误解和关系僵化。关于校长职能的研究，以沃尔科特（H. F. Wolcott）的《行使校长职权的人——种人种志观（The Maninthe Principal's Office: An Ethnography)》(1973)为代表。

笔者认为，判定教育人种志在20世纪60年代～70年代已基本成型，理由如下所述：第一，拥有明确的学科背景和丰富的研究领域。如上文所述，无论按什么标准来衡量，到了20世纪60年代～70年代，教育人类学学科的成立，已为教育人种志提供了学科背景保障，也为其广泛运用呈现了丰富的研究领域。第二，形成了相对稳定的研究队伍。20世纪上半期教育领域人种志的运用，大多由人类学家所为，到了该阶段，教育学家和人类学家才有了充分的接触与合作，并逐渐形成一个新的研究群体——教育人类学家。同时，虽然教育社会学家的"教育人种志"常常受到教育人类学家的非议，但对教育人种志的历史发展同样功不可没。第三，在现代教育中，教育人类学家和教育社会学家对教育人种志的广泛运用，已涉及宏观、中观和微观各个层面。第四，开展了一定的经验总结和理论探讨，初步确定了教育人种志的研究规范。

（五）第四阶段——教育人种志的多元发展阶段（20世纪70年代末至今）

20世纪60年代～70年代对教育人种志的理论探讨，仍只是少部分研究者对自身研究实践的一种自发反思，到了20世纪80年代，教育人种志经历了十几年实践的磨练，并逐渐成长为教育研究界"家喻户晓"[12]的一种研究方法时，整个教育人类学领域的自觉反思意识才逐步形成。该阶段的理论探讨与反思，主要围绕三个主题进行：一是相关概念的辨析；二是优秀（学校）教育人种志的标准;三是教育人种志广泛运用的原因。在围绕着教育人种志而展开的概念辨析中,第一组是关于人种志与教育人种志,人种志与田野工作、个案研究以及参与性观察等概念的区别。第二组是关于教育人种志与学校教育人种志的区别。如斯平德勒认为,教育人种志指对所有教育过程的研究,而不论研究是否与学校有关;学校教育人种志的范围更小一点,它只指向与学校内部教育有关的教育过程,当然也包括同辈群体、暴力模式等与学校生活相关的一些方面。[13]关于优秀(学校)教育人种志的标准问题的探讨,沃尔科特在《学校研究的人种志方法标准(Criteriaforan Ethnographic Approachto Research in Schools)》一文中提出优秀教育人种志的四个标准:问题的妥当性(appropriation of the problem)、人种志者的妥当性(appropriation of the ethnographer)、研究气氛的妥当性(appropriation of the research climate)、完成研究的期望之妥当性(appropriation of expectations for the completed study)。[14]斯平德勒则在编著《做学校教育人种志:教育人类学应用》的基础上,从该书各篇文章中归纳出11条优秀学校教育人种志的标准。[15]关于教育人种志广泛运用的原因,奥格布曾提出四个因素:一是在传统人类学的概念中,学校教育被视为一种社会问题;二是教育人类学家先前对"文化与人格"以及人类语言学的研究背景;三是美国在20世纪60年代的社会、政治危机中诞生了教育人种志;四是教育界对学校教育人种志研究的赞助促进了人类学家的应用性研究。[16]

在实践层面的广泛运用和理论层面的探讨与反思之后,教育人种志的应用范围在20世纪80年代开始向纵深发展。该阶段教育人种志研究的一个典型特征是对中微观研究的关注,其标志是学校教育人种志的广泛运用。具体而言,学校教育人种志的运用领域涉及:社会阶层、种族、语言交流和学业成绩之间的关系,即受交流人种志和符号互动论的影响而展开的一系列研究;隐性课程,即研究文化和社区背景如何影响甚至决定着正规教育过程;各科语言教学过程的研究等。同时,教育人种志还在教育评价和教育政策等领域得到了更为广泛的运用,以弗特曼(D. M. Fetterman)主编的《教育评价人种志(Ethnography in Educational Evaluation)》(1984)和弗特曼、皮特曼(M. A. Pitman)合编的《教育评价:理论、实践与政治的人种志(Educational Evaluation: Ethnography in Theory,Practiceand Politics)》(1986)两书之问世为标志。可见,20世纪 60 年代～70 年代的教育人种志研究更偏向于宏观领域,对中微观研究领域——学校教育现象的描绘,多属粗笔勾勒。直到 20 世纪 80 年代之后,教育人种志才在学校教育研究中开辟了新的一方天地,而随着学校教育中微观研究的不断推进,教育人种志也日益规范和细致,并诞生了新分支——学校教育人种志。

　　(本文核心观点出自作者华东师范大学硕士论文《教育人种志:概念与历史》,感谢恩师郑金洲教授的指导和帮助)

参考文献:

　　[1] 袁方. 社会研究方法教程[M]. 北京:北京大学出版社,1997. 24—27.

　　[2][14] 曾守得. 教育人种志研究方法论[M]. 台北:五南图书出版公司,1989.8,79—121.

　　[3] 乔治·E·马尔库斯,米开尔·M·J·费彻尔,王铭铭,蓝达居译. 作为文化批评的人类学:一个人文学科的实验时代[M]. 北京:生活·读书·新知三联书店,1998:38.

　　[4] 马林诺夫斯基. 梁永佳,李绍明译. 西太平洋的航海者[M]. 北京:华夏出版社,2002.1—20.

　　[5] J. U. Ogbu,N. E. Sato,E-Y Kim. Ethnography of Education:Anthropological Approach. In:T. Husén,T. N. Postleth-waite(eds.). The International Encyclopedia of Education [M]. Vol. 4. Oxford:Pergamon Press,1994.

　　[6] R. C. Bogdan,S. K. Biklen. Qualitative Research in Education:An Introduction to Theory and Methods(Third Edition)[M]. Boston:Allyn and Bacon,1998:8.

　　[7] G. Spindler(ed.). Educational and Cultural Process:Toward an Anthropology of Education[M]. New York:Holt,Rinehart and Winston,1974:5—10.

　　[8] G. Spindler(ed.). Education and Cultural Process:Toward an An-

thropology of Education[M]. New York：Holt, Rinehart and Winston, Inc, 1974：6—7.

[9] 李复新. 西方教育人类学研究的历史透视[D]. 上海：华东师范大学, 1990：14.

[10] 冯增俊. 教育人类学[M]. 南京：江苏教育出版社，2001：22—23.

[11] E. M. Eddy. Theory, Research, and Application in Educational Anthropology[M]. Anthropology & Education Quarterly, 1985, 16：85—93.

[12] G. Spindler(ed.). Doing the Ethnography of Schooling：Educational Anthropology in Action[M]. New York：Holt, Rinehart and Winston, Inc, 1982. 1.

[13] G. Spindler(ed.). Doing the Ethnography of Schooling：Educational Anthropology in Action[M]. New York：Holt, Rinehart and Winston, Inc, 1982. 2.

[15] G. Spindler(ed.). Doing the Ethnography of Schooling：Educational Anthropology in Action[M]. New York：Holt, Rinehart and Winston, Inc, 1982. 6—7.

[16] J. U. Ogbu, N. E. Sato, F. Y Kim. Ethnography of Education：Anthropological Approach. In：T. Husén, T. N. Postlethwaite(eds.)[M]. The International Encyclopedia of Education. Vol. 4. Oxford：Pergamon Press, 1994.

（本文发表于《比较教育研究》2014 年第 1 期。作者沈丽萍，时属单位为华东师范大学教育科学学院、上海立信会计学院；作者王海兵，时属单位为上海立信会计学院）

英文目录
(Contents)

781

Contemporary Educational Thoughts

Curriculum, Teaching and Learning Science

Moral and Citizenship Education

Education Administration, Management and Leadership

The Education Discipline Development and Academic Frontier

后记

　　《比较教育研究》(Comparative Education Review)(原名《外国教育动态》)创刊于 1965 年,是受中央宣传部委托创办的新中国第一本教育学术专业刊物。半个世纪以来,《比较教育研究》虽历经坎坷,但不断成长。1966 年,《外国教育动态》在创刊仅一年之后就被迫停刊。在党和国家领导人的关怀下,1972 年,《外国教育动态》作为内部资料重新得到编辑,1980 年正式复刊,并公开发行。1992 年,《外国教育动态》更名为《比较教育研究》,2001 年由双月刊改为月刊。《比较教育研究》现兼作中国教育学会比较教育分会会刊,多年来一直是 CSSCI 来源期刊、全国中文核心期刊、中国人文社会科学核心期刊、教育类核心期刊。2013 年,《比较教育研究》成为国家社科基金首批资助期刊。

　　50 年来,《比较教育研究》共发表了近 5 000 篇文章,它"立足中国,放眼世界",引介国外重要的教育理论与思想,追踪世界各国的教育政策与实践,持续关注我国比较教育学科的发展,促进比较教育学领域学者的成长,助力我国教育改革。2015 年,《比较教育研究》创刊 50 年,我们根据刊物多年关注的重点,以及当前我国教育改革的热点,选编了这套"中国比较教育研究 50 年"丛书。

　　本套丛书选编历时一年,是教育部人文社会科学重点研究基地北京师范大学国际与比较教育研究院各位同仁集体合作的成果。2014 年 9 月至 12 月,《比较教育研究》编辑部成员对 50 年来所刊文章进行了阅读与分类,提出了丛书选题建议,又经过顾明远教授、王英杰教授、曲恒昌教授等专家反复讨论,并征求出版社意见后,编委会最终确认了现有的 12 本分册主题。2014 年年底,确认各分册主编。2015 年年初到 6 月,各分册主编完成选稿工作。

　　《比较教育研究》创刊 50 年,不同时期的稿件编辑规范不同,这给本套丛书的选编带来巨大困难。除参与选编的老师外,北京师范大学国际与比较教育研究院的众多学生也加入到这一工作中,牺牲了宝贵的寒暑假和休息时间,为此付出了艰辛的劳动。在此,特别感谢以下同学(以姓氏笔画为序):

丁瑞常　卫晋津　马　骛　马　瑶　王玉清　王向旭　王苏雅

王希彤　王　珍　王　贺　王雪双　王琳琳　尤　铮　石　玥

冯　祥　宁海芹　吕培培　刘民建　刘晓璇　刘　琦　刘　楠

孙春梅　苏　洋　李婵娟　吴　冬　位秀娟　张晓露　张爱玲

张梦琦　张　曼　陈　柳　郑灵臆　赵博涵　荆晓丽　徐　娜

曹　蕾　蒋芝兰　韩　丰　程　媛　谢银迪　蔡　娟

　　在丛书即将出版之际,我们衷心感谢山东教育出版社对本套丛书的出版给予的最热忱的支持。

　　特别感谢国家社科基金对《比较教育研究》的资助!

　　本套丛书的选编难免存在一些瑕疵,敬请专家和读者批评指正!

"中国比较教育研究 50 年"丛书编委会

2015 年 10 月